KB263461

退溪의 敎育哲學

——교육인간학적 고찰——

退溪의 敎育哲學

초판 1쇄 발행 1986. 1. 15
초판 5쇄 발행 2000. 7. 25

지은이　정순목
펴낸이　김경희
펴낸곳　(주)지식산업사
　　　　서울시 종로구 통의동 35-18
　　　　전화 (02)734-1978(대)　팩스 (02)720-7900
　　　　홈페이지　www.jisik.co.kr
　　　　e-mail　　jsp@jisik.co.kr
　　　　　　　　jisikco@chollian.net
등록번호 1-363
등록날짜 1969. 5. 8

책값　10,000원

ⓒ 정순목, 1986
ISBN　89-423-6910-3　　93150

이 책을 읽고 문의하고자 하는 이는
지식산업사 편집부나 e-mail로 연락 바랍니다.

이 책은 나의
할아버님(承訓郞·剛齋府君)과
외할아버님(學田先生)을
추념하면서 엮습니다.

머 리 말

　8년 전에 《退溪敎學思想硏究》를 낸 바 있으나 限定本으로 얼마 가지 아니하여 절판이 되었다. 이 책은 앞의 것을 부분적으로 손을 대고 새로 8편의 논문을 보탠 것이다. 이 8편의 글은 그동안 이곳 저곳에 참가한 退溪學國際學術會議에서의 발표 논문이다. 필요에 의하여 급히 마련되고 또 玩索하지 못하면서 책을 내는 버릇을 끝내 고치지 못하면서 이제 《退溪의 敎育哲學》이라고 題하여 上梓하고 보니 참람하기 이를 데 없다.

　70년대 이후, 퇴계학 연구는 거의 세계적인 관심사로 등장하였으며 일본을 비롯한 구미 각국과 중공을 비롯한 동구권 학자들의 퇴계학 연구열이 차츰 높아가고 있다. 이러한 현상은 민족문화의 세계적 선양이라는 면에서는 고무적인 일이라고 하겠으나 退溪學의 본산인 우리에게는 커다란 자극과 도전이기도 하다. 나는 이 책을 里程表로 하여 지난날의 안일한 연구자세를 반성하고, 새로운 각오로써 學退溪의 길에 오르고자 한다.

　이 책을 편수하는 동안 의외로, 陶山書院과 退溪學硏究院이 제정한 第1回 退溪學術賞을 수상하게 되었다는 통보를 받았다. 퇴계학도로서 또 退溪外裔로서 감격과 두려움이 겹친다. 이 자리를 빌어 高柄翊 陶山書院 院長과 退溪學硏究院 李東俊理事長에게 깊이 감사한다. 그리고 출판을 맡아주신 知識産業社 金京熙 학형에게도 사의를 표하는 바이다.

1985년 10월 23일

丁　淳　睦

5

增補論文의 발표 내역

(1) Ⅲ—4. 퇴계·율곡 심성론에 있어서 관심의 지향성

　　——1984. 6. 30, 한국정신문화연구원, 제3회 국제학술대회논문집.

(2) Ⅲ—5. 퇴계 교학방법론의 철학

　　——1985. 8. 28, 일본 筑波大學, 제8회 退溪學國際學術會議 발표.

(3) Ⅳ—2. 퇴계의 陶冶理想에 있어서 수렴성과 확산성

　　——1984. 9. 9, 서독 함부르그大學 제7회 退溪學國際學術會議 발표, 《退溪學研究》, Vol, 43.

(4) Ⅳ—5. 퇴계 庭訓考

　　——1981. 11. 25, 제5회 退溪學國際學術會議 발표, 《退溪學研究》 Vol. 22.

(5) Ⅳ—6. 퇴계의 書院教育觀

　　——1977. 11. 25, 제2회 退溪學國際學術會議 발표, 《退溪學研究》 Vol. 19.

(6) Ⅴ—1. 퇴계학파의 교육적 전통

　　——拙著《嶺南教育史艸》, 嶺大出版部, 1983, pp.60~79.

(7) Ⅴ—2. 退溪의 嫡傳, 鄭逑의 교학사상

　　——慶北大學校 退溪研究所, 《韓國의 哲學》Vol. 13, 1985. 11.

(8) 附 錄

　　——獨·佛·英·伊·瑞西·可抹·日·中 등지에서 발표한 퇴계학 강연 논문 요약.

차 례

머 리 말

Ⅰ. 서론 : 연구의 주제와 방법
Ⅰ-1. 문제의 제기 ···11
Ⅰ-2. 연구목적·연구방법···14

Ⅱ. 퇴계사상의 철학적 구조
Ⅱ-1. 퇴계철학의 배경 ···19
Ⅱ-2. 퇴계철학의 특징 ···35
Ⅱ-3. 인격 실현의 원리로서의 退溪理學 ···················49

Ⅲ. 퇴계사상의 인간학적 이해
Ⅲ-1. 퇴계 심성론의 근거···57
Ⅲ-2. 天人合一論의 人間理解 : 〈天命圖說〉 ···············80
Ⅲ-3. 성리학의 한국적 전개와 인간이해의 심화 : 「四·七論辯」········90
Ⅲ-4. 퇴계·율곡 심성론에 있어서 관심의 지향성 ·····················130
Ⅲ-5. 퇴계의 교학방법론의 철학 ································144

Ⅳ. 퇴계 교학사상의 본질
Ⅳ-1. 인간형성의 일반논리 ···157
Ⅳ-2. 퇴계의 陶冶理想에 있어서 수렴성과 확산성 ···········174
Ⅳ-3. 敬의 교학사상···191
Ⅳ-4. 퇴계의 예술교육관···246
Ⅳ-5. 퇴계 庭訓考···260
Ⅳ-6. 퇴계의 書院敎育觀··265

Ⅴ. 퇴계 교학사상의 전개
　Ⅴ-1. 퇴계학파의 교육적 전통 ·······················285
　Ⅴ-2. 退溪의 嫡傳, 鄭逑의 敎學思想 ·················299

Ⅵ. 결론 : 퇴계 교학사상의 현대적 의의
　Ⅵ-1. 퇴계 교학사상의 교육사적 의의················359
　Ⅵ-2. 퇴계 교학사상의 현대교육적 시사···············363

부　록
　基本文獻錄 ····································371
　外國文(中文·日文·英文·獨文) 要約 ················373

　退溪敎育箴言選 ································393

　찾아보기　Ⅰ(人名) ····························401
　찾아보기　Ⅱ(事項) ····························403

1. 서론 : 연구의 주제와 방법

문제의 제기
연구목적 · 연구방법

Ⅰ—1. 문제의 제기

교육에 있어서 가장 중요한 구실은 사람됨의 올바른 정신과 이상을 깨닫게 하여 주는 일이라고 본다. 이를 위해서는 가치와 의미에 눈을 뜨게 하는 것이 핵심이다. 개인의 정신 안에서 가치와 의미와 이상의 자각을 도모하는 것이야말로 산 교훈의 길이며 일이라고 하겠다.

그러므로, 교육의 최종적이고 최선적인 과제는 단순한 知的인 授受관계가 아니라 개인적인 삶의 방향을 결정하고 세계관적인 신념을 획득하여 도덕적인 양심의 깨어남을 돕는 일이어야 한다. 지난날 교육의 가장 높은 사명은 인격의 차원에 있었다.

오늘의 한국 교육은 주로 미국의 행동주의적 교육방법에 경도되어 왔다. 그러나, 이러한 미국식 실용주의 교육관은 한국 교육학의 학문적 색채를 획일화시킨 결과를 초래하였으며, 인간이해의 방법 또한 경험과학적인 인간이해라는 단일성으로 경화시키고야 말았다.

행동주의·실증주의가 이렇게 자연과학의 연구방법을 가지고 인간을 이해하려는 밑바탕에는 자연과 인간은 완전히 객관적인 質料이고 인과율적인 질서에 지배되는 實體(object)라고 믿는 데서 연유하며, 인간도 그러한 법칙으로 조정할 수 있다는 기계론적인 인간관에서 비롯된다.

물론, 인간에게 그러한 조작 가능한 측면이 들어 있는 것은 사실이며, 동시에 그러한 면을 무시해 버릴 수 없다는 것도 사실이다. 그러나 인간을 한 가지 본질(操作可能性)로만 규정하고 또 이것을 교육의 대상으로 삼는다면, 우리는 인간의 참모습을 볼 수 없을 뿐 아니라 교육은 그 사명을 다할 수 없게 될 것이다. 따라서 교육을 통해서 인간을 효율적으로 개조해 보려는 실용주의 교육관은 교육과 인간을 더욱더 기능 위주 일변도의 교육으로 일반화시키고야 말 것이다.

한국 교육에 작용하고 있는 교육의 몇 가지 두드러진 부작용은 무엇인가. 나는 다음의 네 가지를 든 바 있다. [1]

① 인간의 객관화 현상, ② 교육의 技術化현상, ③ 문화·전통이념의 단절현상, ④ 교육의 物量化와 비인간화 현상 등이 바로 그것이다.

---

1) 丁淳睦·金仁會,《教育이란 무엇인가》, 實學社, 1976, pp. 285~291.

교육의 결과는 사회에 그대로 나타난다. 그러한 사회상 또한 교육에 직접·간접으로 영향을 미친다. 현대 교육에서 강조되는 잘못된 동기유발이나 성취동기는 어려서부터 타인을 경계하고 친구의 성장을 질투하도록 조건화시킨다. 그들이 사회인이 되었을 때 자기보다 성공한 자를 미워하고 약한 자에게는 한없이 오만한 인간이 되는 것은 당연하다.

오늘의 우리 사회의 비인간적인 현상 속에는 역기능적 교육의 영향이 크게 작용하고 있다. 오늘의 한국 교육은 주체성이 없는 정신적 예속교육, 가치와 규범이 사라진 영혼 없는 교육, 인격의 핵심을 건드리지 못하는 인간 없는 교육으로 전락하기에 이르렀다. 이러한 불모의 인간관에 새로운 인간이해의 등불의 구실을 다할 수 있는 교육사상과 그 실천의 길은 무엇인가. 그리하여 전인적인 교육도야의 믿음과 교육적 가치의 승인을 제공할 수 있는 교육사상과 실천의 길은 무엇인가라는 절실한 교육학적인 당면문제와 만나게 된다.

퇴계가 받아들이고 발전시킨 성리학적 교육체계는 「道問學」(居敬窮理를 통한 앎)과 「尊德性」(存養省察을 통한 삶)을 나누지 않은 데서 출발한다. 그의 교학체계는 이 둘을 하나로 종합하였다. 곧 「敬의 철학」이 그것이다. 그의 학문은 도덕이었고, 도덕은 곧 실천이었다. 「道·德·性」은 필연적으로 같은 도덕론 내지 윤리설을 지향한다.

도덕성은 그의 영원한 질서이며 조화였다. 사람됨을 이룩하자면 도덕성에 기초하여야 하며, 자율성에 터하지 않을 수 없다. 성리학의 도덕적 원리는 선험적인 진리의식을 근거로 한다. 주관·객관의 도덕의식과 진리의식이 교차되는 자리에 「敬」의 도덕원리가 있다. 「道德」이라는 말은 곧 道를 「得」하였다는 말이다(德 : 得也, 文辭).

이것은 선험적인 존재의 질서를 후천적인 노력으로 인간생활에 內面化·價値化·生命化시킨다는 말이며, 先天(a priori)이 後天(a posteriori)에 복귀할 수 있다는 교육적 신조가 된다. 윤리적 도덕 규범의 도덕적 원리로서의 가치 있는 회귀이다. 「道」는 본래적 가치(intrinsic value)이고 「德」은 방편적 가치(instrumental value)이다. 그러므로 「達道德」하자면 본질과 현상, 목적과 수단 그리고 體와 用을 포섭하는 근원질서 곧 통일의 원리가 설정되지 않을 수 없다. 주자는 이 최후의 거점을 이해하는 데 불철저하였으나 퇴계는 理를 「근원적 운동자」 또는 「命物者」로서의 힘을 지니고 있는 能發能生의 주재자로서 파악하였다. 그리하여 그는 마침내 존재론·인성론·가치론의 統一整合的인 이론을 이룩하게 된 것이다.

한국 교육 이념은 여기서 「무엇으로부터」라는 所與性(Gegebenheit)으로서
가 아니라 「나로부터」라는 所自性(Wirklichkeit)으로서의 자기실현에서 출
발하여야 할 것이다. 이것은 비록 겉으로는 「시대에 뒤지는 현실의 원리」
라고 비판받더라도, 학문상의 달성은 항상 새로운 문제제기를 의미하고
학문체계는 다른 전진적인 가설에 의하여 타파되며 드디어 시대에 뒤자
는 것을 오히려 자청하는 것이라고는 하지만,[2] 생명이 긴 퇴계학의 교학
사상체계는 아직도 새로운 교육적 의미와 가치 속에 살고 있는 것이다.

---

2) M. Weber, *Wissenschaft als Beruf*, 1919, S. 15.

Ⅰ—2. 연구목적·연구방법

우리나라에서의 퇴계학 연구는 차츰 괄목할 성과를 거두고 있는 실정이나,[3] 교육학적인 연구는 朴鍾鴻 교수의 〈李退溪의 敎育思想〉(《慶北の敎育》, 1924) 이래 廖廖한 느낌이 없지 않다. 그간 60년간의, 교육학으로서의 퇴계연구는 약간의 연구 소개에도 불구하고 본격적이고 체계적인 해명과 분석적인 고찰은 적어도 아직은 학계에 보고된 것은 없다고 말할 수 있다.

이러한 사정은 근래 일본 교육학계에서의 활발한 퇴계학 연구를 염두에 둘 때도 그렇거니와 무엇보다 오늘의 교육현실은 퇴계교학사상의 본격적인 해명과 고찰이 焦眉의 명제의 하나로 대두되고 있다. 참다운 교육혁신은 전통적 교육의 탈피만으로 가능한 것이 아님을 우리는 진보주의교육운동사에서 살필 수 있거니와 현대교육은 인간문제로부터 출발할 수밖에 없는 교육적 전환의 시대를 맞이하였다. 급속도로 변화하는 산업사회는 인간의 자유와 평등과 평화의식을 고갈시키고 있다.

유학은 인권을 옹호하고 남의 인권을 존중하는 仁道精神에 입각하고 있는만큼, 인간주체를 떠나서 성립될 수는 없다. 따라서, 유학은 인간자아의 주체를 반성하고 인간의 내면적 성실성을 통하여 주체적으로 진리를 파악하려는 학문이다.[4] 즉, 「仁道」와 「中和」의 원리를 다루려는 것이다. 그러므로, 성리학적 교육관은 인간복권의 문제와 밀접히 연관된다.

이 책을 쓰는 목적은 이러한 관점에 입각하여 퇴계교학사상의 학적인 체계와 교학의 이념·방법·실천의 모습을 구명하려는 데 있다. 즉, 주자학의 발전과 초극이라는 관점에서 그 학문적 배경과 구조를 밝히고, 퇴계학의 학적인 체계화과정이 한국 성리학 발달에 어떻게 이바지하였으며, 나아가 오늘의 교육사적 의미와 가치는 무엇인가에 대하여 敎育人間學的인 관점에서 살펴보려고 하였다. 「사람이란 무엇인가」의 질문이 바로 「교육의

---

3) 退溪硏究로서의 博士學位論文은 다음과 같다.
　◦ 柳正東, 〈退溪의 哲學思想硏究〉(窮理와 居敬을 中心으로), 成均館大學校大學院, 1975.
　◦ 尹絲淳, 〈退溪價値觀硏究〉, 高麗大學校大學院, 1976.
　◦ 蔡茂松, 〈退·栗性理學의 比較硏究〉, 成均館大學校大學院, 1972.
4) 柳承國, 〈朝鮮朝 性理學의 特徵과 現代的 意義〉(1976. 11. 17 成均館大學校 大東文化硏究院 주최 第 2 回 東洋學學術會議 報告書(油印物) pp. 1〜2, pp. 4〜5).

「열쇠」라고 믿기 때문이다(Bollnov, O.F.).

이 연구는 주로 문헌연구에 의하였다.[5]

이 책은 6장으로 구성되어 있다.

제 I 장은 서론으로서, 문제의 제기와 연구의 목적 및 그리고 연구방법과 논문의 구성을 간단히 서술하였다.

제 II 장에서는 퇴계 교학사상의 밑바탕이 되는 철학적 구조에 대하여 살피고, 朱子學과 구별되는 退溪理學의 특징에 대하여 고찰하였다.

제 III 장에서는 退溪心性論의 문제를 인간학적인 전망 아래 살피고, 心性論의 中期사상〔天命圖說〕(50代)과 晩年사상〔四·七論辯〕(60代)의 전개과정을 그의 인간이해〔人間認識〕라는 초점에 맞추어 살펴보았다. 그리고 퇴계와 栗谷의 心性論的 관심의 志向性을 비교·고찰하였으며, 퇴계 교학방법론의 철학으로 총괄 설명하였다.

제 IV 장에서는 퇴계 교학사상의 一般論에 대하여 고찰하고 교학목적론·교학실천론의 두 측면〔敬의 思想〕에 대하여 비교적 상론하였으며, 퇴계의 「藝術敎育觀」, 「家庭敎育觀」, 「書院敎育觀」에 대하여 자세히 설명하였다.

제 V 장에서는 退溪學派의 교육적 전통에 대하여 論하였고, 퇴계의 嫡傳이라고 할 수 있는 寒岡 鄭逑의 교학사상에 대하여 자세히 살펴보았다.

마지막으로 제 VI 장에서는, 퇴계 교학사상의 교육사적 의의와 오늘의 한국 교육이 물려받을 정신적 유산은 무엇인가에 대하여 생각해 보았다.

---

5) 基本資料는 다음과 같다.

  ◦《退溪全書》(上下), 成均館大學校, 大東文化硏究院(影印), 1958.
  《退溪集》(49 卷, 29 冊), 陶山書院刊(家藏).

  ◦原典의 번역은 筆者에 의하였으며, 晩汀 李基錫 先生에게 몇가지 校閱과 質正을 받은 바 있다.

  ◦硏究의 진행은 基本資料의 熟讀(1968～1974)→제 1 차 目錄作成(1974)→宋明哲學硏究資料의 카드化(1974～1976)→제 2 차 目錄作成→資料補完·宋明哲學硏究→起筆(1975～1976)→修正·潤筆(1977)→校正의 순이다.

  그리고 補完硏究는 1977～1985 사이에 진행된 논문 8편이다.

Ⅱ. 퇴계사상의 철학적 구조

퇴계철학의 배경
퇴계철학의 특징
인격 실현의 원리로서의 退溪理學

Ⅱ—1. 퇴계철학의 배경

1) 形而上學的 根元原理

퇴계 교학사상의 해명은 그가 우주·인성의 실체를 어떻게 이해하였는가를 밝히고 나서야 가능하다. 이것은 퇴계학이라는 정신 구축에 있어서 『아르키메데스의 거점』은 무엇인가, 곧 성리학적 우주·인성론의 근본구조를 그 원인과 원리를 찾으려는 작업이 된다. 그러나, 성리학적 우주·인성론을 일관하는 형이상학적 근원원인과 근원원리를 「退溪學」이라는 한국 성리학적 굴절 안에서 조명하려는 작업은 그리 쉬운 일이 아니다.

원래 朱子(1130~1200)를 정점으로 하는 성리학 자체가 세계정신운동사상 공전절후한 사상체계일 뿐만 아니라 퇴계는 바야흐로 그 집성자이며, 정리자 그리고 실천인이었기 때문에 단순한 인식론적 이해의 수준을 벗어나고 있다.

이곳에서는 우선 성리학적 우주론의 중심명제인 「理·氣」의 문제를 개념사적인 각도에서 살펴보고, 이를 다시 한국이라는 토양 위에서 어떻게 개화하고 결실을 맺었으며, 나아가 퇴계 교학사상과 그 실천에 어떠한 맥락으로 접속되었는가 하는 문제사적 의미를 밝혀 보고자 한다.

성리학의 존재론적[1] 구명은 천인합일관의 우주·인생론에 터하여 있기 때문에 우주본체론은 곧 인간존재론이라는 등식으로 대입된다. 그러므로 구태여 둘로 나뉠 수 없는 相互待對의 표리관계에 있다. 그러나, 이 연구에서 우주·인성론을 따로 고찰한 까닭은 진술의 편의를 도모할 뿐만 아니라 퇴계 교학사상은 형이상학적 理氣觀(太極論)의 인간존재론적 적용과 실천이라는 모습을 드러내고자 하기 때문이다.

퇴계는 뛰어난 철학자이면서 그 철학을 벗어난 교육실천가였고 깊은 사상가였으면서도 그 사상을 종교적 경지로 승화시킨 구도자였다. 참으로

---

1) 이곳에서 存在論的(ontologisch)이라는 말은, M. Heidegger가 그의 基礎的 存在論(Fundamental Ontologie)에서 사용한 存在的(ontisch)이라는 말과 구별한 의도와 같다.

　　Heidegger에 의하면 存在者(Seinde)에 대한 규정을 의미할 때 存在的이라고 하고, 存在 意味와 같은 存在 一般에 대한 개념규정에는 存在論的이라고 하였다 (cf. M. Heidegger, *Sein und Zeit*, 1932).

그는 박학한 지식에만 멈추지 않은 지성이었고, 생애를 헌신하여 그 스스로를 경작한 「정신농부」였다. 그의 「앎」과 「삶」의 뜻을 이곳에서 따로 살펴보지만 끝내는 하나로 거두어 보자는 나의 뜻이 여기에 있는 것이다.

2) 理와 氣[2]

성리학은 程伊川과 周濂溪(1017〜1073)를 거쳐 주자에 의하여 완성된 새로운 유학이다.

고대 중국 철학에 있어서 형이상학적 탐구는 莊子・孟子・韓非子 및 陰陽家에 의하여 宋學 이전부터 싹터 왔다.

예컨대 老莊에서는 이름과 모양이 없었던 우주의 태초의 상태야말로 큰 道라고 생각하였으며, 五經에서의 「天」, 易經에서의 「太極」[3]과 같은 형이상학적인 개념이 있었음을 알 수 있다.

성리학의 중심개념이며 가장 추상적인 관념어인 「理」의 개념도 이와 같이 易經과 老莊哲學 및 후세에 유입된 불교철학의 영향으로 심화되었다.

---

2) 理氣論은 성리학에서 중심되는 宇宙本體論이다. 주자학적 우주본체론에 의하면 理는 본체론의 存在者가 되고 氣는 우주론의 運動者가 된다. 一切萬物의 形質은 氣에 의하여 이룩되나, 物의 본질, 형상의 원인은 理라고 한다. 理氣二元論的 世界觀이다.

朱子의 사상적 특색은 「理」로서 집약되는 일종의 合理主義的 發想에 있다. 理는 자연법칙적 實在인 동시에 인간적인 實踐倫理의 규범이다. 이곳에서의 理氣論 역시 程朱性理學의 세계관 안에서의 범주로 이해한다. 그러나 단순히 理를 同一・統一・普遍化의 원리로 보고 氣를 差別・分裂・特殊化의 원리로 퇴계가 이해하였다는 견해(李相殷,《退溪의 生涯와 學問》, 瑞文文庫(NK 089), 1978, p.226.)는 약간의 무리가 따른다. 理氣二元論이라고 하여 上記와 같은 西歐的 對比判斷의 분류는 理氣를 二元論으로(一卽二, 二卽一의 면을 外面하는) 고정시켜서 바라보려는 일종의 固着觀念이다.

이것은 마치 별을 보는 방향이 고정되어 있는 천문대와 같고 人物寫眞을 찍어 놓고 그 사진에 현상된 것만을 바탕으로 하여 그 인물을 이해하려고 하는 것과 같은 오류라고 할 수 있다. 理氣論은 朱子가 말한 대로 「不相雜・不相離」의 관계로서 離合이 있을 수 없다. 그러므로 「理와 氣」에 있어서, 「와」라는 말에 깊은 주의를 요한다. 方東美(Thome H. Fang) 교수에 의하더라도 전통적으로 中國人의 宇宙觀은 물리적인 세계와 정신적 세계를 함께 포용한다는 의미에서 각기 相卽不離의 형식으로 貫通되어 있는 것으로 보아 결코 2원론적으로 나누지 않는다고 한다 (The Universe, as conceived by the Chinese is a comprehensive realm where in matter and spirit have come to be so throughly percolated as to form a coalescence of life, which issues in a continous process of creation⋯⋯⋯*The Chinese View of Life*, p.49.).

3) 「太極」이란 말은 《易經》의 繫辭傳에서 처음 나왔다. 성리학에서의 太極思想의 연원은 바로 《易經》과 北宋의 周濂溪의 《太極圖說》의 두 갈래라고 할 수 있으나, 濂溪의 《太極圖說》역시 《易經》의 太極陰陽說에 연원을 두고 있고,《十三經注疏》가운데 太極에 대한 氣 중심의 해석은 老莊의 영향을 받은 것이라고 한다. 朱子에 의하면 太極은 「至極之理」라고 하면서 理는 宇宙變化의 원리(造化之樞紐)며 天地萬物의 바탕(品彙之根柢)이라고 풀이하였다.

中村元은 그의 저서인 《東洋人의 思惟方法》에서 다음과 같이 설명한다.[4]

　　이 「理」라는 글자는 구슬옥변에 속하는 글자이며, 원래는 구슬의 줄이 반듯함을 뜻하였으나, 한 번 변하여 條理라는 뜻으로 되었고, 다시 변하여 마음이 옳게 여기는 바의 것, 즉 누가 생각하여도 지극히 옳다고 판단되는 것을 뜻하고, 세 번 변해서는 사실을 사실일 수 있게 하는 이유를 뜻하는 것으로 되었다. 宋의 程明道가 강조하였던 天理는 세번째의 뜻에 해당하며, 여기서 말하는 理는 벌써 현상계의 근원이 되는 본질적인 존재가 아니며, 현상을 현상일 수 있게 하는 이치이며, 현상에 即해서 존재하는 것이다. 그러나, 이와 같은 추상적인 理의 개념도 사실은 중국민족만의 전통적인 사유능력만으로써는 도달할 수 없었던 것이니, 이와 같은 뜻으로 理라는 글자를 쓰게 된 것도 불교학자들에 의해서였다…….

　그러나, 「理」의 개념형성을 단지 불교화엄철학의 영향으로만 해석하려는 中村元의 생각은 반드시 옳은 것이라고 할 수 없다. 왜냐하면 태극개념은 음양설을 전제로 하는데, 陰·陽과 같은 偶數的 사고법은 중국민족의 특색 있는 발상법이고, 음양설은 이것을 단적으로 나타내는 두 개념이다. 음양은 서로 반발하면서 친화하는 밀접한 관계를 갖는 것으로서 이 둘의 통일개념이 바로 태극이다.

　《易》 繫辭傳의 「易有太極, 是生兩儀」와, 《太極圖說》에서의 「太極動而生陽, 靜而生陰」이란 말에는 佛敎流入 이전의 중국 고유의 우주관이 투영되고 있다. 다만, 뒷날의 주자가 太極→陰陽→五行→萬物의 발생론적 순위를 해석하는 데 있어서 「太極→陰陽」說의 일원적 發生觀을 「太極＝陰陽」이라는 이원적 발생관으로 수정하면서 그 사상의 폭과 깊이를 더하게 된 배후에는 佛老思想의 강한 입김을 입었음은 부정할 수 없는 사실이다.

　주자에 의하면, 태극은 理이며 陰陽은 氣이다. 태극과 음양은 不合不離한다. 따라서, 태극이 있은 다음에 陽이 생기고 만물이 생기는 것이 아니라고 한다. 태극과 陰陽은 「一이면서 二며, 二이면서 一」인 우주본체이다.

　　天地之間 有理有氣, 地也者 形而上之道也 生物之本也, 氣也者 形而下之器也 生物之具也.[5]

---

4) 中村元, 《東洋人の 思惟方法》(第一部), みすず書房, 1957, p. 361.
5) 《性理大全》, 卷 26, 理氣.

즉, 理와 氣는 천지 사이에 함께 있어서 理는 形而上의 道(原理·原則·法則·原因)로서 만물의 근본(本體)이 되고, 氣는 形而下의 器(質料, 形象, 運動)로서 만물의 體質이 된다는 것이다.

그러나, 형이상으로서의 道와 형이하로서의 器[6]를 서양철학에서 말하는 本體(Noumena)와 現象(Phenomena)의 2원론으로 보아서는 안될 것이다.

이 역시 「본체＝현상, 현상＝본체」의 1원적 2원 또는 2원적 1원론으로 이해하지 않으면 안된다. 이에 대하여 裵宗鎬 교수는 다음과 같이 해명한다.[7]

> 理氣이원론에서는 理를 無變·不動, 氣를 可變·有動의 存在로 봄으로써 理氣의 二本體를 다시 理를 體, 氣를 用이라 한다. 體란 근본으로서 不變不動의 先天根據, 用이란 그 선천근거를 구체화하는 有變有動의 존재란 뜻이다. 그런데, 이런 體用의 관계는 張橫渠의 〈氣一元論〉에서는 至靜無感인 太虛無形을 氣之本體라 하고, 有識有知하여 其聚其散하는 物交之客感이나 變化之客形을 用으로 본다. 바꾸어 말하면, 太虛一氣의 상태를 體라 하고, 倏忽히 躍關하는 動靜作用을 用이라 한다.
>
> 그런데, 이때의 體와 用의 관계는 일반형이상학의 본체와 현상의 관계와 같다. 따라서, 만약 이와 같이 보면, 主理派에서 理動을 내세우는 입장은 역시 體와 用을 생각한 것이 틀림없다. 예를 들면, 朱子가 〈太極圖說解〉에서 「陽之動也 太極之用所以行也, 陰之靜也 太極之體所以立也」라 한 것은 理로서의 太極을 體와 用으로 갈라서 본 입장이다. ……여기서 理體氣用, 理體理用, 氣體氣用의 사상이 유래된다. 또, 體와 用의 관계에 있어 體 안에 用의 내용이 具備되어 있는 것을 伊川은, 體用一源 顯微無間(易傳序)이라 하였고, 朱子는 그 小註에서 「自理而言 則即體而用在其中所謂一源也 自氣而言 則即顯而徵不能外 所謂無間也」라 한다. 이 말은 본체 즉 현상, 현상 즉 본체란 말과도 같은 것이다.

이처럼 성리학적 理氣論의 완성은 理氣가 「不雜不離」의 관계에 있다는 것을 뜻한다. 주자에 의하면, 「太極者 本然之妙也 動靜者 所乘之機也——〈太極圖說解〉」라고 하여 動靜은 氣며, 太極은 動靜하게 하는 理일 뿐이다. 즉, 理는 원리적·선천적 근거이며 그 운동자가 곧 氣라는 것이다.

---

6) 이 말은 《中庸》의 「形而上者謂之道, 形而下者謂之器」에서 二程子가 理氣說을 설명하는 데 처음으로 원용하였다.

　《二程全書》, 卷 16, 「離了陰陽更無道 所以陰陽者是道也 陰陽氣也 氣是形而下者　道是形而上者 形而上者則是密也」

7) 裵宗鎬, 〈奇蘆沙와 任鹿門의 哲學比較〉, 《延世論叢》(제 7 집), 1970, p. 238.

氣는 음양을 음양하는 자이며, 動靜聚散하는 자체로서 物心 제현상을 이루는 구체적 材具이다. 한편, 理는 氣의 動靜聚散하는 形相원리로서 물질의 자료적인 것을 벗어나는 존재이다. 理氣의 動靜·聚散·屈伸 과정에서 현상은 천차만별이 된다. [8]

그러나, 주자가 理氣의 존재론적인 원리를 제시하였다 하더라도 이에 대한 설명이 부족하고 일관성 또한 결여되어[9] 명확한 정의를 내리지 못하고 있다. 이것은 理氣 2 원론에서 오는 불가피한 표현[10]이라고는 하지만, 주자 스스로가 理氣의 존재의미에 대해서는 확신하였으나 그 존재성격에 대하여는 분명한 설명을 내리지 못한 결과이다.

中村元도 가장 철학적인 朱子學에 있어서도 理가 어떠한 성질의 것인지에 대해서는 주자의 저서에 그다지 설명이 되어 있지 않다. 理가 사물을 지배하고 있다는 것을 언제나 말하고 있으나 그러면 그 理가 무엇인가 하는 데에 대해서는 제자들도 자주 질문하고 있지만 주자의 대답은 늘 『언젠가는 알게 된다』고 할 뿐이다. 주자는 理의 존재를 언제나 주장하지만 理의 성질에 대해서는 잠자코 말하지 않았다[11]라고 하여 이는 중국인의 형이상학적 미발달의 결과라고 한 바 있다.

아뭏든 주자는 理와 氣가 같은 개념이 아니라는 사실설명에 있어서나 (A圖) 理先氣後와 같은 개념 순위의 해설에 있어서 다 같이 미흡하였다. 理와 氣는 一而二, 二而一이라고 하며 同位·同質의 개념으로 설명하였고(B圖), 理氣의 형이하적인 종속개념(C圖)으로 구분하기도[12] 하였던 것이다.

---

8) 裵宗鎬, 〈性理學의 奇高峰〉, 《亞細亞研究》, 제49호, p. 38;《性理大全》, 卷 26, 理氣;《朱子集》, 卷 43, 答劉叔文 第一書.

9) 朱子는 理氣관계를 어느 때는 「有理有氣」라 하여 「理氣共出說」을 말하기도 하고(天地之間 有理有氣云云), 한편으로는 「有是理後生是氣 自一陰一陽之道推來 此性自有仁義——朱子語類, 卷一」라고 하여 「理先氣後說」을 논하다가 끝내는 理와 氣는 「決是二物」이지만 理氣者가 한덩어리로 渾淪하여 「不可分開」하다고 갈팡질팡하고 있다.

(所謂理與氣 決是二物 但在物上看則二物渾淪 不可分開 各在一處 然不害二物之各爲一物也 若在理上看 則雖未有物 而己有物之理 然亦但有其理而己 未嘗實有是等也)

「上譯」이른바 理와 氣는 결단코 두 가지다. 다만 物에서 보면 二物이 渾淪하여 가를 수 없으며, 각기 한 자리에 있다. 그렇다고 하여 二物이 一物이 됨을 해치는 것은 아니다. 만약에 理에서 보면 비록 物이 없을지라도 그대로 物의 理는 있다. 그러나 역시 다만 그 理가 있을 뿐이며, 아직 실제적으로 이 物이 있는 것은 아니라고는 할 수 없다.

10) 裵宗鎬, 앞의 글, p. 37.

11) 中村元, 앞의 책, p. 479.

12) 朱子는 〈太極圖說解〉에서 「太極者本然之妙也 動靜者 所乘之機也」라고 하여 形而上인 太極 즉 理는 本然의 妙함이고, 形而下인 器, 즉 氣는 本然의 妙가 타(乘)는 機라고 하였다. 이는 理가 機에 乘하는 內在者라는 말이다.

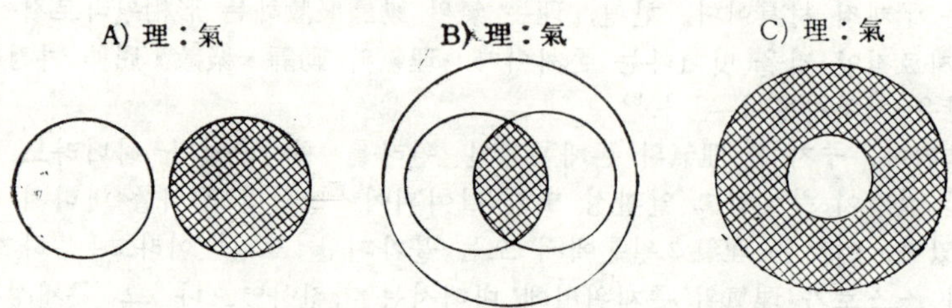

朱子의 〈太極圖說解〉에서 볼 수 있는 理와 氣의 관계

3) 理氣相對[13]의 보편성과 특수성

朱子는 程伊川의 說을 계승·집성하여 理氣 2원론을 주장하였을 뿐 아니라, 周濂溪의 태극설을 채용하여 理氣二元을 종합하는 1원론을 생각한 자기모순에 빠졌다. 주자는 2원론적 存在論으로는 만족하지 못하는 형식논리적 엄격주의에 사로잡히지 않을 수 없었던 것처럼 보인다. 그러나, 모든 것을 종합하고 통일시키려는 주자의 일원론적 성향은 드디어 다음과 같은 세 가지 길 가운데 하나를 택하지 않으면 안된다.

가) 太極 1원론 : 태극과 理氣의 관계는 무엇인가.

나) 理 1원론 : 태극은 理인가.

다) 氣 1원론 : 태극은 氣인가.

위와 같은 명제가 설명되자면, 우선 ① 太極이란 무엇인가, ② 理氣의 관계는 무엇인가, ③ 理와 氣가 전연 다른 것이라고 한다면 어떻게 理氣를 종합하는가, ④ 氣 1원론이 가능하다면 어떻게 氣에서 理가 파생되며 그 방법은 무엇인가. 이러한 문제에 대하여 주자는 理 일원론 곧 태극은

---

13) 理氣相對論은 달리 말하여 「理一分殊說」이다. 程伊川은 그의 우주론에서 氣의 존재 외에 理를 발견, 이를 형이상학적인 것으로 보고, 만물의 生成運動의 근본원리로 설정하였다. 이는 존재론적 우주관의 一大進境이었으니, 理는 陰陽二氣의 세계를 지배하여 초월적으로 존재한다는 것이다. 程伊川은 一物에 존재하는 理와 근본원리로서의 理는 同一한 것이라고 보고 사물에 차이가 생기는 것은 氣가 있기 때문이라는 것이다. 보편적인 理가 한정된 사물에도 존재한다는 해석이다. 또한, 보편성으로서의 理가 氣에 禀賦되어 成物하면 그 物의 「性」이 되니 이 性의 특수성이 곧 用이다. 따라서, 物은 각각 다르며 이것이 사람에게 적용되면 곧 「人物性同異」가 된다. 韓國儒學史上 四七論爭과 함께 유명하였던 「湖洛論爭」은 바로 人性의 보편성과 특수성을 두고 한 人物性同異論爭이었던 것이다.

理라는 설을 채택하였다. 그러나, 전술한 대로 그 설명은 궁하였다. 여기에 자기합리적인 妙處를 발견하였으니 곧 주자는 절대적·상대적인 理라는 두 가지 성격의 理를 설명한 것이다.[14]

　주자에 의하면, 절대적 理로서의 太極이 곧 理이며, 이것은 「理先氣後」의 시간적인 선후관계를 지니고 形而上下의 道·器的인 理氣는 공간적인 상하관계로서 상대적인 理라는 해석이다.

　따라서, 절대적이라거나 상대적이라고 할 때 二即一, 一即二의 모순관계는 사라지게 된다. 理는 하나이므로 절대의 자리(太極)에 서거나 상대의 자리(理氣相對·理先氣後)에 서거나 간에 理 1 원론은 유지된다. 그러므로, 주자의 존재론은 本體를 설명할 때는 理 1 원론이 되고, 현상을 설명할 때는 理 2 원론이 된다. 이것을 서구철학에 있어서 Noumena≠Phenomena로 양분시켜 보면 커다란 모순이지만 동양철학에 있어서의 Noumena＝Phenomena를 인정하면 억설일 수만은 없다. 朱子는 이와 같은 논리를 萬物生成의 법칙에 적용하여 만물은 理氣 이원으로 성립된다고 하였으며, 이를 人性論에다 활용하였다. 즉, 理는 누구든지 동일하지만 氣의 偏正淸濁에 의하여 上智·中人·下愚의 賢愚가 갈라진다는 것이다.

　理의 보편성은 氣의 특수성에 의하여 그 形局을 달리할 뿐 그 본질은 불변한다는 것이다. 이러한 면에서 볼 때 주자는 단순히 관념론자가 아니라 氣論을 강조한 실천론자적 양면성을 지녔다.

　주자는 氣에 대하여 말하기를[15] 『氣는 凝結·造作할 수 있으나, 理는 도리어 情意도 없고, 計度도 없고, 造作도 없다. 理를 말하자면 오직 깨끗하고 훤히 빈 세계일 뿐 아무런 자취가 없다. 氣는 능히 醖釀·凝聚하여 物을 生할 수 있는 것이다』라고 하였다.

　합리적 사고의 소지자로서 주자는 ·이처럼 「理」 한 字로써 자연과 인간의 제법칙을 규범화시켰다. 그는 理氣相對의 보편·특수성을 관념적으로 체계화시켰을 뿐만 아니라 현실적인 정치·사회이념으로 조직화하는 데도 크게 영향을 주었다. 당시 그는 사상적으로 異敎(특히 佛敎哲學)·異學(老莊學)에 비하여 열세이었던 중국철학을 하나의 대항사상으로까지 끌어올려 준 공헌도 크거니와 봉건주의 정치체제의 정치이념으로서 현세적 지배자인 군주의 자리를 理의 표상으로 민중의사를 귀일시킨 체제보호적 이데올

---

14) 宇野哲人, 《中國哲學史》, 東京, 金の星社, 1926, p. 101.
15) 《性理大全》 理氣一, 間錄, 「蓋氣則能凝結造作 理却無情意無計度無造作…… 若理則只是箇
　　淨潔空濶底世界無形跡 氣則能醖釀凝聚生物也」

로기로서도 「理」의 개념은 크게 작용하였으니, 주자는 말하자면 하나의 보수적인 정책조달자였다. [16]

　이상에서 존재론적 측면에서의 理는 氣를 상대화하면서 氣의 원리로서의 理이며, [17] 인성론적·실천윤리적 원리로서 모든 現象存在 안에 내재되어 있다는 것을 살펴보았다. [18]

　理氣는 「不可分開 各在一處」이기에 그 보편성과 특수성이 분화되고 종합될 수 있으며, 떨어져 보면 理氣는 둘이지만 합쳐 보면 理氣는 하나[19] (離看則 理氣爲二, 合看則 理氣爲一)가 되므로 바라보는 위치와 태도가 중요함을 미루어 알 수 있는 것이다.

<附>·宋代哲學者의 存在論·人性論

哲學者 ＼ 區分	存　在　論	人　性　論
周　濂　溪 (1017〜1073)	「無極而太極 太極動而生陽 動極 而靜 靜而生陰 靜極復動 一動一	「惟人也 得其秀而最靈 形而生 矣 神發知矣 五性感動 而善惡

16) 阿部吉雄은 그의 <日鮮支の朱子學比較上の問題序說>, 《東洋學術論叢》, 第三, (東京, 大東文化研究所, 1960, pp. 22〜24)에서 이에 대하여 다음과 같은 부분적인 異論을 제기한 바 있다.
　『宋學은 異民族 國家인 遼·金과의 대결이라는 긴박한 情況 아래 형성된 사상이다. 이러한 국제관계에 卽應하여 政治體制를 君主獨裁의 中央集權的 官僚國家의 형태를 정립한 時代의 思想的인 산물이기도 한 것이다. 따라서 宋學은 처음부터 華夷內外를 나누고, 尊王攘夷를 주장하는 民族主義的·大義名分主義的인 사상경향을 지녔다는 것을 상상할 수 있는 것이다. 君主制度 이외의 政治制度를 생각지 못했던 당시로서는 강한 國家統合을 이룩하자면 君臣道德을 강화할 것이 肝要하였다. …… 理를 궁극의 사상으로 생각한 朱子로서는 이러한 外的 환경과 思惟樣式에서 君臣道德을 특별히 重視하였다. …… 理氣思想은 결국 君臣上下의 分을 주축으로 하는 封建道德을 수식하는 哲學이자 官僚地主의 農奴支配體制를 합리화하는 「이데올로기」라고 보는 *견해(丸山眞男의 說, 原註)까지 있는 것이다. 그러나 이와 같은 견해는 오늘의 社會思想과의 對比임이 틀림이 없다. 왜냐하면, 朱子 당시에는 그의 학문이 一時는 「僞學」이라고 물리침을 당하였기도 하였으며 그 당시로서는 다른 사상에 비하여 자못 革新性이 있었느냐 아니면 守舊性이 있었느냐 하는 관점에서 보더라도 上記한 평가는 틀리지 않을 수 없는 것이다. 朱子 당시에는 社會思想이 미발달되었고 더구나 국제적·민족적 긴장이 격동하던 시대였다는 점을 고려한다면, 朱子의 理라고 하는 것은 계급대립의 意識에서 發想된 것은 아니라고 본다. ……朱子의 理의 사상은 결과적으로는 君臣上下의 分을 보증하는 哲學이었다는 것은 부정할 수 없으나 근본적으로는 上下의 分을 淨化시키고 道德化시키려는 철학이었고 上과 下에 다같이 엄격한 도덕적 책임을 요구하는 학문이었던 것이다』. 阿部吉雄 교수의 위와 같은 평가 역시 그 평가의 「尺度와 位置」가 문제된다고 보면 朱子의 사상적 保守性의 문제는 앞으로 社會經濟史的·文化發達史的·政治制度史的으로 더욱 考究되어야 할 쟁점임에는 틀림이 없다.
17) 李楠永, <朱子哲學에서의 道의 本質的 涵義>, 《哲學》(Vol. 6), 韓國哲學會, 1972, pp. 74〜75.
18) 朱子, 「形而上者 無形無影 是此理 形而下者 有情有狀 是此器」(《語類》 卷 95).
19) 《朱子語類》(易上繫 ﹁學錄).

	靜　互爲其根　分陰分陽兩儀立焉 陽變陰合　而火生水火木金土　五 氣順布　四時行焉　五行一陰陽　陰 陽一太極　太極本無極也」 　　　　　　　　——《太極圖說》 「五行之生也　各一其性　無極之眞 二五之精　妙合而凝　乾道成男　坤 道成女　二氣交感　化生萬物　萬物 生生　而變化無窮」——《太極圖說》	分　萬事出矣」——《太極圖說》
張　橫　渠 (1020〜1070)	「太虛無形　氣之本體」 　　　　——《正蒙》，第一章　二節 「氣之聚散於太虛　猶氷凝釋於水 知太虛之氣則無無」 　　　　——《正蒙》，第一章　八節 「知虛空卽氣　則有無隱顯　神化性 命　通一無二」 　　　　——《正蒙》，第一章　五節 「若謂虛能生氣　則虛無窮　氣有限 體用殊絕　入老氏有生於無　自然 之論　不識所謂有無混一之常」 　　　　　　——上同，第五節 「氣不能不聚而爲萬物　萬物不能 不散爲太虛　循是出入　是皆不得己 而然也」——上同，第一章　三節 「天地之氣　雖聚散攻取百塗然其 爲理也　順而不妄」(**理氣論의 先 河이다**)　　　——上同，第三節 「氣聚亦吾體　散亦吾體　知死生之 不亡者　可與言性」(**氣의 恒存性 이다**)　　　——上同，第四節	인간도 다른 만물과 마찬가지 로 氣의 集成으로 봄(遊氣紛擾 合而成質者生人物之萬殊).　그 러나 어째서 一은 天地의 性 곧 理性이 되고, 二는 氣質의 性 곧 感性이 되는가는 설명하지 못함.
邵　康　節 (1011〜1077)	「太極道之極也」 　　　——《皇極經》，世間物外篇 「動之始則陽生焉　動之極則　陰生 焉」(**老子**와 **易學**의 영향임) 　　　　　　——上同，內篇	「得天氣者動　得在氣者靜」
程　明　道 (1032〜1085)	**氣一元論者** 「者有形總是氣　無形只是道」	周程子와 같은 **天人一體觀**임

	「離陰陽則無道 陰陽氣也 形而下也 道太虛形而上也」 ——《性理大全》, 卷 5	「天人本無二」——《遺書》, 卷 6 「得陰陽之偶者 爲鳥獸草木夷狄 受正氣者 人也」——上, 卷 1 「天下之善惡 皆天理 謂之惡者 本非惡 但或過不及便如此」
程 伊 川 (1033〜1103)	**氣一元論者** 「離了陰陽, 更無道, 所以陰陽者, 是道也 陰陽氣也 氣是形而下者 道是形而上者 則是密也」 ——《遺書》, 卷 15	「性無不善 而有不善者 才也 性即是理 理則自堯舜至於 途人一也 才禀於氣 氣有淸濁 禀其淸者爲賢 禀其濁者愚」 ——《遺書》, 卷 18
朱 晦 庵 (1130〜1200)	「天地之間 一氣而己 分爲二則爲陰陽 而五行造化 萬物始終 無不管於是焉」 雖易學啓蒙（**氣一元論的 見解**） 「太極只是一個理字　太極只是萬物之理 在天地言 則天地之中 有太極 在萬物言 則萬物之中 各有太極 未有天地之先畢　竟是先有此理」 「理無方所無—〈語類〉形狀以爲在物之前 而未嘗不　立於有之物後 以爲陰陽之外 而未嘗不行乎陰陽之中」 「有此理 後方有此氣 旣有此氣 然後此理有所安頓處」 　以上《文集》（**理・氣 二元論的 見解**）	**人心道心說** 「心之虛靈知覺 一而己矣而以爲 有 人心道心之異者 則以其或生之於形氣之私　或原於性命之正 而所以知覺者 不同 是以或危殆 而不安 或微妙而難見耳 然人莫 不有是形　故雖上智不能無人心 亦莫不有是性 故雖下愚 不能無 道心　二者雜於方寸之間　而不 知所以治之 則危者愈危 微者愈 微而天理之公　卒無以勝夫人欲 之私矣」——〈中庸章句〉〈朱子序〉 「學者工夫　唯在居窮理二事 此 二者互相發 能窮理 則居敬工夫 日益進 能居敬 則窮理工夫日益 密」　　　　　——〈語類〉 「靜坐非是要坐禪入定 斷絕思慮 則此心湛然無事 自然專一 及其 有事 則隨事而應 事己則復湛然 矣」

4) 理氣를 문제로 보는 문제

　문제란 곤란성의 극복이므로 인식과정에서 항상 제기되는 연구과제이다. 문제는 해결되지 않으면 안되게끔 우리의 인식작용은 문제에 대하여 언제나 도전한다. 그러나, 제기되는 문제는 문제 의식을 철저히 지녔을 때만이 해결의 만족도가 높아질 것이다. 인간의 지성사가 곧 문제의 해결의 역사라고 한다면 우리의 인식과 이해의 지평은 보다 분화되고 심화될 수 있었다.

우주와 인간을 어떻게 보느냐 하는 문제는 인간의 사유작용뿐만 아니라 삶의 모든 구석까지 지배하는 「標準之義」이기도 하다. 이것은 이미 삶의 형식논리 이전의 생명법칙으로까지 고양된다.

理·氣 문제에 있어서 고대 중국인의 문제의식은 원래 생명관과 결부되었다. 그러므로, 理의 개념발생은 「氣」觀의 생명운동관과 작용하면서 사상적으로 정립된 개념이라고 유추된다.

氣라는 글자는 「气」로서 사람의 호흡이라는 뜻이다. 즉 생명력·활동력의 근원이라는 의미가 있다.[20] 따라서, 인체내에 있는 힘 등을 氣라고도 하여 생리적 의미가 강하고, 심리적인 의미로 사용될 때도 어느 정도 생리적인 의미가 첨가된다. 道家에서 말하는 「養氣」는 장수하기 위한 養生法이며, 孟子의 「浩然之氣」도 우주에 충만한 氣(ether)라고 생각하였다.

또한, 「육체는 사라져도 영혼은 있다」라는 영혼불멸관도 이러한 氣의 내재성을 전제하고야 가능하다. 그리하여 마침내 氣는 山川 등의 자연 속에서 느끼는 靈的인 것까지 포함하게 되었으며, 이것이 陰陽사상으로 혹은 五行사상으로까지 발전하여 우주의 구성요소로 설명되기에 이르렀던 것이다. 氣를 물질적이고 靈的인 것으로 보는 것은 유교나 도교가 동일하였으나, 뒤에 유교에서 氣 이외에 理의 존재를 생각하게 되면서부터 氣는 가치적으로 理의 下位價値로 보는 경향이 생겼으니, 이것은 理를 정신적인 것, 氣를 물질적인 것으로 보려는 사고의 분파작용 때문이라고 할 것이다.

程朱 성리학은 바로 이러한 理氣가치관의 이원론을 확립한 전기를 마련하였다. 理氣 이원론이 확립되기 이전에는 우주 본체론은 氣 중심으로 전개하고, 인간존재론은 理 중심으로 서술하는 것이 통례[21]이었고, 이 가운데 氣 일원론 같은 것은 氣 중심으로 우주와 인생을 논함은 물론이지만 도덕을 말할 때는 「所當然의 理」를 추구하지 않을 수 없었다. 이러한 필요충족에서 창안된 개념이 곧 理이다.

그러나, 程伊川·明道 형제가 창안하였다고 하는[22] 「理」의 개념형성은

---

20)《說文》, (氣字條)

21) 裵宗鎬, 앞의 글, pp. 47~48.

22) 程明道는 「天理二字」를 우리 兄弟가 창안한 것이라 하였다(《二程全書》, 卷 2).

쉽사리 한꺼번에 창출된 것이 아니다. 멀리 소급할 것도 없이 張橫渠는 「太虛」를 氣의 本體(理)라 하여 太虛 본체의 聚散으로 인하여 만물이 발생하고 만물은 다시 그 본체인 太虛로 돌아간다고 하였다.[23] 그에 의하면, 太虛란 공간과 氣를 합한 개념으로서 우주공간 안에 가득찬 것으로서 그 본체는 無形이지만 완전한 無는 없기 때문에(無無) 有라고 하였다.

이러한 근원적 運動因子로서의 氣觀은 본체와 현상을 함께 포섭하는 자료로서의 속성을 지닌 것으로 이해하였으며, 그들의 세계관적 발상의 근거가 애니미즘적이면서 우주 에너지(cosmic energy)로 본 것이 특색이다.

이와 같은 우주관적 시각을 인간의 내부적인 생명현상에다 돌리게 되면 有限과 無限, 此岸과 彼岸의 경계 밖으로 생명의 호흡을 연장시킬 수 있는 것으로 보아, 死生一如, 合自然의 유장한 삶의 태도 등을 기르게 된다. 그러나, 理 개념의 구조화, 조직화는 초월적이고 신비적인 생명법칙의 奧義에다가 현세적이고 합리적인 생활(精神과 物質)의 규범으로 삼는 데 이바지하였다. 그러나, 氣의 철학에 있어서 陰陽 二氣 위에 하나의 實在가 있다는 문제의식과 문제의 발견은 확실히 사고를 종합하고 조직하는 데 一進境을 열어 준 것만은 틀림이 없는 것 같다.

우주의 근본원리로서의 理라는 실재를 발견하였음은 성리학의 확립을 위해서나 세계관적 안목의 새로운 개안을 위하여서도 중대한 전기였던 것이다.

程伊川이 理의 소재증명을 《易經》의 繫辭傳에서 찾고, 道는 形而上이며 陰陽은 形而下라는 가설을 설립하였다는 것은 확실히 대담한 해석이었던 것이다.[24]

5) 四書 取擇의 문제

성리학은 그 주된 경전을 先秦儒學의 경전이던 「五經」으로부터 「四書」로 옮김으로써 새로운 이론적 근거를 찾아 활기를 불어넣었다.

---

23)「太虛無形 氣之本體 其聚其散 變化之客形爾 至靜無感 性之淵源 有識有知 物交之感感爾 客感客形與無感無形 惟盡性者一之天地之氣 雖聚散功取百塗 然其爲理也 順而不妄 氣之爲物 散入無影 適得吾體 聚爲有象 不失吾常 太虛不能無氣 氣不能不聚 而爲萬物 萬物不能不散而 爲太虛 循是出人 是皆不得已然也 然則聖人盡道其間 兼體而不累者 存神其至矣」
——《正蒙》, 大和篇, 第 1

「氣之聚散於太虛 猶冰凝釋於水 知太虛卽氣 則無無 故聖人語性與天道之極 盡於參悟之神 變易而已 諸子淺妄 有有無之分 非窮理之學也」
——上 同

24) 東京大學 中國哲學硏究室編, 《中國思想史》, 東京大學出版會, 1967, p. 145.

五經[25]의 낡은 옷을 버리고 새로운 시대, 새로운 철학으로서의 四書[26]의 등장은 불가피한 주문이었던 것이다. 二程子의 철학은 周濂溪의 學을 바탕으로 성립된 것으로서 朱子는 易과 中庸을 바탕으로 하여 그 위에 불교사상을 가미하였다. 이와 같은 朱子學統이 程子에 이르러 學·庸·論·孟의 四書를 바탕으로 하고 여기에 불교화엄철학을 절충하여 一家를 이루게 된 것이다. 따라서, 四書는 그 사상적 지위를 높여 五經을 능가하는 자리에 이르게 되었으니, 이것이 바로 도학의 특색이다. 그후로 유학은 四書의 해석 여하에 따라 변하게 되었다. *

  學·庸·論·孟의 四書가 도학의 정통을 물려받은 까닭은 그 편찬(또는 祖述)의 인물이 바로 孔子·曾子·子思·孟子로 이어지는 사람들이었기 때문이기도 하였다.

  한편, 「五代의 亂」을 평정하고 宋나라가 천하를 통일시켰을 때 이념적으로나 현실적으로 필요하였던 것은 새로운 사상적·실제적 이념이었다. 전란으로 한때 침체되었던 학문부흥의 기운이 차츰 감돌기 시작하였으며 때맞추어 范仲淹·歐陽修와 같은 걸출한 학자들이 배출되어 정치적으로 비중 높은 자리에 앉게 되자 일시에 학운이 진작되고 수많은 학자들이 그들의 문하에 운집하였다. 范仲淹·歐陽修는 각기 학문적 성격이 특출하여서 그들의 문도는 스승의 학적인 성격특징을 그대로 반영하였다. [27] 즉, 范

---

25) 「五經」은 《易》·《書》·《詩》·《禮》·《春秋》의 五經書를 일컬음이다. 이것은 漢代에 六藝의 형식이 갖추어지면서 儒敎의 기초확립과 더불어 士大夫가 갖추어야 할 교양으로 五經은 그 準據가 되었다. 唐나라 時代에 《五經正義》가 저작되어 五經에 대한 諸說을 통합한 것도 역시 학문의 중심이 五經에 있었음을 보여주는 것이다. 이러한 흐름은 漢나라의 學風에도 영향을 끼쳐 訓詁에 중점을 두었고, 이것은 宋代에까지 계속되었다. 그러나 五代의 亂을 치루고 난 人心은 이러한 학풍에 만족치 않고 직접 經書의 정신을 파악하려고 하였다. 北宋의 새로운 經學과 形而上學의 대두는 이 경향을 단적으로 나타내는 것이며, 이것이 南宋의 朱子에 의하여 종합되어 元·明에 연결되었다.

26) 「四書」는 《大學》·《論語》·《孟子》·《中庸》의 총칭이다. 《大學》과 《中庸》은 원래 《禮記》중의 2편이었으나 獨立되었다. 이 4종류의 책을 서로 관련시켜 四書로 정리한 것은 宋의 程伊川이며, 朱子는 이 四書에 集註를 붙여 《四書集註》라 하고 《大學》과 《中庸》에는 「章句」라는 명칭을 붙였고, 《論語》와 《孟子》에는 「集註」라는 이름을 붙였다. 四書를 읽는 데는 《大學》──→《論語》──→《孟子》──→《中庸》의 順으로 옮겨야 하는데, 그 이유는 《大學》에서 규모를 定하고, 《論語》에서 근본을 세우고 《孟子》에서는 그 발전을 터득하고 난 뒤 《中庸》에서 古人의 미묘한 사상을 알 수 있기 때문이다. 四書가 정하여지기 前에는 《五經》이 널리 읽혔으나, 量도 많고 難解한 점도 많았다. 宋代에 이르러 학문의 實際化·平易化에 따라 四書가 주된 敎範이 된 것이다.

* 예컨대 《大學》의 「大學之道 在明明德 在親(新)民…」에서 「親」과 「新」의 字句解釋에서부터 朱子學과 陽明學은 分岐되기 시작한 것이 이것이다.

27), 28) 武內義雄, 《中國哲學思想史(下)》, 岩波講座, 1932, pp. 265~266.

仲淹은 道德家의 기풍이 탁월하였고 歐陽修는 文士의 風格이 뛰어났다. 따라서 자연히 范門에는 명절을 숭상하는 학자가 배출되어 《易》과 《中庸》을 기초로 하는 도덕철학이 울연하여 「四書」 중심의 道學이 발달하였고, 歐陽門은 《春秋》를 중심으로 하는 名分論(正閏的)的 역사학도가 彬彬하였다. 이들 范·歐陽學派의 학문의 양면성을 종합집성한 이가 곧 朱子였던 것이다. 朱子는 范派의 學을 「四書」를 集註함으로써, 歐陽派의 학문을 《通鑑綱目》을 지음으로써 집대성시켰다. 28)

새로운 시대철학으로서 四書 중심의 도덕철학은 궁극적인 목표를 인간과 우주의 근본원리를 理에 두고자 한 데 있었다. 이것은 현세적 윤리질서를 바로잡고 정치적으로, 민족적으로 또는 종교적으로 처한 위기대항의 교조적 규범으로서 「理」의 존재가치를 십분 활용코자 하려는 것이었다. 이러한 의미에서 「四書」는 仁義와 忠信을 표방하고 실천하는 데는 五經보다 막강한 典範이었던 것이다. 訓詁와 難澁의 「五經精神」은 인격계발과 역사·사회의식을 신장시키는 데는 낡은 사상의 옷이었기 때문에 현실적이고 세간적(形而下的)인 지도이념의 제공이야말로 朱子의 「理의 세계」의 형이상학적인 정신구축 못지 않게 중요한 역할이었던 것이다.

그러므로, 「四書取擇」의 문제는 이론적인 기능보다도 현실적인 요청이 더욱 컸다고 하지 않을 수 없다. 이와 같은 경우는 우리나라 역사에서도 발견된다. 즉, 주자학의 동방전래는 麗末의 신진사대부들에 의하여 신봉되었으나 마침내는 李成桂 일파에 의한 군사 「쿠데타」를 합리화시키고 신흥국가로서의 조선조의 정치사상을 그리는 데 결정적인 지도이념으로 자리잡게 되었던 것이 그 예이다. 29)

6) 眞理의 존재문제

宋學은 초월철학이 아니라고 한다. 현세적인 理의 철학이며 현실적인 생활철학이라고도 한다. 그렇다고 하여 성리학이 市井철학이나 巷談철학이라는 말은 아니다.

진리의 문제에 끝까지 철저하였던 사변철학이며 이론화되고 체계화된 관념철학이다. 성리학적 진리는 어디에 존재하는가. 이에 대한 해답은 쉽사리 얻어지는 결론은 있을 것 같지 않다.

진리를 이해하는 길은 인식에 있고, 이를 얻자면 진리 그것과 동행하여

---

29) 丁淳睦 외, 《韓國教育史》, 서울, 教育出版社, 1972, pp. 94.

야만 가능하다. 그리고, 진리가 존재하는 것이라는 명확하고 확고한 신념
과 보장이 먼저 존재하지 않으면 그 파악은 불가능하다. 참된 理(이것이
眞理다)의 소재는 성리학이 밝히려는 궁극적인 명제이다. 유학사상사는 바
로 참된 理의 탐구사이다.

儒學은 그 道統의 연원을 아득히 堯舜을 지나, 禹湯文武周公을 거쳐 형
성되어 오다가 孔子가 六經을 刪定함으로써 성립을 보게 된 사상체계이다.
이것이 曾子・子思・孟子로 계승 발전되고, 맹자 이후 秦・漢・魏・晋을
지나면서 한때 침체되다가 宋代에 이르러 程子에 의하여 다시 계승을 보았
다. 漢代의 자연주의적인 사상에 불교가 전래되어 전통사상에 합류되었고
唐代의 불교는 중국화되어 가면서 三敎는 상호교섭을 거듭하게 되었다.
宋代로 이어져 가면서 彼此의 이론화에 자극이 되고 영향을 주는 동안에
유학도 또한 그 이론적 체계가 굳어져 가게 되었다. 先秦 유학의 학적인
이론이 宋代의 程子・朱子에 의해서 정비되어 신유학으로서 性理學이 등
장하게 된 것이다.[30] 이들 先哲들이 찾고자 한 진리파악의 구심점은 한결
같이 인간문제 그것이었다. 비록 그들이 처한 시대가 다르고, 진리를 찾
아가는 길은 달랐을망정, 그리고 그들이 두드린 진리의 문은 제각기 다
른 것이었을지라도 그들이 갈구한 진리의 샘물은 「人間」이라는 이름의 그
것이었음을 발견하게 된다. 더구나 송대 성리학자들이 지닌 학적 관심사
의 초점은 인간이해와 인간탐구라는 말로 집약시킬수 있다. 이것은 仁, 곧
인간문제를 기본명제로 하는 유학의 근본 성격이기 때문이다.

「性理」라는 말 자체가 「性命理氣」를 줄인 데서 왔다. 하늘이 부여한 것
을 「命」이라 하고 인간이 지니고 있는 것을 性이라고 하는[31] 데서 「性命」
이라고 하며, 하늘과 사람을 아울러 지배하는 기본원리 곧 궁극적인 진리
가 理氣라는 뜻이다. 하늘과 사람을 함께 관통하는 궁극의 진리가 太極이
요, 理라는 말이다. 그러므로 우주본질은 인간본질과 같은 법칙, 같은 원
리에 속한다. 사람의 확대가 우주이며, 우주의 축소가 곧 사람이라는 우
주이해와 인간의식을 지닌 천인합일의 사상이다. 인간발견・인간확인의
장엄한 우주적 「코러스」인 것이다.

우주론적인 「理氣」는 인성론적인 「性」・「命」과 함께 하나의 얼굴에 두
개의 모습인 것이다(程伊川의 「性則理」가 이것이다).

주는 자(天)가 지니는 것이 命이라면, 받는 자(物)가 가지는 것은 性이

---

30) 이상 性理學의 연원은 丁淳睦, 〈道統論〉,《朝鮮時代의 敎育名著巡禮》, 培英社, 1985. 참조
31) 《中庸》 第 1 章, 「天命之謂性 率性之謂道」

다.[32]

이에 대하여 柳正東 교수는 아래와 같이 말한다.[33]

儒學은 先秦時代 이후로 人間의 道가 문제인 것이요, 보편적 人間本性을 中心으로 하여 一切의 學說이 전개되는 것이며. 모든 人事가 人性을 떠나서 云謂될 수 없고, 또 命해주는 天을 떠나서는 논의될 수 없는 일이다. 즉, 天이 命하는 性을 통해서 義理나 道德문제가 다루어진다. 이때에 命하는 主體側과 稟受하는 客體側은 遊離되어 전혀 무관계한 것이 아니라 一連의 관계를 갖고 一貫된 위치에서 그 理論을 전개하는 데 특징이 있다. …天의 命이 我에 있는 것은 性이라고 하지만 事物에 있으면 이것을 理라고 한다(天之付與之謂命 稟之在我之謂性 見於事物之謂理——《性理大全》, 〈性命〉). 그러나, 理라고 하든지, 性이라고 하든지, 命이라고 하든지 이 三者는 각각 다른 것이 아니요, 窮理와 盡性을 통해서 知天命하는 일관성을 띤 것이라고 한다(理也 性也 命也 三者未嘗有異窮理則盡性 則知天命矣方——《性理大全》, 〈性命〉).

성리학은 진리를 추구하며, 추구하는 인간 스스로가 진리적 존재가 됨(求仁成聖)에 그 궁극적 목표를 두고 있다. 진리는 高遠深處에 있는 것이 아니라 평이명백한 일상의 삶 가운데 있고, 이를 터득하는 길은 끊임없는 인간(格) 수련(居敬窮理, 尊養省察)에 있다. 그러므로, 졸연히 진리의 자리에 이르고자 하는 것이 아니라 끊임없는 做工에 의하여 차근차근히 진리의 문으로(漸修) 나아가야 한다.

퇴계학은 이러한 진리의 存在觀 속에서 퇴계 스스로가 70 생애를 헌신하여 쌓아올린 인격실현의 산물이다. 그는 우주와 천지의 본체를 찾기 위하여 인간도덕의 本體를 스스로 조각하였다. 그는 지식을 탐내는 「소피스트」가 아니라 인간의 「所以然」과 「所當然」을 애써 찾는 愛智의 사람이었다(天下之物 則必有所以然之故 學其所當然之則 所謂理也——《大學或問》 第1章).

진리는 먼 곳에 마련된 상태로 있어서 찾아오는 기성품이 아니다. 「至極之極而兼有標準之義」(朱子)이기 때문에 究極의 진리(至極之極 : 理)는 사람됨의 길잡이(標準之義)가 되어야만 理가 되는 것이다. 진리는 존재하는 것(existence)으로만 「있음」하는 것이 아니라, 실현(actualization)함으로써 존재한다. 이것이 성리학적 진리의 당위성이다.

---

32) 《性理大全》, 〈性命〉, 「程子曰 天所賦爲命, 物所受爲性,　天之付與之謂命, 稟之在我之謂性」
33) 柳正東, 《退溪의 生涯와 思想》, 博英社, 1973, p. 79.

Ⅱ—2. 퇴계철학의 특징

나는 『퇴계학은 心學이다』라고 말한 바 있다. 그런데 여기에서는 『퇴계학은 理學이다』라고 말한다. 그러면, 퇴계는 「無所不在」란 말인가. 반드시 그러한 것만은 아니다. 성리학의 학문적 영역이 퇴계로 히여금 心學者도 될 수 있고 理學者도 될 수 있게 한다.

성리학설에서는 태극론·이기론·심성론·실천론 중 어떠한 부분을 설명하든 간에 일련의 연관성을 배제하지 못한다. 그 어느 하나를 빼고서는 다른 하나의 설명이 이루어질 수 없다. 존재론을 이야기할 때 심성론이나 가치론을 배제하거나, 심성론을 거론할 때 존재론을 빠뜨리게 된다면 그 설명은 바름을 잃게 된다. 다만, 진술의 편의상 分端하여 전체적인 조망을 뒤로 미룬 결과 퇴계로 하여금 「千의 얼굴」의 소유자인양 보일 뿐이다.

따라서, 이와 같은 사실은 퇴계학의 학적 구축이 매우 높아 답사하기 매우 어려운 커다란 도전임도 아울러 시사하는 것이 된다. 그러면 退溪理學은 무엇인가. 퇴계이학은 먼저 퇴계이학이라는 객관적 대상이 존재되어야 하고, 程朱學과 구별되는 異同處가 있어야 하며, 끝으로 한국의 그 문화의 역사적인 존재의미가 내재되어 있어야 할 것이다.

퇴계학의 학적인 구성과 그 성립여부 자체가 하나의 독립된 연구분야일 수 있을만치 풍부한 논의를 제공하고 있다. 이곳에서는 「퇴계학은 주자학의 亞流나 그 祖述이 아닌 독자적인 학문적 구축과 성격이 있다」라는 전제로서 출발코자 한다. 이러한 전제는 선험적인 판단이거나 情意的이고 심리적 동기에서 나온 것이 아니라는 사실은 지금까지 추적하여 온 길〔先行硏究〕을 돌아보면 나타날 것이다.

위와 같은 사실은 제 2 의 가설인 주자학과 구별되는 퇴계학, 즉 주자와 퇴계와의 사이에 나타나는 학적인 異同處가 무엇이냐에 대하여 그 해답을 요구한다. 물론, 퇴계학과 주자학은 함께 성리학의 범주 안에서 성립될 수밖에 없기 때문에 「異」보다는 「同」, 즉 사상적 공분모가 크지 않을 수 없다. 그러나, 퇴계학은 퇴계라는 특별한 개성적 인격의 결정이며 한국의 정신적·역사적·사회적 풍토의 산물이기 때문에 주자학과는 「同 가운데

異」, 「異 가운데 同」이 있을 수 있으되 그 개성적 의미는 독자적일 수밖에 없다.

조선조 초기의 성리학이 정치적인 체제보호 면에 주력하였다면, 퇴계 이후에 심화된 한국성리학은 사상보호에 힘쓰게 되었음은 그들이 태어난 시대적 환경이 바야흐로 철학의 생활화시대로 개막될 만큼 내면화하였기도 하거니와 무엇보다 퇴계가 다져놓은 정신 광맥의 풍부한 혜택에 힘입은 까닭이라 보여진다. [34]

퇴계학에 있어서 가장 정평이 있는 후대의 존재론적인 평가는 「理·氣二元論」이라는 말이다. 일컬어 퇴계는 「理貴氣賤」의 사고유지자이면서 理氣의 「不相雜·不相離」의 朱子의 절충관에서 理氣의 「不相雜」면에 치우친 理尊論者라고 한다.

그러나, 理貴氣賤이란 말 자체에서 이미 시사되듯이, 退溪理學은 서구식 존재론적 命名價値인 「一元論·二元論」이라고 하는 것이라든가 高橋亨流의 「主理·主氣派」라고 단정하려는 것도 속단이라고 본다.

一元論(monism)이란 세계관적 본질을 단 하나의 궁극적인 것으로 설명하려는 입장이다. 성리학적 우주관에 있어서 「太極」이나 「理」는 서구철학의 그것과는 다르다. 예컨대, 「有」(einai parmenides)라거나 「神：Spinoza」이라는 개념과는 거리가 있다. 또한, 二元論的(dualism) 세계관에서의 정신과 물질을 「理」와 「氣」로 對比한다든가, 무한자와 유한자를 「天」과 「人」으로 對入하려는 생각은 퇴계와 칸트 및 헤겔을, 그리고 퇴계와 헤겔을 사상적으로만 비교하려는 衒學과 같다.

이러한 서구철학적인 척도로써 동양철학을 마름하려는 일은 이제 지양되어야 할 일이다. 성리학적 「理氣二元論」의 「二元」을 주장하는 자료는

---

34) 퇴계가 理氣論에 대하여 집중적으로 硏鑽한 것은 官界를 떠나고자 하였던 中年 이후인 43세 때부터이다. 鄭秋巒의 〈天命圖說〉을 改訂해 준 것이 53세 때, 그뒤 60세 때에 長長 7年間에 걸친 奇高峯과의 〈四·七往復書〉를 교환하기 시작하면서 독창적인 思想體系를 형성하였다.

中年 이후의 퇴계의 주요 著述年譜는 대략 다음과 같다. 〈通文 四學諭諸生〉(53세), 〈改訂鄭之雲天命圖〉(53세), 〈書論夙興夜寐箴〉(54세), 〈跋延平問答〉(54세), 〈朱子書節要〉(56세), 〈啓蒙傳疑〉(57세), 〈宋季元明理學通錄〉(59세), 〈答奇高峯書辯四端七情〉(60세), 〈陶山記〉(61세), 〈心無體用辯〉(64세), 〈心經後論〉(66세), 〈戊辰六條疏〉(68세), 〈聖學十圖〉(68세), 〈與奇明彦書論心性情圖〉, 〈答奇明彦書改致知格物說〉(70세).

이같은 퇴계의 思想遍歷은, 存在論的으로 보아 「四端理之發七情氣之發」에서의 理氣에 관한 理氣二元論的 存在論의 문제가 드디어 「四端理發而氣隨之, 七情氣發而理乘之」라는 理氣一元論的 二元論의 理氣互發說의 大單元으로 정립되고야 만다. 퇴계 晩年에 가서 「理氣說」은 퇴계 理學의 결론이자 性理學的 宇宙觀의 독창적 精神 所産이라 할 것이다.

이러하다.

程伊川이 氣는 만물을 형성하는 자료로서 운동을 말하고, 理는 이러한 氣 속에 내재하는 원리를 말하기 때문에 理氣이원론이라는 것이다.

그러면, 伊川의 철학과 張橫渠·程明道 등이 氣의 통일체로서 太虛·乾元을 말한 것과는 어떻게 다른가.

「理」의 발견이라 하여 氣 가운데 존재하는 원리로서의 「理」란 무엇인가. 존재 안에서 그 존재를 작용하게 하는 또 다른 「存在」의 발견은 궁극적인 하나의 實在일 수밖에 없지 않는가. 氣 철학의 理에로의 바뀜이라면 몰라도 「支配하는 존재」와 「지배당하는 존재」를 어떻게 2원적인 존재로 인정할 것인가. 말하길 이때의 理와 氣는 상호밀접한 관계를 가지며, 이 가운데 하나가 없으면 나머지는 존재할 수 없게 되므로 2원론이라고 한다. 동시존재로서의 理와 氣이기 때문에 2원이라고 한다.

「一即二, 二即一」의 包次元的인 이기론적 발상이 아니고서는 성리학적 존재의 차원을 건널 수 없다. 그러므로, 성리학적 체계 속에서 理氣 일원론이니 이원론이라고 하는 말처럼 책임 없는 말은 없을 듯하다.

이에 대하여 좀더 부연하기로 한다. 《易》에서 「一陰一陽謂之道」라는 말에서, 程伊川은 道를 해석하여 「陰陽하는 원인이 되는 것」이라고 하였다. 道를 氣 속에 존재하는 원리라는 새로운 우주관을 세웠다. 道, 즉 理가 氣와 서로 밀접한 관계를 가지며 그중 하나가 없으면 나머지는 존재할 수 없다는 것이다. 그리고, 사물에 차별상이 생기는 것은 氣의 淸濁粹駁에 의한 것이라고 한다. 따라서, 理와 氣는 그 質을 달리하는 것이므로 가변의 氣는 불변의 理 때문에 스스로 경중이 생긴다고 한다. 더우기 이것이 실천윤리와 결부될 때 「理尊優位」는 확실하게 된다는 것이다. 하나의 법칙성으로서의 理는 물리적인 氣에 의하여 「나타남」이 가로막히게 된다. 이와 같은 程伊川의 이기철학이 朱子에 계승되어 理·氣의 성격이 더욱 확실하게 되었다. 朱子는 理에다 존재론적 의미의 「所以然」과 법칙적 의미의 「所當然」의 두 가지 성격을 부여하고, 그것은 氣 속에 존재한다고 보았다. 氣는 形質을 지녀서 운동하는 데 반하여 理는 형질과 운동을 하지 않는 관념적 實在라는 것이다. 그러나, 관념적 실재로서의 理는 氣의 命物者로서의 理가 氣 속에 존재하지 않으면, 氣의 작용은 불가능하다는 입장이었다. 주자는 이것을 윤리적인 면에서 고찰하여 理氣에 경중을 두면서도 氣를 악한 것으로 단정하지는 않는다. 다만, 氣의 淸濁 여하로 선악의 구별이 생긴다고 하였다. 퇴계는 理氣의 존재론적 「所以然」보다는 윤리・실천적인 법칙성으로서의 「所當然」면에 더욱 중점을 두고 理・氣를 해석하였다. 따라서, 자연히 그의 理氣說은 「理貴氣賤」을 주창하게 되었고, 「理氣不相離」보다는 「理氣不相雜」을 강조하게 된 것이다. 여기에 퇴계를 일컬어 主理派라고 하는 피상적인 명명이 가능하게 된다.

그러나, 다시 강조하거니와 퇴계는 주리파도 아니며 理氣 이원론자도 아니다. 다만 구태여 이름짓는다면 主理氣派이며 理氣 일원론적 이원론자이다. 그는 성리학적 理氣論의 진수를 自得하여 理氣觀을 종합적이고 분석적으로 파악한 「周悉而無偏」[35]한 철학적 방법론자였다.

퇴계학의 형이상학적 배경은 이미 앞에서 살펴본 바와 같이 중국 성리학자, 주로 朱子의 영향에 의한 것이다. 그렇다고 하여 율곡이 평한 대로 『퇴계는 주자의 가르침을 한결같이 지켰고 그 주장은 모두 주자의 설을 절충하고 있다』[36]는 말은 바른 관찰이 아니다. 오히려 尤庵이 지적한 대로 『退溪의 學은 가장 폐단이 없고 그 주장은 주자와 다른 바가 있다』[37]라는 말이 맞는 말이라 믿어진다.

1) 退溪 理氣論의 기본개념

가) 太極과 理

퇴계는 「太極이 곧 理」〔太極即理, 理即太極〕라고 하여 理를 궁극의 형이상적 실재로 보았다. 퇴계학은 이러한 理의 밝힘에 있고 理의 실천으로 귀납하고 연역함에 있다.

그리고, 퇴계에 의하면 理는 정태적인 관념적 실재가 아니라 동태적〔能發能生〕인 실재라는 점이다. 이는 새로운 해석이다. 즉, 周濂溪가 理 자체는 動靜이 없는 것(動而爲動, 動而無靜)으로 보았고, 朱子 理氣說은 能發能生은 氣며 所以發所以生은 理라고 한 것과는 대조를 이룬다.

---

35)《退溪全書》(上), 〈奇明彦答書〉에서 「就同中而知其異見, 就異中而知其有同, 分而爲二而不害其未嘗離, 合而爲一而實歸於不相雜, 乃爲周悉而無偏也」라 하였다. 退溪는 이렇게 異와 同, 分과 合, 一卽二, 二卽一, 그리고 종합・분석(周와 悉)을 고루 미치고 포괄하는 學的 體系를 형성하였다. 이 점이 哲學方法論上 그의 탁월한 입장이다 (이 책 Ⅲ-1. 〈퇴계 심성론의 근거〉, 참조).

36) 李珥, 〈石潭日記〉, 「退溪之學 因文入道 義理精密 一遵朱子之訓 諸說異同亦曲暢旁通 而莫不折衷於朱子云云」

37) 宋時烈, 〈看書雜錄〉, 《宋子大全》(卷 131, 21), 「退溪之學 最爲無弊 而其作處 與朱子不同」

퇴계는 묻는다.

朱子 嘗曰 理有動靜 故氣動靜 氣何自有動靜乎 知此則無此疑矣[38]

이와 같기 때문에 「理自有用 故自然而生陽生陰也」라고 퇴계는 확신하는 것이다.

나) 理와 氣

퇴계가 理 우위설을 주장하여 존재론적으로는 「理發說」을, 인성론적으로는 「本然性之說 ; 四端說」을, 그리고 가치적으로는 「道心說」을 강조한 까닭은 「理貴氣賤」[39]이라고 보았기 때문이다.

왜냐하면, 理가 귀한 것은 無爲이기 때문이며, 氣가 賤한 것은 有欲하기 때문이다. 無爲는 不爲가 아니라 踐理로서의 順理를 말한다. 그러나, 氣는 「或生或克, 或順或迷, 或昇或降, 或往或復, 或來或去, 或闢或翕, 紛綸交盪, 顚倒錯綜, 淳漓淸濁, 有萬不齊」[40]하여 변화난측의 성질을 지녔다. 이러한 氣가 편재된 사람이 천한 인성을 지니게 되고 그 본보기가 바로 「老莊」이라고 하였다. 그러므로, 퇴계에 있어서 氣는 理와 같은 자격과 품위가 없으므로 理는 우위이고 氣는 저위 즉 理尊氣賤인 것이다. 이것이 주자와 다른 점이다. 퇴계가 바로 주자의 說을 많이 인용하고 따르는 것은 학문적 태도일 뿐 그 입장은 주자와 다르다[41]라는 해석은 올바른 판단이다.

이처럼 퇴계는 理를 논함에 있어서 존재의 所以然보다는 義理의 所當然을 더욱 강조하였다. 그러므로, 퇴계는 『古今人들의 學問・道述의 차이는 「理」자의 풀이가 어려워서가(知識論으로서의) 아니라 「眞知妙解의 十分處」로 이르는 것(實踐行爲論으로서의)이 어렵기 때문이라고 하였다.』[42]

결국 퇴계의 理는 氣를 거느리는(理는 將師요 氣는 그 兵卒이다) 창조와 초

---

38) 《退溪全書》(上), p. 889.

39) 《退溪全書》(上), 〈與朴澤之書〉, p. 335(理貴氣賤, 然理無爲氣有欲, 故主於踐理者, 養氣在其中, 聖賢是也, 偏於養氣者, 必至於賤性, 老莊是也). 또 〈答李宏仲問目〉, 같은 책(p. 817.)에는 『대개 理가 發하여 四端이 되는 것이니, 이것을 바탕으로 하여 發하는 것은 氣지만, 이렇게 할 수 있는 것(所以能)은 실로 理다』(理發爲四端 所資以發者氣耳 其所以能然實理之爲也)라고 하였다.

40) 《退溪全書》(下), p. 703, 〈答奇明彦〉.

41) 中國人학자 蔡茂松의 말, 〈退栗性理學의 比較硏究〉, 未出刊, 成均館大學校大學院, 博士論文, 1972, p. 61.

42) 《退溪全書》(下), 〈答奇明彦別紙〉, (嘗深思古今人學問 道述之所以差者 只爲理字難知放耳 所謂難知者 非略之爲難 眞如妙解十分處爲難耳).

월의 개념이고 시간과 공간을 초월하는 본체이다.

2) 理氣에 있어서의 「發」[43]의 문제

퇴계 이기론의 가치우선은 理尊·氣賤이지만, 그 발생우선은 어떻게 되는가. 程朱 성리학에 의하면 理와 氣는 실상 선후를 논할 수 없고, 다만 논리상으로 초월된 理를 말할 수 있을 따름이라고 한다. 無形의 理를 말하려면 氣가 필요하게 되며 창조의 논리성으로 보아서는 理의 우위성을 인정하지 않을 수 없으나, 인식의 논리성으로 보아서는 氣를 논하지 않을 수 없다는 것이다. [44]

그러나, 퇴계가 학적인 공박을 받으면서까지 「理發說」을 주장한 것은 理의 보편성·能動性이 결국 그의 실천윤리의 당위 개념들인 「天理」·「道心」·「四端」·「本然之性」 따위를 정당화시킬 수 있기 때문이다. 여기서 「理一分殊」(朱子)로서의 理의 보편성과 「湛然一氣」(張子)로서 氣의 보편성을 초월하는 「理一」의 절대성을 그리지 않을 수 없었다. 이러한 면에서 퇴계학은 종교철학적인 성격을 지닌다. 「理」의 신성성·종교성은 퇴계에 있어서 어느 정도 강렬한 맛을 풍기게 된다. 理는 존재론적 실체인 동시에 도덕실체이다. 그러므로, 퇴계에 의하면 理의 至神한 「用」이 문제가 되는 것이다.

퇴계가 理를 창조적인 능력의 근거라고 확신하였던 것은 奇高峯과의 답서에서 다음과 같은 반문으로도 증좌된다. [45]

> 情意가 없고 造作이 없는 것은 이 理의 본체이며, 發見(顯)을 따라, 두루 流行하는 것은 이 理의 至神한 작용이 아닌가. 다만 本體가 無爲하다는 것만 보고 妙用이 능동적으로 顯行함을 알지 못하여 理를 死物이라고 잘못 이해한다면, 道에서 또한 매우 멀지 않을 것인가.

퇴계가 理氣를 둘로 나누어 말하는 것은 그야말로 방편이었다. 그가 四端七情을 「理發氣發」로 생각한 것은 실천윤리적인 면에서였고, 주자처럼

---

43) 퇴계의 「理氣互發」의 문제는 心性論과 결부되므로 後述할 〈退溪와 高峰의 「만남」〉에서 논하도록 한다.
44) 柳正東, 앞의 책, p. 59.
45) 註 42)와 같은 곳(無情意造作者 此理本 之體也 其隨寓發見而無不到者 此理至神之用也 向也但見於本體之無爲而不知妙用之能顯行殆若認理爲死物 其去道不亦遠甚矣乎).

『所然」 또는 「實然」과 「所以然」의 측면만을 보려는 것이 아니었음을 알 수 있다. 퇴계학의 학문적 성격은 인식론적인 면보다는 가치론적인 특색을, 존재론적인 면보다는 당위론적이고 교육적인 성격을 더욱 나타낸다.

3) 주자학의 초극[46]과 발전[47]으로서의 퇴계철학

가) 근원적 運動者로서의 理의 파악

많은 학문적 논의를 불러일으켰으나 퇴계가 「理發」을 주장한 것은 확실히 새로운 경지였다.

퇴계에 의하면 理는 근원적 운동자(能發能動)일 뿐만 아니라 만물에 운동을 부여하는 命物者로서의 힘을 지녔다.

門人 李德弘이 『理라는 것은 形而上의 道며 生物의 根本이다』라는 말에 대해 묻자, 퇴계는 『주자의 無極이면서 太極임을 가르친 말에 하늘이 가지고 있는 것은 소리도 없고 냄새도 없지마는 실로 이것은 造化의 근본이며 만물의 뿌리라고 하였다. 대체로 理는 비록 형상은 없지만 지극히 빈가운데 지극히 참된 본체가 있는 것이다. 그러므로 1은 2를 낳고 2는 4를 낳으며, 4는 8을 낳고 8은 16을 낳으며, 16은 32를 낳고 32는 64를 낳았으니, 이것이 생물의 근본이며 만물의 뿌리가 아니고 무엇이겠는가』[48] 라고 설명하였다.

퇴계가 理에 동정이 있어서 우주만물을 能發能生할 수 있다고 본 것은 주자의 理氣動靜論과 다르다. 주자에 의하면, 動靜은 理(太極)가 아니라 動

---

46), 47) 『哲學한다는 일은 결국 초월한다는 일이다』(K. Jaspers, *Vernunft und Existenz,* 1935)라는 말에서의 「선택」과 「결단」의 뜻으로 사용코자 한다. 朱子學的 理解地平에서 退溪가 독자적인 철학적 자각을 이룩하였다는 뜻이다. 그러기 때문에 「퇴계학이 주자학을 능가」한다는 類의 相對比較의 의미는 되도록 배제한다. 이곳에의 「발전」의 개념도 韓國性理學的 풍토 위에서 결실하여 결국은 성리학 자체의 풍요화를 도모하게 된 의미로서의 그것이다.

48) 《退溪全書》(下), 〈退溪先生言行錄〉, 卷 1, 21 (教人), p. 799.
(德弘問理也者 形而上之道也 生物之本也 其祥可得問乎 曰學問之道不可臘等而進 故孔子之門非顏曾以上則不得聞性與天道至於周張程朱之時 聖人不作吾道不明 若不詳說道學幾乎絶矣 故立言著書以詔後來 學者讀其書得其義則 自當知之 後日德弘獨侍坐先生曰 向者吾抑君所問 古人云與學者如扶醉不知君所疑何說也 曰不詳生物之本, 曰朱子訓無極而太極 曰上天之載無 聲無臭而實造化之樞紐 品彙之根柢 蓋理雖無形而至虛之中有至實體 故一生二 二生四 四生八 八生十六 十六生三十二 三十二生六十四 則非生物之本 萬事之根而抵何——李德弘).

靜하는 「所以」가 理라는 것이다. 그러므로 동정은 氣며 理는 동정하게 하는 법칙에 지나지 않는다. 「太極者 本然之妙也 動靜者所乘之機也」[49]라는 말이 이것이다. 주자에 의하면 理는 법칙성으로서의 원리이며, 氣의 동정을 가능케 하는 선천적 근거였다. 따라서, 주자가 「理有動靜 故氣有動靜 若理無動靜 氣何自動靜乎」[50]라고 한 「理有動靜」이라는 말도 실상은 동정의 理가 「體」로써 「含」하고 있다는 것이지, 「用」으로서의 그것은 아닌 것이다.

나) 所當然으로서의 理의 강조

퇴계가 근원적 운동자·명물자·주재자로서의 「理」를 파악한 것은 퇴계 철학의 당연한 요청이었으나, 「氣賤」이라고 하여 氣의 존재가치를 부정하거나 과소 평가한 것은 결코 아니다. 퇴계는 李宏仲에게 答하는 글에서 그의 氣觀을 다음과 같이 적절히 설하고 있다. [51]

> 대체로 模象과 形氣가 있어서 宇宙(六合) 속에 가득차 있는 것은 모두 氣며, 그것이 갖추고 있는 理가 道이다. 道는 氣를 떠나지 않으며, 그 모양과 그림자를 가리킬 수 없기 때문에 形而上이라 하는 것이며, 器는 道를 떠나지 않으나 그 形象을 말할 수 있기 때문에 形而下라 한다. 太極은 陰陽 가운데 있으면서도 陰陽에 섞이지 않으므로 上이라 할 뿐, 그 위에 있음을 말함이 아니고, 陰陽은 太極에 벗어나지 않으면서도 의연히 形과 氣이므로 下라 할 뿐, 그 밑에 있음을 말함이 아니다.

門人 李宏仲이 만약 氣가 없다면 어찌 理 홀로 발할 수 있겠느냐는 물음에 대하여 퇴계가 답하기를,

> 天下에 理 없는 氣가 있을 수 없고 氣 없는 理 또한 마찬가지로 있을 수 없다. 그러므로, 四端은 理가 發하여 氣가 따르고(隨之), 七情은 氣가 發하여 理가 타(乘)는 것이니, 만약에 氣가 따르지 않는 理가 나올 수 없고, 理가 타(乘)지 않는 氣란 이욕에 빠져서 禽獸가 되는 것이니 이것은 도저히 변할 수 없는 定理라는 것이다[52]

---

49) 〈太極圖說解〉
50) 《性理大全》, 卷 56, 〈答鄭子上〉.
51) 《退溪全書》(上), p. 807, 〈答李宏仲〉.
52) 《退溪全書》(上), p. 816, 〈答李宏仲問目〉.

라고 하여 理의 통제와 氣의 服屬관계에 대하여 일관성 있는 답변을 하고 있다. 그러므로, 끝까지 理의 「體」는 理의 「用」에 의하여 존재론적 당위성이 나타나는 것으로서 理를 힘써 공부하여 정진하는 길만이 값진 것이라고 강조한다.

《大學》에 대하여 門人 李平叔이 질문한 答에서 퇴계는 지식학으로서의 문자해석은 아무 이익도 없는 일이므로 마땅히 체득·체험하여야 된다고 가르치면서 의리를 연구하는 데도 또한 그렇게 하여야 한다고 하였다. 그리고, 理와 氣에 관한 행위실천학에 대하여 이 글은 다음과 같이 끝맺고 있다.[53]

理를 窮究하고 힘써 공부에 정진하면, 처음에 하나의 벽(隔子)을 뚫기(消磨)는 매우 어려우나 그 다음의 또 한 겹의 벽을 뚫는 어려움은 먼저보다 덜하고, 다음에 또 한 겹을 뚫고 나면 工夫의 힘이 점차적으로 쉬워짐을 깨닫게 되니, 義理의 마음은 물욕을 뚫어, 度數에 따라 점차적으로 드러날 것이다. 비유컨대 거울이 본래는 밝지만 塵垢가 끼어서 약으로 갈고 닦는데, 처음에는 아주 힘들여 긁어내고 닦아내어야만 한 겹의 때를 겨우 닦아내니 어찌 어려운 일이 아니겠는가. 계속하여 두 번, 세 번 갈면 힘이 점점 적게 들고 그 거울의 밝음도 때를 벗겨낸 分量에 따라 점점 드러날 것이다. 그러나, 사람으로서 그 지극히 어려운 난관을 지나 점차로 쉬운 境地에 이르는 자는 드물고, 혹은 그 쉬운 경지에 다다랐으면서도 더욱 努力하여 그 밝음을 오롯이 드러내는 데까지 이르지 못하여 마침내 공부를 걷어치우는 자가 있으니 애석한 일이다.

다) 人格形成의 절대적 準據로서의 理

퇴계이학은 理神論的 요소마저 보인다. 그러나, 이것은 格物致知의 주지주의철학으로서의 퇴계학이 理를 人格神으로 절대화하고 있다는 말은 아니다.[54]

---

53) 《退溪全書》(上), p. 848, 〈答李平叔問目〉.

54) 「理神論」(deism)은 18세기 啓蒙思想을 지배한 合理的·自然主義的인 有神論을 넓게 나타낸 역사적 개념이다. 본래는 기독교를 近代科學的 合理性과 조화시켜 反理性的·神秘的 요소를 제거함으로써 反宗教的인 世俗主義에 대항하려는 護教的인 목적을 가졌다.
　　性理學에서는 「天卽理」라고 하여 「天」의 人格神的인 의미를 부인하고 合理的·法則的 의미를 인정하는 것이 된다. 退溪學은 이와 같은 「天觀」에 터하고 있지만 退溪는 〈天命圖說〉에서 「天之降命人也——第6節」(人之受於天命也)라는 말이 보이고, 그 〈後叙〉에서 「上天命物之道」라고도 하였으며 「無極而太極」을 말하여 「乃文上帝降衷之最初原頭」라고까지 하였다. 이것은 退溪學의 理論的 矛盾이 아니라 그의 哲學의 深邃한 一面을 보여 주는 것이다.

우주·인성의 모든 현상을 太極·陰陽·五行·理氣로써 일관성 있게 설
명하는 성리학에서 인격신이 존재할 리가 없다. [55]

인격신의 유무에 대하여 퇴계 스스로가 말한 바 있다. 「太極之有動是天
命之流行止 理爲之主而使之流行歟」라는 물음에 답하는 글에서[56] 다음과
같이 말한다.

> 太極이 動靜을 가지는 것은 太極이 스스로 動靜하는 것이며, 天命이 유행하
> 는 것도 天命이 스스로 유행하는 것이다. 어찌 시키는(便之) 자가 다시 있으리
> 요. 단지 無極과 二五가 妙合하고 凝하여 만물을 化生하는 점에서 보면, 마치
> 主宰 운용하면서 그렇게 시키는 자가 있는 것 같다. 이것이 《書經》에 있는「惟皇
> 上帝降衷于下民」에서의「上帝」이며, 程子가 말하는「以主宰謂之帝」에서의「帝」
> 이다. 대체로 理와 氣가 合하여 物을 命하면 그 신묘한 작용이 위와 같다는 것
> 이지 天命流行하는 곳에 달리「시키는 者」가 있다는 것은 아니다. 이 理는 極
> 尊無對하여 物을 命하는 것이지 物에서 命을 받는 것은 아니다.

따라서 「……이 理는 物(氣)의 主, 다시 말하면 物을 物되게 하는 근본
자, 명령자의 성격은 있지만」 그렇다고 하여 이러한 성격이 「上帝至上의
종교관으로 전환하기 쉬운」[57] 것이라는 견해[58]는 비약이 있다.

퇴계가 「敬天·畏天·事天」한 까닭은 신의 책벌이 무서워서도 아니며
절대자에의 귀의로서 구원을 받자는 것도 아니다. 오로지 主敬으로써 尊
養省察하여 天理를 다하려는 인격실현의 성실한 삶과 앎의 태도가 구도적
인 경건한 자세였고, 이러한 삶의 표현이 곧 敬·畏·事(天)하는 것으로
나타난 것이다. 이것이 그대로 「敬理」·「畏理」·「事理」였던 것이다. 理
에 대한 퇴계의 이같은 엄숙성이 準則이 되어 군자가 학문을 하는 것은
기질의 치우침(偏)을 교정하여 물욕을 막고 덕성을 높여 大中·至正한 道
에 돌아가려는 것이다. 그는 철저하게 理性의 學究였지만, 또한 순화된 感
性의 소유자였다. [59] 따라서, 성리학적 인격실현은 자력적인 행위실천에서

---

55) 李相殷, 앞의 책, p. 254.
56) 《退溪全書》(上), pp. 353~354, 〈答李達·李天機〉.
57) 蔡茂松, 앞의 글, p. 57.
58) 註 56)과 같은 곳, 「……而不以理爲準則 是中無主而物卒奪之亦不可 惟君子之知性之無內
外 而應物一於理一故雖一接外物 而物不能爲吾 解澄然無事而性定矣……觀理是非一循之謂也
一部定性書 須以此意讀之 乃得其旨 若如所論思飢飮之類 正是認物爲非外 而不以理爲準則之
病恐與本旨益遠也」
59) 위와 같은 곳, p. 354 (君子爲學矯氣質之偏 禦物欲而專德性 以歸於大中至正之道).

오는 것으로서 어떠한 타력적인 은총이나 구원에 의하여 얻어지는 것이 아
니라는 사실을 우리는 퇴계학과 그의 생애에서 읽게 되는 것이다.

4)「理氣論」해석의 독창성

존재론적으로 보면 理氣는 선후가 없지만 가치론적으로는 理貴氣賤이다.
이것이 理氣觀에 관한 퇴계의 기본 입장이다. 앞서 주자가 말한 바 ① 理
와 氣는 이질적 존재이나, ② 不可分離의 共在存在이지만, ③ 理는 氣에
앞선다[60](所謂理與氣 此決是二物 但在上看 則二物渾淪不可分開 名在一處 然不害
二物之名爲一物也 若在理上 看物則雖未有物而已 有物之理亦然 但有理而已 未嘗有是
物也)라는 朱子說은 비록 理氣의「發」은「時間差」가 아니라「價値差」라고
하더라도 퇴계의「理貴氣賤」보다는 명료하지 못한 것만은 사실이다.

첫째로, 이러한 理貴氣賤의 사상이 퇴계로 하여금 理의 能發能生說로
까지 발전되어 성리학상 독특한 지위를 차지하게 되었으며, 이기론 해석
방법론에 있어서 독창적인 입장을 지니게 되었다. 이처럼 그는 사고의 완
전주의자였으며, 실천면에 있어서는 하나의 엄숙주의자였던 것이다.

둘째로, 퇴계의 理氣論 해석 방법론에 관한 진술은 매우 정연하다는
점이 특색이다. 예컨대, 그는「非理氣爲一物辯證」에서 다음과 같이 先人
들의 이론을 요령있게 압축하여 자신의 설을 논리적으로 개진하고 있다.

> 孔子가 말하기를 《周易》에서 『太極이 兩儀를 낳는다』하였고, 周子가 말하기
> 를 『太極이 動하여 陽을 낳고 靜하여 陰을 낳는다』하였으며, 또 말하기를 無
> 極의 眞과 二(陰陽)·五(五行)의 精이 妙하게 엉기어 合한다 하였다. 내가 생
> 각컨대 孔子와 周子가 陰陽은 太極이 낳은 것이라고 밝히 말하였는데, 만약 理
> 와 氣가 본래 하나라고 한다면 太極이 곧 兩儀이니, 어찌 「太極이 陰陽을 낳
> 는다」고 할 수 있는가. 無極의 「眞」과 二·五의 「精」이 본래 하나가 아니기 때
> 문에 妙하게 合하여 엉긴다고 하였지, 理와 氣가 만일 하나라고 한다면 어찌
> 妙合하여 엉길(凝)것인가.[61]

---

60) 宋兢燮, 〈李退溪의 四端七情說考察〉,《退溪學研究》第一輯, 慶北大 退溪學研究所, 1974,
  p.55~56에는 《朱子語類》〈理氣, 德明錄〉에 「有是理, 後生是氣」가 있고, 같은 책 〈敬仲
  錄〉에 「先有箇天理了, 却有氣」라 하여, 「理先氣後說」을 말하였다. 이는 朱子의 理와 氣의
  근본 개념과 理氣哲學의 기본논리와는 相衝하는 말이다. 이는 결코 理氣의 시간적인 先後
  를 말함이 아니라 價値面에서 理를 優位에 둔다는 의미로 해석하여야 한다고 하였다.
61)《退溪全書》(上), p.920, 〈雜著〉, 卷 41.

이와 같은 설명은 비단 위의 「辯證」 여러 곳에 보일 뿐만 아니라 퇴계의 논저가 모두 이러한 논리적 구축에 터하고 있는 것이다. 같은 辯證에서 또 하나 引證한다. 퇴계는 道와 氣의 나뉨이 곧 理氣의 나뉨이라는 것을 증거로 하는 글(道器之分即 理氣之分 故引以爲證)[62]에서 程明道의 「形而上爲道 形而下爲器」라는 말을 놓고,

살펴보건대, 만약 理와 氣가 과연 하나라면, 孔子가 어찌하여 形而上下로써 道와 器를 나누었겠으며, 程明道가 어찌하여 「모름지기 이렇게 말은 하지만」 하였겠는가. 明道는 氣를 떠나서 道를 찾을 수 없으므로 氣가 또한 道라고 한 것이지, 氣가 곧 道라고 말한 것은 아니며, 道의 밖에 氣가 있을 수 없으므로 道를 또한 氣라고 하였다. (그러므로) 道가 곧 氣라고 말한 것은 아니다.

세째로는, 퇴계의 이기 해석에 있어서의 평이성과 적절한 비유성이다. 퇴계학의 평이성에 대하여는 제자들의 기술[63]에서도 쉽게 발견되지만, 퇴계자신도 진리의 평이성을 높이 인정한다. [64]

학문을 하는 데는 高奇하고 玄妙한 생각을 가질 것이 아니라, 마땅히 本分明理에 의하여 가깝고 평범하며 명백한 공부를 하여 연구와 체험을 오래 쌓으면 자연히 날이 갈수록 높고 깊고 원대하여 끝이 없는 것을 볼 수 있다.

라고 충고한다. [65]

한편, 비유의 적절성은 퇴계의 학적인 온축이 반짝이는 자리다. 적절한 비유를 들 수 있다 함은 적확한 이해에서만 가능하다. 비유를 통한 철학적 예지는 淸洌한 石澗水처럼 그의 사색의 자리 어디서고 샘솟는다. 이는 시인적 천분이 탁월하였던 퇴계詩心의 자연한 발로이기도 하다. 존재해명에 관한 비유 몇 가지 살펴보기로 한다.

먼저 「體」와 「用」에 대하여 퇴계는 다음과 같이 비유한다. [66]

---

62) 앞의 책, 같은 곳.
63) 〈言行錄〉, 卷 3, 金誠一記 (平易明白 先生之學也)
　　〈言行通錄〉, 卷 2, 鄭惟一記(以平易卑近 明白切實者 爲之準則 未嘗爲玄奧之思 空蕩之談論也)
64) 《退溪全書》(上), p.365, 〈答南時甫別紙〉.
65) 《退溪全書》(上), p.920, 〈心無體用辯〉.
66) 《退溪全書》(上), p.850, 〈答李平叔〉.

대체로 體用이라 하는 것은 이 物에 이 體가 있으면 다만 그 體에 即하여 그 用이 있다는 것이다. 붓에 털이 있고 붓대와 뾰쪽한 끝과 뚜껑이 있음은 體며, 사람이 뚜껑을 벗기고, 자루를 움직여서 물을 머금고 종이 위를 가는 것을 用이라 한다. 이것을 가지고 붓의 體用이라 함은 옳지만, 만약에 붓을 體라 하고 사람이 붓을 사용함을 붓의 用이라고 한다면 옳지 못하다.

問理字之義 : 『만일, 先儒(朱子 : 著者)의 「배를 만들어 물로 다니고, 수레를 만들어 육지로 다닌다」는 말을 자세히 살펴볼 것 같으면, 그밖의 일은 모두 미루어 알 수 있다. 대개 배는 물로 다녀야 하고, 수레는 뭍으로 다녀야 하는 것이니 이것이 바로 理다. 배이면서 육지로 다니고 수레이면서 물로 다니는 것은 理가 아니다. 임금은 어질어야 하고 신하는 공경해야 하며, 아비는 사랑하여야 하고 아들은 효도해야 하는 것도 바로 理다. 임금이면서 어질지 않고 신하이면서 공경하지 않는다면, 이것은 理가 아니다. 이로 미루어보면 理의 참된 뜻은 알 수 있을 것이다. 또, 일에는 크고 작은 것이 있지만 理에는 그것이 없으니, 터놓으면 밖이 없음도 理며, 거둬들이면 안이 없음도 理다. 無方所, 無形體이면서 곳에 따라 분량에 차며, 각기 一極을 갖추어 모자라고 남는 것을 볼 수 없는 것이 理다』라고 하였다. [67]

問鑰器浮沈之義 : 『놋그릇은 「물이 차면 가라앉고 비면 뜨는 것은 理의 실체인가」고 물었더니, 「그렇다. 수레는 물로 다니지 못하고 배는 육지로 다니지 못한다」는 주자의 말과 같은 애기다. 』[68]

問鳶飛魚躍之義 : 『「소리개는 하늘로 날아 오르고 고기는 연못에서 뛴다는 말」(鳶飛戾天 魚躍于淵)은 車不行水 舟不行陸한다는 뜻이 아닌가 물었더니, 선생은 「거기에 그러한 뜻이 없는 것은 아니지마는 이 말은 실로 道의 미묘한 作用이 상하로 밝게 드러나고 유행함이 가득차 있음」을 뜻하는 것이다. 그러므로 朱子는 「道가 천지 사이에 유행하여 나타남이 없는 곳이 없다」(道之流行 發見於天地間 此也)고 하였으니, 위에서 처음의 뜻은 소리개가 하늘로 올라간다는 말이고, 다음의 뜻은 고기가 연못에서 뛰어나온다는 말이며, 사람에게는 日用之間이나 人倫之際에 있어서 부부 사이에 있어서도 잘 알고 잘 할 수 있는 일이지만 聖人으로서도 잘 알지 못하고 行하지 못함도 또한 이 理이다. 그러므로 그 유행·발견을 상하로 나타남이 있는 것이다. 이제 만일 수레는 물로 다니지 못하고 배는 육지로 다니지 못하는 뜻을 미루어 보면 소리개는 陽物이므로 하늘로 올라가나 물에는 잠기지 못하고, 고기는 陰物이라서 연못에는 뛰면서도 날지 못하는 것이다. 이것은 누가 시킨 것인가. 그것은 자연의 묘한 이치로서 그렇게 되지 않을 수 없는 것이니, 묵묵히 마음으로 생각하여 깨달아야 한다』

---

67) 《退溪全書》(下), p. 836, 〈論理氣〉, (問理之義——金誠一)
68) 위의 책, p. 836, (問鑰器水實則沈——李德弘)

하였다. [69]

勿正・勿忘・勿助之義：『鳶飛魚躍의 뜻과 「일이 있어도 미리 작정하지 말고(勿正), 잊지도 말고(勿忘), 북돋우지도 말라(勿助)」는 뜻이 서로 같다고 하니 무슨 뜻인가고 물었더니, 선생은 「소리개가 날고 고기가 뛰는 것은 만물을 만들어내고 기르는 作用의 유행이 상하로 훤히 나타나는 것을 형용한 것인데, 모두 理의 작용이 아닌 것이 없다. 하늘은 오직 욕심이 없으므로 理氣가 유행하여 잠깐도 쉬지 않는다. 사람도 또한 일하는 바가 있으면서도 작정하는 마음이나 아주 잊어버리거나 빨리 이룩하려는 마음의 병만 없으면 마음의 본체가 드러나고 妙한 작용이 나타나 움직이고 또한 잠시도 쉬지 않을 것이니, 그 모양이 곧 그와 같다는 것이다」 하였다. 』[70]

---

69) 앞의 책, p. 837, (問鳶飛戾天——李德弘)
70) 앞의 책, p. 837, (問鳶飛魚躍與有事——金誠一)

Ⅱ—3. 인격 실현의 원리로서의 退溪理學

1) 生生과 生成의 논리

주자는 程伊川의 사상을 계승하여 理氣 2원론을 정립하고 그 개념을 명료화하였고, 퇴계는 이를 더욱 철저화하였다. 주자는 「理」의 존재론적인 측면인 「所以然之故」와 윤리적인 측면인 「所當然之則」으로 양별하였다. 그러나, 이와 같은 所以然과 所當然은 결국 인간의 善意志와 자유의지가 각기 서로 일원적 內在律이 될 때에라야만 理의 가치존재론적[71]인 평가는 이루어질 수 있는 것이다. 우주자연의 인과율만 따르게 되면 인간의 도덕률은 숙명론으로 전락하여 버릴 것이며, 의지와 선택의 자율과 자유에서 결정되는 도덕률에만 쏠릴 때 理의 「標準之儀」는 사라져 버릴 것이다. 그러므로, 自然·必然으로서의 「所以然」과 인간의 자유규범으로 「所當然」은 둘이면서 하나요, 하나이면서 둘인 「야누스」的인 모습이다.

裵宗鎬 교수는 理에 관한 존재와 당위의 관계에 대하여 다음과 같이 논하고 있다.[72]

〈易大傳〉의 이른바 「一陰一陽之謂道」를 程伊川은 해석하되 「所以陰陽者」를 道라 하고, 그리고 道를 다시 理라 한다. 그러면 이 때의 道나 理는 自然世界의 生生 즉 生成(werden)의 법칙으로서 存在之理가 되는 것이며, 그것은 自然의 因果律에 해당한다. 그러나, 인간세계의 生生 즉 삶의 법칙으로서는 當爲之理가 있어야 하므로 단순히 자연의 因果만 좇는다면 극단적인 宿命論이 되어 버려 必然의 자유세계만 있고 自由의 인간세계는 없어질 것이므로, 인간존재에 있어 인격의 자유, 도덕이나 이상이 사라져 버릴 것이 아닌가. 따라서, 의지

---

71) 일반적으로 價値가 있다고 인정되는 存在는 그 존재를 實現하고 수행하기 위하여 當爲를 요구한다. 그러므로 당위는 의무와 뗄 수 없는 관계를 지니고 있다. 당위는 보편타당的인 가치의 기초를 마련하는 평가작용 자체가 준수해야 할 기준이며 곧 규범이다. 이곳에서의 「價値存在論」이라는 말은 존재와 당위(自然法則과 意志法則)가 포괄되는 뜻으로서 사용하였으며, 理의 가치존재론은 인간행위의 실천은 자연의 必然을 절대가치의 근거로 하며, 그 표준으로 삼는다.

72) 裵宗鎬, 앞의 글, pp. 40~41.

의 자유나 도덕적 善惡의 개념이 발붙일 곳이 없어진다. 여기서 〈易大傳〉은 다시 「繼之者善也, 成之者性也」라 한다. 一陰一陽之道는 宇宙의 원리요, 繼之者善也, 成之者性也는 人間의 원리이다. …여하튼 사람에 있어서는 一陰一陽하는 所以의 道, 즉 理를 이음으로써(繼之) 人性이 善이 되는 것이며, 이런 善의 가치개념은 자연세계만으로는 성립될 수 없는 것으로, 그것은 인간과의 관련에서 비로소 가치론적인 관찰을 할 수 있는 것이다.

그러므로, 理의 성리학적 존재론의 진리는 인간학적 행위론의 진리와 상호 연결된다. 「사람임」의 삶의 법칙은 「사람됨」의 삶의 規範과 만날 때 理의 인간(君子·聖賢)은 실현될 수 있다는 것이다.[73] 여기에 理의 존재와 당위는 繼之함으로써(繼之者善也) 그 自性이 도덕적 주체를 이루어(成之者性也) 나갈 수 있는 것이다. 이것은 또한 현대 학문에 있어서 객관성과 규범성의 관련과도 비교된다.

성리학은 인간을 대상으로 삼을 때라야만 가능하다. 자기교육으로서의 성리학의 주된 관심사는 인간문제이다. 사람은 그의 삶을 통해서 스스로를 형성해 가는 가능성을 지닌 존재이고 그의 삶은 「무엇과의 관계」를 맺음으로써 이루어진다.[74]

성리학적 우주인성관에서 「맺는 관계」는 理이다(天即理 ; 性即理). 우주와 인간의 교섭관계를 다리놓고(繼之) 교통하는(成之) 일은 객관적 사실의 존재법칙만으로 가능한 것도 아니며 주관적 사실의 당연법칙으로만도 불가능하다. 事實(fact)과 意味(meaning)의 교호적인 운동법칙 아래 이들 양자는 통일되고 생명화한다. 존재(삶)와 당위(됨)는 理의 안팎이다. 이것을 繼之하고 成之하는 규범은 교조적 덕목에 있는 것이 아니라 존재의 자유로운 의미로서의 규범 속에 있는 것이다.

이러한 「존재의지의 자유」에 대하여 주자는 《近思錄》에서 다음과 같이 말하였다.[75]

---

73) 사람임과 사람됨이라는 말은 원래 K. Jaspers가 사람은 고정적인 불변의 본질을 갖고 있는 것이 아니라 자기를 형성해가는 과정으로서의 歷史的 存在라는 뜻에서 「사람임」(Menschsein) 대신에 「사람됨」(Menschwerden)이라 하였다. 그러나, 性理學的 人間學에 있어서는 宇宙와 人間은 고정적이고 불변의 本質인 理가 있으며, 따라서 이러한 理의 人格 실현을 중단하는 것은 惡이 된다. 人間目標〔理〕의 부단한 자기실현을 「爲己之學」이라 한다. 그러므로, 性理學은 實存的 人格으로서의 「사람됨의 길」을 찾고 행하는 것을 第一義로 한다. 이러한 의미에서 「사람됨」의 所以然은 必然·自然이며, 「사람됨」의 所當然은 決意와 선택이다.

74) 丁淳睦, 《韓國文化와 敎育》, 梨大出版部, 1974, p. 29.

75) 《近思錄》, （天地萬物之理 無獨必有對 皆自然而然 非有安排也 每中夜以思 不知手之舞之

천지만물의 理는 홀로가 아니라 반드시 이와 마주하는 상대가 있다. 그것은 모두 저절로 그러한 것이며 억지로 안배하여 그러한 것이 아니다. 한밤중에 매일 이러한 理를 생각하면 자신도 모르게 마음이 즐거워져서 손과 발이 춤을 춘다.

이처럼 존재의지의 자유는 삶과 됨, 靜과 動 그리고 無作爲와 作爲가 하나의 흐름으로 일관될 때〔吾道一而貫之 ; 孔子〕꽃핀다. 이때의 자유를 주자는 「不知手之舞之足之踏之」라고 표현하였던 것이다.

2) 퇴계의 所以然과 所當然

「理·性」의 自在와 自律의 문제는 형식논리상 양면성을 지니고 있지만, 실질논리상으로는 일면성을 지녔다. 즉, 우주와 인간의 존재근거의 원인과 그 적용은 한 실로 꿴 논리이다. 性은 理와 마찬가지로 「所以然之故」와 「所當然之則」을 그대로 지니게 된다. 그러므로, 性即理는 同義異語이다. 주자에 의하면, 이 둘의 통합체가 곧 太極이며(萬物統體 太極也) 나누어서 말하면 각기 하나의 太極이다(分而言之 一物各其 太極也). 따라서, 태극은 총체적 의미로서의 理며, 性은 개별적 의미로서의 理이다. 개별 특수성으로서의 理는 보편일반성으로서의 理와 同心圓的 관계에 있다.

情意와 計度와 造作이 없고 다만 깨끗하여 텅빈 세계에 形跡이 없는 理(理即 無情意無計度無造作…若理則只是個淨潔空闊世界無形跡他却不會造作——朱子語錄, 理氣, 僩錄)의 존재는 천하 어떠한 物이든지 그 존재이유가 있어야 한다. 이것이 우주인성론에 있어서의 理의 흐름이다.

퇴계는 「論所當然 所以當然是事是理」라는 글에서[76] 다음과 같이 말한다.

——「所當然」·「所以然」이 事인가, 理인가를 논함——

《大學或問》格物傳 註에서, 「所以然에서 바꿀 수 없는 것이 理며, 所當然은 아니할 수 없는 것이 人心인가」를 물으니(輔漢卿), 朱子가 이르기를 「所當然而不可己是人心而言」이라는 句節은 다만 事를 가리킴인데, 무릇 事는 「당연히 하여야 할 일을 아니할 수 없는(所當然而不容己者) 것이나 왜 당연히 하여야 할 理를 찾게 되며 어찌하여 그렇게 하여야 하는가 하는 所以然이 理」라고 하였다.

足之蹈之也)
76) 《退溪全書》(上), p. 594, 〈論所當然所以然是事是理〉條, 「鄭子中與奇明彦論學有不合以書來考訂前言以答如左」

《大學》八條目의 〈論格物〉에서「天下의 物은 반드시 所以然之故와 所當然之則이 있으니 이것이 곧 理이다」하였으니, 朱子의 註에「所當然은 임금이 어질고 신하가 공경하는 것 같은 것이요, 그렇게 되는 바 所以然은 임금은 어찌하여 어질어야 하며, 신하는 어찌하여 공경해야 하는가와 같은 것이니, 모두 하늘의 理가 그렇게 되는 것이다」(皆天理使之) 하였으며, 新安 陳氏는「所當然은 理의 實處이고 所以然은 그 위의 한층 높은 理의 源頭이다」하였다.

格物傳에 이르기를「하나의 物에 있어서도 所當然으로서 그만둘 수 없는 것과 所以然으로서 불변하는 것이 없는 것을 볼 수 없다」하였는데 註에서 西山 眞氏가 말하기를「임금은 어질어야 하며 臣下는 공경하여야 한다는 것은 理로써 그렇게 하여야 올바르고, 그렇게 하지 않으면 안 되는 것이기 때문에 당연한 것이라고」하였다. 그러나, 仁·敬은 사람의 힘으로써 억지로 하는 것이 아니라 태어날 때부터 이 理를 타고 나는 것이니(有生之初 卽稟此理) 하늘이 준 것이다. 그러므로, 所以然이라는 것이다. 所當然을 아는 것은 天性을 아는 것이며(知性), 所以然을 아는 것은 하늘을 아는 것 (知天)이니 그 所從來(유래)를 앎이다.

大全書에서 陳安卿이 묻기를「理에는 能然·必然·當然이 있으며, 自然이 있는데 모두 兼하여야만「理」字에 합당할 것인가. 무릇 事는 모두 그러하니, 能然·必然은 理가 事에 앞서 있는 것이며, 當然은 事에 나아가는 바로 그 理를 말하며, 自然은 그 事와 理가 합한 바를 말함인가」라고 물었는데, 선생(朱子)이 말하기를「그 뜻이 매우 갖추었다」고 하였다.

내 (滉)가 생각하니, 奇高峯(大升)이 所當然을 事라 하고 所以然을 理라고 하는 것은 朱子가 輔漢卿과 문답한 뜻이다. 그러나, 朱子 후의 두 說과 新安 陳氏, 西山 眞氏, 北溪 陳氏 등의 여러 설을 가지고 생각한다면, 當然이라는 것은 원래 理니 鄭子中과 奇明彦은 서로 통한다. 그렇지만 깊이 들어가 말한다면 당연히 理가 된다는 說이 낫다고 하겠다. 대개 임금은 어질고, 臣下는 공경하는 것이 모두 당연한 天命인 바 理는 실로 精微의 극치이다. 이것을 버리고 事와 所當然이 따로 있는 것이 아니다.

이처럼 退溪理學은 존재론을 존재론 그것만으로 존재하지 않는 데에 그 일단의 성취를 이룩하였다. 이것은 朱子가 일찌기 존재론에서는「理先氣後」라 하기도,「理氣無先後」라 하기도 한 논리적 모순을 보였고 인성론에 있어서는 이를「先本然之性 後氣質之性」이라는 자가당착에 빠진 일과는 대조를 이루고 있다.

존재론과 인성론의 統一整合的 이론은 퇴계에 이르러서야 비로소 이루어졌다. 이에 대하여 金斗河 교수는 다음과 같이 설명하고 있다.[77]

77) 金斗河,《退溪思想研究》, 一志社, 1974, pp. 118〜119.

　　退溪는 始源을 無極而太極과 始源의 氣의 對待관계라는 생각을 굳혀갔고 또한 晦庵은 그의 存在論에 있어서의 始源에 관한 所說을 그런대로 人性論에까지는 적용하지 못하였으나, 退溪는 그의 존재론에 있어서의 始源에 관한 이론을 그대로 人性論에까지 확장시켜서 人性의 발생에 있어서는 天地의 性과 天地의 氣가 처음부터 서로 對待하고 있을 뿐 아니라 근원적인 본연의 性과 기질의 性이 서로 對待하고 있다고 보았다. 晦庵의 인성론이 그의 존재론에 대응시켜 볼 때 不整合에 빠지고 있음은 이 점에 그치는 것이 아니다. 그는 존재론에 作用이 없다고 말한 理, 즉 性이 인성론에서는 작용이 있다고 말한 자가당착에 이른다. (중략) 退溪는 朱子의 이러한 이론적 모순을 극복하여 인성론에서나 존재론에서나 理의 發을 인정했으며 뿐만 아니라 朱子가 인성론에서 四端은 理의 發이고, 七情은 氣의 發이라 한 것을 改新하여, 高峰과의 논의를 통해서 四端은 理가 발하고 氣가 이것에 따르는 것(四端理發而氣隨之)이고 七情은 氣가 발하고 理가 이것에 내재하는 것(七情氣發而理乘之)이라 확정지었다.

　　위에서 살폈듯이 퇴계는 주자가 남긴 숙제들, 즉 존재론의 理의 兩義性과 理의 무작용설은 인성론에 있어서는 작용이 있다고 하는 문제를 지양, 발전시켜 존재·인성론을 다같이 「發之」하며 우리 인간은 이를 「繼之」하고 「成之」하여야 하는 것으로 종합 통일시켰던 것이다. 이것이 곧 퇴계의 주체적 학문정신의 표현인 것이다.

　　이와 같은 성리학적 우주·인성론의 정리, 집성 그리고 대단원은 주자 歿後(1200) 3백년이 지나서 동방의 퇴계에 와서야 가능하였으니 이는 실로 동양정신사상 하나의 장관이 아닐 수 없다. 퇴계는 理氣의 교섭관계를 우주·인성론에 있어서 하나의 가치존재론적인 包개념으로 관통시키고 理의 所以然과 所當然의 두 측면을 「삶」과 「됨」의 인간완성 논리의 자리로 끌어올린 정신추구의 근거는 무엇인가.

　　이것은 한마디로 말하여 주체적인 인간의식의 자유의지에서 찾을 수 있다. 「사람 됨」의 길은 先天的 稟受에서 운명적으로 그려져 있는 것이 아니라 理의 법칙성을 「體認·體察·體驗·體行」[78]하는 자율적인 자아(人格) 실현에서만 이루어질 수 있다고 그는 믿었다.

　　사람의 삶이란 누구나 천지의 氣를 얻어서 體를 삼고, 누구나 천지의 理를 얻어서 性으로 하는데, 이 理와 氣가 합하면 마음이 된다. 그러므로, 한 사람

---

78) 《寒岡先生言行錄》(乾)八,（先生語學者曰 所貴乎讀書者 章非爲剽竊句以成文章 取科第而已 讀聖賢經傳其法有四 一曰 體認 二曰 體察 三曰 體驗 四曰 體行 苟不用此四法 其義亦無以 通曉 況於吾身心有何益焉 古人鸚鵡心識 不可懼哉）

의 마음은 곧 천지의 마음이며, 한 사람의 마음이 곧 천만인의 마음이어서 처음에는 內・外・彼・此의 다름이 있는 것이 아니다. 79)

그러므로, 天地理氣를 합하려는 뜻・힘씀・실천이 어떠하냐 하는 것이 무엇보다 중요하다.

---

79) 〈四・七往復書〉「答奇明彦 論改心統性情圖書」, 《亞細亞硏究》 (Vol. 18 附編).

Ⅲ. 퇴계사상의 인간학적 이해

퇴계 심성론의 근거
天人合一論의 人間理解 : 〈天命圖說〉
성리학의 한국적 전개와 인간이해의 심화 : 「四・七論辯」
퇴계・율곡의 심성론에 있어서 관심의 지향성
퇴계의 교학방법론의 철학

Ⅲ—1. 퇴계 심성론의 근거

1. 新儒學에서의 心學의 대두

1) 心學의 개념

「心學」과 「理學」에 있어서 「心」과 「理」는 무엇이며, 이 양자는 對位개념인가 아닌가의 문제가 우선 밝혀져야 할 것이다.

심학이라는 말은 宋代의 程朱學과 陸王學이 대립하기 이전에는 「性命之學」이라고 불리었다.

程朱의 「性卽理」說과 陸王의 「心卽理」論이 팽팽하게 맞서면서부터 그들 각자의 학문적 입장에 따라 「性」을 우위에 두는 정주학을 理學 또는 성리학이라고 부르고, 心의 우위를 인정하는 陸王派의 性命之學을 심학이라고 하여 구분하려는 것이 심학과 이학에 대한 일반적인 개념설정으로 되어 온 것 같다.

더우기 心에 대한 해석은 유학의 정통과 이단을 구분하는 중심적인 논거점이었으니, 心과 理의 離合卽非의 관계는 중국사상사에 있어서 중대한 논쟁점이 되었다.[1]

주자는 陸象山・張九成의 심학을 陽儒陰釋 또는 變怪驚幻의 禪的 심학이라고 하면서[2] 「濂」(周濂溪)・「洛」(程伊川)・「關」(張橫渠)・「閩」(朱晦菴)학적인 道統(道學)을 확립코자 하였다. 이곳은 곧 道學의 일어남이 老佛사상에 눌리어 맥을 못추던 漢唐의 유학에 대한 이념적인 자가 정비이자 유학해석에 대한 사상적 숙정운동이었다.

宋學의 양대산맥인 程朱學과 陸王學은 존재론적 입장에서는 모두 理學이며, 인식론적 입장은 함께 心學이었다. 다만, 어디에 중점을 두느냐에 따라 다를 뿐이다. 따라서, 宋學에 있어서 이학과 심학은 대위개념이라기

---

1)《聖教要錄》, 道統, 「孟子歿後 儒士之學 宋至三變, 戰國之法家縱橫家・漢唐之 文學・訓詁・專門名家・宋學之理學・心學…云」
2)《朱子文集》, 卷 72, 雜學辯;《朱子語類》 卷 27.

보다는 동위개념으로 쓰이는 경우가 많다. 실지로 《心經》을 편찬한 眞西山의 경우에도 陸王派의 性命之學만을 심학이라고 부르지 않았으며, 퇴계 또한 眞西山의 용법을 따른다.

나는 심학을 「尊德性·道問學」(中庸)에서의 尊德性에의 실천논리라고 보고자 한다. 이것은 『마음의 내부에도 우주가 있다』(im Innern ist ein Universum auch: Göthe)라는 인성관을 근거로 한다.

심학의 연원은 《書經》(大禹謨)에서의 人心·道心의 心에까지 거슬러 올라갈 수 있으나, 心學이 형성되고 성숙되는 데 커다란 역할을 한 것은 禪宗의 출현부터이다. [3]

이것은 宋明시대의 理學이 사변적인 佛敎華嚴哲學(淸淨寂滅的理念)을 기반으로 하여 이루어진 것과 같은 배경이 된다.

2) 퇴계 心性의 거점

앞에서 퇴계학을 주자학의 亞流가 아니라, 주자학의 일대집성 또는 심화 확충임을 말한 바 있으나, 대체로 퇴계 심학의 연원은 결국 주자학적 심성론의 범주를 벗어나지 않는다.

퇴계 심성론에 대한 배경논리를 宋學에서 살펴보자

程朱學에는 居敬과 窮理의 양면이 있다. 居敬은 「誠意·正心」에 속하는 일이며, 궁리는 「格物·致知」에 속하는 일이다. 전자는 윤리실천적 접근이라고 한다면, 후자는 인식론적 접근의 길이다. 그러므로, 거경은 存養省察을 강조하고 궁리는 道學致知 면을 강조한다.

사람됨의 길〔仁의 길〕은 이른바 「存天理·遏人欲」의 공부에 의하여 나타나는 것으로서, 이는 거경궁리로 가능하다고 보았다.

거경궁리는 퇴계의 경우에는 그의 교육목적 實踐觀인 敬을 지향하고 있다. 敬은 실로 사람됨의 알맹이다. 敬의 길을 다음과 같이 도시한다.

```
致知——學習——知——窮理 ╲
                        ╲———→敬——→仁
力行——德育——行——居敬 ╱
```

거경은 性情을 통합하고 理氣를 합일시키는 자리로서(合理氣·統性情)[4]

---

3) 淸儒 顧火武의 《日知錄》·心學條(卷 18)에서 宋儒 黃東發의 말을 인용.
4) 《退溪全書》(上), p.731,〈答禹景善(性傳)別紙〉

未發의 靜을 밑바탕으로 하고 있다. 이곳에서의 未發의 靜이란 퇴계의 「靜而涵天理之本然 動而決人欲於幾微」[5]에서 살필 수 있는 靜涵動決이다. 거경은 德性涵養을 근간으로 하는 「尊德性」工夫로 이루어진다. 그러나, 禪家에서 말하는 不立文字・見性成佛과는 다르다.

즉, 敬은 日用第一義로서 動과 靜을 관통하며, 知와 行의 기본이 되는 자세이다. 따라서, 궁리의 체득은 居敬에 의하여서 발현될 수 있다. 그러므로, 「尊德性・居敬」과 「道問學・窮理」는 중점을 어느 곳에 두느냐에 따라 학문적 유파가 달라지는 것이며 양자 택일하는 일은 있을 수 없다.

퇴계는 尊德性을 중시하느냐, 道問學에 치중하느냐에 따라 朱・陸의 차이가 있다고 보았으나, 주자학은 二者의 偏重이 없는 大中至正의 道라고 하여 그 정통성을 옹호하였다.[6]

> 吾儒家法 本自如此 老先生(朱子：筆者) 一生從事於斯二者(尊德性・道問學：筆者) 纔覺有一邊偏中……以趨於大中之道耳

그러나, 익히 알려진 바와 같이 朱子는 程伊川, 楊龜山, 羅豫章, 李延平 등의 道問學派, 곧 주지주의적 경향의 학자라고 한다면, 陸象山은 程明道, 謝上蔡, 王信伯, 林竹軒, 張無垢 등의 학통을 이어받은 尊德性派 즉 主意派에 속한다.

이 점에 있어서 퇴계학이 주자의 강한 영향을 받은 주지론적 입장을 취하고 있음은 당연하다.

그러기에, 퇴계의 象山心學觀은：

「謹按陳白沙 王陽明之學 皆出於象山而 本心爲宗 蓋皆域禪學也」[7]라고 하였던 것이다.

朱學派가 陸王學派를 異學이라고 한 데 비하여, 퇴계는 한걸음 더 나아가 이 派를 이단[8]이라고까지 극언하게 된 것은 무슨 까닭인가.

퇴계에 의하면, 그들 심학파들은 인간으로서 세간을 떠나 단걸음에 頓悟코자 하는 데 있다고 다음과 같이 보았기 때문이다.[9]

---

5) 앞의 책, p.661, 〈答 金惇叔〉.
6) 《退溪全書》(上), 〈心經後論〉, p.917.
7) 《退溪全書》(上), p.923.
8) 퇴계의 異學觀에 대하여는 이 책 pp.63~69에서 詳論함. 참고로는 劉明鍾, 〈退溪의 異學觀과 그 影響〉, 《慶北大學校論文集》 4 輯, 1960, pp.547~563이 있음.
9) 《退溪集》(言行・拾遺)

> 只爲一起頓悟之學 以窮理爲疲精神 不做問學工夫 正如釋氏不立文字 見性成佛
> 何異 此象山所以爲異於吾道也

敬에 이르는 퇴계의 입장은 불교에서의 寂滅이라든가 老莊의 허무사상
보다는 세간적이고 실천적인 것으로 파악하였으며 이것은 주자학의 이론
적 거점을 끝내 지킨다.

그러나, 道問學 공부가 자칫 博學·雜駁(이른바 「支離滅烈」이다)의 폐단에
빠질 우려가 많고, 尊德性 공부는 독선·독단(이른바 「洪水猛獸之災」이다)의
病이 생기기 쉬우므로 이들 한가지만을 택하게 되어 마침내 사고와 실천
의 편협성을 초래하였던 것이다.

3) 성리학적 인간상 형성에 있어서 退溪 心學의 위치

성리학은 洙泗學[10]에다 우주·심성론의 사상적 체계를 형성시킨 새로운
유학이다.

성리학의 대두는 佛老사상이 팽배하던 당시 宋代 사상계에 있어서 현세
적 가족윤리와 중앙집권적 정치지도이념의 확립을 위한 대항이념으로서 나
타났으며, 외래사상인 불교철학에 대한 민족의식의 이념적인 응집이기도
하였다.

孔孟에 연원한 원시유교는 인간존재의 근원적 탐구 이념이 되기에는 매
우 미약하였던 것이다. 성리학적 인간관은 天理學(宇宙觀)의 축소이다.

인성과 天理 관계는 성리학에 있어서 우주인생론의 교섭관계이다. 사물
을 주재하는 정신의 법칙성이 곧 천인관계의 논리구조라고 보았다. 氣는
理에 의하여 「致中和」의 경지로 나아갈 수 있다는 것이다.

주자에 의하면 仁은 「天在가 怏然히 物을 낳는 마음」(怏然生物之心)이다.
이 마음은 천지에 遍在하고 사람에 內在하고 있다. 이 마음 자리는 보편
과 특수, 全一性과 個別性이 융합되는 곳이다. 사람의 자리(人格)는 이러
한 已發과 未發의 중간자로 결단과 力行(이것이 義理의 실천방법으로 居敬窮
理와 求仁成德에 의한 仁의 길이다)이 요청되는 것이다.

성리학에서는 이러한 天人융합의 길을 사람됨의 첫 과녁이라고 보았다.

---

10) 孔子儒學의 別稱으로 부르나 학문적인 命名으로 보편화된 것은 아니다. 성리학을 「濂洛
   學」으로도 부르는 것과 비교될 수 있다. 이 용어의 사용은 性理學 이전의 뜻으로 이해하
   면 좋을 것이다.

氣의 사람도 理의 사람이 될 수 있다는 가능성의 통로를 열어놓는다. 先秦 유학의 인간이해 및 도야론에서 볼 수 없는 심화된 인간형성의 논리이다.

천리가 곧 인성이므로 「사람이 홀로 구비한 仁」(吾所獨具之仁)은 「天在萬物이 구비하고 있는 仁」(天地萬物所具之仁)이다. 객관적 보편성으로서의 天理〔仁〕는 주관적 특수성으로서의 人性〔仁〕과 하나가 될 때 「致中和」의 경지에 이르고, 「體用一源, 顯微無間」이 된다는 것이다. 그러므로, 性은 곧 理로 인하여 주재되는 것〔合理氣·統性情〕으로서 存養省察의 공부에 의하여 천리·인생은 일체가 될 수 있다는 것이다.

따라서, 合理氣 統性情을 이룩하지 못하고 心氣의 濁駁 상태를 지니고 있으면 氣質의 사람이요, 心氣가 貞定 상태에 있어 항상 主居敬하면 本然之性을 갖춘 사람이 된다고 하는 것이다.

이처럼 심학은 「性即理」說을 토대로 하여 本然·氣質 兩性論으로 구성되고 있다.

「心」·「性」·「情」의 논리는 그 실천윤리적·가치론적 의미가 더욱 강조되었다. 퇴계는 특히 이 점을 강조하였으며 또 스스로 실천하였다.

퇴계학의 특색은 爲人之學이라기보다는 爲己之學일 것을 강조한 것 같다. 스스로의 사람됨이 아니고서는 남을 위하는 것은 자칫하면 명리와 의식에 빠지기 쉬우므로 경계하였다.

> 爲己之學, 以道理爲吾人之所當知, 德行爲吾人之所當行, 近裏着工, 期存心得而窮行者見也, 爲人之學, 則不務心得窮行, 而飾虛循外 以來名取譽者也[11]

存養省察은 자기지향적인 것이 되어야 한다는 말이다.

퇴계학을 포함하는 성리학에 있어서 심학의 위치는 「治人」보다는 「修己」상의 문제를 천착한 것이 두드러진 특색이다.

퇴계心性論은 그의 「晚年三大論著」인 (68세부터) 〈戊辰六條疏〉·〈西銘考證講義〉·〈聖學十圖〉 등에 의하여 완숙되었으나, 심성론 이해의 출발은 퇴계 33세시에 《心經》을 얻어 읽은 다음부터이다. 퇴계는 이 책에 평생을 통하여 감발되어 신명같이, 혹은 엄한 아버지같이 대하였다고 한다. 이에 대한 自述과 學人의 기록은 다음과 같다.

---

11) 《退溪集》, 〈言行錄〉(敎人, 金富倫記)

〔自　述〕[12]：「滉少時，遊學漢中，始見此書，逆旅而求得之，雖中以病廢，　而有晚
　　　　　吾難成之嘆，然而其初感發興起於此事者，此書之力也」
〔學人記〕[13]：「先生自言，吾得心經以後，始如心學之淵源，心法精徹，　故吾平生信
　　　　　此書，如神明，此敬書，如嚴父」

　위에서 살필 수 있듯이, 퇴계의 심성론의 발단과 형성은 그의 장노년에 이르러서다. 이것은 퇴계학 형성과정에 있어서 지식학시대가 끝나고 실천 행위학의 시대에 심성론적 인간이해가 필연적으로 요청되었다는 것을 의미한다. 이는 「朱子晚年定論」 시비를 둘러싼 朱·陸 두 학파 사이의 논쟁과는 다른 뜻이 있다.

　劉明鍾 교수는 퇴계가 異學·異端을 배척한 까닭 가운데 하나가 「友對 說의 이론적 제한에 필요한 當代 大宗師 퇴계의 피치 못할 책임」[14]이었다고 한 바 있으나, 퇴계 심성론의 위치는 단순한 理論客의 책임으로서만 이해할 것은 아니라고 본다. 왜냐하면 퇴계 심성론은 퇴계 인격의 자연한 귀결이기 때문이다.

　주자학적 성리학의 보급은 조선조 前期의 관료전제정체를 유지하기 위한 단일사상의 유지와 강요라는 의미에서 절실히 필요하였을 것이다. 그러나, 퇴계가 이러한 정치색 짙은 이념제공자 또는 이론공급자로 자임하였을 것 같지는 않다.

　퇴계의 심성론의 형성 연원은 오히려 비정치적인 修己治心에서 찾아야 할 것이다. 그가 태어난 시대적 상황은 두 차례 커다란 士禍로 인한 벼슬 길에 대한 환멸의 시대이며, 그의 인성 또한 經世家라기보다는 예술적·종교적 천분의 소유자라는 점에서 찾아야 할 것이다.

　대체로 宋代나, 조선조시대에 있어서 다 함께 理學이 心學보다 더욱 국가권력에 의한 비호를 받을 때 政治 그 자체의 전락의 길은 열리었거니와 이학발달 또한 막히기도 하였다.

　理學의 타락과 퇴폐는 결국 인간의 타락과 퇴폐와 통한다. 그러므로, 이학의 부흥은 인간부흥의 선결조건이었다. 理의 정신적 복권을 위하여 퇴계는 전반생을 刻苦勉勵하였다. 그리하여, 퇴계 후반생은 「體用相須」로서의 心의 소재와 기능에 대한 검증을 불가피하게 요청하기에 이른 것으로 보인다. 이 점, 明代의 陳白沙의 출현이 理에 밝힌 心의 復權으로 해석되

---

12)《退溪全書》(上)，p.916，〈心經後論〉
13)〈言行錄〉，也一(學問)，李德弘記
14) 劉明鍾，앞의 글，p.551.

는 것과 퇴계심성론의 전개와는 다른 차원에서 거론되어야 할 것이다.

宋儒心學은 佛教心學에서 벗어나려고 고심하였지만 그들의 학설은 결국 佛說을 벗어나는 데에 성공하지 못하였다. 그러나, 퇴계는 시종여일하게 성리학 본연의 자리를 지킨 것 같다. 이것은 퇴계의 精緻한 학구의 소산이기도 하거니와 儒佛間의 용어해석에서 오는 相違性과 그 오해를 퇴계는 엄격히 구분하였던 결과라고 하겠다. 예컨대, 「性」에 대한 儒佛間의 혼용과 이에 따른 상충된 의미해석을 보면 소명하다. 儒佛은 각기 性을 理性·本性·體性의 뜻으로 풀이하여 선악을 초월한 「道」 또는 「理」와 동의어로 사용하기도 하였으나, 때로는 가변적인 「心性」·「識性」 등의 뜻으로 이해하기도 하였다.

그러나, 퇴계는 시종 性即理의 시각을 외면하지 않는다. 중심개념이 확고하다는 것은 결국 類似개념이 혼들리지 않음을 의미한다.

2. 퇴계 심성론에 영향을 준 異學

1) 퇴계 異學觀의 근거

어느 의미에서는 퇴계의 異學觀은 程朱보다 철저하였다. 이는 그의 학문적 수용자세가 엄숙성을 띤 求道的인 것으로서의 결과로 보인다. 아래에서는 성리학적 우주론·심성론·수양론을 중심으로 하여 異學의 사상적 영향을 살펴보기로 한다.

宋學은 중국 고유사상의 하나인 도교사상과 인도에 전래한 불교사상을 수용하여 종래의 教義에 새로운 철학적 기반을 확립하였다. 宋儒는 이러한 새로운 철학적 견지에서 天即理라 하여 天을 인격적 신으로 본 종래의 사상을 근본적으로 전환시켰다. [15]

그들은 다른 종교에서처럼 창조신·主宰神 같은 것을 인정하지 않으며, 우주만물에 관한 모든 문제는 佛家의 緣起論·實相論의 영향을 받았다. [16]

주자의 본체론에 대한 입장은 周濂溪의 태극설과 程伊川의 이기설을 종합하고, 여기에 程明道의 道器相即說을 가하여 理氣 위에 太極을 두어 이

---

15) 金炳奎, 〈宋學과 佛教〉, 《白性郁博士頌壽紀念 佛教論文集》, 1959, pp.123~124.
16) 위의 글, p.126.

것을 종합하려고 하였다. 같은 시대의 학문적 대립자였던 陸象山이 朱子의 「無極而太極」이란 말 가운데의 「無極」은 바로 道家의 용어라고 지적을 한 데 대하여, 朱子는 극력 부인[17]하였으나, 주자의 학문적 태도는 自家의 학설을 수립하기 위하여는 불교의 교리 또는 술어를 기탄 없이 활용하였던 것이다.

程朱 성리학에 있어서 우주본체론의 이해가 不識中에 釋·老의 냄새가 나는 까닭은 성리학 출발의 당연한 것이었다.[18] 본체론에 대한 성리학적 해석으로서의 「事理一致」·「體用一源」·「顯微無間」 등의 진술은 바로 華嚴 불교의 영향임이 밝혀졌고,[19] 「道卽器, 器卽道」의 발상은 《般苦心經》에서의 「空卽是色 色卽是空」과 같은 의미다. 排佛論의 先河를 연 주자이지만 「心生道也」 혹은 「此心本來虛靈 萬理皆備」[20]라는 말은 불교의 「心生萬法」 그대로인 것이다.

그리고, 성리학적 심성론──인간이해 역시 「衆生皆有佛性」이라는 불교적 인성론과의 관계에서도 相似點이 발견된다.

성리학적 심성론에 의하면, 사람은 普遍人〔理의 사람〕과 特殊人〔氣의 사람〕으로 구별할 수 있다고 한다. 그러나, 氣에 의하여 上智·中人·下愚의 가름이 있고 「淸·濁·粹·駁」의 갈래가 생긴다고 보아 태어날 때부터 불변하거나 고정되어 있는 것은 아니라고 한다.

이에 대하여 퇴계는 말하길 『대체로 사람은 이 세상에 태어날 때 모두가 천지의 理氣를 받고 태어났다. 理와 氣는 합하여 마음이 되는 것으로서, 이 마음은 한 사람의 마음이자 곧 천지의 마음이요, 만인의 마음이기도 하다』[21]라고 하였다.

따라서, 사람에게 있어 理의 소재는 모두가 한결같아서 智愚가 생득적으로 차이가 있는 것이 아니라고 한다. 이는 곧 「天理의 本然」으로서 下愚라도 마땅히 힘쓰면 「理의 사람」으로 나갈 수 있으며, 上智라고 하여 기

---

17) 朱子는 太極의 「無形無狀」한 것을 말하기 위하여 無極 二字를 周濂溪가 사용했을 뿐이라고 변명하였으나, 뒤에 淸代考證學者 黃宗炎의 고증에 따르면 이것은 원래 道家의 〈無極圖〉를 고쳐서 만든 것이라고 논증한 다음부터는 道家影響說이 정설로 되었다.

18) 程明道·程伊川 형제는 초년에 老釋에 출입한 바 있다(自十五六時, 與弟正叔 聞汝南周茂叔論學 遂厭科擧之習 慨然有求道之志泛濫於諸家, 出入於老釋者幾十年, 返求之經而後得之──《明道學案》). 張橫據, 朱晦庵, 王陽明 등도 靑年時期에는 老釋에 求道하였음이 그들 行略에 나타나고 있다. 이점 退溪와 대조적이고 栗谷과는 相似의이다.

19) 劉明鍾, 앞의 글, p.549.

20) 《朱子語類》, 卷 2.

21) 《退溪全書》(上), 〈聖學十圖劄〉, p.205.

질의 아름다움만을 믿어 存養省察과 眞知實踐이 없다면 사람됨의 길을 저 버리는 것이라고 한다. 이는 禹가 舜으로부터 「惟精惟一의 學」을 배웠고, 顏回가 孔子로부터 「博文約禮의 學」을 배운 것에서도 증좌된다고 하였다.

주자에 의하면, 理와 氣는 함께 천지의 사이에 있어, 理는 形而上의 道 體로서 萬物의 본체(根本)가 되고, 氣는 形而下의 대상으로 만물의 體質이 된다.

천지간의 理는 두루있는 것이어서 보편성의 理가 되고, 理가 氣에 稟賦 되어 成物하면 그 물건의 性이 되는 것이다. 이곳의 性을 특수성(個體性) 의 理라고 한다.

本然之性은 理에 대한 인성이며, 氣質之性은 氣에서 나오는 인성인 것 이다.

그러므로, 만물은 理 쪽으로 보면 同原이지마는 氣로 보면 淸濁偏正에 의하여 부동하다.

理의 궁극적 인격실현인 聖人의 길을 사람 누구나 이룩할 수 있다고 보 는 성리학적 심성론은 佛性論의 「一切衆生 皆有佛性」이라는 성선론적 인 간관과 같다. 다만, 聖人·君子와 成佛得度의 과정과 방법이 다를 뿐이다. 程朱學的 인간실현은 漸修的인 것인데 반하여 佛家와 陸王학파에서는 頓 悟的인 것을 취한다.[22]

朱學과 陸學은 심성론에 있어서 커다란 차이를 나타내고 있다.

「心」에 대한 해석은 朱學에서는 객관적 주지주의적(性卽理)이라고 볼 수 있다면 陸學은 주관적 주정주의적〔心卽理〕 입장을 택하는 것이라고 할 것 이다.

陸象山에 의하면, 우주의 모든 현상은 마음의 현상이고, 이 마음을 떠 나서는 아무런 현상도 있을 수 없다고 한다. 마음이야말로 유일의 실재라 고 본 것이다.

- 「人皆有是心, 心卽理也」[23]
- 「宇宙事, 己分內事, 是宇宙內事」[24]
- 「心只是一個心, 某之心吾友之心, 上而千百載, 聖賢之心, 下而千百載, 復

---

22) 陸王學派에서는 自家의 頓悟的 方法을 「間易直截」하다고 하고, 朱學의 漸悟的 方法을 「支離滅裂」하다고 評한다.
23) 《象山全集》, 卷 11
24) 《象山全集》, 卷 30

　有一聖賢 其心 亦只如此」[25]
●「心之體甚大，若能盡我之心 便與天同」[26]

陸象山의 이 말들은 불교의 「三界唯心」「萬法唯識」이라는 敎義 그대로
이다. [27]

다음으로 수양론에 있어서의 비슷한 점을 살펴보자.

성리학적 수양법인 「靜座」와 佛家에서의 「禪定」은 서로 어떠한 관계가
있는가 하는 문제이다.

성리학에 있어서 존양성찰하는 방법으로 靜座가 있다. 省察은 敬에 이
르는 내면적 방법이라고 한다면, 靜座는 그 외면적 방법이라고 할 수 있다.

주자는 自家의 靜座는 禪定과 다르다고 다음과 같이 말하였다.

　定坐非是要如 坐禪入定 斷切思慮 只收斂此心 莫令走作閑思慮 則此心湛然無
事 自然專一 及其有事 則隨事而應 事己則復湛然矣[28]

말하자면 「排除思慮」냐 「專一思慮」냐에 대한 갈림길이 유불의 차이라는
것이다. 靜座는 생각하려고 하고 禪定은 생각지 않으려고 한다는 차이다.
그러므로 朱子는 靜座는 「活敬」이고, 斷切思慮를 하려는 坐禪入定은 「死
敬」이라고까지 평하였던 것이다.

마음을 거두는 것이 靜座라고 한다면 마음을 버리는 것은 禪이라 한다.
그러나, 「理會」를 위한 靜座이건 「放心·見性」을 위한 禪定이건 간에 수
양의 형태 면에 있어서는 전자가 후자의 영향을 입은 것임은 부인할 수 없
는 일이다.

위에서 살펴보았듯이, 宋代儒學은 불교사상에 의하여 우주론·심성론·
수양론에 많은 영향을 받았음을 알았다.

이것은 다만 불교철학이 宋代儒學보다 사상적으로나 철학적으로 탁월하
였기 때문이기보다는 선진의 宗敎·敎理가 후진의 思想·哲理에 영향을 끼친
결과이며, 두 개의 문화가 접합하는 가운데 일어나는 현상이었던 것이다.

그러므로, 儒·佛 양교의 대립·갈등·조화를 어떻게 정확히 이해하느
냐 하는 문제가 중요하다. 하나의 기성 사상체계가 새로 일어나는 신진사

----

25)《象山全集》, 卷 36
26)《象山全集》, 卷 36
27) 金炳奎, 앞의 글, p. 132.
28)《朱子語類》, 卷 13

장체계 형성에 영향을 끼쳤다고 하더라도 결국은 체계형성의 하나의 요인일 뿐 사상체계 그 자체가 될 수는 없는 것이다. 따라서, 불교적 우주론·심성론은 宋代儒學을 이론화하고 내면화하는 데 중요한 전기를 형성하였으며, 儒·佛은 각기의 세계와 인간이해의 본질은 독특한 개성적 발달을 유지하였다.

성리학적 입장에서 보면, 불교의 교리는 모두 「玄妙」한 것으로서, 출세간적이고 윤리적인 것이 아니라는 것이다. 현세적 윤리질서를 강조하는 중국적 사유형식과 내세적·명상적 철학에 관심을 두는 印度的인 삶의 태도와는 서로 상치되었던 것이다. 「正心誠意·修齊治平」에 이르는 유교 敎義는 明心見性하여 佛果를 얻고자 하는 불교 교리를 이기적인 것이라고 보는 것이다.

도교·불교의 허무·적멸 사상에 반대하면서 현실개조〔治國平天下〕 및 인간의 윤리성을 강조(봉건적 가족중심주의)하는 유교윤리는 중국인이 정치·경제·사회체제의 유지상 필수불가결의 논리였다. 실지로 중국사회에 있어서 삼강오륜을 부인한다는 사실은 그 사회상을 부정하는 결과를 초래하는 것이다. 가족윤리〔孝悌〕는 그대로 국가윤리〔忠〕로 확대되는 것으로서, 이에 저촉되는 모든 교파는 자연 이단으로 지목되지 않을 수 없었다. 楊朱의 이기주의, 墨翟의 겸애주의 및 現世超脫의 도교사상 따위가 중국적 가부장적 恩義主義와는 상반되었기 때문이다. 老·佛전성기에 이에 대한 사상적·현실적 반동으로 일어난 송대유학의 이단관은 이미 학문적인 차원을 넘어서는 문제였던 것이다.

朱子는 佛·老의 害를 다음과 같이 말하고 있다.

佛老之害　不待深辯而明　只是廢三綱五倫五常　這一事己是極大罪名　其他更不
消說[29]

「三綱五常」을 폐하는 것은 질서 파괴의 가장 큰 죄라고 본 것이다.

이와 같은 주자의 견해는 신유학에 있어서 주자설과 반대되는 입장을 취하고 있는 王陽明의 경우도 마찬가지로 견지되고 있는 것이다. 王陽明은 《傳習錄》에서 佛·老의 道가 遺棄倫常하여 治平의 道를 이루지 못하는 것이라고 하였다.

---

29)《朱子語類》朱子의 排佛論은 전혀 그 자신의 개인적인 性向에서 연유하고 있어서 敎理의 실질에 있어서는 佛과 儒 사이에 어떠한 구분도 없고 「性卽理」라는 주자학의 基本命題도 實은 佛家的 발언일 뿐이라는 견해도 있으나, 이는 思想전개의 시대성을 沒却한 견해인 것으로 보인다.

> 彼頑空(佛) 虛靜(老)之道　正惟不能隨事隨物　精致此心之天理　以致其本然之
> 良知　而遺棄倫理　寂滅虛無以爲常　是以要之　不可以治國平天下

이처럼 신유학은 좌우파를 막론하고[30] 체제유지를 위해서는 비록 氷炭不相容格이나마[31] 연립할 수 있었다. 이것은 중국의 사회구조의 한 표현인 대가족제를 기반으로 하는 중앙집권적인 관료전제주의와 밀접한 관련이 있기 때문이다.

그러므로, 객관적 심성론자인 주자와 주관적 심성론자인 왕양명은 다 함께 현실적 이념체제로서의 유교를 개신하는 데 이바지하였으며, 그들의 주장은 도교가 비합리적이며 미신적이라는 점에서, 또 불교가 출세간적이며 초계급적이라는 점에서 유교적인 합리적 현실논리로 방어코자 하였다.

퇴계학은 이 가운데 주자 異學觀을 계승하였고, 이러한 입장은 뒷날 한국유학의 편향성으로 작용하게 되었다.

2) 退溪異學觀의 한계

퇴계는 주자학 이외는 어떠한 學도 부인하였다. 뿐만 아니라 같은 주자학파 가운데서도 순정치 못하다고 생각되는 학설에 대하여는 가차없이 筆誅를 가하는 등 추호의 관용도 없었다.[32] 퇴계는 『노장사상은 물론이요, 管商의 功利說, 訓詁耳의 俗學, 나아가서는 朱子學의 연원이 되는 한 사람인 楊龜山說에 이르기까지도 불신을 표하고, 老佛說에 오염되었다고 생각하는 陸王學은 말할 것도 없고, 明代의 朱子學徒인 羅整菴(欽順)의 理氣一物說의 배척 등이 그 보기이며, 국내학자로서는 신라의 崔孤雲(致遠)을 「全身是佞佛之人」(答金而精)이라고 하였고, 花潭과 동시대인인 李一齋(恒), 盧蘇齋(守愼) 등을 순정치 못하다고 배격』하였다[33] 그러나 주자가 象山學이나 佛學을 배척한 것이 주로 「체제보호」를 위한 경향이 짙다고 한다면, 퇴계의 異學・異端觀은 주로 「사상보호」 내지 학문적 방법론에 대한 문제를 다루고 있음은 흥미로운 일이다.

---

30) 正統儒學을 자처하는 朱子學派에서는 對抗學派인 陸王學을 「異學」이라고 하여 「異端」과 구별하고 있다. 이에 반하여 퇴계는 莊子를 「異學」이라 하고 陸象山을 「異端」이라 하였다.
31) 全祖望은 宋元學案의 「象山學案」 가운데서 양자의 관계를 「宗朱子 詆陸爲狂禪，　宗陸者 以朱爲俗學，兩家之學 各成門戶 幾如永炭矣」이라고 評한 바 있다.
32) 劉明鍾, 앞의 글, p.547.
33) 위의 글, p.547.

전술한 바와 같이 주자가 佛學을 「遺棄倫常」에서 오는 폐해를 지적한 데 대하여, 퇴계는 象山學이 이단인 까닭은 「滅絶天理」하고 「不做問學工夫」하는 佛學과 같기 때문이라고 한다.

> 問象山學 何故謂之異端 曰爲佛者, 滅絶天理 虧毁髮膚 今象山非有此事 只是 爲一超頓悟之學 以窮理爲疲精神 不做問學工夫 正如釋氏不立文字 見性成佛何異 比象山 所以爲異 於吾道也[34]

이와 같은 퇴계의 象山學觀은 그대로 王陽明說에도 적용된다.[35]

퇴계의 高足인 月川 趙穆은 「……而陽明則甚可駭性, 微先生力辯 幾乎感亂人矣」[36]하였지만, 퇴계로 보면 陽明學에서의 「良知」와 같은 先驗的 唯心論的 주관주의는 애초에 용납될 수 없는 「반동」이었던 것이다. 그러므로, 양명학은

> 學術頗惑, 其心强狼自用, 其辨張皇震耀, 使人眩惑而喪其所守, 賊仁義亂天下, ……如釋氏所謂 於是 創爲心卽理也之說 謂天下之理 只在於吾內 而不在於事物, 學者當務存此心而不當 一毫求理於外之事物, 然卽所謂事物者 雖如五倫之重 亦有可 無亦可 劉而去之亦可也, 是庸有異於釋氏之敎乎哉[37]

라 하지 않을 수 없었던 것이다.

퇴계의 異學觀은 그의 주자 존숭의 당연한 결론이다. 朱子를 배우는 것은 퇴계에 있어서 생애를 건 학문적 과제임과 아울러 自省 수련의 표본이었다. 그러면 왜 퇴계는 그토록 주자에게 경도되었을까. 이러한 물음은 다음 두 가지 오해를 푸는 열쇠가 될 수 있을 것이다. 첫째로, 퇴계학은 주자학 祖述 이외에 아무 것도 아니라는 학문적 오해이며, 둘째로는 퇴계학은 당시 유교적 政體 유지를 위한 통치이념을 제공하려던 것이라는 政敎的 오해이다.

퇴계의 異學觀의 모형은 물론 주자의 그것이었다. 그렇다고 하여 반드시

---

34) 〈言行錄〉(拾遺)

35) 퇴계의 陽明學說 배척에 대한 논문은 李丙燾, 〈陽明書之 東來與退溪之排斥〉, 《庸齋白樂濬博士還甲紀念 國學論叢》 1955 등이 있음. 퇴계의 〈傳習錄論辯〉, 《退溪全書》(上), pp. 922~928 참조.

36) 《月川集》, 卷 3, 〈答退溪先生書〉

37) 《退溪全書》(上), p. 925.

퇴계학 전체가 주자학 亞流였다거나 그 模像이라고 단정하는 것은 지나친 자기비하 사고이다. 퇴계가 朱子를 배운 것은 정치적 「大國」으로서의 주자였기 때문이 아니라 문화적 선진국의 학문적·인격적으로 동일시할 수 있는 인물(identifing figure)로서의 주자를 발견하고 그의 삶과 앎과 됨을 배우려고 했을 뿐이다. 때로는 겉으로는 지나치게 추종하는 듯 보일 수도 있으나 퇴계는 朱子語辭의 片言隻句라도 범연히 그리고 맹목적으로 尊信한 것 같지는 않다. 반드시 「咀嚼」하고 난 뒤 스스로의 주체적인 사고의 여과를 거치고 실천의 행위에 터하여 주자학을 이해코자 하였던 것이다.

다음으로, 주자학을 政敎원리로 채택한 조선조 관료전제정채에 있어서 異學排斥으로서의 단일사상의 유지와 강요라는 측면에서 볼 때 退溪의 異學觀이 영향은 직접 간접으로 작용하였을 것은 틀림이 없다. 그러나, 抑佛崇儒의 국시를 새삼스럽게 표방하기에는 퇴계시대는 너무 처지고, 三峯 鄭道傳의 《佛氏雜辯》과 같은 異學排斥論을 강조하기에는 또한 때가 아니었다.

퇴계시대는 사화의 소용돌이가 비교적 가시던 철학적 내면화의 시대였다. 퇴계의 소임은 政敎的 이념의 廣布에 있었다고 하기보다는 오히려 사색하고 철학하려는 일에 더욱 몰두하였다.

퇴계는 주자시대처럼 학문외적 요청이 강하여 성리학을 확립할 절박성은 그리 절실하지는 아니하였다. 그의 눈앞에는 오로지 「道問學·尊德性」으로 천리를 존중하고 인욕을 멀리할 학구적·구도적 요청이 있을 뿐이었다. 퇴계는 당쟁의 계보에 초연한 오로지 한 분의 철인학자였다.[38]

그러면, 퇴계의 이학관의 한계는 무엇인가.

첫째로, 思考 유지의 편향성이다. 이러한 지적 편향성은 싫던 좋던 간에 보수주의·전통주의와 상호 관련된다.

둘째로, 흑백논리의 전개이다. 다양하고 새로운 학설이 발붙일 자리가 없고 군자 아니면 소인, 正學 아니면 曲學의 일도양단식의 준엄성이다. 흑백논리는 때로는 독선과 독단에 흐를 우려가 짙은 것이다. 退溪 〈言行錄〉을 살펴보면 그는 孔子의 四勿[39] 정신에 투철하였음을 보거니와, 아무래

---

38) 姜周鎭, 〈李朝史에 있어서의 退溪〉, 《退溪學研究》(退溪研究院, 1972, 9, p. 28)에 의하면, 「退溪를 分岐點으로 해서 退溪 이전의 학자는 대체로 초당적이고도 거국적으로 추앙을 받게 되고, 退溪 이후부터는 모두 어느 黨의 宗主가 되고 超黨的 내지 거국적 推仰을 받지 못하게 되었다. 따라서, 退溪 이전에는 政治 싸움이 士禍로 나타났고, 退溪 이후에는 黨爭으로 나타났다고 해도 과언은 아닐 것이다」라고 지적하고 있다.

39) 《論語》子罕 (4) 「子曰, 毋意, 毋必, 毋固, 毋我」, 孔子에게는 절대로 하지 않는 네 가지

도 창조적 자유의지는 강렬하지 못하였다. 퇴계학을 수용한 일본이 근대화에 우리보다 앞서게 된 요인 가운데 하나가 바로 사고의 齊合性이었음을 살펴볼 때, 여기서 역사의 의미를 발견하게 된다.

그러나, 퇴계에게 「政治批判의 視覺」이 전혀 결여되었다고는 할 수 없다. 異學을 추호도 용납하지 않던 퇴계는 政治批判의 시각으로서 仁義禮智를 다한 王道思想을 發顯하는데 주력하였다. 이것이 그의 「限界」를 무너뜨리게 하는 자리이다.

3. 퇴계 心性論의 구조

1) 퇴계 심성론의 내용

퇴계학은 「尊德性·道問學」[40]으로써 敬을 지향하는 學이다. 퇴계 心學은 퇴계학의 일 분야가 아니라 퇴계학이 곧 心學이라고 할 수 있다. 철학자로서 일생의 蘊蓄을 기울인 〈聖學十圖〉는 한마디로 敬의 심학사상체계이다.

퇴계의 心學은 평생을 통하여 인간과 우주에 대한 철학적 인간학으로 형성된 學的 體系이다. 퇴계는 理를 비록 만물에 散在하나 그 用은 실로 마음에 있다〔致格物說〕는 믿음을 끝까지 지켰으며 바른 마음을 닦는 것이 性의 순수성이고 理의 순수성이라고 하였다. 천지만물과 일체가 되는 마음은 마땅히 부모를 섬기듯이 하며, 사람은 천리를 섬겨야 한다는 것이다.

- 人心七情是也 道心四端是也[41]
- 人心爲七情, 道心爲四端, 以中庸序朱子說及, 許東陽之類觀之, 二者之爲七情四端固不可[42]

일이 있었다고 한다. 첫째로 상대방이 아직 意思表示도 없는데 제멋대로 넘겨짚는 일(毋意, arbitariness)이란 없었고, 둘째로 일을 하는 경우에 기어이 해내려고 無理를 하는 일(毋必, dogmatism)이 없고, 세째로 이 일은 단연코 안된다고 완고하게 고집하는 일이 없고(毋固, no narrow mindness), 끝으로 매사를 自己中心的으로 생각하고 행동하는 일(毋我, egoism)이 없었다는 것이다.

40) 《中庸》(第 27 章)의 「子思曰君子尊德性而道問學」이라고 있다. 이곳에서 「而」字의 해석이 문제가 된다. 「而」를 中心하여 上下端 어느 곳을 主部로 보느냐에 따라서 해석이 달라진다.

41) 《退溪全書》(上), 〈心經後論〉, pp. 917∼918.

42) 퇴계의 四·七分屬論(人心發於氣, 道心發於理)은 뒷날 奇高峰(大升)과의 장장 7년 동안에 걸친 四·七論辯으로 발전되기에 이른다. 人心·道心에 관한 四·七分屬論은 退溪學의

人心이 道心이 되자면 「尊天理 退人欲」하여야 하는데, 이러한 공부는 居敬窮理의 실천 여하에 의하여 가능하다고 보았다.

> 心學雖多端 總要而言之 不過遏人欲者 天理兩事而已 以下所言諸說 不問己發與未發 做工與不做工 凡遏人欲事 當屬人心一邊 存天理事 當屬道心一邊 可也[43]

퇴계학에 있어서 理氣이원론·四端七情分屬論〔人心道心論〕 및 本然·氣質性 등 제반 학설의 이원적 성격은 결국 「理尊氣賤說」에 의한 계층적 구조다.

理尊氣賤說은 동격의 이원성을 말한 것이 아니다. 인성론에 있어서 理發은 四端이고 道心이며, 氣發은 七情이요 人心이라고 한 말 역시 그렇다. 그에 의하면 하나로 꿰뚫는 것만이 진리였다. 즉, 人性과 天理의 관계가 善 하나로 「一而貫之」 되어야만 合理氣될 수 있다고 본다.

理의 「獨尊無對」[44]는 心·性·情을 통합하는 원리다. 이러한 의미에서 퇴계를 객관적 주지주의자라고 부를 수 있다.

퇴계는 수양법으로서 주자의 靜座法과 같은 「脚跌著地 漸漸進步」의 방법을 택하라고 한다. 「方始有實用功處 脚跌著地 可漸漸進步 至於用功之久 積熟昭融 而有會於一原之妙」[45] 그의 用工의 「漸悟說」은 바로 주자의 입장을 대변한다.

한가할 때는 存養으로 정신적인 각성을 하고, 講習應接時에는 언제나 義理를 생각하면[46] 靜 가운데 天理를 지니고 動 가운데서는 人欲을 다스리게 된다는 것이다.[47] 涵天理는 存養〔靜〕에 속하고 決人欲은 省察〔動〕에서 가능한 것이다. 이것이 바로 퇴계가 말한 動靜 가운데 「存養·省察」하는 방법론인 것이다.

퇴계심성론의 내용은 인간본질의 구조가 어떠한가라는 문제와 같다. 앞에서 언급한 것처럼 퇴계는 「心·性·情」 문제에 있어서도 「理氣合而爲心」이라는 理氣分屬으로 해석하고 있어서, 朱子가 心을 「陰陽」으로 비유한 것

특색으로서 朱子는 다만 「戰心之靈 覺於理者 道心也 覺於欲者 人心也」라고 말하고 있다.

43) 《退溪全書》(上), p. 849, 〈答李平叔書〉.
44) 《退溪全書》(上), p. 313, 「理本其獨尊無對 命物而不命於物 非氣所當勝也」
45) 《退溪全書》(上), p. 681, 〈答金而精書〉. 이곳에서의 「積熟昭融 而有會於一原之妙」는 바로 朱子의 「豁然貫通」의 경지와 같은 것으로 해석된다(一旦豁然貫通焉則衆物之表裏粗精無不到而吾心之全體大用無不明矣——〈大學補傳〉).
46) 《退溪全書》(下), p. 172. 〈答李叔獻(珥)〉, (無事時存養 惺惺而已到講習應接時 方思量義理)
47) 《退溪全書》(上), p. 661. 〈答金惇叙〉, (靜而書天理之本然 動而決人欲於幾微)

과는 다르다.

마음의 본질은 무엇인가.

퇴계는 朱子와 같이 마음은 원래 「虛靈」한 것이라고 보아 그 빈 자리에 「理」와 「氣」가 寓居하고 있다고 본다. 「心」이 統性情한다는 것은 무엇을 일컬음인가.

퇴계가 逝世하기 한 달 전에 쓴 高峯別紙에 의하면 心이 理에 미치는 원리를 말하고, 性理와 心氣가 구분될 수밖에 없는 것이다. 그리하여 「心性情」은 心에 의하여 「體用一源·顯微無間」의 실천기능을 발견하려는 것이다.[48]

이같은 心의 논리구조로 볼 때, 퇴계가 「心卽氣」說의 不當性을 論謂하는 논리적 근거를 발견하게 된다. 즉, 心은 一身의 주재자인데[49] 그 주재자를 「氣」라고 한다면 氣는 善·惡을 함께 할 수 있으므로, 악이 일신의 주재가 된다는〔心卽惡〕논리가 형성되기 때문이다. 따라서 천리가 形氣를 合物할 수 없게 된다. 그러므로, 「主理禦氣」하는 그의 입장으로서는 心卽氣說은 언어도단이 되는 것이다.

2) 退溪心學의 晚年定論

퇴계 68세(1568년 戊辰)는 그의 학구생애에 있어서 기념비적인 해였다. 그해 8월에는 〈六條疏〉를 지어 바치고, 11월에 〈西銘考證講義〉, 12월에 〈聖學十圖〉와 箚子를 올렸다.[50] 이들 셋은 退溪晚年定論[51]으로 退溪教學思想의 이해를 위하여 중요하다.

上記 3論에서 인성론에 관한 부분을 초록하여 살펴보기로 한다.

---

48) 《退溪全書》(上), pp. 455~456, 〈答奇明彥別紙〉,（理氣合而爲心 自然有虛靈知覺之妙 靜而具衆理 性也 而盛貯該載此性者 心也 動而應萬事 情也 而敷施發用此靜者 亦心也 故曰心溪性情）

49) 《退溪全書》(上), p. 206, 〈聖學十圖〉(心學圖), 「蓋心者一身之主宰也 而敬一心之主宰也」

50) 〈聖學十圖〉는 68세 된 퇴계가 一生一代의 蘊蓄을 기울여 마지막 奉公의 정성을 다하여 임금께 올린 것이다. 그런 만큼 퇴계의 가장 원숙한 末年思想의 전모가 일목요연하게 압축 요약되어 있으며, 그의 心血을 기울인 대표적인 名著이자 幼衷한 王(宣祖 1년)에 바친 老臣의 마지막 遺託이다.

    이 책에서 「退溪晚年定論」이라고 하는 것은 「未定說」→「確定說」의 뜻이 아니라, 퇴계사상의 결정본이라는 뜻으로 사용하고자 한다.

51) 「晚年定論」이라는 말은 王陽明의 「朱子晚年定論」이 유명하다. 陽明은 朱子의 「集註」「或問」類를 「中年未定說」이라고 보고 晚年에 이르러서는 지난날의 잘못(道問學에만 치우쳤다는)을 뉘우치고 「尊德性」을 중시하게 되었다고 하여 陽明學의 優位性을 강조하려고 하였다. 朱子學派에서는 이를 인정하지 않음은 물론이다.

가) 〈戊辰六條疏〉[52]에서

○ 第三條

(前略) 우리들의 性情과 形色 및 일상 쓰이는 常倫과 같이 가까운 것으로부터, 나아가서는 천지만물 고금의 모든 사건이나 변천 등 허다한 데 이르기까지, 至實한 理致와 至當한 法則이 다 있는 법이니, 이것이 바로 天然으로 존재하는 「中」입니다.

그러한 까닭에 배움은 넓게 하지 않을 수 없고, 물음은 자세히 살피지 않을 수 없고, 생각을 삼가지 아니할 수 없고, 분별은 밝게 하지 않을 수 없읍니다. 이 네 가지 博問·審問·愼思·明辨이 바로 致知의 조목이며, 이 네 가지 중에서도 愼思가 가장 중요합니다.

생각한다 함은 무엇이겠읍니까. 心에서 구하여 徵驗으로써 얻음을 말합니다. 能히 마음에서 징험하여 이치를 밝게 분별할 수 있고, 善惡의 機微나 義理·是非의 판단을 정밀히 하고 조금도 차질이 없게 하고자 한다면, 비로소 이른바 危微(인심이 위태롭다는 뜻)의 까닭이나 精一의 법이 이런 것임을 진실로 알아 의심하지 않게 될 것입니다.

……次第와 節目은 「或問」 속에 상세히 제시되어 있듯이 敬을 위주로 하고, 아울러 모든 사물에 대하여 마땅히 그렇게 될 바와 또한 그렇게 된 까닭을 규명하고, 深奧한 이치를 몸소 體得하여, 마침내 지극한 도리에 이르러야 합니다. 그리하여 세월이 오래되고 공부의 힘이 깊게 되면 하루 아침 사이에 저도 모르게 모든 의문이 말끔히 풀리고, 도리차 후련히 트이게 될 것이며, 비로소 體와 用이 한 근원이며 顯과 微가 간격이 있다는 것을 진실로 알게 될 것이며 또한 危微에 미혹되지 않고 精一에 현혹됨이 없이 中을 잡을 수 있을 것입니다. 이것을 들어 眞知라 일컫습니다.

힘써 행하는 일(力行)에 대하여 말씀드리겠읍니다. 뜻을 정성되게 하면 반드시 機微를 잘 살피어 털끝만한 不實도 없게 될 것이며, 마음을 바르게 하면 반드시 動과 靜을 살피어 단 한가지 일이라도 바르지 않음이 없게 될 것입니다.

修身齊家에 있어서 일체 치우침에 빠지지 말고, 언제나 삼가고 두려워하고 홀로 있을 때도 성실히 하여, 뜻을 굳세게 갖고 쉬지 말아야 합니다. 이들이 모두 역행의 조목들입니다.

이들 중에서도 心과 意가 가장 중요한 것입니다. 마음은 天君이며 뜻은 마음에서 발하는 것입니다. 마음을 성실하게 하고서 뜻을 발함은 바로 하나의 성실로써 만 가지 잘못을 지우는 것이 됩니다. 또한 天君인 마음을 바로 하면,

---

52) 《退溪全書》(上), pp. 181~193.

바로 몸 전체가 잘 따르고 命에 복종할 것이니, 모든 행동에 實하지 않음이 없을 것입니다.

위와 같은 力行의 공부에 그 시작을 여시고 그 실마리를 트실 것이오니, 그 실마리로 인해서 더욱 그 절실한 공부를 이룩하시기를 청해 올립니다. 그 규모와 宗旨는 《大學或問》과 《中庸或問》 두 책에 보이는 바의 교훈을 준수하시어, 經을 위주로 하고 때와 곳에 따라 생각마다 깨우치고 일마다 삼가면, 모든 욕심이 마음 속에서 말끔히 씻겨져서 五倫과 百行이 닦이게 되어 至善하게 될 것입니다. 식사와 휴식과 사람과의 응대에도 義와 理가 몸에 배고, 감정을 가라앉히며 노여움을 막고 개과천선하며, 정성과 誠一에 힘쓰시고, 광대하고 高明하여 예법에서 벗어나지 않고, 경륜을 다스림에 屋漏에 부끄럽지 않게 하기를 바라옵니다. 이렇게 하여 공덕을 많이 쌓고 경력이 오래 되면 자연히 義와 仁이 몸에 익게 되어, 그만두려 하여도 그만둘 수가 없어서, 혼연히 알지 못하는 사이에 聖賢의 中和의 경지에 들어가게 될 것입니다.

그 실천의 효험이 여기에 이르면, 道와 德이 성립되고, 나아가서는 바로 다스리는 근본이 서게 될 것이며, 인재를 등용함에는 원칙대로 분수를 넘게 하지 않을 것이며, 따라서 자연히 여러 어진 인재들이 모이고, 공적이 밝아져 온 세상이 융성하며 태평하게 되고, 백성에게 仁愛와 壽福을 누리게 하는 것은 어렵지 않을 것입니다.

어떤 사람은 帝王의 학문은 선비나 학생들과는 같지 않다고 합니다. 그러나 그것은 文義에 구속되고 詞章에 工을 두고 한 말입니다. 敬으로 근본을 삼고 궁리하여 致知하고, 자신을 반성하여 참된 행동을 실천하는 것은 心法의 妙를 터득하고 도학을 전하는 요결이니, 이러한 점에 있어 제왕과 일반 사람이 어찌 다를 수가 있겠읍니까?

생각하건대, 眞知와 實踐은 수레의 두 바퀴와 같아서, 어느 하나가 빠져도 아니 되며, 또한 사람의 두 다리와 같아서 서로 도와서 나아가게 마련인 것입니다. 그러므로, 程子는 『차지하지 못한 자는 敬하는 경지에 들지 못한다』고 말했으며, 朱子는 『몸소 실천하는 공부에 이르지 못하는 자는 窮理 또한 없는 것이다』라고 했읍니다. 이러므로 진지와 실천의 두 가지 공부를 합해서 말하면 서로가 始와 終이 되는 것이며, 나누어 말하면 또한 저마다 始와 終이 있는 것입니다.

참으로 처음이 없으면 끝도 없을 것입니다. 그러나 끝이 없다면 시작을 해서 무엇에 쓰겠읍니까? 더우기 聖學은 대개 시작은 있으나 끝이 없으며, 처음에는 열심히 하나 나중에는 게을리하고, 처음에는 공경하나 나중에는 방자하게 되며, 오락가락하는 마음으로 하다가 말다가 하여 마침내는 한결같이 덕을 업신여기어 나라는 미혹하게 되고 마니, 그 이유는 무엇이겠읍니까?

더 없이 위태로운 것이 人心입니다. 사람의 마음은 욕심에 빠지기 쉽고 理
에 되돌아오기는 어렵습니다. 또, 더없이 미묘한 것이 道心입니다. 도심은 눈
결 사이에 理에 깨었다가도 이내 욕심에 가리워지는 것입니다. 이러므로 聖學
은 始와 終을 얻기가 어려운 것입니다.

이제 私欲에 빠지기 쉬운 人心으로 하여금 유혹을 물리치고 사욕이 일지 못
하게 하며, 또한 눈결 사이에 理에 깨어나 道心으로 끊임없이 이어지게 하여,
예로부터 어진 제왕들이 전해오던 執中之學을 이루고자 한다면 바로 精一의 공
부가 아니고서 다른 무엇으로 할 수가 있겠읍니까? 「傳說」이 말했읍니다. 오
로지 『學問에 있어서는 뜻을 겸손하게 하라. 시종을 한결같이 학문에 힘쓰면
덕이 자기도 모르게 닦아진다.』 또 孔子는 말했읍니다. 『이를 곳을 알아서 그
곳에 이르고자 하면 서로 가까울 수 있고, 끝나는 곳을 알아서 끝나게 하면 같
이 義를 지닐 수 있읍니다』고 말입니다.

나) 〈西銘考證講義〉[53]에서

○ (三. 『나의 몸은 天地에 찬 氣이며, 나의 性은 天地를 통솔하는 理이다』)
에 대하여 :

천지의 氣가 나에게 있어 몸(體)을 이루었으므로 나는 바로 천지의 본체라
고 하는 것이며, 또한 천지의 理가 나에게 있어 性이 되었으니 나는 바로 천지
의 性이라고 하는 것입니다.

「天地之塞 吾其體

天地之帥 吾其性」

○ (十九. 『存心養性이란 게을리하지 않음이라』)에 대하여 :

《孟子》 가운데 「存其心 養其性 所以事天」이라는 말이 있읍니다. 朱子가 이
를 주석하기를,『마음은 사람의 神明으로 모든 理를 갖추어 가지고, 만 가지 일
에 대응할 수 있는 것이며, 性은 바로 마음에 갖추어진 理며, 또한 하늘은 理
가 나온 근원이다』했읍니다.

存이란 지녀 버리지 않는다는 뜻이고, 養은 순순이 따르고 해치지 않는다는
뜻이며, 事는 받들어 모셔 어기지 않는다는 뜻입니다.

程子는 『마음이나 性이나 하늘은 다 하나의 理다』라고 말했읍니다.

理에서 말하면 하늘이라 하고, 禀受에서 말하면 性이라 하고, 그것을 사람
이 지니고 있는 것을 心이라 합니다.

---

53) 《退溪全書》(上), pp. 218〜224.

다) 〈進聖學十圖箚〉[54]에서

　　○ 第六, 心統性情圖說
　　圖表(15 統心性情圖) 중 上圖는 程林隱이 만들어 그가 직접 설명을 한 것입니다. 다른 두 표는 臣이 망녕되게 성현들의 말씀과 교훈의 뜻을 미루어 사사로이 만든 것입니다.
　　中圖는 氣禀 속에 있으면서도 本然之性이 기품과 섞이지 않고 있음을 말한 것입니다. 子思가 말한 天命之性이며 孟子가 말한 性善之性이며, 程子가 이른바 即理之性이며, 張子가 말한 天地之性이 바로 이것입니다. 이렇듯이 性을 말했으므로 그 性이 發하여 情이 되어도 역시 모두가 善한 것을 지적했읍니다. 즉 子思가 말한 中節之情, 孟子의 四端之情이며, 程子가 이른바 『어찌 착하지 않다고 이름지을 수 있으랴』(何得以不善名之之情)이며, 주자가 이른바 性에서 나온 것이란 원래 착하지 않은 것이 없다고 한 情들이 모두 이와 같은 것입니다.
　　下圖는 理와 氣가 合한 것을 설명한 것입니다. 이는 孔子의 相近之性이며, 程子가 이른바 性即氣, 氣則理之性이며, 張子의 氣質之性이며, 朱子의 「雖在氣中, 氣自氣, 性自性 不相夾雜之性」 등이 바로 이것입니다. 이미 이렇듯이 性을 말했으므로 그것이 發顯하여 情이 되어도 역시 理와 氣가 서로 돕기도 하며 혹은 서로 해치기도 함을 설명하였읍니다. 즉, 四端七情은 理가 發하여 氣가 따르니까 자연 순수하고 착하며 악이 없읍니다.
　　그러나, 理가 發하여도 제대로 뻗지 못하고 氣에 가리어지면 도리어 不善에 흐르고 맙니다. 또한 七情은 氣가 發하고 理가 이에 타(乘)면 역시 나쁜 것이 없읍니다. 그러나 만약에, 氣가 發하여 中和를 이루지 못하고 理를 감한다면 그때에는 방자하고 악하게 됩니다. 대체로 이러한 까닭으로 程子가 말했읍니다. 『性을 論하면서 氣를 논하지 못하면 충분하지 못하고, 氣를 논하면서 性을 논하지 않으면 충분하지 못하므로, 理와 氣를 분리하여 논하는 것은 잘못이다……』
　　학자가 참으로 한결같이 持敬하며 理와 欲을 가리는데 어둡지 않고, 특히 마음가짐을 성실히 하여 未發之中에서 存養하는 공부를 깊게 하는 한편, 已發에도 中節之和를 살펴 반성하는 등의 수양을 익히고, 오래 두고 끝없이 노력하면 이른바 精一集中 하는 聖學이나 存體應用하는 心法도 남의 힘을 기다리지 않고 스스로 얻을 수 있을 것입니다.
　　○ 第八, 心學圖說
　　앞의 圖說은 程林隱이, 聖賢들이 心學을 논한 名言들을 골라 추려서 도표로

____
54) 앞의 책, 같은 곳.

만든 것입니다. 분류와 對置가 多端하지만 싫증이 나지 않으며, 이것으로 聖學의 心法을 잘 알 수 있읍니다. 위 아래의 배치는 오직 얕고 깊은 것, 또는 생소하거나 익숙한 것을 가지고 대략 나눈 것으로, 공부나 수양의 절차를 따른 것은 아닙니다. 즉,《大學》에 있는 致知·誠意·正心·修身과 같이 반드시 전후를 가져야 하는 것과 같지 않습니다.

어떤 사람이『大略을 풀었다고 求放心하는 것은 마땅히「心在」뒤에 놓을 것이 아니라, 공부하는 初頭에 놓아야 할 것이 아니오』라고 했읍니다. 臣이 조용히 생각하건대, 求放心을 얕은 뜻으로 풀이한다면 무엇보다 마땅히 먼저 공부해야 하는 것입니다. 그러나, 깊은 뜻으로 말한다면, 순간적으로 잠깐 생각이 어긋나도「放」이라 할 수 있읍니다. 顔子 같은 사람도 역시 仁을 지키다가 석달을 넘길 수 없었읍니다. 이렇듯 잠시라도 어기지 않을 수 없는 것이 바로 放입니다. 오직 顔子는 잠시 실수를 하여도 곧 알고, 알자 곧 잘못을 다시 거듭하지 않았읍니다. 이런 것이 바로 放心을 막고 구제하는 것이라 하겠읍니다.

지금까지 퇴계心學의 연원과 배경 그리고 구조를 고찰을 하였다. 퇴계 심성론에 대한 여러 가지 논의를 전개하는 가운데 퇴계의 朱子學尊信은 단순한 지적 편향성이나 사상적 추종만이 아니었다. 더구나 異學에 대한 퇴계의 입장은 왕조교체와 병행된 사상적인 변혁운동으로 구세력의 하나인 佛家의 정치 경제적인 권력을 억압 배제[55]하려던 鄭三峰(道傳)과 같은 것도 아님을 밝혔다.

퇴계학이 형성된 것은 그가 일정한 師承이 없이 독학으로 朱子學을 연찬한 결과였다. 연보에 의하면 43세 이후부터 본격적으로 주자학을 潛心 求得하였다. 퇴계가 주자 연구에 몰두한 지 13년 후인 56세 (丙辰)《朱子書節要》(14권 7책)를 이루었고, 15년 후인 58세(戊午)에 그 서문을 쓴 것으로 보아도 그의 心學 연구는 자발적인 것임을 알 수 있다.

주자학은 天理思想에 있어서 도리면과 의리면을 다 포함하고 있으나, 퇴계는 그중 居敬窮理를 통한 인간의 義理之學에 보다 역점을 둔 것 같고,「理氣」·「心性情」·「人心道心」의 致中和를 위한 심학을 무척 강조하였다. 그러므로,「主敬存心而 上達天理」하자면「下學人事」를 빠뜨릴 수 없다고 본 것이다. 이 점이 王陽明의 本心爲主의 주관적 유심론을 배격하고 先知 道問學과 尊德性이 함께 중요한 것이라고 강조한 터전이다. [56]

---

55) 洪以燮,〈朝鮮儒家의 斥邪論에 對하여〉,《白性郁博士頌壽紀念佛敎學論文集》, 1959, pp. 1137~1151.

56)《退溪全書》(上),〈心經後論〉

……二者之相須　如車兩輪　如鳥兩翼　末有廢一而可行[57]

　　원래 유학에서는 지적 학습을 「技葉」이라 보고 이를 「下學」이라고 불렀
다. 개개의 사물을 지배하고 있는 「所以然之故」와 「所當然之則」을 찾아
최후의 거점인 中心觀念에 도달하는 것을 「上達」이라고 하는 것이다. 「下
學而上達」하는 길은 바로 漸修的인 「存養省察」하는 길밖에 없다.

　　이것이 바로 심학이다.

　　그러므로, 퇴계학은 곧 퇴계심학이라고 할 수 있다. 퇴계에 의하면 이
러한 중심관념이 「敬」이다.

　　심학을 통한 敬의 접근방법에 있어서 퇴계는 종합적이고 분석적인 실천
방법을 권장하고 있다. 이러한 방법(周悉的 把握)이 곧 퇴계로 하여금 사
고와 실천에 있어서 단일성을 지니지 않았다는 방증이다.

就同中而　知其異見　就異中而　見其有同　分而爲二而不害其未甞離　合而爲一而
實歸於下相雜　乃爲周悉而無偏也

　　퇴계학은 이렇게 「異・同」, 「分・合」, 「一卽二・二卽一」, 「周・悉」을 고
루 미치게 포괄하는 학적 체계로 형성되었다. 이 점이 학문방법론상 그의
입장이다.

　　오늘날, 이론적 인식(앎)과 실제적인 행동(삶)이 서로 멀어져 있거나 아
니면 전자가 후자보다 강조되는 학적 경향에서 퇴계 심성론은 매우 많은 교
훈을 남겨주고 있다. 성찰된 개인적인 삶이 우리로 하여금 진리로 이끌어
준다는 의미를 여기에서 읽을 수 있기 때문이다.

---

57) 《退溪全書》(上), 〈答奇明彦書〉

Ⅲ—2. 天人合一論의 人間理解 :〈天命圖說〉

　　퇴계가 〈天命圖說後叙〉를 撰한 것이 1553(癸丑)년 12월이니[1] 53세 때 일이다. 연보에 의하면 그해 4월에 大司成이 되었으며 〈諭四學師生文〉을 지어 문교책임자로서 四學 諸生이 지켜야 할 교육과 학문의 대의와 실천에 대하여 諭示하였고, 55세 乙卯년 봄에 南歸하였다.

　　〈天命圖說〉은 秋巒 鄭之雲(1509~1561)의 作으로[2] 퇴계가 이를 수정[3]한 데서 天命圖와 그 說은 한국 성리학상 가장 광채 있는 논쟁의 발화점이 되었다. 익히 고찰되어 온 退溪와 高峯의 「四七論辯」이 이것이다. 즉, 〈天命兩圖〉에서 秋巒의

　　　　四端之發純理 故無不善 七情之發兼氣 故有善惡

이라는 글을 퇴계가 「四端理之發　七情氣之發」이라고 고친 것이 당시 「士友」간에 문제[4]로 등장하였고, 퇴계는 이를 秋巒의 舊圖대로 환원[5] 시키면 어떻겠느냐고 고봉에게 물은 데서부터 「四・七」에 관한 7年論辯은 비롯된다.

　　「四・七論爭」의 전말에 관하여서는 이미 여러 학자[6]들에 의하여 비교적 소상하게 밝혀졌다. 이곳에서는 「天命圖」의 존재적 측면의 고찰보다는 〈天命圖說〉에 나타난 가치론적 접근——존재론적 해석——을 시도하고자 한다.

　　〈天命圖說〉에 나타난 사상은 성리학적 우주인성론인 天人合一의 사상적 기반에 터하여 있고, 인간문제의 存在論・認識論・價値論에 대하여 포괄적으로 설명한 성리학적 인간학의 입문서라고 할 수 있다.

---

1) 《退溪全書》(上), p. 915. 「嘉靖癸丑臘平淸凉山人謹書」라 있고, 年譜(앞의 책(下) p. 581)에 「十月改訂 鄭之雲天命圖」라 함.
2) 이를 〈天命舊圖〉라고 한다.
3) 이를 〈天命新圖〉라고 한다.
4) 여기에서 退溪는 이미 「理發・氣發」 문제에 있어서 「互發」說을 주장하고 있다.
5) 退溪가 秋巒說로 후퇴한 것이라 할 수 없는 까닭은 그 뒤에 展開되는 「論辯」에서 살필 수 있다. 뒤에 退溪는 「四端發於理 七情發於氣」라고 고침.
6) 李相殷, 柳正東, 全斗河 諸氏의 所述 참조.

〈天命圖說〉은 그대로 성리학적 우주론·인성론·행위론의 要目이며 그 범주이다. 「四·七論爭」은 「發」의 문제로 발단되었거니와 이는 위의 범주와 요목에 있어서 중심점임에는 틀림이 없다.

1) 퇴계가 〈天命圖說後叙〉를 쓰게 된 동기

〈天命圖說後叙〉에 의하면[7] 이 글을 쓰게 된 동기를 다음과 같이 밝혀 놓았다.

(1) 내가 벼슬길에 올라서 서울 西城門 안에 산 지가 전후 20년이 되도록 이웃에 사는 鄭靜而와는 서로 안면과 왕래가 없던 차에, 하루는 조카 寯가 어디서 〈天命圖說〉이라는 것을 가지고 와서 나에게 보였는데, 그 그림과 설명이 자못 잘못된 데가 있었다. 寯에게 묻기를 이것을 누구가 지었느냐 한즉, 『모르겠읍니다』 하였다.

그 뒤 차츰 각처로 추심하여 보니 비로소 그것이 靜而에게 나온 것임을 알고, 이에 거간하는 사람을 통해서 靜而에게 그 그림을 보여 달라고 하였고, 靜而 또한 만나보고자 하여 수삼차의 왕래 끝에 靜而가 좋다고 하였으니, 이는 내가 전일부터 성질이 괴벽하고 견문이 고루하여 사귐성이 적은 것을 부끄러워하던 바이다.

(2) 내가 靜而에게 이르기를 『지금 이 그림은 寯가 전한 것과 (내용이) 같지 않으니 어찌된 일입니까』 하니 靜而가 대답하되 『전에 慕齋·思齋(金安國·金正國 형제) 두 선생의 문하에서 제가 배울 때에 그 論을 듣고 물러나와서 아우 某(之霖)와 함께 강구해 보았읍니다. 그러나, 性理의 미묘함을 准明할 바가 없음을 근심하였읍니다. 시험삼아 朱子의 說을 취하고, 또 여러 說을 참고하여 하나의 그림을 만들고 이를 慕齋先生에게 질의하였더니 慕齋先生께서는 이를 謬妄하다 물리치지 않으시고 案上에 두시고 여러 날을 疑思하셨읍니다. 잘못된 곳을 가르쳐 주십사고 청하였더니 慕齋先生의 말씀이 『오랜 공부가 없고서는 가벼이 말할 수 없다』 하시고는 혹 배우는 자가 그 문하에 이르면 이 그림을 내보이고 말씀을 나누셨고, 思齋先生께서도 역시 하지 말라고는 하시지 않으셨으니, 이는 두 분 선생께서 저의 狂簡함을 이끌어주시려는 뜻이었읍니다.

이 그림을 전할 만한 것이 못되는데도 그때 같은 門下 諸生들이 이를 베껴가서 士友 간에 전하여진 줄은 몰랐읍니다. 뒤에 와서야 제가 스스로 그 잘못됨을 깨닫고 고친 곳 또한 많으니, 전후가 다른 까닭입니다.

---

7) 《退溪全書》(上), pp. 911~915.

아직도 정본이 되지 못하여 스스로 부끄럽고 겁이 납니다. 원컨대 잘못된 곳을 고쳐 주시고 가르쳐 주시면 매우 다행한 일이겠읍니다』하였다.

(3) 내가 대답하기를, 『그렇습니다. 慕齋・思齋 두 先生이 가볍게 그 그림의 是와 非를 말씀하지 않는 것은 실로 반드시 깊은 뜻이 있는 것입니다. 오늘날 우리들이 강학을 하는 데 있어서 마땅하지 못한 곳이 있는 것을 깨닫게 되면, 어찌 구차스럽게 좇고 간절히 변론하여, 마침내 그 是와 否를 가려내지 않을 수 있겠읍니까. 항차 士友 간에 전하기를 (이는) 모두 (慕齋・思齋) 두 先生의 손길을 이미 거쳐 시정한 것이다라고들 하는데 잘못된 부분이 그대로 남아 있게 되면 師門의 累가 또한 크지 않겠읍니까』하였다.

靜而가 대답하기를, 『참으로 이것이 之雲의 夙昔의 근심입니다. 감히 선생의 말씀을 듣지 않을 수 없읍니다』하였다.

내가 드디어 太極圖와 그 說에 대하여 인증하되, 『어디는 잘못되었으니 고치지 않을 수 없고, 또 어디는 너무 많게 되었으니 없애지 않을 수 없으며 어느 곳은 빠졌으니 보충하지 않을 수 없다』라고 지적하였다. 靜而가 나의 말을 반대하고 자신의 뜻을 고치는 것을 싫어하는 빛이 없었다. 오직 나의 말에 마땅하지 않은 곳이 있으면 반드시 힘써 변론하여 지당하여야 그만두었다. …… 여러 달이 지난 뒤에야 靜而가 고쳐 만든 圖와 說을 가지고 와서 나에게 보여 주었다. (이에) 서로 참고하고 교정하여 완전히 끝을 내었다. 비록 과연 잘못된 곳이 있고 없는지는 알 수 없으나 거의 있는 힘을 다하였다.

2) 秋巒의 〈天命圖說序〉에 나타난 경위

퇴계가 〈天命圖說後叙〉를 지은 지 한달 뒤인 甲寅年(1554) 正月에 秋巒은 〈天命圖說序〉[8]를 지었다.
이 글에도 퇴계의 後序와 부합하는 경위가 적혀 있다.

正德 己卯년에 思齋 金先生께서 가벼운 견책을 받으시고 高峰의 芒洞에 물러나셔서 卜居하고 계셨으니 이 마을은 실로 내(之雲)가 살던 곳이다. 나는 일찌기 선생의 문하에 나아가 受學하였다. 嘉靖 戊戌年에 思齋先生께서 부름을 받아 還朝하시니 之雲이 돌아가 의지할 곳을 잃었다. 동생 之霖에게 家論과 天人의 道를 강학코자 하였으나 之霖이 幼學으로 의거하고 窺測할 곳이 없음을 안타까와하였다. 이에 내가 朱子의 說을 試取하고 (《性理大全》論人物之性을 봄) 제설을 참고하여 하나의 圖를 짓는 한편 問答을 하여 〈天命圖說〉이라 하였으니, 아우를 가르치고자 한 것이지 처음부터 남에게 보이려고 한 것이 아니었다.

---

8) 秋巒, 〈天命圖說序〉

그러나, 圖가 이미 草하여진즉 長者에게 보여드려 바로 잡지 않을 수 없었다. 마침내 慕齋·思齋 두 先生께 質正하였다. 두 선생께서는 깊이 책망하시지는 않고 다만 가볍게 논의할 것이 아님을 말씀하셨다. 불행히도 뒷날 두 선생께서 번갈아 돌아가셨다. 아, 슬프다. 이로 말미암아 이 그림의 草本은 바로 잡아볼 바를 잃게 되었으며 나의 학문은 날로 거칠어가니 어찌 스스로 펴볼 날이 있으리요.

지난 해 가을 퇴계 李先生께서 不肖의 이름을 들으시고 躬問하기 두 서너 차례 하시니 之雲은 그 은근하심에 감심되어 목욕재계하고 퇴계선생께 나아가 뵈오니 선생께서는 혼연히 맞이하시고 天命圖에 대하여 말씀하셨다. 내가 바로 잡아 주실 것을 청하여 아뢰니 退溪께서는 곧 이를 허락하셨다. 물러와서 내가 스스로 축하해 말하되 두 선생님을 잃고 다시는 어진 師友를 얻지 못할 줄 알았더니 이제 퇴계선생을 얻었으니 근심이 없다 하였다.

자주 왕래하여 이 그림에 대하여 질문하였더니 퇴계께서 古說을 인증하고 그 뜻을 參用하여 빠진 곳을 보태고 지나친 곳은 깎아내어 마침내 그림을 완성하였다.

3) 主客 問答 형식을 통한 퇴계의 「圖說」辯

퇴계는 〈天命圖說後叙〉에서 圖說 고증에 대한 辯을 主客 문답 형식으로 말하고 있다. 〈天命圖說〉이 비록 秋巒의 作으로 비롯되었지만 개작하는 과정 가운데 퇴계의 성리학적 天人觀이 어떻게 전개되었느냐 하는 점을 살피는 데 없어서는 안될 글이 된다. 퇴계는 40 대 중년 이후 潛心玩默하여 차츰 성리학의 본령으로 그 철학적 온축을 더하기 비롯한 지 10 여 년을 경과한 후 언표한 첫번째의 학적인 열매가 바로 〈天命圖說〉이다.

그러므로, 〈天命圖說〉의 定本은 퇴계의 학적인 훈수를 받은 秋巒 鄭之雲의 所作이라기보다는 秋巒은 퇴계의 학문적 후광을 업고, 퇴계는 그 학문의 겸양으로 뒷자리에 물러선 공동제작이라 할 것이다(《退溪集》에 「圖說」이 수록되어 있는 것도 凡常한 일이 아니다).

퇴계학의 수입을 재빨리 한 일본의 경우, 당시 퇴계학에 심취하였던 林羅山은 초년에 『李退溪의 〈天命圖說〉·《朱子書節要》를 읽었으며, 아울러 율곡의 《聖學輯要》·《擊蒙要訣》도 읽었다』고 하였다. 특히 林羅山은 퇴계의 〈天命圖說〉에 경도되어 비상한 관심을 갖고 있었으며 그의 스승이자 일본 유학의 開祖인 藤原惺窩에게 이를 빌려 주기도 하였다. [9]

---

9) 阿部吉雄,《日本朱子學と朝鮮》, 東京大學出版會, 1965, pp. 201〜202.

그 뒤 林羅山은 다음과 같은 跋文을 붙여 1651년(慶安 4年)에 〈天命圖說〉을 간행하였다. 10)

  이 〈天命圖〉는 조선의 鄭秋巒과 李退溪가 지은 바다. 性理와 氣質을 논한 이것은 모두 중국 先儒가 남긴 말들이나 그 바름이 벗어나지 않음은 가히 살필 일이다. 내가 이 책을 지니고 있은 지 오래 되거니와 하루는 惺齋께 이것을 보여드렸더니 惺齋께서 말씀하시되, 「四端出於理・七情出於氣」가 옳다고 하시면서 이는 「困知記」에도 있는 말이지만 〈天命圖說〉의 說이 「困知記」의 그것보다 더욱 좋다. 옛적에 趙松雪이 신라의 중 金生의 글씨를 보고 난 뒤 題하여 가로되, 「어디라고 인재가 없으리요」 하셨으니 믿을 말씀이로다. 이제 내가 이를 베껴 주노라.

  섬나라 사람의 小嬌가 보이지 않는 바는 아니지마는 퇴계에게 감발되어 커다란 영향을 받은 藤原과 林의 退溪尊崇을 살필 수 있다.

  이처럼 〈天命圖說〉은 단순한 중국 성리학의 해설이 아니라 퇴계에 의한 한국 성리학의 일진경이 엿보이는 업적이라고 하겠다.

  퇴계와 추만의 서문을 통한 〈天命圖說〉 所撰의 「動機」와 「經緯」를 토대로 하여 퇴계 自述을 간추려 살펴보기로 한다.

  〔가〕: 圖書를 만드는 일은 모두 하늘의 뜻에서 나오는 것으로서 반드시 성현이 나온 뒤에라야 비로소 할 수 있는 일인데 그대가 考訂해 주었다니 어리석고 참월됨이 너무 심하지 않은가?

  〈답〉 만약 이 그림이 경전의 뜻을 어기고 사사로운 의견을 내세웠다면, 先正에게만 죄를 짓는 게 아니라 하늘의 벌을 받을 일이다. 이 그림은 주자의 말을 가지고 〈太極本圖〉에 근거를 두었으며 《中庸》에 의거한 것이다.

  〔나〕: 그대는 이 그림을 가지고 子思와 周子의 道에 맞는다고 하였다. 이는 鄭生과 그대가 子思와 周子의 道를 얻음이 있다는 말인데…… 지금 鄭生이 매우 궁하고 아무 것도 못하고 있으며, 그대는 庸拙한 재주로 하는 일 없이 벼슬자리에 있음을 세상 사람들이 모두 비웃고 있는데 어찌 스스로의 역량은 생각하지 못하고 더불어 참람되고 망령된 일을 하는가?

  〈답〉 진실로 그대의 말과 같다면 孔子가 있어야 周公의 道를 얘기할 수 있고, 子思와 孟子가 있어야 顔子와 曾子의 학문을 배울 수 있는 것이다. 이렇게 되면 성인은 하늘을 바라고, 賢人은 聖人을 바라고, 선비는 賢人을 바란다

---

10) 《羅山文集》, 卷 53, 〈天命圖說〉跋

는 말은 모두 없애야 할 것이다. 漢나라 이후 易學을 말한 사람이 많은데, 이 들이 모두 伏羲・文王・周公 같은 성인들이었으며, 宋나라 이후 天人性命의 說 을 말한 사람이 많은데, 이들이 모두 周敦頤・邵雍・程子・朱子 같은 賢人들 이란 말인가.

대체로 선비가 의리를 말하는 것은 농부가 뽕나무 심고 삼(麻) 심는 것과 같 고, 匠石들이 먹줄을 얘기하는 것 같은 일로서 제각기 제 할 일을 가지고 말 하는 것이다. 그런데 그대는 농부에게 꾸짖기를 「네가 참람되이 神農氏가 되려 한다」라고 하며 匠石들에게 「네가 망령되게 公輸子(이름 있는 옛 匠人)가 되 려 한다」 하니, 神農氏와 公輸子는 쉽사리 따라갈 수는 없지만, 그렇다고 이 법을 내어 버리고 또 어떤 것을 배워서 농부나 장인이 될 것인가? 그대의 말 로 말한다면 나는 먹줄도 없어지고, 뽕나무밭과 삼밭이 모두 없어질까 걱정이 되는 것이다.

옛날 蜀나라에 筒에 테를 메우는 사람이 있어, 그 사람이 《周易》 한 귀절을 얘기한 것이 이치에 맞아 군자들이 그 말을 후세에 전하였다. 이렇다고 하여 어찌 그 통쟁이가 주역을 안다고 하겠는가?

말은 들을 만한 것이 있으면 듣는 법이다. 군자는 남을 너무 나무라지 아니 하며, 사람의 뜻이 좋으면 받아주는 법이다. 지금 그대의 말은 스스로 상고하 는데 가르침을 준 바는 많으나 남을 꾸짖는 일은 너무 험하고 편협한 것이다. 그대가 어찌 차마 마음 놓고 이런 말을 하는가.

이상 「後叙」에서의 문답은 해석의 사족이 필요없는 진술이지만 간추려 보면 다음과 같다.

첫째로, 「河圖洛書」 이후 圖說은 천명을 받은 자가 지어야 한다는 점에 대하여[11] 퇴계도 이 점을 긍정한다. 그러나, 圖의 위치와 설명에는 주체 적 학구로서 古人典範을 그대로 답습하지 않았고[12] 朱子說을 尊信하는 태 도를 버리지 않고 있으나, 이는 學朱子하는 퇴계의 학문적 성실성과 인간 적 예겸으로 보아야 할 일이다.

둘째로, 「下學而上達」 하려는 퇴계의 인간형성의 논리가 구체적인 비유 로 설명되고 있다는 점이다. 진리는 진리탐구자보다 앞선다는 생각이 퇴 계로 하여금 겸허하면서도 의연한 학문적 주체의식의 소유자였음을 보여 준다.

『선비가 의리를 말하는 것은 농부가 뽕과 삼나무를 심는 것과 같다』라는

---

11) 우리나라 儒學은 圖說이 많기로 유명하다. 그 비롯은 權陽村의 《入學圖說》이다. 退溪는 뒤(68세 때)에 〈聖學十圖〉를 進撰하여 圖說의 大宗을 이루었다.
12) 《退溪全書》(上), pp. 912~913, 〈天命圖說後序〉

말 속에서 성리학적 테두리 속에 갇힌 당시 학문세계에서나마 『먹줄도 없어지고 뽕나무밭과 삼밭이 없어지지 않도록』 힘쓴 그의 모습이 약여하다.

4) 〈天命圖說〉의 내용

〈天命圖說〉은 다음 10절로 구성되어 있다.

제 1 절 論天命之理
제 2 절 論五行之氣
제 3 절 論理氣之分
제 4 절 論生物之殊
제 5 절 論人物之殊
제 6 절 論人心之具
제 7 절 論性情之目
제 8 절 論意氣善惡
제 9 절 論氣質之稟
제10절 論存省之要

위의 10절을 存在論(1∼4), 心性論(5∼9) 및 行爲(實踐)論(10)의 세 가지 측면으로 나누어 살펴보기로 한다.

가) 存在論

하늘의 문법(天命之義)은 무엇인가. 그것은 理의 구조(天即理)이다. 理의 덕목이 바로 「元·亨·利·貞」이니[13] 「始·通·遂·成」의 순환논리를 작용시키는 四德이다.

이러한 하늘의 문법이 사람의 자리에 적용되면 (誠이 敬되는) 性으로서의 仁義禮智信이 된다. 理와 氣는 四德(理)과 五行(氣)의 종속관계로 천지에 미만되고 있다는 것이다.[14] 천지 간에 理도 있고 氣도 있어서 理가 있으면 氣가 생기고, 氣가 있으면 理가 따른다. 理는 氣의 장수가 되고 氣는 理의 병졸이 되어 마침내 天地의 功을 이룩한다. 그러나 「장수」와 「병졸」의 理·氣 관계는 「不相雜」이면서 또한 「不相離」의 관계이다. 말하자면 「理 없이는 氣가 없고 氣 없이는 理가 없으니」 잠시라도 떨어질 수 없

13) 《退溪全書》(下), p. 141, (元爲始物之理 亨爲通物之理 利爲遂物之理, 貞爲成物之理)
14) 위의 책, p. 141, 「～天地之間 有理有氣 纔有理便有氣朕焉 纔有氣便有理從焉 理爲氣之帥 氣爲理之卒 以遂天地之功 所謂理者 四德是也 所謂氣者 五行是也」

으나, 그 分殊關係로 말하면 서로 섞이어 분별되지 않는 바는 아니라고
한다. [15] 그리고, 理·氣가 稟賦되어 나타난 현상(物)의 근원을 물로써 설
명하고 있어서 그리이스의 철학자 「탈레스」와 비슷하다.

　물이 만물의 근원이 되는 까닭을 다음과 같이 설명하고 있다. [16]

　　「元」이 실로 현상을 비롯하는 理가 되고 「木」이 되며 五行으로 보아서 현상
　을 낳게 하는 氣가 되나, 그 元이 된 바의 理는 元에서 나온 것이 아니라 「貞」
　에서 나왔으며 木이 된 氣는 木에서 나오지 않고 「水」에서 나왔기 때문에 「貞」
　은 현상을 이루는 理가 되고 水가 비롯하는 理도 되는 것이다. ……天地가 생
　긴 것은 먼저 水의 氣로 이룩된 것이니, 현상을 낳는 근원이 물에 근본되었음
　은 의심할 수 없는 일이다.

나) 心 性 論

　천지간에 理는 하나이지마는 氣가 다르므로 「人·物」의 다름이 있다는
것이다. 즉, 만물이 理와 氣를 받은 것은 性의 理이지만, 氣는 「偏과 正」
이 있어서 陰陽의 바른 氣를 타고나면 사람이 되고 치우친 氣를 얻으면
物이 된다. [17]

　그러나, 하늘이 사람에게 命을 내려줄 때 氣가 아니면 理를 못하게 하
고, 마음이 아니면 理와 氣를 깃들지 못하게 한다. 왜냐하면, 우리의 마
음은 虛하고 靈한 理와 氣의 「집」(舍)이기 때문이다. 따라서, 理는 四德
(元·亨·利·貞)의 理로서 五常(仁·義·禮·智·信)이 되고, 氣는 二(陰·陽)
와 五(水·金·火·木·土)의 氣이므로 기질이 된다. 이렇게 사람의 마음은
하늘의 理를 바탕으로 하여 된 것이다.

　그러나, 五常은 순수하게 선하고 악한 것이 아니므로, 이의 「發」인 四
端은 善이다. 따라서, 氣質이란 본연의 性은 아니며, 이것의 「發」인 七情
은 사악에 흐르기 쉽다. 그러므로, 性과 情의 이름은 비록 같지만 그 쓰
임은 다르지 않을 수 없다. 性과 情은 모두 마음의 운용과 묘함에 따라
달라지므로 마음이 주재하여 늘 性과 情을 통활한다. 이것이 마음의 자리
이다. [18]

---

15) 앞의 책, 같은 곳,「理外無氣 氣外無理 固不可斯須離也 而其分則亦不可相紊 而無其別也」
16) 앞의 책, pp. 141～142.
17) 앞의 책, 제 5 절, 〈論人物之殊〉, pp. 142～143.
18) 앞의 책, 〈論人心之具〉, p. 143.

사람은 모두 氣의 「바름」을 얻어서 태어났다면, 어찌하여 上智·中人·下愚라는 三等의 다름(殊)이 있을 수 있는가. [19]

사람의 氣는 바르기는 하다. 그러나 氣에 음양이 있기 때문에 기질은 淸·濁·粹·駁이 있다는 것이다. 이것은 사람이 태어날 때 「氣」는 하늘에서 받았으니 하늘의 氣 역시 淸·濁·粹·駁이 있기 때문이다. 「質」은 땅에서 받았으며 순수한 것도 있고 駁雜한 것도 있다. 따라서 氣·質의 淸과 粹를 얻는 자는 上智(하늘 理致에 합하는 사람)가 되고 淸하되 駁하거나 濁하되 粹함을 타고 난 자는 中人[20](智보다도 行이 부족하거나 行보다는 智가 모자라는 사람)이 된다.

끝으로, 기질의 濁과 駁雜을 얻은 자는 下愚(하늘 理致에 어긋나는 사람)가 된다. 그러나 이와 같은 氣質의 稟賦는 숙명적 決定은 아니다. [21] 「下學而上達」의 공부에 의하여 下愚라도 마땅히 스스로 힘을 쓰면 中人과 上智로 나아갈 수 있고 上智라도 감히 氣質의 아름다움만을 믿어서는 안 된다고 하였다. 「存養省察」과 「居敬窮理」에 의하여 자아실현을 끊임없이 도모하여야 한다고 강조한다.

다) 行 爲 論──〈敬의 길〉──

「敬」이란 무엇인가. [22]

사람이 하늘의 명을 받을 때에 四德의 理를 갖추었다. 한 몸의 主宰가 되는 것이 心이며, 心에 感하여 善惡의 幾(미묘한 움직임)에 따라 心의 用이 되는 것이 곧 情과 意다. 그러므로 군자는 반드시 存養으로 그 본체를 보존하고 성찰로써 그 쓰임을 바르게 할 것이다. 그러나, 心의 理가 浩浩하고 渾渾하기 때문에 「敬」에 의지하지 않으면 그 性과 體를 보존하며 세우지 못할 것이다. 마음이 發하는 것은 毫釐를 살피기보다 어렵고, 위태로움은 抗軼을 밟기보다 더 어렵다. 그러므로, 진실로 「敬」을 첫째로 삼지 않으면 안될 것이다. 敬으로써 존양·성찰하는 공부가 敬學의 시종이며 體와 用에 관통되는 길이다.

〈天命圖說〉의 내용은 天人合一觀에 바탕을 두고 있어서 유가철학의 일반

---

19) 《退溪全書》(下), pp.143~144, 〈論氣質之稟〉
20) 中人 가운데는 行의 남음이 있어서 비로소 하늘 이치에 합하는 자도 있고, 行의 남음이 없어서 하늘 이치를 어기는 자도 있다.
21) 위의 책, pp.143~144, 〈論氣質之稟〉
22) 위의 책, p.144, 〈論存省之要〉

수준을 넘어서지 않고 있다. 그러나, 방대한 성리학적 우주인생관율 집약적으로 정리한 撰者의 솜씨는 퇴계와 같은 大方을 기다리지 않고는 이루어질 수 없는 것이다.

그리고, 이 〈天命圖說〉은 성리학의 한국적 특색과 그 전개를 이룩한 책이자 退溪 心·理學의 개화와 결실을 가능케 한 책이다. 조선조의 성리학자들은 이른바 「四·七」의 논의를 하나의 학문적 필수과제로 여기었으며 이는 뒷날 학통과 학파의 형성을 초래한 것이 사실이라면 〈天命圖說〉은 그 發源의 書이기도 하다.

「四端發於理·七情發於氣」라는 귀절에서의 「發」의 문제가 한국 성리학의 특색을 심오화시킨 發의 門이 되었던 것이다.

Ⅲ—3. 성리학의 한국적 전개와
인간이해의 심화 : 「四・七論辯」

1. 성리학의 한국적 전개와 퇴계

1) 禮敎와 政敎

성리교육은 禮敎(崇廉恥・勵節義)와 政敎(明聖學・行王道)의 두 가지로 나눌 수 있다. 예교가 성리학의 윤리교육적 길이라면 정교는 정치교육적인 길이다. 이들은 수기치인하려는 유학교육의 본질과 관련된다.

퇴계는 聖學輔導를 위하여 王佐之學(聖學)을 講하였던 바도 있었지만[1] 그의 주된 교육적 관심사는 예교에 있었다. 예교는 유학교육의 도덕률로서 사람됨의 길을 닦아야 하고(敎育人間學的 前提) 또 닦을 수 있다는 믿음(敎育人間學的 信念)에서 출발한다.

宋나라의 이기철학은 理의 발명으로 인간과 사회의 교육적 도야 가능성에 뚜렷한 원리를 부여하였고, 특히 주자에 의하여 理는 인성원리를 지배하고 통제하는 원리존재・통제존재로 보았을 뿐 아니라 사회와 국가의 질서를 유지시키는 통치원리의 자리로까지 이끌어올렸던 것이다. 따라서, 인간 교육을 위하여는 예교가, 사회와 국가를 위하여는 정교가 강조되었다. 이것이 주자학의 인간학적 측면이자 강한 관학적 정치교육이라는 양면적 모습이다.

理는 인간과 사회(넓게는 宇宙 : 天道)를 관통하는 一切의 존재원리이며 통제원리이기 때문에 사람의 교육이 잘 되어간다는 것은 곧 나라의 교육이 잘 되어나감을 뜻하는 것이라고(禮敎=政敎) 보았다. 理의 철학은 인성이 의리의 性이 되는 인간교육으로 나아가게 하고, 사회가 王道의 길로 실현될 것을 전제로 한다. 따라서, 개인과 사회는 「氣質의 性」이라는 욕망의 극복으로서의 합리적 인간과 사회를 이상으로 하게 된다. 그러므로, 禮敎와 政敎는 理를 드러내는 도덕률의 실천구현이며 유학교학사상의 두 기둥이다. 즉, 理의 실천구현이 개별화되면 예교적 측면이 되고 이것을

---

1) 〈進聖學十圖劄〉, 〈戊辰六條疏〉, 〈經筵講義〉 및 〈啓議〉 등이 이것이다.

사회화시키면 정교적 측면이 된다고 볼 수 있다.

그러나, 송대 성리학과 마찬가지로 조선조 초기의 성리학은 강한 체제보호적 官學的 性格 때문에 정교면에 주력하지 않을 수 없었다. 三峰 鄭道傳[2]을 비롯한 신진정객들의 경우는 왕조교체의 이념을 제공하는 데 理의 성리학적 질서이념을 도입하였다. 인간성의 조화적인 理의 실현으로서의 「禮敎」는 뒷날 도학 개념의 한국적 적용으로 가능하였으니, 퇴계는 조선성리학의 「禮敎時代」를 실질적으로 연 분이라고 할 수 있다. 퇴계는 《和陶集》「飮酒」其 十六에서 도학연원에 대하여 다음과 같이 읊고 있다.[3]

吾 東 號 鄒 魯	儒 者 誦 六 經	
豈 無 知 好 之	何 人 是 有 成	
矯 矯 鄭 烏 川	守 死 終 不 更	(鄭烏川：圃隱)
佔 畢 文 起 衰	求 道 盈 其 庭	(佔畢：金宗直)
有 能 靑 山 藍	金 鄭 相 繼 鳴	(金：金宏弼・鄭：鄭汝昌)
莫 逮 門 下 役	知 躬 傷 幽 情	

유학발달상 예교가 강조되는 시기는 대체로 염치와 도의가 땅에 떨어지기 시작한 이후이며 정교의 논리가 등장하는 때는 정치도의가 혼란기에 접어들고 나서부터라고 하겠다. 정치와 윤리의 강조는 정치도의가 문란하고 인륜도덕이 쇠잔함으로써 비롯된다고 할 수 있다. 하나의 새로운 사상은 정교・예교적 쇠퇴를 비판적으로 자성하는 「반동적」 정신운동일 수 있기 때문이다. 토인비(A. Toynbee)는 헬레닉 사회의 사상적인 붕괴가 플라톤,

2) 鄭道傳은 李穡의 門人으로서 恭愍王代부터 登仕하여 곧 李成桂의 두뇌가 되어 모든 政治運動의 첨단에 서서 과감한 투쟁에 始終하고 新王朝 건설의 大業성취에 크게 활동하였으며, 그 뒤에도 國典의 제도, 新政 기본방침의 확립에 가장 중요한 중심인물이 되었다. 다만 太祖 7년 第一次 王子亂에 살륙을 당하고 太宗 이후로는 逆臣의 元凶과 같이 선전되어 그 실적도 매우 왜곡되었지만 《三峯集》에 수록된 그의 저술 《心氣理篇》과 《佛氏雜辯》은 朝鮮儒敎史上 학문적・이론적인 斥佛論의 효시로서 소극적인 유교옹호의 文字였다고 하면, 《朝鮮經國典》, 《經濟文鑑》은 적극적인 儒敎顯正의 구체적 施策으로서 그 기조를 儒敎的 敎養과 抱負에 둔 新王朝 文化의 一大章典이었다(李相佰, 《韓國史》, 近世前期篇, 震檀學會, p.683). 그러나, 「王子亂」을 계기로 한 鄭道傳의 몰락은 곧 「政敎的」 經世主義의 퇴화를 뜻하는 것이 될 수 있었다.

3) 《退溪全書》(上), p.72 및 《退溪全書》(下), p.851 〈言行錄〉, 〈論人物〉에는 「嘗言吾東方理學以鄭圃隱爲 祖以金寒暄 趙靜庵爲首 但此三先生著述無徵 今不可考其所學之淺深 近見晦齋集其所學之正 所得之深 殆近世爲最也」라고 하여 〈鄭→金→趙→李〉를 論하였고 佔畢齋에 대하여는 「……非學問底人終身事業只在詞華上 觀其文集可知」라고 하여 道學家라기보다 文章家로 보았고, 川谷書院에서의 「尊祀程朱 以寒暄配享」 문제에 관하여서도 「配享」과 「從祀」의 말은 「未可輕也」라고 하였으며 「寒暄之學 雖無愧於入廟 只稱從祀 而不稱配享可也」라고 하면서 그 이유로 「寒暄之學 踐履雖篤 而於問學工夫 恐有未盡也」이기 때문이라고 하였다.

아리스토텔레스의 「영원의 철학」(philosophia perennis)을 탄생시켰다고 하
였다. 마찬가지로 퇴계시대의 예교관의 발달은 士風의 마멸이라는 시대정
신에서 나온 결실이다.

천하가 크게 어지러울 때 제자백가들이 「百花齊芳」·「百家爭鳴」 하였듯
이, 인간사회의 도덕 규범이 그 이념의 푯대를 잃어버릴 때 하나의 시대
철학은 탄생한다.

퇴계는 동방의 도통연원을 政教的인 것에 두지 않고 예교면에서 찾으려
고 하였다. 이것은 이미 한국유학이 체제보호보다는 사상보호라는 교학
본연의 모습을 지닐 수 있을 만큼 내적 성숙을 기하였음을 뜻하기도 하였
으나[4] 무엇보다 그의 예교학자적 자질에 연유한다.

2) 官學派와 士林學派

유교이상은 원래 「글하는 사람을 가르침」(Lehre der Literaten)으로써 문
예적 교양인을 기르려는 현세적이며 합리주의적 윤리를 바탕으로 하였다.
그러다가 漢나라 때에 이르러 春秋公羊傳의 왕도사상이 관료적 중앙집권
의 국가조직에 卽應하는 정치사상으로 발전되었으며 君權의 형이상학적
근거를 종교적 천명사상에 맞추어 합리화시킴으로써 理가 지배하는 천인
합일사상으로서의 政教觀(經世主義)이 확립되었던 것이다.[5] 이러한 정교관
을 漢代의 군주권 확립에 헌책한 사람이 董仲舒였다면, 조선조 초기의 이
론적 발판을 만든 것은 鄭道傳에 의하여서다.

유학은 본질적으로 윤리와 정치를 불가분의 관계로 보는 그 현실성을
특징의 하나로 하고 있지만[6] 조선조 건국 당시의 특수한 정치적 상황은
윤리면을 강조하는 예교·수양학파와 정치면을 중시하는 경세학파로 양분
시켰다. 전자는 不事二君의 절의를 숭상하는 圃隱·冶隱[7] 같은 분으로 대

---

4) 裵宗鎬(《韓國儒學史》, 延世大學校出版部, 1974, p.61)에 의하면 『朝鮮朝는 性理學의 시대
로 접어들어 갔으나 그 초기에 있어서는 역시 아직 儒學의 실천적 방면과 通經明史나 文
章의 방면으로 기울어졌던 것이다. 특히 爲己之學으로서의 儒學은 허다한 학자들을 배출
하여 修齊治平의 實際問題 해결과 그 실천으로서 朝鮮朝 초엽을 장식함으로써 이른바 死六
臣·生六臣을 냈으며, 또 趙光祖(1482~1519)의 至治主義儒學으로 나타났었다. 그러나 中
葉에 이르러서는 이제 形而上學的 근거확립의 問題研究 즉 性理學에로 儒學이 이행하게 되
는데 이것은 또한 勢의 필연이다』라고 설명하고 있다.

5) 東京大學中國哲學研究室編, 《中國思想史》, 東京大學出版會, 1962, p.9.

6) 李相佰, 앞의 책, p.684.

7) 圃隱·冶隱의 學統은 金叔滋(江潮), 金宗直(佔畢齋) 父子로 계승되면서 節義를 숭상하
고 후진 교육에 힘을 쓰는 名分·修養主義를 강조하였고, 이것이 우리나라 道學의 正脉이

표되고, 후자는 신왕조 건설에 크게 활약한 三峰·陽村 같은 분이다. 冶隱 吉再를 필두로 하는 산림학파들은 대개 私學으로써 교육을 導唱하였고 이 는 주로 嶺南士林의 학통으로 연결된다.[8] 예교를 중시하는 도학은 사림파 의 정신적 바탕이었다.

퇴계는 예교적 도학정신을 구현하는 데 그 宗匠이 되었다. 그가 비록 전 후 30 여 년 간에 걸친 관직생활에도 불구하고 道學으로 입신한 것은 시대 기류를 민감하게 진맥한 혜안을 지니고 있었기 때문이다. 그는 당쟁의 와 중에 몸담지 않은 유일한 선비였지만,[9] 훈구파와의 정면대결을 삼가하였 던 성리학 본연의 학문적 훈련을 몸소 닦았다.

조선조 관학파들의 정치적 성리학은 퇴계를 고비로 하여 철학적·윤리적 성리학의 사림파 속으로 용해되고야 만다.[10]

훈구 사대부들의 정치적 주자학을 제압하기 위하여 철학적·윤리적 주자학을 발전시켰다. 여기에 道學이 대두되었으며 理氣論·四端七情論이 활발히 논란되 었다. 趙光祖, 李滉, 李珥는 이러한 학풍의 대표자들이다. 보다 철저한 주자학 의 학문적 훈련을 받은 士林의 정계진출이 활발하게 되는 16세기 초에 이르면, 이들과 旣成 훈구 사대부들간에 정치적 충돌이 일어난다. 士林派와 勳舊派의 대결은 士禍로 나타나게 되는 것이다. (……) 士禍의 결과는 항상 士林派의 패 배로 나타났으나 네 차례의 士禍가 지나간 뒤에는 오히려 훈구파가 보이지 않게 되었다. 士林派의 대두는 하나의 歷史的인 大勢였다. 그러므로 훈구파들도 이 대세를 막지 못하고 결국 士林派 속에 용해되고 만 것이다. 그리하여 16세기 후반기에는 사림파의 세상이 된 것이다. 따라서, 각 지방 사회에 근거를 두고 있는 士林派 상호간에 정치적 경쟁이 벌어지게 된다. 이것이 黨爭이다.

성리학의 정교적 측면은 관료훈구파에 의하여 조선왕조 창건에 이념적

되었다. 이것은 뒷날의 韓國儒學의 특징은 反官的인 節義와 名分, 修養主義의 길로 이끄 는 사상적 典範이 되었다.

8) 嶺南의 在野山林이란 吉再→金叔滋→金宗直(金叔滋의 아들)→金宏弼·鄭汝昌→趙光祖로 傳授되는 道統연원을 말한다. 특히 趙光祖는 「至治」를 목표로 하여 과감한 제도개혁을 단 행하고 유교적 教化事業을 다방면으로 베푸는 한편 「君子小人之辨」을 力說, 마침내 勳舊 官僚派의 반감을 사서 己卯士禍의 도화선이 되었다. 이로부터 士類들은 政界진출보다는 학문에 專心하는 풍조가 일어서 학문의 경향도 차츰 사색과 이론의 방면으로 一變되니 그 先鞭이 花潭 徐敬德과 晦齋 李彦迪이다(李相佰, 앞의 책, pp.688~691 참조).

9) 姜周鎭, 《李朝黨爭史研究》, 서울大出版部, 1973, 및 〈李朝史에 있어서의 退溪〉, 앞의 《退溪學研究》, p.289.

10) 李成茂, 〈十五世紀兩班論〉, 《創作과 批評》(vol. 8, No. 2), 1973, p.503.

기반이 되었고, 그 예교적 측면은 조선왕조의 예교적 교학체제를 형성하는 정신적 지주가 되었다. 이 분화과정에 있어서 명분주의와 수양주의의 사림파가 한국유학의 정통성을 지니게 된 것은 조선유학이 이학적인 데서 심학적인 것으로 전환한 계기가 된다.[11] 이와 같은 전환현상은 국내외적인 사상적 발전경로에 영향을 입은 결과이다.[12] 즉, 국내외적으로는 경세주의의 한계성이 이미 趙光祖 등에 의하여 추진된 유교적 지치주의의 좌절로써[13] 쓰라림을 맛보게 되었으며 잦은 士禍로 말미암아 士風은 땅에 떨어지고 士林은 保身立命을 하기 위하여 학문의 방향을 경세치용의 학으로부터 心性의 學으로 전향하지 않을 수 없었던 것이다. 유학의 政敎觀〔經世主義〕은 중앙집권적 왕권확립을 합리화하는 데 비록 막강한 힘을 발휘하였으나 확립된 왕권체제를 뒷받침하는 양반 관료들의 정략적 사상무장이 될 때 무서운 피바람을 불러일으켰다.

사림의 위축 현상은 주자학의 궁리적 방향을 한층 퇴화시킨 대신 存養의 방향을 더욱 강조하였고 의리의 학은 오히려 심성의 학으로 역점을 옮기었다. 퇴계시대는 바로 이러한 학문적・처세적 방향전환의 시대였다. 그러나, 퇴계는 정교적 경세주의와 예교적 수양주의를 종합 지향시켜 하나의 독자적인 교학체계를 형성하였으니 이것이 곧 「敬을 志向하는 義理學」으로서의 퇴계학이다. 퇴계는 이학적 경세주의와 심학적인 수양주의 어느 한쪽만을 치우쳐서 취사하지 않는 입장을 취하면서도 인간형성의 禮敎的 가치를 중시하였던 것 같다. 그는 趙光祖와 같은 현실참여도 탐탁히 생각하지 않았거니와 曺植과 같은 현실기피도 달가운 것으로 보지 않았다. 그는 진퇴와 굴신을 오로지 敬으로 하였으므로 70이 가까운 나이로 유충한 군주를 위하여 최후의 국가봉사를 하지 않을 수 없었으며(68세 시의 進聖學十圖劄와 戊辰六條疏가 이것이다) 물러남이 마땅하다고 생각된 때에는 떳떳이 南歸하였던 것이다.

그러므로, 퇴계는 단순한 성리학의 심학화 과정기에 있어서 심학론자이거

---

11) 尹南漢, 〈李朝性理學의 轉期〉, 《耻齋遺稿》(古書解題), p. 109.

12) 尹교수에 의하면, 이러한 「心學化」로의 轉化는 이들 程朱學이 의거했던 텍스트에 있어서도 李朝 전기에서의 《性理大全》에서 《心經》, 《近思錄》 등이 보다 존중되었으며, 이것은 李朝政權이나 敎學체제가 지닌 바 明朝와의 밀착된 국제관계나 체질적 동질성 및 그 통제적 기능을 전제로 할 때 더욱 분명해지는 것이라고 하면서 李朝程朱學의 心學化방향은 巨視的으로는 明朝前期의 心學化方向과 상응된 것이라고 보고 있다(위의 글, p.110.).

13) 퇴계는 趙光祖의 「挫折」은 그의 학문적・인격적 未熟性에 연유한 것이라고 본다. 《退溪全書》(下), p.852, (趙靜庵 天資信美 而學力未充 未所施爲 未免有過當處 故終至於敗事 若學力旣充 德器成就 然後出而擔當世務 則其所就未易量也)

나 이러한 전환을 준비한 선도자만은 아니다. 퇴계의　인간심성학은 그의 존재론적 이학의 인생론적 표현이며 전개였다. 퇴계는 그　당시의 明學의 추이에 대하여 가장 먼저 그 공기를 마셨다. 白沙・陽明・整菴 등에 대한 辨斥 등이 바로 그것이다. 이들 明學者들의 심학이론을 변척하는 가운데 퇴계는 심학론의 온축을 더욱 풍부히 하였을 것임에는 틀림이 없다.

　퇴계를 조선조 성리학의 정치・처세의 계보적 분류에 있어서 사림학파 의 영수로 보는 견해에도 문제점이 있는 것이다. 퇴계는 나아가면 「卿大 夫」였고,[14] 아울러 퇴관하여 산림에 묻히면 그대로 儒夫였다. 그는 진퇴 간에 朝野가 泰斗같이 숭앙하던, 나라와 겨레의 사표였기에 일파를 운위할 것은 아니다. 어쩌면 퇴계만이 참다운 의미에 있어서 경세주의와 예교주의 의 조화를 가능케 하였을 것으로 보인다. 퇴계 전의 사화와 퇴계 후의 黨 爭은 이러한 균형 있는 조화를 깨뜨렸던 시대이다.

　재조의 훈구파와 재야의 사림파가 서로 분화하고(戊辰) 재분화(黨爭)하 는 고비에서 퇴계는 독자적인 설자리를 인간의 도덕적 가치 실현의 체험 주의・수양주의로 삼았다.

3) 인간이해의 分化・深化와 그 배경

　理氣이원론자이든지 理氣일원론자이거나 간에 理와 氣는 서로 멀어져서 존재할 수 없다는 점에 대하여는 다같이 공통된다.[15] 퇴계는 理氣가 「相 須」하면 體가 되고 「相待」하면 用이 된다고 하였다.[16]

　「相須」의 자리에서 보면 사물이 있기 전에 「理」가 있으나 「相待」의 자 리에서 보면 사물 가운데 理가 존재한다는 것이다. 퇴계의 이와 같은 「相 須相待論」은 인간심성관에서 정주학이 일찌기 봉착하였던 모순논리를 극 복시켰다.

　程子가 표방한 「性即理」라는 인간이해는 「心即氣」라는 대칭명제를 불 가불 수반하지 않을 수 없게 되었다. 여기에 「理와 氣」 「性과 心」의 대

---

14) 퇴계는 「國利民福」을 위한 경우라면 누구보다 과감하게 現實參與를 하였다. 외교상 유
　명한 「甲辰乞勿絕倭使疏」와 같은 實利外交論이라거나 「乙巳年三浦倭人事」의 獨疏는 그 좋
　은 보기이다.
　（乙巳秋朝廷拒三浦倭人納款之請時 國恤相仍 民生不保 又倭與作釁 國之大憂 而在朝無能慮
　及於此先生適以典翰在 告通于同僚 欲入剖陳利害 同僚不從 先生力疾獨疏）《退溪全書》（下），
　〈言行錄〉, 論時事, p. 847.
15) 朱子의 「無是氣則是理亦無搭盖」, 程子의 「理氣相待而成」.
16) 《退溪全書》, 〈自省錄〉, 答奇明彦,（盡理之與氣 本相須以爲體 相待以爲用）

립은 太極(理·性)과 陰陽(氣·心)으로 보게 되고, 이것이 곧 心이 統性情(心統性情)한다는 근본 논리와 서로 당착이 되고 만다.[17] 논리를 정당화하려면 어쩔 수 없이 心即理라고 하지 않을 수 없으나 이미 「心=氣」가 되며, 氣에는 不善이 있을 수 있으므로 주자의 견해는 드디어 수습할 수 없는 오류에 빠지게 되는 셈이다.

퇴계는 이에 대하여 과연히 새로운 해석을 내리었다. 「兼理氣統性情者心也」라는 이기심성론이 이것이다. 퇴계는 四七論에 대한 朱子說의 미흡·未詳·미진함을 발견하고,[18] 인성관에 관한 사상체계를 확립하였다. 「四·七論爭」은 퇴계와 고봉간에 주고 받은 학술 논쟁만이 아니라 한국유학이 중국유학을 뛰어넘는 사상적 발전이며, 나아가 程朱가 문호를 연 교학체계의 연원을 合水시켜 동양철학적 인간학이라는 산맥을 형성시켰다.

金敬琢 교수는 이러한 사실을 지적하여 『이것은 실로 퇴계가 주자에게서 나와서 주자보다 한걸음 더 나갔다 할 점이며, 또 주자의 철학이 퇴계의 수중에서 대성되었다』[19]고 말하였다.

그러면 어째서 한국유학은 이러한 보다 심화된 인간이해의 도학을 이룰 수 있었는가. 이는 당시 「한국적 특수성」이 이러한 사상발전을 가능케 하였다. 따라서, 퇴계가 반드시 주자보다 학문적으로 뛰어났거나 아니면 한국인이 중국인보다 철학적으로 우월하다고 보는 것은 위험한 편견이 될 수 있다. 주자 없는 퇴계가 있을 수 없듯이 퇴계학 또한 그 시대 상황의 소산이기 때문이다.

사상의 평지돌출은 불가능한 일이며, 퇴계의 인간이해는 그 당시 인간관의 표상적 언표이며 그 정점이다.

이곳에서는 ① 宋代 성리학〔人間學〕과 16세기 조선 성리학의 생성배경이 어떻게 달랐으며, 그 발전사적 의미의 차이는 무엇인가? ② 조선 성리학은 어떻게 이를 사상적으로 수용·이해하면서 창조적으로 재생산하였나를 고찰코자 한다.

---

17) 朱子의 〈性只是此理〉, 〈性是天生成 許多道理〉, 〈性是實體〉(語類)라거나 「性猶太極也, 心猶陰陽也, 太極兄在陰陽之中, 非能離陰陽也, 然至論太極只是太極, 陰陽自是陰陽, 惟性與心亦然 所謂一而二, 二而一也」라고 하였다.

18) 〈往復書〉附奇明彦四端七情說(朱子所謂四端是理之發 七情是氣之發者 參考反覆 終覺 有未合者, 因復思之 乃知前日之說 考之有未詳而察之有未盡也)

19) 金敬琢, 《儒教哲學思想概要》, 成均館, 1950, p.42.

가) 宋代性理學의 開創과 그 형성 배경

宋나라는 정치 국방에 있어서 외족의 침입으로 시종한 나라였다. 건국 초기부터 동북방의 契丹과 서방의 西夏, 南方의 交趾 등 遼·金·蒙古·交趾의 大小 외민족이 끊일 사이 없이 침공하였다. 宋朝 3백년의 역사는 그대로 외족의 被侵史이기도 하였다. 여기에 憂國하는 學人들은 私學의 산림철학을 형성하였다.[20] 이것은 춘추전국시대의 정치적 격동기가 오히려 사상의 발랄한 개화를 역설적으로 가능하게 한 것과도 비교된다. 한편, 국가경제는 外患으로 바닥이 났으나 토호들의 토지겸병은 갈수록 심하였고, 이는 장원경제체제를 가능케 한 원인이 되었다. 국가통치권의 실추와 국가공경제의 파탄은 농상업 민간자본의 발호와 융성을 가져와서 수도 臨安에서는 정부에 거액의 戰債를 꾸어주는 巨商들이 있을 정도였다.

이러한 농상업자본가들의 자제교육을 위하여 나타난 교육시설이 곧 서원이었다. 이것은 마치 서양 중세시대에 있어서 길드의 발생이 대학발생을 추구하였던 예와 흡사하다. 대지주와 대상인들은 그들이 축적한 부를 영속화시키면서 사회계층의 상승수단으로서의 정신적 부(곧 統治「엘리트」로의 轉身)마저 지니려고 하였다. 그러나, 이러한 현실적 功利主義가 결과적으로 사상발전의 촉진제로 작용하였을 것임은 의심할 여지가 없다. 宋代 교학체계는 장원경제와 이에 따른 중소도시의 상업발달의 기반 위에 구축된 것이 특색이다. 그리고 宋代의 학문과 교학사상은 민족의식의 파생물이라는 점이다. 성리학은 도교와 불교라는 異學·異敎의 사상체계에 대항하기 위하여 도교와 불교의 사상·교리를 역이용한 철학이다. 다른 사상, 다른 교리를 유교사상에 주입하여 自家類의 사상의 옷을 입히고 민족적 자존심을 지키려고 하였다. 특히, 주자는 자신의 학설을 위하여 필요하다면 불교 경전(華嚴經, 法華 등 특히 禪敎)은 물론, 노장사상에 이르기까지 과감히 채택하였다.

따라서, 주자철학은 집대성의 철학임에는 이론이 있을 수 없으나, 精緻

---

20) 宇野哲人, 《中國哲學槪論》, 東京 : 金の星社, pp. 58~60. 宋代哲學의 勃興原因으로서 다음 4가지를 들고 있다.
　① 儒敎 經典에 대한 批判的 研究(歐陽修)
　② 詞章 中心에서 經濟研究로 나가는 研究趨勢(胡安定)
　③ 儒敎와 道敎의 融和(漢代의 陸賈, 董仲舒 이후)
　④ 佛敎의 影響(實相論→性理說)〈 소극적 : 李翶
　　　　　　　　　　　　　　　　　　적극적 : 朱子 등 儒學者들의 對抗的 精神을 자극

한 분석과 종합의 철학이 되기에는 미치지 못하였다. 그러므로, 주자는 靜의 사변철학자라 하기보다는 정치·경제·사상적 동요기를 산 행동철학자다운 모습이 짙다. 그리고, 이와 같은 「矛盾의 哲學」을 그다지 모순 그것으로 받아들이지 않는 사유방식이 그대로 중국적인 것인지도 모른다.

> 중국의 철학사상은 宋學에 이르러서 그 절정에 이르렀다고 하나, 宋學을 대성시킨 주자도 그 자신이 체계적인 저술을 전혀 하고 있지 않다. 중국인들에게는 일반적으로 사물의 여러 성질과 그 실체로서의 속성의 관계에 대한 판단에 있어 충분한 자각이 없었으며 형이상학적인 원리와 그것에 의존하거나 혹은 그것으로 말미암아 파생하는 현상에 대한 구별을 명확히 할 줄을 몰랐다. [21]

위의 인용에서 「…자각이 없었으며」, 「…구별을 할 줄 몰랐다」라고 하는 진술은 일인학자의 입장에서의 판단일 수도 있다. 왜냐하면 중국인의 사유방법은 오히려 그러한 불철저를 철저히 따지고 넘어가지 않는 모순의 긍정에서 찾을 수 있기 때문이다. 그러나, 이러한 유추해석은 그들의 삶의 태도로서 용인될 수 있을지라도 앎의 태도로서는 받아들일 수 없을 것이다. 퇴계는 주자의 불철저한 지식체계를 보완하였다. 이것이 곧 한국 성리학의 일진경이다.

나) 朝鮮性理學의 勃興과 그 발전 動因

여말선초에 도입된 성리학이 정교중심의 관학 아카데미즘(또는 官學 이데올로기)으로부터 예교중심의 사림 교학이념으로 전환하게 된 의미는 앞에서 살펴본 바와 같다.

이곳에서는 퇴계시대의 정치·경제·사상적인 기류가 반드시 중국의 그것과 같지 않았기 때문에 조선 성리학의 독특한 발전형태가 가능하였을 것이고, 인간이해에 대한 독자적인 관점이 형성될 수 있었다는 점과 그 발전의 동인이 무엇인가를 살펴보고자 한다.

이른바 사화로 인하여 사림들은 중앙정계에의 진출이 일시적으로 좌절 또는 봉쇄당하였으며 사풍은 비정한 정치현실을 기피하는 주변인적 심리를 만연시켰다. 이것은 정치적 주자학에 대한 강한 반발을 일으켜 훈구관료학자들이 곧 소인이라고 보는 명분론을 사림파들이 지니게 된 것이다.

---

21) 中村元, 《東洋人の 思惟方法》, p.315.

정치적인 패퇴를 명분론으로 보상코자 하였으며 그 결과 형식논리적인 政
敎主義와 맞서는 실질논리적 예교주의가 선비의 바른길(士道)이라는 생각
이 지배적인 사풍이 되었다. 그리고 환로가 막힌 사림들이 양반사회의 신
원일치(self identity)를 유지하기 위하여서 도학은 필수 불가결한 처신의
방도이기도 하였다.

사림들의 출신성분은 토성사족이자 지방의 재지지주들이었다. 그들은
훈구사대부들보다 정치적 경제적으로 약세였으므로 사림들은 그들의 정치
적 입장을 정당화하고 경제적 입장을 도모하기 위하여서는 필연적으로 연
합 세력을 형성하지 않을 수 없었다. 留鄕所·鄕約·鄕廳·社倉 등 지방
행정편제와 書堂·書院과 같은 지방교학편제는 그 본보기이다. [22] 사림의
등장은 이러한 정치경제적 배경과 깊이 관련되고 있는 것이다.

> 훈구사대부들은 자기의 정치적 경제적 특권을 지키기 위하여 토성사족의 정
> 치적 진출을 달갑지 않게 여겼다. 그러나 조선사회의 법제가 토성사족의 진출
> 을 보장하고 있는 이상, 토성사족의 정계진출은 막을 수 없는 일이었다. 건국
> 반세기 후인 15세기 후반기부터는 이들의 정계진출이 더욱 활발해졌다. 과거제
> 도의 정비와 정치적 안정에 따라 왕조 교체기의 관망세력이 대거 관계로 진출
> 하기 시작했던 때문이다. 이와 같이 하나의 정치 세력으로 대두한 토성사족이
> 士林(또는 士類)이다. [23]

사림들의 작풍이 예교명분론에 있었으므로 자연 崇廉恥·勵節義할 것을
교학의 근본과제로 삼았다. 유교명분론적 규범에 어긋난다고 생각될 때
에는 관직을 표연히 사퇴하고 南歸하였으며, 再召·三召에 再疏·三疏로
벼슬을 사양하였다. 그들이 전원으로 돌아간다는 일은 염치를 찾는다는
것과 같은 뜻으로 받아들여졌다. 지식인이 행동적 사회참여로서 爲人做
事 하려기보다 지식인의 자성적 자아발견으로서의 爲己做人 하는 일에 더
욱 높은 가치와 의미를 두었기 때문에 때로는 保身命察의 소극적 은둔사
상으로 표현되기도 하였으나 「南歸」한다는 실존적 선택은 역시 주체적 행

---

22), 23) 李成茂, 앞의 글, p.487 및 p.492.
　　姜周鎭, 〈奇高峰의 政治思想〉, 亞細亞硏究, (vol. 49), p.109.
　　「新進士類와 士林」: 李朝 5백년을 통해서 世宗朝에 창설된 集賢殿學士와 그 뒤의 三司를
　　비롯하여 成均館職을 가졌던 學士들을 士林이라고 불러왔다. 그런데 이들 사림 中 世宗朝
　　에서 明宗 때까지의 사림을 우리는 또한 新進士類라 불러왔고, 宣祖 때부터는 신진사류
　　라는 이름 대신에 그냥 士林이라는 이름으로 불러왔다. 이러한 뜻에서 살펴본다면 奇大升
　　은 신진사류로서는 말기의 신진사류요, 사림으로서는 초기의 사림이라고 말할 수 있다.

동과 결단의 결과이며 성숙된 지성이 지니는 개성적 삶의 표현이기도 하였다.

염치와 절의는 가치적 인격 실현의 산물이다. 절의로 殉死한 충신열사는 단순히 하나의 국왕이나 정치체계를 위하여 목숨을 바친 것이 아니다. 그들은 정의라고 믿은 신념에 殉하였다. 그 시대가 갖는 보편적 가치체계의 신념을 지키기 위하여 그들은 일신의 생명과 신념을 교환하였다. 그러므로 역성혁명 뒤에도 전조의 충신은 그대로 충신으로 숭앙받는 것이다.

조선 성리학은 왕조변천사와는 무관한 가치정신의 전개과정으로 이해되어야 할 것이다. 그리고, 역사발전의 결과론적 사실도 중요하거니와 무엇보다 역사발전의 과정사적 의미의 중요성도 재고되어야 할 일이다. 한 시대가 지니고 있는 확실한 정신의 거점이 없는 시대가 현대이다. 현대는 이데올로기의 종언기라고도 하며, 가치의 중심이 상실된 시기라고도 한다. 그러나, 삶의 이념적 푯대가 없는 시대 상황처럼 인간의 본질을 파괴하는 것은 없다. 지배적이고 중핵적인 인간관이 없다는 것은 그대로 교학 이념의 부재와 혼미를 뜻한다.

예교적 가치명분론이 그 당시 교학이념 속에 살아 있는 행위 규범이 될 수 있었던 것은 그 시대의 志向的 인간이해의 기반이 선비사회에서 상호 공인되고 있었다는 증거이다. 사회적 도덕규범을 철학하고, 철학을 생활화하던 시대정신의 표현이기도 하다.

따라서, 이러한 시대정신의 교육적 표현을 구체적인 인격 속에서 정형화하였다. 이른바 교육적 인간상이라고 부르는 행동표본을 정신의 역사 속에서 발굴하여 가치인격의 典範으로 하였다. 「先生」이란 말은 이들 가치인격에 적용되는 최대의 경칭이었으며 시공을 초월하여 이들 정신의 선생과의 「만남」은 가능하였다. 후학도 用工을 끊임없이 하면 그러한 인격의 자리까지 이를 수 있다고 확신하였다. 선생은 인격의 제한된 실현이 아니라 무한히 개방된 최대의 자아 실현을 이룬 사람이기 때문에 學夫子 한다는 일은 늘 개방적인 자기 실현의 도전이 된다. 이러한 교육관을 정형화·도식화의 인간모상으로 이해하려는 것은 유학 교육의 본질을 망각한 피상적 관찰이 될 수 있다.

따라서, 당시 사림들이 지녔던 이러한 교육적 陶冶可能態로서의 인간의 본질이해는 조선 성리학의 내실화의 중요한 요인이 되었다.

다음으로 당시 명나라와의 신속 빈번하였던 문화교류(특히 陽明學의 傳受와 受容)가 조선 성리학의 발흥을 크게 자극하였다는 사실을 들 수 있다.

尹南漢 교수에 의하면, 이조 양명학은 程朱的 교학체제라는 朝明文化體系의 동질성에 연유하여 明朝에 있어서의 심학화과정에 대응하는 이조 주자학의 심학화과정 안에서 이해되어야 할 것이라고 주장한다.[24]

조선조 사상계의 이단 배척은「陸王學이 왜 異端이어야 하나」에 대하여 연구하지 않을 수 없었으며 퇴계를 필두로 하는 斥王論者들(柳希春·許篈·趙穆·柳成龍·趙憲 등은 그 대표적 인물이다)은 王學傳來의 심도와 대응되는 것으로서 조선 성리학의 이론적 심화와 분화는 가능하였다.[25] 이것은 곧 佔畢齋(金宗直, 1431~1499)· 寒暄堂(金宏弼, 1454~1504)· 靜菴(趙光祖, 1482~1519) 등의 至治主義的 經世儒學의 학통이 기묘사화를 고비로 하여 퇴색하고 晦齋(李彦迪, 1491~1545)·退溪(李滉, 1501~1570) 등의 예교적 수양주의

---

24) 尹南漢,〈李朝陽明學의 傳來와 受容의 問題〉,《中央史論》第1輯, 中央大學校 史學研究會, 1972, p.2.

　　尹교수에 의하면 李朝陽明學은 傳來時期부터 불확실할 뿐더러 종래에 지적된 바로는 明朝(1368~1644)에서 陽明學이 발생한 지 50~70년 후로 추정되었던 것이다. 이 때문에 陽明의 主著였던《傳習錄》과 辨斥書라고도 할 수 있는 羅整菴의《困知記》나 陳淸瀾의《學蔀通辨》등은 明朝에서 간행된 것과는 반대의 순서로 국내에 전래되었다는 逆現象마저 보이고 있으며 그 수용에 있어서는 거의 一世紀나 늦은 宣祖末 이후에서 추정될 수밖에 없었다라고 하면서 明中期까지의 明刊 주요 性理書의 頒賜 또는 貿來와 李朝에서의 開刊상황을 몇 가지 例示하면 다음 表와 같다고 보고하고 있다.

書　名	明朝刊年	國內貿來	國內開刊	明刊과國內 開刊의時差	備　　考
性理大全	1415	1426頒賜	1412未刊	12年	官撰 胡廣總裁
心經附註	1499	1537			程敏政著 心經註解書
傳 習 錄	1518	1553	至1593未刊	75年？	詹陵著 禪陸學 排斥書
異端辨正	1526	1551貿來	1551	25年	王守仁著, 陽明語錄
困 知 記	1528	1553	1560？	32年？	羅欽順著, 王學批判書
學蔀通辨	1548	？	1573	25年	陳建著, 陸·王學排斥書

25) 尹南漢, 앞의 글, pp.6~7.

　　『退溪의 異端排斥의 진전은 대체로 普雨세력의 消長과 대응되거니와 그의 王學배척이, 그 공식적 표명인「因白沙詩傳習錄抄傳論辯」이 된 明宗末보다는 14~15年이나 앞섰던 明宗 8年頃부터 이미 시작되고 있던 것은 퇴계가 前記 洪仁祐와 南彦經에게 보낸 答書를 통하여서도 알 수 있는 것이다. 따라서 퇴계의 異端排斥은 前記한 바 傳習錄의 抄傳(明宗 8年)과도 병행되는 것이며 오히려 이를 계기로 하였다고 볼 수도 있으므로 陽明書의 東來와 무관하게 된 것이 아니었을 것이다. 白沙·陽明의 學을 모두 禪學으로서 詆斥하였고 羅整菴의 學까지도 禪味가 있다고 경계하여 마지 않았던 퇴계의 異端排斥의 논조로 미루어 볼 때 퇴계의 王學論斥의 진전은 곧 王學傳來의 深度에 대응된 것이었다고 하여야 할 것이다. (…) 그 이론적 심화는 또한 程朱學派의 分化作用을 촉진하였을 것이니 退溪·蘇齋·東岡 사이에 있던 이론적 分化나 退·栗 사이에 있던 分化경향은 위로는 花潭·晦齋의 主理·主氣경향을 잇고 아래로는 畿湖, 嶺南學派의 主流로 형성되어갔던 것이다』라고 설명하고 있다.

의 학문 시대가 개막됨을 뜻한다.

퇴계를 전후로 하여 일군의 탁월한 성리학자들이 배출되었으니 花潭·晦齋·南冥·一齋·河西·栗谷·高峰 등의 鉅儒碩學들이 성리학을 同曲異音하는 사상의 일대 향연을 마련하였으며, 교육(敎化)·문화(禮樂)의 난숙한 꽃을 피우기 시작하였다. 특히 退·栗을 정점으로 하는 한국 성리학의 발전은 성리학적 교육체계의 한국적 토착을 이룩하는 연원이 되었다. 하나의 외래적 수용문화 체계로서의 정주학이 이 땅의 雨露와 문화의 역사적 토양 속에서 뿌리를 내리고 결실을 맺기에는 퇴계와 같은 정신의 園丁을 기다리고 나서야 가능하였다. 이는 마치 불교가 서역과 중국을 거쳐 신라의 元曉를 만나고 나서 그 절정의 사상을 이루었듯이 중국의 성리학은 우리나라에 전해져 16세기 조선조에 와서 퇴계·고봉·율곡 등의 손에 의하여 철저히 종합되고 분석되면서 대단원의 결실을 마련할 수 있었다. 이웃나라 일본은 불교와 유교의 한국적 전개와 발전의 결실을 손쉽게 수용하여 간 정신적 保育文化國이 되는 것이다. 이상에서 송대 성리학을 수용한 조선 성리학의 형성과 발전 요인을 개관하였다.

여기서 추출될 수 있는 교육적 의미는 다음과 같다. 첫째로 조선 성리학의 발달은 외래사상 수용 과정에 있어서 강한 동질성을 그 바탕으로 한다는 점이다. 이러한 사고의 편집적인 동질성은 정학이냐 이학·이단이냐를 따지게 된다. 성리학적 인간이해는 孟子의 성선설적 인간관을 기초로 하고 있다.

중국인은 異學·異敎에 대한 대항이념으로서 성리학적 우주인성론을 전개한 데 반하여 조선조의 유교주의자들은 사상 그 자체를 유지 존속하기 위하여 더욱 철저한 학문적인 체계화를 기도하였다. 송대 유학의 저변에 흐르는 강렬한 민족의식은 한국 유학에 있어서는 강렬한 학문의식으로 변용되었다. 이는 학문발전에는 기여하였으나 학문적 심화가 그대로 당류적 분화로 연결되는 구실을 마련하여 주기도 하였다.

異見·異說을 수용하지 못하는 학문생리는 사고의 경직성을 수반하게 되고 급기야 「陽朱陰王」하는 예처럼 가치 갈등을 초래하게 되었다. 성리학의 수용과 그 전개는 민중을 교화하는 데는 거의 무력하였다. 성리학의 정교적인 적용은 왕권통치의 이념을 합리화시키는 것을 주된 역할로 하였으며, 예교적인 적용은 양반지배계급의 이해를 정당화하는 기능으로 이용되었다.

그러나, 조선조 성리학의 이러한 역기능적인 면이 두드러졌음에도 불구

하고, 5 백여 년간 삶의 질서와 규범으로 생활화될 수 있었던 것은 윤리지
향의 가치성향 때문이라고 할 수 있을 것이다. 당시의 발전된 윤리적 사
고는 곧 현실의 생활지침으로 활용화되고, 「삶」가운데「앎」, 「앎」가운데
의 「됨」으로 이끌어 주었다.

둘째로, 조선 성리학의 발달은 지식계급의 廉節觀을 고양시켜서 행위규
범의 가치적 목적 생활을 이루도록 하였다. 이는 지식인의 왕도정치·의
리정치를 추구하는 사풍이 진작되었고 훈구 척신들의 권력 남용을 견제하
는 세력이 되었으며, 아울러 사회적으로는 중망을 받는 사림들의 존재가
鄕風을 바르게 하는 귀감이 되기도 하였다.

세째로, 사림 교육의 온상으로서의 書院 교육이나 私塾 교육을 통하여 종
적으로는 학통의 계승과 발전을 도모하고 횡적으로는 학파의 연계와 유대
가 이루어졌다. 이는 전반적으로 교학을 창성시키고 문운을 융창시키는
결과를 가져왔고 각 학파간의 선의의 학술논쟁은 학문발전의 활력소가
되었다.

이상의 세 가지 측면(① 性理學 자체의 학문적 分化와 深化, ② 士風 鄕風의 振
作, ③ 學術文化의 상대적 提高)으로서의 敎學的 의미를 가장 성공적으로 구
현시킨 분이 곧 퇴계라 할 수 있다.

퇴계는 조선 성리학의 발흥과 발전의 주역이었으며, 근원적 운동가였
다. 門人 禹性傳은 퇴계 교학실천의 모습을 다음과 같이 그려주고 있다.[26]

> 선생의 학문은 대개 주자로써 근본을 삼았다. 공리에 뜻을 빼앗기지 않았으
> 며 異端에 그 소견이 현혹되지 않았다. 넓게 알면서도 雜하지 않았고 간략하였
> 으되 고루하지 않았다. 학문을 논할 때는 반드시 聖賢을 근본으로 하였으나 스
> 스로 얻은 바의 참됨을 참고하였다. 가르침에는 彝倫을 주로 하면서 理를 밝히
> 는 공부를 첫째로 하였다. 스스로를 바르게 지키면서도 구차스레 남다른 행동
> 을 하지 않았고 禮에 대하여 의논하면 옛 것을 끌어오면서도 당시의 제도를 빠
> 뜨리지 않았다. 스스로의 몸닦기를 급히 하였으나 남의 허물을 말하지 않았고
> 남을 따르기를 용감히 하였으되 자신의 모자람을 숨기려고 하지 않았다. 사람
> 대접하기를 和로써 하였으니 사람들이 저절로 공경하였고 아랫 사람 대하기를
> 寬으로써 하였으니 그들이 절로 조심하였다. 一節, 一善으로써 이름을 이루려
> 고 하지 않아도 배우고 지킨 「바름」은 동방에서 구해보아도 그와 비할 이가 없
> 을 것이다.

---

26) 《退溪全書》(下), 〈言行錄〉, 成德, p. 798.

2. 退溪와 高峯의 만남과 교육인간학적 이해

1) 퇴계와 고봉의 만남[27]

퇴계 李滉과 고봉 奇大升과의 나이 차는 26세, 거의 한 세대간이나 된다. 고봉은 服齋 奇遵의 조카로서 누대의 門閥 經學家의 후예이며 이미 15세에 〈西京賦〉를 지었고, 19세에 사화를 징계하여 〈自警說〉을 지을 정도로 숙성하였던 신진기예의 학자였다.

그는 32세에 문과에 登第하였으며, 그 해 10월(明宗 12년 1558)에 때마침 상경하여 成均館 大司成으로 있던 58세의 퇴계와 만나게 된다.[28]

이로부터 퇴계가 歿하기까지 12년간에 걸친 이 두 분의 忘年交는 비롯된다. 비록 고봉은 퇴계에게 束脩의 禮를 베푼 사제의 儀는 닦지 않았지만 고봉은 퇴계를 스승으로 받들었으며 「迂愚無狀蒙先生　獎勵成就不啻如父母天之恩」[29]을 입게 된다. 퇴계 또한 고봉에게서 「英拔의 氣와 棟樑의 具로서 東方의 絕學을 信明할 수 있을 것」을 기대하였고[30] 새로 등극한 지 얼마 안된 선조의 물음에 「奇大升이 可히 通儒」[31]라고 자신 있게 조정을 하직하면서 추천할 정도로 心許한 畏友며 知己가 되었다——〈請享疏〉(…滉亦極加推稱爲「畏友」).

퇴계와 고봉은 불과 네 차례의 짧은 상면이 있어서 고봉으로 하여금 平生仰慕之懷를 풀기에는 너무나 아쉬운 것이었다.[32] 그러나, 그 뒤 안동과 광주 사이로 수 없이 이어진 서찰을 통하여 곡진한 정과 廣博探密한 사상의 교환은 그들 육신의 짧은 만남을 능가하는 정신교류를 이루어 주었다.

27) 이에 대한 연구는 李乙浩, 〈退溪先生과 奇高峯〉, 《退溪研究》, (退溪先生4百周忌紀念事業會), 1972, pp.303∼336 참조.

28) 高峯 年譜에 의하면 「戊午十月에 고봉이 中文科乙科 第一人 權知承文院副正字」로　出仕하기 시작할 때 「拜退溪于京邸」 하였다고 기록하고 있다. 이보다 앞서 고봉은 鄭秋巒을 만나 〈天命新圖〉를 보았으며 뒷날 퇴계에게 자신의 質正을 마련한 것으로 보인다.

29) 《高峯集》, 「退溪先生墓碣 序」;李家源, 退陶弟子列傳(2), 〈高峯奇大升〉, 《退溪學報》(第二輯), 退溪學研究院, 1974, 2, pp.58∼66.

30) 《退溪全書》(上), p.403, 〈與奇明彥大升 ○己未〉, 「…鄙意公以英拔之氣 棟樑之具未出 而名播遠邇 始出而一國盡傾(…) 早決志先則學可 專而道可得 雖由是堅赤幟於一世 爲東方絕學之倡簣不可矣」.

31) 〈陶山門賢錄〉, 「丁卯先生之辭朝也, 宣廟問朝臣熟爲學問, 先生對以奇大升博覽文字 其於理學 亦有超詣 可謂通儒」 및 《高峯集》 「張維序文」.

32) 퇴계·고봉 두 분이 직접 만나기는 戊午 10월의 첫 대면 이래, 丁卯 6월의 入都時, 戊辰 7월 入都時 그리고 己巳 3월의 마지막 대면의 4번이다.

익히 알려진 바와 같이, 〈往復書〉[33]의 발단은 鄭秋巒(鄭之雲, 1509〜1561)의 天命圖를 퇴계가 개정한 데 대한 변론으로 시작되었으나, 차츰 발전되어 精緻한 학문체계를 형성하게 되고 이는 그대로 그들 두 사람의 아름다운 인격의 발로와 그 결정을 이룩하는 좋은 계기가 되었다.

〈請享疏〉[34]에 퇴계학은 주자학이고 고봉학은 퇴계학이니 그 학문 연원의 純正함과 造詣의 精深·超卓한 것은 백세를 두고 흔들림이 없는 것이라고 하였다. 이것은 곧 주자의 未定은 퇴계에 이르러 심화정리되면서 고봉에 이르러 分化精深되었다는 의미로 해석되고 退·高 간의 정신적인 「酬酌」은 일찌기 주자가 「未定」의 상태로 남겨 둔 정주학의 근본 문제——人間存在論의 근원적 파악——에 대하여 두 분은 「合作」하여 그 문제와 개념을 정립하였다. 그러므로, 〈請享疏〉에서 이들의 만남을 일컬어, 「程氏와 張橫渠」, 「朱子와 眞西山」, 「朱子와 蔡元定」의 만남과 비유하고 있는 것이다.[35]

　　　퇴계·고봉간의 첫 편지에는 이런 대목이 있다.
　　　退溪——『이별한 뒤 消息 몰라 하던 중 어느덧 해가 바뀌었구려. 어제 朴和叔을 만나 대강 소식은 들었사오나 (그대는) 영화로운 歸鄕인지라 여러 가지 즐거움이 많았겠소. (…) 잠깐 만났을망정 도움이 많았는데 가까이 相從한다면 얼마나 좋으리까. 南北으로 떨어져 있으니 철새가 오고 가는 사이가 되었오. 册曆 한 권 보내니 받아 주시고 할 말 다하지 못하고 멀리 붓을 놓습니다.』[36]
　　　高峯——『先生을 뵈온 뒤로 취하듯 기쁨에 젖어 오래도록 그리운 情 가실 길이 없나이다. (…) 愚見이나마 펴드림으로써 左右의 비판을 받고자 하오나 오래도록 紛忙한 가운데 다시 손질할 겨를도 없이 草稿를 보내오니 글로써 표현한 것이 감히 잘못이 없을까 기약할 수 없나이다.』

퇴계·고봉의 戊午年 첫 상면으로부터 11년 뒤 그간 相距千里로 꿈에조차 나타나 보이던[37] 퇴계를 고봉은 奉恩寺 船上에서 마지막 전별한

---

33) 이의 引用台本은 다음 책을 사용한다. 〈四端七情分理氣往復書(上·下)〉(景印), 《亞細亞研究》, vol. 49, 高大亞細亞問題研究所, 1973.
34) 《高峯別集》, (附錄, 卷二).
35) 위의 책, p. 32와 39. (以爲 大升之於李滉 右橫渠之於程氏 西山之於朱子(…) 而滉亦極司始推稱爲畏友 如朱子之於蔡定元)
36) 위의 책, 〈往復書〉, pp. 1〜3.
37) 己巳 3월의 마지막 相別 후 高峯은 퇴계를 꿈에 자주 보았음이 다음 絕句 가운데 나타나 있다. 「前夜依杖履陪 今宵款曲笑談開 分明一念猶憂世 可職先生不著梅」——《高峯集》, 續卷, p. 40.

다.[38] 그간 그들 사이에 오고간 詩와 文과 그리고 철학 서한 곧 四·七論辯은 인격과 학문의 아름답고 향기 높은 交織으로 남게 되고, 그날 사제간의 이승에서의 「永訣」 또한 애끊는 別의 정으로 기록되고 있다. 68세의 퇴계는 마지막 국가에 대한 봉사로 〈聖學十圖〉와 〈六條疏〉를 지어 유충한 국왕에게 바치고 다음해(己巳) 3월에 몇 번의 사양 끝에 간신히 윤허를 받고 벼슬길을 물러날 수가 있었다(丙午日夜).[39] 戊辰년 7월에 갓 즉위한 선조의 간곡한 소명을 받고 상경하여 그 다음(己巳年) 3월까지 8개월간 서울에 머물었다. 퇴계는 서울을 출발 東湖夢賚亭에서 一泊하고 己酉日에 배를 타고 東으로 통하여 奉恩寺에서 잤다. 당시 명사들이 온 조정을 비우다시피 하고 나와서 퇴계를 전송하였으며, 「留」자 韻의 餞別 詩를 각각 지어 이별의 뜻을 표하였다.[40] 이날의 퇴계·고봉간에 和韻한 詩는 다음과 같다.

> 高峯 : 江漢滔滔萬古流 先生此去若爲留
>
>   沙邊挽纜遲徊處 不盡離腸萬斛愁
>
>   (한가람 넘실 넘실 萬古에 흘러
>
>   스승님 이제 떠나심을 머물게 하는 듯
>
>   모랫가 뱃머리 돌아 멈추이는 곳에
>
>   이별하는 마음 끝없는 시름 다할 길 없네)
>
> 退溪 : 列坐方舟盡勝流 歸心終日爲牽留
>
>   願將漢火添行硯 寫出臨分無限愁
>
>   (方舟에 벌여 앉은 분네 모두 뛰어난 분들일세
>
>   돌아가고픈 마음 온 종일 끌리어 머뭇거렸네
>
>   원컨대 한강물 가져다 벼룻물에 부어서
>
>   헤어질 때 이 끝없는 시름을 그려내고져)

퇴계와 고봉간의 「奉恩寺」 一夜와 전별 이후 다음해 庚午年(1570) 12월에 퇴계가 70세로 易簀하고[41] 2년 뒤 壬申년(1572) 11월에 고봉 역시 46

---

38), 39) 이때 奇高峯은 工曹參議에서 右承旨로 승진한 42세의 壯年이었고 퇴계는 右贊成, 大提學을 거쳐 判中樞府事 兼經筵春官事의 직함을 가졌다.

40) 《退溪全書》(上), 〈年譜〉, p.594.

41) 퇴계의 訃音을 들은 高峯은 設位痛哭하고 다음해 正月에는 祭文을 陶山으로 보냈으며, 2월에 退溪先生 〈墓碣銘〉을 지었다. 그리고 이듬해 2월에 다시 陶山으로 致奠을 보내 제 사지내고 퇴계 스스로의 「自銘」 다음에 「壙銘」도 後叙하는 등, 先師에 대한 마지막 禮를 극진히 하였다.

〈墓碣銘〉에 이르기를 「(…光明俊偉) 猝然一出於正 揆諸孔孟程 朱之言其不合者寡矣 亦可謂

세의 나이로 세상을 떠나게 되었다.

師·弟 12년의 정겨운 인간적 交驩과 이 가운데 7년간에 걸친 준열한 학문적 논변을 통하여 退·高가 보여 준 교훈은 크다. 『고봉은 후학을 자처하면서 퇴계를 선생으로 받들었지만 논변의 태도는 어디까지나 「當仁不讓於師」(論語, 衛靈公)의 의연한 논리의 전개를 잊지 않았고 퇴계는 연하의 후배를 상대하면서도 「不恥下問」(論語, 公冶長)의 겸허한 자세로 임한』[42] 두 분이었다. [43]

이처럼 退·高의 만남은 참다운 스스로의 성취를 이루었고, 그들의 학문세계는 비약적으로 발전하였다.

퇴계는 고봉으로 하여금 資益을 얻었으며, 고봉은 퇴계로 말미암아 학문과 인격의 새로운 실현을 이룩하였다. [44] 이것은 사제간 만남의 참다운 교육적 문제가 무엇인가에 대하여 답하여 주는 것이 된다. 스승은 제자의 교화매개자이기도 하거니와 제자는 바로 그러한 매개자로서의 스승 자신과 만난다는 사실을 간과할 수 없다. 고봉은 퇴계에게서 학문의 교화사를 발견하였을 뿐 아니라 인간의 교사와 만났다. 그리고 여기에서 매우 역설적인 현상을 우리는 발견하게 된다. 그것은 스승과 제자 사이에 참다운 만남이 일어나려면, 스승은 스승이기를 그치고 제자는 제자이기를 그치는 한에서[45] 만남은 가능하다는 사실이다. 이 말은 스승과 제자 양편이 그들의 나이와 입장의 차이를 넘어섬으로써 그들의 인간관계가 동등한 권리를 가지게 된다는 것을 뜻한다.

四·七論辯에서 퇴계가 고봉에게 끝까지 타일러서 경계한 일은 多言의 害였다. 퇴계가 사변의 대결을 피하고자 한 것은 理路가 궁하여서 그러하였던 것이 아니었다. 퇴계는 논변을 중단할 것을 일찌기 먼저 제의하였다. 그 까닭은 『나는 10년 積工을 하여도 겨우 이 정도인데 그대는 一筆句斷하였은즉 어찌 有智無智가 30里에 그칠 뿐이겠으며 口舌로써 다툴 일이겠는가. 다시 10년을 더욱 공부하여 각기 진전한다면 피차의 得失이 비로

建諸天地而不悖 質諸鬼神而無疑也」한 분으로 追慕하였고 壙銘에 적기를 「吾知先生之名與 天地 而並久」라고까지 하였다(《高峯集》, 卷 3;《退溪全書》(下), 〈陶山門賢錄〉卷首, p. 932).

42) 李乙浩, 앞의 글, p.327.

43) 李家源, 앞의 退陶弟子列傳 (2), p.64에서는 이를 「千古의 美事」라 하면서 淵泉 洪奭 周의 〈詠史六書〉 가운데 퇴계·고봉의 만남을 읊은 「溫溫退陶翁　山斗蔚瞻企 一聞後生語 捨己如脫屣 今名久益尊 大勇諒在此」라고 소개하고 있다.

44) 〈高峯集序〉에 旅軒 張顯光은 「公實取裁於退翁, 退翁亦多見益於公焉」이라 하였다.

45) 李奎浩, 《敎育과 思想》, 培英社 (敎育新書 5), 1969, p.136.

소 정해질 것이라』[46]는 뜻으로 고봉의 재주가 지나침을 충고하였다. 이로
부터 丙寅년(1566)까지 주로 氣銳한 고봉의 反論과 質正이 연이었고 퇴계
의 변증과 수정이 뒤따랐지만, 퇴계는 간곡히 이와 같은 일이 十分 옳음
을 얻었다고 하더라도, 나를 위하여는 조금도 보탬이 없음을 말하고 「兩
人駄勿重輕爭 商度低昂亦己平, 更剋乙邊歸盡甲 幾時駄勢待句停」의 여유
있는 기다림과 타이름을 하고 있다.

그러나, 고봉은 계속하여 「論辯」을 하였고 퇴계도 응수하지 않을 수 없
었으며(答奇明彦 四端七情 第三書와 答奇明彦書·重答奇明彦書)(이상別紙) 이에
고봉은 「四·七」에 대한 總論과 後說로써 대단원을 맺는다.

퇴계는 이 두 편의 논문이 참으로 아름답다(甚善甚善！)라고 칭찬하면
서 그들 의견이 마침내 합치점에 이르렀음을 기뻐하였다. 이로써 7년간에
걸친 수만언의 논변은 종결을 보았지만 퇴계가 고봉에게 기대한 것은 一
氣呵成의 학문적 성취가 아니었던 것 같다. 이에 대하여 李家源 교수의 다
음 견해는 그들의 만남을 이해하는 데 적절한 시사를 던져 준다.

『그러나, 淺見으로 보아서는 퇴계는 다만 이론에만 급급하지 않고 身
心·日用의 체험에 중점을 두었으므로 高峯의 미진한 것을 후일의 割然實
通의 여지를 남기는 데에 늘 微意를 두었는 듯싶다.』[47]

2) 人間存在論의 理解地平과 그 상이점

「四·七論辯」은 퇴계와 고봉사상의 결정체며, 인간존재론의 청사진이
다. 사람이란 무엇인가의 근본 문제는 곧 사람의 마음이 무엇인가라는 인
성본질 문제와 관계된다. 사람의 마음은 이기실재론의 인성론적 표현이기
때문이다.

성리학적 우주인성관은 인간실재론으로 구축된다. 이곳에서는 ① 存在
論的 측면에서 理와 氣의 互發(對說·發共 因說) 관계를 살피고, ② 인성론

---

46) 〈四·七往復書〉第二書 後論. 《退溪全書》(上), p.423에 「積十年之功, 僅得其彷佛而猶未
育眞知 故有於病如此 則一筆句斷於立談之項 人之有智無智 何止於三十里而已耶 此何可復以
口舌爭耶」라고 하면서 「又積十年之功 然後各所造看始何」라고 하여 論爭을 뒷날로 미루고
그때에 「彼此得失 於此始可定耳」 하자고 타이르고 있다. 《退溪全書》(上), 〈與奇明奇書〉
p.429, （假使如此得十分是當 實於才己無一毫貼近 只成閙爭競以 犯聖門之三大禁 況未必
眞能是當耶 由是世復作意 奉報如前之勇 只因來誨兩人默物之 喩戱成一節今以浼呈 「兩人駄
物重輕爭 商度低昂亦己平 更剋乙邊歸盡甲 幾時駄勢得句停」 呵呵).
47) 李家源, 앞의 글, p.61.

적 측면에서 道心·人心說을 밝히면서, ③ 退溪·高峯의 입각점과 그 同異點에 대하여 논술하려고 한다.

가) 「對說」과 「因說」 [48),49)]

「四·七論辯」의 발단은 퇴계가 고봉에게 〈天命圖〉에 표기된 「四端發於理·七情發於氣」라는 말을 「四端之發純理 故無不善·七情之發兼氣 故有善惡」이라고 고치면 어떻겠느냐라는 문제에서 비롯된다.

이에 고봉은 답서하여 「四·七」을 2원적으로 볼 것이 아니라, 1원적인 것이라고 하였다. 四端과 七情은 情 전체를 말하는 것으로서 四端은 「情」 가운데 善쪽만을 가리키는 것이다. 왜냐하면 理와 氣는 渾淪하여 둘로 나눌 수 있는 것이 아니기 때문이라는 것이다. 다만, 四端과 七情의 차이는 「發」의 差(中節 혹은 不中節)에 지나지 않는다는 것이다.

이에 대하여 퇴계는 답변(答高峯 第一書)하기를 「四·七」이 모두 하나의 情임은 사실이지만, 그것에 대하여 말하는 바가 다르다고 한다. 왜냐하면 性을 本然之性과 氣質之性으로 갈라서 말하는 이상 「四·七」을 (내력이 각기 다르므로) 2원적으로 보는 것이 잘못됨이 없다고 하였다. 四端과 七情이 모두 理氣를 겸한 「發」이지만 그 내력이 다르고 (四端→本然之性, 七情→氣質之性) 理와 氣 어느 것을 「主해서 말함」(所主言面)이 다르기 때문에 「主理」, 「主氣」로 보아야 된다는 것이다. 이것을 갈라놓지 않고 단지 一元論的으로 「兼理氣有善惡」이라고 말한다면 理氣一物의 一元觀이 되고 이것은 급기야 「人欲＝天理」라는 근본질서를 깨뜨리는 말이 되지 않겠느냐는 것이다.

「論辯」의 발단은 퇴계의 철저한 「理氣分屬論的」인 우주·인성관에 대한 고봉의 「兼理氣有善惡論」에서 출발하였다. 그러나, 理氣를 「둘로 보느냐, 하나로 보느냐」의 문제는 이미 철학적 사변의 문제만이 아니다. 인간성의 본질문제와 관련되고 이것은 결국 교학의 근본 문제가 되기 때문이다.

퇴계 역시 理와 氣는 「相待以爲體·相須以爲用」 하는 것임을 승인하였으나 四端과 七情의 내력을 따지지 않고 「兼理氣」의 理氣一物로만 본다면 결국 氣로써 性을 논하는 폐단에 빠진다. 이는 《困知記》의 羅整菴說과 같게 될 우려가 있기 때문이라는 것이다. 羅整菴은 理氣문제에 있어서 理氣

---

48) 李相殷,〈四·七辯과 對說·因說의 意義〉,《亞細亞硏究》(vol. XII No. 1), 高大亞細亞問題硏究所, 1973, pp. 27〜33.
49) 「四·七論辯」의 展開過程은 퇴계·고봉의 〈往復書〉(上·下) 참조.

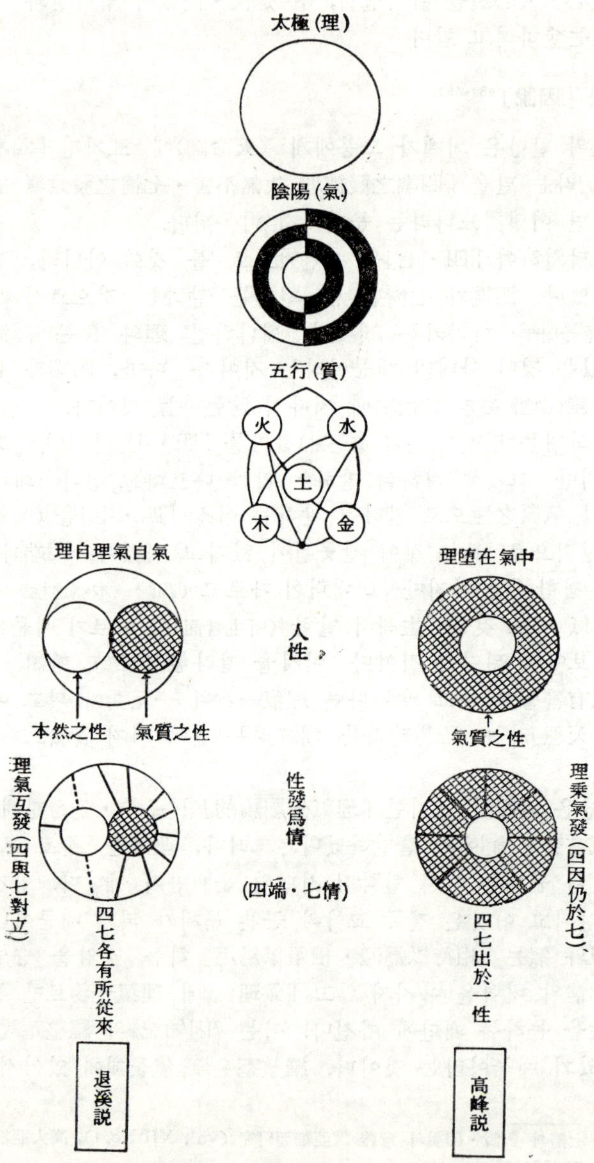

[退溪・高峰의　四・七　理氣圖의　비교]　〈李相殷교수　作成〉

兩分說에 반대하고 理一分殊說을 주장하였다. 퇴계는 高峯說이 羅整菴說과 접근하고 있음을 우려한 것이다.

그 뒤로 〈往復書〉는 二書·三書로 계속되지만, 퇴계의 「理氣二元分析論」과 고봉의 「理氣一元渾淪論」은 한치의 양보도 없는 논변이 계속된다. 여기서는 고봉의 總說과 後說을 중심으로 하여 四·七論辯의 대단원을 살피면서 「對說」과 「因說」의 입각점을 아울러 찾기로 한다.

이미 지적하였듯이, 퇴계는 理發·氣發을 각각 「專指」하는 것으로 보았고 고봉은 「兼指」로 보았다. 이 말을 전자는 理氣의 내력이 다르다고 보고 후자는 다른 것이 없다고 보는 입장이다. 고봉은 「兼理氣·有善惡」과 「發而中節·發而不中節」을 이유로 내세워 四端·七情이 다 같은 것이며, 그 내력이 다르지 않다고 하였는데, 퇴계는 고봉의 「兼理氣渾淪說」을 일단 승인하면서도 내력이 다르므로 주장하는 말이 다르다고 말한다.[50]

고봉은 이에 대하여 19조항에 걸친 반론을 전개하였으나 결국 「七包四」라는 종래의 자기의 주장을 변론한 것으로서 퇴계의 「四對七」論은 「부분과 전체가 對等」되는 모순성과 七情 속에 理는 없고 氣만 발한다면 情이란 비도덕·몰가치의 不善的 存在로 이해하는 불합리성이 개재되는 것이 아니냐는 것이다. 이러한 까닭으로 高峯은 四·七을 「理發·氣發」로 互對하는 것이 옳다는 것이다.

여기에 퇴계의 이기이원적 인간존재관은 도전을 맞이하게 되었다. 물론 퇴계도 「七情 가운데 理」, 「四端 가운데 氣」를 부인하지는 않는다. 다만 그 내력을 분명히 할 것을 거듭 강조할 뿐이다. 이러한 강조의 자리가 그들 견해의 차이다.

퇴계의 分析을 對說이라 하고 고봉의 綜合을 因說이라 한다. 「對說」은 〈表〉에서 左右의 對待關係(人性論에 있어서 本然之性과 氣質之性)를 나타낸다. 「理自理·氣自氣」의 인간이해이다. 「因說」은 〈表〉에서의 上下 종속관

---

50) 李相殷, 앞의 글, p. 19. 퇴계는 이 「分開論」을 설명하기 위하여 「人乘馬出入」의 比喩를 한다. 이것은 人과 馬를 理와 氣로 갈라서 말한 것으로, 「理發氣隨·氣發理乘」의 二元論的(理氣互發) 비유 설명이다. 한편 高峯은 第三書에서 「天地之性은 天上의 달이며 氣質之性은 水中의 달」이라고 비유하면서 『달은 비록 在天在水의 世同이 있으나 달 됨은 하나이다. 이제 天上의 달은 달이라고 하고 水中의 달은 물이라고 하면 되겠는가』라고 理氣一元論的(理氣兼發) 비유로 응수하였다. 고봉에 의하면 四端七情이란 理가 氣質에 따라 있은 뒤에 일이니 마치 「水中之月光而其光也七情則有明有暗 四端則特其者而七情之有明暗者 固因水之淸濁 而四端之世于節者 則光雖明而未免有波浪之動者也」와 같다는 것이다(〈往復書〉, 卷 28項, p. 290).

계(因仍)를 나타낸다. 理가 氣 가운데 떨어진 것이 人性이며 氣質之性이라는 것이다. 形而上의 理가 形而下의 氣 속으로 따른다는 말이다.[51]

7년여[52]에 걸친 선후배 사이의 끈질긴 학술논쟁도 고봉은 인간 없는 지식의 憫然함[53]을 탁연히 깨닫고 위의 「總說과 後說」로 마감하였다.

고봉은 後說에서 답하되,

參究反復 終覺合者因復之 乃知前日之說考之 有未祥而察之有未盡也[54]

라고 하여 퇴계의 주장인 「四端是理之發・七情是氣之發」이라는 말을 받아들이고 있다. 이것은 學理의 수긍이 아니라 어디까지나 人理의 修養・實踐性에 있어서 퇴계의 說이 중요하다는 도덕적 자아실현에 고봉이 한발 물러선 것이다.[55]

그리고, 총설에서 고봉은,

「盖性雖本善 而墮於氣質 則不無偏勝 故謂之氣質之性 七情彙理氣 而理弱氣强
管攝他 不得而易流於惡 故謂之氣之發」[56]

이라고 하여 퇴계의 「七情氣之發」을 절충 승인하였다. 이리하여 고봉은 스승에게 양보할 것을 양보하고 지킬 것은 끝까지 지켰다.

---

51) 李相殷, 앞의 글, 〈四・七辯과 對說・因說의 意義〉, p.28.
　　(高峯은 朱子의 「四端是理之發・七情是氣之發」이란 말이 因說(자기가 주장하는 說)로 한 말이요, 對說(退溪가 주장하는 說)로 한 말이 아니라고 하는가. 因說로 말하면 「四端理之發・七情氣之發」이라 해도 그 理氣는 서로 떠나는 理氣가 아니고 함께 있는 理氣가 되기 때문에 실제 事物에 있어서 理氣不相離의 근본 大前提에 위반되지 않지만 對說로서 말하면 四端의 「理發」과 七情의 「氣發」이 각각 떨어져 氣不相離의 근본원칙에 위반되기 때문이다. 아무리 朱子가 한 말일지라도 性理學의 근본 大前提를 파괴할 수 없는 것이므로 對說로 한 말이라면 朱子가 틀린 것이라고 하는 것이다. 高峯은 이만큼 그의 이론에 대하여 所信을 확고히 가졌다.
52) 퇴계・고봉 사이의 「論辯史」는 7年說, 8年說이 있다. 해설은 退溪第一書로부터 起算(戊午)한 것이나 실은 高峯答書로부터 起算(己未)하는 것이 옳다(7年). 왜냐하면 퇴계 京居 中에 고봉은 이미 「口述의 質正」이 있었던 것으로 보아야 하기 때문이다. 口述로서는 戊午 十月이오, 文字로서는 己未 三月 初五日이었던 것이다.
53) 고봉은 퇴계先生書에서 「向來四七之說 不揆鄙滯 歷陳管見 幾於傾倒無餘者 唯欲仰承誨以 眞是 而其間或不能無異同者之論 蓋亦因其所見 而發其敢故爲紛紛也 曾奉回諭絶句一首 深用 憫然 意其無復有更禀之端 故久不敢仰尼想先生閑中 玩必益精而益明也(…)」라 하였다(〈往復 書〉, 卷 2, p.298).
54) 〈往復書〉, p.299.
55) 고봉은 學理面에서 一元論的 人性論을 끝내 굽히지 않았다. 이것은 後說과 總說에서까 지 거듭되는 자기주장이었다(〈往復書〉, pp.299～301).
56) 위의 글, p.300.

퇴계 역시 고봉의 後·總說을 보고 「參差而異序 卒爛而同歸」하게 되었음을 치하하고 자신의 「四·七所從來說」이 조금 미안하게 여겨져 다시 생각해 보겠다고 양보하였으며 「往復書翰」을 一册으로 엮어서 틈나는 대로 고치고 觀省함이 좋을 것 같다고 제의하였다.[57] 이로써 四·七論辯은 일단 단원을 맺고 그로부터 후세의 다른 四·七論爭이 열리게 되었다.

위에서 살펴본 바와 같이 퇴계·고봉의 理氣論의 시각은 對說(對待底)과 因說(因仍底)의 자리로부터 살피지 않을 수 없고 이것이 그들의 각기 흔들리지 않는 우주·인성관이었다. 따라서 퇴계는 理氣互發을, 고봉은 理氣兼發을 각기 주장하게 되고 퇴계는 理·氣는 對待한다는 對說을, 고봉은 그것(理…太極)으로 말미암아 氣와 음양이 생긴다는 因說로 이해한 것 같다.

우주론의 對待的 二元觀(左右觀)과 垂直的 一元觀(上下觀)의 차이는 애초부터 병립될 수 없는 견해의 근본차이였다. 그러나, 퇴계는 이것을 극복하였다. 이것이 理·氣의 「二而一, 一而二」의 논리이다.

퇴계에 의하면, 理와 氣는 다른 것이면서도, 氣를 떠나서 理가 있을 수 없고, 理를 떠나서 氣가 있을 수 없다.[58] 理와 氣는 始原的으로는 늘 하나로 결합되고 있다. 理氣는 하나로 합칠 수도, 둘로 가를 수도 없는 미묘한 관계에 있다. 이것이 곧 퇴계의 對待的 統一 관계로서의 우주인성관이다. 그러므로, 퇴계의 理氣論을 2원적으로 단정하는 일은 잘못이다.

나) 마음의 構造觀

퇴계의 理氣 互發說은 理氣는 「不相雜」한다는 철학적 소신일 뿐 아니라 이것이 인성론과 결부될 때는 그의 교학정신의 핵심이 된다.

고봉과의 긴 논변 가운데 때로는 고봉의 집요한 추궁 앞에서 자기의 주장을 완화 혹은 수정[59] 하기도 하였으나 인성의 당위적 측면을 다루는 교

---

57) 앞의 글, 같은 곳, 〈與存齋書〉, (前寄示四七說及反復玩繹 昔人所謂始參差而異序 卒爛熳而同歸眞不虛也(…) 苟向日明見崇論如今來兩說之通 透脫洒又何末異之有哉 抑嘗欲謾取吾兩人往復論辨文字爲一册 時觀省 以改瑕類 而間有收拾不上者爲恨 丙寅 〈至月 初六日 滉頓〉.

58) 《退溪全書》(上), p.921, 〈非理氣爲一爲辯證〉
(明道曰 形而上爲道 形而下爲器 須著如此說 器亦道道亦器 今按若理氣果是一物 孔子何必以形而上下分道器 明道何必曰須著如此說乎 明道又以其不可雜器而索道 故曰器亦道 非謂器卽是道也 以其不能外道而有器 故曰道亦器非謂道卽是氣也 道氣之分卽理氣之分故引以爲證一).

59) 퇴계는 『理·氣 二者는 서로 發하여 작용하고 發할 때 서로 相須되는 것이다. 互發인즉 主되는 이유가 있음을 알 수 있고, 相須인즉 서로 그 가운데 있음을 알 수 있다. 서로 그 가운데 있으므로 分化 이전의 상태에서 말하는 것도 확실히 있을 수 있고, 각각 主됨이 있으므로 분별하여 말하는 것도 불가함이 없다』라고 하여 高峯의 입장을 인정하기도 하였

학정신과 관계될 때에는 추호도 물러섬이 없었다.

퇴계는 존재론적으로 理와 氣를 「二即 一」의 對待的 통일개념으로 파악하였고, 理와 氣가 유행될 때에는 실천개념으로 이해하였다. 그의 교학사상의 핵심은 理・氣가 비형이상학적으로 전개된다는 데 있다. 그러므로 理氣를 정신기능으로 볼 때 윤리적 당위를 추구하는 실천적 의지를 뜻한다. 이 점에 있어서 퇴계의 교학정신은 도덕률을 구현시키는 자유의지를 기반으로 한다. 이것은 도덕률이 정언명령으로 나타난다는 순수이성의 사실에서 출발한다.[60] 인간은 본질적으로 善의 동일성이 있다는 것을 전제로 한다. 여기에 이르는 길이 존양과 성찰이다. 이것은 인간의 자유의지로 결정된다. 따라서 퇴계의 교학정신은 교학실천과 떼어놓고 말할 수 없다. 善의 동일성에 대한 자유의지로서의 끝없는 탐구와 그 실현이 곧 「道心」이다. 그리고 자유로운 의지로서의 인격실현을 방해할 수 있는 것이 「人心」이다.

「人心・道心論」은 한국 성리학이 개척한 인간이해의 신경지이며 인성론을 이기론적으로 二元分析을 철저히 한 것은 퇴계의 唱導에 연유한다. 四・七論은 마음의 개념과 구조가 무엇이냐를 밝히려는 작업이며 정주학을 보다 심화 확충한 한국 유학의 특징이 된다.[61]

퇴계에 의하면 중국의 先儒들은 일찍기 性情之辯에 대하여는 자세히 밝힌 바 있지만 四端七情에 대해서는 그들도 그것을 모두 「情」이라고 하였을 뿐, 理와 氣로 分屬하여 말한 것은 보지 못하였다.[62] 퇴계는 情 가운데 四端・七情의 구별이 있는 것은 마치 性에 있어서 本然과 氣禀의 다름이 있는 것과 같다고 생각하였다. 그리하여 性을 理・氣로 나눌 수 있다면 情 또한 理・氣로 나눌 수 있다고 믿었던 것이다.

따라서, 四端과 七情을 混淪하여 하나의 情으로 본 고봉의 견해(四段情

다(二者互有發用而其發又相須也 互發則各有主可知, 相須則互在其中可知, 互在其中 故渾淪言之者固有之 各有所主故分別言之而無不可——〈往復書〉, p. 279).

60) 韓明洙, 〈退溪의 敬의 研究〉, 《退溪學研究》(vol. 1), 慶北大學校, 1974, pp. 39~40.

61) 퇴계・고봉 이후의 주요 「四・七論」은 다음과 같다. 栗谷(李珥)(1536~1584)과 牛溪(成渾)(1535~1598)의 〈四七書辯〉, 星湖(李瀷)(1579~1624)의 〈四七新編〉, 愚潭(丁時翰)(1625~1707)의 〈四七理氣辯〉, 葛庵(李玄逸)(1627~1704)의 〈四端七情書辯〉, 拙守齋(趙聖基)(1638~1689)의 〈退栗兩先生 四七人道理氣後辯〉, 寒水齋(權尙夏)(1641~1704)의 〈四七理氣辯〉, 大山(李象靖)(1710~1781)의 〈四七說〉, 鹿門(任聖周)(1710~1788)의 〈四七說〉 및 寒洲(李震相)(1818~1895)의 〈四七原委說〉이다. 人間心性의 구조적인 이해는 理氣論的 해석과 입장을 전제로 하지 않을 수 없기 때문에 16세기 이후의 한국 성리학의 주된 관심과 논쟁은 「四・七論」으로 자연 귀결되지 않을 수 없었다.

62) 〈四・七往復書〉, 「答奇存齋 四端七情分理氣辯」, pp. 257~259.

也 七情亦情也 均皆情也)는 「何以有四七之異名耶」라는 말을 어떻게 설명해야 되느냐라고 반문한다.

대체로 理와 氣는 「相須以爲體·相對以爲用」하는 것으로서 理가 없는 氣가 없고 또한 氣가 없는 理가 없지만, 이미 그 주장하는 말이 틀리므로(然而所就而言之不同) 「분별」이 없을 수 없다.[63] 일찌기 子思가 말한 바 天命之性이나 孟子의 性善之性은 純善無惡한 理의 本元(原頭)을 말한 것이지 氣를 말한 것이 아니다. 만일 理氣가 서로 떨어지지 않는다고 하여 性이 氣를 겸하고 있다고 말한다면 이것은 하나만 알고 둘은 모르는 결과라고 하였다.

四端은 모두 善하므로, 孟子는 「無四者之心非人也」라 하였고, 이어서 「乃若其情 則可以爲善」이라고 하였다. 七情은 원래 선하지만 악에 흐르기(七情善惡未定也) 쉬우므로 發하여 中節되면 和(發而中節 然後乃謂之和)가 된다고 하였다. 이로써 살펴보면 四·七이 理氣를 벗어나지 않으나 그 내력과 주된 것을 가려 말하여야 한다고 하였으며 四端은 理며 七情은 氣라고 본다는 것이다.

퇴계는 고봉의 「理氣相循不離觀」을 편견이라고 못박는다. 理와 氣가 相循不離하므로 四端·七情이 한가지라고 하지만 이는 義理之學을 연찬하는 올바른 태도가 아니라는 것이다.

퇴계에 의하면 의리학(道學)의 精微之致는 반드시 마음을 크게 하고 안목을 높여서 한 가지 설로만 주장하지 말 것이며 마음 속에 邪念을 없애고 고요하고 천천히 그 뜻의 취지를 살펴야 한다고 한다. 따라서, 理氣觀에 있어서도 같음 가운데서 다름이 있음을 깨닫고, 다름 가운데서도 같음이 있음을 알아서, 나뉘어 둘이 되어도 일찌기 서로 떨어지지 않는 데가 있고, 합하여 하나가 되어도 실에 있어서는 서로 섞이지 아니한 것이 있다. 종합적이고 분석적인 방법으로 한쪽에 치우침이 없기를[64] 당부한다. 그러므로, 고봉의 理氣渾淪說은 「같음」을 기뻐하고 「떨어짐」을 싫어하여 四端七情의 근원을 따져보지 아니하고 단지 개괄적으로 「棄理氣·有善惡」

---

63) 〈往復書〉 (第七書), p. 279. 퇴계는 「渾觀」이 적용될 수 있는 경우는 「다름」에 나아가서도 「같음」을 볼 때에 가능하다고 하면서 그러나 다만 「같음」만 있고 단지 「다름」이 없다고 말하는 것은 不可하다고 강조한다(所謂就異而見同則二者可渾淪言之者也 然不可謂只有同而無異耳).

64) 위의 글, p. 258 下端. 「大抵義理之學 精微之致 必須大著心宵高看眼目 切勿先以說爲主 虛心平氣 徐觀其義趣 就同中而知其有異就異 而中見其有同 分而爲二 而不害其未嘗離 合而爲一而實歸於不相雜乃爲周悉而無偏也」

(夫謂學而惡分析 務合爲一說 古人謂之鶻圇呑棗 其病不少 而如此不已 不知不覺之間 駸駸然入於以氣論 性之弊而墮於認人欲作理 天之患矩奚可哉)

하다고 하였다. 그러나 대체로 학문방법론상 분석을 싫어하고 종합하는 일만 일삼는 일은 「대추를 통으로 삼키는 폐단」(鶻圇이란 새가 이렇다)에 빠지게 된다. 이같이 한다면, 결국은 자신도 모르는 사이에 점점 氣로써 性을 논하는 폐단을 범하게 되고 인욕으로써 천리를 알려는 병통에 떨어지게 될 것이라고 근심하였다.

그리고 이 무렵에 퇴계는 《朱子語類》가운데의 「四端是理之發 七情是氣之發」이라는 글귀를 발견하고 자기 학설에 대하여 한층 확고한 신념을 얻게 된다.

이처럼 퇴계는 理氣·性情의 이원적 분석관으로 인간이해를 하였으며 그 해석방법으로써 「異中有同·同中有異」를 내세웠다.[65] 퇴계는 「同中異」의 분석적 인간이해를 강조하였다면, 고봉은 「異中同」의 종합적 인간이해의 방법을 채택하고 있음을 알 수 있다. 이러한 해석상의 차이는 四端이 兼理氣·有善惡하다는 논리가 교학실천면에 작용할 때 「氣＝性」, 「人欲＝天理」라는 논리적 모순을 피할 도리가 없다고 퇴계는 보았다. 그러므로 퇴계는 四端·七情을 理發·氣發로 「對擧互言」하지 않을 수 없었던 것이다. 이것이 퇴계교학체계의 거점이다. 만일 理와 氣를 구별하지 않고 일물로 본다면 인간의 감정적 욕망(人欲)은 윤리적 욕구(天理)를 저버릴 수 있는 소지를 남기게 된다. 따라서 敬을 지향하는 의리학으로서의 퇴계학은 그 존립의 자리를 잃게 되고 마는 것이다.

「天理(本然)之性」과 「氣質之性」이 모두 氣를 지니고 있다는 것은 위에서 氣가 없는 理가 없고 理가 없는 氣가 없다는 퇴계의 견해를[66] 나타낸다. 그러나 四端에도 理氣가 있고 七情 역시 理氣가 있지만 四端은 「善一致」의 表出이요, 七情은 理가 없음은 아니로되 氣가 發함이라고 말할 수 있지 않느냐라는 것이다. 그리하여 퇴계는 고봉에게 『七情이 만일 참으로 氣만을 가리킴이 아니고 겸하여 理를 가리켰다 하면 주자는 어찌 「理之發」이란 문구와 대치시켜 거듭 중첩하여 말하였겠느냐』(對擧而併疊云云)고 반문한다. 따라서 사람의 한 몸은 理와 氣가 합하여 이루어진 까닭으

---

65) 《退溪全書》(上), p.748, 〈答禹景善問目〉에서 퇴계는 古今의 학자들이 理와 氣를 너무 나누어서 두 가지로 생각하고 또는 너무 합하여 하나로 하여 왔다고 지적하면서 「一而二, 二而一」이 되는 것을 알지 못하였다고 비판하였다(古今學者 理與氣 或太分而爲一, 殊不知 一而二, 二而一焉). 이것은 퇴계가 발전시킨 변증법적인 思考로서의 學問方法論이라고 할 수 있다.

66) 이와 같은 퇴계의 견해는 理氣는 二物이지만 그 體는 하나며, 그 「하나」는 「一而二며, 二而一」로서의 「하나」라는 입장을 취한다. 理와 氣가 「하나」라고 하여 渾淪된 것으로서가 아니라 「所從來」를 따질 때는 엄연히 「둘」로서 나눌 수 있어야 한다고 보았다.

로 二者는 互發·相須하는 것이며(一人之身, 理與氣合而生 故二者互有發用) 互發할 때에 각각 主되는 이유가 있음을 알 수 있고 相須하는 것이므로 서로 그 가운데 있음을(互在 其中) 알 수 있다는 것이다. 소위 각기 그 「所從來」에 따라서 각각 그 「所主」와 「所主而言」이 다르다는 결론이다.[67]

이기심성관에 있어서 퇴계와 고봉간의 끝없는 쟁점은 퇴계의 分開說과 고봉의 混淪說이 처음에는 인간이해의 철학적 견해차였으나 논변이 진행되는 동안 그들의 견해차는 차츰 좁혀들어가게 되었고 결말에 가서는 철학적 견해의 차보다는 인간이해의 방법론적 차이로 굳어지게 되었음을 알 수 있다(퇴계의 一即二, 二即一說이 이것이다). 즉, 그들은 四·七의 내력이 같다(高峯)든가 또는 다르다(退溪)는 것을 끝까지 주장하였으나, 「第二書」에서 퇴계는 七情이 兼理氣·有善惡하며 發而中節·不中節 할 수 있다는 고봉의 견해(混淪說)를 모두 승인하고 善惡도 發而中節·不中節에 있을 뿐이요, 四端의 善이 따로 있지 않다는 것도 인정한다. 그러면서도 「所主而言」이 다르다는 신념(分開論)은 굽히지 않는다.

이에 대하여 고봉은 「答上退溪先生 再論四端七情書」(第二書) 글머리에서, 변답한 것을 자세히 살펴보건대 30 餘條 가운데 이미 서로 의견이 같은 것이 18개 條며 다른 것이 17 條라고 밝히면서 합의된 것은 大節目들이고 합의되지 않는 것은 小小論들이다. 따라서, 이미 합의된 것에 따라 미합의된 것을 고찰하여 가노라면 장차는 역시 같은 귀결점에 도달할 것이라고 전망하였다.[68] 그러나 인성문제에 있어서 관건이 되는 문제는 역시 四端·七情을 四對七로 보느냐 七包四로 보느냐라는 「互發·共發」:「專指·兼指」의 해석문제이다. 〈第三書〉에서도 끝까지 고봉은 七包四와 兼指理氣觀을 관철하려고 한다.[69]

고봉에 의하면, 理發과 氣發에 있어서의 「發」은 그 해석을 달리하여야

---

67) 이에 대하여 高峯은 「各有所從來」란 말은 그 原頭가 發端한 곳이 다르다는 말인데 四端과 七情이 다 「性」에서 나왔는데 어떻게 各有所從來라고 할 수 있겠는가라고 하였다. 이 말은 《困知記》에서의 羅整菴說과 우연히 일치한다. 整菴은 「本然之性」, 「氣質之性」을 갈라 말하는 것은 「性」을 두 가지 이름으로 부르는 것이라고 하였다.

68) 〈往復書〉, 卷之二, pp. 286~287.
(…竊詳辨答條款凡三十有幾 而所同己者十八條 所未同者十七條 而所己同者皆大節目. 所未同者或小小餘論也, 因其所己同而核其所未同 則其所未同者亦將終歸於同而己矣)

69) 高峯은 前述한 바와 같이 〈後說〉에서 「所謂四端是理之發者 七情是氣之發者參究反覆 終覺有未合者 因復思之 乃知前日之說考之 有未詳而察之有未盡也」라고 자신의 說을 修正하면서도 〈總說〉에서는 「然而其發而中節者 乃發於理 而無不善 則與四端初不異也」라고 하여 「恐不可滾合爲一說 此亦不可不知者也」라 하고 있다. (〈往復書〉, p. 299 後說 및 p. 300 總說). 이는 老師에 대한 「義理」상의 양보이고 「學理」상의 그것은 끝까지 승복하지 않은 증좌라고 본다.

한다는 것이다. 고봉의 견해로는 理發은 純理의 發이므로 專指理할 수 있으나 氣發은 理氣를 兼한 發이기 때문에 兼指理이며 따라서 理發과 氣發은 對擧互言할 수 없다는 것이다. 왜냐하면, 모든 情은 性이 「發」해서 일어나고 「發」은 실지로 마음에서 나오는 것이기 때문이다. 마음은 性情을 통할함으로써(心合理) 나타난다. 그러므로 四端은 七情의 發에서 마음의 착한 것이 나타남이며(中節之發) 七情 밖에 따로 四端이 있는 것이 아니다. 그런데 四端과 七情을 「對言互言」하여 「理之發」[70] 「氣之發」하게 되면 「부분을 들어 전체와 對等」시키는 오류에 빠지게 될 뿐 아니라, 七情을 發於氣 또는 氣之發 하게 되면 마치 七情 속에는 理가 없고 氣만 發하는 것으로 오해될 수 있으며 七情은 부도덕·몰가치한 것으로 이해되기 쉽다. 이것은 七情은 착할 수도 있고 악할 수도 있다는 실상과 어긋난다[71]는 것이다. 퇴계와 고봉이 〈後說〉과 〈總說〉에서 형식적인 표현의 접근을 하였음에도 불구하고 끝까지 합의하지 못한 것이 이 문제였다.

다) 人生觀의 異同處와 敎學體系

이상에서 보아온 바와 같이 퇴계와 고봉의 「마음」에 관한 구조론은 현격한 異同處가 있다. 그들은 마음이 理와 氣를 兼攝하고 性과 情을 통괄한다는 데는 의견을 일치한다. 그러나, 퇴계는 本然之性에서 理가 「主」로 發하여 四端이 생기고, 氣質之性에서 氣가 「主」로 發해서 七情이 생기므로 四・七은 각기 내력이 다른 별개의 것이라고 하는 데 반해서 고봉은 天地之性이라고 하더라도 氣稟 속에 떨어지면 氣質之性과 實相을 구별할 수 없기 때문에 四・七은 渾淪된 하나의 情이라고 하여 心性구조의 해석 차를 보여 주었다.[72] 고봉의 이러한 七包四의 「因說」的인 마음의 구조관

---

70) 朱子는 理를 「無情意·無計度·無造作」한 것으로 보았으나 퇴계는 「理」의 運動性·作用性을 인정하였다. 이것이 退溪理學의 독창적인 견해이다. 理가 發하여야만 動靜이 있을 수 있고 氣「發」과의 互發이 가능하게 되는 것이다.

71) 앞의 글, p.288(…四端亦兼理氣有善惡也 其曰不可分屬云者 則蓋鄙意以爲七情 兼理氣 有善惡者 前賢己有定論…)

72) 尹絲淳, 〈高峯心性說의 理氣論的 特色〉, 《亞細亞研究》(vol. 49), 1973, p.187.

〈퇴계의 견해〉	
對擧互言·對說(分別言之)―(同中之異)	所指―純善·本善而易流於惡 (善惡未定)
	所從來―發於·理·外感而發於氣互發
〈고봉의 견해〉	所指―均是情·別撥出來道其全者(非七外復有無西非有兩個意思一同實異名)
渾淪言之·因說(合而言之)―(異中之同)	所從來―皆性發無情, 皆感物而發 皆乘氣而發, 理發是 發而中節者, 是氣順理而發者

은 곧 그의 심성론적 입장에서 이기설을 문제삼기 때문이며, 퇴계가 七對四의 「對說」的인 입장에서 해석한 것은 이기론적인 입장에서 보았기 때문이다. 즉, 전자는 인성론에서 우주론을 관조하려 하였고 후자는 우주론으로 인성론을 俯瞰하였던 것이다.[73] 이것은 퇴계가 연역적인 인간이해를, 고봉은 귀납적인 인간해석을 하였던 귀결이다. 그리고 퇴계·고봉의 이와같은 인간관은 인간행위의 당위적 명제를 도출하는 데 각기 상이점이 있게 마련이다.

인간 행위의 윤리적 정언명법을 설정하는 데 있어서 퇴계는 고봉보다 일단은 장하였다. 왜냐하면 「四·七」의 發이 그 내력이 다르고 「所主」·「所重」이 달라야 한다는 퇴계의 理氣互發說은 그의 理尊氣賤하다는 「아포리아」(aporia)에 연유하는 것이며 이것은 나아가 氣를 理라고 하는 잘못[74]을 막는 것이 되기 때문이다.

「마음」(心)은 合理氣·統性情하는 주재자가 된다는 점에는 그들이 일치하였지만 마음의 發은 理氣에 따라 선악이 다르게 표현된다고 보았으니, 퇴계는 「理强氣弱說」을, 고봉은 「氣强理弱說」로 본 듯하다. 퇴계에 의하면, 理가 用事할 때 氣가 작용하지 않는 것이 곧 本然의 性이고 理가 氣에 눌려서 感發되는 것이 氣質之性인데, 이것은 때로는 선하고 때로는 악하다는 것이다. 이러한 의미에서 「理發而氣隨之」하는 四端은 道心이 되고, 「氣發而理乘之」하는 七情은 人心이 된다.[75] 물론 道心이란 人心과 일치될 수 있으나 理에 中節할 때라야 가능하다. 그러므로, 「理에로의 中節」의 문제가 당연히 등장되는 것이다. 이것이 곧 도리를 찾는 길이며 교학의 길이다.

성리학적 교학체계는 도리의 탐구를 통한 자아실현에서 구축된다. 최대로 실현된 자아상이 성현이라고 한다면 道心은 성현의 마음(性)이고 우주법칙의 中和된 경지〔天地之心＝天理之心＝性卽理〕이다. 따라서, 人心은 이러한 「하늘·사람」의 마음과 致中和될 수 있다는 가능성은 배제되지 않으나 범인의 人心에는 기품과 인욕이 서리어서 感性人格이 된다. 감성인격이 理性人格의 자리로 지양되자면 그 발전의 경계가 분명하지 않으면 안 되고 그 「描脈」이 뚜렷하지 않으면 안 된다고 퇴계는 믿었다. 말하자면

---

73) 裵宗鎬, 〈性理學과 奇高峯〉, 앞의 《退溪學研究》 pp.81～82.

74) 퇴계는 고봉에게 주는 〈第三書〉에서 氣가 理에 順해서 發함을 理의 發이라고 한다면 이것은 아직도 氣를 理라고 인정하는 잘못을 면하지 못한 소치라고 하였다(以氣順理而發爲理之發 則是未免認氣爲理之病 若以爲不然 則上何以云云)——《退溪全書》(上), p.430.

75) 《退溪全書》(上), p. 849 〈答李平叔〉, (人心爲七情 道心爲四端)

인간교육의 확실한 준거체제를 설정하려는 것으로 해석할 수 있다. 퇴계
의 七對四의 개념설정이 바로 이것이다. 「感性對 理性」의 대대관계를 확
연히 함으로써 凡人의 行動凡百은 그 바른 자리를 지향할 수 있다는 것이
다. 이에 대하여 고봉의 七包四로서의 감성과 이성을 포함하는 논리는
적어도 성리학적 교학실천[76]면에 있어서는 개념적 호소력이 약한 것임에
는 틀림이 없는 것 같다. 그리고, 四端이란 七情에 中節된 것이라고 한다
면 中節 이전의 七情은 무엇이라고 하는가. 「惡」이라고 할까, 「未善惡」이
라고 하겠는가. 이것이 또한 문제이다.

그러나, 고봉을 주기파로, 퇴계를 주리파로 보는 대립관은 위험한 관찰
이다.

그들은 각기 관점을 다소 달리하였지만 성리학적 인간존재론에 있어서
인간의 본성은 착하여야 하고 또 이를 끊임없이 추구하여야 한다는 교학
윤리적 입장은 같았다. 그들은 함께 理則으로서의 도덕적 자아실현을 신
봉하였다. 그러므로 退·高의 학문세계는 의리학과 심성학을 따로 떼어서
생각할 수 없는 도학에 그 뿌리를 두고 있다. 理의 體는 본래부터 理體
(理自理)이기 때문에 그들은 理發을 확신하였고 기질과 물욕이 그 참된 것
을 가리고(翳) 그 근원을 어지럽게 한다고 보았다.

마음(靈台·泰宇)의 작용을 관념적으로 구별하려는 퇴계와, 현실적으로는
두 가지로 구분할 수 없다는 고봉의 四·七論은 사변철학으로 볼 때에는
일종의 공리공론일 수 있을런지 모르지만 교학의 사상체계를 위하여는 소
중하다. 즉, 인간의 순수이성에로의 길을 그들은 교학의 이념으로 하였
다. 순수이성은 絕對善이며 이에 따르는 행동은 최고의 덕(교육의 목표)으
로 삼은 데 가치가 있는 것이다.

---

76) 「四端·七情」을 현대심리학적 개념인 「情緒」(emotion)와 「趣動」(drive) 그리고 「人性」
(personality)과 人格(character)과 같은 用語로 대치하여 해석하려는 일은 의미가 없다.
「四·七」 개념은 어디까지나 性理學的 宇宙人性의 문제이며 윤리적 목적에 있다. 그러므
로 오늘날의 과학으로서의 심리학과는 무관하다. 이러한 대비는 마치 孟子와 루소 (J. J.
Rousseau)의 「性善說」, 告子와 흄(E. Hume)의 「性無善惡說」을 평면적인 同軌로 비교하
려는 것과 같다. 栗谷과 하이데거(M. Heidegger) 그리고 퇴계와 칸트를 비교연구할 수 있
는 길은 思想의 보편성 한도내에 한한다. 東西洋 思想의 對比는 각기 그들 사상표현의 「所
從來」·「所主」가 다르다는 것을 언제나 염두에 두어야 할 것으로 보인다.
따라서 이곳에서의 「性理學的 敎學實踐」의 문제는 퇴계와 고봉時代가 주문하고 있던 人
性觀·宇宙觀·敎育觀의 표현으로 이해되지 않으면 안 된다. 「하늘의 文法」 (宇宙論)이
「사람의 文法」(人性論)이었고 (이것이 곧 理·性이다) 이렇게 마련하는 일이 「교학의 길」
(이것이 道·理이다)이었던 것이다. 그러므로 程子는 「誠」에서 보면 性이 되고 「理」에서
보면 道가 된다고 하였다(自誠言之爲性 自理言之爲道 一程氏粹言).

더구나 퇴계의 「理發說」은 理의 실천적이고 운동적인 가치의 실현으로 인간의 교육적 가능성을 강력히 시사하여 준다. 본연〔先天〕한 도덕의 법칙성을 인간의 노력〔做工〕에 의하여 실재하는 인간현상의 법칙성으로 연역될 수 있음을 믿는다.

인간의 현상 세계(또는 經驗)에서 理氣가 겸발한다는 점에 퇴계는 동의한다.

> 일상적 경험에서 理氣가 互發한다는 것은 부정할 수 없는 사실이다. 그러나 이것은 道德律이 現象世界에서는 욕정 때문에 항상 왜곡되어 불순한 형태로서 실현되어 있는 데 기인하는 것이다. 善惡이 갈라지는 世界에서 이를 純化하고 순수한 道德律을 存養하는 것이 도덕의 要諦이며, 存養하려는 마음의 자세가 곧 持敬이라고 하였다.[77]

사람은 누구나 쉽게 성현의 마음을 지니지는 못한다. 그러나 퇴계는 현인이 아닌 범인도 노력하면 인격의 최대 실현을 이룩할 수가 있다는 것이다. 그러므로, 천지의 법칙은 無爲〔人爲의 反對概念으로서의〕하기 때문에 그 법칙에 맡길 수밖에 없지만〔任運〕, 사람의 길은 도덕법칙의 수련을 쌓아 가노라면 마침내 하늘의 법칙에 이른다(能易之人也 回天)고 하였다.[78]

이 점에 있어서 퇴계는 목적(理想) 지향적이고 고봉은 현실 지향적이다. 사람됨의 길은 「性即理」이며 「天人合一」의 길이지만 사람은 모두 성인이 될 수 있다는 근본명제에 대하여 퇴계는 고봉보다 적극적이다. 고봉이 四端도 「理氣共發」이라고 한 것은 현실의 세계에 있어서 天地之性을 그대로 지닌 성인이 드물다고 보는 그의 현실 지향성의 귀결이다.

그러나, 退·高가 함께 확신하는 것은 인간의 도야론적 당위성이다. 그들의 공통된 기본 관점은 인간문제이다. 그들은 「理動性發」을 주장하면서, 理氣를 봄에 있어 사람의 심성을 먼저 보고 그 원리로써 理와 氣를 유추하려 하였다.[79] 이 점에 있어서 고봉은 퇴계의 탁월한 제자였다.

---

77) 韓明洙, 〈退溪의 敬의 硏究〉, p. 43.
78) 《退溪全書》(上), pp. 811~819. 〈答李宏仲〉(……但且勤守自家規矩 一面講學窮理 遇聖賢有說此處 便更著力加意 理會積累工夫 漸漬日久 一朝忽然有開明處 便自然不爲所惑矣 (…) 只是陰陽盛衰消長之理 大數可見 然聖賢不曾主此說 (…) 數天地不能易之能易之者人也 然則命之在物固不可易其在人也 有可易之理至盡其道而不免 然後始可委之命(…)「未知命之在天地 則不可易而在人則可易者何也」天地無爲而任運 人道積善以回天…)
79) 裵宗鎬 교수는 퇴계·고봉과 花潭·栗谷과의 차이에 대하여 다음과 같이 설명한다.

소우주로서의 인간이 우주의 중심이 된다고 보는 견해는 성리학의 중심
되는 명제이지만, 퇴계와 고봉은 이 문제에 대하여 철저한 종합과 세밀한
분석에서 연유된 사상적 「피라밋」이었다. 우주질서가 인간질서 속에 내재
한다는 믿음은 인간능력관의 표현이다.

다만, 이와 같은 인간의식과 교학정신이 특권계층의 이념적 명분론으로
국한될 수밖에 없었던 당시 퇴계와 고봉이 처한 시대사상적 풍토와 성리
학 자체의 본질 속성 때문에 그들의 봉건의식은 아깝게도 인간평등의 근
대의식으로까지 연결되지 못하였다. 그러나, 7년간에 걸친 累萬言의 그들
논변의 성과는 다음과 같다.

첫째로, 성리학적 인간이해에 대한 심화와 확충이다. 퇴계와 고봉은 인
간존재론에 있어서 「理發而氣隨之·氣而理乘之」라는 이기겸발의 一即二,
二即一의 종합적인 결론을 이루었다는 점이다.[80] 이와 같은 단원을 마무
리하기까지는 우주인성론에 대한 철저한 탐구가 가능하였으며 아울러 교
학사상의 근본문제인 인간의 본질이해에 대하여서도 종합적이고 분석적인
구명이 가능하였다.

둘째로, 退·高의 「四·七論辯」은 사람은 무엇이어야 하느냐는 물음에
대하여 분명한 이념적 제시를 주었을 뿐 아니라 교육은 어떻게 하여야 하
는가라는 방법론적 시사를 제공하였다. 위에서 살핀 바와 같이 퇴계와 고
봉은 다 함께 학문을 위한 학문을 하려고 하지 않았으며, 따라서 「논쟁」만
을 위하여 논쟁하는 일을 大忌하였다. 그들은 인격적으로 「서로 만남」을
이루었고, 「함께 철학」하였으며 「나」 아닌 「너」를 위하여 늘 애썼다.

(…徐花潭이나 李栗谷 같은 이는 自然世界에 있어서의 理氣를 먼저 파악했고 奇高峯이
나 李退溪 같은 이는 人間世界에 있어서의 理氣(性情)를 먼저 해명하려 했던 것을 볼 수 있
다. Kant가 理性과 感性을 획연히 구별하듯이 퇴계는 性(理)과 氣를 판별함으로써 性은
天地之性(本然之性)으로서 理性을 생각하고, 氣는 氣質之性으로서 感性을 이에 배속시키려
는 경향이 두드러지게 나타난다. 따라서 퇴계와 고봉 兩賢이 다같이 理性작용을 天地(本
然)之性으로 생각함으로써 性即理란 형이상학적 대전제 위에서 性發 즉 理發을 想到한 것
이라 생각된다…). 앞의 글, p. 49.

80) 퇴계는 理氣의 「發」에 있어서 理發→理氣之發→理發而氣隨之·氣發而理乘之로 나아갔고
形式論理上으로는 고봉도 理氣共發→理發而氣隨之·氣發而理乘之·理動而氣俱·氣感而理
乘이라는 접근된 견해를 인정하기에 이르렀다.
이것은 退·高의 「四·七論辯」은 理氣가 「兼發」한다는 공통적인 합의를 이루고서 가능하
였다. 그러나 退溪의 「互發」과 高峯의 「共發」의 본질적인 견해차는 해소되지 않고 있다.
이에 대한 논의는 퇴계와 고봉 이후의 韓國性理學의 중심적인 논쟁점이었으니 「人心道心
說」·「人物性同異考」(湖洛論爭) 등은 그 대표적인 것이었고 이것이 드디어 퇴계와 고봉의
「論辯」과는 다른 각도에서 黨派·學派간의 理念論爭으로 발전되기에 이르렀다.

그들의 앎은 그들의 겸허한 학문적 삶의 표현이었다. 따라서, 7년간에 걸친 四·七論辯은 삶과 앎의 대화였으며, 이러한 대화는 드디어 인간적 대화로 승화되었다. 「四·七論辯」은 「四·七對話」였으며 이론적 승패를 가늠하려는 것이 아니었기에 그 전개록 자체가 교육적 자료로 남는다. [81]

세째로, 「四·七論辯」은 성리론적 인간이해에 대한 분화와 다양화를 가능하게 한 발원(苗脈)이다. 퇴계의 「理·氣發」論에 대하여 뒷날 율곡은 七情뿐만 아니라 四端도 「兼發而理乘之」라고 하여[82] 『朱子도 참으로 理氣가 互發(相對 各出)한다고 하였으면 그 또한 잘못(則是朱子亦誤也)이며 어찌 주자라고 할 것이냐』(何以爲朱子乎)라고[83] 자신하였다. 더구나 율곡은 「本然之氣」라는 말을 창안하여 氣의 淸濁粹駁에 의하여 道心과 人心이 갈라지고 道心은 바로 「淸虛湛一」한 氣가 모이면 도심이 된다고 하였다. [84]

퇴계·율곡의 학술사상적인 分化는 뒷날 한국 성리학의 兩大主脈을 형성하기에 이르렀지만 율곡학의 형성도 결국은 퇴계와 고봉사상에 촉발되어서 가능하였으리라는 점이다.

그러므로 퇴계·고봉간의 「四·七論辯」은 뒷날의 수많은 인성론의 도화선이 되었으며 이러한 학문적 분화는 다양한 사상의 개화와 결실을 도모하는 事端이 되었던 것이다. 인간이해의 분화와 다양화 현상은 성리학적 교학 사상의 풍요화를 초래하는 계기가 되었고 인간존재론의 이해지평을 넓혀주는 높은 전망을 부여하였다.

3. 退溪敎學精神의 道德論的 原理와 변천

1) 道德論的 原理

고봉과의 논변기간은 퇴계의 학문과 사상이 가장 무르익은 시기였다. [85]

---

81) 老大家인 퇴계는 고봉의 質正에는 「辨誨」라는 말로 해답한다. 이 말은 깨우쳐 가르쳐 주신 「말씀」으로 풀이된다. 그리고 이들의 〈往復書〉에 나타난 學術討論의 표현방법은 성숙된 知性들이 본받아야 할 귀감으로 보인다.

82) 이 점에 있어서 고봉은 栗谷哲學의 先河가 된다.
  《栗谷集》, 卷 53. 30項, (所謂氣發而理乘之者 可也 非但七情爲然, 四端亦是氣發而理乘之).

83) 앞의 책, 같은 곳.

84) 같은 책, 卷 52. 22項, (其發 直出於正理 而氣不用事 則道心也 七情之一善邊邊也).

85) 〈年譜〉에 의하면 이 때의 「著術目錄」은 다음과 같다.
  ° 59歲(乙未) : 〈宋季元明理學通錄〉 착수 (12月)

이것은 퇴계 만년에 약 20년간의 학문업적이 원숙한 경지로 마무리되는 시기이기도 하거니와 무엇보다 고봉을 비롯한 많은 당세 少壯學者들이 「書」, 「別紙」[86], 「問目」[87]과 같은 철학논문을 끊임없이 보낸 「答」書로 말미암은 바도 컸다.

그의 교학사상의 전모는 「立言」과 「立德」을 함께 보아야 할 것이다. 그러나 立德은 그때 그때의 정신활동의 과정으로 생활면에서 나타나는 것인 까닭에 그의 인격에 직접 부딪쳐 보고 그의 생활을 관찰한 사람이 아니면 그 학문의 깊고 얕음을 정확히 측정하기 곤란한 것[88] 이다. 그러나, 이러한 경험적인 관찰로서의 사상연구는 현실적으로 불가능한 이상 여기서는 부차자료를 통하여 ① 퇴계교학정신에 있어서 도덕론적 원리를 살펴보고, ② 이러한 교학원리가 후대의 인간이해에 어떻게 변용되었는가를 간략히 고찰코자 한다.

성리학에서의 「道問學」·「尊德性」이라는 말은 뒷날 성리학적 교학체계의 이대방면이었다. 전자는 「앎」(居敬窮理)에 걸리고 후자는 「삶」(存養省察)과 관련되지만 성리학적 우주·심성론이 하나됨으로 나타나듯이 그 이해의 방법인 이학과 심학은 결국 성리학이라는 하나의 얼굴에 두 가지 모습으로 나타난다. 이러한 「一而二」, 「二而一」의 교학실천론도 주자의 경우에는 「道問學」을, 陸象山의 경우에는 「尊德性」에 각기 더 치중하였다.

퇴계가 받아들이고 발전시킨 성리학적 교학체계는 「道問學」·「尊德性」을 이분법으로 나누지 않는 데 강한 특색이 있다. 그의 교학체계는 이들을 하나로 종합하였다. 이것이 곧 「敬의 철학」이다.

그의 학문은 곧 도덕이었고, 도덕은 학문이었다. 그는 학문과 도덕을

○ 60 歲(庚申) : 〈四七辯〉 시작　　　　　　(11月)
○ 61 歲(辛酉) : 〈陶山雜詠〉 並記　　　　　(11月)
○ 64 歲(甲子) : 遊淸凉山 遊山諸詩　　　　(4月)
　　　　　　　　〈心無體用辯〉　　　　　　(9月)
　　　　　　　　趙靜庵先生 行狀　　　　　(〃)
○ 66 歲(丙寅) : 李晦齋先生 行狀　　　　　(10月)
　　　　　　　　〈心經後論〉　　　　　　　(〃)
　　　　　　　　〈陽明傳習錄辯〉　　　　　(〃)
○ 68 歲(戊辰) : 〈六條疏〉　　　　　　　　(8月)
　　　　　　　　〈聖學十圖·並劄子〉　　　(12月)
○ 70 歲(庚午) : 〈四書釋義〉

86), 87) 「書」가운데서 自撰한 《自省錄》이 있고 《退溪文集》(卷10~40)에는 약 50명이 後學들과의 사이에 答·與한 글이 350여 篇, 「問目」에 답한 글이 42편, 〈別紙〉가 93편이 있다. 이 중 거의 대부분이 道學·心性에 관한 글이라고 할 수 있다.
88) 李相殷, 《退溪의 生涯와 學問》瑞文堂, 1973, p. 155.

일치시켰으며, 이것을 매우 정치하고 타당성 있는[89] 교학체계로 구축하였다. 퇴계의 교학정신이 인간존재론의 구축에 의하여 확립되었다면 그 초석이 되는 도덕의 원리는 무엇인가.

원래 성리학에 있어서 「道·理·性」은 같은 개념으로 쓰였다. 퇴계에 있어서도 그의 문집에서 사용한 이 세 가지 글은 「쓰는 위치」가 다를 뿐, 그 뜻하는 개념은 동일한 것이다. 성리학적 존재론·인생론·가치론은 일관된 질서로 표현되기 때문이다. 그리고 이와 같은 道·理·性은 필연적으로 같은 도덕론 내지 윤리설을 지향한다.

성리학에 있어서 「道」는 「영원의 질서」를 의미한다.

사람의 길은 교육에 의하여 그 가치가 실현되는 것으로 이해하였다. 공자 스스로 「生而知之」를 인정하지 않았고 「韋編三絶」하였다. 사람됨을 이룩하자면 도덕성에 대한 자율적인 의무감에 눈뜨지 않으면 안 된다. 성리학의 도덕적 원리는 주관적인 도덕 의식에서 비롯되며 도덕적 판단은 선험적인 진리의식을 근거로 한다.

이와 같은 주관·객관의 도덕의식과 진리의식이 交互되는 자리에 敬으로서의 도덕의 원리가 있다. 이것이 天人意識이며 교학체계이기도 하다.

일찌기 공자의 교학정신도 「學而不厭·誨人不倦」[90]의 노력과 「循循然·善誘人」[91] 하는 감화력에 있었다. 진리 탐구의 객관성과 진리 전파의 주관성을 나타낸 말이라고 하겠다.

道·德이라는 말은 道를 〈得〉하였다는 말이다〔德 : 得他 : 文辭〕. 이것은 先驗的인 존재의 질서를 후천적 노력으로 인간생활에 내면화한다는 말이다. 先天意味의 後天稟受인 것이다. 성리학적 도덕원리는 先天(a priori)과 後天(a posteriori)을 연결하는 곳에 있다.

성리학을 집대성한 朱子는 程子의 說을 이어받아 하늘과 사람을 잇는 일대 우주인생 철학을 정립하였다. 그는 콩밥에 아욱국을 끓여먹으면서도 道學의 연원을 수립하였다.[92]

퇴계와 고봉간의 「四·七說」도 주자의 「本然之性」과 「氣質之性」에서 나왔으며, 이들의 교학사상체계 역시 주자학의 범주에서 나왔음은 당연하

---

89) 文純이라는 그의 諡號는 이 점과 합치된다(道德博問曰文·中正精純曰純).
90)《論語》,〈述而〉, (子曰 若聖與仁則吾豈敢抑爲之 不厭誨人不倦則可 謂云爾己矣)
　　·(子曰 默而識之 學而不厭 誨人不倦 何有於我)
91)《論語》,〈子思編〉, (夫子循循然善誘人 博我以文 約我以體).
92) 그는 淸貧하여서 諸生이 먼 데서부터 찾아오면 위처럼 「素食」으로 대접하면서도 道를

다. 주자는 선천의 本然之性에 대하여 「後天」의 氣質之性이 「善惡混淆」
된 것으로 보고 수양공부에 의하여 後天이 先天으로 복귀할 수 있는 것으
로 보았다. 여기에 道와 德이 禀受되는 것이다. 이것이 곧 윤리적 도덕규
범이며[93] 도덕적 원리에로의 가치로운 회귀이다.

여기에서 「道」는 본래적 가치(intrinsic value)이고 「德」은 방편적 가치
(instrumental value)가 된다. 그러므로 達·道德 하자면 본질과 현상, 목적
과 수단, 그리고 체와 용을 포섭하는 근원질서, 곧 통일의 원리를 찾지
않을 수 없었다.

주자는 여기서 그 최후의 열쇠를 이해하는 데 불철저하였던 것이다. 주
자가 죽은 지 3백년이 지나서 퇴계는 「理」를 「근원적 운동자」 또는 만
물의 운동을 부여하는 「명물자」로서의 힘을 지니고 있는 「能發能生」의 주
재자로서 파악하였다. 그리고 그는 이러한 「理」를 인격형성의 절대적 준
거로 이해하였으므로 그는 마침내 존재론과 인성론의 純一整合的인 이론
을 이룩하게 된 것이다.

사람이 하늘의 질서를 「이미」 지니고 있으므로 「尊天理·遏人欲」하는
일은 「무엇으로부터」의 所與性으로서가 아니라 「나로부터」라는 所自性이
중요한 것이다. 그러므로 퇴계의 도덕론적 원리는 「所自性」[94]으로서의 자
기실현의 원리이며 이는 언제나 敬을 지향한다.

2) 敎學觀의 변천──人間理解의 硬化

퇴계와 고봉 간에 설왕설래하였던 일대논변은 조선 성리학을 心學 위주
의 방향으로 돌리는 데 결정적 계기가 되었다. 이들은 程朱學에서의 미진·
미흡하였던 인간이해를 보다 철저한 것으로 이끌어올렸다. 그러나 퇴계·
고봉 두 분이 쌓아올린 인간존재 이해의 사상적인 정점도 차츰 명분론적

즐겼다. 그는 「閩」에 살았으므로 閩學이라고 하여 「濂→洛→關→閩」學의 道統淵源을 확립
하였다.

93)《中庸》에 의하면(第二十章) 이러한 도덕규법을 실현시키는 일을 「達」이라고 하였다(天
下之達道五, 所以行之者三 : 曰君臣也·父子也·夫婦也·兄弟也·朋友之交也·五者天下之
達道也·知仁勇三者, 天下之達德也).

94) 「現實性」이라고도 불리우는 하나의 存在의 모습(Modalität)으로서 「우연성」, 「가능성」,
「필연성」 등과 구별되는 개념이나 실천적인 면에서 「所自性」이 강조되는 경우에는 구체적
인 전체상황 속으로 「뜻있게」 참가될 것을 전제로 한다. 위에서는 人間의 주체적인 判斷
意志를 지닌 개념으로 사용하였다.

편향성을 띠게 되고 장중하고 발랄하였던 사상체계는 형식논리의 틀 속으로 가두어지게 되었다. 퇴계이학은 율곡에 의하여 과감한 도전을 받게 되고 한국 성리학은 주리파와 주기파의 양대산맥으로 갈리게 되었으니 이는 고봉 자신이 이미 「四·七論」의 이해에 있어서 율곡철학의 先鞭을 취하였던 것이다.

『퇴계의 이론이 결국 선천적인 上下 계급차등을 정당화하는 人性論이라 한다면, 그 본성의 自發을 부인함으로써 所從來가 같은 四·七의 同實異名을 주장하는 高峯의 이론은 인성론적 평등사상의 맹아로 이해될 수 있다』는[95] 견해가 있다. 그러나 퇴계의 인성관을 차등관이라고 하고 고봉의 그것을 평등관이라고 못박아 버리는 일은 理·氣의 개념을 너무 현실주의적인 사고로 받아들이려는 데서 기인한 것 같다. 이것은 고봉의 思想에서 主氣的 傾向이 두드러진다고 하여 그를 「主氣派」로 단정하려는 속단과도 통한다. 理와 氣를 한쪽으로 치우쳐 보려는 생각은(古今의 學者들이)『理와 氣를 너무 나누어서 둘로 하고, 혹은 너무 합하여 하나로 해서 「一而二」, 「二而一」 됨을 알지 못한다』[96]라고 한 퇴계의 말을 음미하여야 할 것이다.

퇴계와 고봉은 함께 天地之性으로서 「理」의 존재와 운동을 인정하였으면서도 「氣」의 존재와 운동이 있다는 것에 합의하였고, 사람의 一身은 理와 氣가 합하여 이루어진 것이며, 따라서 마음의 작용 또한 「互發」하므로 각기 主하는 바 다름을 알 수 있고 「相須」하므로 理·氣가 渾淪하여 있다고도 할 수 있다는 데까지 동의하였다. 四·七은 分開할 수도 있고 渾淪하여 말할 수 있어서 그 어느 것 하나만 취하거나 폐할 수는 없다.

이것은 마치 사람이 말을 타고 출입하는 일과 비유된다. 즉 사람은 말(馬)이 아니면 출입을 못하고 말은 사람이 아니면 궤도를 잃는다. 사람과 말이 서로 기다려 떠나지 못하는데 이것을 가리켜 말할 때 혹은 일반적으로 다만 「간다」라고 말하면 사람과 말이다. 그 속에 들어 있으니 四·七을 渾言하는 것이 이런 것이다. 혹은 「사람이 간다」라고 가리켜 말하면 말을 함께 말하지 않아도 말의 감이 그 속에 들어 있으니 「四端」이 이런 것이다. 혹은 말이 간다고 손가락으로 가리켜 말하면 사람의 감을 함께 말

---

95) 尹絲淳, 앞의 글, p. 197.

96)《退溪全書》(上), 앞의 〈答禹景善問目〉, p. 748. 이와 같은 퇴계의 「一而二, 二而一」이라는 생각을 栗谷은 더욱 발전시켰다. 이것이 韓國性理學 研究方法論의 변증법적 사고로서의 탁월한 입장이라고 하겠다.

하지 않아도 사람의 감이 그 속에 들어 있으니 「七情」이 이런 것이다.[97]
퇴계가 고봉에게 말하기를『이제 내가 四·七을 분별하여 말하면 그대는
매양 渾淪하여 말하니 이는 마치 「사람이 간다」, 「말이 간다」할 때 사
람과 말이 한가지니 나눌 수 없다고 역설하는 것과 같은 것이며, 내가 氣
發로써 七情을 말하면 理發을 역설하니 이것은 「말이 간다」할 때 반드시
사람이 간다고 말하는 것과 같은 것이며, 내가 理發로써 四端을 말하면
또 氣發을 역설하니 이는 「사람이 간다」할 때 반드시 말이 간다고 말하
는 것과 같다. 이것이 곧 朱子가 말한 바 「숨바꼭질」의 장난과 같은 것이
아니겠느냐』라고 말하였다.[98]

　이러한 말의 「숨바꼭질」곧 「말놀이」의 우려는 퇴계·고봉·율곡 이후
의 조선 성리학의 커다란 현실적인 폐단으로 등장하게 되었다.

　主理·主氣의 二分論은 인성론에서 수반된 「人物性同異」의 문제와 존재
론에서 야기된 「理一分殊論」의 문제로 나타났다. 이것이 「湖洛論爭」이며,
理一分殊說과 氣一分殊說의 대립으로, 나아가서는 「唯理論」·「唯氣論」으
로까지 경화되고야 말았다.

　이러한 사상의 경화현상은 드디어 「禮學」·「禮訟」이라는 학문의 정략적
도구화의 길로 전락하게 되었다. 이것은 뒷날 율곡을 종주로 하는 기호학
파 대 퇴계를 宗匠으로 하는 영남학파 간의 사상적·정치적 대립을 더욱
첨예화시켰다. 그리하여 후세학자들은 先師의 학문에 대하여서도 일진경
을 가하지 못하였을 뿐 아니라 師門의 학덕마저 현실적인 편협성으로 인
하여 크게 발양하지 못하였다.

　더구나 인간이해를 위해 대화를 통하여 공동탐구했던 퇴계·고봉의 학
문정신은 사라지게 되고 상대방의 학설이론에 대하여 다만 黨色이 다르
다는 사실만으로 여지 없이 묵살·통박하였으며, 壬·丙兩亂 뒤로는 피폐
한 경제와 혼란된 사회문제에 대하여는 전혀 속수무책인 사람들이 서원을
중심으로 하여 민생의 가혹한 착취까지 하게 되었다. 이처럼 사림정신
이 여지없이 추락된 상황 아래에서 모처럼 맞이하였던 「철학의 생활화시
대」는 퇴색하여 버렸고 문자 그대로 공리공론이라는 말의 「迷藏之戱」는

___

97) 〈往復書〉, p. 280. 〈答奇存齋非四端七情分野氣辨 第二書〉.
　　(古人以人乘馬出入譬理氣而行正好蓋人非馬 不出入馬非人失軌途 人馬相須不相 離人有指說
　　此者或泛指而其行則人馬皆在其中 四七渾渾而言者是也 或指言人行則不須并言而馬行在其
　　中四端是也 或指言馬行則不須并言而言而人行行在其中七情是也)
98) 윗 글의 계속. (今見滉分別而言四七 則每引渾淪言者以攻之 是見人說人馬行而力言人馬一
　　也 不可分說也 見滉以氣發言七情則力言理發是見人說馬行而必曰人行也 見滉以理發言四端
　　則又力言氣發是見人 人行而必曰馬行也 此正朱子所謂 迷臟之戱 相似如何)

寧日이 없이 반복되었다.

그들 후세학인들이 이렇게 경직된 사고를 지닐 수밖에 없었던 까닭은 무엇인가.

이것은 무엇보다도 학문하는 자세에 있어서 자주·자율성의 부족에 기인하는 것 같다. 퇴계·고봉·율곡 같은 분들의 학적 자세는 겸허하였으나 先儒나 선배의 학설이 자신의 주장과 같지 않을 때에는 진지하고 투철하게 이를 파헤쳤다. 그들은 자설을 옹호하기 위하여 견강부회의 이론을 끄집어 오지도 않았거니와 그 정당성이 주장될 때에는 한 치의 양보도 용인하지 않을 정도로 준열하였다. 퇴계는 말하였다.[99]

> 옛 사람들이 스승을 존중함이 지극하지 않음이 없었으나 五峯의 知言이 雜駁한 곳을 南軒이 숨기지 않았으며 龜山의 말이 佛家와 老莊의 사상과 관련이 있는 것은 晦菴이 숨기지 아니하였다.
>
> 南軒은 五峯의 門人이고 晦菴은 龜山의 원류이지만 龜山뿐만 아니라 비록 延平의 말이라도 조금 틀리는 데가 있으면 晦菴이 또한 돌려서 斗護하지 않은 것은 지극히 공정하여 털끝만큼이라도 사사로운 의견을 덧붙일 수가 없기 때문이다. 그러나 근세의 여러 사람들은 그의 스승을 극력 推尊하기만 힘쓰고, 합당한가 않은가를 다시 논하지 않으며 세상에 자랑하여 빛내려는 데만 힘을 쓰니 그들의 공정하지 못함이 이와 같다. 보통 사람도 속일 수 없거늘 뒷날에 眼識을 가진 사람이면 어찌 능히 그 진위를 간파하는 자가 없겠느냐.

乙丑年 겨울에 趙穆이 퇴계를 뵙고 드린 詩[100]와 「次韻」하였던 退溪詩는 뒷날의 師門의 경직성과의 좋은 대조를 보여 준다.

이 시 가운데 읽어야 할 마음의 글이 곧 오늘에 재발굴되어야 할 교학정신의 유산으로 보인다.

〈趙士敬 原韻〉	〈次韻 趙士敬〉
水北山南謁大師	學絕今人豈有師
群朋一室析千疑	虛心看理庶明疑
歸來十里江村路	因風寄謝趨林鳥
宿鳥趨來只自知	只自知時莫强知

---

99)《退溪全書》(上), p. 367, 〈答南時甫〉

100)《退溪全書》(下), p. 47, 〈續集〉卷 2, (乙丑多 謁先生于 退溪金彥純(明一) 士純(誠一) 禹景善(性傳) 在焉辨質「心經」·「大學章句」·「或問」有未契).

Ⅲ—4. 퇴계·율곡의 심성론에 있어서 관심의 지향성

1) 머리글

위의 논제에서 「관심의 志向性」이란 말은 「가치가 있다고 보는 것에 대한 마음 쏠림」이라는 뜻이다. 따라서 이곳에서 서구식 형이상학적 접근을 시도하려 하거나 「관심」과 「지향성」을 인간의 심리적 현상의 본질적 성격〔브렌타노〕이라고 강조하여 주어진 논제를 진술하려는 생각은 없다.

퇴계와 율곡의 理氣心性論은 다같이 성리학적 공동기반 위에서 성립되었지만 그들이 차지한 성리학적 이해가 매우 넓고 깊었기 때문에 이에 따른 표현의 차이 역시 그만큼 다르게 나타나지 않을 수 없었다. 이러한 「표현의 차이」는 그들 인격의 역사적 표현일 수밖에 없으며 각기 다른 인간이해는 그들의 철학하는 것에 대한 관심의 지향성이 아닐 수 없는 것이다.

이 글은 퇴계·율곡의 人間學에 대한 다음과 같은 「관심의 지향」을 가지고 그들 인간이해의 문제를 문제삼고자 한다.

첫째로, 퇴계와 율곡이 추구한 세계와 인간의 근원자와 운동자의 정체는 무엇인가? 이는 형이상학적 관심이고 理氣論에 대한 교육인간학적인 의미의 탐구이다.

둘째로, 퇴계와 율곡이 추구하려고 한 참된 앎의 경지는 무엇인가? 이 문제는 實踐知에 이르는 인간탐구의 방법론적 문제 영역이다.

세째로, 퇴계와 율곡이 추구하였던 바가 어찌하여 다른 목소리(同曲異音)로 표현되지 않을 수 없었으며, 이러한 현상이 후대의 사유의 역사에 끼친 영향은 과연 무엇인가? 이는 곧 오늘날 우리가 정당히 계승하여야 할 교육사상사적 지향성이 될 것이다. 이 글은 위와 같은 세 가지 문제를 놓고 퇴계·율곡이 「추구한」·「추구하려고 한」·「추구하였던」 理氣心性論의 개성적 표현을 문제삼으려 하는 것이지만, 결코 양자 간의 학설상의 우열을 가리거나 그 시비를 따지려는 것은 아니다. 왜냐하면 한 시대의 탁월하였던 사상은 그 자체로서 역사적인 정당성을 지니는 것이고, 후세의 철학하는 사유의 法廷을 그 시대로 편입하여 판단하거나 시비하는 일은 논리적 관심의 지향은 될 수 있을는지 모르나 이성적이고 역사적 관심의 지향은 될 수 없다고 믿기 때문이다.

2) 퇴계·율곡의 심성론이 추구한 근원자와 운동자

인간과 우주에 대한 이해를 본질과 현상이라는 이원론으로 설명한 것은 플라톤 이래 서구철학의 주된 흐름이었다. 서유럽 정신의 역사는 이상주의와 현실주의, 관념론과 실재론(또는 경험론)의 틈바귀에서 어느덧 자연과 인간이 맞섬으로써 인간과 인간, 그리고 인간 안의 존재의 본질이 상극적인 양극화의 길로 달리거나 분열되기에 이르렀던 것이다. 그러나 성리학적 우주·인간관의 원리는 하늘과 사람의 구조가 같아야 한다는(天人合一) 것에서 출발한 것이므로 인간과 우주에 대한 양분론적 사고는 성립되지 못한다. 따라서 본질과 현상, 이상주의와 자연주의는 일원적인[性即理] 「생명의 흐름」[道]을 지향한다. 그리고 우주의 원리[理]보다 인간의 원리[性]가 가치론적으로 더욱 중요하다고 보기 때문에(理性學이 아니라 性理學이다) 이 끊임없는 생명의 흐름(生生不息)은 인간에 의하여 더욱 긍정적인 의미를 산출하게 된다. 우주의 창조적 발전에 있어서 인간은 단순한 피조물이 아니라 주체적인 공동의 창조자가 될 수 있다. 이것이 바로 인간의 생물적 진화를 뛰어 넘는 문화 창조이고 가치의 창조이다. 서구의 세계관과 인간관의 주된 관심은 「어디서 왔는가」(本源) 그리고 「무엇으로 되었는가」(實體)라는 존재적 질문에 있다고 한다면, 성리학적 관심은 「삶의 무대인 세계의 법칙은 무엇이며」[理：天道] 그리고 「우리는 어떠한 삶을 살아야 하나」[性：人道]라는 물음에 있는 것이다.[1] 더구나 인간의 삶의 길은 자연의 법칙과 연결된 同價의 가치존재라는 것이다. 뿐만 아니라 인간이 자연 속에서 삶을 누리는 가장 큰 사명은 자연과 인간에게 「있을지도 모르는 未完成」을 인간의 노력에 의하여 이상적으로 완성하기 위한 것에 있다는 것이다. 이 점은 모든 性理學者들의 공통적 관심사였고, 퇴계와 율곡철학의 주된 인간관이기도 하다.

자연[理]과 인간[性]의 근원자로 理라는 개념을 발명한 것은 程伊川형제였지만 이것을 철학적 개념으로 분명히 한 것은 朱熹에 의하여서이다. 그러나 朱熹가 理와 氣의 관계를 『서로 멸어질 수도(不相離), 서로 섞일 수

---

1) 方東美,《中國人의 人生觀》(Thome H. Fang, *The Chinese View of Life*, Linking Publishing Co., 1980, p.25).

도 없다(不相雜)』는 생각에서 출발하였기 때문에(이같은 표현은 단점이라기 보다는 장점이라 할 수 있다) 「不相離」로 보면 理氣는 이원론적 일원론이 되고 「不相雜」으로 보면 「理氣二元論」이 되어 해석의 입각점이 서로 다르게 된다.

朱熹의 이러한 표현의 애매성(그렇게밖에 다른 언어로 표현할 수 없는)이 뒷날 퇴계와 율곡에 이르러 일단의 「완성」을 보게 되는데, 흔히들 퇴계는 「不相雜의 說」만을, 율곡은 「不相離의 說」만을 양자 택일하여 취함으로써 퇴계는 이기이원론자가 되고 율곡은 이기 1 원론자가 되는 것처럼 오해되어 왔다.[2] 그러나 퇴계·율곡철학은 주자철학의 半分身들일 수는 없다. 퇴계와 율곡이 본 理氣문제의 핵심은 이기의 존재적 성격에 관한 것이다. 구체적으로 말하면 퇴계의 「理動·理發說」에 관하여 율곡이 부정한 것에서 출발하고 있다.

퇴계는 「無憶意·無計度·無造作」한 理를 氣처럼 운동하고 作爲한다고 선언함으로써 이 문제는 뒷날 일대 사상논쟁으로까지 파급되지 않을 수 없었던 것이다. 퇴계·율곡의 이러한 철학적 논쟁이 있기 전까지는 理氣論은 다음과 같은 해석상의 과제를 안고 있었을 뿐이다.

첫째, 理와 氣는 현실적으로 공존하지만 논리적으로는 理가 先在한다〔所以然〕.

둘째, 그러나 理와 氣는 구체적 사물로 보면 나눌 수 없지만 氣가 없이는 理는 (법칙적 존재이므로) 결코 活物이 될 수 없다.

따라서 理는 「무작위」한 반면 氣는 「작위」의 능력이 있어서 전자는 근원자로, 후자는 그 운동자로 일단 이해하였다. 이같은 理氣 二分法的 사고의 원형에서 퇴계는 대담하게도 운동자를 운동하게 하는 근원자인 理의 운동성을 설파함으로써 「發生 후의 發生」의 문제를 거론하게 된 것이다. 퇴계의 晚年定論[3]인 「理發而氣隨之·氣發而理乘之」라는 理氣互發說은 율곡의 입장(氣發一途說)에서 보면, 「大誤」라고 아니할 수 없다. 실제로 율곡 이전에도 奇高峯·鄭子仲과 같은 제자들의 학술적인 저항을 받으면서까지 퇴계의 理發說은 논리적인 쟁점을 지니고 있었다. 그러나 퇴계철학의 특징인 理發說은 그의 문인이나 율곡의 오해에서 연유한다. 퇴계 理發說은 퇴계의 철학적 관심의 지향성을 표상하는 말이었기 때문이다.

퇴계는 형이상학적 본체론(우주론)에 있어서는 理動說을, 그리고 인간학

---

2) 이와 같은 誤解를 바로잡은 것으로는 拙著 《嶺南敎育史艸》(1983)를 참조하기 바람.
3) 丁淳睦, 《退溪敎學思想硏究》, 서울, 正益社, 1978, pp.148~190; 이 책 pp.104~129.

적 심성론에 있어서는 理發說을 주장하였는데, 율곡의 오해는 理氣「發」을 理 하나만 發하거나 氣 하나만 발한다는(理單發·氣單發) 것으로 속단한 데 있었다. 퇴계는 주자와 더불어 「理의 發」은 어디까지나 「氣의 所資」가 있어야 하는 「理氣俱發」이었다. 퇴계는 「편의상」 主理하였을 뿐이고 「價値上」 理發이라 하였던 것인데, 율곡은 「理單獨先發」로 생각하고 시간적 선후관계로 해석하였으므로, 본체론적 존재자(근원자)인 理가 현상계의 운동자인 氣의 작용을 전담하는 것으로 생각하기에 이른 것이다. 퇴계의 理發은 氣라는 被規定者를 가치화시키고 정당화시키는 근원적 운동이었다. 퇴계는 이상주의적 가치지향의 소유자이었기 때문에 본질에서 현상을 바라보았고 율곡은 현상에서 본질을 보았기 때문에, 말하자면 관심의 지향성이 다른데서 율곡의 오해가 깃든 것이었는지도 모른다. 퇴계·율곡의 이기론의 차이는 필연적으로 인성론으로 연결될 수밖에 없는데, 퇴계·율곡의 四·七論이 이것이다.[4] 간략히 말하면, 四端과 七情에 있어서 퇴계는 「四對七」이라는 이원론〔對說〕을 주장한 데 반하여 율곡은 四端이 七情에 포함된다는 일원론〔因說〕을 주장한다. 심성론의 구조와 해석은 理氣論의 해석으로 대입된다.[5]

그리고 퇴계는 善一邊到〔四端〕와 兼善惡兩邊到〔七情〕를 엄격히 구분하려 하였고 율곡은 이를 포괄하려고 한 까닭 역시 그들이 처한 인간이해의 관심의 지향성이 달랐기 때문이다. 퇴계가 인간 가치의 보편성을 강조하였다면 율곡은 현상의 기능성(특수성)에 주목하였던 것 같다. 그러나 퇴계와 율곡은 「理一·分殊」의 세계이해처럼 性과 情을 心으로 통섭한 종합적 이해를 하였음은 공통되는 점이다.

서양철학에서는 으례 본질의 보편성과 현상의 특수성으로 구분하고 보편은 특수가 제거된 것으로 이해한다. 이러한 구분은 사변적이고 정태적인 우주·인간 이해이기 때문에 퇴·율과 같은 창조적인 직관의 방법과는 구별된다.

퇴·율철학은 우주·인성론에 있어서 객관적 지식(무엇이 어떻게 되었나?)에 머무르지 않는 사람됨의 길(어떠한 삶인가?)이 탐구의 대상이다. 理氣論〔우주의 근원〕에 대한 물음은 곧 삶의 바른 길〔人性論〕에 대한 확고한 근거를 다짐하려는 것이다. 사람을 보되 우주적 차원에서 파악하였기 때문

---

4) 退溪, 高峯 〈四七往復書〉.
　　栗谷, 〈答成浩原書〉.
5) 앞의 책(주3), 〈四七問題의 문제〉 참조.

에 만일 人間이 자아를 충분히 실현시킬 수가 없어서 어떠한 결점이 생긴다고 하면, 바로 그러한 이유로 해서 자연에도 결점이 있게 되고 우주생명 또한 부조화와 균열된 흔적을 남기게 된다는 것이다.[6] 인간은 그 자신의 창조적 노력으로 진선진미한 가치세계가 이뤄질 수 있기 때문이다.[7]

퇴계가 四端을 理發로 分指하여 본 것은 그가 단순히 논리적으로만 性情二元論을 고집하려는 데 있었던 것은 아니다. 인간존재의 근원을 性善이라는 도덕성으로 설정하여야 존재근원으로서의 가치가 유지되고 지향될 수 있기 때문이며 存在, 즉 價値라는 사람됨의 길이 열리기 때문이다. 퇴계는 格物致知의 인식론에 머무르지 않고 居敬窮理의 수양론으로 그의 관심이 발전, 지향되는데 理라든지 性이라고 하는 존재론적 실체가 도덕적 가치의 원천으로(활성적으로 또는 주체적으로) 작용하여야 된다는 입장이었다. 이 점에 있어서 율곡은 퇴계보다 한결 현실주의적인 지향성을 지녔다. 달리 말하면 퇴계는 목적론자라고 한다면 율곡은 결과론자이다. 그렇다고 하여 율곡은 인간 현상에 대한 원인들의 결과만 바라보아 아무런 전망이나 근거를 지니지 않았다는 것은 아니다. 퇴·율은 함께 고귀한 가치의 영역이 우주와 인간 속에 가득차 있다고 믿는 가치형성〔所當然〕의 법칙 발견자였던 것이다.

3) 퇴계·율곡의 심성론이 추구하려고 한 참된 앎의 경지

성리학적인 인간이해는 인간에 대한 진리탐구에만 목적을 두지 않고, 인간이해의 탐구자 스스로가 진리적 존재가 됨에 있다. 다시 말하면 진리는 그 스스로 가치가 있는 것이 아니라 가치적 인격을 수행하는 곳에 진리의 지향성이 있다는 말이다.

앎의 최후의 완성은 행위함으로써 인간이 진리와 동행하는 데 있다. 따라서 인간이 진리적 존재가 된다는 것은 인간의 자각적 실천에 의하여서 선포될 수 있다는 것이다.

퇴계와 율곡의 심성론 역시 「사람이란 무엇인가」의 물음이다. 그러나 인간존재의 합목적적인 필연성(所以然)이 어떠하냐에 머무르려는 것이 아니라 「사람이란 무엇이 되어야 하나」라는 인간존재의 당위적인 가치의 지

---

6) 方東美, 앞의 책, p. 29.
7) 《中庸》 二二章, 「能盡物之性, 則可以贊天地之化育, 能贊天地之化育, 則可以與天地參矣」.

향성〔所當然〕에 관한 것으로 발전되지 않으면 안된다. 퇴계와 율곡철학에서 발견할 수 있는 사실은 「所以然」에서의 차이성과, 「所當然」에서의 공통성인 것이다. 그들이 규범적으로는 같은 관심영역(所主)을 갖는 성리학자이지만, 현실적인 인간이해에 있어서는 탐구의 방법이 다른 결과로 차이가 생겼다고 할 수 있다. 그들은 교육적 인간형성〔사람이란 무엇이 되어야 하나?〕이 지향하는 規範性〔常〕에는 동일하였으나, 현실에서 구체적으로 삶을 누리는 인간조건〔사람이란 무엇인가?〕의 狀況性〔變〕에 있어서는 견해를 달리하였다.

이같은 異同性은 결국 뒷날 학파형성의 기틀이 되지만, 퇴·율 인간학의 당연한 귀결이다. 그러나 한 가지 분명한 사실은 율곡은 퇴계 인성론이 제기한 문제를 문제로 삼았다는 점이다. 牛溪와 栗谷의 人性論辯은 퇴계와 고봉사이의 인성론변을 전제로 하여 출발한다. 이것은 앞시대의 어떠한 사상체계도 뒷날의 비판을 외면할 수 없으며 이러한 과정이야말로 발전적인 문화체계를 수립하는 계기가 된다는 것을 보여준다. 그러나 이러한 문제의 비판과 논쟁의 과정도 상호 「誤解」(언어개념의 혼동)에서 출발한 경우가 있는 것이다. 이는 이미 지적하였듯이 퇴계의 「理動」·「理發」을 「理單發」로 규정하였고, 율곡이 四端과 七情을 나누는 것을 부정하고, 四端을 선천적인 근원자가 아니라고 한 것 등이다. [8]

율곡은 퇴계가 이미 「나눔」하였던 모든 것을 「합침」함으로써, 인간존재의 현상을 설명하였으므로 그의 인간관은 경험론적이라고 할 수 있고 主氣的 傾向이라고 볼 수도 있다.

이러한 점에 있어서 퇴계 인성론을 「主理」라고 하고 율곡을 「主氣」라고 하는 것은 지향성이라는 관점에 있어서는 정당하다. 主理와 主氣는 唯理와 唯氣와는 다르기 때문이다. 그리고 퇴계는 理와 四端을 純善한 가치체로 보았으되 七情〔有善惡〕은 순수하지 못한 것, 人欲이 깃든 것이므로 理나 四端과 같은 가치체의 지휘를 받아야 한다는 입장이었다. 그러므로 四端만을 인정하고 七情은 부정한 것이 아니다. 율곡 또한 인간의 선천적 가치체 자체를 부정한 것이 아니라 이른바 「가치체의 지휘」 능력을 부정하였던 것이다.

그러나 퇴계는 理發과 四端의 가치론적 우위성을 주장하다 보니 만년에는 「理到說」이라는 절대론에 이르게 되었으며 「人心·道心論」에 있어서

---

8)《栗谷全書》, 卷 9, 書一,〈答成浩原〉,「四端不能兼七情 而七情則兼四端」.
　　「竊詳退溪之意 以四端爲由中而發 七情爲感外而發 以此爲先入之見 以爲正見之累也」.

人心이 곧 人欲(私欲)이라는 등식에까지 이르게 된 것이다. 이 점은 퇴계철학의 초과학성, 곧 종교적 색채를 실감하게 하는 것이다. 퇴계철학에서 이 문제는 간단히 넘겨버릴 성질의 것이 아니다. 그러나 동양철학에서 추구하려고 한 참된 앎의 경지는 단순히 思辨知에 머무는 것이 아니다. 퇴계의 敬思想이라든가 「尊天理·遏人欲」이라는 眞知實踐論은 주자가 일찍기 말한 「활연관통」하는 경지이다. 9) 이러한 경지는 몸소 체험하여 얻을 수밖에 없다. 10) 그리고 율곡 역시 「理氣之妙」라는 경지를 설명하기를 「보기도 어렵고 말하기도 어려운 것」이라 하였다. 11) 이러한 경지는 어떠한 신비체험이 아니다. 下學而上達하는 漸修로서의 객관적 지식론에 근거하는 것이다. 儒家哲學은 見聞思辯知에 의하여 문제를 다루지 않고 언제나 지적인 直覺에 의존한다. 이것이야말로 문제의 근본을 체득해 낼 수 있는 능력이기 때문이다. 12) 퇴계는 이를 「能驗」이라 하였고 율곡은 「默驗」이라 하였다. 인간의 인식능력이 오로지 논리적 방법에 의존한다는 생각은 바로 아리스토텔레스적인 전통에서 연유한다. 동양철학은 철학의 예술성을 지향하여 존재세계와 가치세계를 조화시킨(文質彬彬) 데 있다.

삶의 참된 뜻은 이러한 조화와 융화를 발견하는 데 있다고 보았다. 발견의 노력이 곧 참된 앎이다.

삶이라는 말 속에는 이렇게 「존재근거」와 「존재목적」에 대한 의미가 들어 있는 것이다. 사람은 누구나 자기의 의미와 가치를 의식하면서 사는 존재이다. 그러나 존재의 근거에 대해서는 과학적·합리적·사변적인 인식이 가능하지만, 존재의 목적에 대해서는 자각할 수 있을 뿐이다. 전자는 앎의 대상이지만 후자는 깨달음의 대상이다. 13)

우리가 세계와 인생을 배우는 데는 하나의 절대적인 방법은 없다. 認知·洞察·省察·自覺·覺醒 등의 어떠한 계기로써도 교육현상은 일어날 수 있는 것이다. 교육이 사람으로 하여금 스스로 사람임을 깨닫게 하고 사람답게 살도록 가르치는 일이라면, 사람이 무엇이냐, 삶이 무엇이냐, 그리고 우리가 삶을 이루고 있는 이 세계의 원리는 무엇이냐 하는 등 삶

---

9)《退溪全書》(上),〈戊辰六條疏〉,「一朝不覺其有酒然融釋 豁然貫通處, 則始知所謂體用一源 顯微無間者, 眞是其然 而不迷於危微, 不眩於精一 而中可執 此之謂眞知」.

10) 위의 책, 같은 곳,「能驗於心 而明辨其理欲善惡之幾 義利是非之別 無不精硏, 無少差謬 則所謂危微之故 精一之法 可以眞知 其如此而無疑」.

11)《栗谷全書》, 卷 9, 書一,「理氣之妙 難見亦難說 夫理之源一而已矣 氣之源亦一而已矣 氣 流行而參差不齊 理亦流行而參差不齊 氣不離理 理不離氣 夫如是 則理氣一也」.

12) 柳仁熙,《朱子哲學과 東洋哲學》, 汎學圖書, 1980, p.242.

13) 丁淳睦·金仁會,《敎育이란 무엇인가》, 正益社, 1976, p.116.

과 직접 간접으로 관련되는 모든 문제는 철학의 문제이자 곧 교육의 문제이다. 그런 것들은 사실의 세계에 속하는 認知나 洞察의 대상일 뿐만 아니라 또한 진리의 세계에 속하는 省察과 自覺의 대상이기도 하다.

퇴계・율곡이 추구한 참된 앎의 경지는 논리적・직선적 사고의 전개를 지양하고 원인과 결과가 연속되는 기계론적 사고를 초극하는 데 있다.

오늘의 교육과 지식의 추구가 논리적 진술이나 설명이 가능한 분야만을 강조하여 인간과 사물을 단순한 지식과 인식의 대상이라고 하여 이성적 판단을 강조하는 경향과는 대조적이다. 프롬(E. Fromm)이 말하였듯이, 삶은 예술이다. 모든 사람은 자신이 삶의 예술가이면서 스스로가 삶의 예술에서의 재료이며 자신의 삶이 자기의 작품이라는 것이다. 그러나 퇴계와 율곡철학에서는 이러한 「예술성」만 지향하지는 않는다. 이러한 상태는 그들의 精神美學(사고의 건축미)이기 때문에 이것은 일종의 결과론이다.

주자의 「활연관통」・퇴계의 「理到說」・율곡의 「妙用」의 경지는 次元의 문제인 것이다. 그러나 형식논리를 초월한 차원의 「妙」는 아니다. 方東美는 이를 和諧(Comprehensive Harmony)의 세계라고 하였으나 퇴・율에 있어서는 儒・墨・道 3敎가 和諧하는 것도 아니고 陸王哲學에서 말하는 頓悟的 상태도 아니다.

사람됨의 바른 길(本然之生)을 찾아가노라면 사람됨의 길〔標準之意〕을 자기 법칙으로 하여 그 스스로 진리됨의 자리로 이끌어올리고 앎은 확충된다는 것이다. 진리는 초월적으로 존재하기 때문에 가치가 있는 것이 아니라 인간이 진리를 수행하기 때문에 인간의 가치가 형성된다. 인간 회복〔復禮〕을 하는 데서 진리는 무한성을 지향한다. 이렇게 드러내는 힘이 차원이 다른 앎의 경지이다. 퇴계는 이 경지를 「敬」에서 찾으려 하였고 율곡은 「誠」에서 찾고자 하였다. 그러므로 퇴・율은 이 경지를 「추구하려고」 하였을 뿐 완료형으로서 「찾은」 것으로 만족하지는 아니한다. 따라서 이것은 실재의 세계를 설명해 주는 것이고 법열이나 초월적 신비체험은 아니다. 「사람이란 무엇인가」 그리고 「사람은 무엇이 되어야 하나」의 문제를 끝까지 추구하다보면 누구나 이러한 경험적인 상태를 객관적 방법론으로 체득할 수 있다는 것이다. 주자는 일찌기 이러한 상태를 설명하기를 「손과 발이 저절로 덩실덩실 춤추듯」(手之舞之 足之蹈之) 하는 경지라고 하였다.

퇴계와 율곡은, 진리획득의 환희의 차원을 지향하고 또 인정한 점에서는 공통되지만, 그 학문적 표현에서는 차이가 있다. 퇴계철학이 일종의 엄숙주의・경건주의의 색채가 짙다면 율곡철학은 합리주의・관조주의의 경향이 강하다. 이같은 성격특징은 W. 제임스가 분류하였듯이 퇴계는 軟性(tender minded)哲學者요, 율곡은 硬性(tough minded)哲學者인 것처럼 보인다. 그러나 이러한 차이는 그들이 태어난 시대와 인품과의 함수관계에서 나온 것이 아닌가 한다. 퇴계의 시대는 이른바 「士禍의 시대」이고 율곡의 시대는 「당쟁의 시대」였던 것이다. 그러므로 퇴계가 당면하였던 현실의 과제는 사화로 말미암아 야기된 가치관의 확립이었고 율곡은 당쟁에서 파생되는 經世觀의 정립이었다. 따라서 전자가 이상지향적이라고 한다면, 후자는 현실지향적이었다. 퇴계를 전후로 하여 사화기와 당쟁기로 나누지만, 퇴계 자신 사화에 직접 간접으로 연관된 피해자였으며 군자 대 소인이라는 유가적 이분법에서 正名論理의 재건으로 도덕사회를 이룩하여야 한다는 현실관을 군게 지니고 있었다(戊辰 6條疏). 반면 율곡은 이미 동서분당의 와중에서 화해의 조정역을 담당하리만큼 현실적 이해에 깊이 개입되지 않을 수 없었다(東湖問答). 이러한 이유들이 그들의 철학하는 것에 대한 지향성의 각도가 다른 소지를 제공하였던 것이다.

4) 퇴계·율곡의 심성론이 추구하였던 人間理解의 가치지향

張谿谷(維)은 말하기를, 조선의 학문은 공허한 사변논리를 일삼았기 때문에 진정한 학문이 없었다고 혹평하였다. 그리고 金忠烈은 한번 받아들이면 변할 줄 모르고 버릴 줄 모르는 고루한 것이라고 하면서 인성론의 경우, 인간의 본성이 무엇이냐는 물음에 답하기보다는 실제 인간성의 노출된 현상이 이러저러하다는 것을 塑出할 필요가 있으며 人生은 神性도 魔性도 物性도, 동물성도 아닌, 사회성·윤리성에서 찾는 것이 절실하다고 한 바 있다. [14]

장계곡의 표현은 극단적인 평가이고 김충렬은 좀더 발전적인 평가를 하였지만 그 일면성을 지적한 것에 지나지 않는다. 퇴계와 율곡 철학이 단순한 지식욕의 사변적 해결이 아니었음은 이미 위에서 살펴본 바 있거니와 그들은 그들 시대의 철학적 관심사를 철학하였다. 오늘에 와서 이미 성리학은 긴요한 생활의 철학이라 할 수 없을는지 모르나 성리학적 탐구의 방법마저 불필요한 것은 아니다.

중국의 성리학과 비교하여 한국의 성리학은 주자학 일변도로 수용되었고

---

14) 金忠烈, 〈東洋哲學의 人性論〉, 韓國東洋哲學會編, 《東洋哲學의 本體論과 人性論》, 延大出版部, 1982, p.184.

이러한 편협성이 정치적으로 이용되기도 하였다. 그러나 실상에 있어서 한국 성리학이 주자학 일변도의 발전만을 거듭하였거나 이기심성론만이 탐구의 대상이었던 것은 아니다. 그리고 퇴계와 율곡의 학적 생애는 할 일이 없어서 이기심성론을 천착하였던 것은 아니다. 그들이 함께 생애를 헌신하여 세우려고 한 것은 학문이 아니라 인간문제에 대한 확인과 발견이고 그 창조였다. 후대의 학자들이 人物性同異論·唯理論·唯氣論 등으로 성리학적 사유체계를 발전시킨 것 또한 단순히 관념론의 확대와 심화라고만 말할 수 없을 것이다.

하나의 철학적 과제를 삼백여 년 동안 끊임없이 추구하였던 것은 그 자체로서의 가치가 있는 것이다. 그들 성리학자들에게 학문의 사회성이나 윤리성을 찾는 것은 오늘의 학자들이 지향할 문제이다. 그들은 그들의 시대가 필요로 하는 인간발견에 충실하였다. 이와 관련하여 두번째로 지적하고자 하는 것은 이른바 서구의 철학적 개념을 준거로 하여 지난날의 사상체계를 재려고 할 때 생기는 혼란에 관하여서이다.

첫째로, 퇴·율 철학에서 일원론·이원론하는 개념이 실상과 부합하지 않는다는 점이다. 이미 앞에서 밝힌 바 있듯이, 理氣의 「不雜·不離」는 엄격히 말하여 일원론일 수도 또 이원론일 수도 없다. 구태여 말하자면, 理氣混合일원론이라고 부를 수 있는 성질의 것이다. 理는 말할 것도 없거니와 氣라는 개념 자체도 현상적 個物을 가리키는 것이 아니라 氣 역시 하나의 본체인 것이다. 理와 氣는 아리스토텔레스의 形相과 質料 또는 본질과 현상이라는 개념에 곧바로 대입되지는 않는다. 아리스토텔레스의 경우 形相이 변하면, 다른 형상의 질료가 되는 (언제나 일정한 질을 유지하는) 것이지만 성리학에서의 氣는 그 凝聚·消散에 의하여 다시 하나의 사물이 생길 때 새로운 氣가 생기는 것이다. 氣는 처음부터 原子的 성격을 지녔거나 불변의 성질을 지닌 靜的인 존재가 아니다. 氣는 一回性이 있기에 거듭나는 삶〔生生不已〕이 가능하다. 따라서 세계와 인간은 기계론적·인과론적 계열에 의하여 유지되지는 않는다. 생명의 흐름 자체는 늘 창조적이고 내재적인 힘에 의하여 자신을 확장시킨다. 그리고 이러한 우주의 확장운동에 의하여 인간행위는 완미하게 이루어질 수 있다. 때문에 우주와 인간은 모두 다 같은 가치창조의 歷程으로 존재한다.

方東美는 인간의 이러한 가치 창조의 지향성을 다음과 같이 설명하다. [15]

『그러므로 大宇宙는 나 한 사람의 도덕적 존재가 없이는 운행될 수 없

---

15) 方東美, 앞의 책, p. 35.

다는 사실을 알게 하여 준다. 나 한 사람의 창조적 주체가 존재하지 않는 다면 우주에는 결점이 생기게 되고, 생명은 周偏되지 못하게 되며 또한 객관적인 도덕가치는 정체되어 疏通되지 못하고 소통되더라도 창달되지 않는다. 하나의 개체로서의 나는 대우주가 없이는 잠시라도 생존할 수 없 다. 대우주가 질서 있게 잘 세워져 있지 않다면 나는 의지할 아무런 터전 이 없을 것이며 나의 생명은 부질없는 꿈이 될 것이다.』

인간의 주체적 자아의식이라는 면에서는 율곡보다 퇴계는 더욱 적극적 인 선언을 한다. 퇴계와 율곡의 성리학적 개념을 서구철학의 관념론으로 풀려고 하면 무리가 따르기 쉽다. 퇴・율이 구축한 개념은 인식의 세계가 아니라 體認의 세계이고 감각의 세계가 아니라 直覺의 세계이다. 성리학 에서의 이러한 자각적 체험만이 상황성(變) 속에서 불변의 규범성(常)을 확고하게 설정할 수 있다. 왜냐하면 이러한 규범성〔當然理・所以然之則・所 當然之故〕의 자각적 체험에 의하여 至公한 도덕적 가치는 기질적 욕심을 규제할 수 있다. 만약 상황성으로서의 기질적 인욕이 규범성으로서의 當 然理를 앞선다면 그것은 참된 삶의 主宰力을 상실한 하나의 관념론으로 전락하게 되고 말 것이다. 이러한 입장에서 퇴계는 理貴氣賤・理先氣後라 고 하였던 것이다. 퇴계는 참된 도덕자만이 인식자가 된다고 한 데 반하 여 율곡은 참된 인식자만이 도덕자가 될 수 있다고 하는 입장에서도 그들 의 관심의 지향성을 살필 수 있을 것이다.[16] 그리고 이러한 입각점으로 보면 퇴계와 율곡의 철학을 主理와 主氣로 나눈 高橋亨류의 분류는 무의 미한 것임을 알 수 있다.

세째로, 퇴계・율곡의 심성론이 지향한 인간교육에 관한 평가 문제이다. 퇴계는 철저하게 가치자〔天理〕와 존재자〔人欲〕를 구분하여 전자는 후자가 되지 않고, 또 후자는 전자가 되지 않도록 하려고 하였다. 따라서 존재자 가 악이라고 할 수는 없으나 악으로 흐를 위험이 있기 때문에 인간은 교 육되어야 한다고 보았다. 퇴계의 분석적인 명제들인 天理・人欲・道心・ 人欲・情・意 등은 단순한 인간구조론은 아니다. 율곡이 퇴계 인간학을 평하여 「닫힘꼴」로서의 인간형성론이라고 보고 그것들은 두 개의 존재물 로 고정되어 있는 것이 아니라 늘 「열림꼴」로서 존재한다고 하였다. 그러

---

16) 朱子는 그의 65세 玉山講義(이른바 晚年定論)에서 性과 情을 合看하여야 한다고 하여
   종래의 이상적 인간론에서 현상적 인간론을 더욱 중시한 듯한 표현을 하였다. 퇴・율의
   입장에서 보면 퇴계설에서 율곡설을 정당화시키는 논설인 것처럼 보일 수 있으나, 이것
   은 理合萬殊의 本然의 妙를 인간존재 속에서 밝히려는 것이지 理一을 버리고 分殊만을
   택한 것이라고는 할 수 없다.

나 율곡의 이러한 평가는 퇴계의 본 뜻을 확대해석한 결과에서 왔다. 퇴계가 「理·氣」:「4·7」:「道性·人性」을 확연히 구별하고 전자가 후자보다 우위에 있다고 한 것은 존재적 고찰이기보다는 가치론적 고찰이고 현상적 설명이라기보다는 교육적 설명이었다. 인심이 인욕이 되는 것을 막자는 데 참뜻이 있었던 것이다. 율곡이 지적한 바와 같이 인심이 곧 인욕은 아니라는 말은 인간심성의 존재론적 설명으로는 정당하다. 그리고 人心이 人欲으로 흐르기 쉽다는 퇴계의 생각 역시 가치론적 견해로는 정당하다. 따라서 양편의 立論은 다 같이 성립된다. 퇴계의 지향성이 先驗的 動機主義에 있다면 율곡의 지향성은 經驗的 結果主義라고 할 수 있을 것이다.

술이 반쯤 든 술병에서 술이 차 있는 부분을 볼 수도 있고 술이 비어 있는 부분을 볼 수도 있다. B. 쇼오는 전자는 낙관주의자이고, 후자는 비관주의라고 하였다. 이러한 비유와는 달리 퇴계와 율곡은 다 같이 인간교육의 낙관론자이고 인간교육의 最高善인 道心을 지키려는 데 일치하였다. 그러나 퇴계는 인간교육에서 경건주의·이상주의를 지향하였다면 율곡은 경험주의·현실주의를 지향하였다고 볼 수 있을 것이다.

5) 맺는말

이 글의 세 가지 물음은 다음과 같다.

(가) 퇴계와 율곡이 추구한 인간의 근원자와 운동자의 정체는 무엇인가?

(나) 퇴계와 율곡이 추구하려고 한 참된 앎의 경지는 무엇인가?

(다) 퇴계와 율곡이 추구하였던 바는 어찌하여 다르게 나타났으며 후대에 끼친 영향은 무엇인가?

위의 질문에 대하여 논의한 것을 정리하면 다음과 같다.

(가)-1. 우주의 창조적 발전에 있어서 인간은 단순한 피조물이 아니라 주체적인 공동의 창조자가 될 수 있다.

(가)-2. 서구의 세계관과 인간관의 주된 관심이 존재적 질문에 있다고 한다면, 성리학적 관심은 가치적인 것이다.

(가)-3. 퇴계는 理의 운동성을 인정하고 氣라는 운동자를 운동하게 하는 근원자로 보았다(율곡은 이에 반대한다).

(가)-4. 퇴계는 인간가치의 보편성을 강조하였다면 율곡은 인간형상의

특수성에 주목하였다.

(나)-1. 퇴계와 율곡은 인간이해의 탐구 방법이 달랐으므로 퇴계의 철학은 일종의 엄숙주의·경건주의의 색채를 띠고 율곡의 철학은 합리주의·경험주의의 경향을 나타냈다.

(나)-2. 퇴계와 율곡이 추구한 참된 앎의 경지는 논리적, 기계적 사고를 벗어난 것이었으나 이것이 초월적인 신비체험은 아니다.

(나)-3. 퇴계·율곡의 인간학의 차이는 시대와 인간의 함수관계에서 나온 것으로 퇴계는 가치관의 확립을, 율곡은 經世觀의 정립을 지향하였다.

(다)-1. 퇴계·율곡의 심성론은 인간문제에 대한 발견과 확인이다. 그러므로 그들 학문성격의 사회성이나 윤리성의 추구는 오늘의 학자가 지향할 문제이다.

(다)-2. 퇴계·율곡의 철학을 理·氣의 이원론이나 일원론으로 지칭하는 것은 서구철학의 잘못된 개념도입이다. 이것은, 「理氣混合一元論」이라 할 수 있다.

(다)-3. 퇴계와 율곡이 지향한 인간교육의 방법원리는 인식의 세계가 아니라 直覺의 세계이다.

(다)-4. 퇴계는 참된 도덕자만이 참된 인식자가 될 수 있다고한 데 반하여, 율곡은 참된 인식자만이 참된 도덕자가 될 수 있다고 하였다.

(다)-5. 퇴계와 율곡은 다 같이 인간교육의 낙관론자이고 인간의 最高善을 지키려는 데 합일한다. 그러나 퇴계는 인간교육에서 경건주의·이상주의를 지향하였다면 율곡은 경험주의·현실주의를 지향하였다.

이상에서 정리한 것처럼 退溪·栗谷 心性論은 그 同異性에서 「다름」보다 「같음」이 더 많다. 이것은 그들이 다 같이 성리학자라는 점에서 당연하다. 그러나 그들의 철학적 표현과 성격이 다른 것 또한 「같음」 못지 않게 당연한 귀결이다. 이것은 그들의 우주관과 인간관에 대한 관심의 지향성이 너무나 대조적이기 때문이다. 퇴계와 율곡의 교육철학(좁혀서 인성론)을 오늘의 교육적 이상과 실천으로 재해석하는 일과 하나의 시대철학으로 재구성하는 작업이 선행되어야 할 것이다.

오늘의 교육학적 지식론과 행동과학적 인간이해에 의하면 인간을 순수 객관적인 대상으로 다루려 하고 모든 수단을 동원하여 인간가치를 計量化하고 마침내 인간을 檢定의 대상으로 삼아 어떠한 公式的 定律을 찾으려는 데 주력하고 있는 실정이다. 이러한 현상은 서구의 인간과학이 준 인간상실의 위험신호이기도 하다. 퇴계와 율곡의 철학에서 우리는 인간의 존재 이유와 존재가치가 단순한 수단적 대상이 될 수 없다는 교훈을 받는다. 우주와 인간은 근본적으로 보편생명의 약동이고 우리의 삶은 근본적으로 가치의 영역이다. 그리고 참된 앎은 思辯知에서가 아니라 인간이 진리와 동행함으로써 진리적 존재자가 되는 데 있다. 따라서 교육의 復權은 인간이 우주 창조에 참여하는 가치적 주체자가 되는 길에 있는 것이다. 이러한 의미에서 퇴계와 율곡의 심성론은 4 백년 전의 사유체계만이 아니라 4 백년 뒤의 교육목적일 수도 있는 것이다.

Ⅲ—5. 퇴계의 교학방법론의 철학

1) 퇴계 교육학의 시대적 성격

퇴계학 역시 16 세기 조선의 역사적 산물이면서, 그의 역사(사회)의식과 인간의식의 표현이다. 따라서 退溪學을 성리학의 「東方別宗」으로 보거나, 아니면 한국철학의 「獨自門戶」로만 이해하려는 것은 무리가 있다. 전자는 철학적 보편성을 강조하게 되어 퇴계학의 역사성이 결여될 우려가 있으며, 후자는 역사적 특수성이 강조됨으로써 학문의 세계적 호흡을 단절시킬 염려가 있기 때문이다.

퇴계학은 퇴계의 「시간·공간·인간」〔三間〕의 삼중주이면서 당시의 세계철학이던 정주성리학과의 「만남」을 주조로 하였다. 그러므로 그의 「學」은 세계성〔周〕과 국지성〔偏〕을 함께 할 수 있었으며, 마침내 「가장 지방적인 것」이 「세계적인 문화」의 역사체계 안으로 편입될 수 있었다.

퇴계는 이러한 「길」이 「지나간 시간」〔過去〕에 있는 것이 아니라, 「지금」〔現在〕 그리고 「다가올 날」〔未來〕에 있다고 보았다. 우리는 「古人」을 못 봐도 그들이 가던 길은 「앞에」 있고[1] 후세의 「朱文公」[2]과 「楊子雲」[3]을 기다려야 한다고 하였다.

흔히 유학은 과거지향성·보수성의 학문이라고 하지만, 「溫故」는 「知新」을, 「繼往」은 「開來」를 위한 賓辭이고, 「已發」은 「未發」의 現顯에 지나지 않는다. 따라서 최대의 인격실현인 성인은 지난날의 역사적 괄호 속에 갇힌 몇 사람만이 아니라 지금, 그리고 다가올 날에 누구나 될 수 있는 「人可皆爲」 가능태이다. 따라서 우주와 인간의 변화는 끊임없는 현재진행이고 창조이다.

퇴계의 시간관은 전통적인 한국인의 시간의식인 圓環的 構造[4]와 성리학

---

1) 陶山六曲之二, 其三 ;《退溪全書遺集》, 卷之一, 內篇.
2)《陶山全書》(二), 韓國精神文化硏究院 刊印, 1980 ;〈退溪答高峯非四端七情分理氣辯, 第二書〉, (若於此而又不能定 則必當待後世之朱文公而後 可判其是非如何…).
3)《陶山全書》(二),〈黃仲擧別紙〉, (楊子雲猶知侯, 後世子雲).
4) 丁淳睦,《韓國文化의 敎育》, 서울, 梨花女大出版部, 1974.

적인 시간의식구조[5]인 「變・化・生成論」을 토대로 한다. 그러하기 때문에 그의 인간관과 교육관은 현실적인 역사(사회)에 대한 그의 응답이다.

퇴계는 16세기 조선사회의 困疲相과 교학의 타락상을 바로잡기 위하여 교육가치관의 확립을 필생의 사업으로 자임하였다. 이것은 주자가 그 시대의 「우환」을 처방하려고 고심한 민족철학의 탄생과 비교할 수 있다. 퇴계의 시대진단은 대략 다음과 같다.[6]

> 중국 사신의 내왕이 끊이지 않는다. /왕릉의 역사(役事)가 너무 거창하다. /여름에 가뭄이 계속되다. /地力이 수척하다. /兩麥이 전무하다. /水災가 심하여 남은 곡식을 휩쓸었다. 밭에서 나는 곡식은 종자까지 먹어치웠다. /民食이 거의 떨어져 아우성이다. /해충이 하늘을 가릴 지경이다. /백곡이 不登하니 백성은 무엇으로 주린 배를 채울까. /집안이 흩어져서 봇짐을 싼다. /더구나 집집마다 수탈하여 /酷吏와 暴胥들이 이를 빌미로 하여 협박하기를 星火같이 하니 백성의 야윈 모습이 극도에 이르렀다. /사방을 휘둘러 봐도 도망할 길이 없는데 /強壯은 떼를 지어 도적이 되거나, 老弱은 시궁창에 굴러 죽게 되니 /난리나 났으면 하는 생각을 지닌 자가 四方에 꼬리를 물었다.

이같은 지경에 이르렀으니, 일조유사시에 국가는 「土崩互解之勢」가 될 것이 자명하다고 보았던 것이다.[7] 이는 실로 임진왜란이 일어나기 24년 전의 예견이었다. 그리고 퇴계가 지적한 교학의 타락상은 이러하다.[8]

> 오늘날의 학교에서 스승이 되고 제자가 되는 것은 때로 그 도리를 잃지 않았는가 한다. 學規를 不講할 뿐 아니라, 學슴마저 크게 무너져서 /儒生이 스승을 보기를 길가는 사람 대하듯 하고 /학교를 보기를 傳舍처럼 여긴다. 보통 때 禮服을 갖춘자는 열에 두 서넛이고 /揖禮하기를 꺼리끼거나 부끄러이 여기며 /齋에 번듯이 누워서 눈을 흘기며 /이러한 폐단을 고치려고 하는 師長이 있으면 서로 크게 이상히 여기며 여럿이 모여 희롱하여(…) 齋를 비우고 흩어지는 것이 한 둘이 아닌데 /이름은 선비라고 하나 실지로는 절취하는 무뢰배들이 섞여있으니(…) 나라에서 선비를 기르려는 뜻이 어떻게 이러한 천한 무리가 되기에 이르렀단 말인가.

---

5) 羅光, 《中國哲學的特質》, 臺灣, 學生書局, 1983.
　　唐君毅, 《中國哲學原論》(原道篇), 臺灣, 新亞研究所, 1973.

6) 《陶山全書》(一), 戊辰經筵啓劄, 一.

7) 《陶山全書》(四), 堂后日記, (己巳三月四日上御夜對廳引見)「…今之世道 大槪言之 則可謂 治世矣. 然南北有釁 民生困悴 府庫空虛 將至國非其國 猝然有事變 則不無土崩互解之勢 不 可謂無可憂之防也 (…)夫太平極則 必有生亂之漸 今時則然」.

8) 《陶山全書》(三), 諭四學師生文.

이같은 결과는 교육의 책임(實由於師長不職之遇)에 있다고 퇴계는 확신하였다. 그러므로 퇴계교육학의 기반은 현실인간의 인격실현에 두지 않을 수 없는 것이다.

2) 퇴계교육학의 원리적 성격

퇴계학은 정통적인 유학교육의 목적인 「求仁成聖」에 있고 천인합일론에 입각한 우주·인간론을 기반으로 한다. 그러나 이러한 교육론이 더욱 절실하였던 까닭은 그의 교육에 대한 현실적 요구였다.

퇴계에 의하면, 성리학의 동방전래에 있어서 참된 至治主義를 시도하였던 분이 趙靜菴(光祖)인데, 그의 정치적 좌절은 결국 그의 학문적·인격적 미숙성에서 연유한 것이라고 평가한 바 있다. [9] 그러나 보다 근본적인 원인은 「士禍」 때문이고, [10] 이러한 사화를 불러일으킨 장본인은 결국 국가의 운명이 국왕 일인의 수중에 있기 때문이라고 하였다. [11] 따라서 무엇보다 급선무는 사림을 보호하여 국맥을 진작하는 일이 중요하다고 하였다. [12]

학교는 「風化之原·首善之地·禮義之宗·元氣之寓」이지만, 「國家作養之方」으로서의 관학교육은 이미 올바른 교육적 목적을 수행할 수 없는 한계에 이르렀다. 퇴계는 이 문제를 해결하기 위하여 서원교육을 적극적으로 창도하였던 것이다. [13] 그러므로 퇴계의 서원교육운동은 宋代의 서원설립과는 그 성격이 다를 수밖에 없었다. 중국은 五代의 분란을 거쳐, 宋이 천하를 一統시켰으나 국가로서는 아직 관학을 설립한다거나 달리 교육에 대하여 돌볼 힘과 겨를이 없었다. 더구나 宋나라 초의 전란은 수많은 학자의 손실을 가져왔고, 그동안 지식분자들은 산림에 숨은 老師宿儒에 의지하지 않을 수 없었으니 이른바 「天下의 四書院」의 창설은 「官學未設了 向學心切」의 당연한 귀결이었던 것이다. 이에 비한다면, 조선에는 「전란」이 없었던 반면에 「士禍」라는 지식분자의 엄청난 수난이 있었으며, 명목상이나마 成均館·四學·鄕校 등 관학이 건재하였으나 「世道의 衰微」와

---

9) 앞의 책, pp. 131~133.

10) 위의 책, 堂后日記, 「我國聖代祖宗深恩厚澤 切德巍巍 但士林之禍起於中葉 廢朝戊午甲子之禍不須言矣. 中宗朝則未有如此 聖明之世 而不幸乙卯禍起 一時賢人皆被大罪 自是厥復 或邪正相雜 或姦人得時 報復私怨之(…) 明宗幼冲即位 權姦得志一人 敗又一人出 相繼用事 雖名爲聖世 而士林之禍 有不忍言者多矣」.

11) 위의 책, 「夫正人得志之時 人君小有過失則必强爭之 引君當道 故人主之所欲 皆不得爲之 厭苦之心 暗然而生 於是姦人乘隙(…)自此人主之心與小人合 而正人君子 無着手處」.

12) 위의 책, 「士林之禍一起 則非但傷乎士林國脈」.

13) 丁淳睦, 《韓國書院敎育制度硏究》, (Ⅳ, 退溪의 書院敎育觀), 嶺南大學校出版部, 1979.

『士風의 磨滅』은 송대에 비할 바가 아니었다. 따라서 퇴계의 서원건립운동은 그만큼 절실한 시대의식의 발로였던 것이다. [14]

퇴계교육학은 이러한 『世道衰微・士風磨滅』을 인간의 자기도야로 극복시킬 수 있다는 신념에서 출발한다. 이것은 孟子의 인간성선론의 소극적인 의지에서가 아니라 中庸에서의 적극적인 인간의지를 선포하는 것이다. [15] 따라서 고대자연철학적인 예정조화설에 입각하는 것이 아니라 인간주체의 『人極論』에 귀착된다. 퇴계의 인극론은 교육주체로서의 인간의지의 우주론적 신념이다. [16] 퇴계에 의하면, 세계와 인간은 기계론적・인과론적 계열에 의하여 유지되지는 않는다. 인간의 창조적이고 내재적인 힘에 의하여, 인간은 우주와 함께 가치창조의 歷史 속으로 동참한다. 더구나 人極論에서 주목할 점은 『어쩌면 우주의 창생과정에서도 있을 수 있는 결점』을 인간의 노력으로 보완할 수 있다는 생각이다. 그러므로 우주의 창조적 발전에 있어서 인간은 단순한 피조물이 아니라 주체적인 공동의 참여자이면서 마침내 그 보완자로서의 소임을 갖게 된다. [17]

퇴계교육학의 학문적 성격에서 『學』의 개념이 오늘의 그것과는 다르다. 이것은 『유학・성리학』에서의 『學』의 일반성격이 단순한 지식체계가 아닌 것과 관련된다. 그러므로 道學・聖學이라는 것은 『삶의 양식』과 『삶의 태도』이고 인간의 최고성숙을 위한 행위수양의 과정이다. [18]

퇴계학에서의 敬義夾持・知行並進의 원리는 곧 자아성숙을 위한 통합과정이다. 이때의 『자아』는 보편적 자아(一)이면서 특수적 자아(殊)이다. 곧 理一分殊로서의 자아이다. 그런데, 이때의 자아는 자기로부터 찾아야 한다. 만약 사람이 자기로부터 『나』를 찾지 않고 도리어 남(腔子外)에게서 찾으려고 한다면, 이는 중추가 되는 큰 근본을 버리고 딴 곳을 향해 찾는 것이 된다고 하였다. [19] 그리고 자아는 지각할 수 있어야 자기를 주재할 수 있다. 교육은 생명의 고정성(常)과 변화성(變)을 스스로 변혁시키

---

14) 앞의 책, pp. 59~60.

15) ◦「誠者, 天之道也, 誠之者, 人之道也」(《中庸》, 第二十章)

　◦「誠者, 非自成己而己也, 所以成物也. 成己, 仁也. 應物, 知也 ; 成之德也, 合內外之道也, 故時措之宜也」(《中庸》, 第二十五章)

16) 退溪《自省錄》, 〈答鄭子中〉, 「心爲太極者 所謂人極者也, 此理無物我 無內外無分段無方體 方其靜也 渾然全具是爲一本(…)」.

17) 丁淳睦, 〈退溪의 陶冶理想에 있어서 收斂性과 擴散性〉, 1984. 9.9. Hamburg Universität 에서의 第7回 退溪學國際學術會議論文 ; 이 책 Ⅳ—2에 수록.

18) 〈進聖學十圖劄〉, 「學也者 習其事而眞踐履之謂也 蓋聖門之學 不求諸心則昏而無得 故必思而通其微 不習其事則危 而不安故 必學而踐其實 思與學交相發而互相益」.

19) 《陶山全書》(二), 〈答黃仲擧〉

는 힘에서 나온다.

자아의 상실시대는 새로운 교육철학의 탄생이 있어야 그 위기를 극복할 수 있다. 인류 역사상(現代를 제외하고는) 위대한 철학의 출현은 그 시대의 위기극복의 답안지였다. 퇴계교육학이 향내적인 內修哲學으로서의 「敬의 原理」를 강조하였던 것 역시 그러하다. 그는 16세기의 시대상황을 「人性潰滅」의 징후로 이해하였기 때문에 교육적으로는 우선 「四書」로 돌아가자고 하였고 심성철학의 정립을 위하여는 「心經·性理大典·朱子全書」에 귀의하라고 하였다. 그리고 교육적 인간상으로서는 朱子를 標準하였다. 일찌기 율곡은 그의 〈經筵日記〉에서 퇴계를 평하되 「依樣」이라고 하였지만, 참으로 퇴계학의 특색은 철저히 朱子에 「即」하여 스스로 감발·흥기한 점에 있다. 그리고 성리학적 체계 안에서의 「독창」이란 지적인 소득으로만 파악할 것이 아니다. 「문제」를 本源으로 찾아가는 데 있어서 주자는 퇴계의 향도자였던 것이다. 이 독실한 學朱子의 신념이 그에게 학문사상상 우월성을 가져다 주기도 하였고 또 결함도 주었다. 이것이 퇴계학의 엄격주의·엄숙주의적 성격이기도 하다.

그러나 퇴계는 〈答黃仲擧〉에서[20] 『무릇 前輩를 비난하는 것은 후학으로서 감히 함부로 할 일이 아니지만, 理를 분석하고 道를 논함에 있어서는 일호도 구차해서는 안된다. (…) 그러나 제자로서 스승의 글을 의논함을 꺼리지 않은 것은 의리가 천하의 公인 때문이다. 먼저면 어떻고 뒤면 어떠며, 스승이면 어떻고 제자면 어떠며, 저것이면 어떻고, 이것이면 어떠며, 취하면 어떻고 버리면 어떻겠는가? 지당한 점에 한결같기를 변함이 없어야 한다』하였다. 이로 미루어 보건대 퇴계가 學朱子하였던 것은 주자학의 완벽성에 대한 전적인 믿음에서 나온 것임을 알 수 있다.

퇴계교학론에서 「知行병진론」은 익히 알려졌거니와, 필자는 이곳에서 퇴계의 「思習並行論」[21](또는 「學思相資論」)을 제시코자 한다.

퇴계는 학습조건 또는 학습준비도(readiness)로서 「疑」를 들고 있다. 「물음」이 없는 학습은 「未精·有違」하기 때문에 이러한 물음에 대하여 「不審·不究」하는 학문은 「無益於此學 反以取笑於流俗」한다고 하였다.[22] 퇴

---

20) 「答黃仲擧 論白鹿洞規集解」, (夫非議前輩 固後學之不敢輕也 然至於析理論道則一毫不可苟也(…) 以弟子而師門之書不以爲嫌者 豈不以義理天下之公也 何先何 後何師何弟彼何此何 何取何舍一於至當而不可易也)

21) 이 말은 《論語》의 「學而不思則岡, 思而不學則殆」에서 연유한다.

22) 《陶山全書》(一), 〈答朴子進 漸〉, (何書其用工來 所得何義 所疑何事 若眞實著力研窮着脚 推行積漸 積久其間 必有所深喜 亦必有所深疑 (…)雖切願學之志 雖懇實 未曾下手用工讀書

계가 이렇듯 「물음」을 강조한 것은 〈進聖學十圖箚〉에서 살필 수 있다.[23]

> 學也者習其事 而眞踐履之謂也 (…) 必學而踐其實思與學 交相發而互相益也 先須立志 以爲舜何人也 矛何人也 有爲者亦若是 奮然用力於二者之功 而持敬者 又所以兼思學 貫動靜合內外一顯微之道也

그러나 이처럼 「學·思」를 병행하려고 하여도 「마음대로 안되고 모순되기도 하며 매우 신고스럽고 유쾌하지 못한」 상태가 있다고 하면서 이때야말로 「大進之幾」이므로 좋은 발전의 단서라고 하였다. 여기에 좌절하지 않고 끈기 있게 매진한다면, 부지불식간에 「融會貫通」됨은 물론, 習과 事가 서로 익숙해져서 좋은 학습효과를 얻을 수 있다 하였다. 이는 「各專其一·乃克協于一」이라는 學思방법론의 원리이다.[24]

퇴계의 學思並行論은 실존적 자각을 통한 일종의 표본교육설이고 종교적 자아성찰의 방법원리이다. 인간성의 고양은 위기를 통한 자아대결에서 비약적으로 이루어진다. 현대교육학에서는 위의 「掣肘矛盾之患」을 高原現象(Plateau)이라 설명한다. 퇴계의 「學思論」은 다음과 같은 현실적 교학원리를 겨냥하고 있다. 첫째로 주관적 지식론을 표방하는 당시의 佛學과 王學에 대한 방어책으로서이다. 그는 학문을 통하지 않고도 진리의 획득이 가능하다고 보는 데 반대하였다. 둘째로 辛苦와 모순이 없는 단순지식론에 반대하였다. 이는 당시 詞章중심의 과거교육이 사풍의 마멸을 초래하는 것으로 보았기 때문이다. 세째로, 퇴계교학사상의 핵개념인 「敬의 철학」을 추진하는 원동력이기 때문에 「活敬之道」로서 學思병행은 필수적이었던 것이다. 그에 의하면 「敬字工夫·通貫動靜」[25]하는 것이므로 靜할 때 「學」하고, 動할 때 「行」하는 一動一靜이 곧 교육이다. 「世亂失學」하였던 그 시대에 퇴계는 내성적 자아확인을 교육의 근본으로 삼지 않을 수 없었다. 퇴계시대 또한 오늘의 교육현실과 다름없는 입신위주의 私的 교육관이 지배하던 시대였던 것이다.[26]

泛泛度日悠悠　義理未精 不審其如何 而可精踐履有違 不究其如何而無違 (…) 非但無益於此學 反以取笑於流俗非細故也)
23) 〈進聖學十圖箚〉
24) 위의 글, (其初猶未免 或有掣肘矛盾之患 亦時有極辛苦不快活之病 此乃古人 所謂將大進之幾 亦爲好消息之端初 毋因此而自沮尤當自信而益勵 至於積眞之多 用力之久 自然心與理相涵 而不覺其融會貫通 習與事相熟 而漸見其理泰安履 始者各專其一 今乃克協于一 此實孟子所論 深造自得之境…)
25) 《陶山全書》(三), 〈靜齋記〉
26) 《理學通錄》, 卷 5, 〈陳彦忠條〉, 「其此心無主宰故私意所勝」

3) 퇴계교육학의 방법론적 성격

퇴계는 「修身十訓」,[27] 곧 생활의 敎育訓要로서 다음 열 가지를 들고 있다.

① 立志；當以聖賢自期 不可存毫髮退托之念
② 敬身；當以九容自持 不可有斯須放倒之容
③ 治心；當務淸明和靜 不可墜昏沈散亂之境
④ 讀書；當務硏窮義理 不可爲言語文字之學
⑤ 發言；必詳審精簡 當理而有益於人
⑥ 制行；必方嚴正直 守道而無汚於俗
⑦ 居家；克孝克悌 正倫理而篤恩愛
⑧ 接人；克忠克信 泛愛衆而親賢士
⑨ 處事；深明義理之辯 懲忿窒慾
⑩ 應物；勿牽得失之念 居易俟命

가훈적인 성격을 지닌 위의 〈修身十訓〉에서, 우리는 유가교육의 본령이 어디까지나 일용범백사에서 「下學而上達」하는 것임을 확인할 수 있다. 진리는 高遠深處에 있는 것이 아니라고 하는 생각도 중요하지만, 일상적인 삶 속에서 끝까지 삶에 골몰하지 않아야 한다는 「입지」 제1조에 주목할 필요가 여기에 있다. 立志는 교육이상 또는 목표의 설정이고 현대적 의미에서 교육동기유발(educational motivation)이다. 퇴계는 그의 〈勸學文〉에서 사람됨(爲人)의 입지는 「堯舜同性」이라는 자각과 自期이다.[28] 이러한 마음의 준비상태가 있어야 공자의 「明決・含蓄」, 그리고 맹자의 「雄辯・光輝」 그리고 「其問也若吾之問焉 其答也猶吾之答也」[29]할 수 있다는 것이다. 그러므로 퇴계의 교육방법론은 「先知後行」・「先窮理・後居敬」・「先道問學・後尊德性」이라는 時差의 선후로 설명될 수 없다. 知와 行은 어디까지나 「幷進」이고 「互進」이다. 窮理(知)는 致知事이고 居敬(行)은 立本事인데 이 양자를 互進시키는 것이 곧 敬이다. 敬의 공부는 無事時(存養)에는 天理의

---

27) 《陶山全書》(外篇)(四), (十二代孫 中運 輯錄)
28) 《陶山全書》, 〈勸學文〉, (日月之逝 六驥過隙 三十而不立 則其終也已矣. 參天地而爲人與 堯舜而同性 苟自暴自棄 反類於獸 昧固有之至樂 甘不量之大恔 豈不痛哉(…))
29) 《陶山全書》(四), 〈四書總論〉.

本然을 함양하는 「정신의 깨어남」〔惺惺〕에 있고, 유사시〔省察〕에는 엄숙한 「자아와의 만남」〔愼獨〕에 있다.

敬을 통해서 인격을 실현시키고 형성한다고 믿기 때문에 퇴계의 敬은 인격실현의 방법만이 아니라 인간이해의 원리이다. 퇴계에 의하면, 敬이란 事事物物에 있어서 그 所當然과 所以然을 깊이 밝히고 침잠·반복하고 玩索·體認함으로써 극치에 이르게 하여 세월이 오래되어 功力이 깊어지면 하루 아침에 洒然히 融釋되고 활연히 관통되는 교육가치의 실현자이다.[30]

「致知事」에서의 객관적인 탐구방법과 「立本事」에서의 주관적인 접근방법이 하나로 되어, 「融合貫通」된다. 그런데 이 연결과정에서 생기는 「비약」곧 논리적 모순을 어떻게 처리하여야 하는가? 이 문제는 「朱子晚年定論是非」와도 관련되고 퇴계의 「理到說」과도 연결되는 문제이다. 퇴계는 이 두 가지 개념을 「致知之方」과 「力行之功」으로 나누어 구분하였다. 致知之方은 교육의 과정이고 力行之功은 교육의 효과이다.

퇴계는 「致知事」를 설명하기를 인간의 성정과 古今事變은 至實한 理와 則이 있기 때문에 이른바 「天然自有之中」이다. 따라서 「博問·審思·愼思·明辯」이라는 「致知之目」을 배우지 않으면 안된다. 다시 말하면, 과학적 탐구로서 세계와 인간에 대한 인식을 강조한다. 그리고 「立本事」에서는 「戒懼而謹獨·强志而不息」을 그 절목으로 들고 있다. 이들은 주자가 이미 설파한 것들이지만, 퇴계의 경우, 특히 만년에 이를수록 인간행동의 실존적 결단에 대하여 더욱 많은 관심을 보였다. 그러나 퇴계의 실존적 결단이란 頓悟와 같은 성질의 것이 아님은 물론이다. 「虛心玩繹 而無急促也」라고 하여[31] 어디까지나 四勿精神에 철저하였다. 그리고 博學만 하고 要約으로 돌아오지 않는다면 곧 「遊騎」가 너무 멀리 나가서 돌아오지 않는 폐단과 같다고 하였다.[32] 따라서 학문이란 종신사업이므로, 비록 顏曾과 같은 경지에 도달했더라도 다했다 할 수 없는데, 하물며 그보다 못한 범인에게 있어서일까보냐 하였다.[33]

---

30) 《陶山全書》(一), 〈戊辰六條疏〉.

31) 《陶山全書》(二), 〈答許美叔問目〉, (課程須嚴 立志意須寬 著所謂嚴立非務多也 謂量力立課 而謹守之也 所謂寬者 非悠泛也 謂虛心玩繹而無急促也)

32) 위의 책, (但或徒博而不及約 則恐有遊騎出太遠 而無所歸之弊 (…) 自喜其簡捷矜負自足 不復有意於博文一事 遂陷異學而不自知)

33) 《自省錄》, 〈答鄭子中〉, (學非一蹴可到 誠然 (…) 此事終身事業 雖到顏曾地位 猶不可記 況其下者乎)

퇴계의 경우 학문방법론은

「立志」→思行幷進─〈敬義夾持／知行互進〉→漸久…→融會貫通

의 순서이지만, 이러한 과정에서 「不疑不輟」하지 않을 수 없는 「회의」가 중요하다고 하였다. 그는 주자의 말을 인용하여 이러한 지적 위기를 「到極辛苦不快活處」라고 표현하였는데 이 「자리」야말로 새로운 지적 발전의 계기, 곧 「方是好消息來」하는 지점이라는 것이다.[34]

실지로 지적 발전은 규칙적인 상승방향으로 이루어지는 경우보다 비연속적·단속적인 발전에서 가능한 경우가 많다. 교육에 있어서 이러한 위기를 회피하는 것이나 부드럽게 만들어 주는 일은 결국 인간에게 결정적인 발전가능성을 방해하는 것밖에 되지 않는다.

퇴계의 지적 탐구는 그 源頭處까지 철저히 찾아가는 데 있으나 이는 장구한 시간과 노력을 전제로 하는 것이다. 〈答高峯非四端七情分理氣辯〉第二信의 後論에서 퇴계는 다음과 같이 그의 견해를 피력하였다.

> 만일 여기서도 정할 수가 없다면 반드시 후세의 朱文公을 기다린 뒤에야 그 옳고 그른지를 판단하게 될 것입니다.[35]

한편, 퇴계의 행위준거는 언제나 최선책(常道)을 지향하는 데 있었지만, 부득이할 때는 차선책〔權道〕을 찾을 수 있다고 하였다. 《自省錄》에 나오는 李栗谷에게 준 글이 그 예이다.

> 모든 일에 있어서 어찌해야 할 방법과 도리를 찾지 못했을 경우에는 부득이 차선책을 찾아서 이에 따라야 할 것입니다. 이것이 바로 權道로서 이때에 마땅히 해야 할 至善입니다.[36]

---

34) °《陶山全書》(三),〈答李宏仲〉,(夫常人之學 所以每至於無成者 只緣一覺其難 遂輟而不爲 若能不疑不輟 毋以欲速而過於迫切 無以多悔而至於撓奪 (…) 朱子嘗曰做到極辛苦不快活處 方是好消息來 正謂此也)

　　°《陶山全書》(二),〈答金而精〉,(夜裏因思繹 而發疑端 有此叩問 此乃爲學實用功處 將有知覺進修之益)

　　° 위의 책,(顏子雖云亞聖之資 當其未得也 豈盡無疑 豈無辛苦 工夫惟其有疑不置 忍辛不輟 眞積力久而竭其才 故其樂自生焉)

35) 註 2)와 같음

36)《自省錄》,〈答李叔獻〉,(凡事到無可奈何處 無恰好道理 則不得已 擇其次者而從之 乃所謂權 亦此時所當止之處也)

4) 퇴계교육학의 示唆

퇴계는, 〈玩樂齋〉라는 詩에서 이렇게 읊고 있다.

主敬還須集義功　　　敬을 위주로 하고 義를 모으는 데 힘쓸지니
非忘非助漸融通　　　이 일은 잊거나 무리하지 않으면 점점 융통하리다.
恰臻太極濂溪妙　　　마침 태극에 이르니 周濂溪의 이치가 묘하도다.
始信千年此樂同　　　비로소 믿겠네, 천년이 지나도 이 즐거움이 같음을.

퇴계의 「千年同樂」을 4 백 년 뒤인 오늘의 교학원리 또는 교학방법의 원리로 그대로 적용할 수는 없다. 이것은 퇴계학의 오류가 아니라 「時·空·人間」이 변화하였기 때문이다. 그러나 교육에 있어서 변하는 것과 변하지 않는 것의 구별은 무엇보다 중요하다. 常과 變마저 고정적이지 않은 것이 현대교육의 특색이지만, 교육의 최종적인 기반은 인간에 대한 신뢰이다. 주체적 인간의 자아의식이 사물에 대한 주체적 판단을 가능하게 한다. 퇴계는 확고한 교육목적과 이상을 가지고 무너져가는 한 시대의 가치관을 확립코자 하였을 뿐 아니라, 도학의 진수를 체험·체득·체인하고자 하였다. 그의 교학방법론은 이러한 도야이상에 관한 최선의 답이었다.

오늘날, 세계교육의 방향은 인간행동의 계획적이고 물량적인 변화를 지향하였으며, 인간의 고향상실은 지적 편중 교육에 의하여 가속화되고 있다. 퇴계교육학에서의 성숙한 인격교육은 이제부터 「同樂」하여야 할 교육의 방법론적 원리의 하나라 본다.

Ⅳ. 퇴계 교학사상의 본질

인간형성의 일반논리
퇴계의 陶冶理想에 있어서 수렴성과 확산성
敬의 교학사상
퇴계의 예술교육관
퇴계 庭訓考
퇴계의 書院敎育觀

Ⅳ—1. 인간형성의 일반논리

1) 인간관

퇴계에 의하면, 사람은 보편인[理의 사람]과 특수인[氣의 사람]으로 구별될 수 있다고 한다.[1] 그러나 氣에 의하여 上智·中人·下愚의 가름이 있고, 「淸·濁·粹·駁」의 갈래가 생긴다고 보아 태어날 때부터 불변하거나 고정되어 있는 것은 아니라고 한다.

대체로 사람은 세상에 태어날 때 모두가 같이 천지의 理氣를 받고 태어났다. 理와 氣는 합하여 마음이 되는 것으로서, 이 마음은 한 사람의 마음이자 천지의 마음이요, 만인의 마음이기도 하다.[2]

따라서, 사람은 理의 소재는 모두가 한결같아서 智·愚가 생득적으로 차이가 있는 것이 아니라고 한다.

下愚라도 마땅히 힘쓰면[3] 理의 사람으로 나갈 수 있으며, 上智라고 하여 기질의 아름다움만을 믿어 存養省察과 眞知實踐이 없으면 사람됨의 길을 저버리는 것이라고 한다. 예컨대, 禹가 舜으로 「惟精惟一」의 학을 배웠고, 顔回가 孔子로부터 「博文約禮」의 학을 배운 것이 그러한 예라고 하였다.

퇴계학에 있어서 두드러진 특색 가운데 하나는 理貴氣賤 사상이다.[4]

---

1) 〈聖學十圖劄〉
2) 위와 같은 글.
3) 「사람됨의 길」이 그 실천논리가 된다.
4) 이와 같은 생각은 陶冶개념으로서도 설명될 수 있다. 인간의 潛在可能性(potentiality), 可塑性(placitity) 혹은 個人差(individual difference) 등의 뜻을 포함하고 있다. 바꾸어 말하면 人間의 제약된 현실성을 계발·도야함으로써 교육적 가능성이 이룩될 수 있다는 말이 된다. 원래 도야의 理念(Das Bildungsideal)은 인간의 정신적인 발전의 영역을 다룬 것으로서, 사람에게 주어진 소질들은 조화 있게 발달시켜야 하며, 어떠한 특수소질만 조장 또는 억압하는 일이 없어야 한다는 데서 출발하고 있다. 사람의 天性은 모두 善하며 가치있는 것이라고 믿는 일종의 善性論이라고 할 수 있다. 독일 古典主義 시대에 있어서 Goethe, Herder, Humboldt 등에 의하여 전개된 특수한 교육적 의미로서 이 개념이 사용되었으며 Spranger는 Humboldt의 陶冶이론을 발전시켜 다음 세 가지 개념으로 요약한 바 있다. Spranger의 3槪念과 退溪의 3人間 개념과 대비하면 부합하는 바 있다.

<pre>
   退溪   Spranger
   氣의 사람←················→個性
</pre>

理貴氣賤, 然理無爲氣有欲, 故主於賤理者, 養氣在其中, 聖賢是也, 偏於養氣者,
必至於賤性, 老莊是也[5]

性卽理에 터한 理의 사람은 귀하고, 인욕에 터한 氣의 사람은 천하다고
하였다. 그러나 그 바탕에 있어 賤→貴의 이동성을 배제하자는 것이 아니
다. 사람은 尊天理 遏人欲하는 下學上達로서 사람다웁게 된다고 본 것
이다.

이 점에 있어서 퇴계인간학은, 花潭의 唯氣論的 인간관이나 후학인 盧
沙의 唯理論的 인간관과는 자못 다른 융통성이 있다. 퇴계학의 출발은 理
에 대한 철저한 인식에서 비롯되어야 한다. 이는 성리학에 있어서 근간이
되는 개념으로서 확대하면 우주본체론의 핵이 되며, 축소하면 인성본질론
의 축이 된다. 즉「理卽性」,「性卽理」이다.

주자에 의하면, 理와 氣는 함께 천지의 사이에 있다. 理는 形而上의 道
體로서 만물의 본체(根木)가 되고, 氣는 形而下의 대상으로 만물의 체질이
된다. 천지간의 理는 편재적이어서 보편성의 理가 되고, 理가 氣에 곁들
여 成物하면 그 물건의 性이 되는 것이다. 이곳의 性을 특수성(個體性)의
理라고 한다. 사람에게 이 원리를 적용하면 바로「本然之性」과「氣質之
性」이다. 본연지성은 理에 對한 인성이며, 기질지성은 氣에서 나오는 인
성이다. 따라서, 만물은 理쪽으로 보면 同原이지마는 氣로 보면 淸濁偏正
에 의하여 같지 않다.[6]

퇴계학의「理」에 대한 투철한 이해는 바로 理를 능동적인 운동자로 이
해한 데 있는 것 같다. 우주인성론의 제일원리로서의 理는 결코 정태적인
상태로서 존재하는 것이 아니라,「本然之體」로서「能發能生」[7,8]하는 것으
로 이해하였다. 그는 理의 소이연 즉 理의 體는 理의 소당연으로서의 理
의 用을 전제로 생각하였으며, 사람의 소이연은 사람됨의 소당연으로 말
미암아 그 값어치가 나타난다고 보았다.

理의 사람←⋯⋯⋯⋯⋯→普遍性
敬의 사람←⋯⋯⋯⋯⋯→全體性

5)《退溪全書》(上), p. 355「與朴澤之」참조.
6)《朱子大全》(五八卷), 四.
7)《退溪全書》(上), p. 889.
8) 周濂溪는 理를 해석하여「動而無動 靜而無靜」이라고 보았고, 朱子는「能發能生」하는 것
   은 氣의 작용이고「所以發所以生」하는 것이 理라고 구별하였으나, 퇴계는「若理無動靜
   氣何自有動靜乎」라고 하여 理에도 動靜이 있어 理氣 아울러「能發能生」한다고 하였다
   (위의 책, p. 889).

따라서, 퇴계학을 지식학으로만 이해할 것이 아니라 실천 논리를 강조한 행위학으로 보아야 할 것이다. 그는 주자의 「理氣不相 雜不相離」에서 不相雜 면에 역점을 두었고, 「凡天下所當行者」는 理며, 「所不當行者」는 非理라고 하여[9] 理體보다 理用에 힘쓸 것을 강조하고 있다.

퇴계의 理氣이원론은 理와 氣가 「不相雜」하다고 하여 「理氣決是二物」[10] 임을 역설하고 있으나, 이는 어디까지나 개념상의 혼동을 막기 위한 것이다. 말하자면 氣→理의 개연성을 막아 버린 것이 아니다.

퇴계의 「本然之性：氣質之性」, 「四端：七情」, 「道心：人心」 및 「尊天理：遏人欲」 등의 對比개념에서도 적용될 수 있는 것으로서[11], 전개념과 후개념은 상대적 함수관계를 항상 유지하게 된다. 그렇기 때문에 能發能生하는 所當然에의 길을 닦을 수 있고 여기에 사람됨의 길이 열리는 것이다.

성리학적 인간관은 곧 天理觀의 축소이다. 인성과 천리 관계는 성리학의 주된 우주인성론의 교섭 관계이다. 사물을 주재하는 정신의 법칙성이 곧 天人관계의 논리구조라고 보았다. 그러므로 氣는 理에 의하여서 「致中和」의 경지로 나아갈 수 있는 것이다. 천지에 두루 있고 사람에게 내재하는 길, 이것이 보편과 특수, 전일성과 개별성이 융합되는 자리다. 사람의 자리는 이러한 己發과 未發의 중간자로 결단과 역행(이것이 義理의 실천방법으로 居敬窮理와 求仁成德에 의한 仁의 길이다)이 요청된다. 소이연과 소당연이 함께 부여되고 있다. 퇴계는 이러한 천인융합의 길을 사람됨의 첫 과녁이라고 보았다. 氣의 사람도 理의 사람이 될 수 있다는 가능성의 통로를 열어 놓고 있다.

천리가 곧 인성이니, 「사람이 홀로 구비한 仁」(吾所獨具之仁)은 「天地萬物이 구비하고 있는 仁」(天地萬物所具之仁)의 주객관적 표현일 뿐이다. 객관적 보편성으로서의 天理〔仁〕는 주관적 특수성으로서의 人性〔仁〕과 하나

---

9) 《退溪全書》(下), p. 702, 〈言行錄〉
10) 위의 책(上), p. 921.
11) 이에 대하여 퇴계의 「理優位觀」 즉 理氣를 둘로 나누고 그 不雜性을 강조하여 理의 所當然을 중시하는 것이 退溪學의 특색이다. 「能發能生」은 太極이 陰陽을 떠나서 스스로 動靜이 있다는 것은 아니고 陰陽動靜의 「所以然」 즉 氣의 動靜의 「所以然」에서 볼 때 太極에 스스로 動靜이 있다는 것이다. 그러한 의미에서 氣는 「被命者」며, 理는 「命物者」이고 그 지위는 相對平等일 수 없다. 그러나 사물의 所當然은 理가 理되게 하는 길이기 때문에 「賤＝氣」는 「尊＝理」의 未發, 未用事의 자리에 있는 것이다. (心之未發, 氣未用事 唯理而已, 安有惡乎 惟於發處, 理蔽於氣 方趨於惡, 比所謂幾分善惡, 而先儒力辨其非有兩物相對而生考也)——《退溪全書》(上), p. 349.

가 될 때 中和의 경지에 이른다는 것이다. 그리고 性은 곧 理로 인하여 주재되는 것(合理氣 統性情)으로서, 存養省察의 공부에 의하여 천리·인성은 一體가 될 수 있다는 것이다. 따라서 合理氣·統性情을 이룩하지 못하여 心氣의 濁駁상태를 지니고 있으면 기질의 사람이요, 心氣가 貞定상태에 있어 항상 主居敬하면 本然之性을 갖춘 사람이 된다고 한다.

2) 人間形成觀

퇴계의 인간형성에 대한 논리는 유교교육의 일반목적인 「仁」의 체득에 있다. 「蓋其爲敎也 本於明倫」이라는 윤리적 목적으로 귀착시킬 수 있다. 그의 저술 전편을 통관하는 사상과 그의 70생애를 건 삶의 대명제가 바로 그의 求仁사상에서 나온다. 이것이 퇴계의 敬哲學이다. 퇴계의 求仁사상의 집약적 표현은 〈聖學十圖〉第二 西銘, 第七 仁說 및 〈西銘考證講義〉 가운데 잘 나타나 있다. 「蓋聖學在於求仁」[12]이기에, 仁의 참된 뜻을 알면 천지만물의 하나됨을 알게 되고, 하늘과 사람의 관계에 있어서 하나로 통관되는 「實」을 밝힐 수 있다고 하였다.[13]

그러므로, 퇴계의 仁은 理의 경우와 마찬가지로 이론적인 所以然으로서의 가치보다 실천적인 所當然으로서 이룩하여야 할 것을 강조하고 있다. 理와 仁이 결국 표현을 달리하고 있을 뿐 그 바탕은 같다고 보기 때문이다.

理는 우주·인성의 본체론적 표현인 데 비하여, 仁은 실천윤리적 표현이다.

仁의 길은 이른바 「存天理 遏人欲」의 공부에 의하여 발현되는 것으로서 이는 居敬窮理에 침잠하여서만 가능하다고 보았다.

이와 같은 거경궁리는 퇴계의 독특한 교육 목적 실천관인 「敬」을 지향한다. 居敬은 「立本事」며, 窮理는 「致知事」이다.

퇴계에 의하면 학문하는 까닭은 敬의 공부와 理의 공부에 있는데 이 둘을 互進〔反踐實〕시키는 것이 敬이다. 따라서, 敬은 학문과 인간자아의 주체를 지키는 자세이며 그 기반이다.

---

12) 〈聖學十圖〉, 第二頭銘圖
13) 《退溪全書》(上), p. 218. 仁을 체득하면, 「…因以破有我之私, 廓無我之公, 使其頑然如石之心, 融和洞徹, 物我無間, 一毫私意, 無所而容於其間, 可以見天地爲一家, 中國爲一人, 痒痼疾痛 眞切吾身, 仁道得以」라고 하며, 主客觀의 融和洞徹된 경지임을 보여주고 있다.

敬은 日用第一義[14]로서 動과 靜을 관통하며[15] 知와 行의 기본이 되는 자세이다. 敬을 통하여야만 仁에 도달할 수 있다. 敬이란 학습〔窮理〕과 행위〔力行·居敬〕를 보다 철저히 그리고 포괄한 개념이다.

궁리한다 함은 바른 理에 다다름을 말한다. 物我 一理는 格物을 가리키는 것으로서 인간과 사물에 있어서 融會貫通의 理를 공부하는 것이 궁리이다.

이와 같은 인식론적 체득은 居敬에 의하여서 발현될 수 있다. 그러므로 居敬은 타율적인 지도에 의하여서가 아니라 자각적 노력에 의하여서 도달할 수 있다는 것이다.

居敬은 性情을 통합하는 것, 즉 統性情하는 태도인데, 未發의 靜[16]을 밑바탕으로 하고 있다. 未發의 靜이란 퇴계의 「靜而涵天理之本然 動而決人欲於幾微」[17]에서의 「靜涵動決」이다.

窮理·居敬은 결국 「敬」 한자로 融合歸一된다. 敬은 학문의 시종이기도 하려니와 敬을 통해서 인간은 자아의 주체를 파악한다.

敬의 공부는 無事時〔存養〕에 천리의 本然을 함양하는 「精神의 깨어남」〔惺惺〕에 있고 有事時〔省察〕에는 엄숙한 「자아와의 만남」〔愼獨〕에 있다. 그러나, 이러한 깨어남과 만남은 학문과 인격의 비약적인 진보를 겨냥하는 것이 아니다.

퇴계에 의하면 「하나」로 꿰뚫는 것만이 진리다. 즉, 인성과 천리의 관계가 理 하나로 꿰뚫려 있고, 心性情 관계가 善 하나로 「合理氣」 될 수 있다는[18] 것이다.

이 하나됨의 자리가 敬의 자리이다. 사람됨의 자리는 마땅히 敬으로써 이룩되어져야 한다고 한다.

人之爲學 勿論有事無事 有意無意 惟當敬以爲主[19]

---

14) 《退溪全書》(上), p. 681, 〈答金而精〉.
15) 위의 책, p. 661, 〈答金惇叔〉, 「靜而涵天理之本然, 動而決人欲幾微」.
16) 「守身貴無撓 養心從未發 苟非靜爲本 動若車無輗一 文集卷五 詩」의 상태다.
17) 《退溪全書》(上), 《自省錄》, 〈答金惇叔〉, p. 661.
18) 《退溪全書》(上), 〈答奇明彦別紙〉, p. 456, 「理氣合而爲心, 自然有虛靈知覺之妙, 靜而具衆理, 性也 而盛貯該載此性者, 心也 動而應萬事, 情也 而敷施發用此精者, 亦心也, 故曰 心統性情」.
19) 《退溪全書》(上), p. 654.

퇴계는 敬의 動靜・體用을 다음과 같이 설명하고 있다.

　　靜而嚴肅敬之體也,　動而齊整敬之用也[20]

이처럼 動과 靜, 體와 用을 하나로 꿰뚫는 것이 敬인데, 퇴계학의 강한 특색인 실천성과 결부시킬 때 더욱 소상하게 나타난다.

「主敬以立其本 窮理以到其和 反窮以踐其實」[21]이라는 말이 그것이다. 退溪의 敬은 하늘과 사람을 다리놓는 자리이다. 天理・人欲이 敬으로 말미암아 하나 될 수 있다고 본다.

「靜而涵天理之本然 動而決人欲於幾微」에서의 「決人欲」할 수 있는 마음 자리다. 그러므로, 敬은 「一身의 主宰인 心을 다시금 主宰하는」(蓋心者一身之主宰也 而敬又一心之主宰也一心學圖) 정신적 位相이다.

퇴계의 인욕을 버리고 천리를 따르는 (尊天理・遏人欲) 태도는 바로 종교적 자세와 결부된다. 퇴계의 이와 같은 敬은 실로 畏敬・敬虔이라는 종교적 경지까지 승화된 것이다.[22]

퇴계학에서의 敬을 지향하는 인격적 태도는 하늘의 문법〔天理〕을 사람에게 펴려는 자세이다. 氣를 지닌 사람도 마땅히 실천윤리적 귀감을 천리에서 찾아야 한다고 보았다. 이것이 곧 퇴계학에 있어서의 敬天・畏天・事天 사상이다.

3) 人間의 敎育的 形成過程

가) 知 識 論

퇴계학을 하나의 지식학으로 다루는 것은 바른 길이 아니다. 그러나 이 말은 퇴계학이 지식학으로서의 약점이 있다는 뜻은 아니다. 지식학으로서의 퇴계의 성리학적 이해는 주자를 능가하는 경지에 이르고 있다.

퇴계 지식학은 모든 사물에는 각기 고유한 理(理則)가 있고, 그 理를 하나하나 궁리함으로써 체계화하는 데서 출발한다. 그는 객관적 인식체계

---

20)《退溪全書》, p. 824.
21)《退溪文集》, 卷 10,〈答盧伊齋〉,「敬者何 主一之謂也」.
22) 朴鍾鴻,〈李退溪의 敎育思想〉,《韓國의 思想的 方向》, 博英社, 1969, p. 298.

를 지향한다. 이 점이 퇴계가 주관적 관념론적 방법을 취하는 陸王思想이나 佛說을 이단시한 이유이다. 그러므로 퇴계 지식학은 주지주의적 경향을 띠게 되고 「로고스」가 없는 「파토스」에 의하여 지배되는 것은 義理之行이 아니라고 강조한다.

이성적이고 합리적인 것을 강조하는 그의 학적 관심은 그대로 실천윤리 면에서도 적용되어 사람됨의 길은 돈오라든가 「攬入本心」[23]과 같은 주관적인 태도에서 나오는 것이 아니라고 경계하였다.

사람됨의 지극한 자리〔聖賢〕가 강조된다고 하여 갑자기 그렇게 될 수는 없다는 것이다. 따라서 漸進敦修의 공부가 요청되는 것이며 인간성장 발달 단계를 중시하고 개성교육을 강조하였던 것이다. 「下學而上達, 如群飮於河, 各充其量, 高而無聖賢, 下爲而善士」되는 것으로서 「其敎之有序, 而學之務實如此」[24]인 것이다.

지식론의 입장에서 본 퇴계학의 특색은, 주지주의적 입장에 서 있고 그의 주된 학적 관심사는 인간성 고양——인간권위의 확립에 있는 것 같다. 따라서, 그의 교학사상은 단편적인 기계론적 해석구분으로는 이해할 수 없는, 인간과 우주이해의 종합과 조화의 사상체계로 고찰되어야 할 것이 기대된다.

퇴계학의 이해는 그의 교육방법론에 있어서 더욱 분명히 관찰될 수 있다. 그의 인간의 교육적 형성과정은 사상과 실천이 수미일관 敬으로 貫流되고 있고, 교육방법은 인간이해의 「科學的 洞察」[25]에 근거하고 있다.

나) 立 志 論

퇴계는 사람이 사람다와지는 열쇠는 입지에 있다고 한다. 立志란 학문수도의 자각적 태도의 확립이라고 할 수 있으며, 현대 학습이론에 있어서의 준비성(readiness) 및 동기유발(motivation)의 개념과도 상통한다. 학습은 학습자의 심리적·신체적 학습용의도 여하에 의하여 결정된다.

퇴계의 求仁成德은 일종의 자아실현이다. 이때의 자아는 인성(personality)

---

23) 〈傳習錄辯〉, 「……陽明徒患外物之爲心累, 不知民彝 物則眞至之理 即吾心本具之理, 講學窮理正所以明本心體之達本心之用, 顯乃欲事事物物一切掃除, 習攬入本心哀說了, 比與釋氏之見何見」.

24) 《退溪文集》, 卷 19, 〈一答黃仲擧〉

25) 이곳에서의 「科學的 洞察」이라는 말은 퇴계 학문태도의 객관성·엄숙성·진지성과 같은 의미로 사용되고 있으나 現代學習心理學的 理解와의 비교에서도 그의 과학적 태도가 照應되는 경우가 많다.

이 理則에 의하여 통정이 된 자아이다. 입지는 바로 이러한 자아의식에서 출발한다. 따라서 퇴계의 立志는 인식론으로 보면 기초지식과 철학적 사유 사이에 놓여 있는 중간자적 심리태세며 가치적 실천론으로 보면 居敬窮理에서 求仁成德에 이르게 하는 주동자다.

그러므로 퇴계는, 배우려는 자는 먼저 입지하여야 한다고 하였으며[26] 입지 여하에 의하여 어떠한 사람도 성인과 같을 수 있다고까지 하였던 것이다.[27]

입지는 학습수련자의 학습욕구 또는 그 심리태세일 뿐만 아니라 학습목적관의 확립이기도 하다. 효과적인 학습을 위하여서는 동기유발이 필수적인 조건이라고 한다면 입지는 목적관을 실현하게 하는 동기유발자이다. 입지의 動機誘發性은 항상 感發興起케 함이 중요하다고 한다. 〈朱子書節要序〉에서 말한, 「夫人之爲學 必有所端興起之處」라는 뜻이 이것이다. 名利榮達에 급급한 학문 즉 文才나 宦路에 얽매일 것이 아니라 입지는 도의심에 발화되어야 하는 것이라고 하였다.

> 先生謂在座諸人曰，儒家意味自別，工文藝非儒也，取科才非儒也， 因歎曰世間許多英才，混泪俗學，更有甚[28]

퇴계의 立志는 修己하는 불가결의 조건이었다.

> 爲己之學，以道理爲吾人之所當知，德行爲吾人之所當行，近裏着工， 期存心得而躬行者見也，爲人之學，不務心得躬行，而飾虚循外 以來名取譽者也[29]

입지의 방향이 存養省察하는 것이 되어야 한다는 말이다.

「立志堅固 趨向正直」하여야만 스스로의 실현을 기약할 수 있다고 당부한다.[30]

그리고 입지는 신중히 생각하는(愼思之) 데서 가능하다고 한다. 「日用彝倫」으로부터 「天地萬物 古今事變」에 이르기까지 신중히 생각하는 자

---

26) 〈言行錄〉，教人，金粹記
27) 〈聖學十圖剳〉，文集，卷 7
28) 〈言行錄〉，論科學之弊，鄭士誠記
29) 〈言行錄〉，教人，金富倫記
30) 《退溪文集》，卷 40，伊山院記

가 입지할 수 있다는 것이다. 理則으로 철학하는 자세가 입지하는 바탕이다.

퇴계는 지적 경험에 의한 개념의 명료화보다는 洞察(insight)에 의한 潛心修得을 더욱 강조한 것 같다. 그러나 궁리는 多端하여 「不可拘一法」한 것으로서 입지방법은 한가지일 수 없다. 다만 생각 이것뿐이다. 생각하면 얻을 것이요, 생각하지 않으면 얻지 못할 것이다. 생각하면 밝아질 것이요, 밝으면 이루어질 것이라고 한다(思則得之 不思則不得, 又曰思則睿睿作聖—〈進聖學十圖劄〉). 사유에는 왕도가 없다는 말일 것이다.

「潛求默玩」하여 터득된 진정한 나의 것을 얻음이 곧 생각이다(思者何也, 求諸心而有驗有得之謂也 : 〈戊辰六條疏〉).

이러한 생각은 敬을 떠나서는 이루어질 수 없다. 敬을 떠난 사변은 몰가치하다. 퇴계학의 心學的 성격은 바로 敬을 存養省察의 요체로 보는 데 더욱 두드러진다. 그러므로 생각은 이미 靜態的인 관념형태가 아니다. 생각 속에는 動靜이 겸전되는 精一集中의 운동성이 내재되고 있는 것이다. 「靜而涵天理之本然, 動而決人欲於幾微」의 상태다.

퇴계의 입지론은 주정적인 분발심을 뜻하지 않는다. 이른바 각오라든가 결의만으로 되는 형식론적 입지는 아니다. 사고하는 理則을 思考케 하는 데 있다. 사장말폐의 기계론적 기억(rote memory)은 헛일일 뿐인 것이다.

「若忽忽然說過, 泛泛說說而己, 則是不過章口耳之末習, 雖誦盡千編, 白首談經, 亦何益哉」[31]라고 말한 것이 이것이다.

퇴계학의 주지적 특색은 입지에 있어서도 합리적 실천을 배제하지 않고 있다. 그는 읽고 생각하였으며(晝之讀 夜必思繹), 생각하는 바는 언제나 天理의 說을 체인하려고(默坐澄心, 體天理之說) 하였다. 그러므로 입지의 바탕 또한 사유작업이라는 인지적 행위를 기반으로 하고 있다. 퇴계는 늘 사고하고 회의하고 비판하고 종합하였다. 그는 철저히 철학을 철학하였다.

사고는 행위와 연결되고 실천은 회의와 비판을 불러일으켰다. 그의 생애는 바로 질문사다. 크게 의심하였으므로 크게 깨친 것이다. 퇴계는 이러한 의문을 비판정신으로 끌어올려 독단을 배제하려고 하였다.

---

31) 〈言行錄〉, 讀書, 金誠一記

다) 個性敎育

퇴계는 개성에 맞는 학습을 중시하였다. 입지에 의한 학습자의 **자발성**의 개발은 당연히 개별교육의 강조를 수반하는 것이 되기 때문이다.

> 士子遠來 質疑淸益 則隨淺添而告詔之 必以立志爲先 主敬窮理爲用工地頭 諄諄誘掖 啓發乃己[32]

학습자에게 먼저 입지한 바를 보고(其敎人也 先觀志之所向──言行錄(六)) 그 사람됨의 능력의 차이에 따라 교육할 것이며 주입식 교육이 아닌 感發敎育을 강조하였다. 이는 소크라테스의 지식산파술(Maieutic)과 같은 교육방법이라 할 것이다.

> 見學者, 志道誠篤, 喜而勉進, 向學解弛, 則憂而激勵, 勤勤懇懇於提撕誘掖之間者一出於誠, 聞者亦無不感而思奮矣[33]

사람에게 각기 능력의 차이가 있고 사람의 발달 과정에는 성장발달단계가 있다는 것을 그는 간파하였다.

라) 敎 材 觀

유학교육에 있어서 교재범위와 그 학습 순서는 定型이 있다(諸生讀書, 以四書五經爲本原, 小學家禮爲門戶: 伊山院規, 工夫先後, 立程規模則須先小學後大學: 答李宏仲).

이는 퇴계설만이 아니라 유학교육의 定論이다. 교재선택의 여지를 인정하지 않는 점에서는 문제점이 있으나 정선된 고전을 택한다는 형식도야론적 입장이기 때문에 史·子·集類는 初學用功의 書로 인정하지 않는다. 그러나, 퇴계의 경우 그의 독서편력을 연보에 의하여 살펴보면 반드시 틀에 박힌 것만이 아니었다.

○ 6세 : 이웃 老夫에게 千字文을 배우다(매일 아침 사립문 밖에서 전날 배운 것을 여러 번 외운 뒤에 절하여 뵙고 가르침을 받다).

---

32) 〈言行錄〉, 敎人.
33) 〈言行通錄; 鄭惟一撰, 〈言行通述〉, 卷 1.

　　ㅇ 12세 : 叔父 松齋公에게 論語를 배우다[34] (門人記에 의하면 이 때의 論語는
朱子의 集記本, 退溪와 朱子의 간접적 만남의 비롯이다).

　　ㅇ 14세 : 홀로 글 읽기를 즐기다(특히 陶淵明의 詩를 사랑하고 그 사람됨을 흠
모하다).[35]

　　ㅇ 16·17세 : 비로소 「朱子」를 배우다. 性理學이 「있음」을 알다.

　　ㅇ 19세 : 小學을 읽다. 우연히 《性理大全》 首末 2권을 얻어 읽다(그 중 《太極
圖說》은 그의 哲學的 開眼과 道學自得의 端緒가 된다).

　　ㅇ 20세 : 周易을 읽다(發憤忘食, 몸을 해칠 정도로 탐닉하다).

　　ㅇ 33세 : 《心經》[36]을 黃진사(上舍姓黃人) 집에서 발견하고 읽다 (이것이 退溪
心學의 淵源이 된다).[37]

　　퇴계의 독서편력에서 알 수 있는 것은 청년 전기의 텍스트로는 일상 실
천윤리를 강조하는 《孝經》 또는 《小學》이 합당하고, 청년 후기의 텍스트
는 이론적 철학서인 《心經》을 택하였다는 것이다. 퇴계는 《小學》·《近思
錄》·《心經》 가운데 무엇부터 읽어야 하겠느냐(問小學近思錄心經何書最切)고
할 때 初學用功之書로 《心經》만큼 긴밀한 것이 없다고는 하였으나(小學體用俱
備, 近思錄義理精徹, 蓋不可不讀, 而初學用功之地, 莫切於心經)[38] 이는 「四五書
經爲本」하고 난 뒤 다시 말하면 도학에의 길에 자각입지하고 난 후에(이것

---

34) 퇴계는 그의 생애를 통관하여 受學한 師가 松齋밖에 없다. 퇴계 스스로 좋은 師友를 얻
　　지 못하여 헤매인 지 수십년 학문을 어떻게 시작하여야 좋을지 몰라 枉費心思하였으며
　　밤에 靜坐하여 잠을 자지 않다가 마음의 病을 얻어 學을 廢한 일이 있었다고 술회하
　　였다.
　　　(嘗曰 余自 少雖志於學 而無師友啓發之人偎偎數十年未知入頭 未知入頭工處 枉費心思 探
　　索不置 或終夜靜坐 未嘗就枕 乃得心恙 廢學者累年 若果得師友 指示迷迷 則豈至枉用心力
　　老而無得乎)——〈言行錄〉, 卷 1, 學問, 金誠一記
35) 그가 宦路를 싫어하고 樂山樂水한 이유를 단순히 士禍(己卯)에 의한 保身之策으로 해석
　　하는 것은 그 사람됨의 밑바탕을 잘못 짚은 것이라고 본다. 그는 竹林七賢類의 은둔자
　　나 현실 도피자가 아니다. 陶淵明을 좋아한 까닭은 그의 自然을 사랑하는 人性特性과
　　직결된다.
36) 퇴계가 泮宮에 游學한 것은 23세, 33세의 양설이 있으나, 〈金河西入購詩後小序〉에 「癸
　　巳秋西入泮宮」의 기록을 보면 그가 成均館에 들어간 것은 33세임이 분명하다. 泮宮遊學
　　은 그에게 정신적 伴侶였던 《心經》과의 만남을 맺어주었다.
37) 《心經》은 宋나라 眞西山의 著, 元나라 程篁墩이 그 附註를 撰했다. 퇴계는 이 책을 평
　　생을 통하여 혹은 神明같이, 혹은 嚴父같이 대하였다고 하며, 이 책으로 말미암아 退溪
　　心學은 人間完熟의 境으로 이끌게 된다. 이에 대한 自述과 學人의 기록이 있다.
　　　ㅇ 〈自述〉:「滉少時, 遊學漢中, 始見此書於逆旅而求得之, 雖中以病廢, 而有晚悟難成
　　　　之嘆, 然而其初應發興起於此事者, 此書之力也」——〈心經前論〉, 《退溪文集》, 卷 41
　　　ㅇ 〈學人記〉:「先生自言, 吾得心經以後, 始知心學之淵源, 心法精徹, 故吾平生信此書,
　　　　如神明, 敬此書, 如嚴父」——〈言行錄〉, 卷 1, 學問, 李德弘記
38) 〈言行錄〉, 卷 1, 讀書, 金晬記

이 퇴계가 본 「初學」이다) 할 일이라고 한 것이다.[39]

퇴계는 문자에 의한 서책도 평생 버리지 않은 교재였지만 文字外의 자연의 교재, 일상의 평이명백한 실생활의 교재 그것을 살아 있는 교육적 텍스트로 삼았다.

> 以平易卑近, 明白切實者, 爲之準則, 未嘗爲玄宵之思索, 空蕩之議論也[40]

퇴계에 의하면 진리는 평이명백하여 실행하기 쉬운 것에서 양양한 理則이 있는 것이라고 하였다. 그러므로, 초학자가 이것을 잊어버리고 한꺼번에 멀고 아득한 것만을 쫓으려 한다면 그것은 헛수고이며 또 가능한 것도 아니라고 하였다.[41]

퇴계의 글 읽음은 사람·하늘 읽음이다. 곧 理의 읽음이다. 그러므로 理에 관한 문법은 활자 속에만 갇혀 있지는 않았다.

그의 교학론 가운데 개성의 강조는 純然한 자연의 模像인 참사람을 그리는 그리움(그림)이다. 마음〔天君〕의 자연스러운 표현인 인간적 자연은 인욕으로 「揠苗助長」하지 말 것이라고 한다. 자연심은 곧 천인융합의 경지다.

퇴계의 자연애는 이러한 자연의 필연을 그대로 받아들이는 데 있다. 그는 말하기를, 욕심을 앞세워 무리(違自然)할 것이 아니요, 절제 있는 마음으로 너그럽고 고요한 마음으로 圖書·花草·溪山魚鳥를 즐기며, 心氣는 항상 順境 속에 지니라고 한다. 글 읽는 데도 이와 같을 것이며, 정신을 고되게 하지 말 것이고 많이 보려고 하지도 말 것이다. 마음 내키는 대로 그 맛을 즐길 것(隨意悅其味)이다. 앎과 삶이란 나날의 평이명백한 것을 취하는 것이니, 이 가운데 참된 자유로움은 깃든다고 한다.[42] 퇴계의 이러

---

39) 朴鍾鴻, 〈李退溪의 敎育思想〉, p. 283 「여기서 《心經》을 初學用功의 書라고 하지만, 이것은 상당한 기초적인 知識과 自覺이 있어서 스스로 哲學的인 理論을 탐구하려는 사람에게 대한 말」이라고 지적하고 있다.

40) 〈言行通錄〉, 卷 2, 鄭惟一記.

41) 《退溪文集》, 卷 14, 一答南時甫, 「云蓋此理洋洋於日用者, 只在作止語默之間, 彝倫應接之際, 着實明白, 細微曲折, 無時無處無不然顯在目前, 而妙入無朕, 初學舍此遞從事於高遠深大, 欲經捷而得之 此子貢所不能, 而吾輩能之哉, 所以徒有推求尋覓之勞, 而於行處, 莽莽然無可據之實矣」.

42) 《退溪文集》, 卷 14, 一答南時甫, 「如是而之日月用間, 少酬酌嗜欲, 虛閑愉以消遣, 至如圖書花草玩溪山魚鳥之樂, 苟可以誤意適情者, 不厭其常接, 使心氣常在順境中, 無佛亂以生嗔恚, 是爲要法, 看書物至勞心, 切忌多看, 但隨意而悅其味, 窮理 就, 日用平易明白處看破敎熟, 優遊涵涵於其所已知」.

한 「自然心」은 무리가 없는 有理의 세계다.

퇴계의 자연심을 살펴보는 길은 무엇보다 그의 文藻詩片에서 살필 수 있을 것 같다.

더구나 퇴계시는 시인묵객이 풍월을 읊조리던 것과는 다른 존양성찰의 도장이었다. 그의 시편들 하나 하나는 그대로 퇴계 자연심의 표현이고 인격의 투영이었다.

마) 知·德·體育의 융화

「知行互進說」은 「理氣互發說」과 수미일관되는 것이다. [43]

퇴계의 知行互進說은 진지와 실천은 수레의 두 바퀴와 같고, 새의 두 날개와 같아서[44] 그 가운데 어느 것 하나라도 빠뜨릴 수 없다. 이것이 그의 「眞知實踐論」이다.

《大學》과 《孟子》는 先知後行을 말하고 《中庸》과 주자의 《答晦叔書》는 先行後知를 논하고 있으나, 퇴계는 선지라고 하여 모두 완전히 알고 나서 행한다 함이 아니고, 선행이라고 하여 완전히 행하고 난 뒤에 비로소 안다는 것은 아니라고 한다.[45]

퇴계의 지행호진설은 듀이의 「learning by doing」이라는 말보다 더 포괄적인 개념으로 이해되어야 할 것이다.

퇴계 스스로도 이 설에 매우 자득한 것 같다. 율곡에게 보낸 답서에 「二者雖相首尾, 而實是兩段工夫, 切勿而分段爲憂, 惟必以互進爲法」이라고 하여 분단을 염려할 것은 아니라고 하였다. 互進은 양자가 「進」하는 것으로 볼 때 그것은 결코 둘이 아니요 하나이다. 知와 行은 이점에서 보면 二

---

43) 퇴계의 互發說은 율곡의 共發說(兼發)이나, 陽明의 合一說과는 다르다. 互進인만큼 서로 首尾가 되어 兩段공부를 하는 것이나, 결코 分段을 염려할 것은 아니다. 知가 앞서기도 하고 行이 앞서기도 하면서 互進하는 것이다.

　　知와 行은 어디까지나 둘인 것이요 같은 하나가 아니다. 知를 行이라고 할 수도 없고 行을 知라고 할 수도 없다. ……四端七情論에 있어서 理가 發하는 경우와 氣가 發하는 경우의 互發을 주장하였듯이 知行說에서도 知가 先行하는 경우와 行이 先行하는 경우가 각기 가능함을 생각하여 知行互進을 논한 것이다.

44) 「抑眞知與實踐, 如車兩輪, 闕一不可, 如人兩脚, 相對待互進」

　　　　　　　〈戊辰六條疏〉——《退溪文集》, 卷 6)

　「戴知行二者, 如兩輪兩翼, 互爲先後一」

　　　　　　　〈答李剛而〉——《退溪文集》·卷 21)

45) 위의 글, 「故聖賢之言 有先知而後行者 大學與孟子主類是也, 有先行而後之者, 中庸與答晦叔書之類是也, 似此甚多, 不可勝擧, 然先知者, 非盡知而後始行也, 先行者, 非盡行而後始知也」.

　　그렇다고 陸王學派에서 말하는 知行合一說을 의미함도 아니다.

即一이다. 이러한 不可相離의 관계 속에서도 知行은 각기 그 독자성을 잃지 않는다.

그에 의하면, 지식은 지적 해결을 구하려는 것이 아니다. 사색과 더불어 實行이 수반되어야 하는 것이고 이러한 知와 行은 敬에다 그 밑바탕을 두어야 한다고 하였다. 圖示하면 다음과 같다.

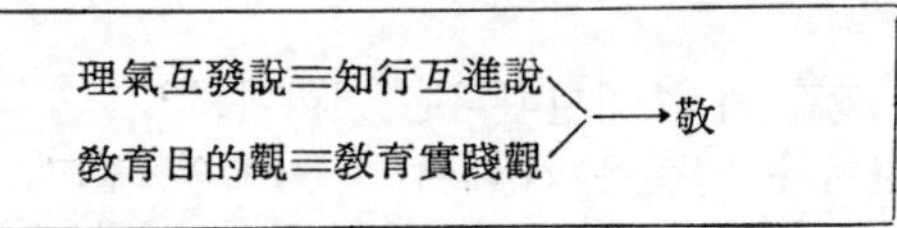

知行의 방법론적 견해인 호진설은 진지실천을 수반하여야만 지행목적론인 求仁成德에 다다를 수 있게 된다.

窮理而驗乎踐履, 始爲眞知——〈答李叔獻〉; 一朝不覺其有洒然融釋豁然貫通處, 則始知所謂體用一源顯微無間者, 眞是其然, 而不迷於危微, 不眩於精一, 而中可執, 此之謂眞知——〈戊辰六條疏〉

眞知의 자리는 「洒然融釋」「豁然貫通」의 경지로서, 이곳의 知는 「體用一源」·「顯微無間」의 절대정신의 자리다. 이 경지에 다다르기에는 漸進工夫·潛心玩昧·體認體驗의 길을 닦아야 한다고 하였다.

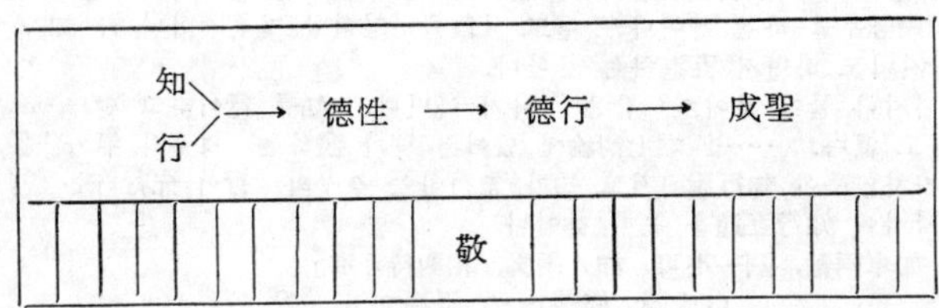

위의 圖示에서 보듯이 퇴계의 지행호진설은 지식과 실천의 단순한 관계 교섭이 아니라 인간완성 또는 인격의 실현을 위한 호진이다.

바) 休 養 說

앎과 배움은 그것 자체 때문에 값어치가 있는 것이 아니다. 학문의 길에
각고도 중요하나 심신의 휴양 또한 중요하다고 하였다. 이와 같은 생각은
퇴계 자신의 경험적 소산이므로(吾少時有志此學, 終日不輟, 終夜不寐, 遂痼疾
疾, 迄未免病廢之人──〈言行錄〉, 卷 1, 學問, 李德弘記) 더욱 절실한 바 있다. [46]

  ◦ 신고와 휴양의 둘은 서로 도와 나갈 때 비로소 완전한 교육이 이루어질 수
있다(辛苦者亦必有時時虛閑休養意思…互相滋益, 不可闕一也, 答李平叔──《退溪
文集》, 卷 37).
  ◦ 독서하는 틈에 때로 놀아서 정신을 진작시키고 마음을 안정케 하라(亦謂讀
書之暇, 間而遊泳, 發舒精神, 休養精神, 皆此意也──上同).
  ◦ 잘 때 마땅히 자고 일어날 때 마땅히 일어나서 때와 곳에 따라 觀省體驗하
여 마음을 흐트러지지 않게 하면 어찌 병이 있으리요(當寢而寢, 當起而起, 隨時
隨處, 觀省體驗 不使此心放逸而已 何必如此而致生病乎──〈言行錄〉 卷 1, 學問,
李德弘記」.
  ◦ 일상 생활에 있어서 수작은 적게 하고 嗜欲은 절제하고 마음은 너그러이 가
질 것이며, 圖書 花草나 溪山 魚鳥 같은 것을 구경하며 心氣를 편안하게 할 것이
며, 결코 성을 내지 않을 것이 요법이다. 독서하는 데도 노심만 하지 말 것이며
많이 보려고 하지 말고 그 참된 맛을 즐길 일이니, 생각은 일용의 평이명백한 것
을 간파하여 익히도록 하되, 이미 아는 것을 가지고 자유롭게 정신적 소요를 할
일이다(如是而凡日用之間, 少酬酢嗜欲虛閑恬愉以消遣, 至如圖書花草玩, 溪山魚
鳥之樂, 苟可以誤意適情者, 不厭其常接, 使心氣常在順境中, 無咈亂以生嗔恚, 看
書物至勞心, 切忌多看, 但隨意而悅其味, 窮理須就日用平易明白處, 看破敎熱, 優
遊涵於其所己知──《退溪文集》, 卷 14, 一答南時甫).

퇴계교육인간학은 知德體가 하나로 융합된 全人敎育이었고 문장이나 지
식만을 위한 편중교육으로서 후세의 성리학도와는 다름을 알 수 있다.
  사람됨의 길은 인간과 인간 사이에 일어나지마는 궁극적으로 개인의 정
신 안에서 나타나는 현상이다. [47]

---

46) 退溪宗宅에 保傳된 〈先祖遺墨〉 가운데는 退溪自筆의 玄洲道人涵虛子編 〈活人心方〉 一卷
   이 있어 養生, 養心, 體操 등에 대한 그의 깊은 관심과 실천을 알게 된다. 특히 體操
   (요가)는 圖解까지 곁들여 있다.
47) 李奎浩, 《敎育과 思想》(新敎育學全書 5), 培英社, 1969, p. 62.

개인의 정신 안에서 가치와 의미와 이상이 자각되는 것이 중요하다.

퇴계교실은 바로 이러한 정신적 만남을 통해서 제자들의 인간성이 비약적으로 고양되는 인격적 차원을 형성한 곳이다.

자라나는 젊은 사람이 한 사람의 스승을 통해서 그의 삶의 방황을 끝맺고 하나의 확고한 방향을 결정하는 일이 많다. 또는 자라나는 젊은 사람이 한 사람의 스승을 통해서 일상적인 삶의 타성을 벗어나서 하나의 종교적인 신앙이나 어떤 절대적인 삶의 신념을 얻는 일이 많다. 그리고 자라나는 젊은 사람이 한 사람의 스승을 통해서 그의 어려운 마음 속에서 양심의 빛을 발견하게 되는 일이 많다.[48]

퇴계와 그 제자와의 만남은 실로 M. 부버가 종교적 개념에서 빌어온 표현인 「恩惠」 그것이었다.

동일시할 수 있는 인물이 있어야 태도와 가치감의 함양을 드높인다. 따라서, 퇴계문인은 퇴계라는 거대한 동일시의 대상이 있었기에 俊聰을 배출하였고, 뒷날의 퇴계학파라는 학맥을 이루게 된 것이다.

퇴계는 인격적 접촉을 통한 교육을 솔선수범하였으니,

侍門弟子, 如待朋友, 雖少者, 亦未當斥名, 稱汝, 送迎周旋, 揖遜致敬, 坐定必先問, 父兄安否[49]

先生坐必端嚴, 手足不動, 與諸生相對, 有如尊寶之在, 座待生, 不敢仰見, 乃進授學, 和氣薰然, 誨諭諄諄, 從頭至尾洞然, 無疑晦[50]

라는 태도가 그 예이다.

퇴계학은 퇴계인격의 표현이기 때문에 인간퇴계의 진면목을 터득한 뒤에 그 접근이 이루어질 수 있을 것이다.

퇴계교육사상은 다른 교육이념과 마찬가지로 일정한 역사적인 상황 아래 나타난 것이기 때문에, 그 역사적인 상황에 제약되기도 한다. 그러나 아무리 역사적인 상황이 바뀌고 정신적인 생활이 변하더라도 교학이념·방법론상의 변치 않는 본질과 원리는 인간의 자아 주체의 확립에 있고(退溪는 이를 人極이라고 불렀다), 오성 안에 머무는 이성이 아니라 天理·義理·

---

48) 앞의 책, p.64.
49) 〈言行錄〉, 卷 1, 敎人, 金誠一記.
50) 〈言行錄〉, 卷 1, 敎人, 鄭士誠記.

事理·物理를 洞見할 수 있는 자율하는 지성의 부활에 있을 것이다. 퇴계의 교학일반론에서 찾을 수 있는 방법의 원리는 자아주체의 자율하는 교육의지이다.

Ⅳ—2. 퇴계의 陶冶理想에 있어서 수렴성과 확산성

1. 퇴계의 陶冶理想

1) 陶冶의 뜻

서구에 있어서 「陶冶」 또는 「陶冶理念」(das Bildungsidals)이 교육학적 개념으로 정립된 것은 18세기 독일에 있어서 괴테, 훔볼트 등 고전주의 시대의 정신을 반영한 데서 비롯되었다. 이들은 도야의 개념을 외부적인 지식전달에 반대하고 인간 내면의 조화로운 성장을 강조하였는데, 人間自然〔天性〕 속에 주어져 있는 모든 소질들의 조화를 도모하려는 것이 그 시대의 이상이고 정신이었다. 따라서 인간교육에 대한 도야의 이념은 교육이란 만드는 것이 아니라 기르는 것이라는 생각이 중심 사상이 된다. 이러한 陶冶論이 20세기 초반에 리트(T. Litt), 슈프랑가 등 문화의 역사 개념이 도입되면서 발전된 교육학의 이론이 곧 문화교육학이다. 그들에 의하면, 인간의 도야〔人間敎育〕는 문화의 역사 속에 정신적인 가치를 체계적으로 형성하여야 한다는 것이다. 다시 말하면 인간은 역사적이면서 문화적인 존재이기 때문에 사람은 역사의 흐름 속에서 문화창조를 수행하는 것이고 이러한 과정이야말로 인간본질이라는 것이다. 여기서 인간은 객관적인 문화 속에 담겨 있는 문화의 의미내용과 정신의 가치체계를 수렴하고 확산시킬 수 있고 이러한 양면적인 작업을 무한히 계속하는 과정이 곧 교육의 길이고 책임이라는 것이다.

위에서 살펴보았듯이, 도야의 교육이념이나 나아가 문화의 교육사상은 인간교육은 결코 내적인 소질에 근거해서만 발전되는 것이 아니라 문화세계라든가 정신세계와 같은 「의미와 가치」와의 부단히 긴장된 대결을 통해서 이루어지는 것이며 이러한 인간관과 세계관에는 일정한 선험적인 가치체계가 이미 주어져 있다는 것을 전제하는 것이다. [1]

---

1) 李奎浩에 의하면, 『文化敎育學은 超歷史的인 價値체계와 선험적인 價値의식을 전제하는데, 이러한 「가치체계」와 「가치의식」은 人間과 文化의 창조적인 상호작용에 의해서 역사적으로 형성된다는 것이다. 그러므로 참다운 교육자는 언제나 단순한 문화의 전달자

동양에 있어서 도야의 교육이상이 체계화되고 보편화된 것은 성리학의 발달이 물려 준 선물이다. 「도야」라는 말이 교육적 개념으로 사용된 것은 맹자까지 소급할 수 있다.[2]

도야는 글자 그대로 「陶器를 굽고 쇠붙이를 녹이듯」 심신을 닦아 기른다는 뜻인데, 성리학적 인간관과 우주관이 도입됨으로써, 도야의 개념은 특수한 교육인간학적인 지평을 열게 되었다. 간단히 말하자면, 도야시키는 사람(陶冶者：敎師)과 도야되는 사람(被敎育者) 간의 단순한 형질변경만을 주고 받는 것이 아니라는 생각이다.

도야의 개념은 성리학의 기본구조인 天人合一論에 근거하고 있지만 인간은 처음부터 原子的 성격을 지녔거나 불변의 성질을 지닌 靜的인 존재가 아니라고 하는 인간의 주체적 자아의식을 강조하는 것이고 「거듭나는 삶」(生生不己)이 가능한 존재라는 것이다. 따라서 세계와 인간은 기계론적・인과론적 계열에 의하여 유지되지는 않는다. 생명의 흐름 자체는 늘 창조적이고 내재적인 힘에 의하여 자신을 확장시킨다. 그리고 이러한 우주의 확장운동에 의하여 인간행위는 완미하게 이루어질 수 있다. 때문에 우주와 인간은 다 같은 가치창조의 역정 속에서 스스로의 존재의미를 「도야」한다.[3]

성리학적 우주・인간관의 원리는 이처럼 하늘과 사람의 구조가 같다는 (天人合一) 생각에서 출발하는 것이므로 인간과 우주에 대한 양분론적 사고를 배제한다. 따라서 본질과 현실, 이상주의와 자연주의는 「性卽理」로

가 아니라 늘 文化의 창조자」라고 하였다(이규호,《敎育과 思想》, 서울, 배영사, 1969, p. 50).

2) 「陶冶」의 用例는 다음과 같은 것이 있다.
　•〈孟子藤文公上〉「以粟易機器者　不爲厲陶冶」
　•〈漢書董仲舒傳〉「臣聞　命者天之令　性者生之質也　情者人之欲也　或夭或壽　或仁或鄙　或
　　陶冶而成之不能粹美　有治亂之所生　故不齊也」
　〈注〉(陶冶喩造互　冶以喩鑄金也　訛之生人　有似於此也)
　•〈漢書禹貢傳〉「調和陰陽　陶冶萬物」
　•〈荀子　王制〉「農夫不斷削不陶冶」
　•〈淮南子〉「包天地　陶冶萬物」
　•〈近思錄　爲學〉「來耟陶冶之器」
　•〈蘇軾「司馬君實・獨樂園詩」〉「先生獨何事　四海望陶冶」
　「陶冶」와 같은 뜻으로「陶鑄」가 사용되는데「人材를 키워 성격을 단련시킨다」는 뜻이다.《莊子》에　「是其塵垢粃康　將猶陶鑄堯舜者也」라 하였다.

3) 丁淳睦,〈退栗心性論에 있어서 關心의 志向性〉, 1984, pp. 960～961; 한국정신문화연구원 주최 제 3 회 국제학술회의 주제발표 논문집(pp. 43～44) ; 이 책, pp. 131.

일원화된다. 그리고 우주의 원리인 「理」보다 인간의 원리인 「性」이 가치적으로 더욱 중요하다고 보았기 때문에(그러므로 理性學이 아니라 성리학이다) 이 끊임없는 생명의 흐름(生生不息)은 인간에 의하여 더욱 긍정적인 의미를 산출하게 된다. 우주의 창조적 발전에 있어서 인간은 단순한 피조물이 아니라 주체적인 공동의 창조자가 된다. 이것이 바로 인간의 생물적 진화를 뛰어넘는 문화창조이고 가치의 창조이다.

서구의 세계관과 인간관의 주된 관심이 「어디서 왔는가」[本源] 그리고 「무엇으로 되었는가」[實體]라는 존재론적 질문에 있다고 한다면 성리학적 도야이상은 「삶의 무대인 세계의 법칙은 무엇이며」[理 : 天道] 그리고 「우리는 어떠한 삶을 살아야 하나」[性 : 人道]라는 물음에 있다. 뿐만 아니라 인간이 자연 속에서 삶을 누리는 가장 큰 사명은 자연과 인간에게 「있을 지도 모르는 未完成」을 인간의 도야의지와 노력에 의하여 이상적으로 완성하려는 데 있다는 것이다. 이 점은 모든 성리학자들의 공통적 관심사이지만, 퇴계철학의 주된 인간관이고 교육관이기도 하였다. [4]

2) 퇴계의 陶冶理想

퇴계의 도야이상은 인간 내부자연의 최고성숙을 지향한다. 일종의 자연의 내재관 또는 내재철학(Immanent philosophy)이다. 따라서 초자연적이고 초월적인 힘에 의하여 인간의 최고성숙[聖]이 이루어지는 것이 아니라 이러한 경지에 인간이 스스로 다다를 수 있다는 도야가능성을 긍정한다. 인간은 自己原因(Causa Sui)으로서 최고선을 지향하는 목적론적 존재자이기 때문이다.

퇴계에 의하면 理의 소재가 모두 한결같기 때문에 智・愚가 생득적으로 차이가 있는 것이 아니라는 것이다. [5] 下愚라도 마땅히 힘을 쓰면(陶冶하면) 理의 사람으로 나아갈 수 있으며, 上智라고 하여 기질의 아름다움만을 믿어 存養省察과 眞知實踐이 없다면 사람됨의 길을 저버리게 된다. 퇴계의 陶冶理想은 義理의 실천방법으로서 居敬窮理에서 비롯된다. 이 길은 「存天遏人欲」의 공부에 의하여 발현되는 것으로서 이같은 居敬窮理는 퇴계의 교육목적 실천관인 「敬」을 지향한다. 퇴계에 의하면, 居敬은 「立本事」이며, 窮理는 「致知事」이다. 이 양자를 互進시키는 것이 곧 敬이다.

---

4) 丁淳睦의 앞의 논문, pp.(43—14)~(43—15) ; 이 책, p.131.
5) 〈聖學十圖〉

따라서 敬은 학문과 인간자아의 주체를 지키는 자세이며 그 기반이다. 따라서 敬은 지적인 학습(궁리)과 실천적인 행위(거경)를 포괄한다. 敬은 학문의 始終이기도 하려니와 敬을 통해서 인간은 자아의 주체를 파악한다. 그리고 敬의 공부는 無事時(存養)에는 天理의 本然을 함양하는 「정신의 깨어남」[惺惺]에 있고 有事時[省察]에는 「엄숙한 자아와의 만남」[愼獨]에 있다. 그러나 이러한 「깨어남」과 「만남」은 학문과 인격의 비약적인 진보이거나 신비체험은 아니다.

퇴계의 陶冶理想은 어디까지나 下學而上達하는 漸修로서의 객관적 방법론[지식론]에 근거한다. 그러나 유가철학 내지 퇴계철학은 見聞思辯知에 의하여 문제를 다루지는 않고 지적인 直覺에 최종적으로 의존한다. 이러한 인식능력이야말로 문제의 근본을 체득해 낼 수 있는 확실한 능력이기 때문이다. 퇴계는 이러한 인식능력을 「能驗」이라 하였다. 인간의 인식능력을 다만 논리적 방법에 의존하려는 생각이 바로 아리스토텔레스적인 전통에 연유한다. 동양철학은 일종의 철학의 예술성을 지향하여 존재세계와 가치세계를 조화시키려는 데 있다. 사람은 누구나 스스로의 의미와 가치를 의식하면서 사는 존재이다. 그러나 존재의 근거에 대해서는 과학적·합리적·사변적인 인식이 가능하지만, 존재의 목적에 대해서는 자각할 수 있을 뿐이다. 전자는 앎의 대상이지만 후자는 깨달음의 대상이 된다.

퇴계의 「陶冶論」은 그의 인간교육에 있어서 가장 핵심적인 방법론적 원리를 뜻하는 것이라고 볼 수 있다.[6]

2. 퇴계의 陶冶방법론에 있어서 수렴성과 확산성

1) 陶冶理想에 있어서 수렴과 확산

퇴계학이 주자학의 계승과 발전이라고 한다면, 퇴계철학 역시 전시대의 사상가들에게 「은혜로운 빚」을 물려받았다. 따라서 인간도야론은 넓은 의미에 있어서 유가교육사상의 전반적인 공동사유의 소산이다. 일찌기 孔子는 인간교육에 있어서 「博文」과 「約禮」를 피력하였고 子思는 「尊德性」과

---

6) 나는 退溪學을 다음과 같이 분류한다.

退溪學 {(1) 存在論 : 理氣互發
　　　 (2) 人性論 : 四七對待
　　　 (3) 方法論 : 知行互進(陶冶)

〈表 1〉

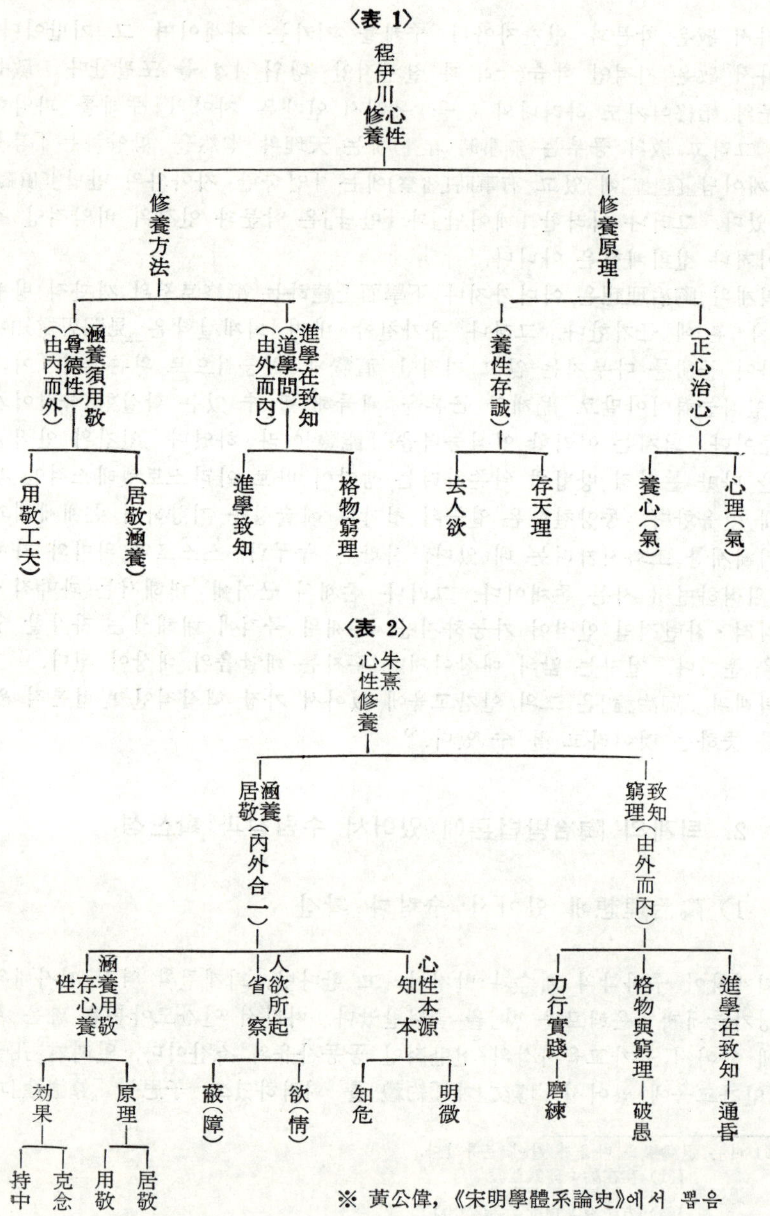

〈表 2〉

※ 黃公偉,《宋明學體系論史》에서 뽑음

「道問學」으로 나누어 생각하였는데 이들 先秦유학자들이 제창한 도야의 이상은 도덕교육·인격교육·문화교육이었다. 그들은 士君子의 교육을 창조하였는데 「士」란 교육을 받은 교양인이란 뜻이고 「君子」란 교육적 도야를 받는 과정에서 이룩된 이상적인 도덕인격을 가리킨다. 그리고 사람이면 누구나 이상적인 인격의 최고의 실현〔聖〕으로 도야될 수 있다는 믿음(人皆可以爲堯舜)은 유가교육에 있어서 전통적인 이상인 동시에 신념이기도 하였다.[7]

성리학적 도야방법론은 이제까지의 儒家사상을 儒家철학으로 발전시키는 데 결정적인 새로운 원리와 방법을 제공하였다. 특히 程伊川과 朱晦菴의 心性〔修養論〕철학은 전인미답의 새로운 지평을 열게 하였다.

주자는 이른바 「程門主敬說」을 집대성하여[8] 성리학적 도야론에 있어서 일단의 완성을 보았는데 그는 특히 程頤(小程子)의 「主一·無適」의 측면들인 수렴성과 확산성을 강조하였다. 이것이 곧 居敬集義이다.[9]

도야론에 있어서 集義(主一)하는 것은 「直內」이고 居敬(無適)하는 것은 「方外」이다. 이처럼 「內外·直方」 또는 「直內·方外」하는 삶은 敬과 義의 삶이 된다〔敬義夾持〕.[10] 直內〔敬〕하여야 方外〔義〕로 나아가는 것이므로 敬은 體가 되고 義는 用이 된다. 이러한 작용을 필자는 수렴성과 확산성의 상호작용이라고 부른다.

슈프랑가(Spranger)는 도야가치를 외적 도야가치와 내적 도야가치로 분류하였는데, 성리학적 도야이상은 이 양자를 통일시킨 데 있다. 주자의 심성수양론에 있어서 「致知窮理」에서 「由外而內」라고 한 것과 「涵養用敬」에서 「內外合一」이라고 한 것이 이것이다(앞의 〈表 1〉, 〈表 2〉 참조). 슈프랑가의 표현에 의하면, 道問學(窮理)은 외적 도야가치이고 尊德性(居敬)은 내적 도야가치이다.

퇴계는 이 양자의 관계를 知行互進이라 표현하였으며 이 목적을 달성하기 위한 원리를 敬이라 하였다. 따라서 敬은 퇴계에 이르러 최고의 도야이상으로 등장한다. 그에 의하면 사람은 늘 스스로를 실현시키고 형성시키려는 끊임없는 做工이 소중한 것이다. 그 길이 곧 敬의 길이라고 본 것이다.

---

7) 錢穆, 《中國의 歷史精神》(秋憲樹 역), pp. 149~150.
8) 程門主敬說 { 大程子〈任自然〉: 直觀哲學—尊德性—主觀的—實踐的 } 朱子
　　　　　　{ 小程子〈盡人事〉: 分析哲學—道問學—客觀的—知的 }
9) 程伊川의 「主一」은 「收斂不拘至於拘迫 從客不至於怠緩」이라는 「居敬集義」이다.
10) 「敬義夾持」란 말은 〈周易文言傳〉의 「敬以直門 義以方外」라는 말에서 유래한다.

敬을 통해서 인격을 실현시키고 형성한다고 믿기 때문에 퇴계의 敬은 인격실현의 방법만이 아니라 인간이해의 원리가 된다. 왜 냐하면 인간이해는 인간형성의 문제와 직접 관련되며 사람의 존재이해는 「앎과 삶과 됨」을 서로 떨어뜨려 다룰 수 없다. 퇴계의 敬은 「앎과 삶과 됨」을 하나로 하는 洞見大原이었다.[11] 퇴계에 의하면 敬이란 事事物物에 있어서 그 所當然과 所以然의 까닭을 깊이 밝히고 침잠·반복하고 玩索·體認함으로써 극치에 이르게 하여 세월이 오래되어 功力이 깊어지면 하루 아침에 洒然히 融釋되고 활연히 관통되는[12] 교육의 가치실현자인 것이다. 그러나 敬의 경지는 實在하는 세계를 설명해 주는 것이고 법열이나 초월적 신비체험이 아니다. 「사람이란 무엇인가」 그리고 「사람은 무엇이 되어야 하나」의 문제를 끝까지 추구하다 보면, 누구나 이러한 경험적인 상태를 객관적인 방법론으로 체득할 수 있다는 것이다. 주자는 일찌기 이러한 상태를 설명하면서 「손과 발이 저절로 덩실덩실 춤추듯」(手之舞之足之蹈之)하는 경지라고 하였다.

퇴계도야론에 있어서 수렴성과 확산성의 문제는 敬을 原頭處로 하는 교육방법론의 문제이다. 이것은 실로 敬義夾持의 문제이고 致知窮理의 문제이다. 퇴계의 도야론을 도표화하면 다음과 같다.

〈表 3〉

$$\left.\begin{array}{l}致知—知育—知—窮理—收斂\\力行—德育—行—居敬—擴散\end{array}\right\}\!\!\rightarrow 敬$$

〈表 4〉

$$\left.\begin{array}{l}理氣互發說\equiv知行互進說\\陶冶目的論\equiv陶冶實踐論\end{array}\right\}\!\!-敬$$

〈表 5〉

$$陶冶\left\{\begin{array}{l}知\\行\end{array}\right\}\!\!\rightarrow 德性\rightarrow 德行\rightarrow 成聖$$

敬

---

11) 《退溪全書》(下), p. 790, (先生學問一以程朱爲準　敬義夾持　知行並進　表裏如一　本末彙學　洞見大原)

12) 위의 책(上), p. 185, 〈戊辰六條疏〉, (敬以爲主　而事事物物　莫不窮其所當然　與其所以然之故　沈潛反覆　玩索體認　而極其至　至於歲月而久　功力之深　而一朝不覺　其有洒然融釋　豁然貫通處)

2) 퇴계 陶冶論에 있어서 수렴과 확산

정신의 운동 또는 흐름은 일방성을 극복하는 데서〔圓融〕 평형과 발전을 전망한다. 퇴계의 인간도야론 역시 궁리와 거경의 내적 통일을 기하는 것이므로 조화의 철학이 될 수 있었다. 知行互進이란 敬을 지향하는 인간의 앎과 삶의 태도로써 퇴계는 지식과 실천의 조화적이고 율동적인 통일성을 지향하였는데 이는 〈表 3〉에서 볼 수 있듯이, 수렴과 확산의 양면 운동을 통하여 형평상태(equilibrium)를 유지 발전시킨다. 이것이 곧 「致中和」의 경지이다.

동양의 中庸정신은 긴장과 이완, 집중과 해방 그리고, 통제와 자율이라는 생동하는 인간형성의 논리를 설명하는 것이고 이러한 논리는 인간의 앎과 삶에 있어서 질서와 조화를 제공한다.

퇴계 도야론에 있어서 이러한 수렴성과 확산성을 기능적으로 이해할 때 교조주의·권위주의·형식주의에 흐르기 쉬운 유가학교육사상의 체계는 그 탄력성을 회복하게 될 것이고, 현대교육에서 나타나는 기계론적인 기능교육을 극복할 수 있는 교육철학적인 전망을 제공할 것이다.

퇴계는 궁리와 거경을 「새의 두 날개와 같고, 수레의 두 바퀴와 같은」 것으로 인정하였다. 그리고 거경을 중히 여기고 궁리를 귀하게 여기는 것이 학문하는 第一義라고 하였다.[13] 이렇듯 정신의 수렴과 확산은 궁리 따로 거경 따로, 수렴 따로 확산 따로식의 기계적으로 양분하여 代入되는 것이 아니다. 그러나 초학자에게 이러한 높은 수준을 바라기는 어렵다. 凡人은 私意가 생기기 쉬우므로 정신을 「主」로 생각하되 갈래가 생기지 않는 「思明·思聰」의 상태를 지니자면 오랜 기간의 도야가 필요한 것이니 퇴계는 이를 主一工夫라고 하였다.[14]

靜而涵天理之本然 動而決人欲於幾微[15]

이러한 「靜涵動決」은 정신의 수렴과 확산운동에 있어서 최고의 경지이

---

13)《退溪全書》(上), p.345, 〈答崔見叔問目〉
14)《退溪全書》(下), p.166, 〈答金敦叔〉, (是則凡人私意之生 正爲不思効也 今反謂緣思 便有 私意語意亦未精審也 思明思聰等事 合在一時 思一不思二之 疑則功間也 而用力之久 自然各 當其理等語亦甚善 但所云一事方思 雖有他事 不暇思之 此則心無二 用主一工夫 當然一向如 此)
15) 위의 책 같은 곳.

다. 범인이 쉽사리 다다르지 못하는 자리이기는 하지만, 그렇다고 불가능한 경지 또한 아니다. 힘써 도야하여 오래 찾으면 자연히 이르는(是積力久至於純熟) 것이라고 퇴계는 설명한다. 우리의 생명 활동이 숨을 들이키고(呼) 숨을 내뱉는(吸) 작용이라면 참된 정신 활동 역시 정신의 숨을 들이키고(收斂), 다시 숨을 내뱉는(擴散) 활동이 아닌가. 육체적 생명을 위하여서는 자연스레 「呼吸」하면서도 정신적 생명을 위하여서는 「斂·散」이 어려운 까닭은 무엇인가.

퇴계는 이 점에 주목하여, 그 원인을 먼저 「생각없음」에서 찾았다. 생각이란 자아의 주체적 정신작용인데 퇴계는 《性理大全》 가운데 생각의 다섯 가지를 다음과 같이 구분하여 설명한다. [16]

> 念·慮·思·志·意 이 다섯 가지는 모두 마음이 하는 바이니, 역시 敬을 위주하고 理를 밝히는 데 있는 것이다. 일상생활에서 늘 쓰는 이 다섯 글자의 이름과 이치를 지적하면 시시각각 일어나는 마음은 念이고, 그것으로 하여 도모하는 바가 있는 것은 慮요, 문자와 의리를 세밀하게 찾고, 사물을 대할 때 낡고 새로운 것을 기억하는 것이 思이다. 그러나 이 가운데서도 志·意·思의 세 가지가 더욱 중요하다. 志는 모든 것을 바르고·크고·성실하고·확고하게 하여야 하므로 孔子는 「志學·志道·志仁」하라 가르쳤으며, 孟子는 「崇志·持志」라고 가르쳤다.
> 意는 선과 악의 사이에서 털끝만큼이라도 어긋나면 벌써 악의 구렁 속으로 들어가기 때문에 曾子는 「반드시 혼자 있을 때에 조심하라」 하였고 朱子는 「意를 방위하기를 城같이 하라」하였다. 思하면 얻고 思하지 못하면 얻지 못한다. 때문에 箕子는 「思는 睿가 되고 睿는 聖이 된다」 하였으며 孔子는 말하길 「君子는 九思가 있다」 하였다.

이렇듯 「생각하는 법을 생각」하지 못하고 충동적이 되면 이는 진리의 길에 벗어나는 것이다. 이러한 반성적 사고가 없다면 마치 「五穀이 열매가 여물기 전에 가라지와 피가 덮인 가을 농사」와 다름이 없게 된다는 것이다. [17] 이러한 일을 모면하려면 오직 窮理·居敬의 공부밖에 없다고 하였다. 佛學에서 儒學으로 돌아온 율곡에게 준 글에서 퇴계는 窮理와 居敬의 순환성(수렴과 확산)은 비록 두 가지가 서로 머리가 되고 꼬리가 되기는 하지마는, 실은 두 가지는 「독립된 공부」인 것이며 절대로 단계를 「나누어」서는 안되고 이 두 가지를 서로 병행해 나가는 방법을 택해야 한다고

---

16) 《退溪全書》(上), pp. 683~685, 〈答金而精〉
17) 《退溪全書》(上), p. 369, 〈答李叔獻〉

말하였다. 그 구체적인 착수는 다음과 같다.[18]

- 때를 늦추지 말고 곧바로 공부에 들어갈 것.
- 의심하여 머뭇거리지 말고 곳에 따라 마땅히 힘쓸 것.
- 텅 빈 마음으로 理를 살피고, 먼저 자신의 의견을 정해버리지 말 것.
- 차츰 차츰 쌓아가야 완숙하게 되는 것이니, 시간과 말로써 효과를 따지지 말 것.
- 얻지 않고는 그만둘 수 없으니 平生의 교육으로 할 것.

거경과 궁리의 이같은 자세는 오직 敬을 항상 지니는 데 있고 이러한 이치를 깊이 연구하는 일은 실천에서 체험해야 비로소 참으로 아는 것이 되며 敬을 주로 하는 일은 늘 생각을 「한 가지」로 하는 데 있다고 하였다.

생각을 「한 가지」로 하는 주체, 곧 「나란 무엇인가?」 퇴계는 인간을 보편적 자아(一)와 특수적 자아(殊)로 분류하였다. 제자 黃仲擧에 준 글에서 퇴계는 이렇게 말하였다.[19]

　나로 보면 내가 큰 근본이고, 너로 보면 네가 큰 근본이다. 陳經正이 『나는 천지 만물이 다 나의 性인 것만을 알고 다시 내가 「나」임을 알지 못한다』 하였는데 이 말은 理가 一임을 알고 있으되 分殊임을 알지 못하기 때문이며, 마침내 내가 主가 되어 큰 근본임을 모르는 것이다. 朱子가 黃毅然에게 말하길 天命의 性은 다만 이곳에 있는 것이 아니라 곳곳마다 다 있다. 그러나 다만 「자기로부터 찾아야 한다」 하였으니 만약 사람이 자기로부터 「나」를 찾지 않고 도리어 내 몸(腔子) 밖에서 찾으려고 한다면, 이는 中樞가 되는 큰 근본이 있는 곳을 버리고 딴 곳을 향해 찾는 것이 된다.

주체적 자아만이 주체적 사고를 생산한다. 퇴계가 理一分殊의 宇宙存在論的 원리를 빌어 인간의 「나됨」을 강조한 것은, 마치 서구의 도야의 이념에서 나온 개성의 원리와 흡사하다.

인간은 하나의 설계에 따라서 만들어져 있는 것이 아니라 주어져 있는 모든 소질들을 조화롭게 기르자는 도야이념은 필연적으로 인간의 개성 (주체적 자아의식의 승인)을 존중한다.

개성이란 인간 존재의 개체성(Einzelheit)이 아니라 인간의 일면적인 형

---

18) 앞의 책 p. 370. 〈答李叔獻〉
19) 《退溪全書》(上), p. 485. 〈答黃仲擧〉

태의 특수성(Besonderheit)이기 때문에 개성을 강조하는 것은 인간의 존엄·성을 인정한다는 것이다. 그리고 모든 개성적 자아는 그들의 가능성을 될 수 있는 대로 넓은 영역으로 收斂시키고, 그 가능성을 향해서 스스로를 내적으로 擴散시킴으로써만이 그의 완전한 모습은 도야될 수 있다는 뜻이다.

슈프랑가는 훔볼트의 개성 도야론을 세 가지 개념으로 요약하였다. 즉 「個性·普遍性·全體性」이 그것이다. 그에 의하면, 개성이 일방성이 되지 않기 위해서 모든 보편적인 가능성들 속에서 자아를 상실하지 않기 위해서 그 모든 가능성들을 주체적으로 통일해서 전체성에 도달한다. 그런데 이 전체성이 비로소 완전히 발전된 개성이라는 것이다. [20]

퇴계 역시, 그의 〈西銘考證講義〉에서 나를 나타내는 「予」자나 西銘에서 나오는 아홉 개의 「吾」라는 글자는 『각자 자신을 그 「나」로 自任』하여야만 하고 반드시 「자기를 主」로 하여야 바르게 인식되는 것이라고 하였다. [21]

> 西銘에 나오는 「予」나 「吾」는 다 「我」를 표현한 것이다. 子貢이 말한 「我不欲 人之加諸我也 吾亦無加諸人之」에서의 我는 吾와 같은 것으로서 公을 말한 것이다. 그러나 孔子께서 「子絶四 母意母必母固母我」(공자는 네 가지를 끊었다. 억측·기필·완고·이기가 없는 것이다)에서 我는 私를 말한 것이다. 또 공자께서 「己欲立而立人」(내가 서고자 하면 남도 세운다)에서의 己는 公이다. 顔子가 「克己復禮」하였는데 이곳의 己는 私다. 위의 公과 私는 각기 하늘의 이치와 사람의 욕심, 얻고 잃음의 나누어짐이 하늘과 땅처럼 동떨어져 있을 뿐만 아니라 이에 털끝만큼이라도 어긋나면 천리를 그르치게 된다(……) 천지에 충만한 氣로 나의 몸이 되었고 일체를 통솔하는 천지의 理로 나의 성품이 된 것이다(天地之 塞吾其體 天地之帥吾其性). 천지의 氣가 나에게 있어서 體가 되었으므로 「나는 그 체」이고(吾其體), 천지의 理가 나의 性이 되었으므로 나는 그 性이다(吾其 性).

위에서 살펴보았듯이 서구의 개성 도야는 단순히 능력이나 소질의 발전을 자연주의적인 예정조화설에 입각하여 조화롭게 신장시키는 데 머문 감이 없지 않다. 그러나 퇴계의 인간도야론은 보다 분석적이면서 우주론적 본질과 연관된다. 천지의 理氣 역시 「나로부터」 수렴되고 확산되기 때문이다.

---

20) 李奎浩, 앞의 책, pp. 45〜49.
21) 《退溪全書》(上), pp. 218〜219, 〈西銘考證講義〉

3. 居敬·窮理의 방법론적 성찰

1) 앎보다는 됨

위에서 퇴계의 陶冶主體는 스스로의 「마음」이었음을 밝혔다. 그런데 마음은 「하나」이지만, 體의 면을 지적하여 말할 수도 있고 用의 면을 말할 수도 있다. 그러므로 《近思錄》에서는 보는 바가 어디인가를 잘 살펴야 한다고 하였다.[22]

퇴계는 마음의 공부에서 첫번째로 착수할 것은 整齊와 嚴肅이라고 한다.[23]

　　다만 정제·엄숙하라. 위엄 있게 하고 조심하라. 용모를 바르게 하라. 모든 생각을 바로잡고 가지런히 하라. 의관을 바로 하고 보는 것을 공경히 하라.

이렇게 한결같이(主一) 몰두(專一)한다면, 지식위주의 공부는 부차적인 것이 된다는 것이다. 이러한 면으로 보면 퇴계는 道問學보다 尊德性의 측면을 더욱 중시한 것이 된다.[24]

　　참으로 알고 실천하는 것으로 일을 삼지 않고 한갓 선후를 분별하는 것만을 위주로 하면 그르다. 하물며 지금 心이 먼저 동하느니 性이 먼저 동하느니 하는 설은 실로 操存·涵養의 공부에 비한다면 더욱 긴요하지 않다. 어찌 반드시 고생스럽게 선후를 나누며 이렇듯 한가로운 논쟁을 하겠는가? 내 생각은 이렇듯 미묘한 생각은 버려두고 다만 敬으로 敬以直內만을 일상 공부의 첫번째 의리로 삼는다면 실지의 공부가 될 수 있으며, 한편 노력하기를 오래하여 거듭 익히고 밝게 알아서 한 근원의 묘리로 모이게 한다면 심성이 動하고 靜한다는 說은 변론이 없이도 혼자 마음으로 깨닫게 될 것이다.

2) 늘 깨어 있는 마음

의식의 각성 상태를 「常惺惺」이라 한다. 퇴계 역시 인간의 도야 가능성

---

22) 《近思錄》(四), 「心一也 有指體而言者 有指用而言者 惟觀其所見如何」
　　º體：寂然不動한 道의 기본, 사람에게 있어서는 未發의 性
　　º用：感而遂通한 道의 활용, 사람에게 있어서는 已發하여 中節된 和
23) 《退溪全書》(上), p. 683, 〈答金而精〉
24) 위의 책, p. 681.

은 늘 戒愼·恐懼하여 의식의 깨어남을 강조하였다. 서구의 교육철학에 있어서 각성의 개념을 환기시킨 사람 역시 슈프랑가였다. 그는 내적세계의 각성에서 인간형성의 완전히 다른 하나의 차원을 발견하였다. 슈프랑가에 있어서 교육의 결정적인 임무는 「양심의 각성」이라는 것이다. 왜냐하면 형이상학적인 힘들이 영적인 힘으로 움직여 들어가는 돌파구가 바로 양심이기 때문이다. 그리고 각성은 비본래적인 상태로부터 본래적인 상태로의 환원이 된다. 잠자는 것과 깨어 있음은 서로 대립되는 두 상태이기 때문에 서로는 서로를 배척한다. 따라서 잠과 깸 사이에는 날카로운 분기점이 있고 이 현상은 언제나 돌발적이다. 그런데 슈프랑가式의 각성은 언제나 저절로 되는 것이 아니다. 「무엇을 통해서」 깨친다는 사실이다.[25]

그러나 성리학에서의 「惺惺」은 理氣論的 형이상학에 근거한다. 퇴계는 天命圖說에서 心의 「虛靈不昧」를 의식의 각성상태라고 설명하였다. 그는 「虛」字 밑에 「理」라 쓰고 「靈」字 밑에 「氣」라고 旁註하고 있다. 의식의 각성은 우주론적 理氣의 호흡이고 斂散이다. 虛靈한 마음은 理氣의 묘합으로 이루어진다. 이러한 의식의 자각상태를 깨뜨리는 것이 곧 인욕이다. 그러므로 인간은 늘 하늘의 이치를 따르고 인욕을 멀리하여야 한다. 퇴계의 도야이론이 일종의 엄숙주의·도덕적 종교주의의 색채가 짙은 것은 이 때문이다. 그리고 슈프랑가의 각성이 언제나 「무엇을 통해서」 이루어지는 의타적인 것이라면 퇴계의 각성은 늘 「자신이 주인이 되는」 자주적 각성이라는 점이 다르다.

3) 늘 한결같은 마음

《書經》에 있는 16字 心法인 「人心惟危 道心惟微 惟精惟一 允執厥中」에서 「精」과 「一」은 고래로부터 내려오는 전통적인 탐구의 방법이었다. 李相殷교수는 이를 統一·專一·唯一의 뜻이 있다고 하면서 이러한 마음가짐을 지니게 되면, 마음은 항상 자주·자유·자각의 상태에 있게 되어 만사 만물의 변화에 따라 隨應隨感하면서 언제나 天理의 正을 지키고 인욕의 邪를 막아낼 수 있다고 하였다.[26] 퇴계는 이러한 마음가짐(持心)이 가장 어려운 것이라고 술회하였지만[27] 門人 李湛(靜存齋)의 증언에 의하면 「退溪自少時

---

25) 이규호, 앞의 책, pp. 99~103.
26) 李相殷, 〈退溪의 生涯와 思想〉, pp. 243~246.
27) 《退溪全書》(下), p. 795, 〈退溪言行錄〉, 存省.

內外端直 表裏如一 行己處事 無一毫可疑」라 하였으니 일찍부터 이러한 경지를 自得하였음을 알 수 있다.

鶴峯이 『思慮가 어지러워지는 까닭은 무엇입니까?』하고 물으니 퇴계는 답하기를[28]

　　대체로 사람은 理와 氣가 합하여 心이 되었다. 理가 主人이 되어 그 氣를 통솔하면 心이 靜하고 慮가 一하여 스스로 잡념이 없어지고, 理가 주인이 되지 못하여 氣所勝이 되면 그때는 마음이 紛擾하여 그칠 줄 모른다. 그렇게 되면 邪思·妄想이 잇따라 일어나서 마치 물레방아의 수레바퀴처럼 저절로 돌아 잠시도 머물러 안정되지 않는다

하였다.

그러나 늘 한결같은 마음이라고 하여 一事·一物에만 마음을 쏟아서 다른 일에 소홀하라는 뜻은 아니다. 이러한 경우를 집착이라고 하고 孔子는 이를 絶四(위에 나옴)하라 하였다. 어느 한 사물에 마음이 얽매이게 되면 자각할 겨를이 없게 되려니와 마침내 인간의 자주성과 자유성을 지닐 수 없게 된다. 현대인에게 마음의 자유함과 자주함이 결여되어 있다는 것은 결국 삶의 의미근거에 대한 세계관적 설명을 스스로 할 수 없다는 뜻이다. 그리고 우주와 인간의 존재론적 기반 내지 가치론적 원리의 수직적이고 수평적인 연결이 이루어지지 못하였음을 뜻한다. 모두들 한가지 일에만 몰두하면서 오로지 그 일만을 위하여 초조하게 「싹을 뽑아 올려 성장을 돕듯」(揠苗助長) 한다.

퇴계는 이러한 사실이 학문을 처음하는 사람들의 공통된 병통이라고 하면서 비록 朱子 같은 이라도 처음에는 이 병통이 없지 않았으니, 만약 일찌기 이것을 고칠 수 있다면 다시 근심할 것이 없지만 그렇지 않다면 사태는 더욱 심각한 것이라고 경고하였다.[29] 퇴계의 이 말은 4백년이 지난 오늘의 정신세계에 있어서도 더욱 절실한 교훈이 아닐 수 없다.

---

28) 앞의 책, p. 797, (問思慮之 所以煩擾何也 先生曰 夫人合理氣爲心 理爲主而帥其氣則 心靜而慮一目無間思慮 理不能爲主 而氣所勝則 此心紛綸膠擾 無所底極 邪思妄想 交至疊臻 正如翻車之環轉 無一息之定貼也).

29)《退溪全書》(上),〈答南時甫 別紙〉, p. 361.
　　(心氣之患正緣 察理未透 而鑿空以强探操心昧方而揠苗 以助長不覺勞心極力 以至此亦 初學之通患 雖晦翁先生初間 亦不無此患 若旣知其如此 能旋改之則無復爲患 惟不能早知而速 改其改其患遂成矣 況平生病源皆在於此 今則心患不至如萬而他病己甚 年老故耳 如公靑年 盛氣苟函改其初攝養有道何終苦之有又何他證之干乎).

4) 자연에 노니는 마음

병든 마음을 고칠 수 있는 좋은 방법의 하나는 마음의 자연을 찾는 길이다. 고향상실(Heimatlosikheit)의 문제는 시간이 경과할수록 더욱 심각한 인간상실의 근원이다.

퇴계는 자연을 단순한 객관적 대상으로 보지 않는다. 퇴계의 自然心은 그 자체가 하나의 아름다운 예술적 창조였다.

> 바위 위에 꽃이 피어 봄날은 고요하고
> 시냇가 나무 위에는 새소리,
> 시냇물 흐르는 소리 잔잔히 울리누나
> 하염없이 동자 하나를 데리고 산길을 지나다가
> 산 앞에 다다라 문득 考槃을 보았네
> (花發巖巖春寂寂 鳥鳴澗樹水潺潺
> 偶從山層携童冠 閒到山前看考槃)

우리는 이 시에서 悟道한 퇴계의 자연관과 自得의 높은 마음자리를 아울러 읽게 된다. 퇴계의 樂山水는 천진한 「자연의 마음」의 탐구며 발견이었다. 「담담하게 맑고 밝은 마음이 하늘과 땅으로 더불어 같이 흐른다」는 퇴계의 표현은 바로 이러한 경지이다. 門人 南時甫에게 준 글에는 다음과 같이 자연과 예술을 통한 교육의 방법론과 그 효과를 설명하고 있다. [30]

모든 일상생활에 있어서 주작을 적게 하고 嗜好와 욕망을 절제하여, 마음이 트이고 한가롭고 담담하고 유쾌하게 지낼 것이며, 圖書·花草의 완상이라든가, 溪山魚鳥를 보는 즐거움이 조금이나마 뜻을 기쁘게 하고 흥취에 맞게 할 것이다. 늘 접촉하는 것을 싫어하지 않도록 하며 심기를 항상 和順한 경지에 있게 할 것이며, 거스리거나 어지럽게 하여 성내거나 원망하는 것이 없게 하는 것이 가장 요긴한 치료법이다.

책을 보되 마음을 수고롭게 하지 않도록 하여야 하니, 많이 보는 것은 매우 좋지 못하다. 다만 뜻에 따라 그 맛을 즐겁게 할 것이고, 이를 궁구함에는 일상생활의 平易명백한 곳에 나아가 간파하여야 하며, 이를 숙달토록 해야 한다. 이미 아는 바 편안하고 여유 있는 마음으로 음미하며 오직 着心한 것도 착심하지도 아

---

30) 《退溪全書》(上), p. 361, 〈答南時甫 別紙〉.

닌 사이에 두고 잊지 말아야 한다. 공부가 쌓이노라면 저절로 자세히 이해되어 얻는 것이 있을 것이며 너무 집착하거나 마음을 그 속에 너무 속박하여 빠른 효과를 취하려 하여서는 안된다.

퇴계의 자연은 道家類의 無爲한 자연이 아니라 천지자연과 더불어 마음의 질서와 평화를 이룩하는 「有爲自然」이다.[31] 山水의 氣象을 인간이 「類」(感情移入)하라는 것이다. 그러므로 자연은 인간교육의 場이 될 수 있다. 퇴계의 詩 2천여 수는 모두 敎育詩라고도 부를 수 있지만, 「觀物」이라는 다음 詩는 자연이 인간교실임을 단적으로 표현한다.

> 끝없이 흐르는 자연의 이치는
>   알 길이 없지만,
> 그윽히 홀로 앉아 자연을 바라보노라면
>   마음 자리가 즐겁고나
> 그대 동녘으로 흐르는 물을 보라 부르는 뜻은
>   이처럼 밤낮없이 달려가는 뜻이 무엇이겠는가 함일세. (의역)
> (天理生生未可名 幽居觀物樂襟靈
> 請君來看東流水 晝夜如斯不暫停)

그리고 〈陶山十二曲〉은 「言志·言學」을 논한 퇴계의 自然詩·敎育詩의 壓卷이라 할 수 있다. 居敬·窮理함에 있어서 「自然에 노니는 마음」은 인위로 훼손된 對自로서의 자연이 아니라 심리적 파국에서 오는 即自로서의 자연이 우선적으로 회복되지 않으면 안된다는 뜻이다.

4. 맺는말

정신운동에 있어서 수렴과 확산이란 신체운동에 있어서 呼와 吸과 같은 것이다. 그러므로 신축 자재로운 정신의 斂散작용이 퇴계의 전유물일 수는 없다. 그러나 이 글의 머리부분에서 퇴계학은 주자학의 계승이면서 그 발전이라 하였다. 발전이란 단순한 정신적 연장을 뜻하는 것이 아니다. 주자학과 퇴계학의 異同處 가운데 「같음」도 중요한 점이지만 무엇보다 「다름」이 있어야 주자학마저도 정당히 계승되고 발전될 수 있는 것이다. 퇴

---

31) 《自省錄》, 〈答權好文〉, 論樂山樂水(樂山樂水 聖人之言 非謂山爲仁而水爲智也 亦非謂人 與山水本一性也 但曰仁者類平山故樂山 智者類水故樂山 所謂類者特指仁義之氣象意思而云》

계학이 하나의 독립된 한국철학으로 성립될 수 있는 증거는 여러 가지이다. 이기심성론의 발전적 해석에서도 그러하려니와 敬의 철학에 있어서 독자적인 학적 체계를 구축하였다. 이 점은 朱晦菴이 전시대와 동시대의 斯文·異學에게서 받은 학적인 은혜와 부채를 생각하면, 퇴계가 발전시킨 朱子學은 오히려 주자로 하여금 퇴계에게 그 학적인 은혜와 부채를 청산받았다고 말할 수 있을 것이다. 이 글에서 필자는 성리학적 도야방법론의 두 영역인 居敬과 窮理가 어떻게 敬으로 종합 통일되는가를 수렴성과 확산성이라는 측면에서 고찰하려고 하였다. 그리하여 知行互進의 원리와 방법이 수렴과 확산이라는 동적이고 交互的인 작용에 의하여 가능하다는 것을 밝혔으며, 바로 이러한 입각점이 퇴계학 이해에 있어서 「아르키메테스의 거점」이 아닌가 조심스럽게 질문하는 것이다(〈表 3〉 참조).

그리고 居敬·窮理의 방법론적 성찰에서는 퇴계의 일상생활과 교학생활은 구체적으로 어떠하였으며 이들 방법의 원리가 수렴과 확산이라는 측면에서는 어떻게 작용하였는가에 대하여 살펴보려고 하였다. 그리하여 무엇보다 퇴계 인격이 어느 정도로 퇴계 학문과 함께 하였는가 하는 데 주목하였다. 오늘의 학자는 이른바 「손과 입술의 분열」을 그다지 놀라와하지 않지만 퇴계와 같은 성리학자는 인간과 우주에 대한 진리 탐구에만 목적을 두지 않고, 인간과 우주의 탐구자 스스로가 진리적 존재가 됨에 있는 것이다. 다시 말하면 진리는 그 스스로 가치가 있는 것이 아니라 가치적 인격을 수행하는 곳에 진리의 지향성이 있다는 것이다. 앎의 최후의 완성은 행위함으로써 인간이 진리와 동행하는 데 있다. 따라서 인간이 진리적 존재가 된다는 것은 인간의 자각적 실천에 의하여서 선포될 수 있다. 이 점, 서구의 도야이론을 원용함으로써 이 시대가 지니는 교육철학적 고민의 일단을 분석·비판하고자 노력하였으나 어디까지나 이곳에서는 하나의 發題로 상정할 수밖에 없다.

Ⅳ-3. 敬의 교학사상

1. 敎學 목적론의 측면

퇴계학을 객관적 관념론이라고 부르기도 한다. [1]

그러나, 퇴계학을 크게 나누어 理氣論〔太極論〕과 心性論〔誠敬論〕으로 나눈다고 하면, 전자는 自然의 존재법칙을 연구하는 우주론이고, 후자는 人事를 문제삼는 실천윤리로서의 인성론이 될 것이다. 퇴계학은 인성론과 우주론적 합일체계이기 때문에 단순히 객관적 관념론이라는 인식론적 형식으로 고정시켜 놓을 수는 없다.

이 점에 있어서 퇴계는 마치 서방철학자 헤겔의 위치와 흡사하다. 미학의 경우, 헤겔은 낭만주의를 극복하여 피히테, 셸링의 주관론·객관론을 종합하여 체계적인 관념론적 미학을 완성하였다. 헤겔은 마침내 미 내지 예술에 관한 철학적·심리학적·역사적 문제들을 하나로 뭉쳐 이를 그의 정신철학의 체계 속에 짜 넣음으로써, 절대정신의 직관적인 자기실현이라는 방대한 미학체계를 건축하였던 것이다. [2]

퇴계 교학사상의 체계[3] 역시 주관적 인식론과 유심론적 형이상학을 지양하면서 하늘과 사람의 교섭을 다리 놓는 개념어인 「敬」으로 종합되는 「사람됨의 길」 곧 교육인간학을 완성하였다.

퇴계의 사람됨의 길은 藝文一致·道文一致의 교학적 방법론에 입각하여 敬을 지향하는 의리학으로서 그의 교학사상 체계를 건축하였다. 그의 교학사상의 절대가치가 敬이다. 퇴계의 교육학적 인간학의 근본 명제가 敬이며 그 교육적 인간상이 바로 敬의 사람이다.

퇴계사상은 조선왕조 중기에 있어서 하나의 커다란 사상적 轉廻를 가져

---

1) 일본의 高橋亨 및 우리나라 李相殷교수의 說이다.
2) 越要翰,《藝術哲學》, 法文社, 1973, pp. 12〜17.
3) 이곳에서 사용하는 教學이라는 용어는 「教育」을 보다 넓게 개념화한 것으로 사용한다. 子思가 말한 「天命之謂性 率性謂之道 修道之謂教」라는 말과 잇다른 글 「則天命遵性法 述此篇 俾爲師者, 知所以教而弟子, 知所以學」이라는 의미에서 「教學」도 되려니와 보다 현대적으로 教育과 學問을 통한 自己實現·人格實現의 뜻을 지니고 있는 것으로 규정한다.

다 주었다. 종래의 王佐之學・治(爲)人之學으로서의 政經 본위의 성리학은 비로소 참다운 의미의 도학 곧 修己之學・士林之學으로 각광을 받게 되었다. 당시 선비들은 소름끼치는 사화에서 찢기어진 경세학으로서의 성리학보다 인격실현의 인간학으로서의 성리학에 더 주목하지 않을 수 없었던 것도 그 이유의 하나이지만, 벼슬길이 아니더라도 양반이 될 수 있는 길, 곧 도학으로서의 자기 신원의 확보 문제는 조선조 중기의 성리학의 內面化 시대에 박차를 가한 요인이 되었다.

　훈구관료학파에 대항하는 사림학파의 등장은 퇴계에 의하여 그 先河를 연다.[4] 퇴계는 학문을 위하여 학문을 하지 않았던 학자였고 교육을 위하여 교육을 하지 않았던 교사였으며 예술을 위하여 예술을 하지 않았던 예술가였다. 그는 스스로를 배우고 가르치고 조각한 철학적 시인이자 인간적 교사였다. 그러므로 퇴계교학사상의 가치론적 접근은 역동적이고 다원적인 해석을 필요로 한다. 퇴계 스스로가 연구방법론에서 모범하였듯이 때로는 미시적 차원의 분석적 접근방법을, 때로는 거시적 차원의 포괄적 접근방법을 전개하였다.

　원래 철학 자체가 그러하였던 것처럼 퇴계학은 실천철학이다. 인간존재와 인간당위의 문제를 실천적으로 찾고자 하는 것이 중심문제이다. 인간학으로서의 철학은 윤리학과 도덕학을 기반으로 한다. 이것은 우주와 인간의 一元的인 합목적성을 전제로 하는 것이며, 우주의 중심이 인간이라고 믿는 데서 출발한다. 인간의 절대성의 자각을 발견하여 이에 대한 끝없는 질문을 전개하여 간 것이 퇴계의 정신편력의 역사였다. 이러한 관점에서 퇴계교학사상은 사상 그것만으로 정형화할 수 없는 실천이며 정신운동이다. 여기서는 퇴계사상의 가치실현을 ① 자아실현, ② 사회실현의 측면으로 나누어 고찰한다. ①을 위하여서는 「敬」을 통한 인격실현의 관점으로, ②를 위하여는 「鄕約」을 통한 사회사상의 실현이라는 초점에 맞추고자 한다.

---

4) 門人 鶴峯 金誠一은 〈言行總錄〉에서 「近世 士大夫는 독서하면 科擧及第의 利만 생각하고 聖賢의 學이 있는 줄은 모르며, 벼슬하면 寵祿의 영화만 생각하고 恬退의 節操가 있는 줄을 모르고 부끄러움도 없고 의리도 없이 俗되게 無知하게 그날을 산다. 선생이 일어남으로부터 士大夫된 자가 비로소 사람 되는 도리가 거기에 있지 않고 여기에 있음을 알게 되었다」라고 하였다.

1) 敬을 지향하는 자기실현

가) 敬의 敎育人間學的 의미

퇴계는 敬을 주로 삼고(敬以爲主) 또 근본으로 하였다(敬而爲本).

퇴계는 敬을 인격실현의 지도이념으로 삼았을 뿐만 아니라 교학정신의 중심개념으로 하였다. 그에 의하면 敬은 도덕적 自我의 구현을 위한 통일개념이기도 하였다. 敬에 대한 이해는 「知行互進說」의 인식론적 방법이나 「存養省察說」에 있어서의 가치론적 탐구가 가능하다.

그러나, 퇴계학은 단순히 존재론·인식론·가치론 따위로 나누어 설명할 수 있는 것이 아니다. 퇴계의 교학정신은 眞如·力行이 서로 나아가며, 居敬窮理와 存養省察이 합일하는 곳에 있기 때문에 敬은 이들 모든 방법들을 한데 묶는 통일개념·중심개념으로 한다. 퇴계학은 교육인간학이다. 그는 스스로 도덕인격을 구현하는 길, 곧 敎學의 근본이념을 敬 속에서 찾으려고 하였다.

물론, 교학이념의 실현을 위한 수양법으로서 敬을 강조한 사람은 퇴계 이외에도 수없이 많다. 성리학 자체가 하나의 敬學이라고 할 수 있으므로 모든 성리학자들은 한결같이 敬을 논하였으며 이를 말하였다. 程·朱는 말할 것도 없거니와 居敬窮理를 다루는 모든 유학자들은 일찌기 敬으로써 存養省察하였다. 고대유학〔先秦儒學〕에 있어서 孔子 또한 敬을 수양법으로 삼았다. 孔子가 본 敬의 위치는 다음과 같다. [5]

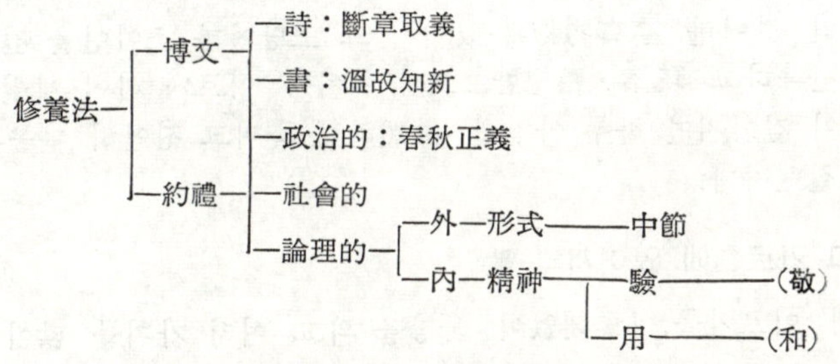

퇴계의 敬은 성리학적 우주·인성론의 定位槪念이며 우주와 인간의 존재론·인식론·가치론적 모든 해답에 대한 열쇠의 구실을 한다. 宋代의

---

5) 宇野哲仁, 《中國哲學史槪論》, 東京, 金の星社, 1929, p. 197을 補完함.

학자들은 「理」를 발견하였지만, 퇴계는 「敬」의 새로운 의미를 창조하였다. 퇴계 이전의 敬에 관한 설명은 퇴계에 이르러서 철저히 정리되고 종합되었다.

서양에 있어서 1920년대에 셸러(M. Sheler) 등에 의하여 哲學的 人間學이 대두되면서 철학의 「인간학적 전환」(Anthropologische Wendung)이 이루어졌다고 하지만, 이보다 앞서 동양에서는 성리학의 등장으로 말미암아 「사람이란 무엇이며, 무엇이 되어야 하는가」에 대하여 철저한 이해를 하려고 하였다.

그리고 퇴계에 이르러 경의 의미와 가치를 종합적으로 정리한 뒤로 종래의 관념적이고 추상적인 이론체계로서의 성리학은 사람의 존재와 가치의 문제에 대하여 새로운 이해 지평을 열어 주게 되었다.

퇴계의 경은 인간의 가치적 도야를 가능하게 하는 인간이해의 핵개념이다. 퇴계의 경을 해석하는 데는 오늘날의 인간학적 이해가 도움이 된다. 퇴계의 교학목적을 「求仁成德」에 두거나 막연히 「君子」에 두거나 간에, 교육적 인간상은 고정적으로 완성된 것을 그리고 있는 것이 아니다. 그는 인간이 스스로를 실현하고 형성시키려는 끊임없는 做工을 중시하였다. 그 길이 곧 경을 지향하는 길이라고 보았다. 경을 통해서 인격을 실현시키고 형성한다고 믿기 때문에 퇴계의 경은 인격실현의 방법만이 아니라 인간이해의 원리가 된다. 왜냐하면, 인간의 이해는 자기형성의 문제와 직접 관련되며 사람의 존재 이해는 「앎과 삶과 됨」을 서로 나누어서 다룰 수 없기 때문이다. [6] 퇴계의 경은 앎과 삶과 됨을 하나로 貫一시키는 「洞見大原」[7]이다.

그에 의하면 경이란 事事物物에 있어서 그 소당연과 소이연을 깊이 밝히고 침잠·반복하고 玩索·體認함으로써 극치에 이르게 하여 세월이 오래되어 공력이 깊어지면 하루 아침에 洒然히 融釋되고 활연히 관통되는[8] 교육의 가치실현자다.

나) 배우고 가르침에 있어서의 敬

《近思錄》에 이르기를, 「쓸데없이 문장을 외고 여러 가지를 많이 아는

---

6) 李奎浩, 《사람됨의 뜻》(增補版), 1974, p. 18
7) 《退溪全書》(下), p. 790, (先生學問一以 程朱爲準 敬義夾持 知行並進 表裏如一 本末彙擧 洞見大原 植立大本 若論其至 吾東方一人而己 鄭惟一).
8) 《退溪全書》(上), 戊辰六條疏, p. 185, (敬以爲主而 事事物物 莫不窮 其所當然與其所以然 之故 沈潛反覆 玩索體認 而極其至 至於歲月而久 功力之深而 一朝不覺其有洒然融釋 割然

것은 오히려 해가 된다」고 하였다. [9]

　퇴계 역시 배우는 일은 반드시 성현의 말과 행동을 본받아 潛求默玩한 뒤에 進學의 功이 함양되는 것이라고 하였다. 그러므로 바삐 이루기를 서둘거나(忽忽說過) 입으로만 지껄이려 든다면(泛泛誦說) 이는 口耳之末習이다. 비록 글을 천 편을 외고 머리가 희도록 경전을 말한들 무슨 도움이 있겠느냐고 하였다. [10]

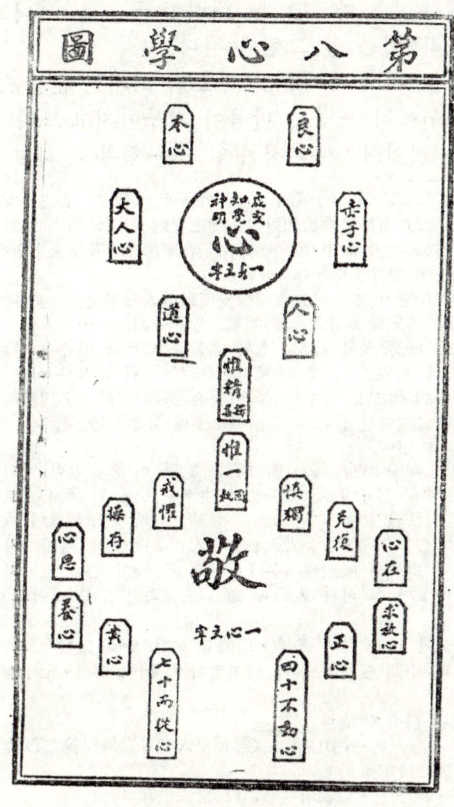

〔第八心學圖〕

貫通處)
9) 《近思錄》, 二七, (明道先生, 以記誦博誠爲玩物喪志)
10) 《退溪全書》 (下), p. 792, 〈言行錄〉, 讀書 (讀書之要 必以聖賢言行驗之 心而潛求默玩 然後方有涵養進學之切 若忽忽說過 泛泛誦說○而己 則是不過章句口耳之末習 雖誦盡千編 白首談經 亦何益哉——金誠一).

心은 一身의 主宰이고 敬은 그 一心을 주재하는 萬事의 근본이다. 그러므로 경에 힘쓰는 방법을 아는 일이 聖學의 처음이자 끝이라는 것이다. [11]

따라서 학문을 하는 뜻(敎人爲學之意)은 의리를 밝혀 그 몸을 닦은 뒤에 미루어 사람에게까지 미치려 함이요, 한갓 博覽强記에 힘써 문장으로 이름이나 날리고 祿利를 취하려는 것이 아니라 하였다. [12]

교학의 근원이 되는 「心」과 「敬」은 어떠한 구조를 지니고 있는가. 〈聖學十圖〉[13] 第八 心學圖[14]는 앞 그림과 같다.

마음을 주재하는 敬의 구체적인 공부로서 퇴계는 靜坐法을 권한다. 그에 의하면, 靜坐한 뒤에라야 몸과 마음이 거두어지고 도리가 비로소 한 곳으로 모이게 된다는 것이다. 따라서 만일 몸을 함부로 하고 흐트러지게 하

---

11) 《退溪全書》(上), p. 203, 〈聖學十圖〉, 第四 大學圖, (敬者一心之主宰萬事之本根也 知其所以用力之方……蓋心旣立由是格物致知以盡事物之理則 所謂尊德性而道問學 由是誠意正心以修養其身 則所謂先立其大者 而小者不能奪 由是齊家治國以及乎天下平呼是皆未始一日而離乎 敬也者然則 敬之一字 豈非聖學始終要也哉).

12) 위의 책, p. 204. (朱憙의 말이다) 古昔聖賢所以敎人爲學之意 莫非講明義理 以修其身然後推以及人 非徒欲其務記覽爲詞章 以釣聲名, 取利祿而己……

13) 「心學圖」는 林隱程이 聖賢들의 心學論들의 名言을 간추려 만든 그림이다. 「十圖」에서의 그림과 글은 대개 여러 先儒들의 글 속에서 채택한 것이 많지만 이것을 取捨選擇하고 체계화하여 하나의 哲學的 構成을 이루어 놓은 것은 退溪의 道學・理學에 대한 學問的 깊이가 아니고서는 될 수 없는 일이라고 評價되고 있다(李相殷 역, 〈聖學十圖譯解〉, 《退溪學報》, vol. 2 合本, p. 107).

14) 李相殷교수는 그의 〈聖學十圖譯解〉에서 「心學圖」를 다음과 같이 설명하고 있다. 『圖說에 있는 心이란 一身의 主宰인 心圈과 一心의 主宰인 敬圈을 中心으로 「心」의 여러 別稱과 「敬」의 여러 가지 方法 差別을 그림으로 一目瞭然하게 表示하였다. 心의 別稱을 表示함에 있어서 「良心;本心」, 「赤子心;大人心」, 「人心;道心」을 마치 서로 對立시켜 놓은 것같이 表示하였으나 退溪의 圖說에서는 「이것은 두 가지 心이 있어서 그런 것이 아니라(此非有兩樣心)」고 하였다. 그러나 人心과 道心은 갈라서 말한 것이므로 對立시켜 보아도 좋다.』
다음 敬의 方法式에 대한 여러 差等・段階를 表示함에 있어서 그 순서가 「惟精惟一」에서 시작하여 여러 中間 단계를 거쳐 마지막에 「四十不動心・七十而從心」에 이르게 하였다.
각 名稱의 出典은 다음과 같다.
○ 良心：《孟子》・告子上・牛山之樟, (雖存平人者・豈無仁義之心哉 其所以放其良心者 亦猶斧棟之於木也)
○ 本心：《孟子》・朱子上・魚我所欲章, (此之謂失其本心)
○ 赤子心・大人心：《孟子》, 離婁下, (大人者不失其赤子之心者也)
○ 人心・道心：《中庸》, 章句席文, (人心惟危・道心惟微)
○ 克復：《論語》, (克己復禮)
○ 心在：《大學》, (心不在 焉視聖不見 聽而不聞食聖不知其)
○ 操存：《孟子》, (操則存, 舍則亡出入無時 莫知其鄉 惟心之謂與)
○ 心思：《孟子》, (心之官則思 思則得之 不思則不得也)
○ 四十不動心・七十而從心：《論語》, (……從心所欲不逾矩)

면 심신이 혼란하고 도리가 한 곳에 모일 수가 없게 된다고 하였다. 어느 제자가 靜坐를 구속하는 폐단에 대하여 문자, 퇴계는『血肉으로 된 몸이 젊을 때부터 구속이 없다가 갑자기 정좌를 하여 심신을 거두고자 하면 어찌 구속의 병이 없겠는가』하면서 다만 여러 해를 지나 오래된 뒤에 비로소 구속됨이 없게 될 것이라고 하였다. 만일 구속을 싫어하여 저절로 되기를 기다린다면 이는 처음 공부하는 사람으로서는 능히 할 수 없는 일이라고 하였다. 경의 공부가 철저하지 못하여 放逸하기 쉽기 때문이다. 心이 만약 惺惺하여 게으르거나 방일하지 않는다면 몸은 자연히 거두어져서 자신의 명령을 따를 것이라고도 하였다. 공부하는 일은 오랫동안 마음을 외곬으로 한 뒤에나 이루어지는 것이므로 하다가 그만두면 그 공부가 어떻게 이루어지겠는가 라고 반문한다.[15] 불교의 돈오적인 수양법이 坐禪法이라고 한다면 坐靜法은 점수적인 유교의 방법이다.

경으로써 敎學의 주재로 삼고 그 방법으로 靜坐를 말한 퇴계지만, 居敬하는 일이 高遠深大한 곳에 있는 것으로 보지는 아니하였다. 아니 오히려 무엇을 찾는 데 마음을 오로지하여 이리저리 맞추기에 바쁘게 되면 「이삭을 뽑는 병통」(揠苗之病)이 생기거나, 조금도 마음을 쓰지 않고 조장하지 않으면 농사를 지어놓고 김을 메지 않는 폐단에 빠지게 된다. 그러므로 처음 공부하는 사람은 整齊하고 엄숙한 경의 공부를 하는 것만한 것이 없다.

무엇을 찾으려 하지도 말고, 이리저리 맞추려 하지도 말고 다만 規矩

---

15)《退溪全書》(下). p. 796,〈言行錄〉, 論持敬.
  (問延平靜坐之說 先生曰 靜之然後身心收斂 道理方有漆泊處若形骸放忘無檢 則身昏亂道理無復有漆泊處 故考亭對延平 靜坐終日及退私亦然 問靜坐有拘束之病 則如何 先生曰血肉之軀 自少全無檢束 一朝遽欲靜坐收斂 則豈無 拘束之病 須是堅耐辛苦無快活時節 更歷歲久然後 方無拘束之病矣 若厭拘束而待其自然 則是乃 聖賢百體從今 而恭而安之事 非初學所可能也 大抵拘束之病 實由持敬之工未至安肆日偸故也 心苦惺惺無所忘放 則百體自然收檢而從令矣 又曰爲學之道 必須專一悠久然後 乃 戈而以一出一入之心 爲作或輟之學 則學何由成 故朱子告滕璘曰 專一 悠久爲成二三間斷爲敗——金誠一)
  한편「跪坐」,「盤坐」,「正坐」에 대하여는 다음과 같이 말하고 있다(같은 곳, p. 169).
《自省錄》答金惇叔
  (持心之法一要常惺惺而遣去思慮是一於靜而欲無動也)
嘗觀朱子跪坐說云兩膝著地伸腰及股而勢危者爲跪兩膝著地以尻著 蹠而稍安者爲坐然則今所謂危坐 郎 古之坐今所謂跪古亦謂之熟而古別無危坐習之坐稱也 姑以古坐今危論之古人想其自小學隅坐時而習之習之熟故能安而無難焉
  朱子所以引道家禮懺者以爲習故之之云也 今人旣不能如古之習安故朱子有盤坐何害之說盖能收歛身心齋莊整齋則有時盤坐不如危坐之嚴肅自不害義理故可以通謂之正之端之而可行也)
  。《退溪全書》(下), p. 800,〈言行錄〉, 教人, (問盤坐危坐先生曰盤坐亦好初學且須危坐——金睟).

準繩의 자리에 서서, 남이 보지 않는 어둡고 은밀한 곳에서도 경계하고 삼갈 것을 당부하였다.[16] 말할 때는 모름지기 敬해야 할 것이며, 움직일 때도 敬해야 할 것이니 잠깐이라도 이 敬을 버릴 수는 없다. 퇴계는 학자의 생활에서 가장 절실한 것이 敬이라고 하여 마땅히 깊이 체험하여야 할 것이라고 하였다. 敬은 마음의 깨어 있음 (惺惺)하게 하며 욕심과 사념을 없애 준다. 敬은 이기의 합으로써 마음을 統御하는 것이기 때문이다.

敬을 배우고 敬의 삶을 산 퇴계는 敎人하는 데서나 스스로를 做工하는 데 있어서 한결같이 敬으로 하였다. 門人 李德弘에게 회답한 글, 〈論敬書〉 한 통을 베껴서 벽에다 걸어 둔 일이 있다. 月川 趙穆이 그 까닭을 묻자, 『내 비록 남을 가르치기는 이렇게 하였지마는, 내 몸을 돌이켜 살펴볼 때에 아직 스스로 다 되지 못했기 때문에 이렇게 하는 것』[17]이라고 대답하였다.

이처럼 그는 持敬의 원리로서 彼我無間으로 「窮理以致知」〔知〕하여 「反躬以踐實」〔行〕하는 體驗·體得하는 삶의 일상을 생활화하였다.

비근하다 하여 할 것이 못된다고 믿거나 迂闊하다 해서 할 필요가 없다고 敬이 없는 것은 아니다.[18] 또한 빨리 효과를 보려 하거나 스스로 한계를 그어서도 안된다. 다만, 存養省察하는 敬의 집에서 부단히 「博學·審問·愼思·明辨」하라는 것이다. 퇴계는 내관심리적 자아형성의 면뿐 아니라 인간정신의 客觀的 自己省察〔格物致知〕의 양면을 아울러 중시하였다. 이것은 불교나 양명학파의 「重內輕外」 사상과 대조된다.

다) 인격교육의 실천이념으로서의 敬

유학교육은 교육작용에 있어서 사람의 노력[19]과 감화력[20]을 밑바탕으로 한다. 인간의 교육적 가능성에 대한 긍정에서 출발한다.

敬의 실천이념이 윤리적 교육이념으로 추상될 수 있고 추상된 교육이념이 逆으로 교육실천화될 수 있는 까닭은 敬이 사람됨의 원리와 방법을 지

---

16) 앞의 책 같은 곳.
17) 《退溪全書》(下), p. 795, 〈言行錄〉, 論持敬.
　　(答李德弘論敬書　因寫一通揭之干壁, 趙月川穆嘗侍左右　問何以若是 曰我雖教人如此 而反諸吾身猶末能自盡故然耳 ——李德弘)
18) 앞의 책, 〈戊辰六條疏〉
19) 孔子의 경우, (子曰 若聖與仁則 吾豈敢抑爲之厭 誨人不倦則可謂云爾已矣)——〈述而〉라든가 (子曰 默而識之　學而不厭　誨人不倦 何有於我哉)——〈述而〉라는 말이 이에 해당한다.
20) 《論語》「子罕」 편의 夫子循循然善誘人 博我以文 約我以禮가 이것이다.

니고 있기 때문이다. 경은 알지 못하기 때문에 행하지 못하는 것이 아니라 행하지 않기 때문에 얻지 못하는 인간의 평범한 도리〔彝倫〕이다.

퇴계는 교육에 있어서 그 주체가 되고 객체가 되는 삶의 의미근거를 敬으로 수렴하였다. 삶의 의미근거란 무엇인가. 이것은 개성적·자각적 존재로서 和而不同하는 인격가치를 인정하는 일이다. 사람이 하는 일의 몫은 각기 다르지만, 그 값어치는 서로 같다고 믿는 데서 참다운 개성교육은 가능하게 된다.

○ 知舊門人資質病 病有不同藥 故因材施敎對症下藥(〈言行錄〉, 卷 1, 讀書, 金睟記)
○ 聖人敎人 各因其材 所以因其材之近 而成就之(〈言行錄〉, 卷 3, 事君, 堂後日記)
○ 下學而上達 如群飮於河 各充其量 高而爲聖賢, 不而爲善士 (《退溪文集》 卷 19, 答黃仲擧)

퇴계의 교육하는 방법은 능력에 따른 개성교육으로 문인의 자질 여하에 따라 교육하는 내용·방법 및 정도가 달랐고, 그 능력과 개성의 최대 신장〔所以因其材之近 而成就之〕을 도모코자 하였다. 뿐만 아니라 가르침과 배움의 과정 안에서 교사위주의 교육이 아니라, 학생위주의 자발적 학습을 교육의 주된 작용으로 보았다〔如群飮於河 各充其量〕.

『사람을 가르칠 때에는 먼저 그 뜻이 향하는 곳을 살펴 그 자질에 따라 가르치되, 먼저 입지하게 하고 爲己하는 학문이 되게 하고, 혼자 있을 때 삼가고(愼獨) 기질을 변화시켰다. 道에 뜻을 두어 정성되고 독실한 것을 보면 기뻐하여 더 나아가도록 힘쓰고, 학문을 향하는 마음이 게으르고 풀어지면, 걱정하여 격려하되 부지런하고 간절하게 이끌어 주고 부축해 주기를 한결같은 정성으로 하였다. 그러므로 듣는 사람이 모두 감동하여 기운을 떨치는 마음을 먹지 않는 사람이 없었다.』[21]

교학실천은 오로지 매사에 敬으로 임하였으며 사람을 대하는 데 忠으로 하였던[22] 그의 「날마다 보통 하는 일」[23]의 하나이다. 그러므로 그는 가르침에는 싫어하거나 게을리하지 않고(不厭不倦) 언제나 친구처럼 대접하여

---

21) 《退溪全書》(下), p. 639, 言行通述, (門人 文峯 鄭惟一 撰).
　　(……學而以立志爲先 以爲己謹獨變化氣質爲　功見學者志道誠篤則而勉進向學 懈弛則憂而激勵 勸勸懇懇於提撕誘掖之問者 一出於誠聞者亦無不感而思奮矣)
22), 23) 위의 책, p.790, 學問, (問朱子常令學者於平易明白處 用工夫所謂平易明白處 乃事親從凡日用常行之事乎 先生曰 然 孔子告樊遲曰居處恭 執事敬與人忠 皆是平易明白處也—— 金誠一)

끝까지 스승으로 자처하지 않았다. [24]

　오늘날 글 가르치는 교사〔經師〕는 많으나 사람을 가르치는 스승〔人師〕은 드물고, 학문과 지식에 권위로운 사람은 많지만, 인격과 인격이 맞부딪치는 만남의 사람은 교육의 자리에서 점점 찾아보기 힘들게 되었다고 한다. 선생은 선생임을 그치고, 학생은 학생임을 그칠 때 그들은 비로소 만난다고 한다면 敬으로써의 퇴계교육은 교사와 학생이 서로 만나는(Sich-Begegnung) 감화의 교육이며 인격교육이었다.

　퇴계는 제자들과 함께 상면하여 학문을 강하는 데서도 그러하였지만 相距하여 멀리 떨어져 있을 경우에는 「書翰教育」의 형태로 직접 질문에 답하거나(問目), 일상의 交信·哲學論辯 등을 주고 받았다.

　「書」는 학자들의 사상과 학설 및 인격을 이해하고 스승과 문인들과의 사이에 오고가는 사제간의 의리와 인정이 어떠한 것이며, 학문토론의 내용과 정신이 어떠한 것이었나를 아는 데 긴요한 자료이다. [25]

　퇴계는 《朱子大全》 속에서 특히 「書」의 부분을 중요시하여 이를 간추려 《朱子書節要》[26]를 편찬하였으며, 그 자신과 문인과의 「書」를 엮어 《自省錄》[27] 이라고 하였다. 이제 이 두 책의 〈序文〉을 초록하여 「書」의 교육적 가치와 敬 사상의 실천적 모습을 살펴보기로 한다.

朱子書節要 : (序文抄)[28]

　……나는 병으로 罷官하고 퇴계로 돌아와서 날마다 문을 닫고 조용히 이 책을 읽었다. 이로부터 점점 그 말이 맛이 있고 그 뜻이 地負海涵 같음을 느꼈다. 더우기 「書札」에 대하여 느끼는 바가 많았다. 書는 人才의 고하와 학문의 심천에 따라서 병에 맞추어 약을 주고 物에 應하여 錘를 다는 방법을 써서 혹은 抑하고 혹은 揚하고 혹은 救하고 혹은 激하여 나아가게 하고 혹은 물리쳐 경고해 주기도 하니 心術의 隱微한 사이에 털끝만큼의 惡도 용서치 않으며, 義理를 캐어냄에 있어서는 毫釐의 차이도 밝혀낸다. 규모가 광대하고 心法이 嚴容하여 전전긍긍 如履薄氷(조심 조심 엷은 얼음 밟듯)하는 마음은 한시도 쉬지 않으며 懲忿窒慾 遷善改過(분함과 욕심을 줄여, 잘못을 고치고 착함을 행한다)하는 노력이 행여 미치지 못할까 보아 그 剛健篤實함이 날로 빛을 드러내고 그 근면하여 타이름이 남과 나의 구별을 두지 않는다.

―――――――――

24) 앞의 책, p. 798, 教人, (訓誨後學不厭不倦 待之如明友 終不以師道自處)
25) 李相殷, 《退溪의 思想과 學問》, 瑞文堂, 1974, p. 141.
26) 節要란 말은 요긴한 것을 골라서 줄인다는 뜻이다.
27) 퇴계는 朱子의 「書」 가운데 취사선택하여 1권 7책으로 편찬하였다.
28) 《退溪全書》(上), 卷 42, pp. 938~940.

그러므로 사람에게 일러주는 말은, 감발하여 일깨움이 있다. 이것은 그 당시의 문인에게만 그런 것이 아니라 백세의 뒤에 있어서도 그 가르침을 듣는 자는 면대해서 말을 듣는 것이나 다름없음을 느끼게 된다. ……이제 이 書의 말은 一時 師友間에 학문의 宗旨와 비결을 講明하고 공부의 道程을 서로 責勉하는 것으로서 泛泛한 이야기와는 서로 다르다. 이 書札 속의 말은 어느 것이나 사람의 마음을 진작케 하지 않는 것이 없다. ……학자로 하여금 感發·興起하여 眞知·실천의 학문에 힘쓰게 할 수 있는 것은 이 책을 버리고 또 무엇이 있으랴.

自省錄(序)[29]

옛 사람들이 말을 함부로 하지 않는 것은 자신의 실천이 따르지 못함을 부끄러워하였기 때문이다. 이제 붕우들과 왕복하여 講究함에 있어서 그 말을 부득이 하지 않을 수 없었던 것이지마는 이제 스스로 부끄러움을 이기지 못한다. 하물며 이미 말한 뒤에 저쪽에서는 잊지 아니하였지만 나는 잊어버린 것이 있고, 나는 잊어버리지 않았지만 저쪽에서 잊어버린 것도 있으니, 이렇게 되면 이것은 부끄러운 일일 뿐 아니라 기탄 없는 것에 가까우니 매우 두려운 일이다. 그동안 옛 상자를 들추어 보존되어 있는 원고를 다시 베껴 책상 위에 두고 때때로 열람하면서 반성의 자료로 삼는다. 원고가 없어서 수록되지 않은 것도 그 속에 들어갈 수 있다. 그렇지 않으면 비록 여러 편지를 다 모아 책을 이룬다한들 무슨 유익함이 있겠는가.

위의 두 가지 서문에서 살펴볼 수 있듯이 그의 전생애에 걸친 「앎」과 「삶」과 「됨」은 敬을 주축으로 하는 인격의 종합실현이다. 천명과 인성이 敬으로 하여 하나로 가치화된다. 인간사는 敬으로 말미암아 성스러운 것으로 나타나며, 나날의 삶이 敬으로 말미암아 값지고 귀한 것이 된다. 퇴계는 敬은 인식론적으로는 보편의 법칙성을 수립하였고, 가치론적으로는 그 당위의 규범성을 확립하였다.

敬은 心의 주재자이기 때문에 주체적 정신운동이 된다. 사람에게는 늘 무엇이 옳고 무엇이 그름을 주체적으로 時宜에 맞게 판단하고 선택할 當爲的 책임이 있다는 것이다. 이러한 판단과 선택의 자(尺)가 곧 의리이

---

29) 《退溪全書》(下), p. 151, 《自省錄》序文 : (58세 때 5월에 지음).
　　퇴계는 관계에서 은퇴 이후로 백여 명의 사람과(門人, 師友, 子侄) 1천여 통의 서신을 교환하였다. 내용별로는 哲學·道德(倫理)·處身·家訓에 관한 것이 대부분이고 철학적 학술관계의 書翰을 모아 엮은 것이 바로 《自省錄》이다. 이 책에는 南時甫(彦經), 鄭子中(惟一), 權松巖(好文), 金惇叔(富倫), 李叔獻(珥), 黃仲擧(俊良), 奇明彦(大升), 盧蘇齋(守愼) 등 門人, 弟子에게 주는 글이 76面에 걸쳐 실려 있다.

다.[30]

敬이 인격교육의 실천이념이 되는 까닭은 무엇인가.

퇴계에 의하면 眞知는 곧 실천지이기 때문에 궁리와 실천을 통하여 몸소 體認 體得하는 행위의 원리와 주체가 敬이라는 것이다.

마음〔天君〕이 발동하는 바를 성실하게 하면 만 가지 거짓이 소멸되고 인체의 모든 기관이 그 명령에 복종하여[31] 의리의 판단을 精一하게 한다고 하였다. 그러므로 경의 발원점과 종착점은 한결같이 存養省察에 있다. 언제나 「整齊靜一·整齊嚴肅·主一無適」한 정신의 각성상태(常惺惺)를 지니고(이것이 持敬이다) 있어야 한다.

그러나 퇴계는 이러한 마음 공부로서의 敬을 출세간적인 방법이나 철학적인 명상에서 구하려고 하지 않는 데에 특색이 있다. 그는 일상생활의 평범한 삶 속에서 持敬을 이룰 수 있는 것이라고 하였다. 말하자면 모든 삶의 현실 가운데서 인격교육은 이루어질 수 있다고 보았다. 그는 조석으로 한결같이 나날이 계속하고, 氣가 청명할 때에 이를 細繹玩味하고 평상시에 체험하고 북돋우라고[32] 하였다.

퇴계는 敬의 삶을 누리는 일(持敬)은 생각하는 일과 배우는 일을 겸하는 (兼·思學) 일이며, 動과 靜을 일관시키는 일이고(貫·動靜) 마음과 행동을 합치시키며(合·內外) 마음의 나타남과 감춤을 하나로(一·顯·微)하는 길[33]이라고 하였다. 경은 「思·學」, 「動·靜」, 「內·外」, 「顯·微」를 종합통일하는 원리이다.

이 원리를 교육실천의 이념으로 대입할 수 있는 이유는 충분하다. 敬의

---

30) 柳正東교수는 《退溪의 生涯와 思想》, 博英文庫, 22, 1974, pp. 244~245에서 이러한 主體的 판단에 관하여 다음과 같이 설명하고 있다.

『退溪선생께서는 일반인으로서의 보편성을 중시하면서도 實存的 主體性을 강조하신 것으로 보인다. 奇高峯이 한때 그 자신의 進退문제를 어떻게 정해야 좋을지 몰라서 물어온 때가 있다(今觀來喩之意 自謂學未成 而遽出恐仕宦之奪志 欲歸而卒究大業爾云——奇明彦). 이에 대해서 선생께서는 진퇴거취 문제는 스스로가 마음에 결정할 일이지 이것을 타인에게 도모할 것도 아니며 또한 능히 모의할 바가 아니라고 대답하였다(大抵出處去就 當自決於心 非可謀之於人 亦能若謀——위와 같은 곳), 자기 일은 스스로가 주체적으로 결정을 해야 한다는 것이며 또한 그렇게 아니 되는 데는 그 이유가 있다는 것이다(平時理有所未盡 志有所不剛則 其所自決 或不免昧於時 義奮於願慕 而失其意身——위와 같은 곳). 즉 평소에 이치에 未盡함이 있던가, 그 의지가 강하지 못할 때에 時宜를 잃고 願慕에 끌려서 當爲를 상실하게 된다는 의미다.』

31) 〈戊辰六條疏〉, (心爲天君而意其發也 以誠其所發 則一誠足以消萬僞 以正其天君則 百體從令而所踐無非實矣)

32) 앞에 든 〈聖學十圖劄〉, (朝焉夕焉而有常, 今日明日 而相續或紬繹玩味於夜氣淸明之時 或體驗栽培於日用酬酌之際)

33) 위와 같은 곳, (持敬者 又所以兼思學 貫動靜合內外一 顯微之道也)

길은 사람됨의 길의 알맹이기 때문에 이는 가장 바른 교육의 길이 되기 때문이다. 그는 진지와 실천이라는 수레의 두 바퀴[34]를 敬의 축으로 말고 나아가게 하였다. 敬은 앎과 됨을 하나로 묶는 교육실천이념의 軸이다.

라) 가정교육에서의 敬

유교사상은 「修⊃齊⊃平⊃治」의 이중경로에 의하여 실현된다. 이것은 「國⊂天下⊂身⊂家」의 객관적 대상이 교육(修·齊)을 통하여 가치적 실재로 귀납되고 연역되는 것을 의미한다. 그러므로 수신하기 때문에 齊家한다. 齊家하기 위하여 修身하는 것이 아니다. 그 이상도 마찬가지다. 治國平天下라는 왕도적 정치사상의 실현은 자기 몸을 닦고 가정을 고르게 한 뒤에 이루어지기 때문에 유교교육의 최초의 출발은 爲己의 學이다. 그러므로 유가교육은 개인 위주의 교육이 아니라 가정교육이 주류였다. 사회나 국가의식의 교육은 王佐之學 또는 經世之學으로 있었지만 보편화된 것은 아니었다.

제왕학으로서의 聖學이 있어서 왕도정치의 정치교육을 經筵이나 書筵에서 행하였지만, 제왕교육도 사족교육과 같이 修己敎育이 주류였다. 가정·사회·국가에 있어서 가장 중요한 조직은 가정이다. 그러므로 孝悌忠信의 가치덕목에서 孝悌를 제일의로 삼았다. 유교사회에서의 가족중심주의의 표현이다.

퇴계는 가족중심의 질서를 타인중심의 사회화로 범위를 확대하고자 鄕約을 立條하였다. 그러나 그는 家道를 세움에 있어서도 서로 공경하는 삶의 모범을 보여 주었다.

그는 子孫 가운데 잘못을 저지른 사람이 있으면 엄하게 책망하는 것이 아니라 諄諄히 타일러 깨우치도록 하였으며 스스로 깨달아 다시는 그 잘못을 되풀이하지 않도록 하였다. 비록 비복들일지라도 화를 내서 꾸짖지 않았다. 그러므로 閨門의 안팎이 즐거운 가운데 肅穆하여 聲色을 나타내지 않아도 만사가 법도대로 되어 나갔다.[35]

일가끼리는 화목하고 불쌍한 이를 두루 도와주되 늘 미치지 못할까 두려워하였다. 어머니가 살아 계실 때에는 그 얼굴빛을 따르고 마음을 맞

---

34) 앞의 글, 〈戊辰六條疏〉, (抑眞知與實踐　如車兩輪　闕一不可　如人兩脚　相待互進)

35)《退溪全書》(下), pp. 814~815, 〈言行錄〉, 家訓, (…子孫有過則不爲峻責警誨諄復俾自感悟　雖婢僕亦未嘗遽加嗔罵閨門內外怡愉肅穆　不動聲色而萬事自理焉——金誠一).

추어 사랑과 공경을 지극히 하였건만 그래도 오히려 어버이 섬기는 도리를 다하지 못했다 하여 한평생 한으로 삼았고, 조상의 제사는 더욱 두터이 하였다. 집에 손님이 오면, 귀천을 가리지 않고 인정과 정성을 다하였다. 조정에서 여러 번 쌀이나 콩을 내렸건만 그는 그것을 곧 여러 사람에게 나누어 주어 한번도 집에 쌓아둔 일이 없었다. 그래서 집안에 쓸 것이 자주 떨어져 가끔 꾸어다 잇기도 하였다.

그러나 퇴계의 春風怡蕩한 齊家法에서도 秋霜烈日 같은 엄한 가르침이 있었다. 아들에게 준 家書에 『너는 모든 일을 마땅히 근신하라. 이제 金而精에게 보낸 네 편지를 보니 大字로 난필하였다. 이것은 무슨 까닭이냐. 삼가서 「麤狂之態」를 버리라』[36) 하였으며, 또 다른 아들에게 주는 편지에 『글 읽는 것을 어찌 자리를 가리어서 하랴. 시골에 있건 서울에 있건 오직 어떻게 뜻을 세우느냐에 있을 뿐이니, 마땅히 충분히 힘을 써서 날로 부지런히 공부하여 일없이 헛되게 나날을 보내지 말아야 하느니라』[37) 하였다.

퇴계는 고관을 지냈지만 살림은 늘 간구하였다. 그의 집은 겨우 十餘架로서 심한 추위나 더위나 비에 남들은 견딜 수 없었을 터이지마는 그는 이것을 넉넉한 듯이 여겼다. 어떤 관원이 와서 보고 『이렇게 비좁고 누추한 데 어떻게 지내십니까』라고 했더니 오랫동안 습관이 되어 어려운 줄 모른다라고 대답할 정도였다.

그러나 그는 아들에게 주는 글에서 『집안 살림살이는 사람으로서 하지 않을 수 없는 것이다. 그러므로 나도 평생에 비록 그 일을 멀리하고 서투르게 하였지만, 그렇다고 어떻게 하지 않을 수야 있겠느냐. 다만 안으로는 글을 읽으면서 밖으로 살림살이를 하노라면 선비의 모습을 떨어뜨리지 않고 해로움도 없을 것이다』라고 하여 선비라고 치산 치가를 소홀히 하지 말 것을 당부하기도 하였다.

그러나, 치산 치가를 한다고 하여 글을 완전히 버린다면 이는 속인들이 할 일이라고 징계하고 가난하고 궁한 것은 선비의 보통 일인데, 어찌 마음에 꺼릴 것이 있겠느냐. 너의 아비도 이 일 때문에 남의 웃음거리가 된 일이 많았다. 그러나 오직 굳게 참고 순하게 처세하면서 하늘의 뜻을 기

---

36) 앞의 책 같은 곳, (汝凡事當謹愼 而今見寄而精書大字亂草此何意也 愼勿好爲麤狂之態)
37) 위의 책, 같은 곳, (與子寏書曰 讀書豈擇地在乎鄉在京惟立志如何耳 須十分策勉逐日勤 若做工不可悠悠浪送日月也)

다리는 것이 옳다고 하였다. 안분자족하는 樂道의 길이 물질적인 유족함보다 더 값어치 있음을 교훈하는 말이라고 보겠다. 그리고 아들 寯이 벼슬길에 있으면서 보낸 물건이 정도에 지나치다고 경계하여 「官本淸冷雖或有俸食之餘」라도 정도에 지나치다면 그것은 벼슬하는 사람의 도리가 아니다. 이런 일이 습관이 되면 뒷날에 수습하기 힘들 것이 걱정된다라고 준열히 타이르기도 하였다. 子侄孫에게 준 그의 글은 이렇게 꾸밈없는 산 교육이었다.

끝으로, 가정교육을 통한 퇴계의 인간애의 모습이 보이는 書翰 한 통을 적기로 한다. 이는 퇴계가 그의 손자 安道에게 보낸 편지이다.

이제 들으니 乳婢가 3·4삭밖에 안 된 어린애를 버리고 서울로 온다고 하니, 이는 그 아이를 죽이는 일과 다름이 없는 일이다. 《近思錄》에 이런 일을 가지고 말하기를 『남의 자식을 죽이고 자기 자식을 살린다는 일은 매우 불가하다』 하였다. 이제 이 일도 꼭 그와 같은 것이니 어찌 하겠느냐. 서울 집에도 반드시 乳婢가 있을 것이다. 지금부터 5, 6朔 동안만 각각 기르고 지내다가 8, 9朔을 기다려 올려 보낸다면 이 아이도 또한 죽물로써 목숨을 이어갈 수 있을 것이다. 그렇게 되면 두 목숨이 다 사는 길이니 아주 좋은 일이 아니겠느냐. 만일 그렇게 하지 않고 꼭 보내고자 하거든 차라리 그 아이를 데리고 올라가서 두 아이를 함께 기르는 것이 오히려 나을 것이다. 그러지 않고 바로 버리게 하는 것은 어진 사람이 차마 하지 못할 일이며 또 지극히 편치 않은 일이기 때문에 미리 알리는 것이니 다시 한번 생각해 보아라. [38]

2) 鄕約과 社會理想의 실현

가) 鄕約 제정의 경위

鄕約은 향당의 규범이고 사회도덕이다. 유교적 가족 질서의 규범인 「家禮」가 사회규범으로 확대생산된 지도이념이라고 할 수 있다. 이는 가(씨)족중심의 생활이념으로 묶을 수 없는 사회체제의 통제적 기능에서 당연히 요청되는 것이었으며, 가족 질서를 우월시하고 절대시하던 사회가치관에 대한 하나의 통치형태로서의 윤리규범이었다. 따라서 향약은 향당생활의

---

38) 《退溪全書》(下), p. 134, 續集, 卷 7, 〈答安道孫〉.

규제원리로서 치자계급(兩班·儒生)들의 문화적·사회적·도덕적·정치적인 이익을 위한 자치결사였다. [39]

鄕約의 실시는 유교적 국가통치의 이념을 수행하는 데 있어서나[40] 유교적 사회체제의 안정과 지속을 도모하는 데[41] 있어서 넓고 크게 작용하였다.

이처럼 정치·사회적 지배논리로써 服務하게 된 향약이 中宗 이후에는 유학자들에 의하여 차츰 사회교화라는 지배논리를 정당화시킨 점에 눈을 돌려야 한다.

조선조 향약의 전범이 되는 「呂氏鄕約」과 「朱子增損鄕約」[42]은 그 근간이 「德業相勸·過失相規·禮俗相交·患難相恤」이라는 4가지 덕목이다.

德業相勸

「德謂」見善必行 聞過必改 能治其身 能治其家 能事父兄 能敎子弟 能御童僕 能肅政敎 能事長上 能睦親故 能擇交遊 能守廉介 能廣施惠 能取寄託 能救患難 能導爲善 能規人過失 能爲人謀事 能解鬪爭 能決是非 能與利除害 能居官擧職「業謂」居家則事父 兄敎子弟妻妾 在外則事長上 接朋友敎後生 勸御童僕至于讀書治田營家濟物 畏法令謹租賦好禮 樂射御書數之類 皆爲無益 右件德業 同約之人各自選修互相儀勉會集之日 相與推擧 其能者 書于籍 以警勵其不能者

過失相規

「過失謂」犯義之過六 犯約之過四 不修之過五 犯義之過 一曰酗博鬪訟 二曰行止踰違 三曰行不恭遜 四曰言不忠信 五曰造言誣毀 六曰營私太甚 犯約之過 一曰德業不相勸 二曰過失不相規 三曰禮俗不相戒 四曰患難不相恤 不修之過 一曰交非

---

39) 大聖院編輯部, 《退栗兩先生의 鄕約을 基礎로 한 新增鄕約》(全), 漢城圖書株式會社, 1927, pp. 1~4.

40) 「鄕約」은 宋나라의 「呂氏鄕約」이 그 효시이다. 朱子는 이를 가감하여 「朱子增損呂氏鄕約」을 만들었으며, 性理學의 東傳과 함께 우리나라에 소개되고 그 실시는 朝鮮朝 중엽의 趙光祖, 金安國, 李滉, 李珥 등에 이르러 완성되었다.

41) 朝鮮朝가 儒敎立國의 정치이상을 표방한 이래, 太祖는 「親製鄕約條目」41條를 분포하였으며, 「留鄕所」를 두어 鄕風을 바르게 잡고자 한 것이 그 例이다.

42) 家父長的 秩序개념과 계급적 上下의식 및 斥邪顯正의 學問觀 등에 이르기까지 鄕約은 그 구속력을 발휘하였던 것이다. 宋나라 때 藍田 呂氏 門中에서 鄕里敎化를 위하여 만든 約條이고 당시 呂氏 門中에는 呂大忠·大防·大鈞·大臨 등 道學에 뛰어난 4형제가 있어서 鄕約을 만드는 데 힘썼다. 그 요지는 「德業相勸·過失相規·禮俗相交·患難相恤·有善則書干籍 有過若違約者亦書之 三犯而行罰 不悛者絶之」이다. 朱子는 이를 增補하였다(《朱子大全》卷 74).
　　　퇴계의 「禮安鄕約」과 비교하기 위하여 摘記하면 다음과 같다.
　　凡約 四一曰德業相勸鄕 二曰過失相規 三曰俗相交求 四曰患難相恤 衆推有齒德者一人 爲都約正 有學行者二人副之 約中月輪一人爲直月 「都副正不與之」置三籍 凡願入約者 書于一籍 德業可觀者 書于一籍 過失可觀者 書于一籍 直月掌之 月終則以告于約正 而授于其次

其人 二曰遊戲怠惰 三曰動作無儀 四曰臨事不恪 五曰用度不節 右件過失同約之人
各自省察 互相規戒 小則密規之 大則衆戒之 不聽則會集之曰 直月以告于約正 約
正以義理誨諭之 謝過請改則書于籍 以告于約正 其爭辨不服與終不能改者 皆聽其
出約

禮俗相交

禮俗之交 一曰尊幼輩行 二曰造請拜揖 三曰請召送迎 四曰慶弔贈遺 尊幼輩行 凡
五等 曰尊者 曰長者 曰敵者 曰少者 曰幼者
造請拜揖 凡三條, 請召迎送 凡四條, 慶弔贈遺 凡四條(各條略) 右禮俗相交之事
直月主之 有期日者爲之期日 當糾集者督之違慢 凡不好約者 以告于約正而詰之
且書于籍

患難相恤

患難之事七 一曰水火 二曰盜賊 三曰疾病 四曰死喪 五曰孤弱 六曰誣枉 七曰
貧乏
右患難相恤之事 凡有當救之者 其家告于約正 急則同約之近者爲之告 約正命直月
偏告之 且爲之糾集而程督之 凡同約者財物器用車馬人 僕皆有無相假若不急之用
及有所妨者則不必借, 可借而不借及踰期不還及損壞借物者 論如犯約之過 書于籍
隣里或有緩急雖非同約 而先聞知者 亦當救助 或不能救助 則爲之告于同約 而謀
之 有能如此者則亦書 其善於籍以告鄕人

　　조선 성리학의 내면화·실천화의 시대인 中·明宗 연간에 이르러 향약
은「化民成俗의 理想社會의 실현」이라는 면이 강조되면서 등장한다. 中宗
12년(1517) 6월에 경상도 咸陽 儒生 金仁範이 呂氏鄕約을 준행하여「風化
의 敎」를 弘布케 하자고 상소를 하였으며, 中宗은 이를「以草野寒生 傷嘆
人心日偸風俗日惡 欲變薄俗而回唐虞之治 其志亦可嘉也」라고 하였고 예조
로 하여금 呂氏鄕約을 8도 감사에게 광포케 하였다. [43]
　　이로부터 향약은 한자본 또는 언해본으로 여러 차례 경향에서 간행되었
으나, 己卯士禍(1519) 이후 趙光祖를 비롯한 도덕정치가의 몰락으로 향약
의 시행은 표면상 일시 중단되는 상태에 놓였다. 정치주도적인 향약의 시
행은 정치적 향배와 함께 부침하였으나, 民間主導的인 향약의 출현은 오
히려 이로부터 활발히 전개되었고, 중국의 향약은 우리의 것으로 재창조
되고 재발견되기에 이르렀다. 그 대표적인 것이 퇴계의 禮安鄕約이며 栗
谷의 西原鄕約이다.

---

43)《中宗實錄》, 卷 28, 12년 6월 戊申 및 同 7월 庚辰條, 이 때의 慶尙道 觀察使 金安國
　　은 在任期間(1517. 3~1518. 3) 중 呂氏鄕約과 童蒙須知 등을 간행하여 地方敎化에 이바
　　지하였다.

宋나라 때의 呂氏가 살던 시대이상과 사회이상이 퇴계와 율곡이 살던 시대의 그것과는 다르다는 것을 누구보다도 퇴계나 율곡은 통찰하였을 것으로 보인다. 시대와 지역의 특수성을 감안한 일종의 상황윤리로서의 조선향약을 그들은 구상하였던 것이다. 하나의 시간과 공간을 律하는 定言命法으로서의 유교이념도 이것을 남의 것을 그대로 답습하는 것으로써 만족하지 않았던 조선조 성리학은 그 보편적 진리 안에서의 개성적 발언이 비롯되기 시작하였고 이것은 결국 조선 성리학의 자신 있는 성숙의 일면을 나타내는 것이 된다.

이제 鄕約一斑의 조직, 기능, 덕목, 科罰, 禮儀 및 사업에 대하여 개관하고[44] 禮安鄕約에 대하여 고찰코자 한다.

나) 鄕約의 조직 및 기능

향약의 공통적인 조직은 대략 다음과 같다.[45]

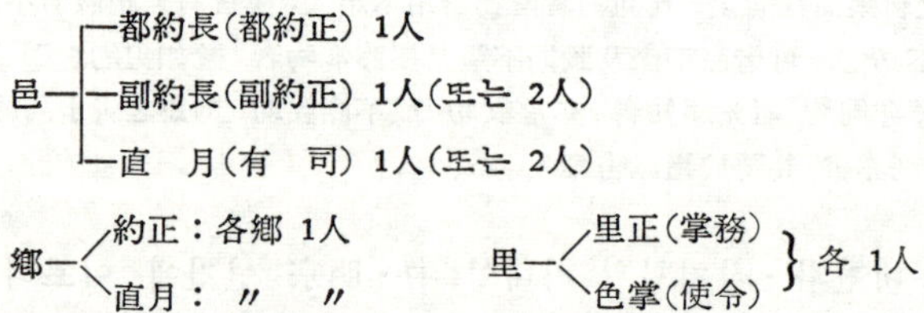

都約正(長)은 향약의 중심인물로서 유림 가운데 연장자이며 덕행이 있는 사람으로 명하였다. 관직신분의 고하에 의하여서가 아니라 덕망 있는 인격자라야 한다. 都約正은 鄕所의 長 곧 鄕官을 겸하여 수령방백의 보조기관의 任을 맡기도 하였으니 이를 兼約正이라고도 하였다. 都約正은 임기가 없는 종신직이지만 부모상을 당하거나 신병으로 오래 누웠거나 여러 해 동안 출타하였거나 인망을 잃었을 때는 개선하였다. 都約正을 개선할 때는 約員의 父老들이 회의를 열어 적임자를 추대한 뒤 이를 관아에 보고하였다.

副約正(長)은 都約正을 보좌하며, 학문 조행이 있는 사람 가운데서 衆人의 추천으로 선거하였고 임기는 따로 없었다. 부득이한 일로 이를 개선하고자 할 때에는 都約正이 회의석상에서 의정한 뒤에 관아에 보고하였으며 경우에 따라서는 중론으로 개선하기도 하였다.

---

44) 앞에 든 新增鄕約, pp. 8～18.
45) 退溪・栗谷・礪溪의 「鄕約」에서 공통적인 것을 가려 뽑은 것이다.

直月은 향약의 사무를 관장하였다. 衆望에 의하여 만 1 년마다 선출하였으나 연임도 가하였다. 「鄕」의 約正과 直月 및 「里」의 里正과 色掌도 그 소임은 대개 위와 같았다.

그밖에 향약의 임원 가운데 「教訓」과 「伍長」이 있었는데 교훈은 이웃의 庶賤 가운데 글을 모르는 자를 가르치는 사람이다. 定數와 임기는 없고 每朔에 한번씩 庶賤을 모아 約法을 講釋하였다. 伍長은 다섯 집을 一伍로 하여 五家內의 善惡行實과 疾病患難을 直月 또는 色掌에게 보고하는 소임을 맡고 임기는 1 년으로 되어 있다. 향약의 조직은 郡衙를 기초로 하였고, 郡縣의 행정조직과 일치된 國家公權力과 地方儒林의 竝治的 행정형태였음을 알 수 있다. 그러므로 향약은 원래 유림의 私約이었으나 그 지배 아래에 있던 일반 庶人들에게까지 이에 참가하지 않을 수 없는 힘을 지니게 되었다. 邑·鄕에 비치된 2 권의 장부에는 善惡 사항을 기재하여 直月이 이를 보관하고 매년 봄·가을의 두 집회에는 그 善惡의 기재에 따라 상벌을 행하였다.

봄·가을의 집회에 모이는 자는 당일 회비를 自辦함을 원칙으로 하였으나 특별히 秋季會集 때에는 쌀 한 말씩을 갹출해서 술을 빚고 과실과 안주는 각자 지참하여 會飮하였다. 매년 봄·가을의 邑會는 대개 釋奠 또는 社稷祭 때를 맞추어 모였고, 約員은 물론 약원이 아닌 관리와 鄕校有司들과 서민 일반이 모였다. 모임은 매우 엄정하였기 때문에 엄격한 巡盃의 禮로 하였으며 亂醉하거나 소란을 피우는 자가 있으면 司正과 使令으로 하여금 다스리게 하였다. 약원의 德行과 과실을 의논하여 덕행이 있었던 자는 衆人 앞에서 이를 표창하고 특별히 상좌에 앉혀 巡盃의 禮를 행하였고 더욱 덕행이 뛰어난 者는 官에 알려 포상을 청하였다. 한편, 과실이 심한 자는 중론에 의하여 이를 「約」에 의거 벌하였다.

春秋講會의 소요 경비는 매회의 前月初에 回文으로 돌렸으니 대개 鄕約員 한 집에 쌀 닷 말씩을 염출하였으며, 모든 器具는 鄕廳 또는 郡衙의 것을 차용하였고 그밖에 하인을 차출하여 設備에 조역토록 하였다. 만일 官衙에서 「鄕飮禮」를 행하고자 할 때에는 지방의 연장자만을 모아 술자리를 베풀었는데 이는 古禮에 따른 것이다.

다) 鄕約의 덕목

향약의 표면상의 목적은 風敎德化였다. 교육의 사회화라고 할 수 있다. 呂氏·朱子·退溪·栗谷의 향약 덕목을 종합하면 대략 다음과 같다.

① 부모에게 효도하는 일

② 국가에 충성하는 일

③ 형제에게 우애하는 일

④ 어른을 공경하는 일

⑤ 남녀간 예절을 지키는 일

⑥ 말은 반드시 忠信하고, 행실은 반드시 篤敬하며, 忿을 懲戒하고, 욕심을 참고, 착함을 보면 반드시 행하고, 허물은 고쳐야 하는 일

⑦ 친족간에 화목하고 이웃과는 사이좋게 지내는 일

⑧ 자식을 가르침에는 절도가 있어야 하는 일

⑨ 아랫사람을 다스림에는 법도가 있어야 하는 일

⑩ 일을 다함에는 부지런해야 하는 일

⑪ 약속과 믿음을 지키는 일

라) 鄕約의 科罰

앞에서 말한 것처럼 향약은 원래 사림간의 私約으로서 출발하였으나, 향촌의 風敎德化를 목적으로 한 일종의 준사법단체였다. 처음부터 공권력이 있었던 것은 아니었지만 그 실행에 있어서는 차츰 공권력적 행정력을 지니게 되었다. 당시 수령들 또한 이를 비호하였을 뿐 아니라 장려하기에 이르렀으니 일종의 공권적 자치단체며 자연발생적인 행정단체가 되었다. 행정·공권력이 두드러지게 나타난 것이 바로 소송과 科刑의 행사였다. 그러나 이러한 공권력 행사는 관권과의 마찰과 모순을 지니지 않는 점에 특색이 있다. 官은 오히려 향약의 이러한 기능을 보조지원하여 행정의 원활을 도모하였다. 鄕民 스스로에 의한 규제는 官의 업무량을 대폭 덜어주는 약식재판을 행하였던 것이다. 예컨대, 민사소송일 경우에는 먼저 約正에게 알려서 시비를 가리고 約正의 말을 듣지 않을 경우에는 鄕會를 열어 衆議에 부쳐 罰을 定하며, 만일 約中에서 옳고 그름을 가리지 못하거나 결단하지 못할 사건인 경우에 한하여 관에 고하여 재판을 받도록 하였다. 오늘날의 경범죄에 해당하는 치안재판권을 인정하였던 것이다(約中에서의 科罰은 笞 30度〜40度 이하의 것으로 한정하였다).

鄕會에서 시행하였던 科罰은 다음과 같다.

　∘上罰 : 被罰者가 士類인 경우에는 회집 때에 議事를 마칠 때까지 뜰에 서 있게 하고, 음식을 먹을 때는 좌석의 끝에 앉게 하며, 노인의 경우에는 만좌한 가운데서 꾸짖고 下人일 경우에는 笞 40度한다.

○ 次上罰 : 被罰者가 士類인 경우에는 滿座가 구짖고, 노인인 경우에는 이를 반감하고 下人이면 笞 30度한다.

○ 中　罰 : 士類로서 西壁 이상의 者는 구짖고 노인은 이를 반감하고 下人은 笞 20度하며 鄕會에서의 자리의 서열은 노인의 경우에는 西壁에 앉게 하고 어린 경우에는 東壁에 앉게 한다.

○ 次中罰 : 士類로서 尊位 및 直月 이상은 꾸짖고 노인은 자리를 비키게 한 뒤 罰로 一觥을 나리고 下人은 그 자리에서 꾸짖는다.

○ 黜　約 : 이는 범법사실이 크거나 여러 번 科罰을 당한 뒤에도 改悛하지 않거나 約會를 어지럽게 헐뜯는 자에 대하여 내리는 科罰이다. 이러한 자는 約에서 제명하거나 洞內 밖으로 쫓아내거나 아니면 마을 사람들과의 一切의 교환를 끊게 하는 등 향약에서의 제일 무거운 科罰에 해당된다.

위의 科罰에 대한 구체적인 몇 가지 적용사례는 다음과 같다.

○ 父母에게 얼굴을 붉히며 대드는 자. ○ 3촌 숙부 및 형제간에 욕을 한 자. ○ 부모의 令을 따르지 않는 자. ○ 어버이가 가난하되, 아들은 부자로서 공양하지 않는 자. ○ 어버이가 돌아가심에 슬퍼하지 않고 한 달도 못되어 술을 마시는 자.

　　　　　　　이상 5가지 경우에는——上罰

● 喪中 음주하거나 제에 공경하지 않는 자——上罰

○ 늙은이에게 손찌검하는 자——上罰

● 늙은이를 욕하는 자——中罰

○ 죄 없이 妻를 때리는 자——中罰, 때려서 상처를 내는 자——上罰

○ 본마누라를 疎薄한 자——上罰

○ 異端迷信을 숭상하는 자——次上罰

○ 물건을 아껴 쓰지 않아서 가난하게 된 자——下罰

○ 세금을 제때에 내지 않는 자——中罰

○ 모든 의논에 있어서 공평치 아니한 자——中罰

○ 公을 빙자하여 작폐하는 자——上罰

● 約長 有司가 아닌데도 제멋대로 시비를 논하거나 뒷공론을 하여서 衆心을 불안케 하는 자——上罰

● 모임에 지각하는 자——下罰

마) 鄕約의 禮儀

향약의 예의로서 가장 중요한 것이 곧 長幼의 차례이다. 퇴계는 말하기

를 「民之孝悌而後乃能尊尊長養老而成敎 成敎而後國可安也」라고 하여 孝悌
와 尊長의 인륜질서가 국가안녕의 바탕이라고 하였다. 鄕約節目에 나타난
齒序는 대개 다음 5가지로 구분된다.

① 尊者 : 자신보다 20세 이상의 연장자로서 자기 부모와 동년배
② 長者 : 자신보다 10세 이상의 연장자로서 자기 형과 동년배
③ 敵者 : 자신과 나이 차가 위아래로 10년 이내의 사람
④ 少者 : 자신보다 10세 이하의 사람
⑤ 幼者 : 자신보다 20세 이하의 사람

이상 5가지 齒序에 따른 향약 예의 가운데 몇 가지 보기를 들면 다음
과 같다.

o 길에서 같은 約의 尊者와 마주칠 때는 반드시 下馬할 것이며, 만일 尊者가
  굳이 乘馬를 허하면 馬上에서 엎드려야 한다.
o 尊者를 뵈면 반드시 절하고 長者에게는 공손히 揖을 하여야 한다.
o 約中 사람으로서 나이가 많지 않더라도 德位가 있어서 가히 존경할 만한 분
  은 尊者로서 대우하고 尊者도 抗禮하여야 한다.
o 歲初에는 同約人은 서로 왕래하여 賀禮를 할 것이지만 尊者는 幼少者의 집
  에 가지 아니하여도 무방하다.
o 婚嫁가 있을 때에는 쌀 3斗를 부조하거나 아니면 나무(柴) 한 바리(一柴)씩
  도와 준다.
o 約中의 분으로 80~70 이상자 및 司馬試에 登科하여 벼슬을 얻은 자가 있으
  면 모든 사람이 술과 과일을 가지고 넓은 장소에 모여 이를 축하한다.
o 約員 가운데 三霜을 끝낸 자는 또한 賀禮하는 뜻으로 이를 위로할 것.
o 約員 가운데 喪을 당한 자에게는 約員이 모두 가서 조상할 것.
o 본인 또는 부모상에는 成服·初葬·小祥·大祥에, 妻子喪에는 成服·初葬
  때에 約員이 모두 조상하고 미성년의 아들이 죽었을 경우에는 조문하지 않
  는다.
    約員 본인의 喪이면 直月이 回文하여 각자 白米 한 말씩 내서 奠物을 마련
  하고 제문을 지어 함께 나아가 致奠하여야 한다.
o 모든 喪事에 會集할 때에는 술을 마시지 아니하고 방가에서도 손님에게 酒
  食을 대접치 않는다. 만일 길이 멀 경우에는 손님이 점심을 각자 마련한다.
  이를 어기는 자가 있을 경우에는 主客을 함께 約을 犯한 것으로 한다. 그러
  나 상가에서 粗末한 미음(糜粥)과 떡·과일(餅果)을 마련하는 것은 此限에

들지 않는다.

위와 같은 것들이 향약에서 말하는 「禮俗相交」의 약속들이다.

바) 鄕約의 사업

향약의 사업은 「患難相救」의 사회구제사업이 주가 된다. 따라서 향약사업은 ① 急難 구제, ② 疾病 구조, ③ 孤弱 부양, ④ 貧窮賑恤, ⑤ 嫁聚 보급, ⑥ 死葬弔慰, ⑦ 社倉 경영 등이다. 이 가운데 주목할 사업이 社倉 경영이다.

① 急難 구제 : 화재나 도난과 같은 急難이 일어났을 경우에 모든 約員은 이를 구제하여야 한다. 특히 큰 불이 나서 집과 재산이 모두 잿더미로 돌아갔을 경우에는 각자 쌀 5斗씩을 내는 동시에 장정 한 사람씩 나서서 식량(一日分), 盖草(三編), 材木(一本), 짚(十把)을 들고 가서 당장의 급한 재난을 구한다. 만일 집만 전소하고 재산을 구출하였을 때에는 쌀 5 말을 제한 위의 물품으로 돕는다.

② 疾病 구조 : 約員 가운데 중병에 걸린 자가 있으면, 의원에게 나아가 약을 얻어 병을 구하고 전가족이 병에 걸려 농사를 폐하게 되면, 約員은 힘을 합하여 농사를 지어주어 飢困을 면하게 한다.

③ 孤弱 부양 : 재산이 있는 고아에게는 그 재산의 지출·수입을 명확하게 하고 官司에 아뢰어 성인이 될 때까지 돌봐 줄 사람을 선정한다. 가난하고 의탁 없는 고아에게는 約中이 협력하여 부양하고, 孤弱이 성년이 못되어서 자립코자 하면 이를 戒飭하여 불의에 빠지지 않도록 한다.

④ 貧窮賑恤 : 安貧守分하여도 생계를 능히 보존하지 못한 경우에 돕는 것으로서, 재산을 대부하여 차차 갚게 하거나 의탁할 곳 없이 赤貧할 경우에는 會를 열어 적당한 방법을 강구하여 賑恤하게 한다.

⑤ 嫁聚 보급 : 約中에 시집 장가갈 나이가 찬 남녀가 있으나 그 집이 가난할 경우에는 관에 알려 혼수를 마련해 줄 것을 청하고, 또는 約中에서 충분히 구조하여 주도록 한다.

⑥ 死葬弔慰 : 앞서 적은 대로 賻米와 供人으로 弔慰한다.

⑦ 社倉 경영 : 원래 社倉은 향약과는 별개의 것이다. 社倉은 사회적인 특수목적을 지닌 일종의 계이다. 그러나 계와 鄕約은 원리적으로는 공통의 유사점을 지니고 있어서 이들은 자생적으로 병용되기도 하였다. 환난

相恤의 향약의 원리는 바로 社倉의 설립 목적과 부합된다. [46] 社倉의 경영은 다음과 같이 하였다.

- 社倉穀은 副約長과 有司가 출납을 관장하고 매년 分給하여 貧乏을 賙하고 거둘 때는 利息을 받되 每一斗에 二升을 가한다. 春散秋收한다.

- 社倉穀은 契員이 아니고는 받을 수 없다. 계원이 아닌 자가 受給코자 할 때에는 契員의 명의를 빌려야 하고 미납일 때는 契員이 자비로 물어야 한다.

- 社倉穀이 아직 增殖이 되기 전에는 收息을 1년에 3升을 가하고 만일 풍년이 든 해이면 契員은 穀(豆太粗粟) 十斗를 바쳐 倉穀을 늘린다. 창고가 차면 그친다.

- 社倉穀을 나누어 주는 것은 정월 11일부터 비롯해서 매월 1일, 11일, 21일로 하되 창고가 빌 때까지 계속한다. 이날에 副約長과 有司는 반드시 입회하여야 한다. 倉穀을 거두는 일은 9월부터 11월까지로 하되 그 날짜는 1일, 11일, 21일이다.

- 꾸어준 곡식을 거둘 때에는 열 집 가운데 한 집을 정하여 統主로 삼아 재촉하게 하되 맡지 않으려는 사람에게는 벌을 논한다. 만일 統主가 자기 또는 統內 5家가 畢納하게 되면 未納人으로 다시 統主를 갈고 재촉하는 일을 계속 맡게 한다.

- 만일 1월이 지나도록 미납하는 자는 上罰로써 다스리고 그 統主는 中罰을 준다. 만일 12월이 지나도록 납부하지 않은 자는 그 契에서 내쫓고(黜會) 그 統主는 上罰을 내린다. 또한 상환하는 양곡이 부실하면 그 경중에 따라 벌을 매기고 이를 고쳐 다시 내도록 한다.

- 契員 가운데 다른 곳에 부임하는 자는 감사에게 무명 다섯 필, 수령에게는 세 필을 보내되 6朔이 차지 않는 자는 보내지 않아도 된다.

- 社倉分給時에는 하루를 前期하여 伍長이 먼저 그의 五家에서 필요로 하는 양곡과 그 용도에 관한 것을 알아 놓고 나서 다음날 아침에 副約長과 有司가 있는 곳에 가서 알린다. 副約長과 有司는 이를 상의하여 分給한다.

- 社倉分給穀은 私債로 할 수 없다. 이를 어기면 「犯約」으로 논한다.

<h3 style="text-align:center">退溪의 禮安鄕約</h3>

퇴계가 禮安鄕約을 草한 것은 明宗 11년(1556) 12월로서 그의 나이 56세 때였다. 그 때 그는 벼슬을 버리고 퇴계에서 「身退安憂分」하던 시절이었

---

46) 栗谷의 「海州三約」 가운데 一約이 社倉契約束이다. 이는 ① 立約凡例, ② 約束, ③ 社倉法, ④ 講信儀, ⑤ 會時坐次 등 5部로 구성되어 있다. 社倉의 契員은 매해 十月 안으로 回文을 發하여 粗米一斗(下人은 五升)를 내어 有司掌務는 이를 收合하고 庫直이 社倉을 관리하여 救急의 資로 한다고 되어 있다.

다. 그가 향약에 관심을 두게 된 것은 地方敎化制度로서 그 가치를 십분 인정하기도 하였으려니와 邦家의 士風이 날로 해이해가는 時俗에 대해서 관심을 보인 것으로 보여진다.

특히 中宗 28년(1533)에는 청년철학자로서의 퇴계가 慕齋 金安國을 驪州에서 회견한 사실이 (慕齋는 일찌기 方伯으로서 呂氏鄕約 弘布에 힘썼다) 그의 鄕約立條를 만드는 데 하나의 자극제가 되었다.

퇴계의 鄕立約條序[47]를 보면 다음과 같다.

옛날 鄕大夫의 직책은 덕행과 道藝로써 백성을 補導하고 따르지 않는 자는 刑으로써 규탄하였다. 선비된 자는 가정에서 닦고 고을에서 드러난 뒤에 나라에서 등용하였으니 어째서 그러한가. 孝悌와 忠信은 人道의 大本이며 가정과 鄕黨은 실로 그것을 행하는 곳이다. 先王의 가르침은 이를 중히 여겼기 때문에 그 법을 세우기를 이같이 하였다. 뒷날에 이르러 법제는 비록 폐하였으나 사람으로서 지켜야 할 도리는 진실로 그대로 있으니 어찌 古今의 마땅함을 참작해서 징계코자 아니하겠는가.

지금 고을에 남아 있는 풍속은 곧 옛 鄕大夫가 끼친 뜻이다. 사람을 얻으면 한 고을이 숙연하여지고, 사람을 잘못 만나면 한 고을이 해체가 되는 것이다. 더구나 시골은 왕의 敎化가 멀어서 好惡가 서로 치고 강약이 서로 다투어 孝悌 忠信의 길이 막히어 행하지를 못하고, 예의와 염치를 버리는 것이 날로 심해져서 夷狄 禽獸로 돌아가니 이 모두 실로 王政의 大患인데 그 糾正하는 책임이 이제 鄕所로 돌아오게 되니, 그 또한 重한 일이다.——(이상은 鄕中의 風俗을 바로잡을 指導者의 사명)

우리 고향은 비록 땅은 좁으나 본래 文獻之邦으로 이름이 났고 儒賢이 많이 나서 왕조에 빛나는 분들이 뒤를 이어 나왔기로 보고 듣고 느끼고 배우고 본떠서 고을의 풍속이 아름답더니 이즈음에는 운수가 좋지 못하여 덕이 높고 존경 받는 諸公들이 서로 앗달아 돌아갔다. 그러나 오히려 古家遺範이 있어 文義가 울연하니 아는 서로 좇아서 착한 나라가 됨이 어찌 불가하겠는가. 어찌하여 인심은 고르지 않고 습속은 점차 그릇되어 淸芬은 드물게 풍기고 蘗芽만이 그 속에서 돋아나니 지금 막지 않으면 마침내 그 끝이 이르지 않는 데가 없을 것이다.

故 崇政知事 聾巖 李賢輔선생이 이러함을 근심하여 일찌기 約條를 세워서 풍속을 격려코자 하되 정중하여 이에 못미치더니 지금 知事의 여러 자제들이 방금 境內에서 居喪하고 있고 나 역시 병으로 전원에 돌아와 있는데, 고을 어른들이 모두 우리들로 하여금 속히 선생의 뜻을 이룩하라고 委責함이 심히 지극하여 사

---

47)《退溪全書》(上), p. 94.

양하였으나 마지 못하여 이에 서로 함께 의논하여 그 대강만 들어서 이같이 하고 다시 고을 사람에게 두루 보여 가부를 살핀 뒤에 정리가 되었으니, 거의 오래도록 행하여도 폐단이 없을 것이다. ──(이상은 「禮安鄕約」을 작성하게 된 사유)

혹자는 말하되, 『먼저 立敎하지 않고 다만 형벌을 사용하는 것은 의심된다』하니, 그 말이 실로 그럴 듯하다. 그러나, 孝悌忠信은 彝倫之性에 근원하고 더구나 나라에서 庠·序를 베풀어 가르침을 권하고 가르치는 방법이 아님이 없으니, 어찌 우리가 특별한 조목을 세우겠는가. 孟子가 말하되, 『道가 가까운 데 있는데 먼 데서 구하고, 일이 쉬운 곳에 있는데 어려운 데서 구한다』하였으니, 이는 孔子의 이른바 至德·要道로서 先王이 人心을 착하게 하였던 것이다. 이제부터 무릇 우리 鄕士들은 性命의 理를 근본으로 하고 국가의 가르침을 따라서 집에 있을 때나 고을에 있을 때나 각자 사람의 도리를 다하게만 된다면 왕국의 吉士가 되어서 혹은 窮하거나 達하거나 서로 힘 입을 것이니, 오직 특별한 조목을 세워서 권할 것이 아닐 뿐더러 역시 형벌도 쓸 바가 없다. 그러나 하늘의 弊民의 일에는 어찌 비록 형벌을 없애겠는가. 이 때문에 오늘날 약조를 세우지 않을 수 없다. ──(이상은 「過失相規」만을 강조한 理由)[48]

위와 같은 3段 취지와 경위로써 鄕約은 입조되었거니와 퇴계는 위와 같은 自問答으로써 鄕約立條의 취지와 이에 따른 科罰의 당위성을 개진하면서 序를 마무리하였다. 科罰은 하늘의 弊民에게 어쩔 수 없이 필요한 징계라는 것이다.

퇴계의 禮安鄕約은 「上罰」, 「中罰」, 「下罰」의 세 가지로 나누고 이를 다시 上·中·下 3등급으로 나누었다. 그러나 이에 대한 구체적인 治罰 규정은 따로 없고 끝 부분의 4개 條에 대한 것도 명확히 기재되어 있지 않다. 「退溪鄕約」은 「呂氏鄕約」의 四大綱目 가운데 過失相規만을 강조한 것이 특색이다.

그밖의 德業相勸, 禮俗相交, 患難相恤 등을 거의 무시한 까닭은, 위에서 본 바와 같이 그는 孝悌忠信은 彝倫之性이어서 性命의 理를 삶의 바탕으로 하는 鄕士들은 이와 같은 德行 요목은 일상성의 당위로 받아들여야 한다고 전제하였기 때문이다. 이 길은 孟子가 말한 바 「가깝고도 쉬운 일」이자 孔子의 「至德·要道」이기 때문에 퇴계는 弊民의 過失을 治罰하는 데 주안을 두어 조목에 넣었으며 士類들이 修己治心하는 도리와 인간으로서의 側隱·怜恤하는 일은 논외로 하였다.

---

48) 앞의 책, p. 943.

이는 조선조 성리학의 전개와 그 적용의 문제에 있어서 퇴계는 이를 보
다 전진적이며 독창적으로 발전시켰음을 보여주는 것이다. 鄕約의 한국적
적용이라는 측면과 사회교육과 학교교육의 분화를 전제한 것이다. 孝悌忠
信은 彝倫之性이고 나라에서 庠·序를 세워 교육하는 까닭은 다른 차원이
라는 것이다.

퇴계의 禮安鄕約은 후세 향약제도의 표준이 되었다. 그가 조목에 넣은
행동 準繩은 향후 수백년간 士庶人의 善惡意識을 律하는 정신적 강령이 되
었던 것이다.

┌──────────────────┐
│　禮　安　鄕　約　│
└──────────────────┘

○부모에게 불순한 자 　(불효한 죄는 나라에서 정한 형이 　있으므로 그 다음 죄만 든다)	○父母不順者 　(不孝之罪 邦有常經故擧其次)
○형제가 서로 싸우는 자 　(형은 굽고 아우가 곧으면 서로 균 　등하게 벌하고, 형이 곧고 아우가 　굽으면 다만 아우만 벌하며, 曲直 　이 상반되면 형은 가볍고 아우는 　무겁다)	○兄弟相鬪者 　(兄曲弟直均罰 兄直弟曲止罰 弟曲直 　相反兄輕弟重)
○家道를 悖亂한 자 　(부부가 치고 싸우는 자. 正妻를 　悖逆한 자. 妻가 잘못하였으면 減 　等. 嫡妾을 뒤바꾼 자. 庶子로서 嫡 　子를 삼은 자. 嫡子가 庶子를 사랑 　하지 않는 자. 庶孽이 嫡子를 능멸 　하는 자)	○家道悖亂者 　(夫妻毆罵 黜其正妻 妻損送者減等 男 　女無別 嫡凌倒置 次妾爲妻 以孽爲嫡 　嫡不撫孽 孽反凌嫡)
○일이 官府에 관련되고 鄕風에 관계 　되는 자	○事涉官府 有關鄕風者
○망령되어 위세를 부려 官을 움직여 　私를 행하는 자	○妄作威勢 擾官行私者
○鄕長을 능욕하는 자	○鄕長凌辱者
○守節하는 孀婦를 유인하고 협박하 　여 더럽힌 자──(이상은 極罰 上 　·中·下)	○守身孀婦脅奸者 　(已上 極罰 上中下)

◦친척과 화목하지 않는 자	◦親戚不睦者
◦正妻를 박대한 자 （처가 죄가 있는 자는 감등한다）	◦正妻疏薄者 （妻有罪者·減等）
◦이웃과 화합하지 않는 자	◦隣里不和者
◦동무들과 서로 치고 싸우는 자	◦儕輩相毆罵者
◦염치를 돌보지 않고 士風을 허물고 더럽힌 자	◦不顧廉恥汚壞士風者
◦강함을 믿고 약한 이를 업신여기고 침탈하여 다투는 자	◦恃强凌弱侵奪起爭者
◦무뢰배와 무리를 만들어 횡포한 일 을 많이 행하는 자	◦無賴結黨多行狂悖者
◦公私의 모임에서 官政을 시비하는 자	◦公私聚會是非官政者
◦헛말을 만들고 거짓으로 사람을 죄 에 빠뜨리게 하는 자	◦造言構虛陷入罪累者
◦환난을 보고 힘이 미치는데도 앉아 서 구하지 않는 자	◦患難力及塊視不救者
◦관가의 책임을 받고 公을 빙자하여 폐해를 만드는 자	◦受官差任憑公作弊者
◦婚姻·喪祭에 까닭없이 시기를 어 기는 자	◦婚姻喪祭無故達時者
◦執綱(座首)을 업신여기며 鄕令을 좇지 않는 자	◦不有執綱不從鄕令者
◦鄕論에 복종하지 않고 도리어 원망 하는 자	◦不伏鄕論反懷仇怨者
◦執綱이 私를 따라 鄕參에 들인 자	◦執綱徇私冒入鄕參者
◦舊官을 전송하는 데 연고 없이 참석 하지 않는 자——（이상은 中罰 上 綱中·下）	◦舊官餞亭無故不參者——（이상은 中罰 上 中 下）
◦公會에 늦게 이른 자	◦公會晩到者
◦문란하게 앉아 예의를 잃은 자	◦紛坐失儀者
◦좌중에서 떠들썩하게 다투는 자	◦座中喧爭者
◦앉을 자리를 비어놓고 편리한 대로 하는 자	◦空坐退使者
◦연고 없이 먼저 떠나는 자——（이	◦無故先出者

상은 下罰 上・中・下)	(己上 上罰 上中下)
◦ 元惡鄕吏로서　人吏와　民家에 폐를 끼치는 자	◦ 元惡鄕吏　人吏民間作弊者
◦ 貢物값을　과람하게　징수하는 자와 서민이 문벌 있는 자손을 능멸하는 자들도 벌한다.	◦ 貢物使濫徵價物者 　庶人凌蔑士族者

이상이 《退溪集》 卷 42 에 실린 「約條」이다. 퇴계의　禮安鄕約은　그 뒤에　栗谷의 「西原鄕約」(1571)・「海州鄕約」(1577)・「社倉契約束」 등의　先鞭이 되었다. 향약은　治者 계급의 이익 보호를 위한 조직으로서 민간자치규약이었다. 따라서 퇴계・율곡과 같은 성리철학자의 손에 의하여 「文字로 規範化」되었으나 이것은 당시 士庶民이면 누구나 마땅히 지켜야 했던 윤리적 생활규범이었기 때문에 생활의　典範으로 쉽게 보급되었다. 따라서 퇴계와 율곡에 의하여 향약이 마련되었기 때문에 「約立의　條約」이 지켜진 것이라기보다 그러한 생활의 질서윤리와 도덕규범이 그 당시　士庶民간에 묵언리에 지켜 나오던 것을 그들이 문자로 규범화하였다고도 볼 수 있다.

조선조 건국 초부터 각 고을에는 「留鄕所」라는 것을 두었는데 이는 지방행정을 맡은 수령방백들의 자문기관이었다. 지방의 유력자나 벼슬에서 물러난 자를 택하여 지방의 풍속과 향리의 부정을 막도록 하는 지방자치 기관이었다. 일명 「鄕所」라고도 불리우는 이 제도는 그 당시 전국을 통하여 영남지방, 특히　安東에서 가장 잘 실시되었다. 그 까닭은 그곳은 퇴계가 말한대로 「文獻之邦」인 연유도 있으려니와 무엇보다도 퇴계의 감화력이 끼친 결과라고 하겠다. 이는 뒷날　留鄕所　復立運動이 재야　士林들의 이익단체를 표방하였던 사실과는 구별된다.

퇴계는 벼슬을 물러나서 향리에 있을 때도 많은 사람들이　公卿大夫를 지낸 분이라고 믿기보다는　有德存者라고 보았으며, 무슨 잘못을 저질렀을 경우에는 먼저 「老先生이 아시면 어찌할까」라고 두려워하며 경복하였다.

그는　居鄕생활에 있어서도 하나의 선량한 시민으로 자처하였다.

郭趪이라는 사람이　禮安현령으로 있을 때, 그가 늘상 말하기를 『이 고을의　租稅와　貢賦는 아무런 근심할 것이 없다.　李선생께서 솔선하여 남보다 먼저 납부하시기 때문에 향리의　小民들은 선생의 큰 뜻을 두려워하여 다투어 스스로 세금을 내고야 만다. 어찌 내가 세금 받을 것을 근심하랴』[49] 라고 하였다.

이와 같은 일은 사람을 얻으면 一鄉이 조용하고 사람을 못 만나면 一鄉이 해체〔退溪, 鄉約立條序〕될 뿐만 아니라 한 사람이 있음으로써 한 나라의 기강이 바로 잡히는 것임을 보여 준다. 그는 향리의 잔치가 있을 때는 가끔 잔치집을 찾아가 相悅하였고 친척간의 吉凶慶吊가 있을 때는 가까우면 반드시 직접 찾아갔으며 거리가 먼 경우에는 사람을 대신 시켜서 致禮하였다.[50] 또 鄉人이 宴飮에 청하면 까닭없이 불참하지 아니하였으며 다녀와서는 그 禮를 답하였다. 그는 「鄉黨莫如齒」라는 古諺대로 鄉黨에서의 坐分은 귀천에 의하여서가 아니라 나이의 차례를 좇아야 할 것을 강조하여 鄉約立條를 솔선수범하였다. 鄉黨은 부형과 宗族이 모여사는 곳이기 때문에 귀한 것은 벼슬의 품계가 아니라는 것이다.[51]

이처럼 퇴계는 爲己之學을 닦는 데만 그치지 않고 널리 성리학적 사회이상의 실현을 위해서 힘썼다. 그는 사회성원간의 화목한 인간관계와 사회정의의 도덕적 실현을 향약에서 기대하였다. 협동하고 相恤하는 사회적 윤리를 또한 높이 인정하였다. 그러자면 먼저 鄉約立條序에서 밝혔듯이 지역사회의 지도자가 있어야 하고 이들의 사명이 막중함을 깨달아야 한다고 믿었다. 그들은 덕행과 도예로써 고을 사람을 이끌고 법을 따르지 않는 것을 규탄하는 鄉風醇化의 敎化師들이기 때문이다.

퇴계는 그의 평생을 〈自銘〉[52]에서 다음과 같이 읊었다.

生而大癡 壯而多疾.	나면서 크게 어리석고 자라나서 병도 많았네.
中何嗜學 晚何叨爵.	중년에 어찌하여 학문을 즐겼으며 늘그막에 어이하여 벼슬을 받았던고.

---

49)《退溪全書》(下), p. 815, 〈言行錄〉,（郭趪爲宣城宰 嘗語人曰 此縣租稅貢賦吾無其憂矣 李先生率戶先人備納 鄉里小民畏先生之義 而爭自來納猶恐 或後不煩一呵靡有所欠吾何憂哉）.

50) 위의 책, p. 816,（先生常守靜端居未嘗出人 而若斯文雅飮里社集宴 則亦時往焉 親戚若有吉凶慶吊 則近必親往遠必使人致禮 至老不殆）（先生當鄉人宴飮之請若無故未嘗赴酒一行必還酌 主人以答其禮）.

51) 위의 책, p. 817,（…先生論鄉坐分貴賤之非 只當依古齒坐）（鄉黨父兄宗族之所在以隨行爲恥何意 或曰門地卑微者居右實有牛後之恥 先生曰鄉之所貴者齒也 雖居下於禮於義有何不可）.

52)《退溪全書》(下), p. 640, 〈言行錄〉卷 1.

學求愈邈 爵辭愈嬰.	학문은 구할수록 멀어지고 벼슬은 싫다 해도 더욱더 주어졌네.
之進行路 退臧之貞.	나아가면 무너지고 물러나 굳이 감추니.
深慚國恩 亶畏聖言.	나라 은혜 두렵고 성현 말씀 두렵구나.
有山嶷嶷 有水源源.	높고 높은 뫼 흐르고 흐르는 물이 있어.
婆娑初服 脫略衆訕.	평복을 갈아 입고 뭇사람의 비방을 떨쳐 버렸네.
我懷伊阻 我佩誰玩.	내 생각 남모르니 내 즐거움 누구를 줄까.
我思古人 實獲我心.	옛 사람 생각에 내 마음 쏠리누나.
寧知來世 不獲我今.	뒷 사람 오늘 일을 어찌 알아 못줄건가.
憂中有樂 樂中有憂.	근심 속에 즐거움이 있고 즐거움 가운데 근심 있네.
乘化歸盡 復何求兮.	천지의 이치를 타고 돌아가노니 더 바랄 것이 무엇이랴.

죽음을 맞이하는 그가 視死如歸의 담담한 심정으로 「乘化歸盡 復何求兮」라고 하였지만, 이 自銘의 〈後序略〉을 쓴 奇大升은 그 글에서

　　先生盛德大業 卓冠吾東者 當世之人 亦旣知之矣 後之學者 觀於先生所論著 將必有感發默契焉者 而銘中所叙尤足以想見其微意也[53]

라고 하였다. 敬의 가치실현의 문제를 다루는 이 자리에서 현대교육적인 의미를 정리하자면 奇高峯의 말처럼 오늘의 교육에서 더욱 必有感發하여야 할 사상과 방법이 있다고 믿기 때문이다. 어쩌면 퇴계 당시보다도 오늘의 교육에서 더욱 절실한 문제로 등장하는 것이 「바르고 참된 삶의 태도」 곧 교육가치관의 수립과 그 실현방법이기도 하다. 그러므로, 퇴계의 自銘 가운데서 「寧知來世 不復今兮」라고 읊은 귀절은 시간을 초월하는 교육적 기대인지도 모른다.

생동하는 문화의 역사 속에서 고정 불변의 인간상을 구도할 수 있다고 믿거나, 아니면 영원불멸의 人間模像이 있어서 그러한 인간의 모습으로 표준화되면 곧 교육적으로 성공하였다고 믿는 생각은 위험하다.

교육적 인간상은 교육의 도야가능성이어야 하며 그 결과인 교육의 궁극적 목표가 되어서는 안될 것이다. 현대교육은 다원적이고 역동적인 교육이상을 지니고 있다. 그러나 하나로 통일되고 규격화된 교육이념은 곤란하다고 본다. 이러한 관점에서 퇴계 교학사상의 교육인간학적 실현의 길은 무엇인가.

---

53) 앞의 책, 같은 곳.

첫째로, 敬에 대한 교육적 가치덕목의 건설이다. 이는 교육철학적 작업에 속하는 일이 될 것이다. 둘째는, 敬에 대한 교육방법론적 행위 지표의 제시이다. 이는 교육의 過程에서 분석되고 종합되어질 측면이다. 세째로, 개인과 사회를 다리 놓아주는 敬에 대한 교육실천론적 연계성의 탐구이다.

이상 敬에 대한 세 가지 교육학적 접근은 얼핏 보면 형식논리적 구분이기는 하지만 그 하나하나의 독립된 접근들이 가능하리라고 본다. 이들 접근들이 교육실천에 상호 관련되자면 교육의 유기적 작업이 필요하고 이것은 교육문제에 대한 종합을 전망하는 분석과 통합으로 이르는 절차가 선행되어야 하리라.

퇴계의 교학가치실현 문제의 현대교육적 시사는 다음과 같이 집약될 수 있을 것이다.

첫째로, 교육은 궁극적으로 개인의 가치로운 자기실현을 이룩하여 주는 인간경영이기 때문에 단순한 지적 변화나 기능력의 신장만이 아닌 전인적 인격의 변화가 되지 않을 수 없다는 점이다. 오늘의 교육은 교육되는 결과만을 위한 수단가치로 전락되어 가고 있다. 인간의 성숙된 조화적 발달은 가치 있는 삶의 규범과 만나야 이룩될 수 있는 것으로 보면 현대교육은 인간이해의 정당한 가치평가를 스스로 확립하지 않을 수 없다. 퇴계의 敬에 대한 실천은 교육이념 설정에 있어서 指南이 될 수 있을 것이다.

둘째로, 삶의 실천과 괴리된 교육이념이 아니라 자아실현에 역동적인 작용으로 활성화하는 가치덕목만이 사회적 이상실현과 연결될 수 있다는 점이다. 오늘의 교육은 자기지향성과 타인지향성과의 연계성을 상실하고 있다. 지나친 자기중심적 교육성향은 교육 받은 인간의 사회적 고립을 조장하고, 사회의 반교육화 현상은 개인이 교육을 받으면 받을수록 비인간화되어가는 현상을 나타낸다. 퇴계의 향약정신은 개인의 자기실현이 건전한 사회이상과 사회정의의 실현을 원만하게 도모하여 준다는 가능성을 보여 주었다. 개인과 사회가 유기적으로 교육적 체제 속으로 편입될 수 있는 길은 교육의 길밖에 없다. 이 길을 왕래하는 정신이 곧 敬이다. 우리는 이러한 정신을 오늘의 교육의 길에 재발견하여야 할 것이다.

2. 敎學 실천론의 측면

1) 「理」에로의 學과 行

《近思錄》에 이르기를——

『사람이 배움에 진보가 없는 것은 용기가 없기 때문이다』[54]라고 하였다. 퇴계는 그의 학문과 인격을 가다듬음에 있어서 한결같이 참된 용기로 일관하였다.

이러한 「용기」는 이미 고찰하였듯이 기고봉과의 四・七論辯에서 가장 인상적으로 남는다. 당시 59세의 노대가인 퇴계와 33세의 소장학자인 고봉과의 7년간에 걸친 「論辯」은 그 자체가 한국 성리학의 신개지를 열고 주자 성리학의 테두리를 초극하는 하나의 시기를 긋는 것이다. 그리고 우리가 지나쳐 버릴 수 없는 일은 退溪・高峰 兩賢이 보여준 학문적 태도의 겸허・진지성이다.

고봉이 대선배인 퇴계에게 학적인 반론을 과감하게 개진한 점도 비범하려니와 이를 신중히 검토하면서 주장할 것은 끝내 주장하고 수정할 것은 대담히 바로잡고 또한 오류임을 발견할 때는 죽음에 임하기 직전까지라도[55] 서슴없이 그 오류를 개정한 분이 퇴계였다.[56]

---

54) 《近思錄》, 三七 (人之學不進, 只是不勇). 한편 공자는 《論語》에서 「仁者 必有勇 勇者 不必有仁」(憲問)이라고 하였다.

55) 奇高峰에게 보낸 마지막 글이 1570년(庚午年) 11月로서, 퇴계가 易簀하기 바로 한 달 전이다. 퇴계는 이 글에서 자신의 「致格物說」과 「物理之極處無不倒說」에 대하여 「無極而太極 鄙見皆誤, 亦已改說(此事未結末的酵 中間(而精)錄示所教示 理到無極等培賞昨非 所得數 培錄在別紙)」이라고 자신의 說을 대담하게 버리는 동시에 「後生中 有如此等人甚可喜也」라고 기뻐하면서 「從前讀書疎謬之病, 益自警懼」할 것임을 다짐한다.

56) 儒學思想의 발전 과정에 있어서 漢唐 이전의 先秦 儒學과 宋代의 性理學的 儒學(程朱學)이 각기 그 성격과 특징을 달리한다. 공자시대의 儒學은 人間意識이 강하였다고 한다면, 주자시대의 그것은 사회의식 내지 정치의식이 勝하였다고 볼 수 있다. 그러나 朝鮮 朝에 와서는 건국 초에는 鄭道傳 등에 의하여 정치적 이데올로기로 性理學이 크게 이바지한 데 비하여 퇴계시대에 와서 비로소 인간의식이 싹이 텄다. 退溪・高峰간의 학문적인 논변은 이러한 시대 분위기를 연 퇴계 자신의 「人間」과 「학문」 의식에 全的으로 연유한다고 본다. 『선생은, 학자와 더불어 講論하다가 의심나는 곳에 이르면, 자기의 所見을 고집하지 않고, 반드시 널리 여러 사람의 의견을 취하였다. 그래서 비록 章句에 대하여 낮은 선비의 말이라도 또한 유의하여 듣고 마음을 비어 연구해 보고 또 거듭 참고하고 고쳐서 끝내 바른 곳으로 이르고야 말았다. 그가 변론할 때에는 기운이 부드럽고 말은 溫和하며 이치가 밝고 뜻이 바로 서서 비록 여러 가지 의견이 다투어 일어나더

이곳에서는 이러한 學(問)人·敎(育)人으로서의 퇴계의 모습을 살피면서, 퇴계학이 형성된 배경논리가 바로 「敬」을 存養省察한 인간 퇴계의 生涯史와 직결됨을 고찰하려고 한다. 이는 오늘날 앎과 삶이 분리되고, 사람됨의 「所以」와 「所然」이 괴리된 교육인간상을 바로잡는 하나의 본보기가 될 수 있을 것으로 믿기 때문이다.

퇴계학의 거점은 바로 無「理」함에 있지 않고 有「理」세계에 놓여 있다. 理에 어긋난다고 생각할 때는 論과 辯으로써 가차없이 반박하였으나[57] 같은 理에 이르러서도 엄격하였다. 門人 李德弘과 金誠一은 이에 대하여 다음과 같이 기록하고 있다.[58]

선생은 남과 변론할 때에 서로 의견이 맞지 않으면 자기의 의견이 혹시 미흡하지 않은가 하여 자기의 선입견(主先入)을 고집하지 않으며, 남과 자기 소견을 구별하지 않고 허심하게 이리저리 따지되, 뜻과 이치에 비추어 보고 典訓을 참고하여 자기의 말이 이치에 맞는다고 생각되면, 다시 변론해서 기어코 상대방의 의혹을 풀어주고 자기의 전일의 소견에 혹 못마땅한 점이 있으면 자신의 견해를 버리고 남의 의견을 따르기 때문에 사람들이 모두 기쁜 마음으로 순종하였다.

퇴계의 학문적 태도는 끝까지 理에 徹하려는 것이었으니, 理를 살피는 데 통하지 못하는 것이야말로 「心氣의 病」(心氣之患)이라고 하였다. 퇴계는 南彦經(時甫)에게 주는 글에서[59]

心氣의 병은 바로 理를 살피는 데 투철하지 못하고 理에 맞지 않는 것만을 헛

라도 조금도 거기에 휩쓸리지 않았다. 이야기할 때는 반드시 상대방의 말이 끝난 다음에 천천히 한마디로 조리를 따져 해석하였지만 꼭 자기 의견이 옳다고는 하지 않고 내 소견은 이러한데 어떨지 모르겠다」고 하였다.

57) 예컨대, 花潭의 門人 李蓮坊의 〈心無體用說〉을 邵康節의 〈本無體說〉과 같은 것이라고 하여 지은 〈心無體用辯〉과 陽明學을 우리나라 최초로 비판한 〈傳習錄論辯〉이 그 대표적인 예이다.

58) 《退溪全書》(下), p. 803, 〈言行錄〉, 講辯.

• (與人論辯有所不合 則猶恐己之所見 或有未盡不主先入 不分人己虛心紬繹 求之於義理 質之於典訓 已言合理而有稽 則更與辯說 期於解彼之惑 舊見或有未安卽舍己而從人故 人莫不悅服──李德弘記)

• (先生與學者講論到疑處 不主己見 必悖采衆論 雖章句鄙儒之言 亦且留意聽之 虛心理會反復參訂終歸於正 而後巳其論辯之際 氣和辭暢 理明義正 雖群言競起 而不爲參錯 說話必待彼言之定 然後徐以一言條析之 然不必其爲是 第曰鄙見如此未如何如──金誠一記)

59) 《退溪全書》(上), p. 361.

뒤이 캐면서 무리하게 찾는 데 있다. 이는 心을 다루는 방법이 서툴러 마치 싹을 뽑아올려 성장을 도우려는 것(揠苗助長)처럼 초조로이 깨닫지 못하는 사이에 마음을 괴롭히고 힘을 극도로 소모하여 이에 이르는 것이다. 이것은 초학자의 공통된 병이다. 주자 같은 분도 처음에는 이 병통이 없지 않았다. 만약 일찍부터 이러한 것을 알고 곧 고칠 수만 있다면 근심할 것이 없지만, 일찍 알고서 속히 고치지 못한다면 그 병이 드디어 생기는 것이다.

라고 하면서 스스로 「평생의 病」이 여기에 있었으나 지금은 마음의 병은 전날 같지 않지만 나이 많아 「또 다른 병」(老弱을 말함)은 몸이 늙었기 때문이라고 하면서 그대 같은 청년은 기력이 왕성하니 진실로 급히 그 병의 시초를 고치고 섭생과 요양을 절도 있게 한다면 어찌 끝까지 괴로워할 것이 있겠으며 다른 병증이 생기겠느냐고 타이르고 있다.

퇴계의 학문적 태도는 이처럼 남에게 대하여는 자상하며[60] 당당하고 겸허[61]하면서도 자신에 대하여는 준열[62]하였다.

그러나 이것은 퇴계의 학문정신보다 더욱 근본적인 맥락 곧 그의 삶의 자세인 인간퇴계의 인격과 닿는 것으로서 설명되어야 할 것이다.

퇴계의 理의 준칙은 一朝에 터득된 것이 아니라 성리학적 인간형성의 끊임없는 做工에 의하였음은 물론이다.

---

60)《退溪全書》(上), p. 403, 〈答奇明彦〉, 『…보여주신 四端七情說은 그 조예가 깊다고 하겠지만 나의 愚見으로 보면, 그대의 高明한 학문이 正大廣博한 지경을 보기는 하였으나 세밀하고 정미한 데까지는 아직 자세히 이해하고 통달하지는 못한 듯하다. 處世制行하는 것이 疎達曠坦한 뜻에는 얻음이 많지만 아직도 收斂凝定의 공부는 모자람이 있는 것 같다. 그 發論된 것이 비록 초월적인 경지에 많이 나아갔다고는 하지만 出入에 모순의 병폐가 있음을 면하지 못하고, 스스로가 처신하는 것도 비록 보통사람의 미칠 바가 아니라 하겠으나 아직도 이랬다저랬다 망설이고 있으니, 큰 일을 담당하고 큰 이름을 띠고서 바람치고 물결이 격동하는 데에 처하려면 어찌 어려움이 없다고 할 수 있겠는가.』

61)《退溪全書》(上), p. 402(與奇明彦 : 己未)『……지난번에 서로 만나는 원은 비록 이루어졌으나, 별안간이라 꿈만 같았고, 의심나는 것을 깊이 질문할 겨를이 없었지만, 다행히 견해가 일치하여 기쁘게 생각하였읍니다. 또 士友간에 四端七情의 說을 논한 것을 전하여 들었는데 나의 의견도 이 점에 있어서는 일찌기 스스로 文句가 온당하지 못하여 병폐로 여겼던 참이었읍니다. 교정하고 논박하여 주시니 더욱 疎謬하였음을 깨닫고 바로 고치기를 「四端之發純理故無不善・七情之發兼氣故有善惡」 하였는데 이렇게 말을 만들면 병폐됨이 없을는지 모르겠읍니다……』

62)〈退溪年譜〉에 의하면, 퇴계는 그가 일찌기 艸한 《庸學釋意》라는 책을 關西의 中和郡守가 版刻하여 鄕間에 유포시키고 있다는 소문을 듣고 그 책은 자신이 없는 저술이라 하여 마침 迎接使로 그 고장을 지나게 된 奇高峰에게 그 木版을 찾아 사람이 보는 앞에서 불살라버리도록 당부하였다. 그후 고봉으로부터 그 版木을 소각하였다는 서한을 받은 퇴계는, 이제부터 남의 구지람을 면하게 되었다고 기뻐하면서 詩를 지을 정도였다. 〈東儒師友錄〉 卷17, p. 317에는 奇高峯의 그때의 느낌을 적은 詩 한 首가 있다.

「마음을 닦는 근본」의 자리(本原之地)를 쉼없이 가다듬는 끝없는 도정에서 그의 학문과 인격은 수정처럼 결정되었다.

그는 문인에게 술회하기를[63]

本原地에다 공부를 하여야 한다는 문제는 나도 講究하고 있는 터이지만 그 가부를 살피지 못하였더니, 이제 公의 물음을 받고 감히 내 의견을 말하여 교정을 받고자 합니다. 듣건대 心〔本原地〕은 萬事의 근본이 되고 性은 萬善의 本源이 되는 까닭에 先儒들이 학문을 논할 때는 반드시 放心을 거두고 덕성을 기르는 것을 최초의 하수처로 삼았읍니다. 이것이 바로 本源處를 이루는 까닭이며 道를 이루고 業을 넓게 하는 기초라고 하였는데, 그 공부의 요점을 어찌 다른 데 가서 求하겠읍니까. 말하자면 主一無適·戒愼恐懼라 하겠읍니다. 主一의 공부는 動靜에 통하고 戒懼의 경지는 未發에 존재하는 것으로 이 둘 가운데 어느 하나도 뺄 수 없는 것이며, 밖에서 制御하여 그 中을 기르는 것이 더욱 긴요한 까닭에 三省·三實·四勿 같은 것은 다 사물을 접촉하는 곳에 나아가서 말한 것이니, 이것도 역시 本源의 뜻을 함양하는 것이라 하겠읍니다.

학문의 길은 사람의 「本源之地」인 「마음」 공부(心學)에 있고, 이것은 무엇보다 「收放心·養德性」을 최초의 「下手處」로 삼아 언제나 「主一無適·戒愼恐懼」하는 「정신의 깨어 있음」(惺性)을 지녀야 한다는 것이다. 이러한 경지는 지적 인식의 자리를 벗어나는 종교적인 상태이다. 이러므로 이 學問(斯學)을 일컬어 「道學」이라 하였다. 道學은 지식학이 아니라 인격학이고 행위규범의 실천논리라는 까닭이 바로 여기에 있다. 그 규범과 논리의 변치 않는 거점이 「理」이다.

그러나 理란 퇴계가 율곡에게 한 말대로 「理는 알기가 어려운 것이 아니라, 행하기가 어려운 것이며, 행하기가 어려운 것이 아니라, 능히 참됨을 쌓고 힘쓰기가 더욱 어려운 것」[64] 바로 그것이다. 위의 引用句 「어려운 것이 아니라」에서 쉽게 빠져 버릴 「함정」에 대하여 《近思錄》은 다음

---

63) 《退溪全書》(上), p. 404, 〈答奇明彦〉
   (滉方此求之而未審其可否 今承俯詢敢擧以取正爲 聞之心爲萬事之本 性是萬善之原 故先儒論學必以收放心 養德性爲最初下手處 乃所以成就本原之地 以爲凝道 廣業之基 而其下功之要何 俟於他求哉 亦曰主一無適也 曰戒愼恐懼也 主一之切 通乎動靜 戒懼之境 專在未發二者 不可闕一 而制於外以 養其中尤爲緊切 故三省三實四勿之類 皆就應接處言之 是亦涵養本原之意也)
64) 《退溪全書》(上), 〈答李叔獻〉, 別紙
   (惟此理非知難而行難非行難 而能積久焉)

과 같이 충고한다.[65]

> 오늘의 학자는 산기슭에 올라가는 것 같아서
> 평탄한 곳에서는 활보하지 않는 사람이 없으나
> 험한 곳을 만나면 멈추고야 만다.
> 굳세고 과감하게 나아가야 한다.

퇴계의 학문적 태도는 剛毅果決한 선비정신에 있다. 이 「선비의 참된 용기」를 단순히 「고리타분한 道學者」로 처리하여 버리려는 學問外的인 태도에 대하여 지적인 방어를 하여야 할 것이다.

2) 哲學을 哲學하는 삶 : 「居敬·窮理」

퇴계는 일찌기 崔見叔(應龍)의 「問目」에 答書한 데서[66]

> 朱子의 門에서 거경을 중하게 여기고, 궁리를 귀하게 여기는 것이 학문하는 제일의로 삼을 것임을 알 것이며, 程子 또한 말하기를 『학습은 능히 專一한 때라야 바야흐로 좋다』하였으니, 이 말이 또한 매우 맛이 있는 말이다.

라고 하였다.

객관적 합리주의자로서의 퇴계의 학문적 자세는 진리의 길을 일상에서 발견하려 하였고 그 방법으로서 漸修的인 수련으로써 이룩하려는 것이었다. 居敬하고 窮理하는 일은 그 자체가 목적일 수는 없다. 이 둘은 사람됨의 길을 가는 批判的 人生의 방도였던 것이다. 「사람이란 무엇인가」라는 질문은 철학이 던져주는 근원적이고 전체적인 물음이라고 한다면, 「나란 무엇인가」를 묻는 일은 우리가 철학에게 던지는 본질적이고 개별적인 질문일 수 있다.

삶의 자리에서 「사람임」이 「사람됨」으로 「되어가는 존재」라는 사실은 성리학적 人間學에 있어서 매우 중요한 의미를 지닌다. 즉, 성리학적 인간형성의 구극의 목표인 求仁成德의 君子는 居敬하고 궁리하면 누구나 다 다를 수 있다는(陶冶論的) 가능성을 긍정한다는 말이다.

---

65) 《近思錄》, 五三 (今之爲學者如登山麓　方其迤邐莫不濶步 及到竣處便止須是要剛決果敢以進)

66) 《退溪全書》(上), 〈答崔見叔〉, 問目, p. 344, (朱門大居敬而貴爲學問第一義 程子亦曰 習能專一時方好此語尤有味)

그러므로 「사람이란 무엇인가」라는 질문에는 존재론적으로는 天人合一論的인(性即理) 해답을 주었고, 認識論的으로는 窮理의 길을, 그리고 가치론으로는 敬에 이르는 자세를 보여 주었다. 그리고 인간의 교육적 가능성에 대한 확고한 신념은 이 철학의 기반이 된다. 이들 상호관계를 도시하면 아래와 같다.

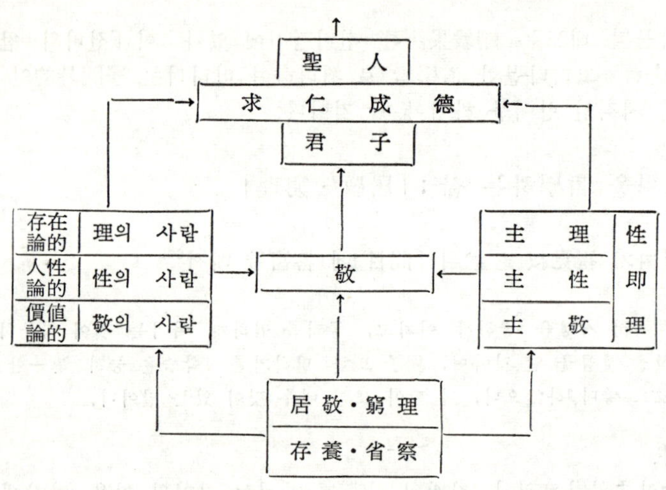

居敬・窮理를 학문하는 원리로 삼는다고 할 때, 퇴계가 이를 어떻게 파악하는가.

理를 궁구하는 일은 실마리가 많아서 한가지 방법으로 얽매일 수는 없읍니다. 한가지 방법으로 깊이 연구하다가 알아내지 못하면 문득 싫증과 권태를 일으키고 드디어 다시 사리를 깊이 연구하는 일을 하지 않는 자는 미루고 도피한다고 하여도 좋습니다. 그렇지 않고 연구하는 일이 간혹 맺힌 곳을 요점을 찾아보아도 통할 수 없거나, 혹은 나의 性이 여기에 어두워서 무리하게 밝혀낼 수 없을 때에는 마땅히 이 한가지 일은 그냥 두고 다른 일에 대하여 연구합니다. 이렇게 하여 연구하면 누적되고 깊이 익숙하여져서 자연히 마음은 밝아지고 의리와 실상이 점차 눈앞에 드러나게 되는 것입니다. 그 때에 다시 전번에 연구하여 이루지 못한 일을 집어내어 자세하게 실마리를 찾아내고, 이미 연구하여 해답을 얻은 도리와 함께 참고하여 조사하고 대조하여 생각하면, 깨닫지 못하는 사이에 뜻밖에 전에 알아내지 못한 것까지 일시에 드러나 밝혀져서 깨달아지게 됩니다.

이것이 곧 사리를 깊이 연구하는 좋은 방법이며 연구하여 알아내지 못한다고 하여 내버려두라고 말한 것은 아닙니다. [67]

이와 같은 방법은 학습심리론에 있어서 문제장면의 해결을 위한 洞察說 (insight theory)이라든가, 학습원리에 있어서 自發·興味·反復·경험의 원리와 비슷한 이론들이라고 할 수 있으며, 이것은 오랜 실천적 경험을 통하여 터득한 퇴계의 학문연구방법이다.
이러한 합리적 「經驗方法」 속에 인생과 학문을 서두르지 않는 자세를 읽을 수 있다.
퇴계는 거듭 말한다.

학문을 하는 데는 고귀하고 현묘한 생각을 지닐 것이 아니라, 마땅히 본분 명리에 의하여 아주 가깝고 평범하며 명백한 공부를 하여 연구와 체험을 오래 쌓으면, 자연히 날이 갈수록 高深하고 遠大하여 끝이 없는 곳을 볼 수 있을 것이니, 그리해야만 옳게 얻을 것이다. [68]

또 南時甫(彦經)에게 주는 글에서 다음과 같이 敎學實踐論을 자상하게 피력한다.

대체로 전날 그대가 理를 窮究하여 공부함이 너무 뜻이 깊고 현묘한 데에 치우치며, 力行함에는 자신을 너무 믿어 지나치게 급박하고 무리하게 탐구하여, 「싹을 뽑아올려 성장을 돕는」 듯함으로써 병의 뿌리가 생겼는데 거기 다시 환난의 근심이 덮쳐 병을 깊고 중하게 만들었으니 어찌 염려되지 않겠는가. 이것을 치료하는 방법으로는 마땅히 ① 세상의 窮, 通, 得失, 榮辱, 利害 등 일체를 생각하지 말고 마음의 누를 끼치지 말아야 할 것이며 모든 일상생활에서 수작을 적게 하고 嗜好와 욕망을 절제해서, 마음이 트이고 한가롭고 담담하며 유쾌하게 지낼 것, ② 圖書·花草의 완상이라든가, 溪山魚鳥를 보는 즐거움으로 뜻을 기쁘게 하고 흥취에 맞게, 늘 접촉하는 것을 즐겨 心氣로 하여금 和順한 경지에 있게 할 것, ③ 마음을 거스르고 어지럽게 하여 성내고 원망함을 일으키지 않게 하는 일이 가장 요긴한 치료방법이다. 따라서 책을 보는 일은 마음을 수고롭게 하지 않게 하여야 한다. ① 많이 보는 것은 매우 좋지 못하다. ② 다만 뜻에 따라 그 맛을 즐길 것이고, ③ 窮究하는 일은 일상생활의 평이하고 명백한 곳으로 나아

67) 《退溪全書》(上), 別紙, p.371, 〈答李叔獻〉.
68) 《退溪全書》(上), p.920, 〈心無體用辨〉.

가 간파하여야 하며 숙달하여야 한다. ④ 공을 쌓음이 오래 되면 저절로 자세히 이해되어 얻는 것이 있을 것이며, ⑤ 너무 집착하거나 구속하여 그 빠른 효과를 취하려 하여서는 안된다.

고 하였다.[69]

학문 외에는 명예를 걸려고 하지 않으려는 學人, 自然의 理에다 기쁨으로 스스로를 의탁하려는 道人, 그리하여 明鏡止水와 같이 담담하게 致中和의 경지를 지니려는 哲人만이 「理를 窮究」할 수 있다는 것이다. 그러므로 너무 성급하고 빠른 효과를 취하려 든다면 이른바 握苗而助長과 같아서 학문과 인격은 다 같이 시들어 버리게 한다. 「優遊涵泳」하는 넉넉한 정신적 준비도가 절실하다는 것이다.

그렇다고 하여 이러한 「優遊涵泳」하는 학문적 자세는 오늘 할 일을 내일로 미루는 지연 또는 유예가 아니다. 문인의 술회에 의하면[70] 그는 천지의 이치를 끝까지 연구하되 삼가 생각하고 밝게 분별해서 알지 못하는 것은 그냥 지나치지 않았다고 하였다. 한가지 일 한가지 물건의 작은 데서부터 천지만물의 변화에 이르기까지 연구하되, 그 깊이를 다하고 해석하여 정밀함을 다하지 않음이 없어서 기필코 훤히 꿰뚫어 알지 않고는 그만두지 않았다. 그러면서도 평이하고 비근하며 명백하고 절실한 것을 표준으로 삼아서 아득하고 어슴프레한 생각이나 空蕩한 논의는 하지 아니하였다. 사색하여 얻은 것은 한갓 빈 말에 붙이지 않고 반드시 돌이켜 몸소 행하였다. 그리하여 心・性・情에다 몸소 경험하는 실천을 더하여 한 치(寸)를 얻으면 한 치를 지키고, 한 자(尺)를 얻으면 한 자를 지켰다. 고요히 마음을 지키고 성품을 기르는 것은 날로 더욱 치밀해지고, 움직여 성찰하는 일은 날로 세밀(審)하였다는 것이다.

---

69) 《退溪全書》（上）, pp. 361～362, 〈答南時甫（丙辰）別幅〉.
　이 글은 《自省錄》모두에 나오는 글로서 퇴계가 한 사람의 門人에게만 私的으로 준 당부만이 아니라, 스스로와 모든 學人들에게 주는 학문의 자세와 방법에 관한 蘊畜 깊은 學的 신념(academic creed)이라고 볼 수 있다.

70) 《退溪全書》（下）, pp. 867～868, 〈言行通述〉（鄭惟一 撰）.
　(……奮然致力於 格物致知 誠意正心之地 發慣忘食堅苦刻勵…其用工次序因先儒之說 而究聖賢之旨 因聖賢之言 而窮天地之理 謹思明辨弗得弗措自 夫一事一勿之微 以至於天地萬物至變莫不窮之極其深析之極 其精期必至於豁然貫通之地 而又必以平易卑近明白切實者爲之準則 未嘗爲玄嘗之思素 空蕩之議論也 其所思而得之者 不徒付之於空言要必反之 於躬行卽吾身心必情之中 盆加體驗 躓履之切得 寸安寸得尺守尺靜 而存養者 日盆密動而 省察者 日盆審故存論中者 純固而深厚發於外者 溫裕而剛毅蓋不急近切不計 小效惟以違大自 期積累爲功 是以先難後獲 勿忘勿助 正誼明道等語 未嘗不爲學者 丁寧焉)

이러하였으므로, 퇴계는 안으로 마음 속에 간직한 것은 온순하고 넉넉
(溫裕)하였으면서도 겉으로는 곧고 굳세(剛毅)었던 것이다. 대체로 가까이
있는 공을 꾀하지 않았으며(不計功小效) 오직 멀고 큰 것으로써 스스로를
기약(惟次遠大有期)하였고, 되풀이하여 쌓음으로써 공을 삼았다(積累爲功).

그러므로 처음에는 어려우나 뒤에 가서는 결실을 거둔다(先難獲後)라든
가, 이것은 꼭 잊지를 말고 저것은 급히 허덕이지도 말라거나(勿忘・勿助),
이치를 밝히고 도를 밝힌다(正誼明道)는 말들에 대하여 언제나 경계하라
하였다. [71]

철학하는 삶이란 存天理・遏人欲하는 삶이다. 감성적 인격이 이성적 인
격으로 그 격을 올림에 있다. 말하자면, 物格이 人格이 되는 길이며 그 삶
이다. 이 길은 居敬・窮理에 의하여서만 가능하다는 것이다.

이같은 거경궁리는 퇴계의 교육목적 가치적인 命題인 「敬」을 지향해야
한다.

앞서 언급한 것처럼 敬은 動과 靜을 관통하며[72] 지와 행의 기본이 되는
자세이다. 따라서 敬은 지적인 학습(窮理)과 실천적 행위(居敬)를 보다 철
저히 그리고 포괄화한 개념이 된다. 궁리한다 함은 바로 理에 다달음을
말하고, 거경한다 함은 그 속에 깃드는 것을 일컫는다.

철학적 思索과 반성적 思考라는 서구 철학의 개념으로서는 이 개념들이
충분히 설명되지 않는다.

이에 대하여 퇴계는 다음과 같이 간접적으로 대답하고 있다. [73]

대개 학문은 생각하여 따지고 사물의 이치를 연구하여 지식이 지극하게 되면
이치가 밝아지지 않음이 없어서 학문이 세밀한 데로 나아갈 수 있고, 修身은 忠
信과 信義와 言行을 두터이 함을 위주로 하고 분한 생각을 경계하고 욕심을 막
고 허물을 고치려 노력한다면, 행실이 두텁지 않음이 없고, 행실이 뒤바뀌지 않
으며 일을 처리하는 데는 의를 바르게 하고, 도리를 밝히고, 만물을 접하는 데
는 관용으로 하고, 자기의 허물을 반성하는 것으로 한다면 두터운 행실이 사물
에 나타날 것이니 지나침을 근심할 바가 아니며 경솔함을 염려할 바가 아니다.

학문하는 데 있어서 思辨과 수신은 道學하는 본령이다.
기묘사화 이후, 선비의 기개는 땅에 떨어지고 泮宮(成均館)에서조차 학

---

71) 앞의 책, 같은 곳.
72)《退溪全書》(上), p. 681, 〈答金而精〉.
73)《退溪全書》(上), p. 682, 〈答金而精〉.

문의 불꽃이 거의 사라져 조용히 글 읽고 사색하는 일에 몰두하던 퇴계에게 제생들은 한결같이 야유와 냉소를 퍼붓던(河西 金麟厚를 제외하고) 士風 속에서[74] 홀로 고고하게 도학의 연원을 밝히고 이를 창도한 퇴계의 학문정신은 바로 인간가치의 참된 조명을 누구보다 확신하였기 때문이다.

진리의 엄숙성 앞에 경건히 머리 숙이는 인간 정신의 부활을 희구하였기 때문이다. 흔들리는 현상 가운데서도 움직이지 않는 이념의 푯대(이것이 理다)를 그는 확신하였으며 실천으로써 이것을 모범하려고 하였던 것이다.

학문하는 일은 남을 위하여서(爲人之學)가 아니라 스스로를 위하여야(爲己之學) 할 것임을 강조한다. 스스로 닦음이 없이 성급하고 과욕하게 經世濟民하려는 일이 어떻게 실패로 끝나고야 마는가에 대하여 퇴계는 靜菴 趙光祖의 멀지 않은 史實에서 생생하게 읽을 수 있었던 것이다.

군자의 학문은 스스로를 위할 따름이다. 이른바 스스로를 위한다는 것은, 저 張敬夫가 말한 「위하는 바가 없이」(無所爲)하는 것이다. 우거진 숲속에 있는 난초가 온종일 향기를 피우지마는 스스로는 그 향기로움을 모르는 것과 같으니 이는 군자가 스스로를 위하는 뜻과도 맞는 말로서 마땅히 깊이 본받아야 할 것이다.[75]

스스로를 닦음이 무르익기 전에 서둘러 「經·濟」하려는 일을 경계하면서 이것이 자초하는 화의 필연적 이유에 대하여 퇴계는 奇高峯에게 다음과 같이 당부하였다.[76]

무릇 선비가 세상에 나서 벼슬을 하거나 집에 있거나 혹은 때를 만났거나 때를 만나지 못하거나를 막론하고 그 목적은 자기 몸을 깨끗이 하고 옳게 행하는 일뿐이니 화와 복은 논할 것이 못된다. 그러나 일찍부터 이상스레 여기는 바는 우리 동방의 선비로서 조금 뜻이 있고 도의를 사모하는 사람은 화를 당하는 이

----

74) 《退溪全書》(下), p. 789, 〈言行錄〉, 學問.
　　(先生嘗游學伴宮 是時初經己卯之變 人皆以學問忌諱 日以戲謔爲習先生獨欲然自恃 動靜言行一遵規繩 見之者相與笑之 所與交遊者 惟金河西麟厚 字厚之——李德弘記)
75) 위의 곳, p. 799.
　　〈言行錄〉, 類編, 論人物, 趙靜菴은 타고난 자질이 비록 아름다왔으나 학문에 충실하지 못하고 그의 하는 일에 지나침이 있었기 때문에 마침내 일에 패하고 말았다. 만일 학문에 충실하고 德器가 이루어진 뒤에 세상에 나아가서 일을 담당하였더라면 성공은 쉽게 헤아릴 수 있었을 것이다(《退溪全書》(下), 金誠一記, p. 852).
76) 《退溪全書》(上), pp. 403~404, 〈答奇明彦〉.

가 많으니 비록 땅이 좁고 인심이 박한 까닭이라 할지라도 역시 그 스스로 미진
한 곳이 있어서 그런 것이다. 미진하다는 것은 다름이 아니라, 학문은 제대로 이
루지 못하고서 너무 높이 자처하며, 때를 헤아리지 못하고 세상을 경륜하겠다고
용감히 날뛰기 때문이니 이것이 그 실패를 가져오는 길이다. ……孔子의 「學優
仕優」(學而優則仕, 仕而優則學)의 가르침을 처신하는 절도로 삼아서 의리의 안
이함을 자세히 살펴야 할 것이다. ……오랜 시일을 두고 공부하기를 기약하고 나
아가거나 물러감에 있어서도 학문을 주로 삼지 아니함이 없어서 의리의 무궁함
을 깊이 알게 되면 항상 부족함을 느낄 것이며, 내 허물 듣기를 기뻐하고 착한
것을 취하기를 즐기어서 참다운 노력을 오래 쌓게 되면, 도가 이루어지고 덕이
서게 되어 功이 저절로 높아지고 業이 저절로 넓어지게 될 것이니 이 경지에 이
르러서야 위에서 말한 세상을 경륜하고 道를 행하는 책임을 비로소 맡을 수가
있을 것이다.

위의 글에서 미진하다는 것은 다름이 아니라, 학문은 제대로 이루지 못
하고서 너무 높이 자처하며, 때를 헤아리지 못하고 세상을 경륜하겠다고
용감히 날뛰기 때문이니 이것이 실패를 가져오는 길이다(其所謂未盡者無
他 學未至而自處太高 不度時而勇於經世 此其取敗之道 而負大名當大事者之切戒也)
그러면, 「居敬」과 「窮理」의 방법에 대한 퇴계의 해답은 무엇인가. 이러
한 논의가 있기 전에 거경과 궁리는 과연 같은 것인가 아니면 별개의 것
인가. 만약, 이들이 별개의 것이라면 이 둘은 어떻게 「사람됨」의 「하나
됨」으로 종합할 수 있을 것인가. 이러한 전제들이 먼저 밝혀져야 할 것
이다.
이 문제에 대하여서 당시 청년학자 율곡은 퇴계에게 이미 質正한 바 있
었다.
퇴계는 답하기를 ① 궁리와 거경은 비록 首尾 관계에 있지만 실은 두
가지가 각기 독립된 공부라는 것, ② 그러므로 두 가지를 서로 병행해 나
가는 방법으로 공부해야 할 것이고, ③ 이치를 깊이 연구하는 일은 실천
으로 체험해야 비로소 참 앎이 되며, ④ 경은 마음을 專一하게 하여야 참
됨을 얻을 수 있다고 하였던 것이다.[77]
窮理・居敬의 일은 성리학에 있어서의 주된 학문 수양 방법이다. 궁리
는 만물의 理를 터득하는 것으로서 일시에 만물의 理를 깨달으려는 (頓悟)
것이 아니다. 하나하나 그 理를 터득함으로써(漸修) 마침내는 「本原의 理」

---

77)《退溪全書》(上), pp. 369〜370,〈答李叔獻—戊午〉.
　　저자 註 : 두 가지(窮理와 居敬)가 비록 서로 머리가 되고 꼬리가 되기는 하지만 實은

를 터득하게 되며 나아가 마음의 理도 터득되는 것임을 우리는 익히 살펴왔다. 따라서, 程伊川은 수양함에는 敬이 필요하고, 진학함에는 致知가 중요하다고 말하였다. 程伊川과는 달리 퇴계는 敬을 主一無適하는 수양에 국한시키지 않고 궁리할 때도 그 마음의 상태는 敬이어야 한다고 하여 한 층 폭 넓은 해석을 하고 있다.

進學(致知)·修養(力行)의 길이 互進하여 경을 지향한다고 할 때, 그러한 마음의 상태는 達人·君子와 같은 成德者만이 할 수밖에 없지 않는가. 따라서, 初學用工의 사람은 이러한 학습 수양의 大道로 쉽사리 들어설 수 없지 않은가라는 문제——이 물음 또한 율곡이 퇴계에게 던진 질문의 하나이지만——와 만나게 된다.

이에 대하여 퇴계는 「그렇지 않다」라고 대답한다.[78] 그에 의하면 주자가 일찌기 말한 대로 마음의 「安靜力」이 생긴 뒤로 능히 생각할 수 있다. 顔回와 같은 안정된 마음의 경지로서 생각하라는 것이다.

그러나 성인의 말은 「위로도 통하고」, 「아래로도 통하여」 精·粹·粗·駁이 구비되어 있기 때문에 그 뜻을 잘 살펴야 한다고 한다. 학문이 얕거나 깊거나 간에 성인의 말은 모두 유익함이 있어서 우리는 각기 이 말을 분수에 맞게 적용할 수 있다고 하였다.

···朱子가 말하기를 안정한 연후에라야 능히 생각하라는 것은 顔子가 아니면 될 수 없다고 한 데 대하여는 진실로 의심할 바가 없다. 그러나 聖人의 말은 위로도 통하고 아래로도 통하여 精粗가 구비되어 있어서 사람이 학문이 얕고 깊

두 가지의 독립된 공부이니 단계로 나뉘어짐을 의심하지 말 것이며, 오직 반드시 두 가지를 서로 병행해 나가는 방법으로 해야 합니다. 때를 지체하지 말고 곧바로 공부를 시작하여야 하며 의심하여 머뭇거리지 말고 곳에 따라서 의당 힘써야 합니다. 텅 빈 마음으로 理를 살피고 먼저 자기의 의견을 정해 버리는 일이 없게 할 것이며, 차츰차츰 쌓아가서 완전히 성숙하게 되는 것이니 시간과 달로써 효과를 따지지 말아야 합니다. 얻지 않고서는 그만둘 수 없으니 일생의 공부로 해야 합니다.

연구하는 이치가 무르익어 자세히 이해할 수 있게 되고, 오로지 敬에만 마음을 쓰게 되는 것은 모두 깊이 나아간 뒤라야 스스로 얻을 뿐입니다. 어찌 한번 뛰고 갑자기 깨달아 그 자리에서 부처를 이루는 자가 어둡고 분간할 수 없는 곳에서 어렴풋한 그림자를 보고서 문득 큰일을 이미 끝냈다고 하는 것과 같을 수 있겠읍니까. 그 때문에 이치를 깊이 연구하는 일은 실천으로 체험해야 비로소 참으로 아는 것이 되고, 공경하는 것을 主로 하는 일은 마음을 두 가지, 세 가지로 함이 없어야 비로소 진실하게 얻을 수 있는 것입니다. 지금 비록 이치를 보되 얕고 깊음을 면치 못하며 비록 공경한 마음을 가졌으나 잠시 동안에 잃어버린다면 그것은 일상생활과 응대·접촉하는 사이에 무너지는 것이 끝이 없을 것이니 어찌 다만 이른바 思慮와 食色과 燕談의 해가 될 뿐이겠읍니까.

78) 앞의 책, 같은 곳.
　(朱子謂安而後能處 非顔子不能之 誠如所疑然聖人……卑吾說以就之耶)

음에 따라 모두 유익함을 얻을 수 있다. 주자의 말은 그 粗한 것으로 말하자면, 中人(보통 능력) 정도의 사람이라도 오히려 그 말 때문에 힘써 나아갈 수 있지만, 精한 것의 極致는 大賢(크게 뛰어난 능력) 이상이 아니면 능히 할 수 없다는 朱子의 저 말은 바로 이 극치를 말한 것뿐이다. 만약, 이것을 구실삼아 스스로 버리는 자가 있다면 그 지식과 취향은 이미 도를 논의할 가치가 없게 된다.

이러하므로 「거경·궁리」는 마치 물가에서 자기 스스로의 물을 마시는 격(如群飮於河 各充其量)과 같아서 학문을 하려는 사람이면 어느 누구라도 가능한 것이라고 밝혔다.

퇴계는 뚜렷한 師承이 없이 스스로의 끊임없는 노력에 의하여 浩瀚精深한 사상체계를 형성하였으며 독자적인 학문방법을 체득하였던 것이다.

이러하기까지의 고심과 방황에 대하여 그는 다음과 같이 말하고 있다.[79]

나는 젊어서부터 학문에 뜻을 두었으나 학문의 뜻을 깨우쳐 줄 만한 師友가 없어서 수십년 동안 학문을 착수하고도 들어갈 길을 몰라 헛되이 생각만 하고 방황하였다. 때로는 눕지도 않고 고요히 앉아서 밤을 지새운 적도 있었는데, 마침내 마음의 병을 얻어 여러 해 동안 학문을 중지하지 않으면 안되게 되었다. 만약 참된 스승이나 벗을 만나 아득한 길을 지시받았더라면 어찌 心力을 헛되이 써서 늙은 지금에 이르기까지 이토록 얻은 바가 없기에 이르렀겠는가.

3) 義理學으로서의 價値실현

「義理」라는 말은 맹자가 공자의 「仁」을 넓혀 「仁義之道」를 주장하고 「克己復禮」를 「義」라고 하면서 보다 실천적이고 윤리적인 개념으로 쓰여지기 시작하였다. 그러다가 천여 년 잠자던 유학의 도통 연원이 程朱子에 의하여 사상적으로 종합 정리되면서 「義理」의 문제는 비로소 사상적이고 이념적인 옷을 입고 군자의 수양론에 커다란 몫을 차지하게 되었다.

앞에서 이미 살펴보았듯이, 敬과 궁리는 군자수양에 있어서 「안·팎」의 관계에 놓여 있다. 이는 마치 한 수레의 두 바퀴와 같고 새의 두 날개와 같으며 사람의 두 다리와 같은 관계에 있다는 것이다.

---

79)《退溪全書》(下), p. 789, 〈言行錄〉, 學問.
  (嘗曰 余自少雖志學而無師友啓發之人 俚俚數十年未知入頭下工處 枉費心思 探索不置 或終夜靜坐未嘗就 枕仍得心恙廢學者累年 若果得師友 指示迷途 則豈至枉用心力 老而無得乎——金誠一記)(此雖是自謙之辭而 其爲學超然獵得 不由師友亦可想也)

居敬은 「主一無適」[80]하는 主靜의 상태를 지향한다. 따라서 말이 많다고 느껴질 때 簡默할 줄 알며, 의지가 疎濶하다고 믿어질 때 세밀할 줄 알며, 행동이 浮薄하다고 생각될 때 중후할 줄 아는 이른바 靜坐調身의 몸과 마음가짐을 필요로 한다.

한편, 窮理란 《中庸》에서의 道問學하는 네 가지 방법——博學·審問·愼思·明辨과 《大學》에서의 致知格物을 準繩으로 한다.

마음에 主하는 바가 없다면 어떠한 궁리를 하더라도 가치가 없고, 어떠한 達者로도 궁리를 하지 않으면 道에 이를 수 없다고 하였다.

거경·궁리한 결과로서의 앎이 학문하는 태도 속에서는 「博文↔約禮」〔博學於文·約之以禮〕(論語·雍也 25)로 표현된다. 「넓은 지식」을 「선택된 행동」으로 나타내라는 말이다. 知的인 「博文」과 行的인 「約禮」는 서로 相即不離의 관계를 통하여 인격가치를 실현시킨다는 것이다.

곧 앎은 됨으로 연결되지 않으면 쓸모가 없고 이러한 연결의 표준이 곧 의리이다. [81] 그러므로, 의리학은 좁게는 윤리학이며 넓게는 인간학이다. 앎과 삶과 됨을 교섭시키는 일이자 그 지도 이념이기 때문이다.

학문연찬하는 데 있어서 「의리」를 생각하지 않는다면 이는 이미 학문이 아님을 퇴계는 다음과 같이 지적하였다. [82]

　일이 없을 때에는 정신을 똑똑하게 보전하여 기를 뿐이며(存養惺惺), 강습하고 응접할 때에는 의리를 생각하고 헤아리는 것은 마땅히 그렇게 하여야 하기 때문입니다. 대체로 의리를 생각하기 시작하면 마음은 이미 움직여서 안정되지 않는 까닭입니다. 그러나, 이 뜻은 분명히 알기 쉽지 않은 것 같고 사람들이 참으로 아는 이가 드뭅니다. 안정할 때를 생각하지 않는다는 것은 곧 「窈冥寂滅」한 것으로 인정하고 움직일 때 생각하고 헤아린다는 것은 胡亂하게 外物을 좇아서 의리에 바탕을 두고 있지 않는 것으로 생각합니다. 그 때문에 이름은 학문을 한다고 하나 마침내 배우는 데 힘쓸 수 없게 되는 것이며, 오직 공경함을 위주로 하여 애써 動과 靜을 일관하며 어느 때나 쌓노라면 거의 연구하는 데 그르침이 없을 것입니다.

---

80) 《孟子》에서의 「存心養性」과 《中庸》에서의 「尊德性」에 연유한다.

81) 「知識」과 「行爲」의 선후관계에 있어서 같은 성리학이라도 주자는 「先知後行」을 주로 말하였고, 王陽明은 「知行合一」을 설파한 데 반하여 퇴계는 「知行互進」을 주장하였다.

82) 《退溪全書》(上), pp. 370~371, 〈答李叔獻〉, 別紙.
　(無事時存養惺惺而己　到講習應接時　方思量義里固當如此　蓋才思義理心己動了己不屬靜時界分故也　然此意分明似不難知　而人鮮能眞知故靜時不思　便忍以爲窈冥寂滅　動時思量又胡亂逐物去都不在養理上所以名爲學問　而卒不得力於學也　惟主敬之功　通貫動靜庶幾不差於用工爾)

「義理」의 판단준거에 입각하여만 천하의 理가 다 눈앞에 모이고 능히 사물의 옳고 그름을 알게 되는 것이라고 한다. 퇴계에 의하면, 옳음을 배운다는 것은 그 아는 바를 몸으로 실천하는 것을 의미한다. 따라서 옳은 것은 착함과 같고 배움은 행함과 같은 것이다. [83]

이 경지를 문인은 이렇게 기록한다. [84]

사욕이 깨끗이 없어지고 하늘의 理가 해처럼 밝아서, 物·我의 구별을 이미 볼 수가 없었다. 그 마음은 바로 천지만물과 더불어 아래 위 한가지로 흘러 각각 그 얻음의 묘한 바가 있었다

퇴계의 義理學은 당연히 異學·異端의 단호한 배척으로 나타났다. 이단을 보기를 淫聲美色같이 여겨서 그것을 엄하게 끊지 못할까 늘 걱정하였다. 왜냐하면 이단은 마치 물을 건너려는 사람이 처음에는 그 얕고 깊은 곳을 시험해 보려고 물에 들어갔다가 마지막에는 빠져 죽을 염려가 있기 때문이라는 것이다. [85]

이 점은 오늘날의 안목으로 보면 偏主된 학문관이며 그 태도라고 볼 수도 있지만, 당시 그가 서 있던 성리학적 진리와 가치의 자리로 보면 이것은 피할 수 없는 자리이다. 이 거점이 무너지면 퇴계학의 사상체계는 흔들리고 만다. 퇴계의 의리관은 확고하였듯이 그의 학문관은 일사불란하였다. [86]

「義理學」·「崇正學」으로서의 퇴계학의 지향성은 결국 무엇 「때문」(所當然之故)에 「존재」(所以然之則)하는가.

퇴계는 「철학함으로써」(philosophieren) 그 스스로를 실현(actualization, self-realization)하였고 많은 門人들과 「함께 철학하는」(symphilosophieren) 삶을 살았다.

---

83) 앞의 책 같은 곳.
　　(天下之理學擧集目前　非窮理之深不能也　惟其窮理旣深故於天下之理　一目無全能知就可就否而學其可者　此因其所知而身履之也　可猶善也　學猶行也)
84)《退溪全書》(下), 成德, p. 798.
　　(先生之學私欲淨盡天理日明　物我之間　未見有彼此町疇其心直與天地萬物　上下同流　有各得其所之妙——金誠一記)
85)《退溪全書》(下), 崇正學, p. 855.
　　(先生於異端如淫聲美色　猶恐絕之　不嚴嘗曰　我欲看佛經以　覆其斯遁而　恐如涉水者　初欲試其淺深而　竟有沒溺之虞耳)
86) 위의 책, p. 856.
　　先生은 義理를 풀이하여 말할 때에는 명백하고 적당하여 심오하였으며 일찌기 모호한 말이 없었다(先生論說義理明白的當　未嘗爲幽深玄賓之言——鄭惟一記).

鄭瑽 교수는 그의 저서[87]에서 철학하는 삶이 지향하는 바를 다음과 같이 말한다.

> 위로는 天體의 운행의 법칙이 제 아무리 아름답고, 아래로는 地上의 질서가 정연하다고 하더라도 인간의 心情의 요망(the demands of the hearts)이 만족되어야 하고 그 세계가 平隱을 얻지 않고서는 무의미한 것이 아니겠는가. 우주의 법칙에 대처하는 인간의 倫理가 요청되는 所以이며 天道에 대한 人道의 互應相照가 존재이유를 갖는 대목이기도 하다.

사람됨의 길에 두 가지 큰 길이 거경과 궁리이고 이는 敬을 바라보아 의리로 律하는 삶이라는 것을 살펴보았다. 퇴계는 의리의 길을 걷는 학문적 태도에 대해서 모름지기 먼저 의리가 현저하고 명백하고 평범하게 알찬 곳을 따라 공부해 가노라면 점점 풀리어 깨닫게 되고 精粗隱顯한 것을 한꺼번에 환히 깨닫게 된다고 하였다.[88] 그리고 의리를 아무리 空蕩하게 입으로만 운위하더라도 이는 實을 거두지 못하는 것이 된다고 하였다.

그는 구호와 표어만의 학습을 매우 경계하였다.

이에 대하여 문인이 묻되 『箴警과 文句를 자리 옆에 두고, 항상 그것을 보고 스스로를 반성하는 것이 어떠하겠읍니까』하였더니, 그는 『옛 사람도 食盤이나 책상이나 지팡이에 銘을 적었다. 그러나 다만 마음에 경계하고 반성하는 것이 없다면, 아무리 좌우명을 벽에 가득히 붙여둔들 무슨 필요가 있을 것인가』라고 반문하면서 張橫渠의 「晝有爲, 夜有得, 言有敎, 敎有法, 瞬有存, 息有養 則此心常存而不放矣」(낮에 하는 일이 있고 밤에 얻는 바 있으며 말에는 가르침이 있고 잠시 사이에도 지님이 있고 쉬는 짬에도 길음이 있어야 한다)처럼 한다면, 어찌 자리 옆에 써 붙이기를 기다리고 있을 것이냐고 하였다.[89]

「博文・約禮」의 의리학은 「居敬・窮理」와 대응되는 지식과 행위의 規範이다. 이 둘의 관계를 도시하면 다음과 같다.

---

87) 鄭瑽,《孔子思想의 人間學的 研究》, 東國大學校出版部, 1975, p. 17.
88)《退溪全書》(上), 論李仲虎喝文示金而精別紙, p. 690.
　「先從義理顯然明白平實處 做將去積之之久 漸解明以馴至於」(精粗隱顯一時融徹乃佳耳)
89)《退溪全書》(下), 學問, p. 790.
　(問書箴警之言 揭座右觀省如何 先生曰 古人盤盂凡杖皆有銘 但心無做省之實 則箴書滿壁亦何益哉 爲學如張橫渠 晝有爲 夜有得 言有敎 敎有法 瞬有存 息有養 則此心常存而不放矣 何待於揭座右也――金誠一記)

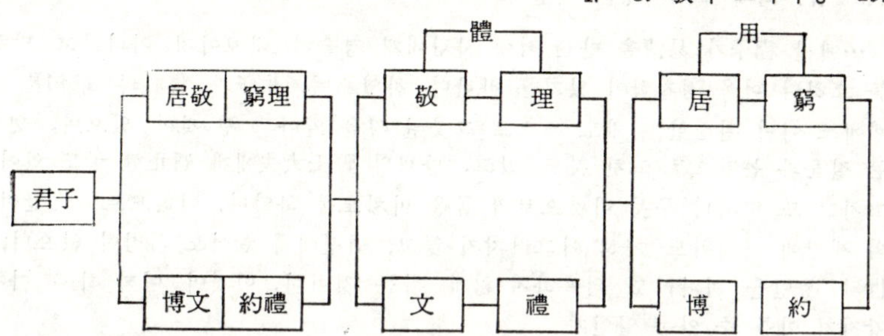

군자의 길은 「禮」와 「文」을 體로 삼고, 「約」과 「博」을 用으로 하는 인격가치의 실현을 의미한다. 이러한 體와 用이 조화롭게 되어야만 군자라고 할 수 있다. 논어에서의 「文質彬彬 然後 君子」[90]라는 말은 이것을 일컬음이다. 「文」만을 숭상하다 보면 訓詁詞章의 末節에 사로잡혀서(「佞」라고 불리우는) 이른바 「小人之學」에 빠지게 된다. 鄭璪 교수는 君子學과 小人學, 孔子學과 西歐科學과의 차이를 다음과 같이 비교하고 있다.[91]

…博文約禮는 孔子學의 本道이므로 博文에만 기울이지 않고 約禮를 힘쓰는 자를 君子儒라고 하고 이와 반대의 경우를 小人儒라고 할 수 있을 것이다. ……孔子學이 서양의 학문과 다른 主要點은 지식 또는 科學 제일주의가 아니고 德行 제일주의이며 「學者學」 아닌 「君子學」이며 「特殊科學者學」이 아닌 「人間學」이다. 공자의 君子學 속에는 知識 편중과 行爲 경시의 폐단을 경계하는 의도가 강하게 깃들고 있다는 這間의 요청과 경향에서 보아 오히려 당연한 귀결이라고 할 수 있다. 薄志弱行과 衒學賣文의 무리를 배격한 공자의 君子學은 특수과학의 西歐的인 발달형태를 阻礙한 요인으로도 남는 것이겠거니와 英國民族의 경우와 同軌로 학문을 현실과의 관련 속에서만 營爲하려고 하는 亞細亞的 사고방식으로 필연의 추세라고 봐야 할 것이다.

퇴계는 「博文」의 철학자였지만, 역시 「約禮」로 그 지식을 생활화·실천화하였다. 그에게는 실천이 뒤따르지 않는 지식은 아무 쓸모 없는 糟粕에 지나지 않았다.

「博文」하는 지식탐구의 자세로서는 겸허한 연찬을 강조하여 하루 아침에 갑자기 터득되는 지식을 경계하였다.

門人 朴澤之에게 주는 글에[92]

90)《論語》, 雍也 16
91) 鄭璪, 앞의 책, p. 50.
92)《退溪全書》(上), 與朴澤之, p. 336.

…옛날 程子가 易傳을 만들 적에 사람에게 경솔히 내보이지 아니하고 말하기를 오히려 더욱 정진함이 있기를 바란다 하였으며, 朱子가 集註와 章句를 만들 때에도 이미 완성한 뒤에도 스스로 그릇된 것을 알아 고친 것이 있으며, 文人과는 질문과 논란으로 고친 것도 있고, 당세의 賢士大夫에게 質正한 곳도 있어서, 고치고 또 고치니 무릇 이것으로써 몸을 마치도록 하였다. 이러므로 그 글이 나와 세상에 내세워도 가히 어그러지지 않고, 귀신에게 물어도 의심이 없으며, 百世의 성인을 기다려도 의혹하지 않게 되는 것이니, 이것이 어찌 하루 아침에 갑자기 이룰 수 있는 일인가.

라는 말이 이를 뒷받침한다.

그는 결코 겉으로는 조금도 自肯·自誇하는 기색을 보이지 아니하였다. 그는 어떠한 어려운 일을 당하더라도 이미 여유 작작하는 경지에 이르러 정신은 한가롭고 뜻은 고요하게 지닐 수 있었으며[93] 한번도 일부러 자랑하려 하거나 거만한 모습을 보이는 일이 없이 늘 한결같은 몸과 마음가짐이었다고 한다.

이러한 경지를 지닐 수 있다는 것은 이미 범인이 쉽게 따를 수 없는 일이다. 의리의 생활을 스스로의 인격 속으로부터 내면화시킬 수 있다는 것을 퇴계는 몸소 입증하였다. 퇴계에 의하면 「일의 宜當함을 義라고 하는 것」[94]이기 때문에 일용범백사에 있어서 「宜當」한 中節, 곧 理의 법칙성을 발견하는 일은 고원심대한 곳에 있지 아니하다.

일상생활 가운데 오히려 양양한 것이 바로 理의 길이다. 움직이고, 멈추고, 말하고, 침묵하는 사이에 또한 일상의 응대·접촉에 있는 것이 理다. 평이하고 절실하고 명백하여, 가늘고 작은 것에, 굽고 꺾인 곳에, 어느 때 어느 곳에서나 눈앞에 드러나지 않음이 없는 것이 理다. 그러므로 이러한 이치는 마치 장님처럼 어두운 사람에게도 훌륭한 효과를 준다. 초학자들이 이것을 버리고 갑자기 고원심대한 것을 바라보아 지름길로 가서 그 효과를 얻고자 한다면 이것은 일찌기 子貢도 능히 하지 못하였던

(昔程子之爲易傳也 不輕出 而示人曰 猶翼其有進也 朱子之爲集註章句也 旣成之後 自覺其非 而改者有之 因門人問難 而改者有之 質之當世之賢士大夫 而改者有之 改之改之 而又改之 蓋以是終身焉 故其書之出 可以建諸天地 而不悖質諸鬼神 而無疑 百世以俟聖人 而不惑焉 此豈一朝率然爲之 而能至是哉……)

93) 《退溪全書》(下), p. 797, 〈言行錄〉, 成德.
　　◦ (先生克養已至遇事裕爲 雖在急據之間神閒意定無胡亂忽卒底氣象——金誠一記)
　　◦ (或燕居從客 或對人酬酢 未嘗見其著力矜持 而亦未見其懈慢之容 始終如——禹性傳記)
94) 戊午辭職疏 중에서

것인데 어찌 우리들이 능히 할 수 있는 일이겠느냐라고 탄식하였다. [95]

  의리의 학을 실천궁행한 학인으로서의 모습을 살피면서 나는 퇴계를 근엄한 도학자로서 강조하여 온 것 같다.

  그러나 퇴계에게서는 주지적 합리주의자의 면보다는 따뜻한 인간성의 소지자, 아름다운 정감의 시인, 삶을 느긋하게 즐길 줄 아는 멋의 사람, 그리고 따뜻한 가슴과 서늘한 머리를 조화롭게 다듬은 선비를 想定하게 된다.

  요즘 어떠한지요. 오늘 나와 보니 매화는 이미 다 떨어지고 온갖 푸르름이 다투어 펼쳐 있으니 또한 그대로 흥취가 있읍니다마는, 道主(監司)가 初 9일 경에 온다 하며 (나에게) 찾아올 뜻이 있는 것 같은데 또 한번 시끄러움을 면하지 못할 것 같습니다. 자못 그대로 구속 없이 한가히 지내는 사람으로는 견딜 수 없는 일인가 싶습니다. [96]

  李大成(樑)에게 준 편지의 전문이다. 짧은 글이지만 퇴계의 인생과 학문하는 태도와 자연과 인사(宦路 등)에 대한 말없는 설명을 충분히 전해 주는 글이라고 보여진다. 그의 詩・文・書・疏・記 등에는 이러한 類의 글이 도처에 있다. 그는 천성으로 「學・詩・哲」人이 될 소양을 풍부하게 稟賦받았고, 전생애를 통하여 이 세 가지의 것을 충실히 실현시키려고 하였다. 이러한 사정을 문인 鶴峯 金誠一은 〈實記〉에서 다음과 같이 전하고 있다. [97] 비록 이 글이 先師에 대한 것이라고 하더라도, 일자일구라도 과장하거나 不實을 기재하지 못하던 당시의 史筆정신을 감안하면, 이곳에 기술한 내용은 퇴계를 이해하는 데 도움이 될 수 있다.

---

95) 《退溪全書》(上), p. 365, 〈答南時甫〉, 別紙.
  (此學全籍朋友切磋之力　吾鄕士　友志者　多綠事故未能　專心於此事　殊闕警益塊坐山樊日有鈍滯之憂　每思前日洛中相從之樂而不可得正如來喩所云也　但向來所講　大率多隨於渺茫汗慢之域　近讀晦菴書　窺得親切意思方知其誤蓋此理洋洋於日用者　只在作止語嘿之間　彝倫應接之際　平實明白　細微曲折無時無處無不然顯在　目前而妙入無脫初學舍此而遽從事於高深遠大欲徑捷而得之　此子貢所不能而　吾輩能之哉)
96) 《退溪全書》(上), 與李大成, p. 395.
  (近日何如　某今日出來　梅花落書　衆綠爭敷　亦自有趣　但道主初九問堂來云　以有相訪之意　又不免當紛擾殆非天訪聞逸者之所能堪也　可笑)
97) 《退溪全書》(下), 實記, p. 636.
  (…嚴於義利之辨　審於取舍之分別　嫌明微一毫不放過　苟非其義祿之以萬鍾不受也　遺之以一芥不取也　好善嫉惡出於天性　見人善行則再三嘉獎　必欲其成　就聞人過失則反覆嗟惜　必欲其遷改　是故賢愚皆獲其益　莫不慕而畏之　惟恐不善之名　聞其耳　訓誨後學不厭不倦　雖有疾恙不綴講論…)

(先生은) 義와 利의 구별에 엄하였고, 가지거나 버리는 것을 자세히 분간하였으며, 의심을 따지고 숨은 것을 밝혀서 털끝만한 일이라도 그저 예사롭게 지나치지 않았다. 진실로 의가 아니면 녹이 아무리 많아도 받지 않았고, 지푸라기만한 것이 생겨도 취하지 아니하였다. 착함을 좋아하고 악함을 미워하는 것은 그의 천성에서 나온 것이었으니, 남의 착한 행실을 보면 몇 번이라도 칭찬하고 격려하여 그것을 반드시 성공하게 하였고, 남의 잘못된 행실을 들으면 되풀이하여 탄식하고 아껴서 반드시 그것을 고치기를 바랐다. 그러므로 어진 사람이거나 어리석은 사람이거나 간에 모두 그에게서 유익함을 입어, 누구나 그를 사모하고 두려워하지 않는 이가 없었을 뿐 아니라, 자기의 착하지 못하다는 이름이 그에게 들릴까 두려워하였다. 스스로와 후배들을 가르침에는 싫증을 내거나 게으르지 않았으니, 비록 병으로 앓더라도 강론하기를 그만두지 않았다.

수제자[98] 月川 趙穆은 〈言行總錄〉의 글을 마무리하면서 『선생의 학문을 배우는 자는 비록 많으나 아는 자는 적고, 아는 자가 비록 있으나 얻은 자는 매우 적다』라고 하였다.[99]

퇴계가 易簀한지 4 백 17 년, 그가 남겨놓은 학문정신을 오늘에 살게 하는 「撥雲散과 當歸」[100]는 무엇일까.

무엇보다 학적 탐구심의 철저함이다. 그는 진리의 理則을 찾아서 생애를 헌신한 「정신농부」였다. 그러나 그는 추수만을 얻고자 땀흘려 애쓴 농부가 아니라 「眞理의 밭」을 耕耘하고 그 밑바닥에 흐르는 진리의 샘줄기를 찾으려고 하였다. 오늘날 학문과 진리 밖에서 삶의 보람을 찾으려는 학도들에게 귀감이 될 자세라고 본다. 진리의 근원을 찾는 일이 철학하는 일이라고 한다면 「판타루스의 空腹」과 「시지프의 고뇌」를 함께 하던 퇴계의

---

98) 月川을 「首弟子」라고 한 바는 《退溪文集》에 발견되지는 않는다. 비록 뒷날 그를 心許하였더라도 이것을 內色할 퇴계는 아니다. 그러나 月川은 學德이 뛰어남에 있어서 侍奉한 年條에 있어서, 또는 퇴계 易簀 후의 書院建立, 文集頒刊 등에 있어서 月川은 「首弟子」다웠다. 수백의 퇴계 門徒 中에서 月川은 퇴계 位牌를 從祠하는 유일한 門人이 되었음은 당시 후세를 통하여 그를 수제자의 位에 列하기에 모자람이 없다. 그러나 月川의 從祀는 柳成龍과 金誠一의 배향 문제에 있어서 中道의 長老를 택한 「정치적」 배려어기도 하다.

99) 《退溪全書》(下), 〈言行總錄〉, p. 632.
   (先生之學學者雖多而知者鮮矣 知者雖存而得尤寡…)

100) 「撥雲散」은 「안약」이고 「當歸」는 漢藥材의 이름이다. 이 말의 유래는 南冥 曺植어 퇴계에게 편지하여 자기의 학문적 開眼을 위하여 「撥雲散」을 구해 달라고 하였으나, 당시 京曆하여 관직에 있던 퇴계는 答書에서 말하길, 『…「撥雲散」을 찾아달라고 말씀한 것은 감히 힘쓰고자 하지 않으리요마는, 다만 나는 스스로 「當歸」〔＊ 벼슬을 버리고 마땅히 (當) 돌아가리라(歸)의 뜻〕를 찾되 능히 얻지를 못하니 어찌 公을 위하여 「撥雲散」을

이같은 학문적 탐구열은 앎을 찾아가는 진리의 사도일 뿐 아니라 참된 삶을 찾아 외길로 貫一[101]하려는 종교적인 구도자의 모습이기도 하다.

그의 교학실천상이 우리에게 남겨주는 의미는,

첫째로, 현대교육은 「일을 이루는」(做事) 결과에만 너무 집착하고 그 일을 이루는 사람의 「사람됨」(做人)에는 눈을 감는 듯하다. 그리고 오늘의 교육은 현상의 「흐름」(fact)에는 민감하게 반응하면서도 그 현상의 흐름을 「흐르게 하는」(factor) 근원적인 문제에는 門을 닫는 것 같다. 우리는 퇴계의 학적 자세에서 서두르지 않으나 결코 삶을 낭비하지 않는 모습을 본받아야 할 것이다.

둘째로, 학문적 자세의 겸허함이다. 그는 하늘을 우러러보아 부끄러움이 없고, 사람을 굽어보아 부끄러움이 없는 삶을 살았던 것으로 보이지만 그러한 삶을 살 수 있었기 때문에 철저히 겸허하였다.

물량지향주의적 가치관이 팽배한 이 시대의 교육은 자의식의 과잉 현상을 초래하고 있다. 「나」는 언제나 「너」와 맞서는 존재로 「너」를 극복하여야 하는 「나」를 만들고 있다. 겸손은 이미 미덕일 수 없고, 學人마저 자가선전하는 지경에 이르렀다. 그러나 스스로를 낮추는 것이 결국은 반석과 같이 스스로를 일으켜 세우는 것임을 우리는 퇴계에게서 보았다. 학문하는 진수가 바로 여기에 있다.

세째로, 학문과 실천의 조화로운 연계성이다. 성리학을 공리 공론으로 간주하려는 편견을 지니기 쉽다. 그러나, 성리학은 실학이며 실천학이다. 앎과 삶 그리고 됨이 서로 고리처럼 이어지는 학문이 성리학이다. 인간학으로서의 성리학은 진지와 실천을 수레의 두 바퀴로 하며 새의 두 날개로 삼는다. 외바퀴 수레가 온전하지 못하고 한쪽 날개의 새가 날지 못하듯이, 학문이 실천을 수반하지 못한다면 이는 「小人의 末節」이 된다.

실천이라고 할 때, 우리는 곧 지식의 응용으로만 이해하려고 한다. 이 또한 잘못 응용된 학문관이다. 동양교육사상에 있어서의 실천이라고 한다면, 외면적 응용 이전에 지식의 내면화, 가치화, 생활화를 먼저 다루려고 하였다. 이것이 불가능하다면 그 지식은 이미 인간가치를 외면하는 「伎」에 불과하다. 서구식 발전관으로 본다면 이들은 바로 아세아적 정체성의

얻을 수 있겠읍니까. 그대는 곧 北쪽으로(＊ 벼슬의 뜻) 갈 뜻이 없는 것 같으나 나는 가까운 시일 안으로 반드시 남쪽으로(＊草野의 뜻) 갈 것입니다…』라는 말에서 연유한다. 〔《退溪全書》(上), 〈答曺楗仲〉, p. 283.〕 (示索撥雲散 敢不欲勉但僕自索 當歸而不能得何能爲公 謀撥雲耶 公則無北來之志 僕之南行早行晚必可得也…)

101) 《論語》에서의 孔子의 「吾道一以貫之」하는 자세이다.

발원점이 될는지도 모른다. 그러나 오늘날 서구의 눈부신 외형발전의 도달점이 어디이며 인간매몰·인간소외의 귀결점이 무엇인가를 생각할 때 퇴계학의 학문과 실천의 연계성은 커다란 시사를 던져준다고 본다.

네째로, 퇴계학의 精緻한 학적 구축의 미학성이다. 잘 익은 정신은 아름다움에서 나온다. 참된 아름다움이 참된 앎이다. 그리이스인의 참된 미의식이 그리이스의 철학과 예술과 건축을 낳았듯이, 미켈란젤로, 라파엘의 아름다운 얼이 「르네상스」를 꽃피웠다. 마찬가지로, 퇴계의 아름다운 人格이 퇴계학을 낳았다. 그러므로 퇴계학은 퇴계 인격의 총체적인 한 표현이다. 퇴계는 그가 점지받은 時空의 「아트리」에서 그 스스로를 조각하였다. 그는 치밀한 정신의 설계자였으며 건축가였다. 一氣에 呀成하려던 것이 아니라 삶의 나날을 기도하는 자세로 낱낱의 「돌」을 갈고 다듬어 정신의 「탑」을 쌓았던 것이다.

그러므로, 우리는 퇴계의 학문하는 자세에서 예술가와 같은 정열과 종교인과 같은 신앙을 발견하게 된다. H. 리드가 말한 대로 아름다움을 만들어 가노라면 우리는 「그 무엇」을——수정처럼 아름다운——그 무엇을 만나게 된다. 퇴계에게서 우리는 학문을 통한 사회실현에 앞서 학문을 통한 자아실현이 선행되어야 교훈받게 될 것이다.

다섯째로, 학문적 방법의 특수성과 보편성의 조화이다. [102] 퇴계는 진리를 찾아가는 길은 종합적이면서 분석적이어야 하고 연역적이면서 귀납적이어야 한다고 하였다. 「나뉘어 둘이 되더라도 멸어짐이 없고」(分爲而爲二不相離) 「합하여 하나가 되더라도 섞임이 없는」(合而爲一不相離) 「一卽二」의 상태를 지향하라고 당부한다. 그는 올바른 삶을 위한 길이라면 모든 학문의 영역들을 고루 섭렵코자 하였다. 그러므로, 퇴계학은 인간학이 다루는 많은 분야들, 예컨대 天文學, 地理學, 體育保健學, 歷史宗敎學, 藝術心理學, 敎育學을 망라한 사상체계다.

이는 극도의 분과학으로 세분화, 전문화된 현대학문의 추세에 있어서나 편협된 경험과학적 방법으로써 사람을 다루려는 현대교육학에 하나의 반성적 의미를 부여하여 준다.

「사람이란 무엇인가」에 대한 근원적 질문과 그 해답은 문화의 역사 속에서 삶을 총체적으로 이해하고 생동하는 것으로 해석하여야 할 것이다.

---

102) 이 문제에 관련하여 韓國敎育學會 1975年度 學術發表(1975. 8. 12. 大韓敎聯講堂)의 主題發表를 한 바 있고, 그 全文이 《새교육》(1975. 9)과 《敎育評論》(1975. 9)에 게재되어 있다.

이런 점에 있어서 퇴계의 인간이해는 과학적 해석과 직관적인 통찰을 함께 하는 것이었다고 말할 수 있다.

Ⅳ—4. 퇴계의 예술교육관

1) 詩와 人格의 융합 : 藝文一致

저자는 퇴계의 「詩心의 고향」을 「道의 山水」라고 한 바[1] 있다. 젊어서
는 매우 淸雅하고 靜閑한 예술적 詩作을 하였으나 나이들어감에 따라 차
츰 철학적인 莊重·簡淡한 곳으로 나아갔다. 그의 글은 華와 實을 겸비하
였고, 文[형식]과 質[내용]이 잘 조화되었으며[文質彬彬], 웅혼하고도 典雅
하며, 淸健하며 和平하여 한결같이 粹然하고 바른 데서 나온 것이라고 전
해진다.[2]

퇴계의 시정신은 자연의 天理를 그윽히 연상하는 깊이가 간직되어[3] 있
어서 어느 시 한 편이라도 범속한 기상은 없다. 천성적 자연심에다 끊임없
이 철학하는 삶을 꽃피워 온 것이다. 그는 시를 철학으로 다듬었고, 철학
을 시로 표현하였다. 藝文一致의 경지에 그의 사상은 소요하였던 것이다.

퇴계학이라는 巨嶽 속에는 이러한 藝文精神, 곧 詩心의 水脉이 용출하
고 있다. 〈考終記〉에 의하면 生死의 갈림길에 이르러서도 더욱 향훈이
짙은 모습으로 나타나는 시심을 본다. 매화를 사랑함은 군자의 도락 가운
데 하나이지마는[4] 퇴계에 이르러서는 인격화되어 「梅兄」으로 의인화되고,
돌아가시는 날에도 『화분에 담긴 매화에 물을 주라』는 당부를 잊지 않았
다. 이곳에서의 매화는 이미 상징적 의미를 나타내는 가치의식의 精華이
며 인간 퇴계가 평생 갈고 다듬어 온 시심의 결정이라고 할 수 있을 것
이다.[5]

우리가 퇴계를 근엄한 도학자로서만 이해하여서는 안되는 까닭이 여기

---

1) 丁淳睦,《韓國文化와 敎育》, 梨大出版部, 1974, pp. 325∼326.
2)《退溪全書》(下),〈言行錄〉, 卷 2,「先生喜爲詩, 樂觀陶杜詩. 晚年尤善看朱子詩, 其詩甚
　淸麗歸而剪去, 華靡一歸典實, 莊重簡淡, 自成一家爲文體詩六經, 參之古文. 華實相兼文
　質得中 雄渾而典雅淸健而和平 要其歸則又粹然一出於正」.
3) 朴鍾鴻,《人物韓國史》, 新丘文化社, 1962, p. 4.
4) 퇴계의 梅花를 주제로 한 〈梅花詩帖〉이 手寫本으로 傳한다.
5) 丁淳睦,《藝術敎育論》, 敎育科學社, 1974, pp. 105∼108,〈詩를 통해 본 退溪敎育思想
　의 理解〉 참조.

에 있다. 시는 假像의 옷을 벗기는 작업이라고 한다면 퇴계야말로 敬과 誠을 다하여 실상과 본질을 찾으려고 힘쓴 학구자이자, 詩心이 한번도 메말라본 적이 없는 예술가였다. 그러기에 그의 詩文은 咳唾나 糟粕이 아니라 구도의 간절한 기구이다.

이러한 사정은 동양의 시정신으로서도 설명될 수 있을 것 같다. 徐廷柱는 이에 대하여, 문예부흥 이전의 동서양의 詩에 대한 견해는 차이가 있다고 하면서 『희랍에서는 철학적·종교적 정신과는 별개로 단순히 하나의 기술(Tekhnai)로서의 예술, 즉 시를 보아온 데 대해서 동양에서는 孔子의 「詩三百篇一言蔽之曰 思無邪」라는 정의에서도 보인 바와 같이 시를 하나의 사상의 正道로 보았을 뿐 아니라, 《書經》에 「詩言志」라 한 것을 보면 시는 하나의 뜻, 즉 의지를 주로 한 정신으로 보기도 하였고, 또 《書經》大序에 情에다 중점을 두고 있는 것을 보면 정서를 중요시했던 것도 사실이다. 《書經》과 《詩經》의 정의들을 종합하면 그것은 志情意의 종합인 정신 그것의 전부를 말하게 되는 것이다』[6]라고 하였다.

「살아 있는 정신의 길」로서 詩의 세계가 퇴계문학에 깃들어 있다. 말하자면 퇴계의 전인격이 시의 틀 속에 깃들어 있다는 것으로 설명된다. 퇴계시는 그의 전인격적 요청에 대한 해답이었기 때문이다.

그러므로 이곳에서 말하는 「詩心」이란 달리 말하여 資禀 또는 人品이라고 할 수 있다. 퇴계인품에 대하여 門人 金誠一은 다음과 같이 그리고 있다.[7]

까다롭지 않고 명백한 것은 선생의 학문이요, 공명정대한 것은 선생의 道요, 봄바람처럼 부드럽고 상서로운 구름과 같은 것은 선생의 德이요, 베나 무명처럼 질박하고 콩이나 수수처럼 담담한 것은 선생의 글이다. 가슴 속은 맑게 트이어 가을달과 얼음을 담은 옥병처럼 맑고 결백하며, 기상은 온화하고 순연해서 精金美玉 같았다. 무겁기는 산악과 같고 깊기는 연못과 같았으니 바라보면 덕을 이룬 군자임을 알 수 있었다.

퇴계의 일상 또한 삶을 관조하는 藝術家의 풍모가 풍겼다. 두어 가지 예를 들면 다음과 같다.[8]

---

6) 徐廷柱, 《詩文學槪論》, 民衆書館, p. 46.
7) 《退溪全書》(下), 〈言行錄〉, 卷 2
   (平易明白 先生之學也 正大光明 先生之道也 和風慶雲 先生之德也 布帛菽栗 先生文也 襟懷洞徹秋月氷壺 氣象溫粹 如精金美玉 擬重如山嶽 靜深和淵泉 望之可知其成德君子)
8) 위의 책, 같은 곳.

　°거처하는 곳은 정돈되었으며 책상은 반드시 말끔히 치우고 벽장에 가득한 책은 가지런히 순서대로 놓여 있어서 어지럽지 않았다.

　°새벽에 일어나면 반드시 향불을 피우고 고요히 앉아 온종일 책을 읽어도 게으른 모습을 보인 적이 없었다.

　°온종일 책을 읽다가 혹 고요히 앉아 생각에 잠기기도 하고 혹은 시를 읊조리기도 하며, 세속 사람이 즐기는 바는 한번도 그의 마음을 스쳐가는 일이 없었다.

　°평소에 집에 있을 때나, 학문을 講하고 친구를 접대할 때 외에는 좌우가 조용하여 사람이 없는 듯하였다.

　일찌기 말하기를 『내가 혼자 玩樂齋에 잘 때인데, 한밤중에 일어나 창을 열고 앉았더니 달은 맑고 별은 깨끗하며 강산은 텅 비어 凝然寂然해서 천지가 열리기 이전의 세계인 듯한 생각이 들었다』[9]고 하였다.

　퇴계가 시와 음악을 중요시한 것은 예술을 통한 인간형성을 믿었기 때문이다. 인간형성의 예술교육적 믿음은 유교의 본래적 모습이기도 하다. 인간학으로서의 군자학은 단순한 「仁・禮」의 學에 그치지 않고 바로 「詩・樂」의 學이 되는 것이다. 유학은 도덕과 교육과 정치라고 하는 문화체계 위에 성립되고 여기에 예술을 첨가함으로써 더욱 완벽한 것으로 나아간다. 따라서 단순한 도덕군자학이나 정치기술학이 아닌 그 이상의 것 곧 동양문화의 이상적, 특징적 체계로서 정립될 수 있었던 것이다.[10]

　따라서 동양의 예술정신은 藝文一致의 이념적 기반 위에 나타나는 것이다. 그러므로 道 없는 文을 짓는다면 그는 이단이 되고 藝를 떠난 文을 弄하면 그는 이미 儒가 아니라 佞의 인간이 된다는 것이다.

　儒의 인간, 곧 군자를 길음에는 시와 음악과 회화와 가무를 중요시하지 않을 수 없다.

　퇴계는 詩의 인격성에 대하여 程明道의 다음과 같은 견해를 전적으로 지지한 것 같다.

　——배우는 사람은 시를 읽지 않을 수 없다. 시를 읽으면 곧 사람으로 하여금 한층 더 품격을 높이기 때문이다.[11]

　그리고 퇴계는 예술의 가치성에 대하여 孔子의 다음 語錄들을 尊信한

---

9)　°（居處必精几案必明淨滿壁常秩秩不亂　晨起必焚香靜坐終日觀書　未嘗惰容）

　　°（終日觀書或默坐思索或吟詠詩句　自世俗所好未嘗一經於心）

　　°（嘗言其獨寂玩樂齋　中夜而起　拓窓而坐　月明星槪　江山寥廓　凝然寂然　有未判鴻濛底意思）

10)　鄭璇,《孔子思想의　人間學的　研究》, 東國大學校出版部, 1975, pp. 350～351.

11)《近思錄》四五,（明道先生曰, 學者不可以不看詩　看詩便使人長一格價）

다.[12]

　——시로써 정서를 일깨우고, 예로써 행동을 바로잡고, 음악으로 인격을 완성한다.[13]

　——바탕이 맵시보다 나으면 속되고, 맵시가 바탕보다 나으면 깨였다. 바탕과 맵시가 한데 잘 어울려야 군자이다.[14]

　——사람이 사람답지 않으면 예법은 무엇하며, 사람이 사람답지 않으면 음악은 하여 무엇하리.[15]

　——진리에 뜻을 두고 곧은 마음을 간직하고 사람답도록 애쓰며 예술을 즐겨야 한다.[16]

　——아이들은 왜 시를 배우지 않느냐. 시는 정서를 일깨우고 뜻을 살펴볼 수 있고 벗들을 모이게 할 수 있고 하소연할 수 있고 가까이는 아비를 섬기고 멀리는 군왕을 섬기며 새나 짐승이나 돌이나 나무들의 이름을 많이 알게 되는데……[17]

《退溪文集》은 59권으로 제 1 권에서 제 49 권까지가 內集이며, 거기에 別集 1권, 外集 1권, 그리고 續集 8권으로 되어 있다. 이 가운데 內集 제 1 권

---

12) 丁淳睦, 앞의 책, pp. 77~83, 〈孔子의 藝術教育觀〉 참조.

13) 《論語》, 〈泰伯〉(8), (興於詩, 立於禮, 成於樂).

14) 《論語》, 〈雍也〉(17), (質勝文則野 文勝質則史 文質彬彬 然後君子)

15) 《論語》, 〈八佾〉(3), (人而不仁 如禮何 人而不仁 如樂何)

16) 《論語》, 〈述而〉(6), (志於道 據於德 依於仁 游於藝)

17) 《論語》, 〈陽貨〉(9), (子曰 小子 何莫學夫詩 詩可以興 可以觀, 可以群, 可以怨 邇之事父 遠之事君 多識於鳥獸草木之名)

이러한 詩의 「價値論」에 대한 鄭琡교수의 해석은 다음과 같다(앞의 책, p. 351).

　ㅇ「可以興」: 詩는 그 작자의 진실과 내면의 세계를 표출한 것이어서 誦詩者로 하여금 공감을 일으켜 興起시키는 구실을 한다.

　ㅇ「可以觀」: 詩는 여러 나라의 풍속이나 人情의 種種相이나 나라의 治亂이나 興亡이나 政事의 선악이나 인간사회의 천태만상에 대한 솔직無邪한 심정을 토로한 것이므로, 이를 읊는 자로 하여금 자신의 안팎의 갖가지 일에 대하여 시비선악을 정확히 관찰하고 판정하는 데 실수가 없게 한다.

　ㅇ「可以群」: 詩에는 溫柔敦厚하고 樂而不淫하고 哀而不傷하는 德風이 있으므로, 誦詠者로 하여금 그 詩가 지니는 德風에 감화되어 절로 무리들과 어울려 친근하게 될 것이다.

　ㅇ「可以怨」: 詩에는 臣으로서 군왕을, 아들로서 어버이를, 아내로서 남편을 원망하는 情이 깃들어 있을지라도 그 원망의 情인즉, 臣으로서 君을 敬慕하고 아들로서 어버이를 愛慕하는 진심에서 우러나오는 것이므로 추호의 邪情도 없다. 이와 같이 詩에 나오는 怨은 오로지 그 사람을 위하는 일뿐이기 때문이다.

　ㅇ「邇之事父 遠之事君」: 詩에는 人倫에 관한 것이 또한 많다. 따라서 詩를 愛誦하게 되면 가까이는 어버이를 잘 모시는 일로부터 멀리는 君王을 잘 섬기는 일에 이르기까지 人倫 전반에 관한 길에 어김이 없게 된다.

　ㅇ「多識於鳥獸草木之名」: 詩의 素材는 곧잘 자연계의 鳥獸草木들이 등장하게 되므로 詩를 읊조리는 이는 절로 자연계 전반에 걸쳐서 이름을 비롯한 넓은 지식을 얻게 된다.

에서 제 5 권까지, 別集 1 권, 外集 1 권, 續集 제 1, 2 권 도합 9 권이 시집이고 편수로는 약 2,000 首 이상이 된다. 그가 시와 음악에 대한 자신의 견해를 밝힌 것으로는 〈陶山十二曲跋〉이 있다. 이 跋文이 씌어진 것은 乙丑년으로서 明宗 20 년(1565), 곧 퇴계가 易簀하기 6 년 전이다. 〈陶山十二曲〉은 문학사적으로 보아 「높은 韻은 향기가 풍기는 듯 참으로 芝蘭의 室에 들어간 것과 같은 淸雅淸楚한 맛이 있는 명작」[18]이라고 하거니와 도학적 시가의 대표적 작품이다. 그 발문은 다음과 같다.

> 〈陶山十二曲〉은 陶山老人이 지은 것이다. 내가 이것을 지은 것은 무엇을 위함인가. 우리나라 노래 곡조는 대부분 음란하여 족히 말할 것이 없다. 〈翰林別曲〉 같은 것은 선비의 입에서 나왔으나 교만하고 방탕하며 아울러 비루하게 희롱하고 쌍스러워 군자가 마땅히 숭상할 바가 아니다. 오직 근세에 李鼈의 六歌가 세상에 성하게 전하니 오히려 이것이 〈翰林別曲〉에 비하여 좋기는 하나, 역시 세상을 희롱하고 불공한 뜻만 있고 〈溫柔敦厚〉한 내용이 적음을 애석하게 여긴다. 나는 원래 음률을 알지 못하나 오히려 세속의 음악을 듣기를 싫어하였다. 한가롭게 살면서 병을 수양하는 여가에 무릇 性情에 감동이 있는 것을 언제나 시로 나타내었다.
>
> 그러나 지금의 시는 옛날의 시와 달라서 가히 읊조리기는 하되 노래하지는 못한다. 만약 노래하려면 반드시 俚俗의 말로 엮어야 했으니 대체로 나라 풍속의 음절이 그렇지 않을 수 없다. 그러므로 내가 일찌기 이씨의 노래를 모방하여 〈陶山六曲〉이란 것을 지은 것이 둘이니 그 하나는 뜻을 말함이요(言志) 또 하나는 학문을 말한 것이다(言學). 아이들로 하여금 조석으로 익혀서 스스로 노래하고 춤추고 뛰게도 하니 거의 비루한 마음을 씻어버리고 감발하며 화창하여 노래하는 자와 듣는 자가 서로 유익됨이 있을 것이다(후략). [19]

이처럼 퇴계의 시와 음악관은 결국 유교예술교육의 목적인 인격 도야와 사풍순화에 있었으며, 맑은 심성으로 「카타르시스」(洗滌)하여 조화로운 인간상(感發融通)에 다다르고자 함에 있었다. 이는 유교 예술관에서 우러난 것으로서 인격적인 토대 위에서 음악은 「和」로, 회화는 「素」로 그리고 문학은 「正」으로 표현되어야 한다는 것이다.

즉, 「以樂和之」는 음악에서, 「繪事後素」[20]는 회화에서, 「思無邪」의 正

---

18) 金思燁, 《國文學史》, 正音社, 1954, p. 380.
19) 《退溪全書》(上), 卷 43, p. 973.
　　(右陶山十二曲者……取玩以自省又以待他日覽者之去取云爾)
20) 《論語》, 〈八佾〉(8)에 子夏(商)가 孔子에게 詩經의 한 구절인 『방긋 웃는 입매, 반짝이는

은 문학에서 찾게 된다. [21] 正·素·和가 바른 인격의 바탕에 부딪칠 때 조화된 인격은 형성된다.

2) 詩와 哲學의 만남 : 道文一致

文峰 鄭惟一이 撰한 〈言行通述〉에 의하면, 선생은 시 짓기를 좋아하였다. 그의 시는 처음에는 陶淵明과 杜甫의 시를 즐겨 보았으나 만년에는 주자의 시를 더욱 좋아하였다. 그의 시는 처음에는 淸麗하였으나 뒤에 와서는 화려한 것은 깎아버리고 오로지 典實하고 장중하며 簡淡한 데로 돌아가 스스로 일가를 이루었다. 그의 문장은 六經을 본으로 하고 諸子의 글을 참고로 하여 華와 實을 서로 겸하고 文과 質이 모두 알맞아 雄渾典雅하고 淸健和平하였으니 그 귀착은 오로지 바른 곳으로 나아가는 것이었다. 筆法에 있어서는 처음에 晉나라 필법을 본받다가 뒤에는 여러 가지 체를 취하였다. 그러나 대개는 勁健하고 方嚴한 것을 주로 하였다. 그리하여 사람들은 그의 글씨 한 자만 얻어도 마치 百金을 얻은듯 보배로워 하였다. 그의 시문의 아름다움과 서법의 묘함은 온 세상이 모두 스승으로 본받았으니 「德이 있으면 반드시 말(言)이 있고, 천리에 통한 재주가 있으면 능하지 않음이 없다」고 함을 알 수 있다. 그러나 이러한 것들이 「선생에게는 餘力으로 한 것이니 그것이 어찌 선생 인격의 경중에 관계될 일일 것인가」[22]라고 하였다.

이처럼 퇴계의 예술행위는 그것만 따로 놓고 볼 수 없는 인격 실현의 「餘事」였다. 그의 詩·書 藝術은 처음에는 시와 인간이 만나고 다음으로 시와 인격이 만났다. 예문일치의 예술의식은 도문일치의 인간의식으로까지 승화되어 갔다.

눈동자가 흰 바탕 위에 아름답게 그려졌구나』(巧笑倩兮 美目盼兮 素以爲絢兮)라는 구절을 물었을 때 孔子가 이에 답하기를 「繪事後素」(그림을 그리는 일은 먼저 흰 바탕이 된 다음에라야)되는 법이라고 하였다. 子夏는 스승의 말을 듣고 『그러면 인간의 修養에 있어서도 禮法은 사람의 바탕 다음에 오는 것이냐(禮後乎)』라고 되물었다. 이에 대하여 孔子가 말하기를 『나의 생각을 일깨워 주는 자가 너로구나. 그대야말로 가히 더불어 詩를 이야기하는 데 부족함이 없구나』(起了者商也 始可與言詩己矣)라고 칭찬한 말에서 비롯된다. 예술은 인격의 바탕이 더욱 중요하다는 교훈이다.

21) 丁淳睦, 앞의 책, pp. 79~80.

22)《退溪全書》(下), p. 640, (……先生喜爲詩 樂觀陶杜詩 晩年尤喜看朱子詩 其詩初甚淸麗 旣而翦去 華靡歸典實 莊重簡淡 自成一家而典雅淸健 其和平要其歸則 又粹然一出於正 筆法初踵晉法 後又雜取衆體 大抵以勁健方嚴爲主 人得一字如寶百金 詩文之美 書決之妙 擧世靡不師法亦可見 有德必有言 通材無不能 而此則先生之餘事爾烏 足爲先生重輕哉……).

33세 되던 癸巳年(1533)에 지은 〈星州馬上偶吟〉이라는 詩에 대하여 張基槿 교수는 그 문학적 평가로 퇴계의 낭만적 풍류를 다음과 같이 설명한다. 이 글에 의하면,[23] 퇴계는 감수성의 묘사라든가 문장기교에 있어서 탁월하다는 것이다.

曉天霞散初昇日 水色山光畫裏誇
馬首吹香渾似雪 泣殘殊露野棠花

우선 이 시는 묘사의 범위가 넓어서 점점 축소되어 이슬 맺힌 꽃 앞에 멈추고 있다. 즉 曉天에 霞, 노을이 걷히며 太陽이 돋는 장면에서, 다음으로는 山과 江으로 전개되는 한 폭의 自然地上畫로 옮아갔고, 이어 시인의 눈은 자기가 타고 있는 말머리에 쏠리자, 이내 그의 초점은 野棠花에 맺힌 이슬방울에 집중되었다. 마치 오늘날의 「줌렌즈」를 조작하고 있는 듯하다. 이렇듯 起·承에서는 天地, 轉·結에서 馬首로부터 점차로 시선을 좁혀 殊露에 초점을 맞춘 移動感은 또한 각 詩句에 있어서의 靜中動에서도 잘 나타나 보이고 있다. ……해뜨는 새벽의 希望이나 의욕을 내세우지 않고 기나긴 밤을 남모르게 소리 없이 울다 지친 비애, 「페이소스」가 더없이 잘 그려져 있다. 또한 퇴계의 詩에는 색채가 생생하게 잘 나타나는 게 특색이다. 여기서도 「曉天霞散初日昇」에서 새벽 노을에 떠오르는 태양의 찬란한 빛을 느끼는 반면, 「水色山光畫裏誇」에서는 墨畫 같은 경지를 느끼게 한다. 또한 雪, 殊露, 野棠花에서 직접 색채를 알리는 글귀 없이 색채나 빛의 대상 및 대조에서 얻어지는 감각을 잘 돋구어 주고 있다. 詩의 원칙을 잘 지키면서 視覺의 이동, 靜中動의 촉박한 悽絶感에 맞는 平仄의 波高를 잘 꾸민 詩라 하였다.

이처럼 감각적이고 현상적인 말로써 구상화시킬 수 있는 시의 솜씨는 49세 때 南歸한 이듬해 2월에 退溪 서쪽에 寒栖庵을 짓고 다음과 같이 읊었다.

身退安憂分 學退憂暮境
溪上始定居 臨流日有省──(退溪)

---

23) 張基槿, 〈退溪詩의 序說的 硏究〉, 《아카데미論叢》(vol. 1), 世界平和교수아카데미, 1973, pp. 8~9.

　　結茅爲林廬　下有寒泉瀉
　　棲遲足可娛　不恨無知者——(寒栖)

에서 나타나는 것처럼 철학하는 삶으로 스스로를 유유자적하였고,

　　天雲臺 도라드러 玩樂齋 肅洒듸
　　萬卷生涯로 樂事 無窮ᄒ애라
　　이듕에 往來風流를 닐어 므슴ᄒ고——〈陶山後六曲(二)〉

이라는 道問學의 정신세계를 자유로이 소요하기 시작한다.
　정신의 아름다움을 시로써 표현한 퇴계는 시로써 감성을 개발하고 인품
으로써 시를 건축하였다. 따라서 그는 예술적「모랄리스트」였으며 美를
善과 같은 차원에 놓은 일종의 미적 윤리학자였다.
　퇴계의 시는 그의 삶의 통일적 전체에 대한 조화와 균형의 徵表였으며
삶의 유기적 질서에 대한 自然한 표상이었다.
　무욕한 삶의 기쁨은 철학적 명상을 샘솟게 하는 것이었으며 이 끝없는
水源은 자연 바로 그것이다.
　자연에 대한 沒我의 일체감과 사랑, 그리고 경이와 관조는 그의 인격실
현의 산 교실이다.

　　天理生生未可名　幽居觀物樂襟靈
　　請君來看東流水　晝夜如斯不暫停[24]

이러한 경지에서 가히 樂山樂水[25] 할 수 있었으며,

　　幽蘭이 在谷ᄒ니 自然이 듣디됴해
　　白雲이 在山ᄒ니 自然이 보디됴해
　　이듕에 고은 ᄒ니를 더욱 닛디 몯ᄒ뇌——〈陶山前六曲(四)〉

라고 하여 自然을 자연스럽게 즐길 수 있었다.

---

24)《退溪全書》(上), 卷 1 詩, 觀物, p. 29.
25)《自省錄》에「答權生好文 論樂山樂水」의 글이 있어「樂山樂水 聖人之言 非謂山爲仁 而水
　　爲智也 亦非謂人與山水本一性也 但曰 仁者類乎山 故樂山 智者類乎水 故樂水 所謂類者特指
　　仁智之人 氣象意思而云……」이라고 하였다.

만년의 퇴계시가 清嚴簡淡하여 간 것은 까다롭지 않고 곧은 도리와 사심이 없는 밝은 마음을 지녔기[26] 때문이다. 도리에 임하기를 平易白直하고, 心事에 임하되 虛明洞澈한 상태는 이미 합자연한 달관의 경지에 이르렀다. 그리고 이러한 정신의 자리에서 시와 철학은 그의 삶에 있어서 圓融하게 會通한 모습이 된다.

여기에 감성과 이성은 交織된다. 잘 짜여진 정신의 「올」 속에서 퇴계는 사고법칙만을 따지는 관념론자가 아니라 모순되지 않는 진리 감각의 소유자가 된다. 시와 철학의 만남은 퇴계로 하여금 새로운 진리를 사색하는 구도자로서의 활력을 주었다. 퇴계가 이루어 놓은 이성과 감성의 조화적 통일이 그로 하여금 의리의 학을 실천궁행한 참된 學人, 따뜻한 인간성의 소지자, 아름다운 정감의 시인, 삶을 느긋하게 즐길 줄 알았던 멋의 사람, 그리고 따뜻한 가슴(感性)과 서늘한 머리(理性)를 조화롭게 다듬은 선비가 되게 한 힘의 원천이었을 것이다.

W. 듀랑은 그의 《The Pleasures of Philosophy ; A Survey of Human Life and Destiny》(1964)에서 이성과 감성의 조화 있는 統一에 대하여 다음과 같이 말하고 있어서 퇴계 이해를 간접적으로 돕고 있다.

> 우리는 모순된 감각과 부분적인 견해를 차차 조화된 통일로 이끌어가도록 노력해야 한다. ……철학·지혜·善·美와 같은 우리의 사고와 진리는 전체와 부분의 종합적 전망이며 조화적 통일이다. 감각에 의해 우리는 확실히 우리의 다리로 대지에 선다. 이성은 마음의 눈을 감각적 시야 너머로 이끌어올려 주고, 뒷날 다시 감각으로 실증이 얻어지게 된 새로운 진리를 사색한다. 감성은 진리의 증인이지만 이성은 그 발견자이다.

3) 인간과 자연의 調和 : 合一自然

앞에서 성리학적 인간관·세계관은 곧 天理觀의 축소이며 인성과 천리 관계는 성리학의 주된 우주인성론의 교섭관계라는 것을 살펴 왔다. 퇴계에 의하면 천리가 곧 인성이니 사람이 홀로 구비한 仁(吾所獨具之仁)은 천지만물이 구비하고 있는 仁(天地萬物所具之仁)의 주객관적 표현이라고 했다. 객관적 보편성으로서의 천리는 주관적 특수성으로서의 인성과 하나될 때

---

26)《退溪全書》(下), p. 797, 〈言行錄〉, 成德, (趙月川言於德弘曰　先生有聖賢底樣子　德弘曰 先生有平易白直底道理　虛明洞澈底心事豈特樣).

『中和』의 경지로 나간다고 보았다.

이와 같은 생각은 퇴계의 자연관에도 적용된다. 퇴계는 자연을 상대객관적인 것으로 보지 않는다. 동양의 예술과 사상은 인간과 자연의 一元的 世界觀의 나타남이기 때문이다. 퇴계의 시는 자연과 사물을 대상 그것만으로 다루려는 것이 아니라 자연을 자기화하는 것이 된다. 그러므로 그의 시세계에서의 인간과 자연은 나와 너로 엄밀하게 분리되지 않는다.

사람은 하늘과 땅 사이에(이것이 人間이다) 다리를 놓아야만 우주는 질서를 갖추게 되고 時・空은 역사를 役事한다. 이러한 秩序와 役事 속에서만 天・地・人은 理의 법칙을 발견한다.

퇴계가 본 자연관의 존재론적 이해는 무엇인가. 그는 하늘의 문법(天命之義=天卽理=元・亨・利・貞)이 인간과 자연에다가 「始・通・遂・成」의 순환논리를 제공한다는 것이다. 元은 理의 비롯(胎)이며 亨은 理의 통합(通)이고 利는 理의 다다름(遂)이며, 貞은 理의 이룸(成)이다. [27] 이러한 하늘의 문법이 사람의 자리에 적용(誠→敬)되면 「性」으로서의 「仁義禮智信」이 된다는 것이다. 理・氣는 四德(理) 五行(氣)의 종속관계로 자연에 미만된다. [28] 천지간에 理도 있고 氣도 있어서 理가 있으면 氣가 생기고, 氣가 있으면 理가 탄(乘)다. 理는 氣의 장수가 되고 氣는 理의 병졸이 되어 마침내 천지(自然)의 공을 이룩한다. 그러나 장수와 병졸의 관계는 不相雜이면서 不相離의 관계이다. 그러므로, 理・氣가 稟賦되어 나타난 현상(物)은 합목적적이다.

그러나 四德・五行으로 理氣가 운동하여 「始→通→遂→成」되게 하자면 사람은 「그 무엇」과 만나야 한다. 이러한 그 무엇과의 만남은 필연적(所當然) 생명법칙과의 만남이다.

퇴계에 의하면, 「그 무엇」이란 바로 마음자리이다.

사람의 삶이란 누구나 천지의 氣를 얻어서 體로 삼고, 누구나 천지의 理를 얻어서 性으로 하는데 이 理와 氣가 합치면 「마음」이 된다. 그러므로, 한 사람의 마음은 곧 천지의 마음이며, 한 사람의 마음이 곧 천만인의 마음이어서 처음부터 內・外・彼・此의 구별이 있는 것이 아니다. [29]

---

27)《退溪全書》(下), p. 141, (元者始之理 亨者通之理 利者遂之理 貞者成之理)

28) 위의 책, 같은 곳, (天地間有理有氣 繞有理便有氣朕焉 繞有氣有理從焉 理爲氣之帥 氣爲理之卒 以遂天地之功 所謂理者 四德是也 所謂氣者 五行是也)

29)〈四七往復書〉, 答奇明彦 論改心統性情圖書, (夫人之生也 同得天地之氣以爲體, 同得天地

이처럼 理와 氣가 합치는 자리, 內·外와 彼·此의 구별이 없는 마음자리를 지닐 수 있다면 물아는 일체가 되고 객관과 주관은 융합되며 자연과 인간은 합일될 수 있는 것이다.

퇴계가 바라본 「자연」은 일사불란한 정신건축적인 설계도에 의한다. 직관과 오성적 판단을 벗어나는 사상체계를 외면하지 않는다. 기계론적 자연의 인식체계로서 끝나버리지 않는 데에 퇴계의 진면목이 있다. 이러한 합리적 객관인식을 지양한 것이 곧 「敬」이다. 그러므로 퇴계가 바라본 자연은 인식론적 궁리의 學習所만은 아니다. 物我一體의 格物은 경에 의하여 가치적이고 종교적인 상태로까지 이르게 되었다. 敬의 자리에서 인간과 자연은 融會貫通되고, 動靜의 운동논리와 始·通·遂·成의 순환논리는 보다 철저히 종합 통일된다.

퇴계가 자연을 한갓 마음자리의 교실로만 보지 않는 까닭은 이와 같았던 것이다. 자연에 대하여 오성적 감각에서 이성적 판단으로, 그리고 敬을 지향하는 가치적 성찰로 나아가게 한 퇴계의 自然心은 그 자체가 하나의 아름다운 예술적 창조였다.

이러한 퇴계의 천지인 합일의 정신적 경지를 보여 주는 시구가 있다.

바위 위에 꽃이 피어 봄날은 고요하고
시냇가 나무 위에는 새소리, 시냇물 흐르는 소리 잔잔히 울리누나
하염없이 동자 하나 데리고 산길을 거닐다가
산 앞에 다다라 문득 考槃을 보았네.

花發巖巖春寂寂 鳥鳴澗樹水潺潺
偶從山層後攜童冠 閒到上前看考槃[30]

위의 시는 퇴계가 아직 채 완성이 되지 못한 「玩樂齋」옆 「節友社」[31]의

之理以爲性理氣之合則爲心, 故一人之心卽天之心, 一己之心卽千萬人之心初無內外此有異)
30)《退溪全書》(下), p.821, 〈言行錄〉, 樂山水, (坐節友社梅下有僧進南冥詩 先生吟詠數遍曰 此老人之詩例甚奇險 此則不然 因此以贈又作一絕云(詩는 本文에…) 德弘問詩有沂上之樂 樂其 日用之常 上下同流 各得其所之妙也 先生曰 雖略有此意思 推言之太過高耳). 考槃：隱居室을 지어 즐기는 일 또는 樂器를 타면서 즐기는 일, 「考槃左澗 碩人之蒐」(詩·考槃)에서 나옴.
31) 退溪는 그가 살던 陶山의 山水의 景觀과 그가 거처하던 書堂의 건물 하나 하나에 이르기까지 한없는 사랑으로 대하였다. 節友社는 玩樂齋 옆 조그마한 터전에 松·菊·梅·竹을 심고 붙인 이름이다. 〈陶山雜詠〉 중 18 節을 읊은 것을 참고하면 다음과 같다(《退溪全書》(上), 卷 3, 詩, pp. 103〜104).
 • 陶山書堂：大舜親陶樂且安 淵明躬稼亦觀顏 聖賢心事吾何得 白首歸來試考槃
 • 巖栖軒：曾氏稱顏實若虛 屛山引發晦翁初 暮年窺得巖捿意 博約淵冰恐自疎

매화나무 아래 앉아 있을 때 어떤 중이 曹南冥(植)의 시를 드렸다. 그는
몇 번 읊어보고 『이 노인의 시는 대개 기발하고 준엄한데 이 시는 그렇지
못하구나』하면서 그 韻에 맞추어 지은 시다. 옆에 있던 門人 李德弘이
『이 詩에는 일찌기 孔子가 沂水 위에서 노는 즐거움이 보이고 일상의 삶
(日用之常)이 상하로 造化를 이루어 함께 流行하여 제각기 즐거움을 얻은
妙가 있읍니다』라고 평하였다. 그러나 퇴계는 『비록 그런 뜻이 조금 있기
는 하지만 그대가 추측하여 말한 것이 너무 지나치다』라고 겸손하였던 시
이다.

우리는 이 시에서 自得의 높은 마음자리를 읽게 된다. 「閒到山前看考
槃」의 경지는 인간과 자연이 함께 무르녹은 조화의 眞境이기도 하다. 그
러므로 퇴계가 樂山樂水하였던 까닭은 천진한 「自然의 마음」에 「獨往玩
詠」[32] 하려던 것으로 이해하여야 한다.

4) 퇴계藝術敎育觀의 현대교육적 의미

예술교육은 예술을 통한 사람됨의 교육이다. 예술교육은 교육을 위한

　° 玩樂齋：主敬還須集功非　忘非非助漸融通　恰臻太極濂溪妙　始信千年此樂同
　° 幽貞門：不待韓公假大龜　新居縹紗映柴扉　未應山徑憂芽塞　道在幽貞覺坦夷
　° 淨友塘：物物皆舍妙一天　濂溪何事獨君憐　細事馨德眞難友　一淨稱呼恐亦偏
　° 節友社：松菊陶園與竹三　梅兄故奈不同參　我今併作風霜契　苦節淸芬儘飽諳
　° 隴雲精舍：常愛陶公隴上雲　唯堪自悅未輸君　晚來結屋中間臥　一半閒情野鹿分
　° 觀瀾軒：浩浩洋洋理若何　好斯曾發聖咨嗟　幸然道體因慈見　莫使工夫間斷多
　° 時習齋：日事明誠類數飛　重思複踐趁時時　得深正在工夫熟　何啻珍悅口願
　° 止宿寮：愧無雞黎漫留君　我亦初非鳥獸群　願把從事浮海志　聯床終夜細云云
　° 谷口門：東躔江臺北入雲　開荒谷口擬山門　此名偶似前賢地　耕隨風聲詎易論
　° 天淵臺：縱翼揚　鱗孰使然　流行活潑妙天淵　江臺盡日開心眼　三復明誠一巨編
　° 天光雲影臺：活水千雲鑑影光　觀書深喩在方塘　我今得意淸潭上　恰似當年感歎長
　° 濯纓潭：漁父當年笑獨醒　何好孔聖戒丁寧　我來叩枻吟風月　却喜淸潭可濯纓
　° 盤陀石：黃濁滔滔便隱形　安流帖帖始分明　可憐如許奔衡裏　千古盤陀不轉傾
　° 東翠屏山：簇簇群巒左翠屏　淸嵐時帶白雲橫　斯須變化成飛雨　疑是營丘筆下生
　° 西翠屏山：巇巇群峯右翠屏　中藏蘭若下園亭　高吟坐對眞宜晚　一任浮雲萬古靑
　° 芙蓉峰：南望雲峯半隱形　芙蓉曾見足嘉名　主人亦有烟霞淵癖　芽棟深懷久未成
　퇴계는 풍광이 明眉한 山水의 곳, 陶山을 얻고 난 뒤, 아직 精舍는 준공이 안되었을 때
이지만 이곳의 山水가 매우 밝고 기이하여 심히 구하고자 하던 바라고 늘 말하면서 자나
깨나 이곳에 언제나 있을 것이라고도 하였다(先生得陶山 未成精舍時 常言山水淸奇 甚合所
求夢寐間常在此中)〔《退溪全書》(下), 〈言行錄〉, 樂山水, p. 821.〕.
　그는 늦게 얻은 이곳에서 봄 여름의 花朝月夕으로 江에 나룻배를 홀로 띄우고 노닐기도
하였으며 當世의 念이 전혀 없는 듯하였다고도 한다.
32) 위의 책, p. 822, (若有山水 明媚瀑布倒流處 抽身獨往玩詠而還).

예술, 예술을 통한 교육이며 하나의 교육예술이다. 오늘날 기계문명의 눈부신 외형적 발전과는 반대로 인간의 내면세계에는 파괴의 충동이 일어나고 있다. 이러한 파괴충동(공격본능)은 전쟁이라는 가장 적극적인 표시로 나타나기도 하며 인간사회의 시기와 중상이라는 소극적 양상으로 나타나기도 한다. 이러한 공격본능의 해소(공격 에너지의 발산)나 그 자연스러운 유출은 예술적 교육방법에서 찾을 수밖에 없다. 인간에게 이러한 힘을 불러일으키는 것이 음악이며 시이며 예술이 되어야 한다는 입장이다. 비인간화에 대한 교육적 저항이 예술교육이다. 그러나, 인간의 충동이 이성만으로 統御된다는 생각은 이미 「파우스트的 환상」일 수밖에 없다.

예술교육에서는 인간의 원만한 발달은 미적 정신도야가 없이는 불가능한 것이라고 믿는다. 아름다움은 인간의 감정을 「카타르시스」하고 품성을 고결하게 한다. H.리드는 〈藝術敎育의 道德的 意義〉라는 강연에서[33] 「아름다움을 만들어가는 활동 속에서 인간의 정서는 結晶처럼 아름다운 틀을 이룩해 가는 것」이라고 한 바 있다.

퇴계 시는 그의 시적 세계가 형성될 때 일어나는 정신과정의 총체이기 때문에 그의 예술하는 마음은 스스로를 교육하는 마음이었고, 문인을 교육하는 자세는 곧 그대로 예술하는 자세이기도 하였다. 경건하고 겸허한 삶의 표현으로써 그는 스스로의 인격을 조각하였다.

퇴계가 평생 동안 힘써 조각하고자 한 교육이상은 인간교육과 도덕교육이었다. 앞의 것은 爲己之學으로 나타났고, 뒤에 것은 爲人之學으로 나타났다. 인격과 문화의 건설은 의식의 각성에서 출발하고 각성된 의식은 志・情・意의 조화로운 도야로 가능하다.

퇴계는 우리나라 교육사중에서 성공한 「선비교육」을 이루었다. 그는 참다운 士君子의 교육을 창조하였다. 과거입신출세주의의 틀에 박힌 교육에서 인간학적 교육의 길이 있음을 실증하였다.

선비란 교육적 도야과정에서 이루어진다. 사상적 도덕인격의 형성에 있어서 예술적 교육방법이 필요함을 모범으로 보여 주었다. 원래 도덕 인격의 형성 과정에는 일종의 종교정신과 예술정신을 포함하기 마련이다.[34] 이와 같은 구도의 정신으로 인간은 누구나 이상적인 인간상, 또는 교육적 인간상으로 나아갈 수 있다는 믿음은 유학의 전통적인 교육정신이다.

---

33) Herbert, Read, 安東林 역, 《平和를 위한 敎育》, 乙酉文化社, 1959, Chapt., V., p. 141.

34) 錢穆, 《中國의 歷史精神》, 秩憲樹 역, 延大出版部, 1972, p. 150.

  그리고 분열된 오늘의 인격과 교육을 우리는 퇴계의 「예술하는 마음」으로 어느 정도 치료할 수 있다는 것을 현대예술교육론적 입장에서 발견한다. 인격가치의 개인적 실현과 文化價値의 사회적 구현을 도모하자면, 우리는 예술과 인간이 분리되지 않고 이성과 감성이 만나며 그리하여 인간과 우주는 삶의 동참자로서 서로를 조화시켜 나가는 데 있음을 터득하게 된다.

Ⅳ—5. 퇴계 庭訓考

——寄·子侄孫書를 중심으로——

1 《退溪先生遺集》內·外篇(《陶山全書》4)에 실린 寄(答)子侄孫書는 428 편이다.[1] 이 논문은 이를 토대로 하여 퇴계의 ① 日常像, ② 天稟, ③ 敎子孫像, ④ 仕宦處世像 등에 대하여 고찰하면서, 退溪家는 과연 「豪農士類」였던가? 그리고 仕宦의 진퇴는 과연 「愈出愈退」하였던가? 하는 「의문」을 풀어보고자 하는 것이다. 대체로 子侄孫에게 준 편지는 꾸밈 없는 진정의 글이고 이는 참모습의 인간상을 이해하는 데 가장 적절한 자료라 할 것이다. 따라서 그의 寄子孫書는 당시에 살아 움직이는 퇴계상이자 그의 소박하고 진솔한 인품 그대로를 드러내고 있다고 보기 때문에 우리는 이들 서한을 통하여, 인간 퇴계의 애환과 일상을 오늘에 복원할 수 있다고 본다.

2 한편 이들 서한은 다음과 같은 사항에 대하여도 충분하지는 않지만, 퇴계 이해와 16세기 조선사회 이해를 위해 어느 정도 도움이 된다.

가. 퇴계病歷(이른바 前症)[2]

나. 퇴계家眷 및 姻戚들의 모습과 慶吊관계

다. 퇴계의 京居滯留相(到京旅程 및 滯在)

라. 당시의 書信전달방법(公簡奴, 書奴, 書僧, 京在所吏 등)

마. 당시의 疫疾과 그 對處

바. 在外田地 및 監農·時候

사. 泮宮留學相·鄕校讀書(山寺居接)·鄕試·漢城·試殿試 등의 모습과 擧生의 독서.

---

1) 총 428편 가운데 寄寯書 158, 答寯書 115, 합계 273편, 寄安道 36, 答安道 64, 합계 100편, 寄憑 36 및 기타 24편(完·宰·潔·冲 및 閱道·善道 등)이다. 이하 인용은《陶山全書》의 p.로 한다.

2) 거의 모든 편지에서 자신의 「前證」에 대하여 자세하게 寄答하고 있는데, 이는 「脹證」과 「痰證」이다. 예 : 腹下脹滿如色水一證甚於乙卯(1555)之發 (p. 131), 脹證間發 痰證亦時作 (p. 254).

아. 奴婢와 逃奴문제
자. 鄕里에서의 「朝報」

③ **퇴계의 日常** : 익히 알려진 바대로, 퇴계는 천성의 학자이기 때문에 경제생활과는 거리가 먼 世務에 초연한 분으로 그릇 인식되기 쉽다. 그러나 그의 家書 전편에 나타난 모습은 철저한 현실인·경제인〔家事管理者〕이었으며 「글 읽는 농부」(士農)이기도 하였다. 그는 매년의 時候와 農形에 대하여 누구보다도 민감하게 근심하였으며 백성들의 처지에 대하여서도 가슴아파하였다.[3] 在鄕·在京 생활을 막론하고 퇴계는 종평생 一穀·一畜의 증감과 用處를 計量하였으며, 가사의 최종 결재를 게을리한 적이 없었던 것이다. 그는 京去奴의 糧米를 「3斗」로 지적할 만큼 치밀하였으며 朔祭와 接賓에 있어서는 수백 리 멀어진 곳에서도 물건을 보내어 수용토록 지시하기도 하였다.[4] 그는 철저한 생활인이었고 알뜰한 가정인이었다. 근래의 한 연구에 의하면, 退溪 家門의 소유전답수는 엄청나게 많았다고 보고되었다.[5] 퇴계歿後(光海 3 年, 1611)에 그의 다섯 孫子女(壻)에게 分衿한 〈和會文記〉에 의하면, 퇴계 在世 당시, 논은 1,166 마지기고 밭이 1,787 마지기나 되었으며, 가문은 내외 兩邊의 傳來 田民을 기초로 하여 家産이 증식되어갔다고 하였다. 말하자면 그는 당대의 饒富였다.[6]

---

3) 此處大旱焦土 民生可憐(《陶山全書》, p. 283).
4) 朔祭何以過行白米二斗 瓜茄等物送去 生雉一首送去并納餘對客(寄寓 p. 250).
5) 李樹建, 〈嶺南士林派의 形成〉, 嶺大民族文化研究所, 1979, p. 203〜211(士林派家門의 經濟的 基盤, 「李滉家門」)에 의하면 퇴계가문의 전답수는 다음과 같다.

( )안은 마지기 數

田	禮	安	畓	27石 4斗(409)
			田	59石14斗(899)
畓	奉	化	畓	7石 3斗(108)
			田	5石 5斗 (80)
	榮	川	畓	20石 5斗(305)
			田	8石 6斗(126)
	宜	寧	畓	18石 7斗 5升(277.5)
			田	39石 9斗 2升(594.2)
秩	豊	山	畓	4石 7斗 (67)
			田	5石13斗 (88)
合		計	畓	77石11斗 5升(1,166.5)
			田	119石 2斗 2升(1,787.2)

6) 위의 책(p. 211)에는 이렇게 기술하고 있다. 李滉은 「息利二字 便不是儒者所道」라 하는 생활태도를 견지하였다 하더라도 그의 경제적 기반은 벌써 공고해졌던 것이다. 그의 家門을 내외兩邊의 傳來田民을 기초로 하여 家産이 增殖되어갔던 것이다. 「奉祭祀, 接賓客」에 소요되는 경제적 부담도 무시할 수 없는 존재였던 것이며, 陶山書堂을 위시하여 許多한 建物(住宅, 精舍, 亭樹, 齊庵 등)이 축조되었다. (〜) 庶民의 입장에서는 草家

그러나 위와 같은 객관적 실증으로서의 「富饒」에도 불구하고, 家書에서는 「困窮」으로 점철되어 있으니 그 「富의 實相」은 그리 대단한 것이 되지 못한 듯하다. 그는 추운 겨울에 「柴炭絶貴」의 어려움 속에서 떨기도 하였으며[7] 「絶粮之患」의 곤궁과[8] 長子가 살림이 어려워 처가살이를 여러 해 동안 하지 않으면 안되는 안타까움을 겪기도 하였으며[9] 거처하는 방이 濕冷하여 병을 얻기도 하였고[10] 還上穀을 갚으려고 家財를 팔아야 한다고 아들에게 타이르기도 하였다.[11] 그리하여 이러한 군색을 면하고자 外任 자리나마 얻게 된다면 몰라도 「不得則父子共窮以送餘年 此余志也」라고 하였던 것이다.[12] 그는 잃어버린 말 한 필 값을 치룰 베 한 필을 제대로 부치지 못하리만치 「가난」하였으나[13] 오히려 마음은 「부자」였다. 「父窮而子窮何足恠乎」라고 아들을 달래면서 「堅忍而順處 自修以待天」하는 安心立命의 자세가 바로 그의 「富」였던 것이다. 그러므로 퇴계의 「튼튼한 經濟的 地盤」은 다른 각도에서 이해되고 설명되어야 할 것으로 보인다.

④ **退溪의 天稟**: 退溪 家書의 다음 두 글은 진솔한 情을 단적으로 나타낸 서한이다. 이것은 그의 범애적인 천품이었다.

  ○이제 들으니 乳婢가 3, 4 朔밖에 안된 어린애를 버리고 서울로 온다고 하니, 이는 그 아이를 죽이는 일과 다름이 없는 일이다. 《近思錄》에 이런 일을 가지고 「남의 자식을 죽이고 자기 자식을 살린다는 일은 매우 불가하다」 하였다. 이제 이 일도 꼭 그와 같은 것이니 어찌하겠느냐. 서울 집에도 반드시 乳婢가 있을 것이다. 지금부터 5, 6 朔 동안만 각각 기르고 지내다가 8, 9 朔을 기다려 올려보낸다면 이 아이도 또한 죽물로써 목숨을 이어갈 수 있을 것이다. 그렇게

  數間을 마련하는 데도 엄청난 부담이 든다는 당시의 실정을 감안한다면 위와 같은 建物 築造와 爲先事業은 바로 그만한 경제적 기반의 토대 위에서 가능했던 것이다.

7) 京師大雪苦寒 紫炭絶貴 病骨畏寒 調攝甚難 以此度日(寄寯, p. 23)
8) 自行歸後一無來信 傳聞中路馬困窮甚云 然則亦必有絶粮之殊以擊念(上同 p. 251)
9) 汝之寄食於聘家 本非好矣 以余勢難故因循累年 今則汝勢尤難奈何奈何 然貧窮士之常事 亦何介意 汝平生此被笑於人多矣 況於汝乎 但當堅忍而順處自修以待天可也(上同, p. 264).
  ○就中 汝無所歸贅寓覬窘云 吾嘗知贅居之難 亦窮之勢然耳 父窮而子窮何足恠乎(上同, p. 259).
10) 汝寓家房堗濕冷不可居處 此予所得病之處 汝不可不愼(上同, p. 259)
11) 還上乃公物也 以公物償官物 初非賣家財以納之 此何可不計後 苟爲目前之計乎 汝若不從其言他日 難以來見我也(上同, p. 121).
12) 今雖復職 病難從仕明年 下去欲得外任 若得此願 則汝可隨之不得 則父子共窮以送餘生 此余志也(上同, p. 264).
13) 凡用多窘未得一疋之送恨恨(《陶山全書》, p. 231).

되면 두 목숨이 다 사는 길이니 아주 좋은 일이 아니겠느냐. 만일 그렇게 하지 않고 꼭 보내고자 하거든 차라리 그 아이를 데리고 올라와서 함께 기르는 것이 나을 것이다. (……)[14]

　。늙은 말이 지난달부터 병들어 먹지 않더니 날로 쇠약하여 오늘 죽었다. 여러 해포 동안 힘써 일하다가 갑자기 없어져 버리고나니 마치 부리던 사람이 죽은 것과 다르지 않구나. [15]

퇴계의 家書에는 嚴父의 준엄한 꾸지람보다는 醇醇한 情의 敎誨가 갈피마다 깃들어 서려 있다.

5 퇴계의 敎子孫像 : 孔子가 그 아들 伯魚를 가르치는 데 남을 교육하는 것과는 별다른 힘씀이 없이 오직 「詩를 읽느냐」고 물은 것에 대하여 주의 깊게 관찰한 門人이 있었다. 퇴계 또한 子姪孫에 대한 敎育을 「별다른」 방법으로 하지 않는다. 유가교육은 일상평범한 곳에 있는 것이라고 보았기도 하려니와 「易子敎之」하는 교육의 객관성을 인정하기 때문이다. 家書에 나타난 퇴계의 교육관[16] 및 敎子孫의 모습은 다음과 같다.

　가. 인간교육의 가능성과 인간능력의 도야가능성[17]
　나. 자아인식의 정확한 이해[18]
　다. 童蒙敎育의 강조[19]
　라. 일상생활 속의 교육[20]

---

14) 《退溪全書》(下), p. 134(續集, 卷 7), 〈答安道孫〉
15) 就中老騎自去月得病不食. 日漸瘦困　今夕死矣　多年服房之畜　勿爾失去殆與儓奴之死　無異（《陶山全書》, p. 127)
16) 拙著, 《退溪敎學思想硏究》, (人間觀 Ⅱ—1), 正益社, 1978 참조.
17) 今人雖無學力　不至於大過者　其賚質不甚駁故也　若氣稟駁而不可矯揉　克治之功　率意實行則 其過尤之　積將不勝其多且大矣（《陶山全書》, p. 96).
18) 是汝之偏處　不可不知故預戒之耳　非爲汝己陷於大過而督責之也　樊須遊聖人之門而自知其氣 質之偏故　有脩惡辨惑之問　此謂善學耳　汝勿訝吾言之大早而思古人爲學之實　則知吾意　而有 益於汝矣(上同)
19) 阿蒙(安道 : 兒名)　始知學字云　深喜　千文隨當書送　但無好紙恐易破矣(寄寫, p. 91).
　。聞蒙兒　尙居宿於內　禮云　男子十年　出就外　傳居宿於外(上同, p. 106).
20) 送來製述敢爲評(…)汝之所製意思亦好　舊辭或有病此無他　荒廢之久語不治動而多疵病耳　熟 讀古文令流轉動盪心口則　自能漸變矣　更須勿疑勿沮　緊著工夫(上同　p. 100).
　。汝雖多事　讀書不可不勤勤　要在工夫接續記誦製述兩脩其功可也(p. 240).
　。讀古文眞寶　史略　皆爲失計　恨不令先誦詩書　大文而先讀此雜文浪費日月也(p. 240).
　。汝全廢讀書嘆恨空多雖世務中　豈不可談乎　且務畢後須來此過多書院儒生　稀少之時　亦可 往而讀也(p. 232).
　。但汝近來又　廢讀書作綴之學　何能有成在隨處力學耳　何處不可讀　何時不可學　勉之(p. 99).

마. 感發과 동기유발의 교육[21]

퇴계 〈家書〉는 가사에 관한 平信일지라도 그 末尾나 冒頭에 「사람됨」에 대한 간단하고 적절한 교훈·교육의 귀절이 있어서(예 : 勤讀謹讀) 그대로 敎育書翰이라고 할 수 있다.

6 끝으로, 퇴계家書는 그가 宦路에 대하여 시종 일여하게 미련이 없었음을 밝혀준다. 이는 단순한 「謙辭」라거나 「한번 사퇴하면, 한 품계 더 높아지는」「計算」 또한 아니었던 것이다. 자손을 속이는 어버이는 없다. 이 점, 우리는 퇴계의 충정을 올바르게 인식할 수 있어야 할 것이다. 그렇다고 퇴계는 현실참여의 반대론자는 아니었다.[22] 그의 山林趣向은 깊은 인생태도였고 삶의 철학이었을 뿐이다.[23]

° 洋中處之甚難而汝見則尤難言行之間 常常謙謹 母以所不知爲知切須操持 勿放勿傲勿多言 戒之戒之(答安道孫, p. 283).

° 且汝凡事當謹愼而今見而見寄而精書大字亂草 此何意耶 愼勿如爲狂之態(答安道孫, p. 288).

21) 同接諸友皆來赴試四方之人 雷動雲合 汝獨退坐鄕村無感激之心乎 當此士林鼓舞之時 亦不起激昂發奮之意也(答寄寯, p. 256).

° 汝今不勤苦做業 隙駟光陰一去難追 終欲作農夫隊卒 過一生耶千萬刻念一無忽(上同)

° 吾所以欲往參大接者 固欲其知己之短 取人之長 庶悟井蛙之見冀免遼豕之譏也(答寯, p. 267).

° 聞李汝樑琴輊 前歲入淸凉山在過歲尙無出來之意云 此非篤志者 何能若此乎 見吾家子弟 皆汩沒卑冗懶惰廢業非獨汝也 令人慨歎不己 汝尙擺脫雜念 專心致志 變其舊習則 古人所謂 如轉戶樞何難之有者 可驗於身矣(答寯, p. 103).

22) 현실참여의 「學者·官吏像」을 다음과 같이 찬탄하고 있는 것이 그 본보기다.

° 就中 趙三宰去月晦間入漢城府試官中寒而出其病 彌留猶不緊至今月二十四日 忽如中風言語不通 一夕奄爾捐館 哀痛何極 何極予僅一往見 不得再見而至此尤爲慟甚慟甚 此人雖似未爲適中淸德可尙 身死之後 家計蕭然 若非公私購物 難以治喪 今世如此宰相豈爲得乎 予於此公契分非常數日 不離喪次 悲痛之餘 因致添病(答寵, p. 126).

° 但下能夙夜徒窃祿俸於人臣之義至爲未安 不可不速決去而之無名無路 不得已爲乞郡(…) 若得關東僻邑則甚好.

23) 吏判欲以文衡之任授授於我屢屢形言 使我不得安心 在此不得已速歸(答寯, p. 134).

° 余初意卽欲還歸 今則事事妨礙 多間未歸之勢 病過寒節至可慮也(答從孫善道, p. 134).

° 朝廷之意雖欲必來 吾則百計千恩 無一可進之義(答寯, p. 273).

° 吾決不能爲汝 奔走乞哀權門(上同, p. 249).

Ⅳ—6. 퇴계의 書院敎育觀

1) 한국 서원발달의 역사적 특수성과 퇴계

한국의 書院 성립과 발달은 중국의 서원과는 모습이 같지 않다. 한국의 서원은 중국서원의 모방이 아니라 다만 緣起에 불과한 독자적인 개성적 발달을 하였다. 두 나라의 서원 건립의 背景 가운데 과거제도 아래서의 「獵取功名」으로 士風이 크게 무너졌다는 사실에 대한 반성과, 「世亂失學」의 시대사조에 대한 儒者의 자성적 비판으로 서원이 興起하였을 공통점이 있기는 하다.

그러나 두 나라의 서원건립운동은 다 같이 「世亂失學」 또는 「無敎」로 표현되는 시대상의 반영이기는 하지만 그 발생의 배경은 다르다. 중국은 五代의 紛亂을 거쳐, 宋이 천하를 통일시켰으나 국가는 아직 관학을 설립한다거나 달리 교육에 대하여 돌볼 힘과 겨를이 없었다. 여기에 민간주도의 서원이 나타나게 된 것이다. 이에 대하여 주자는 다음과 같이 당시의 사정을 기록하고 있는 것이다.[1]

> 予惟前代庠序之敎不修, 士病無所於學, 往往擇勝地, 立精舍, 以爲羣居講之所, 而爲政者乃或就而褒表之, 若此山, 若嶽麓, 若白鹿洞之類 是也

宋나라 초에 전란은 수많은 학자의 손실을 가져왔고, 차츰 海內가 向平이 되자 文風은 따라서 일어나기 시작하였으며, 그동안 배움에 굶주린 지식분자들은 山林에 의거하는 老師宿儒에 의지하지 않을 수 없었으니 이른바 「天下의 四書院」[2]의 창설은 곧 〈官學未設了向學心切〉[3]의 당연한 귀결이었던 것이다.

---

1) 《朱子大全》 卷 79, 〈衡州 石鼓書院記〉
2) 盛郎西, 《中國書院制度》, 中華書局, p. 111(呂祖謙 鹿洞書院記), (…國初斯民新脫五季鋒鏑之阨, 學者尙寡, 海內向平文風日起, 儒生往往依山林, 卽閑曠以講授, 大率多至數十百人, 嵩陽, 嶽麓, 睢陽乃是洞爲尤者, 天下所謂四書院是也).
3) 孫彦民, 《宋代書院制度之硏究》, 臺灣, 國立政治大學, p. 9.

이에 비한다면, 한국의 서원교육의 발생과 그 진전은 중국과는 사정이 다르다. 우리에게는 「전란」이 없었던 반면에 「士禍」라는 지식분자들의 수난이 있었으며, 우리에게는 명목상이나마 成均館·四學·鄕校 등 관학이 건재하였으나, 「世道의 衰微」나 「士風의 磨滅」은 중국에 비할 바가 아닐 정도였다. 따라서 퇴계의 서원건립운동은 그만큼 절실한 시대의식의 발로였다는 점을 기억하여야 할 것이다.

민간교육기관으로서의 서원창설운동의 본격적인 주역을 담당하였던 분을 퇴계로 본다면, 우리는 먼저 그의 역사인식과 인간이해라는 두 측면으로 서원을 바라보아야 하겠다.

政敎와 禮敎 가운데 특별히 예교가 강조되는 시기는 대체로 예의가 땅에 떨어지기 시작한 이후이다. 정치와 윤리를 강조하는 것은 도의가 문란하고 인륜이 쇠잔함을 반증하는 것이다. 그리고 이러할 때 하나의 시대철학은 역설적으로 등장하는 수가 있다. 이것은 「헬레닉」사회의 사상적인 붕괴가 플라톤, 아리스토텔레스의 「영원의 철학」(philosophia perennis)을 탄생시킨 연유와 비슷한 이야기가 된다.

새로운 사상의 운동은 政敎·禮敎的인 쇠미를 비판적으로 自省하는 데서 나올 수 있다면, 퇴계의 서원교육관 및 그 설립운동은 「士風의 回運」이라는 시대적 사명의식의 자각이라는 각도와 결부시켜 볼 만한 것이다.

世道衰微·士風磨滅이라는 시대인식에서 퇴계는 靜菴과는 대조적으로 간접적이나마 근본적인 수단인 敎學으로서의 「현실참여」에의 길을 택하였다. 그에게 있어서 현실문제의 해결은 「학구생활을 통하여 性理學의 발전을 도모하고, 후진의 敎誨를 통하여 먼 장래를 기약하려는 보다 원대한 것으로 계획된」[4] 것으로 이해되어야 하기 때문이다.

2) 士林精神과 서원교육

유교사상은 원래 「글하는 사람을 가르침」으로써 문예적 교양인을 기르려는 현세적이며 합리주의적 윤리를 바탕으로 한다. 유학은 본질적으로 윤리와 정치를 불가분의 관계로 보는 현실성을 그 특징의 하나로 하고 있지만, 冶隱 吉再를 필두로 하는 산림학파들은 대개 私學으로써 교육을 창도하였고 이는 嶺南士林의 학통으로 연결된다. 禮敎를 중시하는 도학은

---

4) 李秉烋, 《退溪 李滉의 家系와 生涯》, 《退溪學硏究》(第一輯), 慶尙北道 1973, p. 109.

사림파의 정신적 바탕이다. 퇴계는 예교적 도학정신을 구현하는 데 그 宗匠이 되었다. 그가 비록 전후 36년간에 걸친 관직생활에도 불구하고 道學으로 입신할 수 있었던 것은 시대기류를 민감하게 진맥한 혜안을 지녔기 때문으로 보인다. 그는 趙靜菴과는 달리 훈구파와의 정면대결의 길보다는 성리학 본연의 길인 「철학함으로써 행위하는 것」을 택하였던 것이다. 이 점에 있어서 정치지향성으로부터 윤리지향으로 나아가려는 산림철학은 그 기반을 구축하기 시작하였는데 이같은 경향은 사화에서 잘 나타난다. 사화는 항상 사림파의 패배의 결과로 나타났으나 네 차례의 사화가 지나간 뒤에는 오히려 훈구파가 보이지 않게 되었다는 것이다.[5] 사림파의 대두는 하나의 역사적인 대세였던 것이다.

퇴계는 정교지향에서 예교지향으로 교학이념을 전환시키는 원동력이 곧 사림정신이며, 그러한 힘의 진원이 곧 선비라고 본 것이다. 뒷날에 朴燕岩은 〈原士〉라는 글에서 『天下의 公言을 「士論」이라 하고, 當世의 一流를 「士流」라 하고, 四海의 義聲을 「士氣」라 하고, 君子가 죄없이 죽는 것을 「士禍」라 하고, 講學論道하는 것을 「士林」이라 한다』(《燕岩集》, 卷10)고 한 그 「士林」이요 「선비」이다.

퇴계로 비롯되는 서원교육운동은 이러한 사림정신의 배양지로서 종적으로는 학통의 계승과 발전을 도모하고, 횡적으로는 학파의 연계와 유대가 이루어지게 되었다. 이는 당쟁이 극렬화되기까지 전국적으로 敎學과 文運을 隆昌시켰으며 학파간에 善意의 학술논쟁은 학문발전의 활력소가 되기도 하였다.

퇴계가 書院을 통하여 진작시키고자 한 것은 단순히 「立廟而尙德·立院而敎學」하려는 데에 있었던 것만은 아니다.

그는 서원을 통하여 사기를 진작시키려는 교육 이상의 실현을 염원하였다. 퇴계의 서원교육운동은 당세의 도덕적인 위기의식에서 출발하였으며, 그의 순수한 도덕적 판단에서 「行爲하는 것」이었다. 네 차례의 士禍는 퇴계로 하여금 선비로서 「行爲하는 것」에 대한 스스로의 도덕적인 판단의 척도(自我의 人格現實)를 다짐하였거니와 「元氣」를 어떻게 진작시켜야 하는가에 대하여도 지혜로운 해답을 마련하였던 것이다. 그에 의하면, 참된 선비는 居敬窮理·存養省察하는 내적 자유에의 길을 걸을 수밖에 없고, 이러한 정신의 「길」이 모여서 士林의 元氣는 진작된다고 본 것이다. 서원은 사풍진작의 요람이 되어야 한다는 것이다.

---

5) 李成茂, 〈十五世紀兩班論〉, 《創作과 批評》(vol. 8, No. 2) 1973, p. 503.

살피건대, 오늘의 國學은 어진 선비들의 所關이지만, 대체로 郡縣의 鄕校는 다만 文具만 헛되이 차려놓고 敎育은 크게 무너져, 선비들이 鄕校에서 지내는 것을 오히려 부끄러이 여기고 그 刓敝함이 극심하여 어쩌할 도리가 없게 되었으니 가히 한심합니다. 書院敎育이 이제 盛興한다면 學政의 퇴폐함을 구할 수 있을 것이며, 學者의 歸依할 바가 있고 士風이 따라서 크게 변하여 習俗이 날로 아름다워질 것이고, 王化는 이루어질 것입니다[6]

당시의 선비의 모습은 「菱角이 變하여 鷄頭가 된」[7] 슬픈[8] 모습이었다. 그가 그리는 선비상은 의연한 대장부상이기조차 하였다. 金仲文의 儒生毆打事件에 대하여 쓴 글 〈擬與郡守論書院事〉에 의하면, 선비란 天子와 벗하여도 외람되지 아니하고 王公으로서 선비에게 몸을 낮추어 사귀더라도 욕이 되지 않는 것이니, 이것이 선비가 가히 귀하고 공경받는 까닭이 되는 것이며 절의의 명예가 이렇게 함으로써 성립되는 바라고 하였다.[9]

선비는 禮義의 宗이며, 서원은 존현하는 곳이기 때문에 선비를 함부로 呼斥하거나 천대하는 일은 武夫의 거친 행동이 아니면 下流의 천한 무리나 할 짓이라고 하였다. 퇴계가 重興시킨 紹修書院에서까지 이러한 非禮妄動이 있었을 정도이니 그 당시의 사기의 저상을 미루어 살필 수 있는 것이다. 그러나 퇴계는 敎學希望의 꿈을 버리지 않았으며 선비의 교육적인 자아실현관도 끝내 외면하지는 않았다.

院中諸生而改圖之幸甚 抑又聞之數君子當日旣聞 黃仲擧之言深自悔責手裂其書而詣門謝過也 此則非常人可及也 其人必勇於改過遷善 而卒有立於當世矣 彼院中諸生 見數君子之如是也 亦必相戒而改前日之非 則不待他時

퇴계는 士禍 시대에 그의 반생을 살았다. 4大사화는 그가 출생하기 3년

---

6)《退溪全書》, (上), 1971, p. 264.
　　(滉竊見今之國學固爲賢士之所關 若夫郡縣之學 則徒設文具 敎方大壞 士反以游於鄕校爲恥 其刓敝之極 無道以救之 可爲寒心惟有書院之敎 盛興於今日 則庶可以救學政之缺 學者有所依歸 士風從而丕變 習俗日美而王化可成 其於聖治非小補也)
7)《退溪全書》(2), 諭四學師生文, p. 339.
8) (師長亦困於齒舌甘受鉗制菱角變爲鷄頭…嗚呼 國家養士之意何如 士子自待之賤乃如此何其遨歟)
9) 위의 책(1), p. 341, (故以匹夫 而友天子下爲僭 以王公而下韋布不爲辱 此士所以可貴可敬 而節義之名所以立也).

전(戊午士禍, 1448)에서 46세(乙巳士禍, 1545)에 걸친 것이다. 그간 그의 至親은 士禍의 피해를 직접 입기도 하였으며, 퇴계 자신 金安老·李芑의 모함을 받아 어려운 지경을 겪은 바가 한두 번이 아니었다. 결국 그는 정치적으로 士林의 被禍가 컸던 영남사림의 一員이었다. 이에 정치무상의 교훈을 뼈저리게 체험하였으며, 무엇보다 그 시대를 사는 지성으로서의 시대의식과 포부를 새롭게 하였을 것이다. 그는 「道學絶滅」이 되는 시대적 위기를 극복하는 길은 선비의 철저한 교화를 통한 근본적인 사회개혁의 길밖에 없다고 믿었다. 그는 靜菴과 같은 급진적이고 혁신적인 「至治的 改造作業」이 마침내 실패할 수밖에 없었던 까닭은 「爲人」하는 일보다 「爲己」하는 일에 次節이 있다고 평가할(若學力旣充, 德器成就然後, 出而擔當世, 則其所就) 정도다. 그리하여 퇴계는 鄕約으로 鄕風을 바로잡게 하고, 서원교육을 통하여 점진적이고 근원적인 士風의 振作을 도모하여야 되리라고 본 것이다. 그는 경세가이기보다는 「敎學의 선비였던」 것이다.[10]

3) 퇴계의 서원 설립의 동기 목적론

근래의 한 연구는, 서원을 정의하여, 「人倫존중의 사회 실현을 위한 中樞기관」 또는 「道義존중의 인간사회를 실현하려는 중추기관」이라고 하였다.[11] 「중추기관」에 대한 해석이 필요하겠지만 일단 긍정되는 규정이라고 본다. 이 연구에 의하면 서원교육은 단순한 講學만이 아닌 ① 「理想실현의 추진자」, ② 「儒學정신의 실천자」, ③ 「역사의 방향을 바로잡고 이끄는 인격자」의 「양성」에 있기 때문에 講學(敎育)은 수단이며 결코 목적이 아니라는 것이다.[12] 이상의 ①,②,③은 시간적으로 현재·미래·과거를 통관하는 자세를 지향하는 儒者의 일반적인 속성을 내포한다.

「선비」는 「무엇 때문에」 그리고 「어떻게」 배양하여야 하는가라는 두 가지 근본적인 질문이 제기될 수 있을 것이다. 곧 성리교학관의 원리와 방법에 관한 물음이다.

성리교학관에서 인간형성의 원리와 방법의 문제는 「교육이란 무엇인가」의 문제보다 「사람이란 무엇인가」라는 질문이 전제조건이 된다. 이 점에서

---

10) 앞의 책, p. 342, (金仲文事件에 대한 儒生들의 「捲堂」에 대한 선비 자신들의 처리)
11) 宋兢燮, 〈李退溪의 書院敎育考察〉, 《退溪學硏究》, (vol. 2), 1974, pp. 107~136.
12) 위의 글, p. 113.

볼 때 위의 ①, ②, ③ 항의 분석적인 인간해석은 오히려 부차적이며, 결과론적 인간관이 될 우려가 있다.

유학교육은 「～하기 때문에, ～한다. (Warum～Darum)」라는 식의 닫힘 꼴로서의 사람됨을 거부한다〔君子不器〕. 따라서 서원교육의 목적을 인간형성의 논리로 국한하여 찾으려고 할 때, 그 목적은 「도덕적 인격의 실현과 사회적 확충」이 된다. 서원교육의 목적은 國學이나 鄕校교육의 목적이 따로 있을 수 없는 것처럼 특별한 것이 아니다. 따라서 「서원교육의 목적은 유학교육의 목적을 실현」하는 데 있다는 同語反覆의 논리가 되풀이되고 만다. 따라서 서원교육의 본래 목적이라는 말은 성립될 수는 없는 것 같다. 설립의 「동기·목적」이 구체적으로 밝혀져야 한다.

퇴계가 밝힌 서원설립의 동기·목적〔此而優於彼〕은 ① 환경의 교육성, ② 교육의 자율성이라는 두 측면이다. [13] 전자는 교육하는 일의 외적 자유를 강조한다고 한다면, 후자는 그 내적 자율성을 의미하는 것이다.

유학교육에서의 「樂山樂水」하는 일은 道의 山水를 소요하는 일이다. 퇴계는 자연을 상대객관적인 것으로 보지 않는다. 그의 자연은 理와 氣가 합치는 자리, 內·外와 彼·此의 구별이 없는 자리로서의 「마음의 자리」이다. 이곳에서 物我는 일체가 되고 객관과 주관은 융합되며 자연과 인간은 합일될 수 있다는 것이다. 그의 물아일체론적인 格物은 敬에 의하여 종교적인 상태까지 이르게 된다. 이러한 敬의 자리에서 인간과 자연은 融會 관통되고, 動·靜의 운동논리와 始·通·遂·成의 순환논리는 보다 철저히 종합되는 것이다. 퇴계가 무엇보다 「環境의 敎育性」을 강조한 까닭이 바로 여기에 있다. 군자가 樂山樂水하는 까닭은 自然心 가운데 「獨往玩詠」하는 정신적 자유를 귀하게 여기기 때문이다.

다음으로 「교육의 자율성」이란 교육외적 압력이나 조건들로부터의 자유를 뜻한다. 예컨대 「學令之拘礙」·「科擧之累」·「世之囂」 등과, 그리고 이러한 「敎育의 自由」를 방해하는 가장 큰 조건이 「욕심의 근원」이라고 보

---

13)《退溪全書》, 。(上沈方伯) p. 263, (隱居求志之士 講道肄業之倫 率多厭世之囂競抱負墳策 思逃於寬閑之野 寂寞之濱 以歌詠先王之道 靜而閱天下之義理 以蓄其德 以熟其仁 以是爲樂 故樂就於書院 其視國學鄕校在朝市城郭之中 前有學令之拘礙 後有異物之遷奪者其功効 豈可 同日而語哉 由是言之 非惟士之爲學得力於書院 國家之得賢 亦必於此而優於彼也)

°위의 책(2), 〈伊山書院記〉, p. 362, (無敎卽近於禽獸 聖人有慢之 敎以人倫三代之學 皆所以明人倫也 至於後世聖王下作古道崩滅而文詞科擧利祿之習 潰人心術馳狂瀾 而莫之回則 內而國學 外而鄕校 皆昧然莫知其敎 漠然無事乎學矣 此有志之士所以發憤咏嘆抱負墳策 而 遁逃於山岩藪澤之中 相與請所閑以明基道以成己成人則書院之作於後世 勢不得不然 而其事之 可尙爲如何哉)

았다.[14]

　　남녀는 大欲이 존재하는 바며, 夫婦는 人倫이 비롯되는 바라. 그러므로 先王
의 가르침으로 늘 그 욕심의 근원을 삼가 막아야 하거늘, 이제 무리로 모여 담
소하고 희롱하는 것은 이 욕심 구덩이(慾坑)의 일이다. (…) 오호라 書院은 무
엇을 하려고 세운 것이겠는가. 尊賢, 講道하지 않기 위하여 세운 것이겠는가.
　　항차 儒冠들이 서로 스스로의 행실을 욕되게 함에 이르러서야! 선비로서 이
러하다면 선비를 귀하게 여길 까닭이 없고, 서원이 이러하다면 서원을 귀하게
여길 것인가. 하물며 이러한 作風이 一朝一處에 된 것이 아니라, 그 所由來가
오랜지라 나라의 四維(禮·儀·廉·恥)가 橫決하여 山移海矗한 것같이 그 끝
을 알 수 없으니 한때의 풍속이 파괴됨이 이에 극에 달하였다. 어찌 일개 書
院의 근심일 뿐이겠는가.

　　그러므로 「章甫의 冠」을 쓰고 「縫掖의 옷」을 입는 선비는 비록 「科擧의
累」에서 벗어나지 못하고 「講道의 方」을 깨닫지 못하고 있다 하더라도,

　　　　猶知重道義 尙禮讓彬彬乎 習於士君子之風

을 지니면, 「此書院之所爲貴」[15]라고 하였다. 이러하기 때문에 퇴계가 서원
교육에서 강조하는 내적인 교육의 자율성은 학문의 자유이며 학문하는
자유이기도 하다. 이러한 정신이 자유하는 선비가 서원에 들어가는 일을
퇴계는 「登瀛」에 비교하였던 것이다.

　　4) 퇴계의 서원교육방법론

　　퇴계에 의하여 賜額書院은 비로소 국가공인의 민간교육기관으로 등장하
였다. 書院敎育이 흥성하게 된 까닭은 「환경의 교육성」이나 「교육의 자
율성」 이외에, 안으로는 뛰어난 「스승」이 있으며, 밖으로 서원에 대한 국
가의 「보호육성책」이라는 내적인 요인에 힘입은 바 컸다. 잇달은 士禍는

---

14) 《退溪全書》, 〈擬與豊基郡守論書院事〉, p. 342, (男女大慾之所存 夫婦人倫之始 故先王之教
　　每窒其源 而謹其防 今群居談謔盡 是慾坑之事… 嗚呼書院 何爲而設也 其爲尊賢而設耶 講
　　道而設耶… 況今儒冠相率而自辱其行耶 士而如此何貴於士 書院而如此 何貴於書院 而況此
　　風之作 非一朝一處 然也其所由來者遠矣 四維橫決 如山移海矗 無所底止一時風俗之壞 至此
　　極也 殊非吉祥之兆 不獨爲一院之憂也).
15) 위의 책, p. 341.

뛰어난 스승을 서원으로 불러들이게 하였으며(土子之欲借書院以避禍)[16] 賜
額제도는 국가의 서원 보호육성책의 표시다.

퇴계는 己酉(1549)년 12월에 감사에게 글을 올려 白雲洞書院에 扁額과
書籍頒降의 啓聞을 청하였고 이듬해 「紹修書院」이 우리나라 최초의 사액
서원이 된 것은 익히 알려진 바와 같다. 우리가 관심 있게 살피는 것은
이때의 퇴계 자신에 관한 일이다. 연보에 의하면 퇴계는 〈上沈方伯〉書를
올리고 곧 稱病하여 감사에게 세 번이나 解官을 청하면서 그 회보조차 기
다리지 않고 귀향하고 만다. 그리고 이듬해 정월에는 任所의 「무단포기」
로 告身二等을 삭탈당하였으나 歸田園의 뜻은 더욱 굳어 그해 2월에는
退溪의 西쪽에 처음으로 터를 잡아 陶山書堂의 터를 卜築한다. 이로 보아
퇴계의 請額啓聞은 藏修立敎하려는 心機의 단적인 표현이고 그의 講學 후
반생의 막을 여는 서곡이라 할 수 있는 것이다.

퇴계의 서원교육방법론은 다음 세 가지 측면으로 살필 수 있을 것이다.

가) 敎育權의 독립성 유지 : 학문의 자유

그는 〈上沈方伯〉書에서[17] 宋朝 故事에 의거하여, 「서적을 내려 주시고
편액을 써서 내려 주시며, 또 田土와 노비를 하사하시어 그 재력을 넉넉
하게 하시고, 監司와 郡守로 하여금 다만 書院의 作養하는 것만을 보살필
뿐, 번거로운 조목으로 구속하게 하지 말도록」 청하였다. 여기에 주목할
바는 傍點친 부분일 것이다. 「又令 監司郡守但句檢其作養之方 贍給之具而
勿拘以苛令煩條…」는 사학교육의 자율성의 원칙이라고 할 수 있다. 교육
의 자율성은 「支援은 있으되, 統制가 없는 原理」(Support, but not control)
를 말함이다.

이러한 문교정책은 구미교육에서는 일찍부터 유지되어 왔다. 그러나 5
백여 년 전 우리나라에서 「敎育自律性」의 강조와 「교육자치제」의 구상 및
「교육보호 속에서의 行政 불간섭」의 원리와 실천을 퇴계가 주장하였으며,
또 실현시켰다는 점에 대하여 오늘을 사는 우리는 감동과 부끄러움을 함
께 느껴야 되리라고 보는 것이다.

그러나 「支援하되 統制가 없는」 교육은 자칫하면, 명목만 있고 실상을
결할 우려가 있는 것이다. 조선조의 관학교육제도가 과거라고 하는 관료

---

16) 金相根, 《韓國書院之制度》, 嘉永文化基金研究論文, No. 48, 臺灣, 國立政治大學 敎育研
　　究所, p. 35.
17) 《退溪全書》(1), 〈上沈方伯〉 p. 264.

제도와 결부될 수 있었기 때문에 그 현실적 지반을 굳힐 수 있었던 것이 그 좋은 예이다. 조선조에 있어서 지배층인 양반이 그 현실적인 지위를 보장받는 길은 관료가 되는 길이 정규의 門戶였고, 이 길에 오르자면 아무래도 과거가 중시되는 것은 물론, 교육 또한 이 과거를 위한 준비에 역점을 두게 된다. 따라서 교육제도와 관료제도는 합쳐질 수밖에 없었던 것이다. 그런데 脫官僚의 교육체제로서의 서원에 대한 관심은 士林의 소관으로 여기기 십상이고 지방 행정관료의 관심이 소홀히 될 우려가 있었던 것이다. 이 점에 착안하여 퇴계는 서원에 대하여 「지원」은 풀어놓고, 「통제」는 묶어놓는 二重策을 구상하였다. 〈紹修書院謄錄〉에 보이는 서원에 대한 「지원」은 가히 擧道的인 관심사였다. 陜川, 密陽, 機張, 新寧, 安東, 榮川, 義城, 昌原, 尙州, 醴泉, 盈德, 安東, 軍威 등지에서 보낸 서원 供饌物은 헤아릴 수 없을 정도이고 이는 모두 지방수령에 의한 公需用品이 대부분이었다. 「守令七事」의 으뜸가는 치적이 敎學之事이기도 하였기 때문이다. 그리고 方伯 역시 이를 總攬하는 데 솔선하였으며 퇴계는 이 점을 더욱 강조하였다.

> 文成公의 후예인 判書公 玹이 그때 마침 와서, 道를 按察하며, 廟堂에 배알하고 선비들을 禮로 대하며, 作養之方을 극진히 하고 노비의 수를 늘리고 魚鹽을 제공하는 등을 조처하여 기리 힘입도록 하였읍니다. 이로부터 監司로 오는 분마다 또한 뜻을 여기에 두고 장려하니 서원에 대하여 감히 소홀함이 없어졌읍니다.[18]

그리고 院生에 대하여 수령들은 항상 스스로 몸을 낮추는 것을 부끄러워하지 말아야 한다고 하면서, 관리의 몸가짐에 대하여 다음과 같이 당부한다.[19]

> 대개 수령이 선비에게 몸을 낮추는 일을 부끄러이 아니 여기고 뜻을 극진히 하여 尊賢諸士를 하면, 諸生들도 自重할 줄 알아서, 뜻을 가다듬어 講學할 것이니 곧 彼此가 서로 할 일을 다하게 되고 나아가 書院의 名實을 얻게 될 것이니 足下는 이를 양찰하시압.

---

18) 앞의 책, p. 262.
19) 《退溪全書》(1), 〈擬與豊基郡守 論書院事〉, p. 343, (大抵守令不恥下士 而極意尊賢 諸生知自重其身 而勵志講學 則彼此交盡 而書院之名實得矣 惟足下諒之).

퇴계의 이와 같은 官의 「不干涉原則」이 국가적으로 시행된 것은 明宗 5년이었다.[20]

나) 師道의 확립 : 人格 敎化의 방법원리

퇴계는 서원에 스승(洞主·山長)이 있어서 교육하는 일은 매우 중대한 일이니 尤當하게 거행하여야 한다고 하면서, 스승의 길로써 다음 일들을 유의하여야 한다고 하였다.[21]

    ◦ 솔선수범할 것(敎必由於上 而達於下 然後其敎也)
    ◦ 서원은 一地方 一道의 守令方伯의 업적으로 그칠 것이 아니라, 국가 문서(國乘)에 실리는 본받을 만한 제도가 되도록 영구히 전해 내려갈 것.
    ◦ 儒臣 가운데 德望·經術·節行·風義가 족히 士林의 모범이 될 만한 사람을 골라 郡守로 삼고 書院의 책임을 다하게 할 것(이렇게 하여야만 一邑一道의 학교가 아니라 한 나라의 학교가 될 것임).
    ◦ 先正의 자취가 깃들어 향기가 뿌려진 곳, 예컨대 崔冲·禹倬·鄭夢周·吉再·金宗直·金宏弼 같은 이가 살던 곳에 書院이 없을 수 없으며, 혹 私建하여 藏修의 터로 삼으면 「聖朝右文之明 明時樂育之盛」이 될 것이고 東方 文敎가 크게 밝혀져서 가히 「鄒魯」·「閩越」의 아름다움으로 칭송될 것임.[22]

그 配享하는 先正의 무언의 간접적인 교화와 敎誨를 당하는 스승의 직접적인 인격과의 만남을 가능하게 하여 준다. 「만남」으로서의 스승은 마치 번갯불처럼 인격의 가장 깊은 곳에 부딪쳐서 방황하는 삶의 의미를 깨우치고, 또 삶 그 자체를 충만하게 하여 주는 은혜와 같다.

옛 교육은 인격교육이었고 가치발견의 교육이었다. 제자는 스승을 만남으로써 「동일시할 수 있는 人物」과 은혜로운 만남이 비롯되는 것이다.

퇴계는 학생들이 타락하는 폐단은 스승이 그 직책을 지키지 못하기 때문이라고 단언한다(師長不職之過也). 그리고 「하루 동안 (스승의) 자리에 있다면, 마땅히 하루의 책임이 있어야 할 것이라」고 말한다(一日居此則當有一日之責).

---

20)《明宗實錄》, 庚戌 二月 丙午條, (且儒生讀書 貴寂寞之境, 若監司守令勸課 煩其敎令而檢束之, 則人不自由, 恐乖藏修游藝之道, 莫勿撓之而已)
21) 위의 책, pp. 263~264.
22)〈諭四學師生文〉, p. 340.

다) 선비대접으로서의 학생 : 士氣 배양의 교육

　퇴계의 글 〈擬與豊基郡守論書院事〉는 원생들의 同盟休學(捲堂)사건에 대한 의견서이다. 金仲文이 白雲洞書院설립에 공이 있다 하여 당시 수령(金慶彦)의 비호와 조정 대신들의 보살핌을 받게 되고 書院有司로 관여하던 중, 院生을 구타하고 모욕한 일이 발생하였는데, 이에 불만을 품은 원생들이 「捲堂」을 하기에 이르렀다.

　퇴계는 이에 대하여 다음과 같은 해결책을 제시한다.[23]

　　○諸生이 만일 「無故」하게 書院에 모인다면 이는 諸生의 去就가 不明하고 書院의 體(정신)가 가볍게 되는 것이라고 하면서 선비는 「禮로 待」할 것을 강조하였다.

　　○守令이 두 고을의 先達들인 黃仲擧(俊良), 朴重甫(承任) 같은 名望의 선비를 예방하여 그들로 하여금 諸生을 招致하게 하여야 할 것이다. 이로써 선비에게 내리는 美德이 있고, 諸生들은 스스로 가벼이 여기는 부끄러움을 지니지 않게 될 것이다.

　　○有司(金仲文)가 되었으면 마땅히 국가의 아름다운 뜻을 삼가 받들어야 할 것인데도, 어찌하여 尊賢養士 하지 않고 도리어 倨傲하여 儒生을 보기를 마치 어린아이처럼 하며, 비천한 말을 내뱉는단 말인가. 諸生이 격노하여 서원을 비우고 간 것이 어찌 유생들의 허물이라고 할 수 있겠는가. 有司로 하여금 마땅히 참회하고 自責하며, 몸을 굽혀 사과토록 하라.

　　○有司가 이 허물을 고치지 않으면, 국가가 書院을 設立한 뜻을 저버리는 것이다.

　　○몸을 굽혀 선비에게 스스로를 낮추는 일은 士大夫의 아름다운 일이다. 이제 城主는 선비에게 굽히지 아니하고 도리어 선비가 굽히어 서원에 나아가게 하고자 하니 이것은 城主가 아름다운 일을 보고도 취하지 아니하는 일이다. 유생들의 마음이 돌아오기 전에 城主가 爪滿이 되면 竹溪의 바람과 달은 처량하고, 덩그러니 큰 집은 적막하여 넓은 방에는 거문고와 글 읽는 소리가 끊어져 쓸쓸할 것이니, 비록 仲文과 같은 사람을 열 사람을 시켜서 서원의 祠堂을 지키게 하고 春秋香火를 폐하지 않는다고 하더라도 文成公의 靈은 아마 이곳을 돌보고 흠향하기를 즐기지 않을까 두려우며, 周景逸(世鵬)의 얼 또한 반드시 地下에서 눈물을 흘릴 것이다.

　이상에서 우리는 선비대접하는 법절을 읽을 수 있다. 선비는 비록 「傲·

---

23) 〈擬與豊基郡守書院事〉, pp. 340~341 및 〈擬與榮州守紹修書院事〉, pp. 338~340 참조.

狼・浚・忽・鄙・悖・險・陂」하더라도 안으로는 「主忠信」하고 밖으로는 「行遜悌」하도록 敎誨한다면, 자연히 「謙・恭・順・悌・樂義・好義」의 뜻이 드러나게 될 것이라고 하면서, 《詩經》에 나오는 것처럼 「菁莪가 무럭무럭 자라고, 械樸이 材木이 되는」 것같이 彬彬濟濟하게 자라나 뒷날 時用에 임하고 「國家右文興化 設養士之意」에 부응될 수 있을 것이니 어찌 아름답지 않겠는가！ 하였다.[24]

「학교는 풍속교화의 근원이며, 모범을 세우는 곳이요, 선비는 禮義의 주인(宗)이고 元氣가 깃드는 곳(寓)」[25]이기 때문에 선비는 예의로 대접하여야 하고 士氣는 배양되어야 한다고 퇴계는 굳게 믿었다.

5) 院規：敎學이념의 구체적 실현과 약속

우리나라 書院은 朱熹의 白鹿洞學規를 모범으로 하여 독자적인 院規를 제정하였다. 그러나 그 정신은 白鹿洞學規에 연원하고 있다. 이는 비단 서원뿐 아니라 國學의 학문정신이기도 하였으니 朝鮮朝 文敎理念의 당연한 귀결이었다. 퇴계는 서원교육의 典型으로서 白鹿洞書院을 이상으로 그렸고, 이곳의 교학이념은 그의 〈進聖學十圖箚〉의 「第五白鹿洞規圖」에서 잘 나타내고 있다. 익히 알려진 바와 같이 〈聖學十圖〉는 퇴계가 새로 등극한 왕(宣祖)에게, 군주로 하여금 爲治의 大本을 세우기 위하여 올린 마지막 奉公의 글이다. 그러므로 이 글은 퇴계가 自述한 대로, 「野人의 구구한 獻芹의 정성」으로 쓴 글이 아니라 평생을 닦고 가다듬은 학문과 인격의 결정이라고 할 수 있다.

白鹿洞規에 대한 퇴계의 의견은 다음과 같다.[26]

白鹿洞規를 지어서 白鹿洞書院 학자들에게 게시한 것입니다. 백록동은 南康郡 北匡 廬山 남쪽에 있는데 唐나라 때 李渤이 여기에 은거하면서 흰 사슴을 기르고 自適하였기로 그 洞名이 된 것입니다. 南唐 때에 서원을 세우고 이름하여 國庠이라고 하였는데, 學徒가 항상 수백명에 이르렀읍니다. 宋나라 太宗이 書籍을 내리고 洞主에게 관직을 수여하여 寵勸하였읍니다만, 중간에 황폐하게 되어 朱子께서 南康軍太守로 있을 때에 조정에 대하여 이를 重建하고 학도를 모아 규약을 베풀고 道學을 밝히게 되니 비로소 서원의 가르침이 천하에 성행

---

24) 〈諭四學師生文〉, p. 340.
25) 위의 글, p. 338.
26) 《退溪全書》(上), 〈進聖學十圖箚〉, 第五 白鹿洞規圖, p. 204.

하게 되었읍니다. 이제 삼가 규약의 글에 있는 본래의 조목에 따라 그림을 그려 觀省에 便하고자 합니다.

　대체로 唐虞의 가르침은 五品(五倫 : 저자 註)에 있고 三代의 배움은 다 人倫을 밝히는 것이므로 규약의 窮理와 力行도 다 五倫을 그 근본으로 하였읍니다. 帝王의 學은 그 規矩와 禁防의 그릇이 비록 일반 학자와 모두 같을 수는 없아오나 彝倫에 근본하여 窮理 力行함으로써 心法의 긴요한 곳을 얻으려 함은 마찬가지입니다. 위의 五圖는 天道에 근본하여 人倫을 밝히고 德業을 힘쓰는 데 그 功이 있는 것입니다.

위의 글은 서원의 사적 발달배경과 이에 따른 교육의 목적〔明人倫·懋德業〕을 적확하게 밝힌 것이다. 白鹿洞規는 대개 書院의 강당에 게시해 두고 講會나 享祀 때 조석으로 목소리를 크게 하여(亢聲) 낭독하는 것이었으니 지금의 〈국민교육헌장〉의 낭독과 같은 것으로 볼 수 있는 것이다.

　주자는 「白鹿洞規 後叙」에서 洞規의 근본정신을 다음과 같이 밝히고 있다. 〈聖學十圖〉로 보면, 이 글은 곧 퇴계의 의견 그대로다.

　○옛 성현이 敎學하려는 뜻은 義理를 講明하여 그 몸을 닦은 연후에 미루어 다른 사람에게까지 미치려 함이니, 한갓 博覽·强記에 힘써 詞章으로 이름을 날리고 祿利를 取하려 함이 아니었다(古昔聖賢所以敎人爲學之意, 莫非講明義理 以修其身 然後推以及人 非徒欲其務記覽爲詞章, 以釣聲名, 取利祿而已).

　○오늘의 학자는 이와는 반대이다. 성현들의 敎人之法은 經典에 다 갖추어 있다. 뜻 있는 선비는 마땅히 熟讀·深思하여 問辨을 해야 할 것이다. 참으로 理의 당연함을 알아서 그 몸을 責하고 마땅히 이를 따른다면, 規矩·禁防을 어찌 남이 베풀어 주기를 기다릴 것인가(今之爲學者, 旣反是矣, 然聖賢所以敎人之法, 具存於經, 有志之士, 固當熟讀深思而問辨之, 而責其身以必然, 則夫規矩禁防之具, 豈待代人之設而後, 有所持循哉).

　○近世에 학교에 규약이 있으나 학자를 대함이 천박하고 또 그 法이 반드시 옛 사람의 뜻이 아니므로 이제 이 學堂에서는 이것을 시행하지 않고 특별히 聖賢의 敎人爲學하는 大端을 큰 조목들을 취하여 門 위 현판에 게시하니 아래와 같다(近世於學有規 其待學者爲己淺矣, 而其爲法, 又未必古人之意也, 故今不復施於此堂, 而特取凡聖賢所以敎人爲學之大端, 條例如右, 揚之楣間).

　○諸君은 서로 다투어 講明하고 준수하여 몸으로 실천하면, 思慮·言行에 있어서 戒謹·恐懼할 바가 반드시 저보다도 더욱 엄하게 될 것이다. 그렇지 않고 禁防의 범위를 벗어남이 있다면, 이른바 저 規約을 반드시 취해야 할 것이며 略할 수 없는 것이 될 것이다. 諸君은 잘 생각할지어다(諸君相與講明遵守,

而責之於身焉, 則夫思慮云爲之際, 其所以戒謹恐懼者, 必有嚴於彼於者矣, 其有
不然, 而或出於禁防之外, 則彼所謂規者, 必將取之, 固不得而略也, 諸君其念之
哉).

퇴계는 「白鹿洞規圖」와 「後叙」에 나타난 교학의 이념을 서원교육에서
실현시키기 위하여 몸소 「伊山院規」를 自撰하였다. 慶北 榮州에 있던 伊

山書院은 뒤에 퇴계 자신을 享
祀하는 서원이 되었다(書院이 세
워진 것은 宣祖 6년(1573 癸酉)이고
그 이듬해(1574 甲戌)에 사액이 내려
짐). 〈伊山書院記〉에 의하면 安
瑺이 군수로 온 뒤,

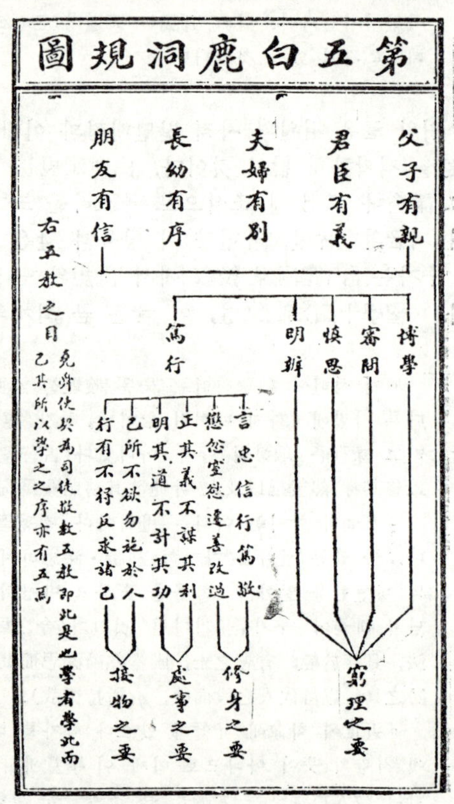

> 右文興學 激勵人材 爲先務郡之
> 諸士 以及父老相與謀曰 我係文成
> 公之後也, 觀其所以存諸中興, 夫
> 施諸政事者　能知治本以不變先志
> 及如此　吾郷學舍之作若以請我俟
> 宜不成者時哉 不可失也

라고 하여 郡治六七里許에 있는
「蕃川一峴」에 伊山書院을 짓기
시작했다고 되어 있다. 32 間이나
되는 이 서원이 낙성되기는 戊午
년(1558) 7 월이었고 착공한 지 4朔
만이다. 「養正堂」이라는 「居接」[27]
의 장소를 옮긴 것도 이때이다. [28]
伊山書堂의 院規를 퇴계가 지을

---

27) 《退溪全書》(上), 〈伊山書院記〉, pp. 951∼952, (群居斅業名之曰居接)
　　「居接」이란 書堂에서 여름철에 山寺나 樓臺·亭樹 등에 모여 賦詩와　製述을 하던 일종
　의 夏季學校이다. 夏課를 할 때 山寺岩栖를 찾는 일은 四學이나 향교의　館生들도 하였지
　만 私塾에서 더욱 盛하였다. 이는 高麗 十二私學徒의 遺風이다. 이 행사는 대체로 陰曆 6
　月을 중심으로 하였는데 郷中의 名儒·老士를 招致하여 開接禮로 시작, 東西接으로 편을
　짜서 우열을 다투었다.
28) 퇴계는 〈書院十詠〉 가운데 「伊山書院」에 대하여 다음과 같이 읊고 있다.
　　地靈人傑數龜城 剏立儒宮事亦貞

때는 다만 講學藏修의 교학목적만을 위한 것이었으므로 뒷날의「書院」성격과는 일차 구별하여 생각할 것이다. 퇴계시대의 서원은 곧 학교였던 것이다.

「伊山院規」는 다음과 같다.[29]

　一. 유생들이 독서하는 데는 四書五經을 본원으로 삼고, 小學·家禮를 門戶로 삼아서, 나라의 선비를 양성하는 방법을 좇고, 聖賢의 친절한 교훈을 지켜 만가지 착한 것이 본래 내게 갖춘 것임을 알고 옛 도리가 오늘날에도 실천될 수 있음을 믿는다. 모두 다 힘써 몸으로 행하고 마음으로 체득하며, 體를 밝히고 用을 적합하게 하는 학문을 할 것이며, 諸史子集, 文章, 科擧의 業도 또한 하지 않을 수 없으므로, 옆으로 널리 통하도록 힘쓸 것이나, 마땅히 內外·本末·輕重·緩急의 차례를 알아서 항상 스스로 격려하여 타락하지 않도록 하고 그 나머지 간사하고 요망하고 음탕한 글을 모두 院內에 들이어 눈에 가까이하여 道를 어지럽히고 뜻을 미혹하게 하지 못한다.

　一. 유생들은 뜻을 굳게 세우고 나아가는 길은 바르게 하며, 학업은 遠大한 것으로 스스로 기약하고, 행실은 道義에 귀착하는 곳으로 삼는 자는 좋은 학문이 되는 것이다. 그 마음가짐이 비천하며 취하고 버리는 것이 分明치 못하고, 앎은 저속하고 속된 것을 벗어나지 못하며, 뜻과 바램이 오로지 탐욕에만 있는 자는 나쁜 학문이 되는 것이다. 만일 행실이 괴이하여 예법을 비웃고, 남을 업신여기며 교만하고 법제를 왜곡하며, 도리를 위반하고 추한 말로 부모를 욕하며, 여러 사람을 괴롭히고 예법을 좇지 않는 자는 院中에서 의논하여 좇아낸다.

　一. 유생들은 항상 각 齋에 조용히 있으면서 오로지 독서에 정신을 기울여 의심나고 어려운 바를 강론하는 일이 아니면, 부질없이 다른 방에 가서 쓸데 없는 이야기로 날을 보내어 피차간에 생각을 거칠게 하거나 학업을 쉬어서는 안된다.

　一. 까닭 없이 알리지 않고 자주 출입하지 말라. 무릇 衣冠과 言行은 서로 간절히 規責하기를 힘쓰라.

　一. 成均館의 明倫堂에 伊川先生의「四勿箴」과 晦庵先生의「白鹿洞規十訓」과 陳茂卿의「夙興夜寐箴」을 써서 걸었는데 이 뜻이 매우 좋다. 院中에서도 이것을 또한 벽에 걸어 서로 타이르고 일깨운다.

　一. 책은 문 밖에 나갈 수 없고 여자(色)는 문에 들어올 수 없으며, 술은 빚을 수 없고 형벌은 쓰지 못한다. 책은 나가면 잃기 쉽고, 여색은 들어오면 더럽히기 쉽고, 술은 學舍에서 마땅한 것이 아니고 형벌이란 儒生의 일이 아니

諱避不須生院號　絃歌猶待樹風聲
29) 丁淳睦,《韓國敎育名文選集》, 大韓敎聯(새교육 文庫 4), 1972, pp. 9～11.

다(刑罰은 유생이나 혹은 有司가 개인적 감정으로 바깥 사람을 때리는 일을 말함인데, 절대로 이러한 일에 말려들어서는 안된다. 院에 딸린 下人들이 죄가 있어서 그대로 용서할 수 없다면 작은 일은 有司에게, 큰 일은 上有司와 상의하여 처벌할 것이다).

一. 院의 有司는 근처에 사는 청렴하고 재간 있는 品官 두 사람으로 정하고 또 선비 가운데 事理를 알고 몸가짐이나 행실에 있어서 여러 사람이 우러러 복종할 수 있는 한 사람을 골라서 上有司로 삼되 모두 2년 만에 교대시킨다.

一. 儒生과 有司는 힘써 예로써 서로 대하고, 공경과 믿음으로 서로 대우하여야 한다.

一. 院에 딸린 下人을 온전히 돌봐준다. 有司와 儒生들은 항상 下人을 애호하며, 院의 일과 齋의 일 이외는 모든 사람이 사사로이 부리지 못하며 개인의 노여움으로 벌주지 못한다.

一. 書院을 세워서 선비를 양성하는 것은 국가가 文治를 숭상하고, 학교를 일으키며, 인재를 새로 길러내려는 뜻을 받듦이니 누가 마음을 다하지 않겠는가. 이제부터 이 고을에 오는 자는 반드시 書院 일에 대하여 그 제도를 돕도록 하고 그 규약을 덜어냄이 없다면 斯文에 있어서 어찌 다행이 아니겠는가.

一. 아이들은 학업을 받거나, 儒生을 부르러 오는 일이 아니면 德門 안에 들어오지 못한다.

一. 기숙생들은 어른이나 아이를 물론하고 정해진 수효는 없으나 성적을 얻은 다음에 院에 들어올 수 있다.

6) 퇴계의 서원창설운동과 그 영향

李佑成 교수는 퇴계의 서원창설운동은 지방의 新進士林들을 성리학의 산하에 모여들게 하고 이어 참다운 공부를 시키려는 뜻에서였다고 하면서, 퇴계의 서원창설운동은 신진사림들을 흡수하여 참다운 공부를 시킬 환경조성운동이었다고 한 바 있다.[30] 그러나 퇴계의 이와 같은 염원은 그리 쉽게 이루어질 수는 없었다. 퇴계는 〈書院十詠〉의 총론에서 다음과 같이 읊고 있다.

늙도록 經을 연구하면서도 道를 듣지 못했으나
다행히도 모든 書院에서 斯文을 창도하더니
어찌하여 科擧 물결이 바다처럼 뒤쳐서

---

30) 李佑成, 〈退溪先生과 書院創設運動〉, 《退溪學報》, 第 19 輯, 退溪學研究院, 1978, pp. 203~210.

나의 쓸데없는 시름을 구름처럼 심하게 하는가.
(白首窮經道未聞 幸深諸院倡斯文
　如何科目波飜海 使我間愁劇似雲)

　　따라서 서원교육의 기능은 차츰 달라져 갔을 뿐 아니라 세태인심 또한
쉽게 고쳐지지 않았다. 그러나 퇴계의 서원창설에 대한 열의는 관학적 아
카데미즘의 전통을 물려받기를 거절하고 지방에서 서원을 통한 성리학의
토착화로 순수한 학문연구의 기풍이 일어났으며, 퇴계 이후 嶺南과 近畿
의 재야學統으로 이어졌고, 특히 재야학자들, 특히 근기학통의 학자들에
의해서 「인간적 진실추구의 學으로서의 퇴계학의 기본정신은 내면세계로
부터 외부지향으로 나타나 이른바 실학시대를 열어놓았다」[31]고 한다. 이
로 미루어 보면, 퇴계의 서원교육운동은 私學을 통한 순수한 진리탐구와
인간적인 진실추구를 위한 초석이 되었으며 우리나라 교학사상 중요한 위
치를 점하여 온 사학정신의 연원적인 등불이 되었음을 알 수 있다.

---

31) 앞의 글, p. 209.

V. 퇴계 교학사상의 전개

퇴계학파의 교육적 전통
退溪의 嫡傳, 鄭逑의 敎學思想

V−1. 퇴계학파의 교육적 전통
——道統의 계승과 발전——

1) 전통의 단절과 현대교육

오늘의 학문적 전통에서 사상의 맥이 끊어져버리면, 이미 그것은 사상이라고 부르기보다는 옛 思惟史라거나 지나간 學案이다. 「퇴계 사상의 맥은 끊어졌는가」라는 질문은 역시 오늘의 삶과 무관한 지적 경험이나 그 혼적의 발굴이 아닐 것을 기약한다. 생명의 맥이 끊어져 버리면 다시 접합하거나 재생시킬 수 없다. 정신 생명은 더욱 그러하다. 완전히 단절된 맥은 정신적이든 육체적이든 복원이 되지 않는다. 맥은 열이 교통하는 곳이고 숨이 점화되는 삶의 「결」이다. 그러므로 「타고 남은 재가 다시 기름이 되는」〔韓龍雲〕 기적이나 부활은 없다. 사람의 생각 또는 이른바 「지식체계」는 자리잡기도 어렵거니와 한번 자리잡은 생각의 틀은 쉽게 무너져버리는 것도 아니다. 정신적으로 무늬놓은 생각의 틀(이것이 문화이다)은 이러한 맥으로 박동한다. 그리고 생각의 틀은 역사와 더불어 開物・成務되는 것인데 「개화」라는 말 속에는 현실과 이상의 발전법칙, 곧 끊임없이 변용되고 새롭게 창조되는 생명의 법칙이 깃들어 있다. 일찌기 사멸되어버린 문화를 우리는 유적이라고 부르지만 겉으로는 사멸한 모든 유적들 속에서도 역사적으로 의미와 가치의 殘脈이 남아 있다면 우리는 그 잔맥에서나마 은혜로운 교통을 이룩할 수 있고 삶의 숨「결」을 이을 수 있는 것이다. 일제 말기에 어느 志士는 얼어붙은 웅덩이에서 한두 마리의 살아남은 올챙이를 보고 「다 죽지는 아니하였구나!」 하였다지만〔金教臣〕 정신의 역사는 늘 그 창조적인 재생능력으로 말미암아 계승되어 왔다. 이것은 인간만이 시간의 뜻을 소유하고 저장하고 창조하는 능력을 지녔기 때문이다. 그러므로 겉으로 우리들 눈에 보이지 아니한다고 하여 정신의 맥이 끊어졌다거나 그 생명이 단절된 것은 아니라는 것이다.

의미 있고 가치 있는 모든 정신 생명들은 모두 우리들의 정신적 고향이다. 그러므로 플라톤과 아리스토텔레스도 우리의 정신적인 조상이라는 말

(슈프랑가)은 일리가 있다. 그러나 정신문화의 보편성에 도달하자면 마땅히 통과하여야 할 관문이 있다. 이것은 특수성 또는 지역성이라는 관문이다. 이즈음 尹某씨의 음악이 세계를 진동한다고 알려주고 있다. 생각되기로는 그는 높은 음악성의 보편세계에 들어가기 위하여 동양적(좁혀서 한국적)인 가락을 실었을 것이다. 문화에 있어서 길이 보편성을 지니자면 역설적으로 그 특수성이 강조되어야 한다는 논리다. 「가장 지방적인 것이 세계적인 것」(괴테)으로서 공자가 말한 「조화롭자면 서로 같지 아니하여야 한다」(和而不同)는 세계와 통한다.

오늘날 우리는 전통문화의 계승과 발전에 대하여 많은 논의를 거쳐왔다. 그러나 이러한 발전계승론이 대두되기에 앞서, 과연 지나간 전통이 오늘에 계승하고 발전할 가치 있는 생명인가 아닌가를 먼저 진단하여야 할 것이다. 그리고 「계승」 이전의 공백과 무관심은 무엇 때문인가에 대하여도 철저한 검증을 거쳐야 할 줄 안다. 우선 퇴계사상을 놓고 보면 그것은 오늘에 와서 이미 사멸 또는 단절된 「기억 속의 흔적」인가 아닌가? 그리고 오늘과 내일의 우리들 삶 속에 의미 있고 가치 있는 것으로 전할 만한 것인가, 아닌가. 이에 대한 해답은 (~이다)라는 긍정사일 것이 분명하다. 이러한 분명한 해답을 내리기는 쉬워도 불분명한 명제로 계속 남는 문제는 어떻게 하여 시간의 마디 사이에서 이를 의미 있고 가치 있는 성숙된 경험으로 전달하지 못하고 망실하였는가 하는 의문이다. 나는 이것을 교육의 잘못에서 비롯되었다고 본다. 교육은 시간의 마디를 건네주는 다리이고 세대의 교체작업이다. 「건네주지 못하고」 한 세대를 넘기면, 다가오는 모든 세대들의 교육은 훈련의 수준을 벗어나지 못하게 된다. 여기에 기능위주적 교육이 판을 쳐도 수습할 도리가 없다. 마치 繼走에서 한 사람의 주자가 바톤을 놓쳐버리면 전 경기가 파탄이 나는 경우와 같다. 위에서 「건네준다」고 하였는데, 건네주는 것들 속에는 경험이라는 이름의 바톤이 있으며 그 내용은 문화라는 것이다. 교육에서 건네주는 경험내용은 일반성을 지향하면서도 매우 독특한 국지성인 同一視體系를 전달한다는 점을 잊어 버려서는 안될 것이다. 전통문화의 계승 발전이 이루어지지 못한 책임이 교육에 있다고 하였거니와 동일시체계의 파탄이야말로 한국 현대교육이 저지른 최대의 과오이다.

동일시체계는 수 세대를 통한 겨레의 지속적인 경험 속에 자리잡고 있는 어떤 信條를 형성한다. 조상과 같이 겪은 경험의 신조는 동일시체계의 기초가 된다[스파이서]. 문화의 역사에 있어서 이러한 지속적인 신조를 주고 받는 마음의 터전이 곧 교육인데, 전통교육과 근대교육의 갈림길에서 우리는 지나온 바톤을 용감하게 버리고 말았다. 장이 서지 않는 파장이 된 것이다. 중국의 경우, 그들의 국학대가들은 근대교육의 면허장(학위)이 없이도 고등교육기관과 연구기관에 자연스럽게 옮겨 앉아 근대 학문으로 세련된 국학 후계자를 배출하였다. 첸무(錢穆) 등 일군의 노학구들이 그들이다.

41년 전에 우리는 광복을 맞이하였으나 아울러 분단(단절)도 함께 맞이하였다. 횡적으로 국토의 단절과 사상의 분단도 비극이었지만 종적으로 과거와의 단절 또한 이에 못지 않은 아픔이다.

사유의 종단적인 단절 현상으로 한 세대를 지내면 앞섰던 경험의 세대들과 조상과 같이 겪은 경험이나 조상을 통한 경험과는 무관한 새로운 인간이 탄생한다. 4천년 문교의 나라가 고작 40년 정도의 신생국으로 둔갑하여 버릴 수 있다.

해방은 감격이었으나 교육은 현실이었다. 감격이 식고 현실이 다가설 때, 우리의 교육은 힘있게 과거 백지화의 수준에서 출발하고자 하였다. 과거가 잘못되었으므로 현재의 시련이 있고 마침내 남에게 압제를 받게 된 것이라 생각하여 과거와의 메별(袂別)을 서슴지 아니하였다. 여기에 쉽고 당연한 대안으로 등장한 철학이 미국의 실용주의다. 실용주의로써 지난날의 일본 군국주의의 잔재청산은 물론 한말의 계몽주의 교육, 나아가 儒學敎育의 폐단 등을 말끔히 씻을 수 있을 것으로 보았다. 우리 역사상 많은 외래사상이 수용되었지만, 이때처럼 저항 없이 들어온 외래사조는 없었다. 이는 시대의 처방전이고 구세의 통치약인 듯이 보였다. 새 교육은 이렇게 과거단절에서 출발하였는데, 교육가치론적인 견해라든가 역사적 문화주의 따위는 과거단절이 추구하는 실용적인 규준인 現時性과 即時性의 눈금과는 사뭇 먼 것들이었다. 여기에 존 듀이 학파가 이 땅에 기식할 수 있는 명분이 마련되었고 전통과의 단절은 손쉽게 동일시체계를 무너뜨릴 수 있게 되었다.

황국 신민화교육의 갑작스러운 퇴장은 새로운 표어의 우상을 갈구하게 되었다. 이에 대한 저항 없는 영입이 곧 아메리카니즘 교육관인 실용주의의 새 교육운동이다.

2) 민족문화와 퇴계학

민족문화에 대한 이해는 먼저 겨레 문화에 대한 사랑을 전제로 한다. 우리는 대상을 인식하기 때문에 사랑하는 것이 아니라 사랑하기 때문에 이해한다. 그리고 겨레 문화에 대한 깊은 애정과 자랑을 느낄 수 있는 사람만이 겨레 문화에 대한 부정적인 측면과 저해요인에 대하여서도 객관적이고 사실적인 이해로써 이를 극복할 수 있다

퇴계 사상은――〔다른 사상도 마찬가지로 보지만〕사랑하여야만 이해할 수 있는 철학체계이다. 미움도 사랑의 또 다른 모습이다. 만일 퇴계사상에서 발견되는 미움이 있다고 하여도 우리는 그것마저 사랑하여야 그를 이해할 수 있다. 그렇다고 학문이 사랑이라는 말은 그 속에 편견과 합리성의 결여가 있어도 좋다는 뜻이 아니다. 대체로 성리학은 전인간적인 투입 없이는 결코 이해될 수 없다. 더구나 퇴계인간학은 일종의 종교적이고 도덕적인 긴장관계에서 맞서지 않을 때, 또는 예술〔인간학적〕인 삶의 자세로 만나지 않을 때는 몇 조각의 지식 파편만 주울 뿐이다.

퇴계 사상은 한국정신산맥 가운데 主峯의 하나이다. 이 산마루는 성리학이라는 「히말라야산맥」 속에 솟은 「에베레스트산」이다. 그러므로 성리학적 등고선〔히말라야 산맥〕이라는 보편적인 공통기반을 지닌다. 흔히들 퇴계학은 주자학의 연장이 아니냐고 반문한다. 물론 그러하다. 퇴계학은 주자학의 연장일 뿐 아니라 주자철학이야말로 퇴계 사상의 고향이다. 그러나 사상의 뿌리를 따지고 올라가려면 하필 朱熹에게만 머물 까닭이 없다. 주자학을 형성하기 위하여는 인도의 불교철학과 道家의 자연철학이 동원되고 있음은 쉽게 발견할 수 있는 일이다. 주자학의 형성을 위하여는 당시의 세계철학이 총동원되었다고 하여도 과언이 아니다. 그러므로 퇴계학의 고향이 주자에 근거한다고 하여 창피하게 생각하거나 의기소침할 필요는 없다. 오히려 주자와 같은 세계적인 대철학자를 학문적으로 인격적으로 私淑하고 스스로의 규범인격으로 삼았다는 사실이 우리에게 자랑할 만한 일이기도 하다. 일찌기 전세대의 정신적인 雨露에 젖지 않고 자란 巨木은 역사상 없는 것이다.

잘못을 고치고자 앞 성인을 우러러뵈오니
지극하신 가르치심 남기셨는데

사람으로 하여금 늘 기억하게 하누나, 자양산의 그 님을.

이처럼 퇴계는 紫陽翁 朱子를 사모하고 우러러보기를 평생동안 그치지를 아니 하였다. 그것은 「지극하신 가르치심」 때문이고 자신의 학문애이기 때문이다. 실지로 퇴계가 평생 사모하고 우러러보기를 그치지 않았던 이는 朱子가 그 목표였다. 선비의 감정은 사랑하는 것(愛之者)이 좋아하는 것(好之者)만 같지 못하고, 좋아함이 즐겨하는 것(樂之者)만 같지 못하다는 것이다. 퇴계가 詩題로 택한 도연명·두보·소동파(三家)에 대한 태도는 그냥 사랑하고 좋아함에 지나지 않을 뿐 아니라, 나아가 즐겨하였다. 그러므로 주자의 시에 화답한 시가 유달리 많아서 8 題 29 수나 된다(王甦, 《退溪詩學》 四, 〈淵源〉).

퇴계의 학문은 주자에 연유하였으나 독자적인 하나의 문호를 열어 한국 성리학으로 이끌어올렸다는 근거는 무엇인가. 퇴계학이란 무엇인가. 하나의 「학」으로서 독립되자면 연원의 학문인 주자학과 구별되는 異同處가 있어야 한다. 퇴계학은 주자학과 함께 성리학이라는 넓은 테두리 안에서 성립되기 때문에 「다름」보다는 「같음」이 많지 않을 수 없다. 그러나 퇴계학은 퇴계라는 특별한 개성적 인격의 소산이고 한국의 역사적 사회적인 풍토의 산물이기 때문에 주자학과는 「같음 가운데의 다름」 「다름 가운데의 같음」이 있을 수 있으되 그 개성적 의미는 독자적일 수밖에 없다.

이곳에서는 理와 氣에 관한 것과 性과 情에 관한 매우 개괄적인 설명을 하려고 한다. 이 4개의 개념은 성리학의 기본 개념이기 때문에 퇴계학의 독자성을 이해하는 열쇠가 될 수 있을 것이다. 그러나 퇴계학은 이들 개념을 벗어나는 폭넓은 인간학적인 전망 아래서 그 전경이 보이기 시작한다. 이기심성론은 성리학의 우주론, 심성론으로 나눌 수 있으나 이는 단순한 지식체계가 아니라 이들이 역동적으로 행위하는 실천윤리라는 점이 중요하다.

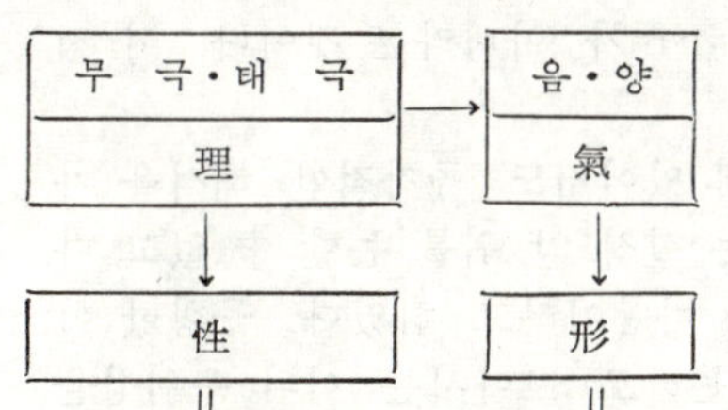

우주와 인성이 합일되는 실체가 理 氣인데 이와 기의 결합에 의해서 우주 만물이 발생되고 인간에게는 이성에서 오는 도덕적 법칙과 형기에서 오는 현상적 욕구가 있다. 이는 기를 떠나서는 나타날 수 없고 기는 이를 떠나

서는 작용할 수 없다. 그리고 만물은 하나의 理를 근원으로 한다는 의미에서 평등이라고 할 수 있지만 기의 작용에 의해서 차별상이 생긴다. 여기에 인간은 다른 자연물과 마찬가지로 빼어난 기를 타고난 까닭에 만물의 영장이 되는 것이다. 이러한 우주론은 바로 인성론에 연속되어 있는 것이다. 이것이 이일분수(理一分殊)이다.

3) 퇴계철학의 특징

일찌기 주자는 理에다 존재론적인 의미의 所以然과 법칙적 의미로서의 所當然의 두 가지 성격을 부여하고, 그것은 氣 속에 존재한다고 보았다. 「기」는 형질을 지녔기 때문에 운동을 하는 데 반하여 「이」는 형질과 운동이 없는 관념적인 실재라는 것이다. 관념적 실재로서의 이는 기의 命物者로서의 理가 기 속에 존재하지 않으면 기의 작용은 불가능하다는 입장을 취하였다. 주자는 이것을 윤리적인 면에서 고찰하여 이기에 경중을 두면서도 기를 악한 것으로 단정하지는 않고 다만 기의 淸濁 여하로 선악의 구별이 생긴다고 하였다.

퇴계는 이기의 존재론적 「소이연」보다는 윤리·실천적인 법칙성으로서의 「소당연」면에 더욱 중점을 두고 이기를 해석하였다. 따라서 그의 이기설은 理貴氣賤을 주장하게 되고 「이와 기는 서로 떨어지지 않음」(理氣不相離)이라는 측면보다는 「이기는 서로 섞이지 않음」(理氣不相雜)을 강조하게 되었다.

이처럼 퇴계는 「이」의 우위설을 주장하여 존재론적으로는 理發說을, 인성론적으로는 「四對七說」 곧 對說을 그리고 가치론으로는 道心說을 전개한 것이다. 「理」가 귀하다는 것은 그것이 無爲이기 때문이고 「氣」가 천한 까닭은 그것이 有欲하기 때문이다. 무위는 不爲가 아니라는 것이다. 이 점이 주자와 다른 점이다.

그리고 퇴계는 理尊氣賤說의 발생순서에 있어서도 독자적인 해석을 가하였다. 程朱 성리학에 의하면, 이와 기는 실상 앞 뒤를 논할 수 없고 다만 논리상으로 초월된 이를 말할 수 있을 따름이라고 하였다. 무형한 이를 말하려면 기가 필요하게 되며 창조의 논리로 보아서는 이의 우위성을 인정하지 않을 수 없으나, 인식 논리로 보아서는 기를 먼저 논하지 않을 수 없다는 것이다. 그러나 퇴계가 「이기불상잡」을 역설하며 제자들의 학문적인 공박을 받으면서까지 理發說을 주장한 까닭이 이의 이러한 보편성과 능동성이야말로 그의 실천윤리의 당위개념들인 天理・道心・四端・本然之性 따위를 정당화시킬 수 있기 때문이다. 여기에 그는 주자의 理一分殊로서의 이의 보편성과 張橫渠의 湛然一氣로서의 기의 보편성을 초월하는 理의 절대성을 확보하게 된 것이다. 이러한 면으로 보면 퇴계학은 일종의 종교철학적인 성격을 지녔다고 할 수 있다. 이의 신성성과 엄숙성은 퇴계에 있어서 강렬한 학문적 품격이기도 하다. 이는 존재론적인 실재인 동시에 도덕 실체이다. 그러므로 퇴계에 의하면 이의 至神한 用이 늘 문제가 된다. 이의 妙用이 능동적으로 나타나는 것을 모르고서는 진리의 길에 멀지 않을 수 없다는 것이다.

앞서 저자는 주자학의 초극과 발전으로서의 퇴계철학을 논하는 자리에서, 퇴계는 ① 근원적 운동자로서의 이의 파악, ② 소당연으로서의 이의 강조, ③ 인격형성의 절대적 준거로서의 이라는 세 가지 측면으로 퇴계철학의 특색을 고찰한 바 있거니와 이것은 인격실현의 근본원리로서의 퇴계학의 근본 성격을 논하려는 것이었다.

퇴계 철학에 있어서 「生生과 生成의 논리」와 「소이연・소당연의 논리」는 가치의 지향성을 도달하려는 목표일 수 있다. 간추려 풀이하면 다음과 같다.

4) 生生과 生成의 논리

주자는 程伊川의 사상을 계승하여 이기 이원론을 정립하고 그 개념을 명료화하였고 퇴계는 이를 더욱 철저화하였다. 주자는 이의 존재적인 측면인 所以然之故와 윤리적인 측면인 所當然之則으로 양별하였다. 이같은 구별은 결국 인간의 善意志와 자유의지가 각기 서로 일원적인 내재율이 있을 때에라야만 이의 가치는 평가된다는 생각이다. 그러나 우주 자연의 인과율을 따르면 인간의 도덕률은 극단적인 숙명론으로 떨어져 버리게 될 것이고 의지와 선택의 자율과 자유에서 오는 도덕률과 표준의 법칙(標準之義)은 사라져 버리게 될 것이다. 그러므로 존재의 법칙으로서의 자연 그리고 필연으로서의 「소이연」과 인간의 자율규범으로서의 「소당연」은 뗄래야 뗄 수 없는 야누스의 모습이다. 주역에서 「一陰一陽之謂道」라는 말에서 道는 곧 理인데 이때의 도나 이는 자연세계에서 生生 즉 무한 생성(werden)의 법칙을 따라야 한다. 그러나 인간세계에서의 생생 즉 삶의 법칙은 당위의 법칙(當爲之理)이 있어야 하므로 단순한 자연의 인과율적

법칙을 따른다면 극단적인 숙명론으로 전락한다. 따라서 필연의 자유세계만이 존재하고 자유하는 인간세계는 없다. 그러면 자유하는 인격이나 도덕, 또는 이상은 사라져버릴 것이 아닌가. 따라서 의지의 자유나 도덕적 선악의 개념은 발붙일 곳이 없게 된다. 사람에게 있어서 일음 일양하는 소이(所以)로서의 길(道), 즉 理를 이음으로써(繼之) 사람다웁게 되는 것이며(成之), 이러한 사람다움(善)의 가치 개념은 자연세계만으로는 성립될 수 없다. 반드시 인간과의 「관련 아래서」 비로소 가치 있는 삶이 형성된다. 퇴계에 의하면 理의 존재론적인 진리는 인간학적인 행위론의 진리와 연결되는 것으로 파악한다. 「사람임」의 삶의 법칙은 「사람됨」의 삶의 규범과 만날 때 「이(理)의 인간」(군자·성현)은 실현될 수 있다는 것이다.

　여기에 理의 존재나 당위는 이어줌으로써 완전할 수 있고(繼之者善也) 그 스스로의 성품은 도덕적인 주체를 이룸으로써 인격이 실현될 수 있는 것(成之者性也)이다. 이것은 현대 학문과 현대 인간의 객관성과 규범성의 관계와도 비교되는 문제이다. 성리학은 인간을 대상으로 삼을 때 가능한 학문이다. 사람은 그의 삶을 통해서 스스로를 형성해가는 가능성을 지닌 존재이고 그의 삶은 「무엇과의 관계」를 맺음으로써 실현된다. 성리학적 우주 인성론에서 「맺는 관계」가 곧 理이다(性卽理). 우주와 인간의 교섭관계를 다리 놓고(繼之) 교통하는(成之) 일은 객관적 사실의 존재법칙으로 가능한 일도 아니고 주관적 사실의 당연법칙만으로도 불가능하다. 사실과 의미의 교호적인 생명적 운동 법칙 아래 이들 양자는 통일되고 생명화한다. 삶(存在)과 됨(當爲)은 이(理)의 안팎이다. 이것을 잇고(繼之) 이루는(成之) 규범은 교조적 덕목에 감추어져 있는 것이 아니라 살아 있는 존재의 자유로운 의지(규범의지) 속에 있다고 퇴계는 확신하였다.

5) 所以然·所當然

　이(理)와 성(性)의 自在와 자율의 문제는 하나의 얼굴에 두 모습이다. 즉 우주와 인간에 대한 공통되는 근거 원리라는 말이다. 성(性)은 이(理)와 마찬가지로 「소이연지고」와 「소당연지측」을 그대로 지니기 때문에 성과 이라는 말은 동의이어(同義異語)이다. 주자에 의하면, 이 둘의 결합체가 태극인데(萬物統體太極也) 나누어서 말하여도 각기 하나의 태극을 지닌다(分而言之一物其名太極也).

　따라서 태극은 총체적 의미로 보아 「이」이며, 성의 개별적 의미로서의

「이」다. 개별 특수성으로서의 「이」는 보편일반성으로서의 「이」와 同心圓的 관계에 있다. 이것이 理一分殊說이다.

情意와 계탁(計度)과 造作이 없이 다만 깨끗하여 텅빈 세계의 형적(形跡)이 없는 이의 존재는 천하에 어떠한 물건이라도 담는다고 주자는 보았다.

그러나 퇴계는 「所以然」과 「所當然」이 事인가 理인가를 논하는 글에서 이들은 당연코 理라는 주장을 한다. 퇴계는 그의 존재론에 대한 이론을 그대로 인성론까지 확장시켜서 이와 기가 「마주섬」(對待)하고 있을 뿐 아니라 본연의 성과 기질의 성도 서로 「마주섬」하고 있다고 보았다. 주자의 인성론은 그의 존재론과 서로 어긋나고 있을 뿐 아니라, 존재론에서 작용이 없다고 말한 理를 인성론에서는 작용이 있다고 말한 자가 당착에 빠진 것과는 대조적이다. 퇴계는 그의 확고한 우주인성론으로써 주자의 미해결처를 해결하였던 것이다.

퇴계는 주자가 남긴 위의 숙제들을 해답을 하였을 뿐 아니라 존재·인성론을 理로써 다 같이 작용(發之)한다고 하여, 마침내 이를 잇고(繼之), 실현시켜야 하는(成之) 것으로 종합 통일시켰다.

이같은 성리학적인 우주·인성론의 정리·집성, 그리고 대단원은 주자가 죽은 지 3백년이 지나서 우리나라 퇴계에 와서 가능하였다.

그리고 퇴계는 이와 기의 교섭관계에 있어서 하나의 가치존재론적인 포개념(包槪念)으로 관통시키고 이의 소이연지고와 소당연지측의 두 측면을 자신의 삶과 됨이라는 성숙인격의 자리로 끌어올리고자 하였다.

이와 같은 삶과 삶의 자세는 주체적인 인간의식과 자유의지에서 나온 것이다. 사람됨의 길은 선천적인 유전요인(禀受)에서 운명적으로 이미 그려져 있는 것도 아니고 어떠한 괄호 속에 갇혀진 길도 아니다. 이(理)의 법칙성을 體認·體察·體驗·體行하려는 자율적인 인격실현으로서 사람됨의 길은 닦아지고 또 다다를 수 있다고 퇴계는 믿었다.

사람의 삶이란 누구나 천지의 이를 얻어서 體로 삼고, 누구나 천지의 이를 얻어서 성(性)으로 삼는데 이 이와 기가 합하면 마음이 되는 것이다. 그러므로 한 사람의 마음은 곧 천지의 마음이며, 한 사람의 마음이 곧 천만 사람의 마음이어서 처음부터 안과 밖 그리고 너와 나의 다름이 있는 것이 아니다.

——(答奇高峯, 論心統性情圖書)

따라서 천지이기를 합하려는 의지와 실천이 무엇보다 소중하다는 것이다.

6) 퇴계학파의 형성과 그 계승

저자는 한국 성리학의 발전단계를 다음과 같이 나눈다.

15세기 : 政敎 이데올로기 시대
16세기 : 心性學的 인간관의 시대
17세기 : 禮學的 질서이념의 시대
18세기 : 실학적 경세치용의 시대

이같은 세기별 구분은 자칫 기계적이고 도식적인 편의성을 지닐 우려가 있으나 15세기 조선조 창업을 시점으로 하여 「백년 1기」씩 끊어서 그 시대의 의미 중심이 어느 방면에 더욱 쏠려 있는 점으로 보거나, 정치원리가 그대로 그 당시의 교학원리였다는 점으로 보아 유학이념의 시대적 추이를 밝히는 데 도움이 되리라고 보았던 것이다. 퇴계시대는 바로 16세기의 「심성학적 인간관의 시대」에 해당되는데, 이곳에서의 심성학이란 양명학에서의 그것과는 구별되는 개념이다. 이같은 점을 전제로 하고 성리학의 현실적용면을 보기로 한다.

성리학의 현실 적용은 예교〔崇廉恥·勵節義〕와 정교〔明聖學·行王道〕로 대별할 수 있다. 송대 성리학과 마찬가지로 조선조 초기의 성리학은 강한 체제유지적인 성격 때문에 정교면에 힘쓰지 않을 수 없었는데 鄭道傳을 비롯한 廟堂儒가 이 기능을 집행하였다. 이들 묘당유들은 조선 왕조 창건에 이념적 기반을 제공하였다.

16세기로 접어들면서, 조광조에 의한 지치주의가 좌절되고 잇따라 일어난 잦은 사화로 말미암아 士風은 땅에 떨어지고 士林은 보신의 방도로써 학문적 방향을 심성세계로 돌리지 않을 수 없었다. 퇴계시대는 바로 이러한 학문적·치세적 방향전환의 시대였던 것이다.

퇴계는 이학적 경세주의와 심학적 수양주의 어느 한쪽만을 치우쳐서 취사하지 않는 입장을 취하면서도 인간형성의 예교적 측면을 더욱 중시하였다. 그러나 퇴계는 조선조 성리학의 계보적인 분류에 있어서 사림파의 영수로 보는 견해는 다소 무리가 있는 것 같다. 그는 나아가면 공경대부였고 퇴관하여 산림에 묻히면 그대로 儒者였다.

그는 나아가고 물러감에 있어 朝野가 泰斗같이 우러러본 나라의 스승이었기에 일파의 영수로 대접할 수는 없다. 어쩌면 퇴계만이 참다운 의미에 있어서 경세주의와 예교주의를 조화시킨 인물인 것으로 보인다. 퇴계 전의 士禍와 퇴계 후의 당쟁은 이를 증명한다. 在朝의 훈구파와 재야의 사림파가 서로 분화하고 재분화(당쟁)하는 고비와 퇴계는 무관하다.

퇴계학파를 이야기하기 전에 道統과 學統에 대하여 먼저 설명할 필요가 있다.

유학의 특색은 바로 도통론에 있다. 이는 쉽게 말하여 사상의 정당한 계보이다. 유학의 도통을 세운 분은 공자인데 「요・순・우・탕・문왕・무왕・주공」은 그의 학문과 사상에 있어서 정당한 질서이고 계보였다. 이에 맹자는 공자를 추가하여 이른바 8성인을 차례로 들었으며, 그 자신은 후세학자에 의하여 「버금 성인」(亞聖)으로서 공자학을 계승한 분이 되었다. 그러다가 맹자 이후 천여 년 간은 유학의 도통이 끊어진(絕學) 시대였으나 남송 때에 주자가 나서 천년 절학의 도통을 연결시켰다. 이것이 이른바 「염(濂)・락(洛)・관(關)・민(閩)」의 도통 계보이다. 주염계→장횡거→정이천 형제가 공맹학을 이어받아 발전시켰으며 주자 자신은 성리학을 집대성하게 된 것이다.

주자의 도통론은 그의 「자치통감」의 綱目을 세운 데 근거하였으며 이것은 춘추대의의 명분론인 것이다. 주자의 강목 정신은 학문과 사상의 정통성을 부여하는 데 그치지 않고 역대 제왕가의 정통성을 부여하는 데도 춘추대의의 정신으로써 임하였다. 예컨대, 陳壽의 《삼국지》에서는 조조의 魏나라를 정통으로 하였으나, 주자는 단연코 유비의 蜀나라를 한나라의 후계 정통으로 삼은 것이 그것이다. 조조는 시역・찬탈・패도의 간웅이기 때문에 그를 정통으로 볼 수 없다는 춘추사관의 표현이다. 그러나 왕통(또는 법통)은 언제나 도통(또는 학통) 밑에 있는 것이어서 최고의 가치 질서는 언제나 도통에 있었고 이것이 유학정신의 당연한 귀결이기도 하였다. 한나라와 같이 정치권력(법통)이 학문권위(도통)보다 위에 있을 때는 도통과 법통은 교묘하게 연결되었다. 우리는 그것을 공자의 칭호인 大聖至聖文宣王의 예에서 찾을 수 있다. 위에서 「대성지성」은 도통을 표시하고 「문선왕」(素王)은 법통을 가리키는 것으로 이 둘이 묘하게 결합한 것이다. 학통은 도통에서 유래된 儒賢에서 파생되어 각기 학문의 開山祖를 갖는 축소 명칭이다.

학파란 학통의 開山祖 이후 初傳(제 1 대 제자)・再傳……6 전 식으로 계승 발전되게 된다. 그리고 각 傳에서의 高足, 제 1 인자를 嫡傳이라고 부른다. 퇴계는 한국 유학의 도통을 확립한 분이다.

그는 《화도집》, 〈음주〉 16 에서 우리나라 도학연원을 다음과 같은 시로 읊었다.

예부터 우리나라는 동방의 鄒魯라 불렀으니
선비들은 모두 6경을 외었네
어찌 알지 못하고 그리하였으리
우뚝 솟았구나 정포은이여
절개를 지켜 끝내 바꾸지 않았도다.
김점필재는 글월을 일으켜
문하에는 훌륭한 제자들로 가득하였네.
스승보다 뛰어난 문도들
김한훤당, 정일두 이어져 소리치네
그들 문하에 들지 못함이여
앎을 좇아 헤매이는 나의 애달픈 마음이여
(吾東號鄒魯 儒者誦六經 豈無知好之 何人是有成 矯矯鄭鳥川 守死終不更 佔畢
之起裏 求道盈其庭 有能青出藍 金鄭相繼鳴 莫逮門下役 知躬傷出情)

오늘날 한국 성리학의 도통을, 「정몽주──→우탁──→김숙자──→김종직──→
김굉필──→조광조」로 잡고 있는 것은 바로 퇴계가 확정한 도학 연원이다.
퇴계 이후 이른바 五賢으로 불리우는 도통의 계보가 형성되었다. 「김굉
필·정여창·조광조·이언적·이황」의 다섯 분이다. 이것은 그 당시 국
론으로 정한 것이지 한두 사람의 제창으로 그리된 것은 아니다. 그 뒤
율곡학파(기호학파라고 부르나 이는 잘못이다)에서는 따로 그들의 「五賢」을
거론하기도 하였다. 그러나 퇴계를 제외하고는 일단 어느 한 黨色에 치우
치게 되어 초당적인 지지를 받기 어렵게 되고 또 선조 10년 이후의 학자
는 어느 학자이고 간에 거국적인 지지를 받기는 어려웠던 것이다. 「五賢」
에 대하여 일부 노론과 소론들이 퇴계를 제쳐놓고 직접 정암에다 연원을
대는 분이 있다. 즉 노론은 정암 연원에다 율곡을 대고 또 소론은 정암
연원으로 우계〔成渾〕를 대지만 율곡과 우계는 모두 〈陶山及門諸賢錄〉에 들
어 있으며 사실은 그들은 퇴계 연원이나 다름이 없다.

그러나 저자의 생각으로는 퇴계는 학통의 편의상 「五賢」의 마지막의 위
치에 있지만 그는 특별한 師承관계가 없는 분이고 학파라고 이름 붙일 수
있는 최초의 분이기 때문에 그대로 주자를 私淑 연원으로 하여 개산조로
하여도 무방할 듯싶다.

일찌기 李佑成교수는 퇴계학파의 계보를 다음과 같이 분류하였다.

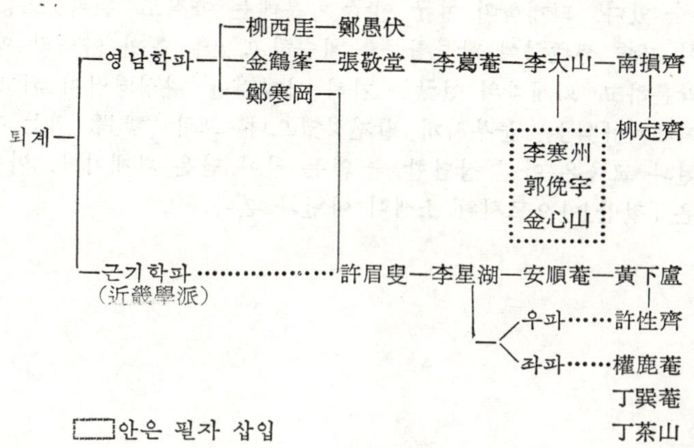

퇴계의 직접 제자는 〈도산급문제현록〉에 의하면 당시 국내 명사를 망라한 260여 명이나 된다. 위의 도표 가운데 「영남학파」의 연원도는 한국유학사에 있어서 대체로 합의를 본 계보이다. 실학의 사상적 연원을 율곡에다 대고 있는 일부 학파의 견해와는 달리 이 「연원도」는 지금까지 유학사에서 미해결의 과제로 남아 있던 실학사상의 형성배경에 대하여도 명쾌한 사상의 地圖를 제시하였다.

위의 「퇴계학파연원도」에서 점선으로 표시한 「이대산 연원」은 근래까지 이어져 온 마지막 퇴계학파라고 할 수 있다. 「대산——한주——면우——심산(金昌淑)·김중재(金榥·重齋)」의 계보가 그것이다. 곽면우의 문도는 「파리장서사건」을 비롯한 항일독립운동의 지사들이었다. 옛 선비의 정신은 춘추대의정신에 있었으므로 국난이 있을 때마다 퇴계학파의 문도들은 의병장으로 활약하였으니 그들 학문정신의 당연한 귀결이다.

수년 전에 작고한 重齋 金榥의 장례는 「마지막 儒林葬」을 하고 장례의 회중이 수천 명이었다고 대서 특필되었다.

그렇다면, 「중재」로 표상되는 퇴계학파는 과연 그 맥이 끊어졌다는 말인가. 그 분의 임종이 곧 퇴계학파의 단절인가?

장황스레 설명할 겨를은 없으나 그러하지 아니하다. 지난날의 유학교육형식으로서는 퇴계학의 전수는 끝이 난 것이다. 그러나 퇴계학은 근대학문정신의 세례를 받고, 이제부터 그의 학문이 과학적으로 그리고 다양하게 집중적으로 연구되고 계승되기 시작하였다.

　퇴계학의 학문적인 발전과 계승은 이제부터 참답게 비롯되기 시작되었다고 할 수 있다. 퇴계학의 연구 인구 가운데는 아직도 위의 도통연원과 닿은 분이 다수 생존하여 학문활동을 계승하고 있을 뿐만 아니라 양(洋)의 동서를 막론하고 퇴계학의 연구는 가히 세계적인 관심영역이 되고 있다. 그러나 퇴계의 「학」은 눈부시게 발전하였으나 그의 「행」을 닦는 참된 선비의 출현과 교육은 아직 장담할 수 없는 일이 남은 과제이다. 아직 퇴계학의 맥은 「절반」만으로서의 소생이 아닌가 본다.

Ⅴ―2. 退溪의 嫡傳, 鄭逑의 敎學思想

1. 寒岡의 敎育生涯評釋

1) 시 대

　寒岡 鄭逑(1543~1620, 中宗 38~光海 12)는 조선시대의 전형적인 사림파 官人학자이면서 교육자이다. 그는 燕·中祖에 있었던 네 차례의 「士禍期」가 끝날 무렵에 태어나서 사림파가 정치적인 안정 기반을 구축한 후 자체적인 분열 현상이 노정되기 시작하던 「당쟁」 초기에 그 생애의 대부분을 보냈으며 임진왜란과 같은 역사상 미증유의 전란을 몸소 겪은 격동기의 인물이다.

　寒岡의 출생 전야는 사림파의 정치적인 몰락 시기였으며 權臣·戚臣들이 발호하던 때였다. 연산군 때는 戊午·甲子의 사화가 있었고 중종반정 뒤에는 趙光祖 일파에 의한 至治主義的 도학정치가 이루어지는 듯싶더니 그들의 성급한 이상주의는 좌절되고 드디어 己卯士禍를 겪고 나서 南袞·沈貞·金安老 등 이른바 權奸들의 柄權이 있었으며 尹元老·元衡 형제와 尹任 같은 척신들의 권력암투 내지 弄權이 계속되기도 하였다. 그리하여 조선조 전기부터 기반을 다져온 성리학적 도통연원은 在地的 세력으로 잠복하기에 이르렀고 백여 년간 지속되어온 昇平期는 그 종언을 고하기에 이르렀다. 따라서 잔명을 도생한 사림들은 관계 진출을 단념하고 재야학자로 은거하여 후진을 교학하기 시작하였다.

　그러다가 중종 말년에 권신 김안로가 실각하면서 金安國·李彦迪 등이 叙用되고 기묘사화에 연루되었던 다수의 士類들이 다시 중앙 정계로 진출하기 시작하였는데 이때를 전후하여 李滉도 차츰 두각을 나타내게 되었다.

　약 50년간에 걸친〔燕山 4년(1498~)明宗元年(1545)〕네 차례의 커다란 사화는 일견 사림파의 숨통을 완전히 끊어버리는 듯하였으나 모진 시련을 거치면 거칠수록 사림파의 지위는 역설적으로 더욱 공고하여졌고 마침내 훈구파 대 사림파의 정세는 역전하게 되어 士林政治의 기반을 구축할 수

있었으며, 그들이 다져놓은 在地的 기반은 宣祖朝 국난기에 크게 쓰일 후
진 학자들을 양성할 수 있을 정도로 성숙하였다. 寒岡이 출생한 중종
38년은 주세붕에 의하여 順興에 백운동서원이 세워진 해이다. 서원의 창
설은 이러한 사림의 재지적 기반을 무시하고서는 이루어질 수 없는 것이
었다.[1] 더구나 寒岡의 출생은 사림파 형성의 실질적인 開山祖라고 할 수
있는 寒暄堂 金宏弼과 뗄 수 없는 관련이 있다. 한강의 조부(應詳:司憲府
監察)는 한훤당 문하에서 수업하고 마침내 그 사위가 되었으며 이러한 연
유로 그의 부친(恩中:忠佐衛副司猛)이 率居 落南하여 처음에는 외가인 玄
風 率禮村에 살다가 뒤에 星州 李씨를 娶하여 성주 沙月村(사도실)에 정착
하였다. 따라서 「東方五賢」의 首賢인 한훤당은 한강의 先外曾祖父가 된
다.[2] 뒷날 퇴계는 龜巖 李楨에게 보낸 편지에서 「曾見鄭崑壽及其弟逑 皆
志居好善之士 寒暄外孫 豈無餘風耶」라고 한 것은[3] 바로 김굉필의 학통과
혈통이 한강에게 있음을 지적한 것이다.

  한강이 나이 7세 때 官人이 도포에 두르는 紅絲帶를 하고서 집에 오는
손님을 맞이하였는데, 손님이 희롱삼아 묻기를 『그대의 벼슬이 무엇인
가?』하니 소년 한강은 태연히 답하기를 『나는 여러 대를 걸친 公卿자손
으로서 마땅히 金衣緋를 둘러야겠으나 짐짓 이렇게 한 것이라』하였으며
伯氏(适)가 어리석다고 꾸짖었으나 그에게는 堯舜과 같은 기상이 있노라
하였다. 이를 두고 〈年譜〉에서도 「天資豪邁・志氣遠大・色辭之間・英彩發
越」이라고 표현하였으나 소년 한강의 높은 自我同一視의식과 성취동기의
일단을 엿볼 수 있다. 소년기의 이러한 성취동기는 학문과 더불어 「立志」
라는 형태로 내면화되고 또 자아실현이라는 삶의 공간을 확충하기도 한
다. 사람됨의 길에서 「八歲・入學」은 이러한 자아조절의 한 시험대이기도
하였다.

---

1) 丁淳睦, 《韓國書院教育制度研究》, 嶺南大出版部, 1979. 참조.
2) 張顯光 撰, 〈寒岡鄭先生行狀〉, (承旨公受業于寒暄堂金先生之門 金先生愛其志行 妻之以女
  公遂月薰習 益樹其家庭之訓 判書公天資寬曠不設畦畛 人謂之不失赤子之心 其孝友至行 實有
  人所難及者 以寒暄夫人朴氏在玄風率禮村 公旣孤奉母夫人 自京未寧仍留居其側 及公娶于星
  州 則州亦文獻之鄕 故遂居焉 卽州南南山里沙月村也)
3) 《寒岡全書》(下), 景仁文化社(影印本), 〈年譜〉 p. 227.

2) 修　學

한강은 9세 때 부친상을 당하고 문득 「志于學」하여 「發憤讀書」하였다. 伯氏가 이때 그에게 내린 「충고」(伯氏嘗泣而語曰 先君在世時 慮爾失業 常以爲憂 汝其勉之 先生惕然感奮 自力不息)는[4] 한강 일생에 있어서 첫번째의 한 「시험대」로 보여진다. 삶의 실존적 자각은 삶의 「방황」을 끝맺게 하는 결정적 계기가 되는 것이다. 그러나 이때 충고자의 인간적 권위와 충고를 받아들이는 자의 내적 갈등이 한가지 지향성으로 통일되기란 그리 쉬운 일이 아니다. 한강은 열 살이 되도록 집안에서 「失業」하지 않을까 「憂慮」하였으나 한강은 「잃어버린 것을 새로운 출발점에서 회복」하려는[5] 충고를 결단성 있게 받아들였다. 충고는 자기 각성과 결부될 때 정당한 효력을 발생시킨다. 그리고 소홀히 했던 것을 만회하기 위한 유도체로서 伯氏의 충고는 교육적인 힘을 발휘하였다.

13세 때 「첫 스승」과의 만남이 이루어진다. 德溪 吳健이 바로 그다. 그는 당시 州學의 敎授官이었다. 德溪는 일찌기 南冥 曹植의 高弟이고 퇴계 문하에도 출입한 석학이다. 이는 실로 한강에게 있어서는 「은혜」라고 할 수 있다. 사람에게 있어서 스승 없는, 아니 스승과의 진정한 만남이 없이 사람됨이 이루어지는 일은 힘들다. 한편 좋은 제자 없이 훌륭한 스승이 기억되는 일 또한 어렵다. 그러므로 스승과 제자와의 만남을 「서로 만남」이라 하는 것이다. 그리고 무엇보다 「첫 스승」의 교육적 의미는 한 사람의 생애에 있어서 결정적인 구실을 줄 수 있다. 그러므로 첫 스승과의 만남은 운명적이라고까지 하는 것이다. 이를 두고 「너는 은혜로 말미암아 나를 만난다――(찾는다고 해서 만남이 이루어지는 것이 아니다)」라고 말한다.[6]

寒岡은 10세 전에 이미 《大學》・《論語》를 읽었으므로[7] 12세 때는 선생의 가르침이 없이 《通鑑》을 독파할 수 있는 실력을 갖춘 지식인이 되었다. 吳德溪에게 처음 배운 것은 교과과정에서 가장 어려운 「易」의 乾坤 兩卦였다.

---

4) 寒岡의 맏형 适은 早逝하였으나, 한강의 소년기에 있어서 훌륭한 스승이었다. 〈年譜〉에 「先生早喪先君子 與伯氏參贊公奉母夫人以居 伯氏亦好義樂善之士也 入行孝弟 出事問學 質之於師 資之於兄 文行漸進 儕輩嘆服」(文緯)이라고 적혀 있다.

5) O. F. Bollnow, *Existenzphilosophie und Pädagogik*, 이규호역, 《實存哲學과 敎育》, 培英社, pp. 62～79 참조.

6) 위의 책, pp. 105～124 참조.

7) 〈年譜〉, 「讀書」, (先生年纔七八己受大學論語等書 觸處洞然――崔恒慶)

「就學易傳 纔讀乾坤二卦 餘皆推類而通秀無碍」(年譜)하였다니 그 당시 소년 한강의 지적 수준은 이미 크게 이루어진 후였다고 할 수 있다. 이러한 정도의 受學者에게 만족을 줄 수 있는 길은 지식이 아니라 人格과의 邂逅일 수밖에 없다. 이처럼 德溪人格과의 만남은 처음부터 성공적이었으므로 그를 평생의 스승으로 길이 숭앙하게 되었으며(「挽德溪吳先生」: 收餘芳兮 佩服終身世) 덕계 또한 한강과의 첫 대면에서 「英才大器 必將出爲世用」이라고 推許하여 마지 않았던 것이다.

> 先生自妙齡 篤志勵行 以聖賢自期 受學於師 晷刻不自放過 文理日通 辭義日達 德溪令諸生作七夕辨 先生即呼裵德秀 而書之 口號不停 言皆正大 德溪大加稱嘆曰 非徒文辭出群 器識亦已超人 他日所就 必非凡輩所及[8]

15세(明宗 12년, 1557)에 〈醉生夢死嘆〉이라는 시 32 節句를 지었는데, 이 시는 우주와 인생을 논한 한 편의 哲學詩이고 立志大期의 교육적 自警文이라 할 수 있다.

> 천명을 아름답게 받은
> 사람으로 태어나서
> 마음 하나로 모든 착함을 주재하니
> 그 마음쓰임 妙用하여 虛靈함을 알겠네.
> 천지의 오묘한 이치 속에 사람됨의 길 다하며
> 힘써 이룩한 다음에라야 마음의 평화로움 있으리라.
> 어찌하다 헛된 삶으로
> 꿈이런듯 취한 듯 한 세상을 보내랴.
> 아침 나절 덧없이 지워보내듯
> 싹없이 지내는 소년 시절 가련하구나.
> 거치고 탐욕스러운 마음 四端을 해치고
> 食色에만 맛들이는 삶 七情을 더럽히네
> 良心, 솟아나려니 私己가 움직이고
> 正念, 일어나려니 邪心이 먼저 생기네.
> 슬프고나! 사방이 꽉 막혀 한 줄기 햇볕도 없이
> 취한 듯 꿈이런듯 헛된 삶이여
> 三綱은 이즈러지고 九法 또한 무너지는데

---

8) 〈年譜〉, 「學問」, 文緯.

한 세상을 귀머거리 장님으로만 보낼거냐
하늘로부터 품부받은 이 한몸이
길 잘못들어 빈 구렁텅이로 떨어지네
그렇지만 천지의 기운을 이어받은 몸
좋은 열매맺음을 바라노니
삶의 뜻은 貞함에 있고
마음의 주인으로 불러일으키는 길이 어이
없을소냐.
단단히 마음을 가다듬어 혼탁한 흐름을
맑게 하련다.
마음의 三軍을 호령하는 길이 다만 文字 위에
있지 않나니
天君(마음)의 바른 길은 明誠함을 바라고
敬과 義를 함께 지니는 것이
일상의 삶 속에 있으니
아래부터 차근히 힘쓰노라면
明德은 밝혀지리라.
이렇듯 하루 아침에 꿰뚫어 보았거니
부모 형제 뵈오니
세월의 덧없음이 오히려 안타깝고
하늘과 땅을 俯仰하니 홀로
갈길이 아득함을 근심하네. (의역)[9]

　위의 시는 栗谷이 19세 때 지은 〈自警文〉과 쌍벽이라고 할 수 있을 정
도로 조숙한 천재성이 번뜩이는 작품이라고 보겠거니와, 글의 내용으로
보아 이때 한강은 이미 眞西山《心經》의 大意를 깨친 소년 철학자의 경
지에 다다른 듯하다. 6년 뒤 한강이 21세 때(1563)에 처음으로 퇴계선생
을 찾았다. 다시 2년 뒤인 23세에 퇴계선생에게《心經》에 관한 것을 質正
하였는데 寒岡의 성리학적 우주인성론의 체계는 15·6세에 이미 확립되기
시작하였다고 보아야 할 것이다. 그러므로 이 〈醉生夢死嘆〉은《心經》의
독후감 또는 그 책으로 말미암은 일종의 「發心願」이라고 보여진다.

____

9)《寒岡全書》上, 卷 1, 詩, p. 16.

3) 퇴계와 南冥과의 만남

한강은 행복스러운 學人이었다. 퇴계와 남명과 같은 鴻儒碩德을 한꺼번
에 스승으로 모실 수 있었던 것은 한강에게만 행운이 아니라 퇴계와 남명
에게 있어서도 慶福이었다.

뒷날 宣祖가 布衣의 선비인 한강을 昌寧현감으로 제수하고(37세, 1579)
퇴계와 남명 두 사람의 기상이 어떻드냐는 물음에 대답하기를

> 李滉 德器渾厚, 踐履篤實, 工夫純熟 階級分明 學者易以尋入. 曹植 器局峻整
> 才氣豪邁 超然自得 特立獨行 學者難以爲要

라고 적절히 평가하였거니와 한강은 두 스승의 장점을 고르게 물려받아
敬義夾持의 조화로운 인간상을 마음 속에 일찍부터 아로새길 수 있었다. 한
강이 퇴계를 처음이자 마지막으로 배알한 것은 그의 나이 21세 때였다. 이
때 퇴계는 이미 朝野가 태두로 추앙하던 63세의 노대가였다.[10] 청년학자와
元老耆宿간의 첫 대면은 그해의 봄날이었듯이 春風이 감도는 장면이었을
것으로 짐작된다. 이때 한강은 퇴계로부터 「爲學次第之方」〔교육방법〕을 듣
고 비로소 지난날 미처 깨닫지 못하였던 「爲學所定之處」〔교육목적〕를 터득
하게 되었으며 이로부터 더욱 힘써서 학문의 발전이 날로 확충되었다는
것이다.

> 〈年譜〉──癸亥春先生 拜退溪先生 質以所疑 李先生語以聖門爲學次第之方 於
> 是始覺前日所向之 未有所定 而向裏鞭策 規模日廣 事業日弘──(文緯)

퇴계가 그를 보내고 『寒暄外孫豈無餘風이리오』라고 한 말은 범연한 傳
言만이 아닐 것이다. 그 해 가을에 進士試에 합격을 하고 겨울에 혼인
(光州李氏)을 하였다. 그리고 이듬해 會試에 나아갔으나 「不入禮圍而歸」하
고야 만다. 한강이 과거를 포기한 것은 단순히 「尹和靖의 故事」[11]를 본만

---

10) 이 무렵 퇴계는 奇高峯과의 四七論辯을 전개하는 중이었고 庚申年(1560)에는 陶山書堂
　　이 낙성되어 본격적으로 研鑽講學 생활을 펼칠 때이다. 그러므로 寒岡이 퇴계를 배알한
　　곳은 陶山書堂이었을 것이다.
11) 宋나라 尹焞, 程伊川의 문인으로 종신 과거에 나아가지 않았으며 임금이 여러 번 불러

것만이 아니었을 것이다. 이는 그가 당시의 무상한 宦路의 작태를 직시하였을 뿐 아니라 무엇보다 퇴계의 인격을 접하고 나서 感發된 것이 아닌지 모를 일이다.

퇴계와의 첫 대면이 있고 나서 두 해 뒤에 한강은 퇴계에게 《心經》에 대하여 질문하였는데, 「自是以後 不惟躬自往來 其修牘質問者亦且相續」(年譜)이라 하였다. 이때는 서면으로 問目한 것으로 보인다. 그러므로 퇴계를 직접 「拜」[12]한 것은 두 해 전(癸亥년)에 仲兄 崑壽와 함께 한 「하루 동안」이 그 전부였다. 그리고 한강이 남명의 문을 두드린 것은 다시 그 두 해 뒤인 24세(1566) 때였다. 이때 남명은 「士君子大節 惟在出處 汝於出處粗有見得 吾心許之也」(年譜)라고 하여 숙성한 한강의 「出處大節」을 印許하였다. 〈연보〉에 의하면, 퇴계・남명과의 「단 한번만」의 만남 이후로 이들 師弟간의 對面교육은 없었던 듯하다. 불과 몇 해 지나지 않아서 퇴계(1570)와 남명(1572)은 타계하였으며, 다시 2년 뒤(1574)에는 德溪 또한 운명하였으므로 한강의 수업시대는 사실상 28세에 막을 내리게 된다.

여기서 우리는 옛 선비의 사제관계가 단순히 執贄(弟子禮를 통한 執經受業)라는 형식에 얽매이지 않았음을 알 수 있다. 대면이 없는 서한교육〔問目〕만으로도 사제관계는 성립될 수 있었으며, 단 한번의 「禮訪」으로도 가능하였다. 오직 師弟同行이라는 「서로 만남」 속에서 心許하여 종평생 「事之」・「私淑」하는 실질적 관계도 존재한다. 그들은 인격적이고 정신적인 세계 안에서 서로 만났지만, 서로 같은 이해와 가치평가를 지닐 수 있었으며 이러한 만남을 통하여 참다운 자기실현을 이룩하였다. 그리고 무엇보다 중요한 사실은 그들의 만남이 인격적인 독립성을 끝까지 유지할 수 있었기에 가능하였다는 사실이다. 스승과 제자와의 만남의 사건은 운명적이고 돌발적인 하나의 「사건」이다. 그리고 스승은 제자가 만남에 이르도록 하는 매개자이기도 하고 또한 제자는 바로 그러한 매개자로서의 스승 자신과 만난다. 그러나 스승과 제자 사이에 참다운 만남이 일어나려면 스승은 스승임을 그치고 제자는 제자임을 그치는 한에서 그것이 가능

　도 응하지 않다가 宋나라 紹興 초에 師道로 천거되어 崇政殿 說書兼侍講이 되었다(宋史・428).

　寒岡年譜에는 이때의 사정을 다음과 같이 전한다(先生年二十二 得鄕貢初試時 先生志學甚篤絶意外慕 赴京師不見會試 而還自是以後 益加堅苦刻屬力之工 雖燕居之時 未嘗脫上衣亦未嘗施惰容 必夜深而寐 鷄鳴而起 終日危座 講讀不輟).

12) 宣祖와의 문답에서 한강은 퇴계와 남명에게 각기 「執經受業則未也」라고 대답하였는데, 이는 책이나 지식을 통한 사제관계는 없었다는 뜻이고 道學淵源에서의 사제의 分이 아니라는 뜻은 아니다.

하다는 것이다. [13]

한강은 뒷날 퇴계를 추모하면서 「逮也小生早及門提掖之厚　敢忘隆恩　惟其魯莽　白首無憑　顧省虔悼」라고 술회하였거니와[14] 〈祭南冥曺先生文〉에서는

嗚呼　念我小生蓋自十五六歲時　始得聞先生之風　而知欽慕之　而癡駿貧遠　無以自達於階庭之下　徒塵星斗之仰　未侍春風之座者　殆將十年束脩之　將曰自丙寅之春而幸先生之不鄙棄之　而收而置之弟子之列　而又復以爲可敎　而每許以義分相與之地[15]

라는 사제의 인연을 술회하였다.

사제간의 탁월한 도학적 傳承관계를 道統淵源이라고 한다. [16] 뒷날 寒岡이 「陶山嫡傳」으로서 한국 성리학의 도통을 이어받게 된 내력은 당연한 귀결이지만 퇴계·남명 양문에 出入하면서 뒤에 오직 퇴계의 학통을 이어받은 것으로 된 것은 남명 문하에서의 동문인 鄭仁弘의 정치적 향배와 관련된다. [17] 정인홍은 뒷날 한강이 남명에게 「背師」하였다고까지 하였으며 한강은 이 말을 듣고서 남명을 존경하기로는 나보다 더한 사람이 없을 것이라고 하였다(〈年譜〉：邊人(指仁弘) 訾先生以不尊尙南冥 至以背師目之 先生聞之曰 莫如我敬先生——裵尙龍). 퇴계와 남명은 동갑으로, 서로 만나지는 못하였으나 文通으로 사귀었다. 그러나 선조 37년(1604)에 李彦迪을 비판한 남명의 글과 퇴계를 비판한 정인홍의 글이 담긴 《南冥集》이 정인홍에 의하여 발간되자 퇴계·남명 두 문도의 관계는 악화되기 시작하였다. 더구나 광해군 2년(1610)에 회재·퇴계가 포함된 「東方五賢」의 文廟從祀에서 정인홍은 그의 스승 남명이 빠진 것을 분개한 나머지 회재와 퇴계를 비방하는 상소를 올리게 되었는데 館學儒生은 靑襟錄에서 정인홍의 이름을 삭제하였고 마침내 인조반정 후 그가 정치적인 패퇴를 하여 역적으로 몰리자 南冥學派의 수난은 가중되었다. 이렇게 볼 때 한강의 남명에 대한 崇慕는 정인홍의 정치적 야심으로 인하여 무색하여진 것만은 틀림이 없다. 한강은 남명의 인품과 학문에 대하여 다음과 같은 최대의 찬사를 바쳤으며,

---

13) O.F. Bollnow, 앞의 책, pp. 124～136 참조.

14) 《寒岡全集》, 卷 12, 〈祭退溪李先生墓文〉, pp. 226～227.

15) 위의 책, p. 207.

16) 丁淳睦, 〈道統論〉, 《朝鮮時代의 敎育名著巡禮》, 培英社, 1985(교육신서 No. 128).

17) 李樹健, 〈南冥曺植과 南冥學派〉, 《民族文化》 제2.3집, 嶺南大民族文化研究所, 1982. 참조.

정인홍이 그를 「背師」하였다고 할 때도 「그 사정은 後生이 알 수 없는 일이다」〔言行錄〕 할 뿐이었다. [18]

아, 선생은 천지의 純剛한 덕과 河嶽의 淸淑한 정기를 타고났으며, 재주는 일세에 높고 기개는 千古를 덮으며 지혜는 족히 천하의 변화를 통하고 용명은 능히 三軍의 元帥를 앗을 수 있으며, 泰山壁立의 기상과 鳳凰이 높이 나는 이상을 지녔도다. 빛나기는 산봉우리의 구슬과 같고 맑기로는 물 위에 뜬 달 같도다. 내가 보기로는 이런 분은 동방에 일찌기 없던 인걸일시 분명토다. [19]

그러나 남명의 高弟[20]였던 한강이 정인홍으로 인한 남명학파의 몰락과 더불어 「退溪門下三傑」이[21] 된 것은 아니다. 여기에는 志向上의 상근성과 學問上의 공통성이 크게 작용한다(이에 대하여는 「敎學方法論」에서 다시 상론한다). 다만 이곳에서 강조하는 것은 후세의 평가나 同輩들의 주장이 아닌 한강 자신이 취한 南冥觀이다. 그는 시종 충실한 남명의 문인이었고 그 學恩에 감사하는 문도였다.

4) 講 學

한강의 학문 수업은 거의 「無由師」의 자력 학습이었다고 할 수 있으나, 21세 때 퇴계와의 「하루의 만남」 이후 「如覺前日所向之未有所定」의 상태에서 「각성」하여(연보에는 「向裏鞭策」이라 함) 한 차원 높은 수준으로(연보에

---

18) 앞의 글, p. 189.
19) 《寒岡全書》(上), 祭南冥曺先生文, (嗚呼先生稟天地純綱之德 鍾河嶽淸淑之精 才高一世氣 蓋千古 知足以通天下之變 勇足以奪三軍之帥 有泰山壁立之像 有鳳凰高翔之趣 璨如峯頭之玉 瀾瀾如水面之 月自我而觀之 宜其爲振東方未有之人豪矣).
20) 南冥은 61세 때 兎洞에서 晋州 德山의 絲綸洞으로 옮겨 「山天齋」를 짓고 후생과 함께 講學論道하였는데 이때 金沔・鄭琢・金宇顒(外孫壻)・崔永慶・金孝元 등이 와서 배웠으며, 67세 때 明宗에 이어 宣祖가 즉위하고 나라에서 여러 번 불렀으나 남명은 「戊辰封事」를 올렸다. 이때를 전후하여 鄭逑・崔滉・兪大修・郭再祐 등이 배웠다. 이들 뛰어난 제자 가운데서 南冥은 鄭仁弘 金宇顒을 더욱 촉망하였다. 남명은 늘상 「방울」과 「칼」을 지니면서 「喚醒・警昏」의 具로 하였는데 이 두 물건을 鄭과 金에게 주어 「傳心」한다 하였다(植常佩 鈴喚醒 拄劍警昏 末年以鈴與金宇顒 以劍與仁弘曰 以此傳心——《宣祖實錄》).
   위 南冥門徒 가운데 金沔・鄭琢・金宇顒・金孝元 등은 한강과 마찬가지로 퇴계의 문하이기도 하다. 「鄭仁弘事」 이전에는 이처럼 퇴계・남명 門人은 交遊自在하였다.
21) 世稱 「三傑」이라 하는 분은 金誠一・柳成龍・鄭逑인데 이들은 자신들의 학행도 빼어났을 뿐 아니라 뒷날 그들 門徒들의 淵源이 번창하여 각기 퇴계학파의 一大門戶를 열었기 때문이다.

「規模日廣 事業日弘」이라 함) 스스로를 끌어올렸다. 이때의 「깨달음」은 스승과 제자와의 공동제작이다. 스승의 가르침은 제자의 準備度(readiness) 여하에 의하여 촉발되거나 무효화될 수 있다.

　Spranger 는 인간의 내적 세계의 각성은 「인간형성의 완전히 새로운 하나의 次元」이라고 하였다. 이러한 면으로 보면 퇴계는 교육적 각성의 高手였다. 그는 한번도 자신을 스승이라고 자부한 적이 없었다. 제자가 스스로를 통찰할 수 있을 때, 다시 말하면 「스스로를 가르칠 수」 있을 때만이 그 사람의 인생관적 전회를 도와 주었다. 그러하였기에 한강과 퇴계는 「함께 哲學하는」 同道의 知己일 수 있었다.

　28세에 일단의 형식적인 수업시대를 끝내고, 한강은 마침내 한 시대의 師表로서의 책임을 세상에 묻게 된다.

　31세 (선조 6, 1573)때, 평생의 道友 東岡 金宇顒이 「山野操行之士」의 천거로 禮賓寺參奉을 제수받았으나 나아가지 않고[22] 「寒岡精舍」를 세워 講學의 첫 考槃으로 삼았다. 이곳에서 그는 퇴계의 《朱子書節要》의 總目을 편찬하는 한편 《家禮集覽補註》를 간행하고 (1573) 《寒暄堂年譜及師友錄》을 편찬하였다(1575).[23]

　그뒤, 健元陵 參奉(1575)→司圃署 司圃(1578)→宗簿寺 主簿(〃)→三嘉縣監(〃)→知禮縣監(1579) 등으로 부름을 받았으나 모두 나아가지 않았고 학도를 모아 小學을 강의하기 시작하였다(1579, 37세 때). 이것이 그의 첫 교육활동이다. 교과과정으로 小學을 택하게 된 것 역시 평생 「小學童子」로 자처한 한훤당의 遺風임을 짐작할 수 있다.

　38세 (1580)때에 비로소 昌寧縣監으로 벼슬하기 시작하였는데 이때 宣祖가 引見하고 물은 퇴계·남명의 인품·학문의 비교는 전술한 바와 같다. 栗谷 李珥는 선조와 한강과의 첫 대면을 이렇게 전한다.

　　鄭逑로 昌寧縣監을 삼았다. 逑는 예학에 힘써서 몸단속을 심히 엄하게 하며 의론이 英發하고 淸名이 날로 드러났다. 여러 번 벼슬을 시켜도 나서지 아니하더니 이번에 상경하여 拜命하였다. 上이 불러보시고 배운 것을 물어보시

---

22) 〈年譜〉:「宣祖命擢 山野操行之士 金東岡以修撰入侍 啓曰 鄭逑曾從李滉學又嘗往來曺植之門學問通明 才局有裕 當令以布衣入對訪問然後 授之以爵 可也」
23) 「寒岡」의 유래는 「寒」을 「朱子寒泉之義」와 논어의 「歲寒松栢之義」에서 취하고 「岡」은 「岡在蒼坪山先隴西麓」에서 따라서 寒岡이라 하였다. 그리고 혹은 「寒」의 含義에 先外曾祖父 「寒暄堂」의 「寒」을 아울러 襲用코자 한지도 모른다.

되 天語가 온순하시니 듣는 사람이 감격하였다. 逑가 이에 부임하였다.[24]

한강은 그해 潤 4월에 부임하여 四境에 「書齋」를 세우고 매달 초하루와 보름에 文廟에 알성하는 한편 諸生에게 義理를 강하고 효자 열부의 정려를 개축하였으며 鄕射·鄕飮·養老禮를 행하였다. 그가 벼슬을 버리고 돌아가자 백성들은 生祠를 지어 길이 칭송하였다. 그리고 郡誌 《昌山志》를 간행하였는데 이것은 이후 지방관 재임시에는 빠짐없이 수행한 鄕土誌 발간 사업의 시발이었다. 한강이 지방 수령으로서 첫번째로 착수하고 가장 중요시한 사업은 守令七事에 있어서 「興學」이었으므로, 그를 敎學守令이라 부를 수 있을 것이다.

41세 (1583)때에는 강원도·충청도의 都事에 拜하였으나 나아가지 않았고 공조정랑으로 부름을 받았으나 역시 나아가지 않았고 문하생들과 더불어 「月朔講會稧」를 만들고 檜淵草堂을 세워 생활의 처소로 하였으며 유명한 「百梅園」을 마련하였다. 「小小山前小小家, 滿園梅菊逐年加, 更敎雲水粧如畵, 擧世生涯我最奢」라는 百梅園詩는 자연을 벗삼은 자신의 생활이 이 세상에서 가장 사치스럽다는 심경을 여실히 나타낸다.

47세 (1589)때에 來學者들에게 《心經》을 강의하고 이듬해에는 《近思錄》을 講하였다. 31세 때 寒岡精舍에서 겸손하게 《小學》을 강하던 한강이 이제 노성한 학자로 추앙되어 내학자들이 그 문하에 운집하기 시작하였으며 그들의 학적인 수준은 당시 성리학적 학문세계의 최고봉을 유지하는 무리들이었다. 따라서 檜淵草堂은 40여 년전 陶山書堂에서 퇴계가 講席을 차린것과 방불한 私學 아카데미즘의 중심이 되기 시작하였다(《檜淵及門錄》 참조).

50세 때에 임진왜란이 일어났다. 한강의 仲氏(出系) 西川君 崑壽는 壬亂의 元勳이 되었으며 그 자신도 강원도 관찰사 등으로 분골쇄신하였다. 전란중에는 外職을 통하여 국사와 민정에 진력하는 한편, 각 지방의 戰亡將士를 매장·추도하고 나아가 역사상 외적을 격퇴한 崔椿命·元冲甲 등 민족의 영웅들을 위하여 사당을 세우고 제사를 지내기도 하여 軍民의 사기를 고무시켰다.[25]

민족의 大戰役인 임진왜란을 겪고 나서 정국이 南北分黨으로 더욱 격화되자 한강은 학연·지연 등으로 자연히 南人系에 속하게 되었다. 禹性傳·

---

24) 李珥, 〈經筵日記〉(三), 「以鄭逑爲昌寧縣監 逑謹於禮學 律身甚嚴 議論英發 淸名日著 屢拜官不就 至是上京拜命 上引見扣其所學 天語溫淳 聞者感激 逑乃赴任」.

25) 《寒岡全書》(下) 〈年譜〉 및 李佑成의 〈解題〉

柳成龍·鄭逑·鄭琢·李元翼·鄭經世·李德馨 등 남인一派는 퇴계의 문
인이 주축이 되었고, 李潑·鄭仁弘·崔永慶·鄭汝立·李山海·李爾瞻·洪
汝諄·南以恭 등 북인一派 가운데는 남명의 문인들이 적지 않았다. 왜란
이 끝나자 북인의 南以恭·鄭仁弘 등은 영의정 柳成龍이 和議를 주장하였
다고 탄핵하여 마침내 北人이 정권을 잡기에 이르렀다.

이 무렵에 寒岡은 鄭仁弘과 절교하게 된다. 정인홍은 剛偏한 성질로 벗
삼기가 어렵다는 것을 알았을 뿐 아니라 직접적으로는 晦齋와 퇴계를 흉
보고 비난하였기 때문이다.[26] 또 이때 그는 같은 고을의 「兩岡」이라 칭
하던 道友 金宇顒을 여의게 된다.[27] 대표작 《五先生禮說》과 《心經發揮》등
을 지은 것 또한 이 무렵이다.

回·進甲을 넘긴(1603) 한강은 향리에 五蒼亭·川上亭·武屹精舍 등을
지어 藏修의 터전으로 삼고 《濂洛羹墻錄》·《洙泗言仁錄》·《景賢續錄》·
《臥龍岩誌》·《谷山洞庵志》 등을 지었으며, 이듬해에는 寒暄堂을 配享하
던 서원인 雙溪書院이 임진왜란 때 불탔으므로 묘소 아래로 자리잡아 다
시 짓도록 玄風 士林들에게 건의하였다. 이 서원이 뒤에 方伯의 啓請으
로 사액을 받으니 곧 오늘의 道東書院이다. 한강의 서원과 관련된 활동은
청년시절(26세)에 성주에 서원을 세울 때 그 院號를 퇴계에게 품정한 결과
「川谷」(고을에 伊川과 雲谷이라는 지명이 있었음)이라 함이 좋을 듯하다고 하
여 川谷書院 건립에 앞장선 일이 있었다.[28] 그후 臨皐書院·烏川書院·
紫川書院·研經書院·德山書院·濫溪書院 등 각 서원의 山長으로 추대되
거나 사액 또는 卜改신축에 앞장서서 서원 교육 발전에 전력하였다.

63세(1605)때에 檜淵草堂 동쪽에다 望雲庵이라는 작은 茅齋를 짓고 優
遊自適하였으며 그 이듬해는 「朔望通讀之規」라는 學規를 제정하여 난리로
말미암아 배우지 못한 鄕中 자제들의 학업을 장려하였다(Ⅱ,「교학방법론」
참조). 《治亂提要》를 지은 것도 이 해다.

65세 되던 해 정월에 安東大都護府使에 임명되어 부임하는 길에 同門
선배 黃錦溪(俊良)의 墓〔풍기〕에 제사지내고 다시 禮安의 陶山書院과 易東
書院을 들려서 은사 퇴계선생의 사당에 참배하였다. 及門한 지 실로 44년
만이었다. 同學의 長老였던 月川 趙穆의 묘를 비롯하여 冲齋 權撥, 鶴峯
金誠一, 西厓 柳成龍 등 同門師友의 무덤을 차례로 찾아 祭文으로 조상하

---

26) 〈年譜〉, (先生初與仁弘同師南冥 已知其剛偏 忌克難與爲善 至是仁弘纂南冥文集 任其偏見
取舍 乖當詆斥晦退 無所不至 先生絶之)

27) 〈年譜〉, (先生與東岡 並生一邑 同遊一門 存而有道合之樂 歿而文袁之痛)

28) 《寒岡全書》(上), (書川谷書院額板下), p. 162.

였다. 그의 安東 도임길은 師友에 대한 마지막 추념의 여정이었고 白首를 날리는 노학자에게는 懷舊의 정을 더욱 간절히 하는 것이었다.

선조 41년에 鄭仁弘이 왕위계승권 문제로 小北일파에게 패퇴하여 寧邊으로 귀양을 가게 되자 한강은 붙잡혀가는 그를 아들(樟)을 보내어 위로하였다. 이러함에도 정인홍은 도리어 직접 와서 보지 않는다고 분히 여겼으며 뒤에 그가 다시 집권하자 갖은 수단을 다하여 한강을 모함하기 시작하였다. 그 해 2월에 병중이던 선조가 갑자기 서거하자 永昌大君을 옹립하려던 小北派는 무너지고 鄭仁弘·李爾瞻을 중심으로 하는 大北派가 정권을 차지하였다. 光海君이 왕위에 오른 뒤 한강은 大司憲 겸 世子輔養官으로 임명되었으나 십여 차례에 걸친 辭職疏를 올린 끝에 4월 21일(광해 즉위년, 1608) 마침내 蒙允되어 그날로 도성을 떠났다. 이로써 28년에 걸친 宦路는 마무리된다. 그러나 「廢母殺弟」 문제로 마침내 광해군과 대북정권과의 정면충돌을 불러일으키게 되었다. 이때 한강은 綱常大義의 명분론으로 全恩說을 주장, 생명의 위협을 무릅쓰고 끝까지 자신의 의견을 굽히지 아니하였다. 광해군은 겉으로 이같은 한강의 충절에 대하여 「見卿兩箚多卿非堯舜不陳之意 天下之事 處常易 處變難 薄劣不幸 遭此無前之變 其何以善處 日夜以憂惘 無以爲心」이라는 批答을 내렸으나 재야의 國老로서의 그의 全恩說은 결국 받아들여지지 않고 강행되었다. 우울한 나날을 보내던 老境의 한강에게 불행한 일이 연달아 일어났다. 72세 정월에 蘆谷精舍가 불나는 바람에 장서 및 저서의 대부분이 불타버렸고 시월에는 아들 樟의 참척을 당하였다. 이러한 우환 가운데서도 《五先生禮說》을 餘燼 속에서 수습하여 改撰하였으니 그 참담한 정경을 상상할 수 있다. 이 듬해 風痹가 도져 오른쪽 몸을 쓰지 못하는 중에도 책을 대하기 예사와 같이하고 제자들의 응접 또한 게을리하지 아니하였다. 이러한 초인적 노력으로 《禮記喪禮》를 編次하고(73세) 또 長文의 〈金鶴峯行狀〉을 撰하였다(75세). 이렇듯 고심참담한 가운데서도 鄭仁弘 일파는 한강을 무고하게 죄 주고자 갖은 계책을 다하였다.

75세(1617) 때 泗陽精舍를 짓고 泗陽病叟라고 自號하였으며 〈五服沿革圖〉와 〈一蠹鄭先生實記〉를 撰하였다. 이듬해에는 〈河洛太極圖〉 兩屛을 새로 만드는 한편 〈金東岡行狀〉을 지었으나 마무리하지 못하였다.

마침내 광해군 12년(1620) 정월 5일에 考終하니 壽 78세였다. 인조 5년에 「文穆」[29]이라 諡號하였다.

---

29) 仁祖 5년에 賜諡된 文穆은 「勤學好問曰文·抱德執義曰穆」이었으나 肅宗 4년에 改諡된

歿後에 각 처 士林들이 한강을 각 서원에 祭享하였는데 다음과 같다.

- 광해군 14년(1662)：大邱의 士林들이 研經書院(退溪主享)을 位版을 봉안
(3월)
- 광해군 14년(1622)：各州의 士林들이 講道하던 檜淵에 祠廟를 別立
- 인 조 1년(1623)：州士들의 청으로 監司가 川谷書院에 從祀할 것을 啓聞
(10월)
- 인 조 5년(1627)：檜淵書院이 준공되고 位版을 봉안(9월)
- 인 조 12년(1634)：昌原 士林들이 檜原書院을 세우고 位版을 봉안(9월)
- 인 조 13년(1635)：成川 士林들이 龍泉書院을 세우고 位版을 봉안(4월)
- 인 조 16년(1638)：昌寧 士林들이 冠山書院을 세우고 위판을 봉안(2월)
- 인 조 27년(1649)：木川 士林들이 竹林書院(朱子主享)을 세우고 從祀(2월)
- 효 종 2년(1651)：泗陽書院(泗陽은 寒岡의 易簀地)이 준공되어 위판을 봉
안(11월)
- 현 종 2년(1661)：忠州 士林들이 雲谷書院(朱子主享)을 세우고 從祀(4월)
- 숙 종 3년(1677)：沃川 士子들이 三陽書院을 세우고 위판을 봉안(10월)
- 숙 종 4년(1678)：玄風 士子들이 道東書院(寒暄堂主享)에 위판을 봉안할
것을 조정에 啓聞(3월)
- 숙 종 16년(1690)：나라에서 檜淵書院을 賜額하고 禮曹正郎 權萬濟를 보
내어 致祭함.

2. 寒岡의 敎學目的論

1) 敬 義

儒學은 종합적 敎育人間學이다. 그 교육의 이념·목적은 가치인격의
실현, 곧 聖人이 됨에 있다. 그러므로 성인은 유학교육의 이상적 인간상
이고 君子는 그 교육적 인간상이다. 그리고 「사람됨」의 가치 실천적 개념
으로서는 「敬·誠·義」 등이 강조된다. 퇴계는 敬, 율곡은 誠, 南冥은 義
를 강조하였던 것이 그 예이다. 그런데 이들 가치 개념은 「志向性」의 문
제[30]이므로 그들이 각기 강조하는 「개념」을 절대화하거나 다른 개념들의
가치를 상대화시킬 수는 없다. 「관심의 志向性」이란 가치관에 관한 표현

文穆은 〈勤學好問〉의 「文」을 〈道德學問〉의 「文」으로 고쳤다.
30) 이 책 제Ⅲ편 제4장 〈퇴계·율곡 심성론에 있어서 관심의 지향성〉 pp. 131～132 참조

의 차이이다. 성리학적 교육이상은 인간 내부자연의 최고 성숙을 지향한다. 그러므로 일종의 자연의 內在觀 또는 內在哲學(immanent philosophy)[31]이다. 인간의 최고 성숙의 길은 居敬窮理에 있고 그 방법론적 원리는 敬義·夾持이다.

퇴계에 의하면 居敬은 「立本事」이고 窮理는 「致知事」이다. 그리고 이 양자를 互進시키는 것이 곧 敬이라는 것이다. 남명은 致知보다는 立本을 더욱 중시하였으며 학문보다는 存養集義하는 실천성을 강조하였다(學記類編).

「관심의 志向性」이라는 점으로 볼 때 퇴계학은 敬學이고 남명학은 義學이다. 퇴계·남명은 居敬集義의 가치성을 함께 중시하였으나 전자는 이상주의적 원리론[居敬]에, 후자는 현실주의적 실천론(集義)에 관심하였다는 말이다.

그런데, 「居敬集義」에서 集義하는 것은 「直內」이고 居敬하는 것은 「方外」이다. 이처럼 「內外·直方」 또는 「直內·方外」하는 길이 곧 敬과 義의 삶이다. 이 둘은 표리일체이므로 《周易》〈文言傳〉에서는 「敬以直內 義以方外」라고 하였으며 줄여서 敬義夾持라고 한다. 敬義夾持란 말을 體用論으로 보면, 敬은 體고 義는 用이다. 주자는 이 두 개념을 통일시켰다. 주자는 致知窮理에서는 「由外而內」하라 하였고 涵養用敬에서는 「內外合一」하라 하였다. 퇴계는 이 양자의 관계를 知行互進이라 표현하였다. 저자는 이양자의 통일적 지향성을 「收斂性」(Konvergenz)과 「擴散性」(Divergenz)으로 설명한 바 있다.[32]

<pre>
致知—知育—知—窮理—收斂 ＼
                          —敬·義
方行—德育—行—居敬—擴散 ／
</pre>

성리학의 본산이던 경상좌우도의 退溪·南冥學派의 학문적 특색을 「敬」과 「義」로 표현한다는 것은(一方性을 극복하기 어려운 점은 있으나) 잠정적으로 가능한 일이다. 그리고 여기에 한강 교육철학의 설 자리가 발견된다. 그는 兩門에 출입하면서 敬과 義의 妙合性을 발견하였다.

先生敎學者曰 敬義直內 義以方外 此學者 喫緊用工處也[33]

원래 성리학적 敎學體系는 宇宙心性論的 체계 안에서 이루어지는 것인

---

31) 이 책 제Ⅳ편 제 2 장 〈퇴계의 陶冶理想에 있어서 수렴성과 확산성〉 pp. 176〜184 참조
32) 이 책, pp. 177〜184 참조
33) 〈言行錄〉, 「敎人」, 李天封

데 한강의 학문체계는 《心經發揮》로 일단 정리되었다. 그러나 《心經》의 해석에 있어서는 집성을 보았지만 理氣心性論에 대하여 독자적 견해를 언급한 것은 별로 없다. 이 점에 있어서 그는 철저한 퇴계학도였고 先人에 대한 자가류의 해석이나 발전을 기한 것 같지는 않다. 오히려 한강은 관념적인 理氣哲學보다 실천적인 禮哲學의 학자임이 분명하다.

그러나 人性論에서 한강은 퇴계와 몇가지 다른 견해를 피력한 바 있다. 즉 天地之性과 氣質之性이 본래적으로 따로따로 분리되어 있는 것인가 아니면 이 둘은 혼융된 것인가를 묻는 제자에게 후자가 옳다고 답하였다.[34] 전자는 퇴계說을 이어받은 金而精의 말이고 후자는 栗谷說을 부연한 崔季昇의 말이다.

위의 물음은 四七論에 있어서 對說(퇴계주장)과 因說(高峯주장)에서 「因說」을 옳다고 한 것이고 理氣互發論(퇴계설)과 氣發一途說(율곡의 주장)에서 후자를 지지한 것이 된다. 다만 「崔說·是」라고 하여 자세한 설명을 하지 않고 있으므로 이에 대한 논거의 추적이 있어야 할 것이다. 같은 〈答問〉에 「來諭 天地若分得 則人與我亦可分得(……) 旣有物我之間 恐不可渾淪不分也 天地之理 只是一理 豈非一個知乎」[35]라고 하여 人性과 物性과의 차이는 인정하되, 人性에서의 天地之性은 같다는 전통적인 견해를 보충한다면 한강의 人性論은 가치실현의 당위론에 귀착하고 있음을 알 수 있다. 이를 뒷받침하는 것으로 「赤子之心」과 「聖人之心」의 차이에 관한 한강의 해답이 있다. 그는 말하길 赤子之心은 純一無僞하지만 스스로 지각할 수 없으므로 明鏡止水와 같은 聖人之心을 알 수 없다. 따라서 大人의 경지에 나아가야만 水鏡과 같이 洞然하여 질 수 있다는 것이다.[36] 그러므로 자아의 최고성숙의 경지(聖人·大人)는 主一無適하는 敬의 공부에 있을 뿐이라고 한다. 한강에 의하면 敬이란 치우치지 않을 뿐 아니라 「留滯의 病」이 없는 湛然自在로운 것이므로 「非以不逐外物而走作爲敬」·「敬則者不逐外物而走作」하는 정신의 자유로움과 깨어남 속에 깃든다는 것이다. 敬은 「心之存主處」이고 이는 操存涵養에 있기 때문이다.[37]

---

34)《寒岡全書》(上) 卷7,「答問」, p. 126, (金君而靜曰 天地之性　氣質之性　各有所主 有主理而言者有主氣而言者 不可滾同說也 譬諸水焉 天地之性 川流之水也 氣質之性 貯器之水也) 崔君季昇曰天地氣質之性 不可太分別 纔說性時己墮在氣質之中 天地之性 性字初無分別 但有主理與主氣之別耳 此兩說是否如何？（寒岡答曰）崔說是.

35) 위의 책, p. 128.

36) 위의 책, p. 128, (或問 赤子心與聖人之心若何則 程子曰 聖人之心如明鏡止水 未知赤子之

2) 做 人

　성리학의 발달 단계에 있어서 張橫渠나 周濂溪까지는 太極陰陽論이 우주론의 기본이었고 이는 고대 자연과학적 세계관인 氣論의 표현이었다. 그러다가 程子 형제에 의하여 理라는 개념이 창안되면서, 우주론에 있어서 보편적인 근원자로서의 理를 생각하게 되고 인성론에 있어서 性을 대칭시켜 天人合一的 우주인성론을 체계화시켰으며 朱子에 의하여 이 사상체계는 일단의 완성을 보았던 것이다. 그런데 주자는 理氣의 해석을 「不相雜」・「不相離」라는 두 가지 성격을 성격을 동시에 피력함으로써 뒷날 理氣・心性論에 있어서 論辯의 소지를 남겨 두었다. 이러한 논변이 중국에서는 그다지 문제되지 않고 다만 朱陸知行論에만 대립되었는 데 반하여 한국 성리학은 人性論에 있어서 심각한 대립과 철저한 연찬이 수 백년간 계속되었다. 理氣心性論은 퇴계・율곡 이후 한국철학 최대의 논쟁점이었고 특색이었다. 뒷날 이 논쟁이 공론공리에 흐르는 폐단도 있었지만, 이 문제는 단순히 사변적이고 관념적인 명제만이 아니라 가치관의 확립을 위한 인간관・세계관의 철학적 표현이라고 할 수 있을 것이다. 퇴계와 高峯간의 四七論辯은 소요된 시일의 장구성에 있어서나 문제 발전의 철저성과 심각성에 있어서 세계 철학사상 최고봉의 수준을 유지하였다. 한편 이 論辯은 학술적 의의만이 있는 것은 아니다. 16세기 말엽의 한국 사회상에 있어서 價値人格의 인식론적 구조 해명이라는 점에 있어서 또는 社會理想의 규범제시의 철학적 定位라는 측면에서 그 의미가 재조명되어야 할 것이다. 퇴계와 고봉의 철학적 현실인식은 사변적 관념론자의 논변만일 수는 없다. 牛溪와 율곡의 理氣心性論辯도 마찬가지다.

　인간 理解의 근거가 되는 理氣心性論에 있어서 퇴계와 율곡의 차이점은 무엇인가? 나는 앞에서 이미 그들 관심의 志向性을 구별하였다.[38]

　결국 퇴계・율곡의 인간이해는 그 탐구의 방법이 달랐다. 교육적 인간형성〔사람이란 무엇이 되어야 하나?〕이 지향하는 規範性(常)은 같았으나, 현실에서 구체적으로 삶을 누리는 인간조건〔사람이란 무엇인가?〕의 狀況性〔變〕

心不如是耶?)（寒岡答曰)「赤子之心　純一無僞　大人之心　無智巧作　僞者實似之　故謂之不失
　其赤子之心　赤子之心自無知覺　何能知其爲明鏡止水也　到大人地位　方見洞然　如水鏡焉爾」
37) 앞의 책, p. 133.
38) 이 책 제Ⅲ편 제4장 〈퇴계・율곡 심성론에 있어서 관심의 지향성〉, pp. 131~135 참조.

에 있어서는 견해를 달리하였다.[39] 主「常」하는 편이 퇴계라면, 主「變」하
는 쪽은 율곡이었다.

한강은 앞에서도 언급하였듯이 理氣心性論과 같은 문제에는 그다지 관
심을 두지 않았다. 이는 南冥學派의 특색이기도 하다.[40] 한강이 이러한
남명의 학문적 특색을 그대로 계승하였는지는 의문이지만, 그의 학문이
주로 禮學에 쏠려 있었다는 關心志向性은 理氣論의 난삽한 사변성을 그다
지 달가와하지 않은 결과로 보인다. 그러나 「사람됨」(※menschwerden. K.
Jaspers는 율곡을 「사람임」(menschsein)에서 「사람됨」에 이르는 길이라고 하였다.
성리학에서는 「做人」이라고 표현한다)의 바탕은 宇宙論의 이해 없이는 불가능
하기 때문에 寒岡이 이 문제를 전혀 도외시하였던 것은 아니다.

道(곧 理이다)의 先驗性(a priori)과 經驗性(asteriori)의 문제는 어떠한가라
는 敬堂 張興孝의 질문에 한강은 후자가 「非偶然也」라고 답한 적이 있다.

> (張興孝)問 道在陰陽之先(蔡氏說)此說何如 陰陽無始 動靜無端 陽先有陰　則
> 陽之理在乎陰　陰先有陽　則陰之理在乎陽(葉氏說)　抑何如, 先生曰　葉氏說 非偶
> 然也.[41]

위의 문답이 바로 理氣心性論이라고 보지는 않지만, 한강의 입각점이
어디인가는 충분히 유추할 수 있다. 한강의 현실지향적 입각점이 許眉叟
를 거쳐 李星湖에 이르고 이것이 近畿學派의 실학적 성격 형성에 작용한
實學淵源의 단서가 될 수 있을 것이다. 실지로 그의 독서범위는 다른 성
리학자의 그것보다 광범위한 것이었으며 평생의 저술 또한 실용적이고 일
상적인 것이 대부분이었다. 門人이 그를 두고 「於書」에 읽지 않은 책이
없고, 「於行」에 힘쓰지 않은 바가 없고, 「於事」에 익히지 않은 것이 없으
며, 「於藝」에 탐구하지 않은 바가 없었다고 한 그대로, 그는 天文·地理·
醫方·卜筮·兵書·風水說 儀制 및 심지어 異端의 書까지도 섭렵하였다.[42]

---

39) 이 책, p. 135.

40) 남명의 학풍은 文辭를 그다지 숭상하지 않았으며 「得心」·「踐實」의 태도를 지녔다. 「程
　　朱後學者不必著書」란 입장을 취하여서 입으로만 天理를 논하는 것은 사람을 속이고 해를
　　끼치는 일이라고 하였다. 그는 퇴계에게 주는 글에서 학자들의 고담준론하는 폐단을 다음
　　과 같이 지적하였다. 近見學者 平不知灑掃之節 而口談天理 計欲盜名 反爲所中傷 害及他人
　　豈先生長老 無有以呵止之淵耶——《南冥集》卷 4, 補遺 與退溪書. 이에 대하여 퇴계는 답
　　하기를 학자는 품성과 취향이 다르므로 일률로 금할 수는 없는 일이고 또 자신은 그렇게
　　막을 입장에 서 있지 않다고 하였다(《退溪集》卷10〈答曹楗仲〉).

41)〈言行錄〉,「講辨」,(張興孝)

42)〈言行錄〉,「學問」,(文緯),「先生 志學以來 勤勵刻苦 於書無所不讀 於行無所不力 於事無
　　所不習 於藝無所不究 至於天文地理醫方 亦皆講而通之 冠昏之儀 喪祭之制 莫不精求 而講明

이러한 학문영역은 퇴계·남명과는 다른 국면이다. 퇴계는 陽明學의 비정
통성을 연구하기 위하여 양명학을 고찰 비판하였고, 자신의 건강을 위하여
《活人心方》과 같은 보건위생학을 手書한 적이 있으나 그의 주된 학문적 관
심은 오직 《心經》과 《朱子書》였으며, 남명은 《太極圖說》마저 心身에 무익
한 것이라 하였다.

한강의 博學은 일용후생을 위한 愛民思想 때문이다. 그가 禮學을 집대
성하여 체계화한 것 역시 당시 퇴폐한 시속을 교정하려는 것이고 사회 紀
綱의 준거를 제시하려는 것이었다.

- 時 禮法廢壞 婚姻之家 不知親迎之爲何事 必三日而後 夫婦始相見 祭祀之家
  遇忌日則或於僧舍 而爲佛家待食供養之事 先生據儀禮 而纂昏儀祭儀等禮 好禮
  之士 爭趨而正之 於是風俗丕變 士大夫家 知冠昏喪祭之禮 皆先生之 賜也——
  (李𡒄)
- 時 巫覡禱祀之風大熾 雖初喪之家 亦備酒食饗賓客 以醉爲度 自先生一唱之後
  士大夫家皆感而化之——(李𡒄)[43]

그리고 각 고을을 맡아 다스릴 때마다 빠짐 없이 엮은 地方誌는 민족
문화의 보전과 사회교육의 실효를 위한 저술 활동이었다. 이처럼 「於書」·
「於行」·「於事」·「於藝」에 두루 통했던 그의 학문 영역은 실로 樸學이라는
실용성에서 나온 것이다. 한강은 지식을 위한 지식은 선비의 氣味를 잃게
하는 것으로서 선비는 마땅히 韜晦(지식이나 재주를 감춤)하여야 한다고 하
였다.[44]

한강의 인품은 이렇듯 「勇決寡儔·才用不窮」하는 데 자족하였으며 이는
世間의 榮利를 뜬구름처럼 본 사람됨의 표현이었다.[45]

以爲天地之間道理 非吾儒以爲事業 更誰擔當」
　○〈言行錄〉,「讀書」,(張興孝),「異端之書亦無不涉獵 究知其所以爲異端之故 然後輒復看」
　○〈言行錄〉,「雜記」,(李天封),「先生於諸子百家 及醫藥卜筮兵書 風水之說 無不略該通 而
　　晩年以業不精廢之」.
43) 〈言行錄〉,「禮學」
44) 〈言行錄〉,「敎人」,(學者須是深自韜晦 惟恐人知 方是爲己不失儒者氣味)
45) 〈言行錄〉,「持敬」,(郭赾), 先生豪邁出天 穎悟絕人 勇決寡儔 才用不窮 十七八歲時 已見
　　得天人一理 聖賢功業 超然萬物之上 視世間榮利 如浮雲

3. 寒岡의 敎學方法論

1) 敎學方法의 원리

한강이 제시한 교학방법의 원리는 다음 다섯 가지이다.[46]

첫째로, 학문하는 사람은 모름지기 發憤·立志·勇猛·篤實·深體[47]·力行하여야만 이룰 수 있다.

둘째로, 학문하는 사람은 모름지기 스스로 깊이 韜晦하여 오직 남이 알까 두려워하여야만 儒者의 기상을 잃지 않는다. 만약 조금이라도 이를 소홀히 하는 사람과는 더불어 학문을 논할 수 없다.

세째로, 학문하는 사람은 모름지기 그 몸가짐을 閨中의 처녀와 같이하여 한 점 떠끌도 묻혀서는 안된다.

네째로, 학문하는 사람은 차라리 伯夷와 같은 편성을 지닐지언정 柳下惠와 같은 不恭[48]을 지녀서는 안된다.

다섯째로, 학문하는 사람은 모름지기 檢身하기를 사소한 데까지 하여야 한다.

爲 學 之 要 五

○ 學者須是發憤 立志 勇猛 篤實 深體 力行 始得

○ 學者須是深自韜晦 惟恐人知 方是不失儒者氣味 若有些求 知底意思 便是爲人 不可與共學也

○ 學者自持其身 當如閨中處子 不可一點受汚於人

○ 學者寧失於伯夷之隘 不可學柳下惠之不恭也

○ (……)學者須是檢身 若不及無些子放過 始得

위 다섯 가지 「爲學之要」는 학문의 길은 高深玄妙한 思辯知의 축적에 있는 것이 아니라 人倫日用事의 실천 공부에 있음을 가리킨다. 이것은 「下學上達」의 전통적인 유학 교육의 길이다. 이러자면 靜坐法으로 身心을 收

---

46) 《寒岡全書》, 文集, 卷 4, 書, pp. 69~70.

47) 「體認切至」이다. 《寒岡全書》 위의 곳, 「子路義勇氣象」

48) ○ 伯夷之隘 : 殷나라의 處士로 나라가 망하자 아우 叔齊와 함께 首陽山에 들어가 고사리를 캐어 먹다가 죽었다. 孟子(萬章下)에 「聖之淸」이라 한다.
　　○ 柳下惠之 不恭 : 柳下惠는 魯나라 大夫로 論語(衛靈公)에 「知柳下惠賢而不與立也」라 하였다. 「從俗不屈」하여 벼슬을 거절하지 않았다. 孟子(萬章下)에 「聖之和」라 하였다.

斂하는 한편, 九容(足容重・手容恭・目容端・口容止・聲容靜・頭容直・氣容肅・立容德・色容莊)에 힘써야 한다는 것이다.[49] 그러므로 「身心收斂」이 그 요체가 된다.

한강은 이를 「養浩」라고 하였는데 孟子의 浩然之氣를 기른다는 뜻이다. 이에 대하여 그는 한 편의 長文을 撰하였다. 곧 「養浩帖」이다.[50] 이 글의 전반은 맹자 「公孫丑章句上」의 浩然之氣說을 인용 설명한 글이다. 글의 뜻은 대략 다음과 같다.

『호연지기란 그 본질이 천지의 正氣이기 때문에 지극히 위대한 것이고 어떤 것에도 굽힘이 없으니 지극히 굳센 것이다. 이것을 바르게 길러서 해치는 일이 없으면, 천지 사이에 충만되어 대자연으로 더불어 혼연일체가 된다. 사람이 호연지기가 없다면 이것은 정신이 병들어 있는 결과이다. 그리고 이 氣는 어디까지나 마음 속에서 발생하는 것이지 밖에서 안으로 들어오는 것이 아니다. 告子의 義外在說은 논리에 맞지 않는다. 호연지기를 기르는 방법은 志氣〔도의심〕를 축적하는 데 있는데, 이러한 氣는 급속한 육성을 기대하여서는 안된다(勿助長). 그렇다고 해서 마음 속에서 잊어버려도 안된다(勿忘). 또 氣의 발전 속도가 느린 것을 안타깝게 여겨 무리하게 서둘러서도 안된다〔宋人의 握苗助長〕. 호연지기는 道와 義에 배합되는 것으로서 道는 體이고 義는 用이다. 이렇게 體用이 배합하는 正氣〔集義〕는 천지 자연의 이치를 살피면 자연히 알 수 있다.』

맹자의 「浩然之氣說」을 토대로 하여 한강의 「養浩說」은 다음과 같이 전개된다.[51]

- 맹자의 養氣一篇을 마땅히 潛心玩索하여야만 勿忘・勿助長의 참뜻을 알게 될 것이다.
- 義와 道가 배합되는 것이 義理이다. 이 의리를 양성하는 것은 義와 道에 배합한다는 것이다. 그렇지 못하면 氣 따로 義 따로 된다. 호연지기란 氣와 義가 합친 것이다.
- 敬은 다만 養涵一事이니 集義할 줄 모르면 모든 일은 이루어지지 못한다.
- 理에 맞다는 것은 義가 心內에 있다는 것이다. 義가 주장되지 않는다면 浩

---

49) 〈言行錄〉, 「教人」, (崔恒慶), 「嘗教學者曰 須習靜坐 收斂身心如玉藻 九容尤加着工處 緊要約束 不可有些放過 大凡爲學不在高深玄妙 只就人倫日用上 提撕警覺 隨遇加察 凡百猷爲 亦宜必求合理有以力行無所間斷方好」
50) 《寒岡全書》(上), 續集, 卷 4, 雜著, pp. 303～307.
51) 위의 글, pp. 305～307. (요약)

然之氣가 理를 生한다고 할 수 없다. 마땅히 이렇게 된 다음에라야 「德」이랄 수 있다.

○ 敬은 持己의 道이고 義는 그 옳고 그름을 이치에 맞게 따르는 것이다.

○ 敬以直內하면 氣는 浩然하게 되고 이를 양성하면 大人이 된다.

○ 義氣의 道는 勿忘 勿助長하는 데 있고 「主一無適·敬以直內」하여야 호연지기가 된다. 호연지기는 用으로 보면 集義所生에서 나오고 體로 보면 道와 합치는 것이다. 따라서 맹자는 이를 至大至剛하다고 하였다.

○ 志가 順하면 氣는 逆하지 않는다. 氣順하면 스스로 바르게 되고 志順하면 氣가 호연하다. 그러므로 호연지기를 기르고자 하면 그의 志를 無暴하게 하여야 한다.

寒岡의 養浩說은 義氣·志氣·養氣에 관한 수양론이다. 맹자의 수양론을 근거로 하여 存心養性의 길을 제시하고 있다. 한강은 不動心과 호연지기의 예로 北宮黝(유) 와 孟施舍를 들고 있다. 이 두 사람은 다같이 齊나라의 용사였다. 북궁유는 무기를 가지고 위협해도 눈 한번 깜짝하지 않았으며, 남에게 조금이라도 꺾이는 것을 크게 부끄러워하여 諸侯나 萬乘天子에게도 마구 대들었다. 이 사람은 반드시 남을 이기고야 만다는 주의 밑에서 不動心하였다. 孟施舍는 지고 이기는 것은 염두에 두지 않고 무조건 용감하게 나가 싸웠다. 이것은 두려워하지 않는다는 주의 밑에서의 不動心이다. 이 두 사람을 공자의 제자에게 비유한다면, 북궁유는 子夏에 가깝고, 맹시사는 曾子에 가깝다. 북궁유의 용기와 맹시사의 용기가 비슷하게 보이지만 內省的인 면에서는 맹시사가 나은 것이다. 그러나 曾子의 大勇에는 못 미친다. 曾子는 義가 아니면 임종할 때도 깔던 자리를 바꾼(易簀) 참용기가 있었다. 大勇이란 스스로 반성해서 잘못이 있으면 즉시 고치고, 잘못이 없다면 아무 것도 두려워하지 않는 용기이다. 자기를 반성해서 아무 것도 두려울 것이 없는 것, 道德心이 外物의 유혹을 받지 않는 의미에서의 不動心·浩然之氣·大人之心이다. 한강은 교육방법의 원리로서 「養浩帖」을 이러한 뜻에서 제시한 것이다. 그러나 뒷날의 성리학자들은 居敬集義·存心養性이라는 內觀心理學的인 자각을 강조하면서도 이것을 지나치게 강조하게 되면 陸王學처럼 頓悟的인 「尊德性」에 치우치게 될 우려가 있다고 보아 반드시 下學上達이라는 漸修的인 「道問學」을 대칭시키곤 하였다. 尊德性이 主情主義라면 道問學은 主知主義이다. 16세기 이후 한국 성리학의 발전은 道問學의 주지주의 일변도로 주도되었다. 한강이 尊德性일변도의 공부를 지지한 것은 아니지만, 인간 내면세계의 자각성에 주목하였다는 사실은 특기할 만한 일이다. 門人 黃宗海가 朱陸哲學의 차이점이 무엇인가라고 물었을 때, 한강은 다음과 같이 대답하였다.[52]

> 問朱陸角立之由 先生曰 朱子尊德性道問學兩邊工夫 未嘗偏廢 象山之學 偏主尊德性一邊工夫 此乃以角立也

위의 설명은 朱子學의 장점을 말한 것이 되지만, 養心·養氣를 소홀히 하는 공부는 성리학의 正道가 아니라는 말도 된다. 그리고 참된 학습이란 見聞思辯知가 아니라, 直覺에 의한 통찰에 의하여 이루어질 수 있다는 것을 강조하는 방증이기도 하다.

한강은 직각과 통찰에 의한 학습을 「體」라는 접두사로 표시하였다. 곧 「四體」이다. 그의 교학방법의 원리는 이 四體로 집약할 수 있는데, 「體認·體察·體驗·體行」이 이것이다. 이러한 「體」가 없는 학습은 단지 앵무새와 같은 「剽竊學習」이고 「科試學習」일 뿐이다.[53]

> 先生語學者曰 所貴乎讀書者 非爲剽竊章句 以成文章 取科第而己 讀聖賢經典 其法有四 一曰 體認, 二曰 體察, 三曰 體驗, 四曰 體行, 苟不用此四法 其義亦無以通曉 況吾身心有何益焉 古人鸚鵡之譏 可不懼哉

한강의 학습태도는 첫 귀절을 읽을 때는 마음 속에 그 첫 귀절을 「體」하고, 둘째 귀절로 나아갈 때도 역시 그러하였는데, 이렇게 하지 않고서는 결코 서둘러 나아가려 하지 않았다. 귀절을 끝낼 때마다 반드시 오랫동안 책을 덮고 「危坐」하여 깊이 사색한 뒤 다른 소관을 보았다는 것이다.[54]

그러므로 그의 학습방법은 精熟主義다. 「熟」하지 않으면 義를 얻지 못하고, 「精」하지 않으면 理를 살필 수 없기 때문이라는 것이다.[55] 그리고

---

52) 〈言行錄〉, 講辨.
　　또 儒佛간의 차이점에 대하여는 다음과 같이 구별하였다. 《寒岡全書》(上) 卷 4, 書, 靜中有物, (儒者之學 異於釋氏之空 無雖於湛然淵靜之時 而有箇炯然不昧之 理自在裏面 未嘗有熄學者. 於此不可尋覓 不容安排 但當敬以直內 涵養將去上面 自然有這物事公 且靜坐主敬涵養 勿忘勿助 久自純熟 便自見得)
53) 〈言行錄〉, 「讀書」, (郭赳).
54) 〈言行錄〉, 「讀書」, (文緯), 「竊睹先生讀書時 讀第一句心在 在一句讀 第二句心在 第二句讀未畢雖有急速 未嘗遽起讀旣畢 輒整卷危坐 沈吟良久而後 酬應他事」.
55) 〈言行錄〉, 「讀書」, (孫處訥), 「先生曰 讀書不要多 只要精熟 不熟則不能得其義 不精則不能察其理」「위와 같은 곳, (李垍), 「先生讀書必究大義爲詞章 不事世俗陳腐之態 因文推理

학습한 뒤에 곧 잊어버리는 것은 持敬工夫가 올바르지 않아서라고 하면서 靜坐讀書의 樂은 主忠信밖에 다른 玄妙한 방법이 또 있겠는가 하였다.[56]

한강의 「養浩帖」이 주로 학습준비도(Learning readiness)라는 정서적 측면 (affective domain)에 관한 것이라면, 다음에 소개하는 「讀書帖」은 주로 그 認知的 측면(cognitive domain)에 대한 것이다. 이는 주로 程子(伊川)·謝上蔡·朱子·李延平·薛敬軒 등이 말한 학문연구 방법론의 원리를 한데 모아 엮은 것이다. 원문대로 옮겨 적는다.

讀 書 說[57]

程 子 曰　涵養須用敬進學則在致知

又　　曰　敬只是涵養一事

又　　曰　涵養吾一

又　　曰　一者無他 只是整齊嚴肅 則心便一一 則自是無北僻之干　此意但涵養久之 則天理自然明

又　　曰　須是直內 乃是主一之義　至於不敢欺　不敢慢　尙不愧于屋漏　皆是敬之事也 但存此涵養久之　自然天理明

又　　曰　古之人動息　皆有所養　今獨有理義之養心耳　但此涵養意久　則自熟矣敬以直內 是涵養意

又　　曰　喜怒哀樂　未發之前　更怎生求　只平日涵養 是涵養久則喜怒哀樂 發自中節

　　　　　問 涵養於未發之初 易爲力苦發心以後則難制 曰 未發時 固當涵養 不成發後 便都不管

又　　曰　學至涵養其所得 而至於樂 則淸明高遠矣

謝 氏 曰　任意喜怒 都是人欲 須察見天理涵養始得

朱 子 曰　敬是涵養操存不走作

又　　曰　涵養之則 凡禮勿視聽言動 禮儀三百 威儀三千皆是

　　　　　問 九容本原之地 固欲存養於容貌之間

　　　　　又欲隨事省察 曰 即此便是涵養本原 這裏不是存養 更於甚處存養

又　　曰　涵養體認 致知力行 四者不可先後 又不可無先後 須當以涵養爲先

就辭着實 一時流輩鮮有及之者 德溪甚愛重之 函稱道之搢紳之來過黌堂者 先生言行文章 皆知其他　日必爲大儒」.

56)《寒岡全書》(上) 卷 4,(書),「答蔡靜應(夢硯)」,(想君有靜坐讀書之樂 恨不能往同之也(……) 主忠信, 只是比心 不敢輕而己 豈有他玄妙之可言哉)

　　〈言行錄〉,「讀書」,(文緯),「問未嘗不讀書　而讀了後便全然忘却奈何　先生曰　持敬工夫 何處不宜 而讀書時尤覺有味 君試行之 煞有別」

57)《寒岡全書》(上) 卷 4, 雜著, 讀書帖, pp. 307～308.

又　　日　大本用涵養中節　則須窮理之功

又　　日　旣涵養　又省察無時不涵養省察

又　　日　涵養熟者　自然中節

又　　日　涵養未發之前　則其發處　自然中節者多

又　　日　謂當涵養者　本謂無事之時　常有存主也

又　　日　平日莊敬涵養之功　至而無人欲之私　以亂之則　其未發也　鏡明水止　而
　　　　其發也　無不中節矣・而日用功夫　以察識端倪爲最初着手處　以故闕却平
　　　　日涵養一段工夫　使人胷中擾擾無深　僭純一之味　而其發之　言語事爲之
　　　　間　亦嘗急迫浮露　無復雍容　深厚之風　盖所見一差其害　乃至於此　不可
　　　　以不審也.

又　　日　橫渠云　顏子未至聖人　猶是心麄一息不存　即爲麄病　要在精思明辨　而
　　　　操存涵養　無須叟離　無毫發間　則天理常存　人欲消去　其庶幾矣哉
　　　　　延平先生曰　孟子有夜氣之說　更熟味之　當見涵養用力處也　於涵養處
　　　　着力　正是學者之要　若不如此　存養終不爲己物也

又　　日　夜氣存　則平朝未與物接之時　湛然虛明　氣像自可見　孟子發此夜氣之說
　　　　於學者　極有力苦　欲涵養須於此　持守可爾

又　　日　當今之時　須大段涵養韜晦始得

又　　日　韜晦一事嘗驗之極難　自非大段涵養深潛　定不能如此　遇事輒發矣

又　　日　近日涵養　必見應事脫然處否　久久純熟漸可渾然氣象矣
　　　　朱子撰　延平行狀曰　操存益固　涵養益熟　精明純一　觸處洞然　泛應曲當
　　　　發必中節

又　　日　先生却不曾著書　充養得極　好凡爲學也　不過是恁地涵養　將去初無異義
　　　　只是先生　綷面盎背　自然不可及

問李先生　涵養得者是別　眞所謂不爲事物所勝者　古人云　終日無疾言遽色　他眞簡
　　　　是如此

李　先　生　敎學者於靜中　看喜怒哀樂未發之氣象爲如何　伊川謂旣思即是己發道
　　　　夫謂李先生之言主於體認　程先生之言　專在涵養　其大要實相表裏

薛　氏　日　涵養深則怒己即休　而心不爲之動矣

又　　日　一息不可不涵養　涵養只在　坐作動靜語默之間

又　　日　只觀人氣象　便知其涵養之深淺(下略)

위 「讀書說」을 요약하면 다음과 같다.

涵養하여 用敬進學하면 致知에 이른다. /敬이란 다만 함양하는 일이
다. /함양은 스스로의 마음을 한가지로 하여 整齊嚴肅하는 것으로서 오래
함양하면 天理가 저절로 밝아진다. /敬以直內하면 主一(마음을 한가지로

함)하게 되고 스스로 속이거나 해이하지 않고 홀로 있을 때 근신하게 된다. 이러한 「涵養의 뜻」을 오래 지니면 스스로 사람됨에 이르고야 만다 (敬以直內가 涵養意이다). /오래 함양하면 喜·怒·哀·樂이 스스로 中節한다. /배움이 함양에 이르러 얻은 바가 있다면 그 즐거움은 淸明高源하게 된다. /멋대로 희노애락하는 것은 모두 人欲 때문이다. 天理를 잘 살펴볼 것 같으면 함양할 수 있다. /敬이란 함양을 操持함이니, 제멋대로 하지 않게 한다. /함양하는 방법은 예가 아니면 보거나 듣거나 말하거나 행동하지 않는 것 등이다. 禮儀 3백과 威儀 3천이 모두 이것이다. /함양의 本源은 義理를 사색함에 있다. /큰 근본을 세워서 함양하여 절도에 맞아야만 窮理의 효과를 얻는다. /함양이 잘 되어야 자연히 절도에 맞는다. /희노애락이 未發일 때 함양하여야(그것이 발할 때) 自然中節이 된다. /마땅히 함양하는 자는 無事時에도 늘상 存主하여야 한다. /함양의 효과는 人欲의 私亂이 없는 것이 未發이고 明鏡止水와 같은 것은 己發이다. 평소의 공부는 가슴 속에 번거로움이 없고 행동에 深厚한 모습이 있어야 한다. /맹자의 夜氣說은 함양공부하는 자에게 매우 긴요한 것이다. 「湛然虛明」한 기상이 맹자의 夜氣說이다. /함양은 남몰래 하는 것이다. /韜晦하는 것은 매우 어렵다. 이러자면 深潛하여야 한다. /應事에 脫然히 함양할 수 있어야 純熟되고 차츰 渾然한 氣象이 된다. /敎師는 靜한 가운데 희노애락의 未發氣象을 보아야 한다. /함양이 깊으면 노여움이 가라앉고 마음의 동요가 없게 된다. /한 순간도 함양이 없을 수 없으니 이는 坐作·動靜·言默하는 가운데 있다. /그 사람의 氣象을 보면 그의 涵養深淺을 알 수 있다. /君子는 하루 종일 조심하고 근심하여 한점 허물도 없고자 하여야 한다.

2) 敎學方法의 절차

가) 「講法」[58] (會議法規)

① 願入者具單刺 以待僉議許入(有擧主)	① 入講을 원하는 자는 單刺를 갖추어 有司들의 상의를 거쳐 入講토록 한다 (추천인이 있어야 한다).
② 會之日 當於早朝食時謁聖 未及參者 責之	② 講會日은 早朝에 謁聖하고 참석치 못하는 자는 벌준다.

---

58)《寒岡全書》, 續集, 卷 4, 雜著, 講法 pp.309~310. (寒岡, 64세 때 지음)

③ 分左右正坐 各定有司 規檢 如有起居
無節 言笑失宜者 當責有司

③ 左右로 나누어 正坐하고 有司들로
하여금 단속시키되 동작이 법도가 없
거나 言笑하여 失宜한 자는 有司가 꾸
짖는다.

④ 一讀之事 講長主之 當與有司議處

④ 一讀하는 일은 講長이 주재하되 有
司들과 의논을 거쳐야 한다.

⑤ 五講 不通者黜讀 三講 不參者黜讀

⑤ 五講을 不通한 자는 퇴학시키고 三
講을 결석한 자도 퇴학시킨다.

⑥ 不通 楚三十 兩書並不則用甲 未惟分
輕重行 楚多不過三十 少不下楚十 旣
罰後 令於會追講 先本朔講之

⑥ 不通하면 楚撻 30을 하고, 兩書를
모두 불통하면 甲杖을 쓴다. 楚의 輕
重이 나누어지지 않았다면 30楚를 넘
지 않도록 한다. 벌을 준 뒤 補講토
록 하는데 먼저 本朔에서 講한 내용
으로 한다.

⑦ 其有病故 未及於講者 貝單刺以告病
己或事訖即追講 必講長與有司具然後
講之

⑦ 병으로 講會에 나오지 못하면 單刺
를 갖추어 告病한다(病缺屆). 사유가
끝나면 즉시 補講하되 반드시 講長과
有司들이 상의한 다음에 講을 받는다.

⑧ 讀中不參之人 除老病外 鄉校書院 皆
有以處之 如非案錄之人 或被人訴 不
許相救

⑧ 講會中에 불참하는 자는 老病 외는
위같이 한다. 鄉校·書院에서는 院
遊錄(靑襟錄)에 실리지 못한 사람과
재판에 연루된 자는 相救하지 못한다

⑨ 約規一從舊本

⑨ 約規는 舊本을 따른다.

⑩ 所讀書逐月有課 當先經書 亦及子史
其他文章舉業之書 雖不免餘力 看讀而
不入於課簿

⑩ 다 읽은 책은 逐月하여 課題하되, 經
書와 子史에 힘쓰고 그밖에 科擧 준
비공부는 비록 여력이 있어서 보더라
도 課簿에는 기록하지 않는다.

⑪ 會之日 通讀小學等書 各歸溫習 重講
於後會

⑪ 講會日에는 小學 등의 책을 通讀하고
각자 집에 돌아가서 복습한다. 重講
한 뒤에 모인다.

⑫ 講會 以每月望日爲期

⑫ 講會는 매달 15일로 정한다.

⑬ 覆黃人則 不許謁聖 亦不許坐 只於講
畢 入講而退

⑬ 重罰者(覆黃人)는 謁聖하거나 강회
에 참석할 수 없다. 다만 講을 마친
뒤 入講하고 나간다.

⑭ 黜讀之人 書名付壁 不許士友之會

⑭ 除籍者는 벽에 이름을 게시하고 士
友간의 모임에 참석하는 것을 금한다

나) 「**通講會儀**」[59] (講會儀)

◦ 是日 早期而會(講長有司先至) 旣會 有司「設先聖先師遺像於北壁」

◦ 강회는 早朝에 열린다(講長과 有司가 먼저 온다). 다 모이면 有司는 北壁에다 先聖과 先師의 유상을 설치한다.

◦ 率諸生就庭中北面立

◦ 諸生을 뜰 가운데 인솔하여 北面하여 세운다.

◦ 再拜

◦ 두 번 절한다.

◦ 升堂

◦ 당으로 올라간다.

◦ 降

◦ 내려온다.

◦ 與在位者 皆再拜

◦ 在位者는 모두 두 번 절한다.

◦ 有司升堂藏遺像

◦ 有司가 堂으로 올라가서 遺像을 갈무리한다.

◦ 就堂上 有司引立於東西向立

◦ 堂上으로 나아가 有司는 東西를 향하여 선다.

◦ 諸生皆再拜

◦ 諸生은 모두 再拜한다.

◦ 拜答(俟其俯伏而答之) 講長以下出

◦ 答拜한다(엎어엎드린 것을 기다려 답배한다). 講長 이하 나온다.

◦ 有司引講長 東序西向立

◦ 有司가 講長을 인도하여 東쪽에서 西向하여 서게 한다.

◦ 又引稍少者(以講長之年推之不滿十歲) 東面北上拜 講長(再拜)

◦ 「稍少者」(講長의 나이보다 10살 미만인 자)를 인도하여 재배시킨다.

◦ 講長答拜

◦ 講長이 答拜한다.

◦ 稍少者退 立於西序東向北上

◦ 稍少者는 물러서서 西에서 東쪽을 바라보게 하고 北上으로 세운다.

◦ 引少者(少講長十歲以下者) 東北向西上 拜講長 講長受禮如儀(跪於而答其半)拜者復位

◦ 「少者」(講長보다 10살 이하인 자)를 인솔하여 東北向하여 西上의 講長에게 절한다. 講長은 절도에 맞게(跪하여 반절한다) 받는다. 拜者가 제자리으 돌아간다.

◦ 引幼者(少講長二十歲以下者) 亦如之(講長答拜 當跪而扶之)禮畢

◦ 「幼者」(講長보다 20살 밑으로 젊은 자) 또한 위와 같다(講長의 答拜는 跪하여 扶之한다). 禮를 마친다.

◦ 講長西向坐 有司坐 其次 稍退俱西向

◦ 講長이 西向하여 앉고 有司는 모두

---

59)《寒岡全書》, 續集, 卷 4, 雜著, 通讀會儀, p. 309. (64세 때 지음)

●餘人俱東向坐 講長與有司 共准諸生所誦 如有未佳 書之于册	그 다음에 앉되 조금 물러나서 西向한다.
	○나머지는 모두 東向하여 앉는다. 講長과 有司는 함께 諸生들이 誦한 바를 考准한다. 만약 잘못하면 성적부에다 적는다.
●准畢 講長與有司 俱升堂	○考准이 끝나면 講長과 有司는 함께 堂에 오른다.
●以次 引諸生莅講 先講小學 小學畢講本業通略粗不 皆書之册	○차례대로(年齒의 序) 諸生을 誦講토록 인도한다. 먼저 〈小學〉을 강하고, 이를 마친뒤 평가하되「通」·「略」·「粗」·「不」 4단계로 하고 성적부에 적는다.
○講畢 講長以下俱出	○講이 끝나면 講長 이하 모두 나간다.
○未准與不通者 別定執事行楚	○未准된 자나 不通된 자는 執司를 따로 정하여 楚撻한다.
○其有不謹者 入告而坐之	○그밖에 행실이 不謹한 자는 告하여 출석시킨다.
○行罰訖 有司入告	○罰을 마친 뒤 有司는(講長에게) 入告한다.
○於是乃食	○점심을 든다.
○食畢小休復會 講長與有司 各詢問諸生行止言動之節 如有所失 分輕重共規之 謝過請改 則書之 如有爭辨不服 與終不能改者 入告而處之 輕則楚 重則覆黃 甚則黜讀	○점심을 마친 뒤 잠시 쉬고 다시 會講한다. 講長과 有司는 번갈아 가면서 諸生의 행동거지에 잘못이 있다면 경중을 가려서 함께 規察한다. 허물을 빌고 고칠 것을 약속하면 벌책부에 적는다. 만약 爭辨하면서 不服하거나 끝까지 고치려고 하지 않는 자는 가벼운 경우에는 楚撻하고 무거운 경우에는 覆黃(벌주는 연장의 무거운 것)하고 심한 경우에는 내쫓는다.
●講長率諸生入通讀小學 或呂氏鄕約 或童蒙須知	○講長은 諸生에게 小學·呂氏鄕約·童蒙須知 따위를 通讀시킨다.
●講長與有司 勘定諸生開朔所讀之書	○講長과 有司는 諸生이 開朔한 뒤 독서한 바를 勘定한다.

∘至晡[60] 講長與諸生 拜辭而退

∘오후(日晡 4~6시)에 講長과 諸生이 拜辭하고 하학한다.

다)「院規」[61] (道東書院 院規로 지음)

一. 謹享祀

鄉校實爲本原之地 而近來頹敝太甚 雖有識之士 亦不免自混於流俗 而如視他人家事 此豈國家之尊聖衛道之意哉 自今院任每值上丁 率境內儒生 先期齋會 釋奠後 本院祀事 行於中丁 庶幾彼此一體 先後有倫也.

一. 享祀를 성심껏 하는 일

향교는 실로 교육의 本源地이다. 그러나 근래 매우 퇴폐하여 비록 유식한 인사 역시 스스로 流俗에 섞임을 면하지 못한다. 이는 어찌 국가의 尊聖衛道하는 뜻이라 하랴. 이제부터 院任은 上丁마다 매번 향교 경내로 儒生을 인솔하여 儒生의 齋會를 先期하고 향교 釋奠이 끝난 후 本院의 享祀는 中丁에 행한다면 향교와 서원은 一體를 기하고 그 先後의 질서가 있을 것이다.

本院享禮 自有儀式 今不別具 但院長前期具修 齊肅嚴潔 恪謹行事 如有不參之員 書于籍 有故無 故並錄之 待後會面責 至七度不參者乃黜之 無故不參者五度而黜之 如有疾病廢痼 所共知者 或出行遠方 及來還者 皆不在此律 每於朔望 在院儒生 盛服青襟 焚香再拜 於先生廟

본 院의 享禮는 원래부터 儀式이 있으나 여기서는 따로 적지 않는다. 다만 院長은 前期하여 주선하되 齊肅嚴潔토록 하고 각별히 행사에 성력을 다하도록 한다. 만약 불참하는 자는 장부에 기록하고 有故·無故를 아울러 적되, 뒷날 儒會에서 面責한다. 7번이나 불참한 자는 서원에서 추방하고 까닭 없이 5번을 불참한 자도 추방한다. 만약 여러 사람이 아는 질병에 걸렸거나, 먼 곳으로 여행을 하여 아직 돌아오지 않은 자는 모두 이 律에 해당하지 않는다. 매 朔望마다 在院 儒生을 青襟을 떨쳐입고 先生廟에 분향 재배한다.

一. 尊院長

院長者 所以爲一院之長 而主盟倡道

一. 院長을 존경하는 일

院長은 一院의 長이기 때문에 倡道

---

60) 옛 시간의 12시 가운데 하나「日晡」(申時, 오후 4~6시)
　　「昧爽」(寅時)·「日出」(卯時)·「食時」(辰時)·「禺中」(己時)·「日中」(午時)·「日昳」(未時)·「日晡」(申時)·「日入」(酉時)·「黃昏」(戌時)·「人定」(亥時)·「夜半」(子時)·「鷄鳴」(丑時)

61)《寒岡全書》(上), 續集, 卷 4, 雜著, 院規, pp.301~303. (62세 때 지음)

以興起朋徒者也. 入院之士 所當尊畏矜
式 不敢輕忽 而院長者 亦自端重 餘屬無
自辱焉 院長之任 不可數數輕改 至有不
得已之故 不容不改則自具狀告于院中 院
中齋會商議改卜 新員不敢胡亂薦擧 必得
衆所推服 一意敬信者 通可否無異辭 而
後定之 旣卜之後 院中具狀遣儕輩中一人
迎請 令新舊交代 凡院中規模 曲折並皆
喩告擧行 如書冊什物亦皆傳掌之 院長或
有過誤行輩間 密相箴規 庶幾令不遠而復
面責損徒之罰 不敢加於院長 或所失者
大不復可安於院長之任 則院長必自引咎
而請改矣. 置院長錄 前後院長並書 任遞
年月 今後之任此者 庶幾有所披閱而欽戒
也 有司亦書之

一. 擇有司

　有司者 亦所以管攝一院之事者也 院長
與院中同議擇之 必得純謹精祥之人任之
庶幾同心共治一院之事 如有用心麤悖 不
肯盡心力於院事 或濫冒無恥 多惹外說者
小則院長飭之 大則院中責之 終不悛者
院長與院中 同議黜之

의 主盟이고 학도를 흥기시키는 사람이
다. 入院하는 선비는 마땅히 矜式으
로서 尊畏하고 감히 輕忽히 해서는 안
된다. 院長 또한 스스로 端重하여 조금
이라도 스스로 욕됨이 있어서는 안된다.
院長職은 자주 가볍게 갈아서는 안된
다. 부득이 개선하지 않으면 안될 경우
는 具狀하여 院中에 告하고 院中 齋會
에서 상의하여 改選한다. 새로 참석한
자가 감히 어지럽게 천거하지 못한다.
可否에 異論이 없게 되어야 정한다. 일
단 정하고 나면 儕輩 가운데 한 사람을
보내어 맞아들이고 新舊交代 시에는 모
든 院中의 규모곡절을 아울러 喩告하여
거행하고 책과 집물 역시 傳掌한다. 원
장에게 과실이 있을 것 같으면 行輩간
에 은밀히 箴規하여 곧 고치도록 한다.
面責이나 損徒의 벌을 감히 원장에게
내리지 않는다. 혹시 행실을 잃어서 원
장의 직책을 수행할 수 없으면 院長은
반드시 스스로의 허물을 自引하여 갈아
줄 것을 청한다. 院長錄을 비치하여 前
後 院長과 그 임기를 아울러 적고 다음
에 이 일을 맡는 사람이 열람하기 쉽게
하여 欽戒토록 한다. 有司 또한 적는다

一. 有司를 뽑는 일

　有司 또한 一院을 管攝하는 者이기
때문에 원장과 院中이 같이 상의하여
선택하되 반드시 純謹精祥한 사람에게
맡긴다. 서로 가까이 한 마음으로 함께
一院之事에 봉사한다. 만약 마음씀이
추패하고 院事에 힘을 다하지 않거나
濫冒無恥하여 소문이 좋지 않은 자에게
는 작은 일이면 원장이 신칙하고 큰 일
이면 院中에서 꾸짖고 끝내 고치지 못
하는 자는 원장과 院中이 같이 상의하

一. 引新進

每於享祀之日　議引新進每人各薦一員
進于院長如無可薦　不必可擧　院長通可否
採衆議而定之　如用可否則宜只取純點書
于案（各於名下書所引之人）凡所薦進　必
二十歲以後　有學行可觀者　雖未滿弱冠而
司馬入格　或累中鄕擧　而才行超異　可齒三
益之列者（大槩只觀學行成就之如何　豈可
拘拘於科擧之得失耶　旣擇之後院長具書
迎之）

　　入院之士　如有行實不修　擧止踰違者
輕則院長科之　重則院中責之　用心減裂
終不肯改者　院長與院中　齋議黜之　前日
所引之人　並行損徒之罰　庶幾引進之際
有所愼重　而不敢輕擧（噫孟子曰　觀遠臣
以其所爲主觀　近臣以其所主後人之觀　比
錄者其所引之如何　而其人之邪正得失　亦
將難逃矣　宜各謹愼　勉勵無相爲累）志氣
衰惰　不復能振者　或已經鄕　任不肯從事
於問學者　並聽出院

　　遠方之士　如有願入者　雖無引之者　學
行成就　而別無顯失者　亦許入

　　新學小兒　凡在二十歲以下者　皆聽養蒙
齋入學　雖二十歲以後　未及入院之選　而
願入養蒙齋者亦聽

여 추방한다.

一. 新進을 추천하는 일

　매번 향사일에 新進을 의논하여 추천
한다. 每人이 한 사람씩 각기 추천하여
원장에게 품신한다. 만약 천거할 사람
이 없거나 천거할 필요가 없다면 원장
이 衆議를 채택하여 가부의 투표를 거
쳐 정한다. 투표를 할 경우에는 단지
「純」점을 맞은 사람을 택하고 儒案에
적는다（각 사람의 이름 밑에 추천자를
쓴다).

　무릇 추천된 新進은 반드시 20세를
넘고 학행이 두드러진 자여야 한다. 비
록 弱冠에 이르지 않더라도 司馬試에
입격하였거나 鄕擧에 여러 번 합격하고
才行이 뛰어난 자는 三益（※論語의 「益
者三益」)의 列에 넣을 수 있다（대개
다만 學行의 성취가 어떠하냐를 과거의
합격여부로만 볼 수 있겠는가? 택한
다음에 院長이 具書하여 맞이한다). 入
院 院生이 만약 행실을 닦지 않고 행동
거지가 어긋나면 가벼운 경우에는 원장
이 규찰하고 무거우면 院中에서 面責한
다. 用心하기 減裂하여 끝내 고치려 하
지 않는 자는 齋議로 내쫓는다. 따라서
추천할 때는 신중히 하여 가볍게 추천
해서는 안된다（아, 맹자께서 이르기를,
먼 곳의 신하를 알려면 그가 爲主로 하
는 바가 무엇인가를 보고 가까운 신하
를 알려면 그가 所主하는 것을 보라고
하였는데, 이를 기록하는 것은 그를 추
천한 사람이 어떠냐에 따라서, 그 사람
의 邪正得失이 벗어나지 않는 것이기
때문이다. 마땅히 각자 근신하고 힘써
서 누를 서로 끼치지 말아야 한다). 志
氣가 쇠잔하여 다시 능히 떨치지 못하

一. 定坐次
坐必序齒 若有異爵者 或有他客-並皆
別序 養蒙齋生 並坐南行

一. 勸講習
院長迎請朋徒 不廢勸講 多春五經四書
與伊洛諸性理之書 夏秋史學子集 任其所
讀 夫入院之士 雖不能不爲科擧之事 而
科擧之外 亦有古人所謂爲己之學者 苟能
不全爲彼所奪 而或能用心於此焉 而求之
於日用 性分之內則其存心之用力之方 庶
幾不越乎 敬之一字矣 伊川夫子 始表章
之而雲谷夫子 大發明之

寒暄堂一生辛苦 皆是此字 願與諸君
共勗勉 而不敢已也 凡入院之士 必須戰
兢自持衣冠必飭 言笑必莊 凡戲謔喧譁
狎侮鄙薄之態 皆不敢近白鹿學規 揭在楣
間 宜朝夕觀瞻以爲勗率之地 而又略倣呂
氏鄉約 德業相勸 過失相規 禮俗相交 患
難相恤 庶幾無負 今日責望之意

朝廷利害 邊報差除 州縣官員 長短得
失 衆人所作過惡 皆不得言之

淫媟媟 不正之言 干索食物 無恥之事
皆不得爲之(干索食物 如今學中 所謂 後

는 사람이거나 鄕任을 지내고 나서 問
學者를 가르치는 데 귀찮게 생각하는
사람은 아울러 出院토록 한다.

遠方의 선비로서 入院을 희망하는 자
는 비록 추천인이 없더라도 학행이 성
취되고 별달리 두드러진 허물이 없으면
許入한다.

新學의 小兒로서 20세 이하인 자는
모두 養蒙齋에 入學시킨다. 비록 20세
이후로서 入院의 選에 未及하여도 養蒙
齋에 입학할 것을 원하면 허락한다.

一. 坐次를 메기는 일
坐次는 나이 순서대로 한다. 만약 官
等이 다르거나 他客이 있을 경우에는
따로 차례를 정한다. 養蒙齋生은 모두
南쪽에 서게 한다.

一. 講習을 勸獎하는 일
院長은 諸生을 불러들여 교육을 권장
하기를 마지 아니하여야 한다. 겨울·
봄에는 五經四書와 程朱 性理의 책을
읽고, 여름·가을에는 史學과 子集을
정도에 맞게 읽힌다. 비록 과거공부는
하지 않을 수 없으나 과거밖에도 古人
이 말한 바 爲己之學이라는 것이 있다.
비록 능히 여기에 전심전력하지 않는다
고 하여도 여기에 用心하여야 한다. 爲
己의 學은 日用事에서 求하며 마음 속
에는 存心用力하는 방도는 「敬」이라는
글 한 字를 벗어나는 것이 아니다. 程
伊川께서 이를 비로소 表章하였고 朱子
께서 크게 發明하였으며 寒暄堂이 一生
동안 애쓰신 것이 모두 이 글자이다.
원컨대 諸君들은 함께 면려하여 감히
어기지 말 것이다. 무릇 入院之士는 반
드시 스스로 조심토록 하며 의관을 신칙
한다. 담소하는 것은 반드시 장중히 하

接禮 歸家禮 等事皆是） 如今學中倒懸乘
飄擊膝舉 凡凡諸鄙狎之事 皆不得爲之

持志制行 宜和厚勸愼 凡在尙氣喜激之
事 皆不得爲之 盖聖賢之學 初不在於任
氣輕俠 狂言妄語咬得菜根自是儒者本分
內事 院長餽饗之事 士生養育之誠 固不
敢忽 而入院之士 則不可自去 理會取舍
以損其德性也

養蒙諸生 必命蚤起 晏寢誦習小學 嚴
立課程 痛加繩糾揖 拜有度辭 氣謙遜 庶
幾入學之初 純熟禮儀而有所進就也

足容必重 手容必恭 目容必端 口容必
止 聲容必靜 頭容必直 氣容必肅 立容必
德 色容必莊 坐必端直行必舒恭 入院之
士固不敢不勉 而養蒙諸生 尤加警飭 又
今揚其窓壁出入觀省

群居講習之士 固不敢廢 而誘掖作成之
方 責在士主 暇日來會 倡率諸生 講明古
人之學 而勸導之 則感慕效之 間自有成
就興起之 不可言者矣

古人設院之意 所以避朝市 城郭之鬧
置寞閑寂冥之境 庶幾官家法令 不相拘掣
隱居抱道之士 或相來講說 而無所不屑
而斯文朋徒得以樂聚 而興起焉 則守令勤
課之政 初不相與 而朝廷右文之化 自有
浸漸不覺之効矣

고 놀이와 장난과 같은 비천한 짓거리
에 빠지는 모습은 모두 「白鹿學規」와는
먼 것이니 이 학규를 楣間에 걸어두고
아침저녁으로 우러러 보는 것은 이 곳
이 덕업을 닦는 곳이기 때문이다. 또
呂氏鄕約을 본따서 德業相勸·過失相
規·禮俗相交·患難相恤하는 것은 지금
우리가 책근하며 바라는 것을 어기지
않기 위함이다.

조정의 이해와 변방의 일, 또는 관원
의 任免 및 지방관리에 대한 장단점을
논하는 것은 많은 사람들이 지나치게
나쁘게 평가한 것이니 말하여서는 안된
다. 여색에 관한 음탕한 말이나 바르지
못한 말과 음식물을 干索하는 일은 부
끄러움을 모르는 일이니 모두 하여서는
안된다(음식을 수탐하는 일은 오늘날
鄕學에서 이른바 後接禮·歸家禮와 같
은 일들이다). 오늘날 鄕學은 잘못된
풍습이 지나치게 불어 닥쳐서 여러 가지
비천한 일들이 일어나고 있는데 이같은
일은 하여서는 안된다.

대개 儒學은 처음부터 기운이 날래고
민첩하거나 허튼 말과 망녕스러운 말을
하는 데 있지 아니하여 마치 菜根을 섭
듯 담백한 데에 儒者의 본분이 있는 것
이다. 院長을 공궤하는 일도 토산물로
정성되이 하여 소홀히 하지 말 것이며
入院한 諸生 역시 제멋대로 理會取捨하
여 덕성을 손상하여서는 안된다.

養蒙齋의 諸生들에게는 아침 일찍 일
어나게 하여 침구를 정돈하고 小學을
誦習토록 하며 課程을 엄히 지켜서 더
욱 규율을 엄히 한다. 揖과 拜는 절도
있게 辭氣는 겸손히 하도록 하여 入學
初부터 예의를 純熟하게 하면 성취함이

一. 禮賢士
　或在境內　或住隣邑　或致仕退伏之賢
或樂道高尙之士　豈無人哉　院長宜率朋徒
以禮迎請　而尊之庶幾有所觀感　而慕悅之
則其可勝言哉　苟能行之此言　夫空言　而
止哉

있을 것이다.

　다리는 무겁게 손은 공손하게, 눈은 단정하게, 입은 다물게, 목소리는 고요하게, 머리는 곧게, 기색은 엄숙하게, 서기는 덕성스럽게, 걷기는 천천히 공손하게 하여 入院之士는 물론 힘쓸 일이거니와 養蒙齋의 어린 諸生들은 이를 더욱 힘쓸 것이다. 이러한 九容을 窓壁에 걸어두고 출입할 때 觀省케 한다.

　함께 생활하는 講習生은 인재양성의 방도로서 실로 없애지 못하는 것이니 이에 대한 책임은 지방수령에게 있다. 쉬는 날 찾아와서 諸生을 倡率하고 옛 사람의 學問은 講明토록 勸導한다면 古人을 본받게 되어 감발성취하는 자가 있을 것이 틀림이 없다.

　서원 교육의 뜻은 저자 거리나 시끄러운 도시를 피하여 한적하고 고요한 곳에 두려는 까닭이니 처음부터 관청의 법령으로 규제하지 못하게 한 것이다. 山林에 숨어 있는 높은 선비가 때로 왕래하면서 주야를 가리지 않고 講說하고 斯文의 朋徒들이 즐겨 모이면 흥기함이 있을 것이니 守令의 勸課하는 정사와는 처음에는 서로 상관이 없는 듯하지만, 결국은 조정에서 文敎를 장려하려는 敎化가 이로부터 알지 못하는 사이에 효과가 차츰 번져나가게 될 것이다.

一. 어진 선비를 예우하기
　혹 境內에 있거나, 혹 가까운 고을에 살면서 致仕하여 退伏한 어진 사람이라거나, 또는 樂道하는 高尙한 선비가 어찌 없겠는가. 院長은 마땅히 朋徒를 거느리고 예의로써 맞이하여 스승으로 높인다면 보고 느끼는 바가 있어서 慕悅

할 것이다. 이보다 좋은 일이 있으랴. 실로 이 말이 행하여진다면 빈 말로만 그치게 될 것이랴.

一. 嚴禁防

一. 금지 사항을 엄히

◦ 莊列老釋之書 碁局博奕之戲 不得入院

◦ 莊子·老子·佛經 등 책과 바둑·장기놀이는 하여서는 안된다.

◦ 凡異色之人 皆不得出入(異色如武夫雜術之徒)

◦ 모든 異色之人(異色이란 武夫나 雜術家이다)은 출입할 수 없다.

◦ 淸酌之外 不得釀酒

◦ 祭酒 이외는 술을 빚어서는 안된다.

◦ 尹祭之外 不得殺牛

◦ 犧牲(祭需) 이외로 소를 잡아서는 안된다.

◦ 婢子不得出入齋堂壘進止

◦ 계집종이 齋·堂·壘 등에 나와서는 안된다.

◦ 如修字點書 考廩會討等條 自有盧俟之規 可以遵守 令不復云

◦ 「修字占書」·「考廩會討」와 같은 놀이와 모임은 盧俟때부터 내려오는 禁規이므로 준수할 만하다. 다시 거듭 말하지 않는다.

라) 「契會立議」[62] (鄕學契 : 社會敎育의 절차)

◦ 約中規目 一從 呂氏之舊 不可諉以古今異宜

◦ 「約」의 規目은 呂氏鄕約을 따른다. 古今이 다르다는 핑계를 해서는 안된다

◦ 如有願入者 告于直月 直月告在座 必衆許然後 書于籍而入之

◦ 契에 입회할 것을 원하는 자는 直月에게 고하고 直月은 계원애게 알려서 다수의 허락을 얻은 다음에라야 장부에 적어 입회시킨다.

◦ 道里在三十里內者 每月朔來會 三十里外者 唯赴孟朔 其間或能逐朔來預則尤善

◦ 거리가 30 리 이내인 자는 매달 朔에 來會하고 30 리 밖인 자는 孟朔에만 나온다. 그 동안 매 朔마다 나올 수 있다면 더욱 좋다.

◦ 會日相聚 須及早朝 若後生少年則 宜先來詣無後尊長

◦ 會日에는 이른 아침에 서로 모인다. 나이 어린 소년들은 마땅히 먼저 참례하고 尊長 뒤에 와서는 안된다.

◦ 或非衆所共知 切迫不得已之故 而假托不參者 論如犯約之過 書于籍

◦ 혹 여러 사람이 알지 못하는 부득이한 일 때문이었다고 가탁하여 참석하

---

62)《寒岡全書》(上), 卷 9, 雜著, 契會立議, pp. 167~169. (41 세 때 지음)

지 않은 자는 犯約한 과실로 논하여 장부에 적는다.

○讀法訖 參講朱子白鹿洞規

• 讀法을 마치면 朱子의 白鹿洞規를 參講한다.

○會日 須相考一朔所習之業

• 會日에는 반드시 一朔 동안 학습한 바를 相考한다.

學者一日有一日工夫 一月有一月工夫
※ 呂氏學規 肄業當有常日記所習于簿
多寡隨意 如遇幹輟業亦書于簿 一歲
無過百日 過百日者 同志共擯之
※ 三十歲以前 背誦以後 臨文說講

배우는 사람에게는 하루에 하루의 공부가 있고 한 달에는 한 달의 공부가 있다. 呂氏의 學規에 의하면, 학습한 것은 마땅히 하루하루 배운 것을 장부에 적게 되었는데 학습량이 많고 적은 것은 상관없으나 학습을 중단한 것은 역시 장부에 기재한다. 일년에 학업중단이 1백일을 넘기지 말아야 한다. 백날을 넘기는 자는 동지들이 함께 하여 꾸짖는다. 30살 이전은 背誦(안 보고 책을 외는 것)한 뒤 臨文(보고 읽는 것)하여 說講한다.

○會日 或値天雨 則當權停待晴 直月告于約正 更期日而會之

• 會日에 비가 내리면 임시 휴회하고 비가 개이기를 기다린다. 直月이 約正에게 고하여 다시 날을 잡아 모인다.

○期大功未葬者 許不赴會

• 대공의 복을 입은 사람이 되도록 장에 참석치 않은 사람은 입회시키지 않는다.

○四孟朔日 旣赴約會 則難兼禮 見當修權宜停之

• 4번 孟朔日은 이미 約會하였더라도 겸하여 修禮하기 힘드므로 임시 휴회한다.

○凡吉兇相助之事 本家告于直月 或其近居者 告于直月(或値日自知之 不必待告) 直月 稟于約正 而定數力有大小分有厚薄 並宜參量 亦須斟酌 本家之勢

• 모든 吉兇相助의 일은 本家에서 直月에게 고하거나 이웃 사람이 直月에게 고한다(저절로 알 경우에는 해당되지 않는다). 直月은 約正에게 아뢴다. 그리하여 數力의 대소를 정하고 厚薄을 나누되 本家의 형편에 따라 參量 짐작한다.

○凡回文 次次相傳 各書時刻 於其下 無或小滯滯 有犯約之過(終到之人 持以納于契會之日 仍檢遲傳敏慢)

• 모든 回文은 사발통문식으로 하고 받은 시각을 이름 밑에 쓴다. 조금이라도 늦추어서 犯約의 과실이 있어서는

○ 雖己入約 而泛然隨參無意 振發悠悠時
日 無所進益者 聽其出約 或不能文 而
有好善修行之實者 可以許入

○ 入約之人 各自敦飭 讀書修行 雖學有
淺深 才有高下 而要其志趣 必學古人
必正其義 而不謀其利 必明其道 而不
計其功 勿汲汲於富貴 戚戚於貧賤 庶
幾有儒者氣味 節拍處 苟不能如此 己
非吾輩中人 雖無約中之罰 亦何以冒昧
隨參以爲吾約羞哉 凡約中諸君 胥警焉
(正誼明道者儒 計較利害者 非儒)

○ 進德謹行之目 己盡於德業相勸之條 只
要熟玩 勉行而己 然吾同約之人 尤須
激昂於子路義勇氣象 (子路曰願車馬衣
輕裘與朋友共敝之而無憾 子曰衣敝縕
袍與衣狐貉者 立而不恥者 其由也歟)
超然脫灑於勢利 不以貧富動其心然後
可以消人欲而進天理矣

안된다(제일 나중에 받은 사람이 契
會 날에 갖고 가서 돌림의 빠르고 늦
음을 검사한다).

○ 비록 이미 入約하였더라도 범연하여
자주 참석할 뜻이 없고 학습의욕이
없어 성취함이 없는 자는 出約토록
한다. 또 글은 잘하지 못하지만 착함
을 좋아하여 修行의 실적이 있는 자
는 入約시킨다.

○ 入約한 자는 각자 敦飭하여 독서 수
행한다. 비록 배움에는 깊고 얕음이
있고 재주에는 높고 낮음이 있더라도
반드시 그 義를 바르게 하여 利를 꾀
하지 말 것이며, 그 道를 밝히되 그
功을 따지지 말고 부귀에 허덕이지
않고 빈천에 마음쓰지 않아야 선비
의 기상이 있다 할 것이니 節拍處에
진실로 이처럼 하지 못한다면 이는 우
리의 무리일 수 없다. 비록 約中의 罰
이 없다고 하여 어찌 冒昧롭게 隨參하
여 우리들의 約에 부끄러움을 끼치랴.
約中의 모든 사람은 다함께 경계할지
니라(正誼明道하는 사람을 儒라 하고.
利害를 計較하는 자는 非儒이다).

○ 進德謹行하는 절목은 「德業相勸」의
조목에 다 들어 있다. 다만 熟玩하여
힘써 행할 뿐이다. 그러나 우리 同約
人은 더욱 발분하여 子路의 義勇氣象
을 닮아야 할 것이다 (子路가 이르되
『바라건대 벗들과 함께, 수레를 타고
좋은 옷을 입을 수 있다면 원이 없겠
읍니다』 하였다. 孔子께서는 『훌륭한
옷을 입고 나서 부끄러워 하지 않을 사
람은 子路(由) 너이로구나』 하였다).
勢利에 초연히 벗어나고 빈부 때문에
마음이 움직이지 않은 다음에라야 人

吾同約之人 盍相與勉之哉 周子曰 銖
視軒冕 泥視富貴學者須知此意 方不碌
碌矣

周子非謂輕視貴人也 軒冕富貴人所爭
慕 而自道義觀之 曾不若乎銖 泥如富
貴浮雲之意 云爾若有爵貴人 則亦達尊
可敬 世間尚氣後生或有 偃蹇陵轢 自
以爲高殊非學者氣象 吾輩之中 豈有是
哉

學者平時 宴坐說話 稍有可觀 及見臨
小利害 便爲所奪精神都喪手足盡露 此古
今通患 夫讀書而爲儒 孰不欲求如古人
自後人觀之 其果能終始無愧 而得爲完人
者實鮮 究厥所以未有失步於利害之初岐
而竟至於顚沛 而無可收拾處 雖情有輕重
敗有大小 其失其本心 而爲吾儒之羞 或
則○也 嘗竊思之 一毫之失 千金之得 何
足以動吾之胸中 而不能豎立 自棄至此
而終不能覺悟者何耶 言之誠切痛心 預告
吾約中諸君 須常加戒 毋見羊皮 忘我琬
琰古人能破千金 而失聲釜 眞情所露 亦
不在大君子觀人之法 實寓於造次幾微之
際 此又豈不嚴 且可懼哉 唯常存此心於
道義之中 直養無害 令本心浩然發皆灑落
則庶幾可以自保矣 此亦本非苟難 亦非別
有方法 又不得不如是 吾約中諸君旣以古

欲을 없앨 수 있고 나아가 天理에 나
아갈 수 있는 것이다. 우리 同約人은
모두 서로 힘쓸지어다. 周子가 말하
기를 銖를 보기를 軒冕과 같이 하고
泥를 보기를 부귀와 같이 하라 하였
으니 모름지기 학자는 이 뜻을 알아
야만 바야흐로 碌碌하지 않을 것이다.

周子가 貴人을 가볍게 본 것이라고
할 수 없다. 軒冕은 부귀한 사람이
다투어 사모하는 것인데 道義로 볼 것
같으면 한갓 「銖鋼」에 지나지 않는
것이다. 泥는 부귀가 뜬 구름 같다는
뜻으로 이렇게 말한 것이다. 有爵貴
人일 것 같으면 남에게 존경을 받아
야 할 것인데 세상에서는 기세만을
숭상하여 後生 가운데서 우쭐대는 사
람도 있는 것이다. 스스로 높은 듯
생각하나 이는 학자의 기상이라 할
수 없다. 吾輩 가운데 어찌 이러한
사람이 있으랴.

평상시에 학자가 宴坐·話話할 때는
자못 취할 점이 있어야 하는데 조그마
한 일에도 利害를 따져 문득 정신을 빼
앗기고 手足을 다 들어내니 이것이 古
今의 공통된 병이다. 무릇 독서하여 儒
가 되는 일을 뉘라서 古人처럼 되려고
하지 않으랴. 뒷 사람이 볼 것 같으면,
그가 과연 능히 시종 부끄러움이 없는
完人이 된 사람은 실로 적다. 이 이치
를 따져보면 利害가 엇갈릴 때 발을 헛
디뎌 마침내 수렁으로 빠져 수습할 수
없게 된 것이다. 비록 그 사정에는 경
중이 있고 그 실패에는 大小가 있어서
本心을 잃었다고 하더라도 이렇게 되는
것은 吾儒의 부끄러움이다. (한 자 빠
짐) 가만히 생각해 보건대 一毫를 버리
고 千金을 얻는다한들 어찌 나의 마음

人相期 何可不相勉焉耶(○字：未詳)

※ 聖人之聖 賢人之賢 蓋非高遠異常
如昇天梯空之爲實 人理當然 如男耕女織
職分常事 只緣人自不察不能自修 知者旣
鮮 行者尤鮮 擧世昏昏 濁浪滔滔 間或見
有奮發願學之人 獨異於衆 同之中則 競
相指目 怪異齟齬 如新見蜀日越雪焉 夫
豈知彼眞能爲 吾之所當爲 而我實誤入狼
狙 自彼入觀之 爲眞可笑可憐之甚乎 苟
欲爲之 實能爲之 如不已焉 終有所到 如
新生之木 母傷其長 則必至參天 新種之
稼 母傷其養則 必至成熟

을 움직일 수 있으며 마침내 자신을 세우지 못하고 자포자기하여 끝내 깨닫지 못하는 까닭은 무엇인가? 말하자면 실로 절통하다. 우리 約中諸君에게 부탁하노니 늘상 加戒하길 「羊皮를 보지 말고 나의 琬琰을 잊으라」 한다.

古人은 千金을 능히 깨뜨려 釜를 失聲하였다니 眞情에서 나온 것이나 또한 큰 君子는 아니다. 觀人하는 法은 실로 「순간의 낌새」(造次幾微)에 깃드는 것이다. 이것이 어찌 엄숙하고 두렵지 않은 말이랴. 오직 이 마음을 道義 가운데 지니고 거스림 없이 直養하여 本心을 浩然히 하면 쇄락해져서 어느덧 스스로 보전할 수 있게 된다. 이것은 원래 어렵거나 별다른 방법이 있는 것이 아니다. 우리 約中의 諸君은 이미 古人을 서로 기약하였으니 어찌 서로 힘쓰지 않을까 보냐.

※ 성인이 성인되고, 현인이 현인되는 것은 모두 昇天하여 공중에 매달리듯 高遠 異常한 일이 아니다. 人理의 當然함이다. 남자는 김매고 여자는 길쌈하듯 職分의 예사로운 일이다. 다만 사람에 따라서 스스로 自修하기를 不察 不能하여 이를 아는 자는 드물고 더구나 행하는 자는 더욱 적다. 세상이 모두 어지러워 탁한 물결이 넘실거리는데 간혹 분발하여 願學하는 사람이 보이지만 오직 그가 우리들과 다르고, 무리 가운데 있으며 서로 다투어 指目하기를 이상야릇하게 보아서 마치 蜀나라 사람이 해를 처음 보듯 하고 越나라 사람이 눈(雪)을 처음 보듯 한다.

어찌 그의 참된 모습을 알 수 있으랴. 우리도 마땅히 하여야 할 바이지만 실지로 길을 잘못 들어 낭패하고야 만다.
그 사람으로 볼 것 같으면 참으로 가소
롭고 가련하기 이를 데 없는 것이다. 진
실로 되고 싶어도 마침내 이루지 못하
고야 만다.

新生의 나무는 그 성장을 해치지 않
으면 반드시 하늘까지 다다르게 되고,
새로 심은 씨앗은 그 養生을 해치지 않
으면 반드시 성숙하고야 만다.

다만 하고픈 마음만 있고 공력을 쌓
지 않고서 귀하게 되려고만 한다. 이러
므로 옛사람은 반드시 「立志」를 말하
였다. 有爲한 군자가 되는 까닭과 범
상한 사람이 되는 까닭은 有志냐 無志
냐에 따라서 갈라지는 것이다. 伊尹이
처음부터 天下를 맡을 마음이 없었다면,
그는 莘野의 一耕夫에 지나지 않았을
것이며, 顔淵이 처음부터 孔子를 본받
을 마음이 없었다면 어찌하여 陋巷에서
석달이나마 仁을 체득하였을 것인가.
하물며 우리 同約人은 모두 孟子가 말
한 바, 사람은 누구나 堯舜과 같은 聖
人이 될 수 있으니, 모름지기 각자 분
발 立志하여 힘써 노력한다면, 어찌 吾
黨 가운데서도 樂道操存의 길을 걷는
사람이 없겠는가. 나이는 실로 高下의
차이가 있고 사람의 바탕은 실로 鈍敏
이 고르지 않지만 武公의 90세 나이와
曾子의 바탕을 보지 않는가.

두려운 일은 다만 抑戒함이 없고 自
警三省의 독실함이 없음이다. 그대들은
각기 현재 입장에서 지난날을 지나치
게 후회하거나 한탄하지 말 것이며 資
稟이 못 미친다고도 하지 말 것이다.
다만 마땅히 스스로 힘쓸 것을 마음에
새겨서 그 공력을 백 배나 더하면 舊

惟欲爲之心與不已之功　爲貴焉爾　是故
人必言立志　有爲君子之所以爲君子　常人
之所以爲常人　莫不由有志與無志判焉　伊
尹初無任天下之志則　不過爲莘野之一耕
夫　顔淵初無慕仲尼之志則　何由三月仁於
陋巷之中乎　況吾同約之人　皆孟子所謂可
以爲堯舜之人也　須各自憤立志自力不已
焉則　安知於吾黨之中　而亦有見囂囂之樂
不改之操乎　年固有高下之各異　質固有鈍
敏之不齊　且不見武公之九十　曾子之質魯
乎

所患只欠抑戒之　自警三省之篤實焉　爾
各從現今地頭　毋勞追悔於旣往莫恨資稟
之不及　唯當刻心自勵　百倍其功　脫落舊
習　變化氣質則　今人何患　不及古人乎　高
可爲聖賢　下不失爲吉人善士　唯吾用力如
何　耳不唯有以答　受中以生之責　而參立
於天地之間　抑內慰門戶父兄之所望　外副

朋儕契約之本意　不亦快哉　不亦樂乎　願
吾黨諸賢　思有以如是　而必有以如是　須
先立志　以爲舜何人哉　有爲者若是焉　不
滕拳拳　相愛之至誠云爾

習이　脫落되고　氣質이　변화될 것이니,
이제　사람이　옛사람에게　못 미친다는
것만을　어찌　근심하랴. 위로는　聖賢이
되고　아래로　失行하지 않으면　用力如何
로　吉人善士가 된다. 다만 건성으로 답
하지 않고　삶의 책임을 다하면　天地간
에　우뚝 서서 도리어 안으로는　門戶와
父兄의　소망을　위로하고 밖으로는　벗들
과의　약속한 본뜻에 부응하게 될 것이
니 이 또한 유쾌하고 즐거운 일이 아닐
까 보냐? 원컨대　吾黨의　諸賢은　이같
이 생각한다면 반드시 이같이 되리니,
모름지기 먼저　立志하기를, 舜은 누구
인가? 라고 하라.　有爲한 사람은 이처
럼 되리니　至誠으로　拳拳相愛하여 마지
않을 것이로다.

마)「月朝約會儀」[63] (鄕飮酒禮)

會日夙興約正副正直月皆深衣來會／以
長少拜于東序／設先聖先師之像于北壁下
／同約者如其服而至俟於外次／旣集以齒
爲序立於門外東向北上／約正以下出門西
向南上（約正與最尊者正相向）／揖迎入門
至庭中北面／皆再拜／約正升堂上向／降
（約正升降皆自阼階）／與在位者皆再拜／
藏先聖先師之像／揖分東西向立／約正三
揖　客三讓／約正先升　客從之（約正以下
升自阼階　餘人升自西階）／皆北面立／約
正少進西向立　副正直月次其右少退／直
月引尊者東向南上（以約正之年推後做此）
／長者西向南上（在約正之後少進）／約正
再拜　在位者皆再拜（此拜尊者）尊者受禮
如儀（跪而扶之・唯以約正之年爲受禮之
節）／尊者退北壁下南向東上立／直月引

會日, 일찍 일어나고　約正・副正・直
月은　深衣를 입고　會에 나간다. ／長에
게　少가 절한다. 東쪽에 자리잡는다. ／
先聖・先師의　像을　北壁下에　설치한다.
／同約者들이　옷을 입고　外次에서　대기
한다. ／다 모이면 나이 순서대로　門外
의　東向北上하여 선다. ／約正 이하　出
門하고　西向南上한다（約正과　最尊者는
맞바로 향한다）. ／문안으로　迎揖하여 뜰
가운데 이르러　北面한다. ／모두 두 번
절한다. ／約正이　升堂하고　上向한다. ／
내려 온다（約正이　升降은　모두　阼階이
다）. ／在位者는　모두　再拜한다. ／先聖
先師의　像을 갈무리한다. ／東西로 나
누어　揖하여 마주한다. ／約正이　三揖하
고　客은　三讓한다. ／約正이 먼저　堂에

---

63)《寒岡全書》(上)，卷 9，雜著，月朝約會儀，pp. 169～170. (51 세 후　晩年作)

長者　東向南上／約正與在位者皆再拜（此拜長者尊・者不拜）／長者受禮如儀（跪而答其半）長者退立於尊者之西東上／直月引稍長者東向南上／約正與在位者皆再拜（此拜稍長者尊者長者不拜）／稍長者答拜（俟其俯伏而答之）退立於西序東向北上／直月引稍少者東面北上／拜約正　約正答之（俟其俯伏而答之）／稍少者退立于稍長者之南／直月以次引少者　東北向西北上／拜約正　約正跪而扶之／拜者復位／既畢揖各就次（同列未講禮者拜於西序如初）頃之約正揖就坐

오르고 客이 따른다（約正 이하는 阼階로 그밖은 曲階이다）．／모두 北面하여 선다．／約正이 조금 나아가 西向하여 서고, 副正과 直月의 차례로 그 오른쪽에 조금 물러선다．／直月이 尊者를 인도하여 東向南上한다（約正의 나이를 미루어 보고 이렇게 한다）．／長者는 西向南上한다（約正의 뒤로 조금 물러선다）．／約正이 再拜하면 在位者가 모두 再拜한다（尊者에 대한 拜이다）．尊者는 법식대로 禮를 받는다（한 발은 꿇고 한 발은 곧춘다．다만 約正의 나이에 따라 受禮의 절차가 다르다．／尊者가 北壁으로 물러나서 南向東上에 선다．／直月이 長者를 인도하여 東向하여 南上한다．／約正과 在位者가 모두 再拜한다（이는 長者에 대한 拜이다．尊者는 절하지 않는다）．／長者는 법식대로 예를 받는다（尊하나 반절）．長者가 尊者의 西東上에 물러선다．／直月이 稍長者를 인도하여 東向으로 南上한다．／約正과 在位者 모두 再拜한다（尊者長者는 절하지 않는다）．／稍長者가 답배한다（부복한 것을 기다려 답한다）．西序로 물러나서 東向으로 北上한다．／直月이 다시 稍少者를 인도하여 東面하여 北上한다．／約正에게 절하고 約正이 답한다（부복한 것을 기다려 답한다）．／稍少者가 稍長者의 남쪽으로 물러선다．／直月이 少者를 차례로 인도하고 東北向하여 西北上한다.／約正에게 절하고 約正은 한 발은 跪하고 한 발로 곧추세운다．／拜者가 제자리로 간다．／揖이 끝나면 각자 차례를 잡는다（禮者는 西序에 처음대로 절한다）．이때 約正도 揖하고 자리한다.

約正坐堂東南向　約中年最尊者坐堂西
南向　副正直月　次約正之東南向西上
餘人以齒爲序東西相向　以北爲上　若有
異爵者則坐於尊者之西南向東上　同約
之子弟　別爲一行坐

/直月抗聲讀約一過　副正推說其意　未達
者許其質問(或以朱子白鹿洞規・童蒙須
知・遣子帖・訓蒙十訓・呂氏格言等篇參
講　或約正別爲說以講亦不妨)/於是　約
中有善者　衆推之, 有過者直月斜之　約正
詢其實狀于中　無異辭　乃命直月書之　直
月遂讀記善籍一過　命執事以記過籍遍呈
在坐各默觀一過　既畢乃食　食畢少休　復
會于堂上　說書或　習射講論從容/至脯乃
退　凡燕集初　座別設卓子於　兩楹間　置大
杯於其上　主人降席　立於卓東西向　上客
亦降席立於卓西東向主人取杯親洗　上客
辭　主人置杯於卓子上親執酒斯之以器　授
執事者遂執杯以獻上客　上客受之復置卓
子上　主人西向再拜　上客東向再拜　興取酒
東向跪　祭酒遂飲以杯　授贊者遂拜主人答
拜(若少者以下爲客飲畢而拜則　主人跪受
如常/上客酢　主人如前儀　主人乃獻衆賓
如前儀　唯獻酒不拜(若衆賓中有齒爵者・
則特獻如上客之儀不酢)

約正은　東南向으로　앉고, 約中의　最
尊者는　堂의　西南向에　앉고 副正과
直月은　約正의　다음에　東南向하여　西
上한다. 나머지는　나이　순서대로　東
西로　마주하고　北上한다. 만약　벼슬
을　한　자가　있으면　尊者의　西南向으
로　東上하여　앉는다. 同約의　자제는
따로　한　줄로　앉는다.
/直月이　소리높이　한번　讀約한다. 副
正이　그　뜻을　推說한다. 못　깨친　자에게
질문을　허락한다(朱子의　白鹿洞規・童
蒙須知・遣子帖・訓蒙十訓・呂氏格言　등
을　參講할　수　있다)./約中에　善行者가
있으면　여럿이　추천하고, 過失者가　있
으면　直月이　규찰한다. 約正이　그　진
상을　約中에　자문하여　별다른　의의가
없다면　直月에게　명하여　過簿에　기록
한다. 直月이　곧　「善籍」을　한차례　읽
고　執事에게　명하여　「過籍」에　기록하여
여럿에게　보인다. 約員은　각기　한차례
씩　默觀한　뒤　식사를　한다. 식사가　끝
난　뒤　잠시　쉰　후　堂上에서　속회한다.
조용히　說書・習射・講論한다./오후　4
～6시(晡)에　끝마친다. 무릇　燕集　초에
양쪽　누마루에　탁자를　따로　마련하고
그　위에　큰　잔을　놓아둔다. 主人이　탁
자　東西向上에　서고, 上客이　또한　탁자
西東向에　선다. 主人이　잔을　몸소　씻어
잡는다. 上客이　사양한다. 主人이　탁자
위에　둔　잔을　몸소　잡고　그릇에　술을　붓
고　집사에게　주어　上客에게　바친다. 上
客이　받고　다시　탁자　위에　놓는다. 主
人이　西向하여　재배하면　上客이　東向하
여　재배한다. 술잔을　들어　東向으로　跪
하고　祭酒를　마신다. 贊者에게　주면　主
人이　答拜한다(若少者　이하가　客을　위

하여 마시고 나서 절하면 主人은 전처럼 跪受한다)./上客이 안주를 먹으면 主人은 앞의 절차처럼 한다. 主人이 여러 손님의 앞의 절차처럼 술잔을 바친다. 다만 獻酒만 하고 절하지는 않는다(衆賓가운데 나이 많거나 벼슬이 있는 경우에는 위의 上客에게 한 절차처럼 특별히 獻酒한다. 안주는 없다).

위 다섯 가지 「節次」의 작성은 「契會立議」·「月朝約會儀」·「院規」·「講法」 및 「通讀會儀」의 순이다. 「契會立議」는 41세 (선조 16년 1583)때 檜淵書堂을 세운 뒤 문하생들에게 月朔講會契를 만들게 하고 「月朝約會儀」를 짓는 한편 이 契의 규정을 제정하였다.[64] 이 무렵 한강은 첫 出仕였던 昌寧縣監을 일년 반 만에 사직하고 향리에 은거하면서 후생들에게 《心經》과 《近思錄》을 강의하였다.

「院規」는 62세 (선조 37년 1604)때 玄風의 士子들에게 권고하여 임란 때 불타버린 雙溪書院(寒暄堂配享)을 지금의 위치로 옮겨 重創하였는데 그 무렵에 「道東」이란 賜額을 다시 받았다. 院規는 그때 제정한 것이다.

「講法」과 「通讀會儀」는 64세 (선조 39년 1606)때 「望雲庵」(檜淵書堂 東畔의 茅齋) 시절에 지은 것으로 난리 뒤에 鄕中의 자제들이 失學하는 것을 우려하여 마련하였다. 이때 모인 제자들이 무려 70여 인이나 되었고 이 독서운동을 전개한 지 2년이 지나지 아니하여 鄕人이 모두 「皆通曉文字」하는 성과를 거두었다고 한다. 이때의 정경을 門人 李堉은 다음과 같이 전한다.

> 先生晩年棄官歸鄕　深憫鄕中子弟因亂失學　遂聚鄕後生共爲通讀約七十餘人　聚會講學之儀　一依前日月朝之例　而略加增損行之　二年鄕人悉皆通曉文字　多有進就焉──〈言行錄〉, 敎人

위에 열거한 다섯 가지 교학방법의 절차에 관한 교육사적 의의와 평가를 간단히 하면 다음과 같다.

---

64) 〈言行錄〉, 「敎人」, (李厚慶), 癸未 1583, 寒岡 41세) 先生移居檜淵(自寒岡精舍移卜檜淵) 搆草堂約諸友率門徒 爲月朔講會),
　〈言行錄〉, 「處鄕」, (李天封), 「先生在寒岡精舍時 鄕人之有志於學者 後生之稍有志尙者 合爲一稧 又於檜淵 爲通讀之規 朔望會講 一月考其所讀 一年考其勤慢 春秋別爲勸懲其立議」

講法 및 通讀會儀: 講席의 법도[講儀]와 講評[교육평가]에 대한 구체적인 내용을 담고 있다. 전통적인 講儀와 講評은 나의 다른 著에서 자세히 언급한 바 있기로[65] 이곳에서는 약하거니와 여기서는 體罰의 구체적인 내용이 특색이라 지적될 수 있다. 평가는 대개 「大通」·「通」·「略通」·「粗通」·「不」의 5단계 또는 이곳처럼 「通」·「略」·「粗」·「不」의 4단계 평가 척도가 당시의 유행이었음을 보여준다. 매달 15일을 기하여 一講을 하는 것은 당시 난리 뒤의 사정으로 피치 못할 사정이었을 것이다. 이 당시 淸道에 살던 訥淵 丁敏道 같은 분은 九邑訓導의 직첩을 받고 한 사람의 훈도가 9 고을을 순방하면서 戰後 교육에 임한 사례가 있다.[66] 「通讀會儀」는 위 講法을 행할 때 이루어지는 사제간의 구체적인 예의 절차이다.

院規: 영남서원의 院規는 거의 대부분 퇴계가 만든 「伊山院規」를 모범으로 하였다.[67] 그러나 한강의 道東 「院規」는 ① 書院·鄕校敎育의 一體論. ② 院長論, ③ 有司論, ④ 院生論, ⑤ 講習論, ⑥ 附屬學校 「養蒙齋」敎育論, ⑦ 擇師論 등에 있어서 구체적이고 독자적인 성격을 강하게 나타내고 있다. 이는 白鹿洞規에서 伊山院規에 이르는 書院교육의 典型에서 탈피하여 독자적인 개성을 여실히 나타낸 院規라고 할 수 있다. 이 점에 있어서 한강의 書院觀은 한 편의 다른 論攷로 다룰 만하다.

契會立證: 鄕約의 4대 기본정신을 실천하는 덕목과 시행규칙이 보편화된 현상은 조선시대의 일관된 사회 윤리였다. 그러나 향약의 사회교화적 윤리 실천이 성리학적 「이데올로기」를 공고화하고 유지시키는 민중통치의 수단이었다는 점도 무시할 수 없다. 말하자면 향약적 질서는 鄕廳과 鄕任을 중심으로 하는 官權의 보조수단이고 在地 士林들의 정치·경제·사회적 지위를 영속화하는 데 이바지하였다. 그러나 한강의 「契會立議」는 鄕學契의 시행 규칙이라는 데에 일반적인 향약과 구별된다. 序文에 있듯이 『「約」의 規目은 呂氏鄕約을 따른다』고는 되어 있으나 이 「契」는 일종의 讀書契이고 扶助契이다. 그리고 「結」 부분에 있는 「선비論」은 교육적 인간상에 대한 뛰어난 章典이라 할 수 있다.

月朔約會儀: 鄕飮酒禮는 고을의 儒生이 모여 향약을 읽고 揖讓하는 법과 술 마시는 법을 지키던 선비의 잔치였다. 鄕飮酒(射)禮는 지방관이 興學의 치적으로 즐겨 사용하였는데 까다로운 「法度」는 인륜과 사회기강

---

65) 丁淳睦, 《韓國書院敎育制度硏究》 100 章 6 節 敎授方法(講) 및 7 節 敎育評價 참조.
66) 丁淳睦 역, 《訥淵先生逸稿》, 訥淵會刊, 1984. pp. 42~46, 〈回諭九邑諸生興學文〉 참조.
67) 伊山院規와 각종 院規에 대하여는 위 《韓國書院敎育制度硏究》 Ⅳ~5 「院規」 참조.

을 순화시키고 유지하는 교화수단이라고 보았기 때문이다. 이는 또 養老思想의 고취로써 孝親의 사회적 확산을 도모하려는 것이기도 하였다. 飮酒禮 역시 坐次(齒序)문제와 더불어 失亂을 방지하는 강력한 사회교육이었던 것이다. 失行者의 過失者에 대한 포폄(褒貶)은 鄕飮禮가 단순한 의식이나 절차로만 끝나지 않는 구속력이 있었음을 보여준다. 한강의 「月朝約會儀」는 향음주례의 이같은 사회교육적 功能을 인정하여 마련한 것이지만 「임란」 이후의 사회가치관의 상실을 염두에 둘 때 그의 이러한 관심은 당연하다 할 것이다.

> 鄕飮鄕射之禮　人雖識其名　未嘗見其禮容矣　先生莅邑之日　使士子輩　展而行之. 優遊於禮法之場　人皆敬服於大賢之所爲　行禮時所用之器　皆不失方圓長短尺寸分釐而作之　以後復古制　以應禮用[68]

鄕飮 鄕射禮에 대하여 당시 사람들은 그 이름은 익히 알고 있었으나 이를 시행하는 것은 보지 못하였다는 것이다. 이에 한강이 士子輩를 시켜 이를 시행하여 모범하였을 뿐 아니라 소용되는 도구 역시 古制대로 복원하였다.

3) 敎學方法의 내용

한강의 敎學方法의 내용이란 좁게는 그의 敎科課程觀이고 넓게는 그의 인격적 감화력의 표현이다. 이 두 측면으로 나누어 고찰하기로 한다.

가) 「敎科課程觀」

旅軒 張顯光은 「寒岡先生行狀」[69]에서

> 先生幼時　自優其才　以爲吾人於宇宙間　許多事無不以爲己責　則事無大小精粗皆不可以無學焉　至於算數兵陳醫藥風水等說　亦必究知其理　而得其大略矣　及其晚歲　一以講學著書爲專業

이라고 한 것처럼 그의 학문적 관심은 예사 유학자와는 달리 實用性에 주목하였다. 이는 治世經綸을 위한 儒學의 관심이지만 理氣心性論에 국한

---

68) 〈言行錄〉, 「禮學」, (郭赾)
69) 《寒岡全書》(下), p. 255.

하던 당시 학자들의 학문세계와는 구별되는 점이다. 저자는 앞서 이러한 한강의 학문적 성격을 近畿學派의 실학적 연원으로 설명하였거니와 「大儒」라고 지칭되는 유학자에게는 이러한 경향이 보편적인 특색으로서 濟世安民을 위한 실용적 학문이 한강에게만 있었던 것이라고는 말할 수 없다.

學人으로서 한강의 일상은 그대로 구도자의 자세였다.

- 每日晨興盥櫛衣冠 拜於家廟 退處書室 整几案啓書册 對越聖賢 靜坐講習 研精覃思 玩辭求義 必至夜深而罷[70]
- 先生每日 必鷄鳴而起 明燈整坐講誦 達曙或廢燈而坐 涵養不息 時或問于侍側子弟曰 爾等之心方思何事 方走何方 收放心 是學者第一工夫也[71]

그의 학문은 이미 書册을 통한 인지학습의 경지를 벗어나서 研精覃思하는 철학하는 삶이었고 涵養·收放心하는 경지였다. 이러한 학문구도의 생활은 나이가 들수록 더욱 철저하였는데 만년에 이르면서 대개 낮에는 독서하고 밤에는 사색하기를 마치 소장학자가 힘쓰듯 하였다는 것이다.[72] 그리고 그의 공부는 단순한 앎에 머무르려는 것이 아니라 반드시 원리적 탐구로써 이를 실천하려는 데 있었다. 도표로하면 다음과 같다.[73]

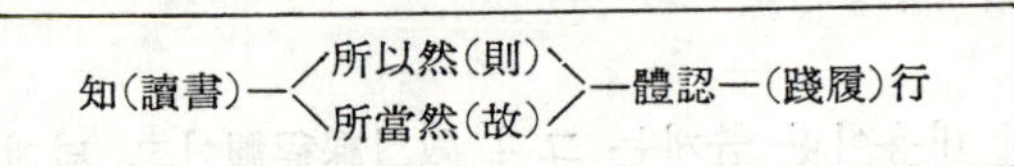

참으로 안다는 일은 사물의 현상만을 아는 것이 아니라, 사물의 「구조의 법칙성」이 무엇인가를 아는 것이고(所以然之則) 이러한 원리적 구조의 법칙성을 알고 난 뒤, 삶의 현상 속에서 그것이 어떠한 당위적 명제로 정당화될 수 있는가(所當然之故)라는 眞知의 지향성, 곧 윤리적 합목적성을 전제로 하지 않으면 안된다는 것이다. 인지구조는 논리적 사변으로 가능한 것이 아니라 신념, 가치, 권위, 학문애와 같은 價値感과의 융합 속에

---

70) 〈言行錄〉, 「學問」, (崔恒慶)
71) 〈言行錄〉, 「學問」, (李籥)
72) 〈言行錄〉, 「讀書」, (裵尙龍),「先生癸卯還鄕時 年六十有一 終日看書繼之 以夜孜孜乾惕 如少壯刻勵者然」
73) 〈言行錄〉, 「讀書」, (郭赾),「先生於聖賢之書 無所不讀 而讀則 必求所當然所以然 而知之 知之則輒體認於心 而爲踐履之地」

서 전인격적으로 수용되고 내면화되어야 하는 것인데 이를 「體認」이라 일
컫게 된다. 이러한 상태가 곧 진리가 우리로 하여금 자유롭게 하는 경지
이고 진리가 인간과 함께 동행하는 知行互進이다.

　　　讀(古人之)書 精探力踐 涵養進修 以厚根本之地[74]

이렇게 하여 앎(wissen)·삶(Lebens)·됨(werden)은 성숙인격으로 조화롭게
꽃핀다. 다음으로 한강의 研學風情이 깃든 研究室 주변을 탐방하여 보자.

- 선생이 거처하는 방은 좌우로 書册이 가득하였고 (카드箱)에는 무려 수천
　개의 文軸으로 가득차 있었다. 때로 참고하여야 할 사항이 있으면, 어디 어
　디 무슨 자리에 있는 軸을 빼오라 하였는데, 한번 훑어보면 대번에 알아보아
　언제 보는지 모를 지경이었다. [75]
- 山泉菴은 武屹溪의 동쪽 수십 보 거리에 있었다. 방과 마루가 각각 한 칸씩
　인데, 샘물이 바위 틈에서 솟아올라 山泉菴이라 불렀다. 선생은 이곳에서 하
　루 종일 危坐하여 「俯讀仰思」하곤 하였다. [76]
- 저술하거나 독서를 하는 여가에는 陶然히 스스로 즐기는 雅趣가 있었는데
　古人의 말을 늘상 외기도 하고 벽 위에 적어 걸어놓기도 하였다. 그리고
　말하기를 『深山 가운데 土屋을 짓고, 사립으로 문을 만들고 거문고와 缶를
　두드리고, 성현의 모습을 노래하니 이러한 즐거움에 늙어감을 잊노라』하였
　다. [77]
- 先生께서 武屹에서 나오셔서 寒岡亭上으로 나오니 바야흐로 新月은 서녘에
　걸려 있고, 북두칠성은 난간에 빗겨 있는데, 소나무 그림자 사이로 거니니 시
　냇물 흐르는 소리가 噴石하는 듯하였다. 묏부리는 시내 위에 천 척이 넘도록
　서 있는데 「寒岡」이라 한 것은 이곳의 「四面蒼松 直立森森」의 「岡」과 「歲寒
　然後知松栢之後彫」에서의 「寒」을 따온 것이라고 말씀하였다. [78]
- (……)선생께서 사립을 나와 中堂에 산보하시니 陶然히 自樂하시는 모습이

---

74) 〈言行錄〉, 「敎人」, (李潤雨)
75) 〈言行錄〉, 「學問」, (李天封), 「先生所居之室 左右書册滿架 盈箱無慮數千軸 時有考閱事
　　則皆領略其所在處 抽卷一開 而輒見 未嘗遲疑披閱」.
76) 〈言行錄〉, 「學問」, (裵尙龍), 「山泉菴在武屹溪東數十步 房廳各一間 有泉瀉出岩礏取以名
　　菴終日危坐 俯讀仰思 常以育德果行自期」
77) 〈言行錄〉, 「學同」, (裵尙龍), 「纂述裒集之暇 輒讀聖賢經傳 陶然有自得之趣 常誦古人之
　　言而書諸壁上曰 深山之中 築土爲宇 編蓬爲戶 彈琴鼓缶 以詠先王之風 亦足以樂忘死矣」
78) 〈言行錄〉, 「雜記」, (孫處訥), 「先生自武屹出山 迎入寒岡亭上 侍話良久 時新月掛西 星斗
　　闌干松影婆娑 川聲噴石 如坐中天之上矣 岡記川上幾至千尺 而謂之 寒者 四面蒼松 直立森
　　森故取 歲寒之義此乃先生之解也」

있었다. (제자가)『오늘 밤 선생님의 모습이 曾點이나 濂溪와 흡사합니다』하니, 선생께서『나의 학문이 아직 모자라는데 그대는 지나치게 말하지 말라』하였다. [79]

이렇게 樂山樂水하면서 오로지 한마음으로 학문에 몰두할 수 있었던 것은「辛亥以前七八年」이 절정이었다. 그의 나이 62·3세에서 69세까지의 武屹時代이다. [80] 武屹은 자연경관이 幽勝할 뿐만 아니라 이곳을 찾는 손님 또한 비교적 적어서 모처럼 맞이한 閑暇였다. 辛亥년(光海君 3년, 1611) 이후에는 이듬해에 八莒縣 蘆谷으로 거처를 옮기게 되고 光海 5년(1613)에는 金悌男과 永昌大君의 獄事가 일어나자 在野의 寒岡은 분연히 붓을 들어 光海君의「廢母殺弟」의 불륜을 꾸짖는 疏箚를 올리기 시작한다. 더구나 光海 6년(1614)에는 蘆谷精舍에 불이 나서 저서와 장서의 대부분을 소실하는 불운을 맞이하게 되었다.

寒岡의 독서방법은 精讀이 위주였으나, 일단 理會한 책을 저술에 인용할 때는「一瞥數行」하는 요령이 있었고 뒷날에 꼭 필요하리라고 생각되는 곳은 반드시 傍記하여 參證·攷證토록 하였다. [81] 그러나 이러한「要領」이 그대로 연구 태도의「要領主義」로 흐르지 않은 것에 주목하여야 한다. 그의 연구 태도는 시종 일관 엄숙주의·경건주의에 있었다. [82]

기본교재와 경전에 대한 한강의 견해는 다음과 같다.

○《小學》: 爲學急務 當先致力於小學 然後四書《心經》·《近思錄》·《朱子大全》
  等書 可以次第理會[83]

○《小學》: （先生嘗撫背敎之曰）人生八歲 皆入小學 汝能知此義否 蒙養不端長
  不免爲伎倆人 又謂先君曰 敎人當自兒時始 [84]

○《大學》: 問大學一書 何者爲最初入頭處 先生曰毋自欺三字 是吾平生受用者[85]

---

79) 〈言行錄〉,「學問」, （裵尙龍）,「(……)先生開戶而出散步中堂 陶陶然有樂之趣 （尙龍） 問
  曰先生今夜莫是曾點風俗 濂翁光霽底氣像乎 先生曰 吾嘗學焉而未能 君言無乃太過乎」
80) 〈言行錄〉,「學問」, （裵尙龍）,「武屹非但洞壑之闢 泉石之勝 賓客罕至 應接頗歇 捜閱書纂
  一意專精 以是辛亥以前 七八年在武屹時多」
81) 〈言行錄〉,「學問」, （裵尙龍）,「每閱諸書 一瞥數行 而至義理喫緊處 則必旁捜他書 參攷互
  證以極其歸趣」
82) 〈言行錄〉,「持敬」, （李籒）,「先生雖在燕居之時 惰慢之容不設於身體 未嘗頃刻敬倚 未嘗
  頃刻解衣 時或閉目危坐凝然不動 望之若泥塑人 若不可親者 而卽之溫溫 如在春風之中矣」
83) 〈言行錄〉,「敎人」, （李潤雨）
84) 〈言行錄〉,「敎人」, （朴明胤）
85) 〈言行錄〉,「敎人」, （李天封）

○《論語》: 論語之書　辭意精明　苟能玩其辭繹　其意則　不但爲治身心之功用　亦是
通文理之蹊逕　昔我與一友生　受此書於德溪先生　友生當初文理未通　讀了後文理
大達　此吾親見　讀此書之驗也[86]

○《論語》: 嘗受論語於先生　先生曰　若知論語之爲書乎　乃學者入道之門戶也　讀
之使人慈良之心藹然而生　欲善其身者　舍是書何以哉　是故　朱門訓學者　專以是
書　爲初學之指南　今之學者　是書者　但區區於音釋句讀之末　爲他日科學之資　而
無復留意於聖人設敎之才　作自家收歛身心之地可良歎也[87]

○《四書》: 先生之學　博求經傳　得其大意　語孟庸學　尤所致力　至於靜字敬字上工
夫　益加勉勵[88]

○《朱子大全》: 先生於濂洛關閩之書　無不該通

○《心經》: 朱子語類・大全　講明之　功益深切　眞西山心經　尤所尊信故　晩年編集
發揮　以受後學有志於學者　不可不考究[89]

○《心經》:「有學者請學心經　先生曰　心經固好　然於初學者　小學書尤緊切」[90]

○《朱子大全・語類・語錄・近思錄》:「先生一生用功　專取法於朱子故　於大全　語
類　近思錄諸書　尤爲致力　每讀其書　如親警欬　至於講道捿息之地　亦莫不想像而
興懷」[91]

○《朱子大全》等:「先生嘗讀朱子大全・語類等書　至忘寢食曰　孟子云　理義之悅
我心　猶蒭豢之悅我口　吾於此書亦云　李先生(退溪先生)在洛中　如得見此書　便
解官載而歸　平生得力　皆在此書　如此而後　方可謂讀書　以餘觀之　退溪朱子後一
人也　先生退溪後一人也」[92]

나)「敎育感化力」

　교육감화력은 교사의 「권위」와 학생의 「신뢰」와의　교호작용에서　발생
한다. 여기서 중요한 것은 스승으로서의 권위이다. 참된 권위에서 참된
교육적 충고가 가능하다. 충고란 교육자적인 의도에서 「한 낯선 삶에 대
해 외부로부터 갑작스레 간섭해 들어가는」[93] 敎訓・警告・稱讚・責望・
認定 따위다. 「칭찬」과 「책망」은 서로 동등한 대립으로 비교될 수 있다.
칭찬은 같은 행동의 반복을 격려하는 것이고, 책망은 같은 행위의 반복을

86) 〈言行錄〉,「敎人」, (李墍)
87) 〈言行錄〉,「敎人」, (李墍)
88) 〈言行錄〉,「學問」, (崔恒慶)
89) 〈言行錄〉,「學問」, (文緯)
90) 〈言行錄〉,「敎人」, (崔恒慶)
91) 〈言行錄〉,「學問」, (李堉)
92) 〈言行錄〉,「讀書」, (李堉)
93) Bollnow, 앞의 책, pp. 62～68.

만류하는 것이다. 이러한 충고가 권위자인 인격이나 교육애에서 자연발생적으로 나올 때 한층 격조높은 교육적 감화력을 형성한다. 따라서 교육적 감화력으로서의 권위는 윤리적 권위일 것이 要求된다. 그러므로 교육감화력의 강도는 권위 있는 교사와 이러한 권위를 받아들이는 사람(제자)의 자유의지가 동등한 힘으로 맞서야 한다. 스승과 제자와의 이러한 「맞섬」이 곧 「만남」의 교육적 현상일 수 있다.

참된 교육적 권위는 사제간의 내적인 사랑의 관계에서 나오기 때문에 이러한 맞섬은 융화이고 창조이다. 옛 교육에서는 사제간의 이러한 권위와 자유가 교육적 사랑으로 융화될 수 있었고 또 창조될 수 있었다. 오늘의 교육적 위기 현상은 이러한 권위의 위기 현상과 관련된다.

寒岡의 교육자적 권위는 78년간에 걸친 그의 생애를 보면 알 수 있듯이[1, 寒岡의 敎育生涯評釋 참조] 개인적 양심의 권위에서 나온 것이다. 旅軒이 지적한 바와 같이 무릇 眞儒의 사업이란 「平實廣大」한 것이므로 一節一藝로 成名하는 것이 아니다.[94] 한강은 聖賢全體大用之學을 追古하면서 가까이는 퇴계를 親接하여 그 準的으로 하였고 멀리는 朱晦菴을 모범으로 하였다. 그 자신 권위롭게 된 것은 이같은 권위를 수용하고 형성할 수 있었기 때문이다. 권위의 이러한 受授現象이 단순한 복고적인 것으로 끝나지 않는 점이 바로 교육감화력의 미래지향성이다.

한강이 제자들에게 늘 강조한 것은 학문을 통한 지식이 아니라 그 실천이었으며 「發憤立志」→「勇猛篤實」→「深體力行」으로서의 발전이었다.[95] 이것은 儒學교육의 기본 강령이기도 하다. 立志란 강한 학습동기 유발이고 교육목표의 설정이다. 그러나 이것이 현실적인 인간 교육의 場으로 내면화되지 않는다면 下學而上達될 수 없다. 진리는 高遠한 데 있는 것이 아니라 日用하는 凡百事에 있다고 보기 때문이다. 그리고 진리는 그것이 현실에 존재하고 있는 것에 가치가 있는 것이 아니라 진리를 추구하는 자가 스스로 진리적 존재로 실현되어야 한다는 것이다. 그러기 때문에 유학은 人間學이고 實學이다.

한강은 충고하기를 독서는 反覆成誦→「沈潛玩素」하여야만 자득할 수

---

94) 近刊의 《寒岡全集》에는 旅軒 張顯光 자손과 寒岡 자손간의 이른바 「寒旅是非」로 寒岡 〈言行錄〉에서 旅軒의 기록이 삭제되어 있다. 이 기록은 舊本 《寒岡先生文集》에서 인용한 것이다. 「夫眞儒事業 平實廣大 不止於一節一藝之成名 不貴乎 別法異術之反常也 於是必欲追古 聖賢全體大用之學 而爲之則爲故其志則未嘗自安於小成矣 其在吾東所親接則以退溪爲準的 其在宋儒之大成則以晦菴爲模範 所以制心律己 居家在官事君臨民者一惟二先生是式焉」

95) 〈言行錄〉, 「敎人」, (李天封), 「先生敎人 不以讀書綴文爲貴 惟以灑掃應對 進退中規爲先」 〈言行錄〉, 「敎人」, (崔恒慶), 「先生嘗曰 學者須是 發憤立志勇猛篤實 深體力行始得」

있다고 하면서 古學(올바른 학문)과 今學(잘못된 학문)으로 구별하여 설명한다. [96]

> 讀書須要 反覆成誦 沈潛玩索 以自得焉 古人云 千周萬遍 其義自見 今之學者 却不要熟只恁麼草草看過 自爲足是 是雖句讀之學 亦且不及於古人也

古·今學에 대한 한강의 대비는 立志·篤實·力行이라는 세 가지 기준에서 나온 것이다. 때문에 제자들의 말 한마디라도 때로 過不及이 발견되면 그는 서슴없이 規箴으로 올바르게 자리잡도록 하였으며, 일을 처리함에 있어서 조그마한 잘못이 있다면, 반드시 곧장 바로잡아 주었다. 그리하여 그 사람이 비록 「一善一藝之人」이라고 하더라도 올바른 학문적 자세를 지니도록 하였다. 이는 한강이 제자들의 내면적 가치 수용을 확신하였기 때문인데 그는 이것을 일컬어 「變化氣質」이라고 하였다. 인간 형성의 기질변화를 믿는다는 것은 敎育陶冶論에 있어서 기본 전제이다. 이러자면, 교육자의 끊임없는 교육감화력이 뒤따라야만 가능하다. 門人은 한강의 부단한 교육감화력을 「懇懇惻惻 誘掖不倦」이라고 표현하였다. [97] 이러한 노력을 경주하면 資品이 비록 낮다고 하더라도 교육성과는 기대할 수 있다는 것이다.

이처럼 한강의 스승됨은 스스로의 사람됨에 있어서 모범교육·표준교육에서 나온 것이다. 그는 擇師가 교육에 있어서 관건적인 일이라는 것을 인정하면서도 그 자신은 남의 스승이라고 인정하고자 하지 않았다. [98] 문하생들에게는 諸友·朋徒라고 용어를 사용하였으며(同志則朋 同門則友)「함께 哲學하는」 동반자로 생각하였다. 그러나 진리를 함께 철학하는 길은 개성적 표현의 조화로운 결과이기 때문에 작당을 하여 선언되는 것이 아니다. 군자는 和而不同이기 때문이다. 반드시 개인적으로 홀로 자득하여야만 진정한 學이 될 수 있다는 것이다. [99] 그리고 이러한 爲學之方

---

96) 〈言行錄〉,「敎人」, (崔恒慶)
97) 〈言行錄〉,「敎人」, (郭赾), 「學者之一言 或過不及 輒加規箴而歸的 執事之一事 毫髮失當 必使卽改而得正 雖一善一藝之人 亦許而親近之優容 開導力勸讀書 冀其有得於爲學之方 而變化氣質 以踐孝友之實 其所以懇懇惻惻 誘掖不倦者 何可量也 是以學者之資禀 凡下學雖未大 得趣向己定 固守本分則皆是」
98) 《寒岡全書》(上) 續集, 卷 5, 「播諭安東諸生文」 p. 322.
   (府中儒生有意心學 方設通讀之會 至爲嘉尙 惟恐老守 自無得力之地 將不能導迪 諸賢夙夜兢 惕 而愛慕諸賢之心 則又不能自己焉耳)
99) 〈言行錄〉,「學問」, (文緯), 「先生曰 學必講諸古 而明道必行之己而 得徒有聞見之富 而不 能有諸己者 說夢衣被之類 亦奚以爲須要於 幽獨得肆之地 心術隱微之時 不敢有一毫放過 始

은「古人己行之法」의 표준(規)과 모범(範)에 있다. 그런데 古人己行之法이「과거」의 시간의식 속으로 복귀하여야 얻어지는 것은 아니고 언제나「현재」의 시간성 속에서 진행된다는 점이다.[100] 유학 실천의 시간성이 단순히 과거지향이라는 생각은 잘못이다. 여기서 과거는 이미 시간적으로 사라져 버린 것이 아니라 우리의 가치의 기억 속에서 오늘의 시간 속으로 목격될 수 있고, 또 내일의 시간 속에서 어떠한 형성으로 기대될 수 있다. 시간성의 三重구조를 갖는다는 뜻이다. 현재를 중심으로 한, 과거의 현재화이고 미래의 현재지향이랄 수 있다.

한강은 斯文을 일으시키고 後學을 가르치는 일이 자신의 책임이라고 믿었다.[101] 그가 자신을 스승이라고 높인 적은 없다 하여도 맡은 책임은 충분히 통감한 것 같다. 스승의 자격을 자인하는 일과 스승으로서의 책임을 통감하는 일은 별개의 문제이다. 위에서 말한 바 있듯이 참된 스승은 그가 스승임을 그칠 때 이루어질 수 있다면 한 시대의 책임을 질 줄 아는 교사의 존재는 어느 때이고 필요하고 또 존재하게 마련이다. 그리하여 寒岡敎室은「坐不能容」할 정도였는데 그는 門人 교육에 있어서 個性 교육·能力別 교육을 게을리하지 않았다.[102] 더구나 그를 찾는 門徒에게는 성실과 예절을 다하여 하나의 독립된 인격으로 맞이하였다.[103] 이것이 그의 師道가 갖는 평범한 비법이었던 것이다.

문하를 찾는 사람에게「各因其材」로 개성별·능력별 교육을 시키는 한편, 그는 또「適時適所」의 교육을 시행하였다. 예컨대, 자식된 사람에게는「孝敬」을, 관리들에게는「忠勤」을, 志學者에게는「道理」를 강조하여 庸瑣한 鄙夫라 할지라도 감발되지 않는 바가 없었다.[104] 이를 도표로 나타내면 다음과 같다.

　可謂學」

100) 앞과 같은 곳, (先生之學 尤爲致力於人所不見之, 而英華之發 闇然而日章故 靜而持養之
　　方燕息之節 動而聲氣之發步趨之擧 莫不遵古人己行之法 而皆有規範 不差毫釐)

101) 〈言行錄〉, 「敎人」, (李籨), 「先生以興起斯文 訓迪後學 爲己任」

102) 〈言行錄〉〈敎人〉, (李籨), 「遠近聞風而慕 執經升堂者 坐不能容 各因其材 敎訓不倦」

103) 〈言行錄〉, 「持敬」, (文緯), 「先生於人待之以誠 而接之以禮 小無弛慢忽略之色 乃至搢紳
　　爵位者則恭謹之容 迎接之禮 少無懈意 終日相對 無有所虧」

104) 〈言行錄〉, 「敎人」, (裵尙龍), 「出入從游之士 有父兄則語之以孝敬 有官職則以忠勤 志學
　　問則語之以道理 至於庸瑣鄙夫 亦莫不勉之 當務從客開導親切婉曲巨細精粗 皆出至誠 此賢不
　　肖之所以各盡其心也」

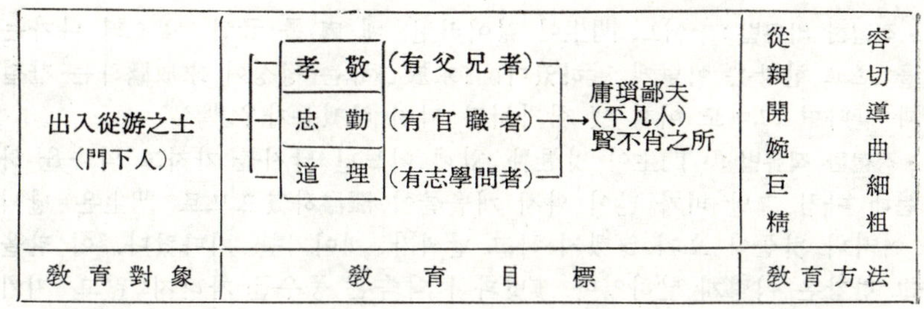

教育對象	教育目標			教育方法	
出入從游之士 (門下人)	孝敬 (有父兄者)		庸瑣鄙夫 →(平凡人) 賢不肖之所	從親開婉巨精	容切導曲細粗
	忠勤 (有官職者)				
	道理 (有志學問者)				

교육목표 「孝敬・忠勤・道理」는 아래로는 평범한 인간으로부터 위로는 士大夫에 이르기까지 모두 고루 갖추어야 할 덕목이지만, 강조점에 따라 교육의 역점이 다를 수 있다는 것으로 이해하여야 할 것이다. 그리고 이러한 가치 덕목을 기르는 한강의 敎學方法의 내용이 곧 「從容・親切・開導・婉曲・巨細・精組」의 여섯 가지로 나뉜 것이다.

위의 6가지 가운데 「巨細・精粗」는 학문연구 방법론으로 매우 독특한 것이라고 할 수 있다. 이에 대하여 한강 門人, 敬堂 張興孝는 다음과 같이 적절한 평을 하였다.[105)]

> **先生處事** 周祥一事一物之細, 一言一行之微 一動一靜一語一默之間 必纖謹密未嘗放過

한강의 이러한 논의는 퇴계에 의하면 「周悉無偏」이라는 것인데[106)] 종합적이고 연역적인 연구는 거시적으로, 분석적이고 귀납적일 때는 미시적으로 성찰하여야 한다는 점에 의견이 일치된다. 한강의 교육감화력은 고압적인 권위주의에서 나오는 것이 아니라 친화력의 소산이다. 인간적이고 친화적인 권위가 상실되는 데서 고압적인 권위주의가 발생한다. 구체적인 교화의 보기를 들면 다음과 같다.

---

105) 〈言行錄〉,「資品」
106) 퇴계의 〈四七往復書〉,「答奇存齋 四端七情分理氣辨」
　　——『같음 가운데서도 다름이 있음을 알고
　　다름 가운데서도 같음이 있음을 보라.
　　나누어 둘이 되어도 일찌기 서로 떨어지지 않고
　　합하여 하나가 되어도 서로 섞이지 아니한다.
　　종합적이고 분석적인 방법으로 한쪽에 치우침이 없어야 한다』
　　(就同中而知其有異 就異中而見其有同 分而爲二 而不害其未嘗離 合而爲一 而實歸於不相雜 不爲周悉而無偏也)——

• 적절한 비유법 : 어느 門生이 잃어버린 매(鷹)를 급히 찾으러 나가는 것을 보고 한강은 이렇게 말하였다. 『求放心하는 정성이 求放鷹하는 간절함과 같다면 그대도 어찌 옛 학자처럼 되지 않겠는가?』[107]

• 적절한 직유법 : 門生이 벗들과 함께 어느날 낚시를 가자고 약속을 하였는데 마침 그날 비가 많이 와서 개울물이 漲溢하였으므로 門生은 날씨가 이러니 벗들이 오지 않겠지 하고 날씨가 개이기를 기다렸다. 이 말을 듣고 한강은 이렇게 말하였다. 『벗과의 약속은 풍우를 가리지 않고 지키는 것이니라.』[108]

• 용기 있는 자기 수정 : 門生의 물음에 대한 한강의 답이 잘못된 점을 지적받으면 즉시 흔연하게 수용하면서 이렇게 말하였다. 『만약 그대가 질문하지 않았다면 誤答을 하고야 말았을 것이네』하면서 즉각 그 조목을 削去하고 改紙하여 다시 써 보냈다.[109] 한강의 이러한 敬謹한 태도는 남에게만 해당하지 않고 자제들에게 주는 편지글에서조차 한 글자를 잘못 쓰면 반드시 그 글자를 칼로 도려내고 그 자리에 땜질을 하여 다시 써 보낼 정도였다.[110]

위와 같은 한강의 교육감화력은 드디어 一代의 儒宗으로 추앙받기에 이르렀으며, 그의 行衿은 鄕黨의 사표로서 비록 暴慢之人이라도 비례를 저지르지 못하게 되었다는 것이다.[111]

先生安貧力學 期以成德 鄕里之間 老老長長曲有禮貌賢愚貴賤 皆獲其歡心 雖有暴慢之人 不敢以非禮于於先生也

4. 맺는말

한강은 선조∼광해군 시대의 혹심한 士禍·戰亂·黨爭 시대에 그 생애를 보냈으며, 성리학적 秩序觀이 지배하던 시대의 官人學者였다. 따라서

---

107) 〈言行錄〉, 「學問」, (裵尙龍),「家僮來報失鷹 欲借僮返 揵料理搜覓 先生問何以遽歸 對之以實 先生正色曰 使君求放心之誠 常如求放鷹之切 則何患不如古之學者乎」

108) 〈言行錄〉, 「敎人」, (裵尙龍), 「先生嘗在檜淵 (尙龍)與諸友約以某日齋會漁釣 及期而雨下如注 川流漲溢 (尙龍)意諸友不來 待請來往 先生問曰 某日聞諸君期君期會 而何以不赴 對以雨先生曰 與朋友有約 不廢風雨可也」

109) 〈言行錄〉, 「雜記」, (張興孝), 「先生答或人間目中有可疑處 請問曰某處可疑 先生卽欣然曰若非君問幾誤答 卽削去其條放紙以送 其擇於蕘葰如此」

110) 〈言行錄〉, 「持敬」, (李㙉), 「先生每事必敬謹周詳 雖於子弟閨書札 一字之訛 必刀改而更書之」

111) 〈言行錄〉, 「成德」, (李㙉)

그의 생애 역시 그가 살던 시대정신 및 사회상과 무관할 수 없다. 그러나 직접적으로 사화와 당쟁에 연루되어 화를 입은 적이 한번도 없이 80가까운 性命을 보전할 수 있었으며, 官人으로서는 대부분 外職을 거치면서 安民治道의 치적을 쌓을 수 있었고 內職의 경우에도 비교적 淸要職을 맡았다.

소년 시절(13세)의 일이지만, 州學에서 吳德溪에게 수업할 때, 하루는 동료 학생이 「賤人」한 사람을 학교에 데리고 왔었는데 이를 본 한강이 그 賤人을 보고 꾸짖기를 「此地尊嚴 非此輩所敢入」이라 하면서 내쫓아버리라고 한 적이 있다.[112] 이것을 듣고 德溪는 「愈益奇之」하였다고 적고 있으나 소년 한강은 이처럼 상하귀천의 고정적인 계급관을 철저히 몸에 밴 채 출생하였던 것이다. 이 삽화는 한강 연구의 한계성을 단적으로 표상한다. 말하자면 한강 역시 어쩔 수 없이 그 시대정신의 아들이라는 점이다. 나는 지금까지 1. 한강의 教育生涯, 2. 한강의 教學目的論, 3. 한강의 教學方法論의 세 방면의 긍정적인 측면을 논의하였다.

오늘날 개인연구의 폐단이 주로 家門研究의 수준을 벗어나지 못하면서 일종의 개인 예찬 연구로 시종하는 경향은 하루빨리 불식되어야 할 과제의 하나인 줄 안다. 그러나 教學研究는 어쩔 수 없이 전통의 긍정적 발굴과 그 정리에서 출발하지 않을 수 없다. 한강의 教學思想이 우리 교육사에 끼쳐주는 의의는 바로 가치관의 혼란을 극복하려는 教學意志에서 찾지 않으면 안될 것이다. 그리고 그의 教學의 방법론적 원리가 공소한 이론으로 끝나지 않은 실천교육에 있었음에도 전승되어야 할 것이다.

그는 관계에 첫 발을 들여놓을 때〔昌寧縣監〕白衣로 召對한 자리에서 선조가 묻기를 『그대의 고을에서 무슨 일부터 착수하려는가?』하였다. 이에 대하여 한강은 주저 없이 답하기를 그것은 「教育」이라 하였다.[113] 그리고 국난을 당하자 감사와 수령은 거의 다 도망을 쳤어도 홀로 列邑에 檄을 돌려 의병을 招募하여 분전하였다.[114]

그리하여 그에게 「鄭逑道學實是李滉後一人」[115] 이라든가 「學問之醇正 造

---

112) 〈年譜〉, 明宗 10년

113) 〈言行錄〉, 「居官」, (李厚慶), 「先生之拜昌寧也 上問爾之縣當先何事 對曰臣學淺才劣 恐未能有爲 而所願則欲先學校焉」

114) 〈言行錄〉, 「忠義」, (崔恒慶), 「辛卯拜通川郡守時 島夷搆亂列郡互解 三京失守 大駕播越 監司守令 皆竄伏山谷 先生以爲守土之臣 當死於封壃 遂倡義討賊 移檄列邑 血誠開諭 召集精銳 出入賊藪不避艱險」

115) 《寒岡全集》(下), 附錄, 「請從祀文廟疏」

詣之精深 論議之正當 去就之明白 五賢後一人而已」[116]라는 평가가 마침내 일 국의 公論으로 되었던 것이다.

한강을 일컬어 禮學者로 보는 경향도 있지만, 儒敎治道의 근간인 禮 역시 化風成俗이라는 敎學과 관련된다. 「參於天地」하는 인간의 도덕적 규범은 六德(仁·知·和·信·禮·義)의 교육에서 나온다. 이러한 도덕적 품성을 「德」이라 하고, 덕을 갖춘 성숙된 인격을 군자라 하고 다시 그 최고실현자를 聖人이라 한다. 한강의 禮 질서확립은 도덕적 품성의 최고 성숙을 지향하려는 것이다. 그러므로 그는 뛰어난 禮敎論者였으며 그 실천인이었다.

한강은 불과 43여편의 詩를 남긴 분으로서 스스로 「愧我平生作詩」[117]라고 할 정도였으나 그가 남긴 시 가운데 〈가야산을 바라보며〉라는 시가 있다. [118]

가야산은 전신을 드러내지 않고
한 모서리만 흐릿하게 내보이니
천지 조화의 숨은 뜻을 알겠노라
天機를 드러내지 않으려는 것임을.

(未出全身面 微呈一角奇
方知造化意 不欲露天機)

「가야산」은 마치 한강 자신을 두고 읊은 것 같다.

한 사람의 사상을 재현시키고 정리하는 작업은 언제나 연구자의 유리한 「一角」만을 微呈하기 쉽기 때문이다. 더구나 옛 선비의 사상은 天機와 相交하는 天人合一論的 세계관·인간관과 관련되기 때문에 그 경지를 體認하기 전에는 완전한 사상적 지도를 그릴 수는 없을 것이다.

그러나 오늘의 교육이 이른바 「입술과 손의 분열」이 가속화되고 있으므로 한강의 敎學思想은 이 점에 있어서 이 시대의 잘못된 교육관을 바로잡는 처방전의 하나가 될 수 있으리라고 본다.

---

116)《寒岡全集》, 祭文 (李潤雨)
117) 한강의 詩는 內集에 28首, 續集에 15首, 합하여 43首가 있다. 이는 退溪詩 2천여 수와 비교하면 매우 대조적이다. 위의 詩는 《寒岡先生文集》卷 1 詩의 첫 首이다.
118)《寒岡全集》(上), 續集, 卷 1 詩, 〈贈別金東岡〉

Ⅵ. 결론 : 퇴계 교학사상의 현대적 의의

퇴계 교학사상의 교육사적 의의
퇴계 교학사상의 현대교육적 시사

Ⅵ-1. 퇴계 교학사상의 교육사적 의의

전통적인 것은 보수적이고 현대적인 것은 진보적이라는 말은 문화의 역사와 정신의 구조를 설명하는 자(尺)로서는 무력하다는 것이 이미 밝혀졌다.

더구나, 우리와 같이 혼재된 가치갈등 속에서는 전통사상과 현대사상을 따로 구분하여 가려내려는 일은 결코 쉬운 일이 아니다. 그러함에도 우리는 문화의 특수성을 논하게 되고 한국 교육사상의 역사성에 대해 밝히려고 한다. 이것은 우리에게 문화적 전통이 있다는 것을 전제로 하기 때문에 가능하다. 한국 교육사상의 이해지평이 열리는 까닭은 바로 한국의 문화적 전통이라는 기반이 있기 때문이다.

한국의 교육적 전통(교육사상)은 한국의 時·空·人의 三間에서 짜여지는 교육적 정신의 짜임(織)이다. 그러므로 이러한 교육적 정신의 베틀에서 나오는 무늬[思想]가 우리의 삶을 律한다. 그러나, 개항 이후 외래의 문화적 압력(곧 三間의 배경)이 근대(開化)라는 이름의 문화식민주의적 修好를 주장하면서 격랑처럼 이 땅에 들어닥치자, 한국의 전체적인 문화구조는 일대 교란을 면할 수 없었으며, 이러한 문화의 충격을 자체 내의 문화질서로 재체계화하기에는 자생하는 한국문화의 저작력은 이미 노쇠하였고, 외래문화의 수용 기간은 남(西歐나 日本)과 비교하여 터무니없이 늦었거나 압축된 것이었다.

서구근대화 3～4백년의 역사를 우리는 불과 백년 미만의 소화기간으로 (그것도 자기선택이 거의 없는) 처리하지 않을 수 없었던 점에 있어서 우리는 이중적인 노고를 치루게 된 것이다.

江華島 불평등조약(1876)으로 닫혔던 나라의 문이 열리고 폐쇄사회가 타율적인 외부 압력에 의하여 차츰 개방사회(문화)로 이행하지 않을 수 없었던 것이다. 그러나, 비록 열강의 침략적 의도에서 감수된 開港이자 開化였지만 우리는 싫든 좋든 간에 세계무대에로 등장하게 되었으며, 이 열려진 창문을 통하여 새로운 지식의 수입과 근대교육의 물결이 밀어닥치게 된 것이다.

전통사회가 근대사회로 옮겨지는 힘은 민중의 자아각성에 있다고 본다.

자아의 각성은 근대화를 여는 또 하나의 개항이기 때문이다.

우리의 교육적 전통과 그 사상적 연원은 유교, 불교 및 민간사상을 포괄하는 表深層構造的인 측면에서 살펴야 할 것이며, 이와 같은 작업은 외래문화의 수용과 저항의 긴 역사적 전개 과정에서 드디어 토착화되고 한국화된 사상과 문화체계가 있다는 것을 긍정하는 데서 출발한다. 어떠한 문화이고 간에 고유·독자의 「아르케」(原型)는 없기 때문이다. 따라서 한국문화 안에서의 유교나 불교적 전통을 외래문화라고 하지 않는다. 그리고, 이들 사상체계가 적어도 천 수백년 이상을 우리 문화의 등뼈로서 겨레얼을 숨쉬게 하여 온 것은 일찍부터 외래문화를 수용하면서 제것으로 변용시켜 온 문화저작력과 우리의 토착문화는 크게 상충이 되지 않는 동북아시아 문화권이 함께 지니는 공분모적인 세계관과 인간관(또는 비슷한 三間意識)이 컸기 때문일 것이다.

근대화 이전까지는 우리 문화는 이질 외래문화에 대하여 이중적 습합과정을 통하여 형성하여 온 전통이 있었다.

오늘을 사는 한국인의 의식구조·사고방식 속에는 전통의 단절과 삶의 무정향성이 계배적인 구조 방식인 것처럼 진단된다. 교육은 이러한 혼돈을 가중시키는 촉진제가 되기도 하였다. 무엇 때문에 교육을 하느냐는 원초적인 질문에 자신 있는 해답을 할 도리가 없게 되었다. 옛 사람은 교육의 효과를 인격실현이라는 내재적 가치면에 높은 비중을 두었다. 그러므로, 도덕과 가치의 교육이었으며 자율학습이었다. 물론, 과거준비교육과 같은 공리주의적 교육형식이 큰 힘을 나타내기도 하였으나, 수기치인이라는 교학정신은 그 명분을 잃지 않고 있었다. 인간성에 대한 긍정과 교육에 대한 낙관은 인간교육의 터전이 된다.

이를 위해서는 눈 뜨는 정신 안의 빛을 긍정하고 낙관하지 않으면 안된다. 개인의 정신 안에서 가치와 의미와 이상의 자각을 불러일으키는 교육은 옛 교육이 남긴 빛나는 유산이다.

탁월한 교육자였던 퇴계에 의하면 교육자란 학문을 하는 사람이며, 학문이란 원래 남을 위해서라기보다는 스스로를 위하는 것이라고 하였다. 교사는 교사임을 의식적으로 그칠 때 참된 교사가 된다는 것이다. 이는 마치 深山茂林 속에서 난초가 그윽한 향기를 풍기듯이 스스로 알지 못하는 사이에 감화를 그 주위에 미치는 것이라고 비유하였다.

오늘의 교육은 기능실현이라는 외재적 가치에 쏠려 있고, 교육의 효과를 인간 밖의 수단적 의미로 지나치게 강조한다. 이것은 시대적·사회적 요청의 일단이지만 거구로 교육적 영위가 이러한 시대·사회상을 이끌어 온 상승요인일 수도 있다. 인간관의 객관화 현상, 교육의 기술화 현상, 전통문화의 단절 현상 등 근대교육의 두드러진 징후들은 교육의 모든 구석에 이르기까지 인간의 비실재성을 증명하기에 이르렀고, 교육하는 일을 하나의 기업으로 전락하기에 이르렀던 것이다. 문화의 역사와 그 창조적인 전통의 계승 작업이 결여된 자리에 외형 물량적인 서구의 배금주의 교육관은 우리 정신의 주인 노릇을 하기에 이르렀다.

신속하고 효과 있는 발전을 추구하는 교육관은 그 실천의 방법론으로서 객관적 사실, 확실한 관찰, 통계적인 분석을 표방한다. 따라서 인간존재의 윤리적인 핵심을 표현하는 언어는 배제된다. 그러나 교육은 인간존재의 탐구의 길이며 그 가치적 실현이다. 따라서 교육하는 일에 있어서 외형적인 효율성을 동원하는 것은 그것이 교육의 궁극적 목적인 인간의 정신적 성숙에 도움이 있을 때에만 타당하다. 동양 경전에서의 정신은 길이요, 과학은 그릇이다(形而上者謂之道 形而下者謂之器)라는 말은 매우 함축이 있는 말이다. 과학이 과학답게 되는 데에는 그 지반이며 귀결인 정신과 앞뒤가 맺어져야 한다. 오늘날처럼 과학에 밀린 정신이 그 안전과 영속성을 상실하고 깃들일 항구성의 집이 무너진 적은 없다. 이것은 정신의 전통 지반이 노쇠하였거나 아예 없었던 곳에서 쉽게 자라나는 문명 노쇠의 징조이다.

신라와 당나라, 그리이스와 로마가 무너진 까닭은 너무나 난숙하여 버린 후기문화의 노쇠 현상 때문이라고 할 수 있다면, 오늘날 미국문명이 가치의 등불을 깜박이고 있는 것은 후자의 예가 아닐까.

현대교육은 합리적일지는 모르나 이성적이라고는 할 수 없다. 오늘의 교육은 지적 편중의 교육이 주된 흐름이기 때문에 지식인의 배출에는 성공적이었으나 지성인의 육성에는 눈을 감는다. 지난날 유학교육의 목표는 자신의 인격도야를 목표로 하는 爲己의 學과 지식의 획득으로 남(민족·국가)에게 봉사하려는 爲人의 學으로 대별할 수 있었다. 그러다가 벼슬길이 좁아들고 정치적 출세에 교육이 이용되기 시작하자, 입신출세의 교육, 덕육보다 지육교육으로 편중되기도 하였고, 涉世에 약삭빠른 관인양성의 교육이 강조되기도 하였다. 조선시대의 과거를 통한 白牌·紅牌의 귀속적인 背光效果는 日帝에 와서도 그대로 高文 패스—→군수—→고등관의 입신 코오스로 대입되었다. 여기에 뿌리 깊은 관학우위사상이 깃들고, 소수정예 중심의 선민사상마저 깊고 넓게 자리잡게 되기도 하였다. 그러나 이것은 일부 치자계급이나 선택계급의 교육관이었음을 잊어서는 안될 것이다.

주로 미국을 중심으로 하는 이질문화가 교육이라고 하는 형식으로 우리 나라에 영향을 끼치기 시작한 지 백여 년이 되지만 결정적인 문화압력으로 강요되어 온 것은 광복 후 40여 년간이다.

이때 우리가 미국교육의 영향을 받아들이게 되는 과정은 별다른 양상이 있었다. 즉, 외래문화에 대한 수용과 저항의 이중적 구조가 무너졌다는 것이다. 우리가 역사를 얻은 이래 이때처럼 저항 없이 남의 것을 받아들인 적은 일찌기 없었다. 말하자면 우리는 서구적 민주주의제도와 자유인권사상에 대한 훈련과 경험이 역사적으로 없었음에도 불구하고 감격시대의 교육사상으로 이것을 흔쾌히 받아들이지 않을 수 없었다. 그냥 받아들이는 정도가 아니라 새 나라의 새 교육을 위하여는 지난날의 사회 질서를 유지하여 온 전통가치·문화가치를 파괴하는 길이 민주교육을 위한 빠른 길이라고까지 맹신하였다. 이리하여 호적 없는 교육이라는 또 다른 예속교육이 자행되기에 이르렀으며, 교육공학이라는 수단학이 강조되고, 인간의 행동변화를 요구하는 서구식 발전관이 중시되고 말았다. 따라서, 「지금」이라고 하는 역사 의식과 「여기」라고 하는 사회 파악, 「우리」라고 하는 민족신원의 확인, 그리고 「있다」라고 하는 인간존재의 의식 등이 산산히 부서진, 교육 아닌 교육을 하여 온 지도 40년이 되었다.

이념의 혼미, 교육실천의 방황, 교육정책의 졸속과 무정견 등으로 진통과 시련을 겪어 오기도 하였다. 그러나, 전통과 개혁을 위한 이러한 시련 속에서 얻은 대가가 우리에게 주어졌다. 곧, 얼 있는 교육의 발견과 그 교훈이다. 성숙된 지성만이 지나온 역사를 반성한다. 그리고, 역량 있는 겨레만이 역사의 물길을 바로잡는다.

우리 교육에서 민족적 자아를 재발견하려는 이즈음의 눈뜸은 40년간 뼈 아프게 터득한, 또 하나의 커다란 교육적 결실이다. 책장 속에 묻혀 있는 사상이 아닌 이상 그리고 강단 위에서나 읊조리는 것이 아닌 한, 살아 있는 교육의 사상은 전통적인 것과 현대적인 것이 따로따로 차려 나오는 것일 수는 없다. 참으로 전통적인 것은 현대적인 것이고 현대적인 것이 곧 전통적 가치를 지니는 것이다.

Ⅵ-2. 퇴계 교학사상의 현대교육적 시사

유학은 인간학적 교육학이다.

「儒」라는 글자의 會意에서 알 수 있듯이 「儒＝人＋需」이므로 「사람됨」을 위한 문화의 역사적 여러 장치들인 철학·종교·역사·예술 등 모든 삶의 그릇들이 이러한 사람됨의 길을 전제로 하면서 또 필요로 한다.

여러 가지 문화의 표현들이 하나의 「儒」[1]를 이룩하기 위하여 필요하지만 문화적 교양을 고루 갖추었다고 하여 반드시 사람됨(곧 儒)이 형성되는 것은 아니다. 오히려 사람의 자리를 벗어나서 기능으로서의 앎만을 다루는 사람을 일컬어 「伎」라고 하였다.

儒는 쓰임새 있는 사람이다.

이곳에서의 쓰임새는 공리주의적 효용성으로서 그것이 아니다. 사람 몫을 제자리로 쓰이는 사람이다. 유학은 서구의 철학적 인간학이나 인간학적 교육학과는 그 발생조건이 다른 종합 통일적인 인간학이다. 따라서, 유학 안에는 철학·윤리·도덕·정치·경제·교육 등 여러 가지 분과개별학이 종합적이고 포괄적인 교육인간학을 기초로 한다.[2]

「사람이란 무엇인가」의 문제는 인간의 영원한 질문이다. 역사는 변천되고 사회 또한 급속한 변화를 이루어왔으나, 철학·역사·종교·예술 등 모든 삶의 표현들은 이러한 久遠한 질문에 대하여 끊임없는 해답을 하여왔다. 문화의 역사는 이 물음에 대답하려는 끝없는 답안지였으며, 한번도 완전한 답을 들어본 적이 없는 무한의 정신운동이기도 하다.

인간이해·인간본질 구명의 열쇠는 하나의 기본되는 열쇠(原鍵)로 열리는 것이 아니다. 말하자면 변화와 流轉으로서의 인간조건을 그 소여된 상황성으로 이해하자는 것이다. 그러나 오늘날의 인간학적 정보에 의하면, 인간에 대한 단편적이고 부분적인 지식이 많으면 많을수록 인간의 본질에

---

1) 〈說文〉에 의하면 儒字는 「柔也, 士之稱, 人人需聲」이라고 하였다. 즉, 溫和柔順한 人品의 소유자로서 社會에 需用되는 有用한 人材라는 뜻이다.

2) 儒學은 本質的 敎育과 關聯되고, 儒는 敎師의 뜻을 지닌다. 周禮에 의하면 聯師儒라 하여 「師」와 「儒」를 같은 職으로 聯言하였다. 이에 대하여 鄭玄은 注하기를 「師儒, 鄕里敎與 文藝者」라고 하였다.
  師, 諸侯師氏 有行德以敎民者
  儒, 諸侯保氏 有六藝以效民者 ——（同註）

대한 이해는 점점 「五里霧中」이라는 것이다. M. 셀라는 이와 같은 현상을 역설적으로 지적하여 과거 어느 시대도 오늘날처럼 인간의 본질이 무엇인지 모르는 시대는 없다고 하였다. 그리하여 오늘의 삶을 사는 우리 모두는 제 집을 잃고 노방에서 겉도는 유민이 되어버린 듯 그 얼이 기댈 정신의 등불은 사라졌다는 것이다.

현대인에게 지배적인 인간관이 결여되었다는 사실은 단적으로 말하여 어두운 이 시대정신의 표상이다. 이리하여 서구의 철학과 과학은 이제 「사람이란 무엇인가, 그리하여 사람은 무엇이 되어야 하는가」라는 존재와 당위에 대하여 다 같이 총괄적인 질문을 하지 못하고 있다. 따라서, 이제까지는 어느 하나의 그들 학문도 「인간은 무엇이며, 무엇이 되어야 하느냐」라는 전체적인 답을 줄 수 없었을 뿐 아니라, 「나는 무엇이다」라는 개별적인 답도 주지를 못하였다.

더구나 오늘의 한국교육은 미국을 비롯한 서구의 경험과학이 주는 인간이해로 경도된 교육세대를 길러왔으며, 인간을 떠난 지식편중의 교육으로 일관한 「교육부재」의 시간이었다.

인간은 그의 삶을 통해서 스스로의 삶의 의미와 가치를 찾는다. 그리고 인간만이 의미와 가치를 창조한다. 이러한 의미존재 안에서만이 비로소 객관적인 것이 지배될 수 있다. 이렇게 인간이 찾아낸 의미가 곧 인간의 삶의 규범과 관련된다. 교육하는 일은 이 규범과 떼어 놓고서는 생각할 수 없다.

퇴계사상은 이러한 불모의 인간관에다 새로운 인간이해의 등불을 비쳐주며, 그 이해의 새로운 지평을 열어준다. 근원적인 질문에 대한 확실한 거점을 사상적으로 정립하여 준 퇴계의 인간관은 무엇인가.

사람은 이 세상에 태어날 때 천지의 理氣를 받고 태어났다. 理와 氣는 합하여 마음이 되고 이 마음은 한 사람의 마음이자 곧 천지의 마음이며, 萬人의 마음이다——(聖學十圖劄). 이렇기 때문에 사람에게 있어서 理의 所在는 한결같아서 智·愚가 생득적으로 타고남에 차이가 있는 것이 아니다. 이는 天理의 本然으로서 下愚라도 마땅히 힘을 쓰면 理의 사람으로 나갈 수 있으며, 上智라고 하여 氣質의 아름다움만을 믿어 존양성찰과 진지실천이 없다면 사람됨의 길을 저버린다는 것이다. 여기에 퇴계학이 단순한 지식학이 아닌 인간학으로서의 진면목이 있다.

인성과 천리관계는 성리학의 주된 우주인성론의 교섭관계이다. 사물을 주재하는 정신의 법칙성이 곧 천인관계의 논리구조라고 보았다. 그러므로, 氣는 理에 의하여서 致中和의 경지로 나아갈 수 있는 것이다.

천지에 遍在하고 사람에게 內在하는 理의 길, 이것이 보편과 특수, 전일성과 개별성이 융합되는 자리이다. 사람의 자리는 이러한 천인융합의 길에 서 있다. 이리하여 퇴계는 氣의 사람도 理의 사람이 될 수 있다는 가능성의 통로를 열어 놓는다.

그에 의하면, 천리가 곧 인성이니, 사람이 홀로 구비한 仁은 천지만물이 구비하고 있는 仁의 주객관적 표현이다. 즉, 객관적 보편성으로서의 仁〔天理〕은 주관적 특수성으로서의 仁〔人性〕과 하나가 될 때 中和의 경지에 이른다는 것이다. 인성은 천리로 인하여 주재되는 것〔合理氣 統性情〕이므로 인간은 늘 존양성찰의 공부에 힘쓰지 않을 수 없다.

이처럼 퇴계인간학은 인간의 교육적 도야의 믿음에서나, 거경궁리와 力行으로 善性에 도달하리라는 교육적 가치의 인정이라는 면에 있어서 다 같이 중요한 시사를 준다. 교육에 있어서 가장 중요한 구실은 가치와 의미에 눈을 뜨게 하는 것이기 때문이다.

퇴계는 사람됨의 길을 닦는 인격의 산 힘을 믿었을 뿐만 아니라 그의 문인교육은 이로써 일관하였다. 퇴계교육은 바로 이러한 정신의 눈뜸과 만남에서 문인들의 인격이 비약적으로 고양되는 그런 교육이었다. 그러나 그는 한번도 남의 교사임을 자처하지는 않았다. 퇴계에게서 인간교육의 변치 않는 가치적 典範이 이곳에 있다.

그는 인격적인 접촉을 통한 교육을 솔선수범하였으니, 退溪敎室은 嚴과 慈가 충만하여 봄바람이 감도는 곳이었다. 퇴계의 이와 같은 겸양의 德, 교육자로서의 사랑, 탁월한 교육방법이 오늘날 우리가 발굴하여야 할 교육적 전통이기도 하다.

퇴계의 교육목적관은 유교교육의 일반 목적인 仁을 체득하는 데[3] 있다. 퇴계의 仁愛說은 동기나 혹은 결과를 이미 초월한 우주 생명력과 결부된 도덕원리로 파악되는 것이다.[4]

그러므로, 퇴계의 仁을 理의 경우에서와 마찬가지로 이론적인 「所以然」으로서의 가치보다 실천적인 「所當然」으로 이룩하여야 될 것임을 강조하고 있다. 이와 같은 일치는 理와 仁이 결국 표현을 달리하고 있을 뿐 그

---

3)《退溪全書》(上), p. 218, 「……因以破有我之私廓無我之公,　使其頑然如石之心,　融和洞徹, 物我無間, 一毫私意, 無所容於其間,　可以見,　天地爲一家,　中國爲一人,　痒痾疾痛,　眞功吾身, 而仁道得矣」.

4) 崔旼洪,《韓國哲學》, 星文社, 1969, pp. 162〜165. (퇴계의 인애론)

바탕은 같기 때문이다.

理는 우주·인성의 본체론적 표현인 데 비하여, 仁은 실천 윤리적 표현이다. 仁에의 길은 「尊天理·遏人欲」의 공부에 의하여 나타나는 것으로서 이는 居敬窮理에 침잠해야만 가능하다. 이와 같은 거경궁리는 퇴계의 교육목적 실천관인 「敬」을 지향한다. 敬은 실로 사람됨의 알맹이다.

敬은 「日用第一義」[5]로서 動과 靜을 관통[6]하며 앎과 됨의 기본이 되는 자세이다. 경이란 지적인 학습(窮理)과 실천적 행동(力行·居敬)을 보다 철저히 그리고 포괄화한 개념이다.

궁리한다 함은 바로 理에 다다른다는 말이다. 物我一理는 인간과 사물에 있어서 融會貫通의 理를 공부하는 것이다. 이같은 궁리의 인식론적인 體得은 居敬에 의하여서 발현된다. 그러므로, 거경은 타율적인 지도에 의해서가 아니라 자각적 노력에 의하여 이를 수 있다.

궁리와 거경은 퇴계에 의하여 敬으로 融合歸一되고 있다. 퇴계에 의하면, 사람의 자리는 마땅히 敬으로써 이루어져야 한다고 한다. 「人之爲學, 勿論有事無事, 有意無意 惟當敬以爲主」[7]라는 말이 이 말이다.

動과 靜, 體와 用을 꿰뚫는 것이 敬인데, 퇴계학의 강한 특색인 실천성과 결부시킬 때 敬 또는 실천을 바탕으로 한다.

그리고 퇴계의 敬은 하늘과 사람을 다리 놓는 자리이다. 천리인욕이 敬으로 말미암아 하나 될 수 있다고 보았다. 그러므로, 敬은 一身의 주재인 마음을 다시금 주재하는(蓋心者一身之主宰也, 而敬又一心之主宰也 一心學圖) 최고의 정신적 位相이다.

그러므로 인욕을 버리고 천리를 따르려는 태도는 간절한 구도적 자세와 만난다. 敬을 지향하는 그의 인격적 태도는 하늘의 문법(天理)을 사람에게 펴려는 자세이다. 氣의 품성을 지닌 사람은 마땅히 실천윤리적 귀감을 천리에서 찾아야 한다고 보았다.

원래 유학에서는 지적 학습은 「枝葉」이라 보고 이를 「下學」이라고 불렀다. 낱낱의 사물을 지배하고 있는 「所以然之故」와 「所當然之則」을 찾아 최후의 거점인 중심관념에 도달하는 것을 上達이라고 한다. 「下學而上達」하는 길은 점진적인 「存養省察」하는 길밖에 없고, 이 길의 알맹이가 바로 敬이다.

---

5) 《退溪全書》(上), p. 681, 〈答金而精〉.
6) 위의 책, p. 661. (靜而涵天理之本然, 動而決人欲於幾微)
7) 위의 책, p. 654.

　　현대교육은 그 교육적 목표 설정의 불확정성과 교육 가치관의 혼미성에 있어서 다 같이 진통을 앓고 있다. 교육이 바라보아야 할 중심의 자리가 비어 있다는 사실처럼 비극적인 인간의 영위는 없다. 교육은 미래를 건설하는 현재의 役事이며, 이러한 役事는 바로 歷史的 傳統의 대지에서 이룩된다. 우리가 교육적 영위에서 정신적으로 부흥하고 재창조하여야 할 첫 번째의 일이 바로 교육가치관의 확립이라고 본다면 퇴계의 「敬을 통한 사람됨의 길」은 그 값진 정신유산이다. 퇴계 교학사상은 인간본성, 자기 본성을 끊임없이 追求하여, 감성적 요소와 이성적 요소를 종합적으로 그리고 전인적으로 겸비한 心性論에 터한다. 그의 인간이해는 仁의 길 (곧 人道)에 근원을 두었으며 남을 인정하는 中和의 원리를 지향한다. 이러한 인간이해 위에 현대교육은 잃었던 중심의 자리를 찾지 않으면 안될 것이다.

　　퇴계 교학사상은 70년 그의 생애를 건 웅혼한 교향곡이었다. 그러므로, 퇴계학의 이해는 위에 말한 몇 가지 인식론적 해석만으로는 설명되지 않는다. 퇴계를 통하여 인간완성의 의지를 교훈받고, 교육적 인간상의 전형으로서, 강의한 학적 양심의 소유자로서, 또는 구원한 교사상으로서, 오늘 우리는 그의 살아 있는 얼굴을 조각할 일이 남아 있다. 이러한 조각이 곧 우리가 소유할 교육적 전통의 현대적 의미가 될 수 있을 것이다.

부 록

基本文獻錄
外國文(中文・日文・英文・獨文) 要約
退溪敎育箴言選

基 本 文 獻 錄

《退溪集》(木板，全帙 49 卷 34 冊)，陶山書院刊
《退溪全書》(上·下)，成均館大學校，大東文化研究院(影印)
《退溪全書》(Ⅰ～Ⅴ)，成均館大學校，大東文化研究院(影印)
《陶山全書》(Ⅰ～Ⅳ)，韓國精神文化研究院(影印)
《朱子書節要》(木板 20 卷 12 冊)
《李退溪全集》(上·下)，日本刻版，退溪學研究院
退溪門徒，《陶山及門諸賢錄》(3 冊)，亞細亞文化社(影印)
《陶山及門錄》·《陶山門賢錄》(各木板)

奇大升／《高峯集·高峯別集》(影印)
奇大升／《四端七情分理氣往復書》(影印)
趙　穆／《月川集·困知雜錄》(木板 6卷 附錄 3冊)
柳成龍／《西厓集》(木板 17 冊)
金誠一／《鶴峯集》(木板 16 卷 8 冊)
鄭　逑／《寒岡全書》(上下·影印)
朴承任／《性理類選》(木板 10 卷 5 冊)
鄭惟一／《文峯集》
金宇顒／《東岡集》(影印)
丁胤禧／《顧菴集》
成　渾／《牛溪集》
李　珥／《栗谷集》
許　穆／《眉叟記言》(木板 20 冊)
丁時翰／《愚潭集》(木板 8 卷，四七辨證)
李玄逸／《葛庵集》(木板 21 冊)
宋時烈／《宋子大全》(斯文學會刊)(影印)
朴世采／《東儒師友錄》(影印)
李象靖／《大山集》(木板 27 冊)
《朝鮮王朝實錄》(影印 12, 13, 14, 15, 16, 17, 18, 19, 20, 21, 22 卷)

《朱子文集》·《朱子大全》(臺灣本)
《性理大全》(臺灣本)
《近思錄》(臺灣本)·(權冲齋手珍本)
《宋元學案》(臺灣本)

退溪與書院敎育的演變

朱熹的性理學乃是李氏朝鮮建國之政治理念和敎學理念之基礎. 從首都的成均館爲始, 各地方的鄕校敎育以儒學經典爲其根本敎材, 這就是跟有關人材養成和選拔機能之科擧制度有密切關係. 可是到了十六世紀以後, 人材養成之選擇範圍, 漸受限制, 尤其是因權力擔當者之非理, 科擧制度亦隨着混亂, 所以官學的儒學敎育, 不得不歸於形式化和無力化的現象. 如此官屬的衰退情況便喚起了此前異形態的敎育體系. 換句話說, 那樣的官學衰退終究招來了私學發達之契機. 由此而看, 才能知道朝鮮朝的敎學體系之正統性, 從官學的學風轉換到私學的學風. 促進這樣學風轉換的因素是所謂士林派之士禍.

士林派出身之人士, 則大部分屬於士姓土族右各地方的在地地主. 他們比勳奮士大夫們難免政治和經濟上的弱勢, 不得不作成了思想性的聯合勢力. 像留鄕所, 鄕約, 鄕廳, 社倉一般的擬似地方行政機構與精舍, 書堂, 書院一般的敎學機構等, 乃爲那在地地主出身士林們爲了自己構築的自衞手段之據點.

韓國書院的發達, 是由講學機關爲主之「精舍」和祭享機關之「祠廟」來合併而開始的. 韓國書院的濫觴就在高麗朝末朝鮮朝初以來發展不來的地方私學和在朱子學普及過程中確立的祠廟制度而找尋. 可是, 韓國書院的公式式出發, 則可以說是朝鮮中宗 38 年(1543)周世鵬(愼齋)所創的白雲洞書院爲鼻祖.

李滉(退溪)就是書院建立運動之主將. 他想要由書院敎育培養士林精神. 在縱的立場則努力於學統的發展和繼承, 在橫的立場則盡心於構築學派之連繫. 在黨爭激烈以前爲止, 這書院實在是爲全國性的敎學昌盛和文運隆昌之原動力. 不但如此, 以書院爲中心的各學派之間學術論爭能當於學問發展之原動力.

如上述內容, 賜額書院依退溪才開始以國家公認的民間敎育機關資格而登場. 書院敎育, 除了像「環境之敎育性」和「敎育之自律性」一般的特色以外, 內有良師, 外有積極之國家保護策, 所以才能成功.

本人把韓國書院制度之發達過程區分三期：

第一期；(16 世紀中葉～)藏俊優位時代

第二期；(17·18 世紀～)享祀優位時代

第三期；(19 世紀～20 世紀初)書院整備時代

從十六世紀後半期而定着書院制度, 到了17～18 世紀, 現出急激的膨漲. 第一期的書院帶着以斯文振興和人材養成的「講學爲主」之機能，不過第二期的書院才開始脫於其本來的目的和機能，代替講學機能而强調「祭享爲主」之機能．由這樣的情形，書院漸趨被利用於宣揚私人名譽之場所，而從此展開所謂濫設書院，疊設書院之時代．

17～18 世紀朝鮮社會之書院，乃變爲貴族爲了繼續維持他們的勢力基盤處，進一步便代爲對平民之搜奪機關．假如在地地主想要與黨閥和門閥結緣，則必須首先提到他們自己的門閥，而爲了操作門閥之象徵，則不得不薦發他們自己的祖先．因此，書院設立，日益漸增，根據第一期的書院只是113 個所，而第二期的書院已達到 724 個所(包括 242 個所之賜額書院)之事實來看，能了解那時濫立書院之情況．不但如此，這時期是政治上的黨爭激化期．

朝鮮政府在第二期書院時期亦屢次下命禁止濫設書院，可是沒有實效．至於朝鮮朝末大院君執權時期，才能斷行對書院之一大整頓．由此，站在 ① 文廟從祀儒賢，② 忠節大義卓然者，③ 百世崇報者等之一人一院之原則，院了全國 47 個所之書院以外都毀掉了 (1865. 3. 29)．

大院君(高宗生父，李昰應)對激烈反對書院毀撤之儒生說；「苟有害民者，孔子復生，吾不恕之，況書院乃祀本邦之先儒，而所在爲盜藪乎」．他如此强硬的決心解散儒生之集會，同時把一部分反抗儒生逐出於漢江之南．儒生們雖然把大院君稱謂「東方之秦始皇」，然大院君之書院撤廢政策終究貫徹．

據以上的事實，我們對韓國書院教育評價如下：

第一期書院教育之消極的，隱遁的教育處方在防禦那時代的社會倫理意識之墮落之立場很有貢獻．可是，從儒教名分論之至治理想，變爲世俗化，政治化之時期開始．第二期的書院，竟然屈服於時代壓力，而且轉爲政治上侍女．因而大院君失權以後，立刻大部分的毀撤書院，再開始復設，然隨著新式敎育的登場，書院的機能只有文化遺物的價值而已，終究隱跡於歷史舞臺之後面．

但是韓國的書院教育，能拂拭廟堂儒學之官學氣風，而且綿綿不絕地承受山林儒學之道義精神．書院發揮民間教育最高學府之機能，而造就了無數的巨儒儒碩學，而且能完成學術文化之獨創性的開發．在書院教學以修己爲主之學問本領，使士林能培養對歷史文化之批判意識，那批判意識顯現在絕對權力者之面前也不屈捉到諫言和儒疏之裏．

書院教育追求之義理精神對形成國民的價值觀很有貢獻．君子義理精神把教育效果投入於所謂人格實現之內在的價值．因此，可以實現道德價值之教育．在人間的精神裏面，換起價值，意味和自覺理想之教育，就是韓國書院教育遺留的輝煌的教育性的業績．(1985. 4. 23)

退溪・栗谷 心性論中所關心之志向性

論退溪・栗谷 心性論中所關心之志向性

這篇文章之三種質問，則如下：

Ⅰ. 退溪和栗谷所講究的人間根源子與運動子之本質是甚麽？

Ⅱ. 退溪和栗谷所講究的眞實知之境界是甚麽？

Ⅲ. 退溪和栗谷所講究的問題，因何故而產生出不一樣的結果，而且對後代之影響是甚麽？ 將上面三種質問爲中心之討論內容再整理，則如下？

Ⅰ-1. 在宇宙發展之立場來看，人間絕不是一個單純的被造物的存在，而是一個主體的共同創造主的存在.

Ⅰ-2. 一般來講， 歐美人的世界觀和人間觀所主要關心的， 在於存在論的質問， 但是性理學所主要關心的，反而在於價值論之上.

Ⅰ-3. 退溪不只是認定理的運動性，而且把理認爲是使氣運動子運動之根源分子.

Ⅰ-4. 退溪則强調人間價值之普遍性，相反地，栗谷則很重視人間現象之特殊性.

Ⅱ-1. 因退溪和栗谷之人間理解之探求方法不一樣，所以退溪哲學自然含有一種嚴肅主義 和敬虔主義的色彩， 而栗谷哲學則濃厚地含有合理主義和經驗主義的傾向.

Ⅱ-2. 退溪和栗谷講究之所謂眞實知之境界，雖然是脫離論理性和機械性的思考領域但並不應該是超越性的神秘體驗.

Ⅱ-3. 退溪和栗谷所講究之人間學之差異是由時代和人間之函數關係而產生，所以退溪把價值觀確立爲其指向的目的，而栗谷把經世觀確立爲其指向的目的.

Ⅲ-1. 所謂退溪和栗谷之心性論是屬於人間問題之發見和確認，因此，這兩位之學問性格的社會性和倫理性之講究，可說是現代學者也應該跟著指向的問題.

Ⅲ-2. 近來有人把退溪和栗谷哲學，隨便稱爲理氣二元論或者是一元論，然而此種現象是由導入歐美哲學概念過程中所生的大錯誤. 所以我們應該把它稱爲「理氣混合一元論」才對.

Ⅲ-3. 退溪和栗谷所講究之人間教育之方法和原理，　不是由於認識世界得到的，而是由於直覺世界完成的.

Ⅲ-4. 退溪主張無論誰必須遠到眞道德者之境界以後，才能爲眞認識者，可是栗谷則主張遠到認識者之水準以後，才能爲眞道德者.

Ⅲ-5. 退溪和栗谷都是樂觀的人間教育論者，而且爲了人間的最高善而共同努力，可是，退溪則儒常指向敬虔主義和理想主義，而栗谷則指向經驗主義和現實主義.

　根據以上所整理的內容，把退·栗之心性論比較其異同性，則其同一性比異質性更多. 因爲他們兩位都是性理學者，所以此種現象是當然的. 不過哲學性之表現和哲學性格的差異跟他們哲學的同一性幾乎一樣重要的. 其原因在於他們對宇宙和人間觀所關心的指向性的大差別. 爲了現在教育的理想和實踐，我們應該再解釋退·栗教育哲學之意義，然而那必須先要以一個現代哲學把他再構成之工作. 按照現代教育學的知識論和行動科學的人間之理解，站在純粹客觀立場來研究人間. 因比利用所有的方法，以數值計量 人間的 價值，並且把人間認爲是一個檢證的對象，注力於找出一種人間教育的公式定律. 這種的現象也可以說 是歐美人間科學理論所給我們的一種人間喪失的危險信號. 由退·栗哲學而觀之，　我們所得到人間之存在價值絶不是一個單純手段對象之教訓. 就宇宙和人間而言，那根本是普遍生命的躍動. 就我們的生活而言，那根本是屬於價值的領域. 並且眞實知不是個思辨知，而是在於與眞理一起成爲眞理之存在者. 所以教育權威的回復，是在於人間參與於宇宙創造之價值的主體者之道才可能. 退·栗心性論，從那樣的 意義來看，不只是四百年前的思惟體系，而且也是四百年後的教育目的.

退溪教學方法論の哲學

1) 退溪教育學の時代的性格

　退溪學は十六世紀の朝鮮の歴史的産物として，退溪の歴史(社會)意識と人間意識の表現である.

　從って，退溪學を性理學の「東方別宗」として見たり，或るいは韓國哲學の「獨自門戸」としてだけ理解しようとするのは無理である.

　前者は哲學的普遍性を強調することになって，退溪學の歴史性が缺如されるおそれがあり，後者は歴史的特殊性が強調されることによって，學門の世界的呼吸を斷絶させるおそれがあるからである.

　退溪學は退溪の「時間・空間・人間」(三間)の三重奏でありながら當時の世界哲學であった程朱性理學との「であり」を主調とした. だから彼の「學」は世界性(周)と局地性(偏)をともにすることができ，ついにはもっとも地方的なものが世界的な文化の歴史體系の中に編入されることができたのである.

　退溪はこのような「みち」が「過ぎ去ったじかん」(過去) にあるのでなくて「いま」(現在)，そして「これから」(未來)にあると見た. われわれは「古人を見たことはないが彼らの行った道は「前に」あり後世の「朱文公」と「楊子雲」「を待ったなければならない」と言った.

　儒學は過去志向性・保守性の學問とよく言われるが,「温故」は「知新」を,「繼往」は「開來」のための賓辭であり，「已發」は「未發」の現顯に過ぎないのである.

　最大の人格實現である聖人は過去の歴史的括號の中に圍まれた，ある限られた人だけでなく，現在，または，これからだれでもできる(人可皆爲)可能態である. 從って宇宙と人間の變化は絶え間のない現在進行であり，創造である.

　退溪の時間觀は，傳統的な韓國人の時間意識である圓環的構造と性理學的な時間意識構造である「變・化・生成論」を土臺としている. だから彼の人間觀と教育觀は現實的な歴史(社會)に對する應答と言える.

　退溪は十六C朝鮮社會の困疲相と教學の墮落相か匡正するために教育價値

觀の擴立を畢生の事業として自任した．これは朱子がその時代の「憂患」を處方しようと苦心した民族哲學の誕生と比較することができる．退溪の時代診斷は大體次の通りである．

　　天使相踵／山陵鉅役／長夏積潦／地力傷痹／兩麥全無／水災所被 蕩覆無餘／田種雜穀 種種皆荒／民食頓絕 閭閻嗷嗷／飛蝗蔽天／百穀不登 民何以充腹／破家流散 結包荷擔／方且家搜戶括／酷吏暴胥因緣作奸 脅驅侵督 急於星火 剝膚推體 靡有限極／四方湯湯 無處藏逃／强壯則群聚而爲盜 老弱則轉死於溝壑／思亂之民 相環於四境．

　このような狀態に至ったから一朝有事時に國家は「土崩互解之勢」となるのが自明であると見たのであるこれは實に壬辰倭亂がおこる二十四年前の豫見であった．そして退溪が指摘した教學の墮落相は次のようである．

　　今之學校爲師長爲士子 或未免胥失其道 非但學規不講 並學令而大壞／儒生視師長如路人／視學宮如傳舍／常時具禮服者十無二三／行揖禮爲憚爲恥／優臥齋中 睆而不去／其有師長欲矯此弊者 則大相駭異 群譏聚罵（……）空齋散去／況數內之員乎 其或名儒 實非竊吹無賴之徒 不幸而混雜其間（……）國家養士之意 何如士子自待之賤乃如此．

　このような結果は教育の責任（實由於師長不職之過）にあると退溪は確信した．だから退溪教育學の基盤は現實人間の人格實現におかなければならないのである．

2) 退溪教育學の原理的性格

　退溪學もやはり正統的な儒學教育の目的である「求仁成聖」にあって天人合一論に立脚した宇宙・人間論を基盤とする．しかしこのような教育論がもっと切實であったのは彼の教育に對する現實的要求であった．

　退溪に依ると性理學の東方傳來において眞の至治主義を試圖した方が靜菴（趙光祖）であったが，彼の政治的挫折は結局彼の學問的・人格的未熟性から緣由したのであると評價したことがある．しかしより根本的な原因は「士禍」のためでありこのような士禍を引き起こした張本は結局，國家の運命が國王一人の手中にあるからであると言っている．從って何より急先務は士林を保護して國脉を振作することが重要であると言っている．

　學校は「風化之原・首善之地・禮義之宗・元氣之寓」であるが「國家作養之方」としての官學教育はもう正しく教育的目的を遂行することができない限界に至っていたのである．退溪はこの問題を解結するために書院教育を積極的に唱導したのである．だから退溪の書院教育運動は宋代の書院設立とはその性格から異なると言える．中國は五代の紛亂か經て，天下を一統させたが國家としてまだ，官學を設立するなど別に教育にそそぐ力とひまがなかったのである．

　それに宋の初期の戰亂は多くの學者の損失をもたらし，其間知識分子たちは山林にかくれた老師宿儒に依支しなければならなかったもので　いわゆる「天下の四書院」の創設は「官學未設了向學心切」の當然な歸結であった．これに比べると朝鮮には「戰亂」のなかった反面，「士禍」という知識分子のひどい受難があって名目相に成均館・四學・郷校など官學が健在したが「世道の衰微」と「士風の磨滅」は宋代に比べものにならなかった．從って退溪の書院健立運動は切實な時代意識の發露からであったのである．退溪教育學はこのような「世道衰微・士風磨滅」を人間の自己陶冶で克服させることができるという信念から出發した．これは孟子の人間性善論の消極的な意志からではなく中庸の積極的な人間の意志を宣布したのである．從って古代自然哲學的な豫定調和説に立脚したのでなくて人間主體の「人極論」に歸着される．

　退溪の人極論は教育主體としての人間意志の宇宙論的な信念である．退溪に依れば世界と人間は機械論的・因果論的な系列によって維持されるのではない．人間の創造的で内在的な力によって人間は宇宙とともに價値創造の歴程の中に同参する．それに人極論で注目しなければならない點は「何か宇宙の創造の中で起こるような缺點を人間の努力で補完できる」という考えである．だから宇宙の創造的發展において人間は單純な被造物でなくて主體的な共同の参與者でありながら，ついにはその補完者としての所任があることになる．

　退溪教育學の學問的性格は「學」の概念が，今日のそれとは異なる，これは「儒學・性理學」での「學」の一般性格が單純知識體系でないのと關連される．だから「生の樣式」と「生の態度」であって人間の最高成熟のための行爲修養の過程である．

　退溪學での敬義夾持・知行竝進の原理は，すなわち自我成熟のための統合過程である．　自我は普遍的自我（一）でありながら特殊的自我（殊）である．　つまり理一分殊としての自我である．　ところでこの自我は自己から求めなければならない．　もし人間が自己から「わたし」を求めなくて，　むしろ他人（腔子外）から求めようとするならばこれは中樞となる大きな根本をすて，他のところに向って求めていることになると言った．　そして自我を知覺することができてこそ，自己を主宰することができる．　教育は生命固定性（常）と變化性（變）をみずから變易させる力から出る．

　自我の喪失時代は新しい教育哲學の誕生なくては，その危機を克服することはできない．　人類歷史上（現在は除外して）偉大な哲學出現はその時代の危機克服の答案紙であった．　退溪教育學が向內的な內修哲學としての「敬の原理」を强調したのもやはりそれである．　彼は十六世紀の時代狀況を「人性潰滅」徵候と理解したから教育的にはまず「四書」に歸ろうとしたのであり，心性哲學の定立のためには《心經》・《性理大典》・《朱子全書》に歸依せよと言った．　そして教育的人間像としては朱子を標準とした．　早くから栗谷は彼の《經筵日記》で退溪を評して「依樣」と言ったが，實に退溪學の特色は朱子に「即」して，みずから威發・興起した點にある．

　そして性理學的體系の中での「獨創」とは知的な所得としてだけ把握することではない．「問題」を本源へと求めていくとしたら朱子は退溪の嚮導者であったのである．　この篤實な朱子學の信念が彼に學問思想上優越性をもたらしたところもあるが，一方，缺陷も與えた．　これが退溪學の嚴格主義・嚴肅主義的性格でもある．

　退溪は〈答黃仲擧〉で，おおかた前輩を非難するのは後學として敢えて，むやみに言えることではないが理を分析し，道を論ずるところには，一毫も且してはならない．（……）だが弟子として師の文を議論することを，はばかるというのは義理が天下の公であるからである．

　しかしこのためなら，先であっても後であっても，師であっても弟子であっても，これであってもあれであっても，取っても捨ててもどうでもいいじゃないか．至當な點に終始一貫していなければならない．と言った．これから推しはかって見るに退溪が學朱子したのは，朱子學問の完璧性に對する全幅的な信賴から出たことがわかる．

　退溪教育論で「知行竝進論」は廣く知られていることだが筆者はここで退溪の「思習竝進論」（或るいは「學思相資論」）を提示しようとする．

　退溪は學習條または學習準備度（readiness）として「疑」をあげている．「問い」

のない學習は「未精・有違」であるので，このような問いに對して＜不審・不究＞する學問は無益といっている．

　退溪が「問い」を強調したのは＜進聖學十圖箚＞においても見られる．

> 學也者習其事　而眞踐履之謂也．（……）必學而踐・其實思與學　交相發而互相
> 益也　先須立志　以爲舜何人也　豫何人也　有爲者亦若是　奮然用力於二者之功　而持
> 敬者　又所以兼思學　貫動靜合內外一顯微之道也．

　しかしこのように「學・思」を竝行しようとしても，思う通りにならなくて矛盾されたりして，ひどく辛苦で快活でない狀態があるといって，こういう場合こそ「大進之幾」であるから，良い發展の端初といった．ここで挫折しなくて根氣づよく邁進すれば不知不識間に「融會貫通」できることは勿論「習」と「事」が熟達して良い學習效果が得られるといった．これは「各專其一・乃克協干一」という學思方法論の原理でもある．

　退溪の學思竝行論は實存的自覺を通じての一種の標本敎育說で宗敎的自我省察の方法原理である．人間性の高揚は危機を通じての自我對決から飛躍的に成し遂げられる．

　現代敎育學では上の「掣肘矛盾之患」を高原現象(plateau)　であると說明する．退溪の學思論は次のような現實的敎學原理をねらっている．

　一番目に客觀的知識論を標ぼうする當時の佛學と王學とに對する防禦策としてである．彼は學問を通じなくても眞理の獲得が可能と見るのに反對した．

　二番目に辛苦と矛盾のない單純知識論に反對した．これは當時，詞章中心の科擧敎育が士風の磨滅を招來するのだと見たためである．

　三番目に學思竝行は退溪敎學思想の核槪念である「敬の哲學」を推進する原動力であるから「活敬の道」として學思竝行は必須的であったのである．「敬字工夫・通貫動靜」するのであるから　靜のとき「學」をし，動のとき「行」するという一動一靜がつまり敎育である．「世亂失學」のあの時代に退溪は內省的自我確認を敎育の大本としなければならなかったのである．

　退溪時代も　今日の敎育現實とほぼ似た立身爲主の私的敎育觀が支配した時代であったのである．

3) 退溪敎育學の方法論的性格

退溪は〈修身十訓〉即ち生活の敎育訓要として次の十こう目をあげている．

① 立志：當以聖賢自期　不可存毫髮退托之念
② 敬身：當以九容自持　不可有斯須放倒之容
③ 治心：當務淸明和靜　不可墜昏沈散亂之境
④ 讀書：當務硏窮義理　不可爲言語文字之學
⑤ 發言：必詳審精簡　當理而有益於人
⑥ 制行：必方嚴正直　守道而無汚於俗
⑦ 居家：克孝克悌　正倫理而篤恩愛
⑧ 接人：克忠克信　泛愛衆而親賢士
⑨ 處事：深明義理之辨　懲忿窒慾
⑩ 應物：勿牽得失之念　居易俟命

　家訓的な性格を持つ上の〈修身十訓〉から儒家敎育の本領がどこまでも日用凡百事で「下學而上達」するものであったのが確認できる．眞理は高遠深處にあるものではないと言う考えも重要であるが日常的な生(生きていくこと)の中で，あくまで生その自體に泊沒しないことである．「立志」の第一條に注目する必要がここにある．立志は敎育理想あるいは目標の設定であって，現代的意味として敎育動機誘發(educational　motivation)である．退溪は彼の〈勸學文〉で人の人たる(爲人)立志は「堯舜同性」という自覺と自期であるこのような心の準備狀態があってこそ孔子の「明決・含蓄」，そして孟子の「雄辯・光輝」，そして「其問也若吾之問其答也猶吾之答也」ができるということである．

　だから退溪の敎育方法論は「先知・後行」・「先窮理・後居敬」・「先道問學・後尊德性」と言って時差の先後では說明できないものである．知と行はどこまでも「竝進」であり，「互進」である．窮理(知)は致知事であり，居敬(行)は立本事である．この兩者を互進させるのがつまり敬である．敬の工夫は無事時(有養)には天理の本然を涵養する精神の悟り(惺惺)になり，有事時(省察)には嚴肅な自我との出あい(愼獨)にある．

　敬を通じて人格を實現させ，形成すると信ずるから退溪の敬は人格實現の方法だけではなく人間理解の原理である．

　退溪に依れば敬とは事事物物に置いて，その所當然と所以然をふかくきわめ，沈潛・反覆し，玩索・體認することによって，極致にまで至らせ，歲月かさね，功力がふかくなるにつれて，一朝にして洒然に融釋され，割然に貫通できるという敎育價値實現者である.

　ところで，「致知事」での客觀的な探究方法と，「立本事」での主觀的ら接近方法が一つとなって「融會貫通」できる. だがこの主客觀の連結過程で生ずる飛躍，卽ち論理的矛盾をどう處理したら良いであろうか. この問題は「朱子晚年定論是非」とも關聯され，退溪の「理到說」とも連結されるものである.

　退溪はこの二つの槪念を「致知之方」と「力行之功」に分けて區分した. 致知之方は敎育の過程で力行之功は敎育の效果である.

　退溪は「致知事」を說明するに，人間の性情と古今事變は至實な理と則があるからで，いわゆる「天然自有之中」である. 從って「博問・審思・愼思・明辯」という「致知之目」をならわなければならないのである. 言いかえれば，科學的探究としての世界と人間に對する認識を强調した. そして「立本事」では「戒懼而謹獨・强志而不息」をその節目としてあげている.

　これは，朱子がすでに說破したものであるが，退溪の場合，とくに晚年に近くなるほど人間行動の實存的決斷に對し，もっと多くの關心を寄せた. しかし退溪の實存的決斷とは頓悟のような性質のものではなかったのは言うまでもない.「虛心玩繹 而無急促也」といってどこまでも「四勿」精神に徹した，そして博學だけで要約に歸って來ないとしたらこれは「遊騎」があまり遠くまで出ていったため，もとって來ることができない弊端と似ていると言った.

　學問とは終身事業であるからたとえ顏曾のような境地に到達したとしても學問を果たしたといえないのに，いわんや彼に劣る凡人にとってはいうまでもないと言った.

　退溪の學問方法論は「立志」→思行竝進―〈敬義夾持／知行互進〉―漸久→融會貫通の順だがこの過程で「不疑不轍」しなければならない壞疑が重要であるといっている.

　彼は朱子の言葉を引用して，このような知的危機を「到極辛苦不快活處」と表現したが，この「せき」こそ新しい知的發展の契機，卽ち「方是好消息來」の地點といったのである.

　實際知的發展は規則的な上昇方向になる場合より非連續的・斷續的な發展が可能である場合が多い.

　敎育においてこのような危機を回避することや，やさしくあつかうということは結局人間に決定的な發展可能性を妨害するしかない.

　退溪の知的探究はその源頭處まで徹底的に求めていくところにあると思えるが，これは長久な時間と努力を前提とするのである.「答高峯非四端七情分理氣辯」第二信の後論で退溪は次のように彼の見解を述べている.

「もしここで定めることができないなら必らず後世の朱文公を待ってからその正しいことと正しくないことを判斷することになろう」.

　一方退溪の行爲準據はいつも最善策（常道）を志向するところにあったのは言うまでもないが，やむをえない時は次善策（權道）を講究できると言った.《自省錄》の李栗谷に送った文がそれである.

「諸事を處理するにおいてどうしても良い方法と道理がさがせない場合にはやむをえず，次善策をさがして，これに從うべきです.これがつまり權道で當然しなければならない至善です」.

4) 退溪敎育學の示唆

退溪は〈玩樂齋〉という詩のなかで次のように詠んでいる.

主敬還須集義功
非忘非助漸融通
恰臻太極濂溪妙
始信千年此樂同

敬を主とし，義をあつめるのに力を入れることである
これは忘れや無理をしないなら，だんだん融通になるであろう
つい太極に至って周濂溪の理致が妙であるのだ
はじめて信ずるのだ千年經てもこの樂しみは同じなのを

　退溪の「千年同樂」を四百年後の今日敎學原理，あるいは敎學方法の原理として適用することはできない.これは退溪學の誤謬でなくて,「時・空・人間」が變化したからである.しかし　敎育において變わるものと變わらないものとの區別は何より重要である.常と變までも固定的でないものが現代敎育の特色であるが　敎育の最終的な基盤は人間に對する信賴である.主體的人間の自我意識が事物に對する主體的判斷を可能にする.

退溪は確固たる教育目的と，理想をもってくずれ行く一時代の價値觀を確立しようとしただけではなく，道學の眞髓を體驗・體得・體認しようとした．

彼の教育方法論は 陶冶理想に關する最善の答えであった．

今日の世界教育の方向は人間行動の計劃的で物量的な變化た志向し，人間の故鄕喪失は知的偏重教育に依って加速化されている．

退溪教育學での成熟人格教育はこれから「同樂」しなければならない教育の方法論的原理の一つと考えられる．しかし退溪がその時代の教育問題を解決しようと苦心したように，われわれの時代の教育問題解決のために退溪のような教育的叡智を喚起しなければならないであろう．

A Study on Lee Toegye's Educational Thoughts
——Aspects of Educational Anthropology——

This thesis has tried to analize systemically Lee Toegye's (15 01∼1570) educational thoughts and to Place his philosophy on the modern education in Korea. Because Toegye was one of the most distinguished thinkers of Korea.

However, a small number of prominant scholars have tried to investigate Toegye's system of philosophy in their valious ways. So, in my view, Toegye's educational philosophy have been unpre-cedented yet, since prof. Park Jong Hong's work, 'Educational Thoughts of Lee Toegye' (1924). Therefore, at this time, his thoughts much need for our educational situations, and his thoughts and practices on education must to deal with synthezize and analitically.

Now day, as an urgent problem of modern education which frequently pointed out that is the term of human alienation, also here the time of transmission of the tradition and innovation. The real meaning of educational innovation depend upon the earth of tradition.

Modernity may rests on a firm restoration.

As an outstanding characteristics of Neo-Confucianism should be based on humanity. Without human subjectivity that ideology could not be stood. Hence, Neo-Confucianism always meditate human self identity and integrity through catch hold of truth by independently.

This is the way of 'Jen Tao' (仁道) and 'Chung Ho'(中和).

The paper is projected by foure point of view;

the first is dealt with the background of Toegye's philosophy.

the second is dealt with his unique educational thoughts and practices; as on the personality theories, on the harmonizing relationship theory between Heaven and Human being (天人合一論), and his holizontal enlargement of view from human understanding have an argument with Ki Ko Bong(奇高峯).

the third is dealt his educational thoughts and learning theories, including 1) general theories of education, 2) main conceptual educative thoughts; Kyung (敬). This concept treated with telelogical and practical aspects.

the fourth is designed with my assessment on Toegey's thoughts and educational method and its historical meanings and its suggestions for the Korean education.

Konvergenz und Divergenz in dem Bildungsideal T'oegyes

<Zusammenfassung>

I -1)

Der Begriff der Bildung in Abendland, der in 18. Jahrhundert in Deutschland durch Goethe, Humboldt, u. a., den Zeitgeist des Klassizismus widerspiegelte, zielt auf Entwicklung und Harmonisierung aller gegebenen Anlagen der menschlichen Natur ab.

Die Kulturpädagik, die darauf folgte, ist eine pädagogische Lehre, dis sich durch Einführung des Kulturbegriffs vom Th. Litt und Spranger entwickelt hat.

Die menschliche Erziehung vollzieht sich nach ihr nicht aufgrund der innerlichen Anlagen, sondern sie wird auch von der Bildung des Lebenssinns und des Wertes bedingt.

Das Ideal der Bildung bezielt die Vereinigung von "Li" als Prinzip des Kosmos und "Hsing" als Prinzip des Menschen. Und der Mensch wird nicht bloß als ein Geschöpf der allgemeinen schöpferischen Entwicklung des Kosmos überhaupt. sondern notwendig als positiver Mitschöpfer betrachtet.

I -2)

T'oegyes Bildungsideal ist eine Art Immanenztheorie der Natur oder eine Immanenzphilosophie. T'oegye betont "Ernstvolles Verhalten" und "Theoretisches Überlegen" als seine praktische Methode, welche zusammen auf die Verwirklichung der Erfurcht als Zweck seiner Erziehung gehen. T'oegyes Bildung vollzieht sich objektiv mit der Methode "Von unten bis hinauf im Lernen."

Ⅱ-1)

Die Bildungsmethode des Neokonfuzianismus wurde von Chu Hsi festgelegt. T'oegye hat "Ehrfurcht vor Tugend" (Ernstvolles Verhalten) und "Forschen nach Sachprinzipien" (Theoretisches Überlegen) ineins zusammengefügt und daraus seine eigene pädagogische Methode der Konvergenz und Divergenz entwickelt. Er nennt das Verhältnis zwischen den beiden "Wissen und Handeln parallel zueinander entwickeln" und betrachtet "Ehrfurcht" als Mittel zu dessen Verwirklichung. Sein Begriff der "Ehrfurcht" will nur die reale Welt erklären und vertritt nicht Ekstasis oder transzendentes, mystisches Erlebnis.

Wenn man T'oegyes Bildungstheorie veranschaulichen will, so kann man den folgenden Diagramm zeigen:

Theoretisches Überlegen-Wissensbildung-Wissen⟶Konvergenz⟶
Ernstvolles Verhalten-Tugendbildung-Handeln⟶Divergenz⟶
Kyung*

Ⅱ-2)

Mas muß geistige Einseitigkeiten überwinden, um die harmonische Entwicklung des Geistes zu verwirklichen. T'oegyes Bildungslehre ist als eine 'Philosophie der Harmonie, anzusehen, weil sie auch die innererliche Einheit durch "Ernstvolles Verhalten" und "Theoretisches Überlegen" bezweckt. "Wissen und Handeln parallel zueinander zu entwickeln ist ein Verhalten des menschlichen Wissens und Lebens in Ehrfurcht. T'oegye zielt dadrrch auf eine harmonische und dynamische Einheit des Wissens und Praxis ab. Konvergenz und Divergenz sind das Prinzip, das T'oegye solches ermöglicht. Wir Menschen Können nach ihm nur durch zwiefältigen Prozeß der Konvergenz und Divergenz Equiliblium der inneren Freiheit erhalten und entwickeln. Nur dieser Geist des goldnen Mittelwegs erzeugt

---

* 致知——知育——知——窮理⟶收斂
　　力行——德育——行——居敬⟶擴散　⟶敬

die lebendige Logik der Menschenbildung von Spannung und Entspannung, Konzentration und Entlassung, Kontrolle und Autonomie.

Zwar ist diese innere Freihiet nicht leicht vom alltäglichen Menschen zu erreichen, aber sie ist doch nicht absolut unmöglich. T'oegye sagt, wir können sie doch ganz natürlich ereichen, indem wir uns tüchtig züchen und lange versuchen, sie zu erreichen. Wie unsere leibliche Tätigkeit aus Ein und Ausatmen besteht, so vollzieht sich unsere geistige Tätigkeit vollkommen nur durch diese harmonische Wechselwirkung zwischen Konvergenz und Divergenz.

Nach T'oegye wird diese Zirkelhaftigkeit von "Ernstvolles Verhalten" und "Theoretisches Überlegen" zwar so gedeutet, daß je das eine wechselseitig den Kopf, und das andere den Schwanz bildet, aber beide bilden trotzdem für sich je selbständige Arbeit, Man darf nicht diese zwei Studien in der weise von vor und Nach anreihen, sondern muß sie parallel zueinander entwickeln. Diese Studien werden nur durch Feststellung des vollerwachten Subjekts ermöglicht, welches letztere widerum nuer durch eine allgemeine Anschauung von Kosmos und Menschen natur wie "Li Chi"-"Hsin Hsing" Lehre möglichist.

Ⅲ-1)

Bei Verwirklichung des Bildungsideals ist das Studium des blossen Wissens sekundär anzusehen. In dieser Hinsicht betont T'oegye "Ehrfurcht vor Tugend" mehr als "Theoretisches Überlegen."

Ⅲ-2)

T'oegye legt Nachdruck auf "Erwachen" als Methode der Bildung. Sein "Erwachen" ist auf der Metaphysik der "Li-Chi" begründet. Das Erwachen des Bewußtseins ist gleichsam das Atmen des Kosmischen "Li-Chi," und dessen Konvergenz und Divergenz. Die Begierde des Menschen sind es, was selchen erwachten Zustand des menschlichen Bewußtseins zerstört. Daher sollen wir Menschen allezeit dem Logos des Himmels folgen, und sich andererseits von den menschlichen Begierden möglichst entfernen. Das ist der Grund, daß T'oegyes Bildungslehre den Charakter des Rigorismus bzw. der ethischen Religiösität zu haben scheint. Während Erwachen Sprangers heteronom ist, indem es 'durch etwas außer sich' zustande Kommt, ist T'oegyes Erwachen, indem es sich jedezeit 'durch sich selbst' verwirklicht, ein autonomes.

Ⅲ-3)

"Wahrhaftigkeit" und "Einheit," Welche aus "Shi King" herkamen bilden die traditionelle Forschungsmethode des Neokonfuzinismus. Mit solchem Gemüt können wir innerlich jedezeit den Zustand der Autonnmie, Freiheit, Selbstbewußtheit erhalten. Aber die ernstliche Gesinnung bedeutet nicht, daß man nur eine Sache beachten und alle andere ignorieren muß. Wenn man nur an irgendeine Sache fest gebunden bleibt, kann man dann den frein Raum nicht haben, sich zu reflektieren. Man verliert dann endlich die Selbständigkeit und Freiheit des Menschseins. Solche sind nach T'oegye die Schwächen, die alle Anfängern des Lernens gemeinsam sind. Daß es an der Freiheit und Autonomie des Geistes fehlt, bedeutet nicht anderes als, daß man einen weltanschulichen Erklärungsgrund für den Sinn des Lebens nicht geben kann.

Ⅲ-4)

T'oegye betrachtet die Natur nicht als bloße objektive Gegenstände. Das Naturgemüt von T'oegye ist als solches eine schöne künstlerische Schöpfung, Entdeckung und Ergebnis des natürlichen Gemüts. Auch die Natur von T'oegye ist nicht die Natur des Nichtstuns im taoistischen Sinne, sondern die positive Natur, die uns Ordnung und Ruhe der Seele ermöglicht. Der Mensch soll sich durch den Einführungsakt den lebendigen Wesenszügen der Naturdinge wie Berge und Flüsse, usw., zufolge züchten und bilden. Die Gedichte T'oegyes, die insgesammt mehr als 5 tausend sind, bestehen alle aus Erziehungsgedichten oder Naturgedichten. Seine Natur ist nicht

Natur für sich, die durch menschliches Zutun verletzt worden ist sondern Natur an sich, die seelische Katastrophe des Menschen als eines Naturwesens verhindern will.

Ⅳ)

Konvergenz und Divergenz in der geistigen Bewegung ist dem Atmen in der körperlichen Tätigkeit ähnlich. Daher kann das Prinzip der Konvergenz und Divergenz des dynamischen Geistes nicht nur unserm Lehrer T'oegye eigentümlich sein.

Die Eigentümlichkeit der T'oegyeschen Lehre bezeugt sich offenbar in seinen weiterbildenden Interpretationen des "Li Chi Hsin Hsing" Lehre Chu Hsis. T'oegye hat andererseits auch in der Philosophie der "Ehrfurcht" seinen eigenen Gedanken geformt.

Der Autor wollte in dieser Abhandlung von dem Blickpukte der Konvergenz und Divergenz aus betrachten, wie zwei Prinzipien der neokonfuzianistischen Boldungsmethode, "Ernstvolles Verhalten" und "Theoretisches Überlegen" zum Begriff der "Ehrfurcht" vereinigt werden. Daher wurde es klar gemacht, daß das Prinzip des "Wissen und Handeln parallel zueinander" nur durch dynamische und wechselseitige Wirkungen der Konvergenz und Divergenz möglich wird, und darauf wurde auch behauptet, daß dies den Kernpunkt bildet, von dem aus die Philosophie der Ehrfurcht in T'oegyeschen Lehren zu verstehen.

Und bei der methodologischen Erwäung über "Ernstvolles Verhalten" und "Theoretisches Überlegen" behaupteten wir, daß T'oegyes alltägliches Leben einerseits und sein wissenschaftliches Leben andererseits parallel gingen, und auch zeigten eiterhin, wie seine Person mit seiner Philosophie übereinstimmte. Er begnügte sich nicht damit, Wharheiten von Kosmos zu erforschen, sondern wollte, daß der Mensuch selbst als Erforschender des Kosmos zum wahren Seienden wird. Und daß der Mench zum wahren Seienden wird, wird wiederum nur durch vollbewußte Praxis des Menschen ermöglicht.

退溪敎育箴言選

言　行	出　典
(1) 學校風化之源，首善之地，禮儀之宗，元氣之寓也	拜大司成， 〈諭四學師生文〉
(2) 國家設學而養士，其意甚隆	拜大司成， 〈諭四學師生文〉
(3) 師生之間　尤當以禮義，相先　內主忠信　外行遜悌， 以副國家右文興學設敎　養士之意	拜大司成， 〈諭四學師生文〉
(4) 立志堅固，趨向正直，業以遠大自期	〈伊山院規〉
(5) 言行之間，常常謙謹	與孫(安道)書
(6) 勿放　勿傲　勿多言	與孫(安道)書
(7) 儒家意味自別，工文藝非儒也，取科非儒也	〈言行錄〉
(8) 世間許多英才，混汩俗學	〈言行錄〉
(9) 學者用工　莫切於身心	《退溪集》
(10) 孝爲百行之源，一行有虧則　孝不得爲純孝矣	《退溪集》
(11) 古人悅親　不必官爵	《退溪集》
(12) 今人每以榮養藉口而受無禮義之祿食	《退溪集》
(13) 君子　雖急於奉養　不以是變所守也	《退溪集》
(14) 奉先主於誠敬　而不貴於物侈	《退溪集》
(15) 學未成而驟得路，自故鮮有不失其故步者	〈言行錄〉
(16) 夫婦人倫之始　萬福之源　雖至親至密　而亦至正至 謹之地	〈言行錄〉
(17) 世人(夫婦)都忘禮敬，遂至侮慢凌蔑，無所不至者 皆生於不相賓敬之故	《退溪集》
(18) 今之婦人　率皆從一而終，何可以情義不適之故	《退溪集》
(19) 閨門之間，日用周旋飮食言笑，豈可與裸股肱不農 頭奴人，相對無障蔽耶	《退溪集》
(20) 古人事兄　如事嚴父　出入扶將　以盡子弟之道	〈言行錄〉
(21) 古人嫡庶之分　雖嚴　而骨肉之分　無異	《退溪集》
(22) 年長於我　有父事兄事之差等	《退溪集》
(23) 問客來見則　無論老少貴賤而當敬之	〈言行錄〉

(24) 無良無賴之徒 有一端之長 則取之，實與人爲善之　　《退溪集》
　　　道也
(25) 君父一體 事之如一　　　　　　　　　　　　　　　　《退溪集》
(26) 父子天屬 就養無方，君臣義合 就養有方，無方者　　《退溪集》
　　　恩常掩義 有方者 義或奪恩 有不得不去之處
(27) 觀古之士 其窮愈甚 其志益勵 其節益奇（若因一苦　　〈言行錄〉
　　　拂而遽喪其所守則 不可謂之士矣）
(28) 貧窮士之常事 亦何介意 但當堅忍而順處 自修以　　〈言行錄〉
　　　待天可也
(29) 誡孫(安道)曰 十分操存，愼勿乘喜，多作狂妄事　　〈言行錄〉
　　　吾見後生輩，得小小名字，自以爲平生一大事，多
　　　失常性，如醉如狂，甚可悶笑．
(30) 知尊德則 必不忍褻天命　　　　　　　　　　　　　〈言行錄〉
(31) 知收放心 則必勉於持敬存誠，防微謹獨而窒其慾　　〈言行錄〉
　　　守其性矣
(32) 敬是入道之門（必以誠然後 不至於間斷）　　　　　〈言行錄〉
(33) 一念之邪 便爲索性小人，可不懼哉　　　　　　　　〈言行錄〉
(34) 禮之行也，不外乎衣冠之飾，飲食之節，揖讓進退　　〈言行錄〉
　　　之則而已．
(35) (戒子書曰) 士君子當以儒素文雅恬淡寡欲
　　　（自處而餘事及於生業則無害）
(36) 若全忌文雅修潔 而埋頭沒身於營 產服飾之末則此　　〈言行錄〉
　　　乃鄉里俗人所爲，何有於儒家之鳳乎
(37) 作酒戒(贈金應順)曰，禍人之酷，腐腸生疾 迷性失　　〈言行錄〉
　　　德 在身戕身．在國覆國（……）剛以制之 自求多
　　　福
(38) 養德性 而立根本(在乎小學)　　　　　　　　　　　《退溪集》
(39) 廣規模 而達幹枝(在乎大學)　　　　　　　　　　　《退溪集》
(40) 非修身入德之學 無以施明道傳心之敎 (此庸學之相　　《退溪集》
　　　爲表裏)
(41) 夫道之流行於日用之間(無所適而不在放 無一席無理　　《退溪集》
　　　之地，何地而可輟工夫，無頃刻或停故 無一息無理之時，
　　　何時而不用工夫)
(42) 不知而無爲者 非其人之罪　　　　　　　　　　　　《退溪集》
(43) 知而不爲之者 知也 非眞知也　　　　　　　　　　《退溪集》

(44) 爲而不自力者 同歸於自棄者也	《退溪集》
(45) 自力於執私見者 無異於賊道者也	《退溪集》
(46) 避名師讓與他人, 自伏退產之類也	《退溪集》
(47) 慮患而甘處下流, 詭托荒酉凶之比也	《退溪集》
(48) 敎人必以小學先之, 次及大學, 次及心經, 次及論孟, 次及朱書, 而及之於諸經	〈記善錄〉
(49) (先生)晚留意禮書 討論遺傳, 叅酌時宜 以敎學者	〈記善錄〉
(50) (先生)敎人 先觀其志之所向 莫不隨材授學 而以立志爲先, 以爲變己謹獨變化氣質爲工	〈記善錄〉
(51) 見學者 志進誠篤則喜而勉進	〈言行通錄〉
(52) 向學解弛則 憂而激勵 提斯誘掖 一出於誠 (聞者 無不威而思奮)	〈言行通錄〉
(53) (請學之士 更進迭問)先生無不隨入淺深 從容啓迪	《月川集》
(54) (先生)敎人 必以忠信篤實謙虛恭遜	〈言行錄〉
(55) 先妣朴氏 痛念多男而早寡(…)每加誨戒, 不惟文藝是事 尤以持身 謹愼爲重	《退溪集》
(56) (退溪先生)大夫人嘗語人曰吾於此兒 未嘗見不冠不帶箕踞偃臥之時	《月川集》
(57) (先生曰)辭讓亦有道 若乎交附則可 長者 則固當順受其命 不敢固辭, 第示其未安之意則猶之可也	《艮齋集》
(58) 退溪先生 與人交若淡而久益信 人無不誠服而心悅	〈言行錄〉
(59) 自少 不妄交遊 視世之常逐於聲利紛華者 如避冠盜 若將浼焉.	〈言行錄〉
(60) 紛華波蕩之中, 最易移人, 余嘗用力於此, 爲舍人聲妓滿前, 便覺有一端喜悅之心, 雖痛加窒慾, 僅免壞塹, 其機生死路頭也, 可不愼哉	〈言行通述〉
(61) 嘗與其孫(安道)書曰, 凡事當謹愼(今見汝寄金而精書大字亂草 愼勿爲麤狂之態)	〈言行錄〉
(62) (先生)天性簡默 對客終日, 無一閒話雜談 與人言 思而後發 雖在倉卒急遽之際, 未嘗有疾言遽色	〈言行錄〉
(63) 諸生相對 有如尊賓之在塵	〈言行錄〉
(64) 諸生侍坐 不敢仰視 及進前授學 和氣薰然, 誨諭諄諄, 從頭至尾, 洞然無疑	〈言行錄〉

396

(65)	(先生)對人應物，動靜語默，名有其節， 若有不當 問而問，不當言而言，則必正色不答.	〈言行錄〉
(66)	(先生) 論辨之際，氣和辭暢，理明義定	《鶴峯集》
(67)	群言競起，不爲參錯說話，必待彼言之定 然後 徐 以一言	《鶴峯集》
(68)	(先生)見人有道故喬之遇 則正色不答	〈言行錄〉
(69)	未嘗詬罵婢僕，如有失誤 必敎之曰 此事當如是， 未嘗變其辭色	〈言行錄〉
(70)	視瞻端正 行步安徐 發言精審，無拘無迫 不肆不 怠，周旋進退，雍容中辰，語默動靜，端詳閒泰.	〈言行錄〉
(71)	雅尙儉素，盥用陶器，坐以蒲席，布衣條帶，葛屨 竹杖.	〈言行錄〉
(72)	雖貴客至 亦不盛饌，雖卑幼 亦不忽焉.	〈言行錄〉
(73)	每食不過數三器 盤中只有茄葉菁根 海藿以供貝之	〈言行錄〉
(74)	先生嘗入京寓西城 左相(權轍)來見，先生貝飯待之 淡饌薄味不可食，先生若啖珍味 少無難意，權公竟 不能下箸 退謂人曰，從前誤養口體，到此甚可愧也	〈言行錄〉
(75)	隣家栗子 落於庭中 令捨而還之	〈記善錄〉
(76)	飮酒未嘗至醉 微酉它而止.	〈言行錄〉
(77)	溪上之宅 僅十餘架 祁寒暑雨 人所不堪 而處之裕 如也	〈言行錄〉
(78)	先生子(寯)爲察訪獻雉 答以無名之物何處得來 即 還之.	〈記善錄〉
(79)	解豊基歸家 行橐蕭然 惟書籍數駄而已	〈言行錄〉
(80)	日加敦篤向上之功 進進不已 至死如一日 其篤信 好學 任重致遠如此	《鶴峯集》
(81)	吾得心經而後 始知心學之淵源，心法之精微吾平 生信此書如神明，敬比書如嚴父	〈言行錄〉
(82)	乃吾啓發入頭處，敬齋箴 乃吾受用之地，近思錄.	〈言行錄〉
(83)	趙月川言於李艮齋曰，退溪先生有聖賢底樣子，艮 齋曰 有平易白直底道理，虛明洞澈底心事 豈特樣 子.	〈言行錄〉
(84)	金鶴峯曰，平易明白先生之學也 正大光明先生之 道也，和風慶雲先生之德也，布帛菽粟先生之文也	〈言行錄〉

襟懷洞澈如秋月冰壺, 氣象純粹 如精金美玉 凝重
如山岳 靜深如淵泉, 望之可知其成德君子.

(85) 鄭寒岡曰, 在吾東所親接則以退溪爲準的, 在宋儒　《旅軒集》
之大成則以晦庵爲模範

(86) 爲學只在 用功密切, 讀書精熟 玩味之深, 積久之　〈答趙起伯〉〈爲學〉
餘 自當漸見 門戶正當 端緒分明

(87) 人之爲學 趣向正當 立志堅確爲貴　〈答李宏仲〉

(88) 學者之初 立志爲光　〈金晬·記〉

(89) 主忠信 三字最爲切己　《寒岡集》

(90) 道在邇 而人自不察耳　〈金明一·錄〉

(91) 居處恭 執事敬 與人忠　〈拾遺〉

(92) 爲人之學 則不務心得躬行而飾虛 徇外以求名取譽　〈金富倫·錄〉
者 是也

(93) 爲己之學 以道理爲吾人之所當知 德行爲吾人之所　〈金富倫·錄〉
當行 是也

(94) 隨時隨處 量力加工 常以義理 澆灌栽培 勿令廢墜　〈答柳而見〉

(95) 本分之外 不加毫末見　〈記善錄〉

(96) 如深山茂林之中 有一蘭草 終日薰香 而不自知其　〈記善錄〉
爲香 正合於君子爲己之義

(97) 常人之學 雖益而不自知 是不知所栽者也　〈答吳子强〉

(98) 道之大原 出於天 而具於人心者　〈易東書院記〉

(99) 常有不可棄之志 不可屈之氣 不可昧之識　〈答奇明彥〉

(100) 學者先須收斂心身　〈答黃仲擧〉

(101) 士之論義理 如農夫之說　〈天命圖說後叙〉

(102) 染俗而壞志 得少而自足 則雖聖賢格言 日陳左右　〈題南季憲箴警後〉
亦空言也

(103) 看書, 隨意而悅其味　〈答南時甫〉

(104) 晝之所讀, 夜必思繹　〈答洪胖〉

(105) 賴問難之至 或多警發處耳　〈答琴聞遠〉

(106) 學·問·思·辨 四者致知之目也　〈六條疏〉

(107) 讀易 欲以本義爲先　〈答鄭子中〉

(108) 人之持心最難 常自驗之 一步之間 心在一步難　〈拾遺〉

(109) 能求放心則心得其官矣 心無不在則心得其養矣　〈答趙士敬〉

(110) 專一則有不待思 而能隨事中節　〈答金惇叙〉

398

(111) 寂然不動 心之體也　　　　　　　　　　　　　　　〈答李宏仲〉
(112) 感而遂通 心之用也　　　　　　　　　　　　　　　〈答李宏仲〉
(113) 靜而嚴肅 敬之體也　　　　　　　　　　　　　　　〈答李宏仲〉
(114) 動而齊整 敬之用也　　　　　　　　　　　　　　　〈答李宏仲〉
(115) 靜而涵天理之本然 動而決人欲於幾微　　　　　　　〈答金惇叔〉
(116) 譬之治病 敬是百病之藥 非對一證而下一劑之比　　〈答金而精〉
(117) 思慮紛擾 古今學者之通患　　　　　　　　　　　　〈答崔見叔〉
(118) 日用之間 一言一動得宜則無害　　　　　　　　　　〈答趙士敬〉
(119) 勿忘 勿助 則道之在我　　　　　　　　　　　　　〈答鄭子中〉
(120) 事不能爲心之病 而有之則爲病　　　　　　　　　　〈答金惇叔〉
(121) 仁者之非 以不忘爲意然後不忘也　　　　　　　　　〈答金惇叔〉
(122) 勿太沒溺 以妨進修工夫 勿太忽遽 以害悠遠氣像　〈答鄭子中〉
(123) 血氣虛故心氣亦不能完實(…) 勿過用心力以自完　〈答李宏仲〉
　　　　養
(124) 山不止則 不能以生物 水不止則 不能以鑑物 人　〈靜齋記〉
　　　　心不靜則 又何以該萬理 而宰萬事哉
(125) 江山風月 天地之間公物　　　　　　　　　　　　　〈答趙士敬〉
　　　　(遇之而不知賞者滔滔其或占勝而認爲一已之私者亦癡矣)
(126) 無所適而不在故 無一席無理之地 而可輟工夫 無　〈聖學十圖說〉
　　　　頃刻之或停故 無一息無理之時 何時而不用工夫
(127) 鏡本明爲塵垢重蝕用藥磨治　　　　　　　　　　　〈答李平叔〉
(128) 不患不知其病正患所以治病者 棄於外事而不得專　〈答柳希范〉
　　　　精致一矣
(129) 凡人私意之生 正爲不思故也　　　　　　　　　　　〈答金惇叔〉
(130) 古人云 一作不改 不是大聖不免大愚 此言儘有味　〈答柳仁仲〉
(131) 一時之悔過自新非難 而能終始 不變卓然立脚於　　〈答金應順〉
　　　　頹波之中者爲難也
(132) 眞剛愼勇 不在於逞氣 强說而在 於改過不吝聞義　〈答奇明彦〉
　　　　則服也
(133) 義理無窮故爲學亦無窮 人心易染故省改當益急　　〈答鄭子中〉
(134) 道無定體 隨時而有變 故君子之容貌 氣像亦隨而　〈答琴聞遠〉
　　　　變
(135) 自少未當安肆偸惰　　　　　　　　　　　　　　　〈拾遺〉
(136) 自少時書字 必楷正　　　　　　　　　　　　　　　〈拾遺〉

(137) 磨墨必方正　　　　　　　　　　　　　　　　　　〈拾遺〉

(138) 其見兄嫂也　雖一日累見　必拜致敬　　　　　　　〈拾遺〉

(139) 先生二十一歲　聘夫人許氏　相敬如賓　　　　　　〈吳雲·錄〉

(140) 先生初陞通政　趙松岡遺以錦衣不變　　　　　　　〈金富倫·錄〉

(141) 人君有所賜則　必以分諸隣　　　　　　　　　　　〈言行總錄〉

(142) 居鄕賦役必先於人人皆效之　　　　　　　　　　　《記善錄》

(143) 疾革，(…)欲見諸生，子弟請止，死生之際　不可
　　　　不訣　遂加上衣，引諸生語曰，平時以謬見　與諸君　　《記善錄》
　　　　講論　是亦不易事也

(144) 人或譏滉交儒生之非　滉一寒儒，儒而交儒　有何罪　　〈答南時甫〉
　　　　但不當妄交

(145) 今之人身不及大賢之域者　其於遠損友絶大故之際　　〈答禹景善〉
　　　　處之　苟末善小則致怨　大則取禍　此所以不可輕也

(146) 嘗言　士大夫相與之際　一往一來　乃禮之當然也　　〈禹性傳·錄〉

(147) 常守靜端居　未嘗出入　而若斯文雅里社宴集　亦時　　〈拾遺〉
　　　　往焉

(148) 鄕人學者　或恥隨品官之列　先生曰　鄕黨父兄宗族　　〈拾遺〉
　　　　之所在　所貴者齒也　雖居下禮於義　有何不可

(149) 平日雖門人小子　若遠行則　必設酒下堂以送　若常　　〈記善錄〉
　　　　往來受業者　祗離席以拜

(150) 待門弟子　如待朋友　雖少者亦未嘗斥名稱汝　坐定　　〈拾遺〉
　　　　必先　問父兄安否

(151) 聞人不義則反覆嗟嘆　見人小善　必再三嘉獎　　　〈拾遺〉

(152) 待人甚恕　苟無大過者則未嘗絶之　皆容而敎之　冀　　〈拾遺〉
　　　　其遷改而自新

(153) 禮義廉恥　爲國大防　而其責尤枉於　士大夫辭受進　　〈戊辰乞歸箚〉
　　　　退之間

(154) 先生無一言及於時事　　　　　　　　　　　　　　〈記善錄〉

(155) 君不以禮而爵祿也　可乎　　　　　　　　　　　　〈拾遺〉

(156) 堯舜君民雖君子之志　豈有不度時　不量力而可以　　〈拾遺〉
　　　　有爲者乎　己卯之失政坐此也

(157) 每以培養根本　扶植士林　爲當今急務　　　　　　〈言行通述〉

(158) 視民如傷　　　　　　　　　　　　　　　　　　　〈戊辰箚〉

(159) 國家亂亡之禍　率由於民岩雲合　土崩之勢　恒起於　　〈戊辰箚〉
　　　　民流

400

(160) 敎人 各因其才	〈堂后日記〉
(161) 在州郡以愛民爲主 而行之以誠心	〈言行通述〉
(162) 孝悌忠信人道之大本 而家與鄉黨突其所行之地也	〈鄉約立條序〉
(163) 凡事到無可奈何處 無怡好道理 則不得己擇其次 者而從之 乃所謂權亦此時所當止之處也	〈答李叔獻〉
(164) 在我者盡道 而猶未免 則吾無如之何 所謂命也	〈答李宏仲〉
(165) 敎必由於上 而達於下 然後其敎也(有本而可遠可 長 不然 如無源之水 朝滿而夕除 豈能久哉)	〈上沈方伯〉
(166) 人之資禀 有萬不同(…)專心致志 以期於育成	〈答曺楗仲〉
(167) 先生接人學者 頗指示源頭處	〈鄭惟一・錄〉
(168) 易簀前月 己被重疾 而尙與諸生講論 無異平日 諸 生久乃覺之 輟講數日 疾己革矣	〈拾遺〉
(169) 人有質問則 雖淺近說話 必留小間 而答之 未嘗 應聲而對	〈拾遺〉
(170) 己逝光陰難追	〈答金應順〉
(171) 人惟不學故 不知其不足 不知其不足故 聞過而怒	〈答鄭子中〉
(172) 自喜則不聽人言 欲速則不究衆理	〈答奇明彦〉
(173) 古人因困窮而學益進 今人因困窮而志益渝	〈答趙士敬〉
(174) 守正則多礙 隨衆則失身，此爲第一難事耳	〈答黃仲擧〉
(175) 退溪先生 嘗謂學者曰 吾東方喪紀廢殿無可言 世 俗例於葬送祥祭之日 喪家必設酒食以待弔客 客之 無知者 或醉或達朝甚無謂也.	〈嘉言〉
(176) 退溪先生曰 可進而進固義也 不可進而不進亦義 也	〈嘉言〉
(177) 退溪先生曰 祖宗之事 不可顯言	〈嘉言〉
(178) 退溪先生曰 吏治一以簡靜不擾爲尙 其收賦於民 也	〈嘉言〉
(179) 退溪先生子弟 求藥於內醫院 先生曰 不可 或曰 非他物求之何害 曰於義未安決不可爲也	〈善行〉
(180) 退溪先生 不言他過失	〈善行〉

찾아보기 Ⅰ（人名）

ㄱ

高橋亨　　34, 140
告子　　319
孔子　　31, 33, 45, 157, 193, 248, 257, 263
郭偰宇　　297
歐陽修　　31~32
權鹿菴　　297
權撥　　310
奇大升(高峯)　　53, 80, 102, 104~108, 140, 221, 223, 232
奇遵　　104
吉再　　92, 93, 266
金慶彦　　275
金敬琢　　96
金宏弼　　101, 296, 300
金教臣　　285
金誠一(鶴峯)　　187, 224, 241, 242, 247, 297, 310
金安國(慕齋)　　81~83, 215, 297, 299
金安老　　269, 299
金宇顒　　308, 310
金而精　　204, 314
金仁範　　207
金麟厚　　102, 232
金正國(思齋)　　81, 82, 83
金宗直　　101, 296
金仲文　　268, 275
金昌淑(必山)　　297
金楺　　297

ㄴ

羅豫章　　59
羅整菴　　68, 109, 111
南損齋　　297
南彦經(時甫)　　188, 229
南以恭　　310
盧守愼(蘇齋)　　68

ㄷ

陶淵明　　251, 289

董仲舒　　92
杜甫　　251, 289

ㅁ

孟施舍　　320
孟子　　20, 29, 31~33, 102, 115, 319

ㅂ

朴燕岩　　267
朴鍾鴻　　13, 14
朴重甫　　235
朴澤之　　239
方東美　　137, 139
裵宗鎬　　22, 49
范仲淹　　31, 32
北宮黝　　320

ㅅ

謝上蔡　　59, 322
徐敬德(花潭)　　68, 102, 157
薛敬軒　　322
成渾(牛溪)　　296
소동파　　289

ㅇ

安璐　　278
安順菴　　297
顏回　　65, 157, 234
楊龜山　　59
楊子雲　　144
吳健　　301
王甦　　289
王陽明　　67, 78
禹性傳　　103, 309
尤庵　　38
禹倬　　296
元曉　　102
劉明鍾　　62
柳成龍(西厓)　　101, 297, 310
柳正東　　33, 34

402

<table>
<tr><td>

柳定齋　297
柳下惠　318
柳希春　101
陸象山　57, 59, 65
尹南漢　101
尹元老　299
尹任　299
李家源　108
李葛菴　297
李宏仲　42
李湛　186~187
李大山　297
李大成　241
李德馨　310
李德弘　198, 224, 257
李潑　310
李山海　310
李相殷　186, 191, 196
李星湖　297, 316
李彦迪(晦齋)　101, 102, 299, 306
李佑成　280, 297
李元翼　310
李塏　343
李珥(栗谷)　102, 130~141, 207, 219,
　303, 308
李爾瞻　310, 315~316
李楨　300
李廷平　59, 322
李平叔　43
李寒州　297
李賢輔　215
李恒(一齋)　68
林羅山　83, 84

ㅈ

子貢　240
子思　31, 115
子夏　320
張敬堂　297
張谿谷(維)　138
張基槿　252
莊子　20
張橫渠　30, 37, 57, 238, 291, 315
張興孝　353
全斗河　50, 51, 52
鄭經世　310
鄭崑壽　395
鄭逑(寒岡)　15, 297, 299~300, 301~
312, 320~322, 343, 348, 354~356

</td><td>

丁茶山　297
鄭道傳(三峯)　70, 78, 91, 92, 294
程明道　37, 46, 59, 248~249
丁敏道　344
丁巽菴　297
鄭汝立　310
鄭汝昌　296
鄭愚伏　297
鄭惟一　251
程伊川　20, 29, 30, 37, 49, 57, 59, 131,
　234, 291
鄭仁弘　306, 310, 311
程子　31~33, 95, 322
鄭琮　238, 239
程朱　57, 290
鄭之雲(秋巒)　80~83, 105
鄭琢　310
趙光祖(靜菴)　94, 101, 146, 207, 232,
　266, 267, 296, 299
趙穆　69, 101, 129, 198, 242, 310
曹植(南冥)　94, 102, 257, 301, 304~
　307
趙憲　101
周濂溪　20, 31, 38, 57, 63, 315
朱子(文公)　19, 20, 25, 31~33, 37, 38,
　53, 59, 144, 190, 234~235, 289, 291,
　295, 322, 350
朱晦菴　53, 57, 190, 350
朱熹　131, 132, 276, 288
中村元　21
曾子　31, 320
陳白沙　62
眞西山　58, 303

ㅊ

崔見叔(應龍)　227
崔永慶　310
崔椿命　309
崔致遠(孤雲)　68

ㅎ

韓非子　20
許眉叟　297, 316
許篈　101
許性齊　297
洪汝諄　310
黃仲擧　183, 273
黃下盧　297

</td></tr>
</table>

찾아보기 Ⅱ (事項)

ㄱ

家禮　205
家禮集覽補註　308
家書　204, 261, 263, 264
家庭教育觀　15, 260~264
가족중심주의　203
가치갈등　359
價値感　346
가치덕목　222
가치론　80, 193
가치론적 원리　183
가치론적 접근　192
가치론적 탐구　193
가치적 도야　194
가치적 인격　134
各因其材　352
感發　264
感發教育　166
感性對理性　120
感性人格　119
講道의 方　271
講法　324, 343, 344
講習論　344
講儀　344
講評　344
講學　307
講會　277
개별성　365
開山祖　295
個性教育　166, 199
개성도야론　184
개체성(Einzelheit)　183
객관성　292
객관적 관념론　191
객관적 방법론　137
객관적 보편성　365
객관적 심성론　68
객관적인 탐구방법　151
客觀的 自己省察　198
居敬　58, 160, 161, 176, 233
居敬窮理　34, 78, 134, 161, 164, 176,
　　193, 227, 228, 229~235, 239, 365

居敬集義　179, 313
거듭나는 삶(生生不己)　175
乾元　37
格物(致知)　43, 58, 134, 198, 256
見聞思辯知　136, 177, 321
兼理氣有善惡論　109
兼理氣渾淪說　111
兼善惡兩邊到　133
兼指　111
兼指理　118
兼指理氣觀　117
敬　58, 88, 137, 170, 176, 180, 191, 222,
　　228
경건주의　137
經師　200
敬思想　136
硬性哲學者　138
經世之學　203
經筵　203
經筵日記　148
敬을 志向하는 義理學　94
敬을 통한 사람됨의 길　367
敬의 공부　150
敬의 길　179
敬의 原理　148
敬의 철학　12, 124, 149
敬義夾持　147, 179, 304
敬天　44
敬學　193
경험과학　364
經驗方法　229
經驗性　316
經驗的 結果主義　141
景賢續錄　310
繫辭傳　30
契會立議　334, 343, 344
고대유학〔先秦儒學〕　193
高原現象(plateau)　149
考終記　246
고향상실(Heimatlosikheit)　188
谷山洞庵志　310
공격본능의 해소　258
공리주의적 교육형식　360
共發　117

公式的 定律　142
孔子學　239
科擧의 累　271
과거준비교육　360
科罰　208, 211
科試學習　321
過失相規　206～207
科學的 洞察　163
관념론　131
관념론적 미학　191
관념적인 실재　290
관심의 지향성　130, 312, 313
官의 「不干涉原則」　274
官人學者　354
관조주의　137
과학교육(제도)　146, 272
과학 아카데미즘　98, 281
관학우위사상　361
館學儒生　306
官學的 性格　91
官學派　92
敎科課程觀　345
교육가치관　367
敎育感化力　349
교육공학　362
敎育陶冶論　351
교육동기유발　150
敎育書翰　264
敎育詩　189
교육예술　258
교육의 기술화현상　361
교육의 復權　143
敎育의 自由　270
교육의 자율성　270, 272
교육의 책임　146
敎育人間學　14, 191, 193, 312, 363
교육인간학적인 지평　175
교육적 도야　365
교육적 도야가능성　90
교육철학적인 전망　181
교육학적 인간학　191
敎子孫像　260, 263～264
敎材觀　166
교조적 덕목　292
교학목적론　15, 191
敎學方法의 原理　318
敎學方法의 절차　324
敎學守令　309
교학실천론　15, 229
교학의 타락상　145

교학이념　100
교학적 방법론　191
교학정신　114
교화매개자　107
歐陽派　32
九容　319
구원한 교사상　367
口耳之末習　195
求仁成德　194
君子　194
君子不器　270
君子學　231, 248
窮理　58, 160, 161, 165, 176, 233
窮理와 居敬의 순환성(수렴과 확산)
　　182
捲堂　275
勸學文　150
귀납적 인간해석　119
規矩準繩　197
規窮性(常)　135, 140, 292, 315
克己復禮　235
극단적인 숙명론　292
近畿學派　316, 346
近思錄　50, 185, 194, 223, 226, 309, 343
근원적 운동자　12, 291
글읽는 농부　261
伎　243, 248, 363
氣　20～23, 29～30, 37～48, 49～53, 86
　　～88, 108～121, 139, 157～160, 255,
　　290, 365
氣强理弱說　119
기계론적 기억　165
기계론적 사고　137
기계론적인 기능교육　181
기능위주적 교육　286
己卯士禍　101, 207, 299
已發　60, 159
氣發而理乘之　119
氣發一途說　314
기억 속의 흔적　286
氣의 철학　30
氣의 淸濁粹駁　37
氣일원론　24, 25, 29
寄子孫書　260
氣質의 性　90, 112, 118
氣稟　114
깨어남　177
끊임없는 생명의 흐름(生生不息)　176

ㄴ

濫溪書院　310
南冥集　306
南冥學派　306
南北分黨　309
內觀心理學　320
內修哲學　148
內外合一　313
내재철학(Immanent philosophy)　176, 313
내적 도야가치　179
내적 세계의 각성　186
蘆谷精舍　311
老莊哲學　20
論敬書　198
능동적인 운동자　158
能發能動　41
能發能生(說)　41, 45, 126, 158
能驗　136

ㄷ

다름 가운데의 같음　289
단순지식론　149
닫힘꼴　140
黨色　128, 296
당연법칙　292
當仁不讓於師　107
對擧互言　116, 118
對待關係　111
對待的 二元觀　113
對待的 통일개념　114
對待的 통일관계　113
對說　109, 111, 290, 314
大聖至聖文宣王　295
對自로서의 자연　189
大通·通·略通·粗通·不　344
德山書院　310
德性涵養　59
德業相勸　206, 216
道家의 자연철학　288
道器相即說　63
도덕교육　179
도덕의 법칙　121
도덕적 自我　193
道東書院　310
道文一致　191, 251
道問學　12, 58, 59, 70, 78, 124, 185

陶山及門諸賢錄　296
陶山書堂　272, 309
陶山書院　310
陶山十二曲　189, 250, 253
陶山十二曲跋　250
陶山嫡傳　306
陶山全書　260
道心　40, 114
道心說(論)　39, 114, 135, 290
陶冶可能態(성)　100, 263
도야가치　179
陶冶理念(理想)　174, 176
陶冶主體　185
都約長(正)　208
道의 山水　246
道即器·器即道　64
道統(론)　57, 285, 295
道統淵源　306
道學　226
도학정치　299
讀書契　344
讀書說　322～324
讀書帖　322
洞見大源　180, 194
동기유발　163, 264
同盟休學(捲堂)　275
童蒙敎育　263
東方別宗　144
東方五賢　300, 306
동북아시아문화권　360
동서분당　138
동양의 예술정신　248
東洋人의 思惟方法　21
同一視體系　286
동일시할 수 있는 人物　274
洞主　274
東湖夢賚亭　106
되어가는 존재　227

ㅁ

마주섬(對待)　293
만남　100, 107, 172, 177
말놀이　128
望雲庵　343
梅兄　246
命物者　12, 37, 290
矛盾의 哲學　98
목적론자　134
廟堂儒　294

406

無極　45, 64
戊午士禍　269
戊辰六條疏　61, 74~76, 92, 106, 138
墨翟의 겸애주의　67
默驗　136
문명 노쇠　361
文質彬彬　136, 239
文獻之邦　219
文化價値　259
문화교육(학)　174, 179
문화압력　362
문화의 역사　174, 286
문화의 충격　359
문화저작력　360
문화적 압력　359
문화체계　248
物格　231
물량지향주의적 가치관　243
物我一理　161, 366
物我一體　256
勿正·勿忘·勿助之義　48
未發　59, 60
未發의 靜　161
미학체계　191
민간교육기관　266
민중의 자아각성　359

ㅂ

博文　236
博文約禮　238
博文約禮의 學　65
樸學　317
泮宮(成均館)　231
反躬以踐實　198
반성적 思考　231
發　40, 81, 87, 89, 115, 117, 118
發生후의 發生　132
撥雲散과 當歸　242
發의 문제　89
發의 差　109
發而中節·發而不中節　111
방법론적 원리　153
방편적 가치　12, 126
배금주의교육관　361
排除思慮　66
白鹿洞規　276, 277, 344
白鹿洞規後叙　277
白鹿洞十訓　279
白鹿洞學規　276

白雲洞書院　272, 300
范派　32
變化氣質　351
變化生成論　145
保育文化國　102
普遍人　64, 157
본래적 가치　12, 126
本然性(之說)　39, 40
本原之地　226
本體(Noumena)　22
본체론적 표현　366
봉건의식　122
副約長　208
扶助契　344
分開說　117
분석적 접근방법　192
佛敎心學　63
불교화엄철학　31, 58
不離不雜　22
不相離　32, 36, 86, 132
不相雜　36, 86, 113, 132
佛氏雜辯　70
비본래적인 상태　186
비인간화　222

人

死敬　66
士君子의 교육　179
士氣　267
四端(說)　39, 40, 109, 115, 116, 117,
　　118, 120, 129, 135
四端是理之發　112
四端七情分屬論　72
四對七論　15, 80, 90, 92, 96, 111, 113,
　　114, 117, 223, 314, 315
四德　86, 87, 255
사람됨　50
사람됨의 길　191
사람됨의 소당연　158
사람의 소이연　158
사람임　50
士論　267
士流　267
士林　94, 267
사림교학이념　98
士林의 元氣　267
士林精神　266
士林政治　299
士林之學　192

士林(學)派　　92, 98, 192, 267, 295
思無邪　　250
四勿　　70
四物箴　　279
四勿精神　　151
思辨知　　136
사상보호　　36
四書取擇　　32
私塾교육　　103
私淑연원　　296
思習並行論　　148
泗陽精舍　　311
賜額書院　　271
私的 교육관　　149
師弟同行　　305
社稷祭　　209
社倉　　99, 213
社倉契約束　　219
社倉穀　　214
四體　　321
四・七論爭　　80, 81, 96, 113
四・七所從來說　　113
四・七에 대한 總論　　108
士風의 磨滅　　147, 266
士風의 回運　　266
史筆정신　　241
四學　　266
私學　　266
私學정신　　281
士禍(기)　　62, 94, 138, 146, 266, 268,
　　295, 299
사회가치관　　205
사회실현　　192
山林趣向　　264
山長　　274
삶을 관조하는 藝術家　　247
삶의 무정향성　　360
삶의 의미근거　　199
相待　　95
上罰　　210, 216
象山學　　68
相須相待論　　95
上智　　88, 157
相互待對　　19
狀況性(變)　　135, 140, 315
상황윤리　　208
色掌　　208
生生과 生成의 논리　　291
書經　　247
西京賦　　104

서구식 발전관　　362
서구의 철학적 개념　　139
서구철학의 주된 흐름　　131
書堂　　99
서로 만남　　122
西銘考證講義　　61, 73, 76, 160, 184
書信전달방법　　260
書筵　　203
書院　　99, 265
書院교육　　103, 146, 266～267, 269
서원교육운동　　146, 267
書院十詠　　280
서원창설운동　　266, 280
西原鄕約　　207, 219
書翰敎育　　200
釋奠　　209
선민사상　　361
선비교육　　258
선비論　　344
선비사회　　100
선비의 참된 용기　　227
善惡의 幾　　88
善惡混淆　　126
善意志　　291
善一邊到　　133
禪定　　66
先秦儒學　　30, 193
先天意味　　125
先驗性　　316
先驗的 動機主義　　141
선험적인 가치체계　　174
誠　　137
成均館　　266
性理大全　　182
성리학적 우주론　　19
성리학적 인간존재론　　120
성리학적 人間學　　227
성선설적 인간관　　102
성숙한 인격교육　　153
性情二元論　　134
性即理　　50, 51, 57, 63, 65, 95, 119, 158,
　　175
省察과 自覺의 대상　　137
聖學　　196, 203
聖學十圖(劑)→進聖學十圖劑
세계관적 설명　　187
세계철학　　288
세대의 교체작업　　286
世道의 衰微　　146
世亂의 失學　　265

細繹玩味　202
所當然　34, 37, 39, 49, 51~53, 135,
　　290, 293, 365
所當然의 理　29
所當然之則　49, 51, 79, 292, 346, 365
紹修書院　268, 272, 273
所與性　13, 126
所然　224
所以　224
所以然　34, 37, 39, 49, 51~53, 135,
　　290, 293, 365
所以然之故　49, 51, 79, 292, 346, 365
所自性　13, 126
所主而言　117
小學　167, 309
束脩의 禮　104
손과 입술의 분열　190
宋儒心學　63
修己敎育　203
修己之學　192
수단가치　222
수단적 의미　360
수렴성　181, 313
守令七事　273, 309
洙泗言仁錄　310
洙泗學　60
修身十訓　150
修養(力行)　234
垂直的 一元觀　113
純理의 發　118
巡盃의 禮　209
순수이성　114
崇正學　237
詩經　247
時空의 아트리　244
시대정신의 표상　364
시대철학　142
詩心의 고향　246
詩心의 水脈　246
詩言志　247
始·通·遂·成의 순환논리　255, 256
　　270
愼獨　199
신진사대부　32
新進士林　280
實相論　63
실용주의　287
실재론　131
실존적 자각　149
실천론　35, 86, 88~89

실천윤리적 표현　366
실천적인 행위　177
실학시대　281
實學淵源　316
心經　61, 167, 303, 309, 317, 343
心經發揮　310, 314
心氣의 病　224
心生萬法　64
심성론　35, 86, 87~88, 191, 367
心卽理　57, 65, 96
心學　57~58, 60
심학적 수양주의　294
雙溪書院　310, 343

ㅇ

아르케(原型)　360
아르키메테스의 거점　19, 190
아리스토텔레스적인 전통　177
아시아적 정체성　243
揠苗助長　168
揠苗之病　197
앎과 삶과 됨　180
앎의 대상　136
約禮　236
約正　208
養老禮　309
陽明學　317
양분론적 사고　131
養生法　29
陽朱陰王　102
楊朱의 이기주의　67
養浩說　319, 320
養浩帖　319, 322
言行錄　70
言行通述　251
言行總錄　242
엄숙주의　137
呂氏鄕約　206, 207
易經　20
易東書院　310
역사적 특수성　144
歷史宗敎學　244
역성혁명　100
易子敎之　263
緣起論　63
軟性哲學者　138
연역적인 인간이해　119
열림골　140
濂洛羹墻錄　310

濂節觀　103
嶺南士林　93, 266
영남학파　297
영원의 철학　92, 266
禮敎(崇廉恥·勵節義)　90
禮敎論者　356
禮敎時代　91
예교적 도학정신　267
예교주의　95
禮記喪禮　311
藝文一致　191, 246
藝文精神　246
예속교육　362
禮俗相交　207, 216
禮訟　128
예술교육　258
藝術心理學　244
예술을 통한 교육　258
예술적 교육방법　258
예술적 모랄리스트　253
禮安鄕約　207, 214, 217～219
예정조화설　184
禮哲學　314
禮學　128
禮學的 질서이념　392
五經　20
五經精神　32
五代의 亂　31
五常　87
五先生禮說　310, 311
오성적 감각　256
오성적 판단　256
烏川書院　310
五賢　296
臥龍岩誌　310
玩樂齋　153, 248
왕도정치　203
往復書(翰)　105, 113
王佐之學　192
의재적 가치　360
의적 도야가치　179
偶數的 사고법　21
優遊涵泳　230
우주본체론　19, 29
우주에너지　30
우주인성관　50
우주인성론　19, 254, 293
우주인성론의 교섭관계　364
宇宙存在論　183
院規　276, 328, 343, 344

元氣　267
原士　267
院生論　344
院長論　344
圓環的 構造　144
月朔講會楔　309
月朝約 會儀　340, 343, 344
唯氣論　128, 139
唯氣論的 인간관　158
唯理論　128, 139
唯理論的 인간관　158
有司論　344
諭四學師生文　80
儒生毆打事件　267
由外而內　313
惟精唯一의 學　65
儒學敎育　287
留鄕所　99, 219
留鄕所 復立運動　219
陸王派　57
陸王學(哲學)　57, 137
六條疏　73, 106
윤리규범　205
尹和靖의 故事　304
融會貫通　256, 366
爲己之學　61, 232, 258
爲人之學　61, 232, 258
危坐　321
爲學所定之處　304
爲學之要　318
爲學次第之方　304
乙巳士禍　269
음양설　21
의리학　191, 237
의미와 가치　174
의식의 각성상태　185
義外在說　319
理　20, 21, 22, 23～26, 29～30, 37～48,
　　49～53, 86～88, , 108～121, 255, 290,
　　365
理强氣弱說　119
理貴氣賤　36, 39, 45, 140, 290
理氣決是二物　159
理氣彙發　113
理氣共發　121
理氣俱發　133
理氣動靜論　41
理氣論　22, 35, 45～46, 92, 130, 191
理氣無先後　52
理氣不相離　36～38

理氣不相雜　36〜38
理氣相對　24
理氣相循不離觀　115
理氣心性論　130
理氣이원론자　23, 24, 29, 36〜38, 95, 132, 291
理氣二元分析論　111
理氣一物說　68
理氣일원론자　95
理氣一原渾淪論　111
理氣之妙　136
理氣互發(說)　113, 119, 132, 314
理氣渾淪說　115
理單獨先發　133
理到說　135
理動說　132
理動性發　121
理發氣發　40, 111
理發說　39〜40, 121, 132, 133, 290
理發而氣隨之　119
伊山書堂　278
伊山書院　278
伊山書院記　278
伊山院規　278, 279, 344
理先氣後　23, 25
理性人格　119
理神論　43
理에로의 中節　119
理와 氣의 互發　108
理의 사람　64
理의 세계　32
이원론(對說)　36, 37, 113, 133
理一分殊(論·說)　40, 111, 128, 133, 183, 290, 291, 293
理일원론　24, 25
理自理·氣自氣　111
理尊氣賤說　72, 290
理尊論者　36
理尊優位　37
異中有同·同中有異　116
異學觀　68
異學排斥論　70
異學·異敎　97, 102
이학적 경세주의　294
離合即非　57
인간과학　142
인간관의 객관화 현상　361
인간매몰　244
人間模像　221
인간발견　139

인간상실　142
인간소외　244
인간실재론　108
인격실현의 방법　151
인간의 고향상실　153
인간의 교사　107
인간의 도야가능성　185
인간이해　12, 100
인간이해의 원리　151, 180, 194
人間自然　174
인간존재론　19, 29
인간학　243
인간학적 교육학　363
인간학적인 전망　289
인간학적인 행위론　292
인간학적 전환　194
인간현상의 법칙성　121
인간형성　135
인간회복　137
인격교육　179
인격실현　192
인과론적 계열　147
人極論　147
인도불교철학　288
仁道精神　14
人物性同異(論)　128, 139
人師　200
因說　109, 111, 314
인성론　191
인식론　80, 193
인식론적 형식　191
人心　114
人心論　114, 135
仁愛說　365
人欲二天理　109
仁義之道　235
一元論(monism)　36, 109, 133
一元的 世界觀　255
一陰一陽之謂道　49, 291
臨皐書院　310
壬·丙兩亂　128
입신출세의 교육　361
立志(論)　152, 163〜165, 300, 350

ㅈ

自警文　302, 303
自警說　104
자기실현　222
自己原因(Causa Sui)　176

자기지향성 222
자기형성 194
自銘 220
자발적 학습 199
自省錄 152, 200, 201
자아실현 192
자아와의 만남(愼獨) 151
自然의 마음 257
자유의지 114
자주성 각성 186
紫川書院 310
자치통감 295
箴警 238
章甫의 冠 271
藏修立敎 272
敵者 212
嫡傳 295
傳習錄 67
全人敎育 171
專一思慮 66
전일성 365
專指 111
專指理 118
전통문화의 단절현상 361
전통적 가치 362
絕四 187
節友社 256
漸修 233
漸悟說 72
漸進工夫 170
政敎(明聖學·行王道) 90
政敎이데올로기 시대 294
正名論理 138
程門主敬說 179
정신농부 242
精神美學 137
정신안의 빛 360
정신의 각성상태(常惺惺) 202
정신의 구조 359
정신의 깨어남(惺惺) 151, 197, 198
정신의 눈뜸 365
정신의 법칙성 159, 364
정신적 位相 366
精熱主義 321
定位槪念 193
靜坐(法) 66, 72, 196, 197, 318
靜坐調身 236
정치적 주자학 98
靜涵動決 59, 161
齊家法 204

第五白鹿洞規圖 276
第二西銘 160
第七仁說 160
第八心學圖 195～196
朝明文化體系 101
朝報 261
朝鮮朝文敎理念 276
조화적 발달 222
尊德性 12, 58, 59, 60, 78, 124, 320
存養省察(說) 34, 58, 65, 193, 366
存養集義 313
尊者 212
존재가치 143
존재론 80, 86～87, 193
존재론적 기반 187
존재론적 질문 176
존재의지의 자유 50～51
존재이유 143
存天理·遏人欲 58, 160, 231
尊天理·遏人欽 126, 136, 161, 365
종속개념 23
坐禪法 197
坐靜法 197
坐次(齒序) 345
主居敬 160
做工 194, 225
주관적 심성론 68
주관적인 접근방법 151
주관적 특수성 365
主氣的 傾向 127, 135
주기파 127
主理 109
主理氣派 38
主理派 38, 127
朱陸知行論 315
周悉而無偏 38, 353
做人 243, 315
主一工夫 181
主一無適 179, 234, 314
主一無適·戒愼恐懼 226
朱子大全 200
朱子晩年定論 62
朱子晩年定論是非 151
朱子書節要 78, 83, 200, 201, 308
朱子書節要序 164
朱子語類 116
주자의 인성론 293
朱子增損鄕約 206
주자철학 288
주자학 일변도 139

412

朱子學統　31
主情主義　320
주지적 합리주의자　241
主知主義　320
주체적 자아의식　140
주체적 정신운동　201
중국서원　265
重內輕外　198
中庸(정신)　181, 236
中人　88, 157
中節　115
即時性　287
即自로서의 자연　189
志氣　319
知·德·體育의 融和　169
芝蘭의 室　250
地方敎化制度　215
地方儒林　209
至神한 用　291
至治主義　146, 299
至治主義的 經世儒學　101
知行並進　147
知行互進(說)　169, 179, 181, 193
志向性의 문제　312
直覺의 세계　136, 140
진리의 지향성　190
진보주의 교육　14
進聖學十圖劄　61, 71, 73, 77～78, 92,
　　106, 149, 160, 190, 276
眞知實踐論　136, 169
進學(致知)　234
賑恤　213
集義(主一)　179
執贄　305
懲忿窒慾　200

ㅊ

次上罰　211
次中罰　211
參於天地　356
天理　40
天理의 本然　64
天理學(宇宙觀)　60
天命圖說　15, 80, 84, 86
天命圖說後叙　80, 81, 83
天文學　244
천인관계의 논리구조　364
천인합일관　19, 131
天即理　50, 63

天地理氣　54
天地之性　314
天下의 四書院　146, 265
哲學詩　302
철학의 예술성　136, 177
철학적 보편성　144
철학적 시인　192
哲學的 人間學　194, 363
첫스승(initiator)　301
靑襟錄　306
淸·濁·粹·駁　64, 157
請享疏　105
淸虛湛一　123
體得　202
體와 用　46～48
體用相須　62
體用一源　64
體育保健學　244
體認의 세계　140
체제보호　36
체제보호적 이데올로기　25
初學用工　234
春秋講會　209
春秋公羊傳　92
출세간적인 방법　202
黜約　211
醉生夢死嘆　302
治亂提要　310
치안재판권　210
致中和　60, 119, 230, 365
致知窮理　179, 313
致知事　151
致知之目　151
七情　40, 109, 115, 116, 117, 118, 129,
　　135
七情 가운데 理　111
七情氣之發　112
七情是氣之發　112
七包四　111, 117

ㅋ

카타르시스　250, 258

ㅌ

타인지향성　222
태극　19～25, 38～37, 42, 45, 51
太極圖說　21, 27
太極圖說解　22, 24

태극론　35, 192
太極陰陽論　315
太極일원론　24
太虛　30, 37
擇師(論)　344, 351
텅빈세계의 형적　293
通讀會儀　326, 343, 344
通・略・粗・不　344
統性情　58, 61, 96, 160
洞察說　229
퇴계家眷　260
退溪家門　261
退溪家書　262
退溪・高峯兩賢　223
退溪敎室　365
退溪理學　15, 35
退溪晩年定論　73
退溪文集　249
退溪門下三傑　307
퇴계病歷　260
退溪詩心　46
退溪詩學　289
退溪心性論　15
退溪와의 만남　304
퇴계・율곡人間學　130
퇴계의 시대진단　145
퇴계의 실존적 결단　151
퇴계의 自然心　188
退溪異學觀　68
퇴계인간학　288, 365
퇴계철학의 초과학성　136
퇴계학파 연원도　297
특수성(Besonderheit)　184, 244
특수성(個體性)의 理　158
特殊人　64, 157

ㅍ

파괴충동　258
파우스트적 환상　258
판타루스의 空腹　242
八歲・八學　300
包槪念　293
포괄적 접근방법　192
包次元的　37
표본교육설　149
標準之義　29
筆法　251
필연의 자유세계　292

ㅎ

하늘의 문법(天理)　162, 255, 366
河圖洛書　85
下罰　216
下愚　88, 157
下學而上達　85, 366
下學人事　78
學思방법론　149
學思並行論　149
學思相資論　148
학습준비도　148
學案　285
學統　295
寒岡敎室　352
寒岡의 敎學目的論　312
寒岡의 敎學方法論　318
寒岡의 敎育生涯　299
寒岡精舍　308
翰林別曲　250
寒栖庵　252
涵養用敬　179, 313
合理氣　58, 61, 160
합리주의　137
合一自然　254
抗禮　212
海州鄕約　219
행동과학적 인간이해　142
鄕校(敎育)　266, 270
鄕黨莫如齒　220
향당생활　205
享祀　277
鄕射　309
鄕所　208
鄕約　99, 192, 203, 205
鄕約의 科罰　210
鄕約의 덕목　209～210
鄕約의 사업　213
鄕約의 禮儀　211
鄕約立條　220
鄕約節目　212
鄕飮　309
鄕飮禮　209
鄕飮酒(射)禮　344
鄕任　344
鄕廳　99, 209, 344
鄕風　103
鄕風醇化의 敎化師　220
鄕會　210

虛靈不昧　186
虛明洞澈　254
顯微無間　64, 202
現時性　287
현실지향적　121, 138
현실참여　266
形相과 質料　139
形而上의 道　22
형이상학적 理氣觀　19
形而下의 器　22
형질변경　175
형평상태 (equiliblium)　181
互對　111
湖洛論爭　128
互發　117
浩然之氣(說)　29, 319
호적없는 교육　362
混淪說　117

和陶集　91
和而不同　199, 286
和會文記　261
확산성　181
環境의 教育性　270
患難相救　213
患難相恤　207, 216
活敬　66
活敬之道　149
활연관통　137
活人心方　317
回文　209, 212
繪事後素　250
檜淵草堂　309
後天稟受　125
훈구관료학자　98, 192
훈구사대부　99
훈구파　267, 295